守望甲午忆英贤

戚俊杰 著

山东大学出版社

图书在版编目（CIP）数据

守望甲午忆英贤 / 戚俊杰著 . —济南：山东大学出版社，2019.10

ISBN 978-7-5607-6480-1

Ⅰ. ①守…　Ⅱ. ①戚…　Ⅲ. ①中日甲午战争—历史人物—纪念文集　Ⅳ. ①K825.2-53

中国版本图书馆 CIP 数据核字（2019）第 244270 号

守望甲午忆英贤

戚俊杰　著

责任编辑：刘森文
封面设计：牛　钧
出版发行：山东大学出版社
　　社　址　山东省济南市山大南路 20 号
　　邮　编　250100
　　电　话　发行部（0531）88363008
经　　销：新华书店
印　　刷：济南华林彩印有限公司
规　　格：720 毫米×1000 毫米　1/16
　　32.75 印张　586 千字
版　　次：2019 年 10 月第 1 版
印　　次：2019 年 10 月第 1 次印刷
标准书号：ISBN 978-7-5607-6480-1
定　　价：79.00 元

写在前面的话

我出生在中华人民共和国成立后不久，属于生在新社会、长在红旗下的共和国的同龄人。相比那些生在旧社会、长在炮火中的前辈和长者，我是幸运的人。我的出生地是威海市环翠区戚家庄，与威海湾中的刘公岛和日岛隔海相望，仅数里之遥，故站在村东海边的石崖顶上，刘公岛北洋海军的大铁码头都看得十分清楚。甲午年间刘公岛保卫战的时候，中日两军激战的枪炮声在我们村的海边上都听得清清楚楚，令人惊心动魄。但仍有关心战事的村民躲在高崖后边，探着脑袋向刘公岛张望。小时候的我，喜欢听村里老人讲北洋水师中那些爱国官兵勤学苦练、英勇奋战的感人故事，让我幼小的心灵时常激动不已。随着年龄的增长，自己感觉可以时常眺望充满神奇的刘公岛，是多么的幸运。越是这样，我越是盼望早日登上隔海相望的刘公岛，好好看看北洋海军爱国官兵曾经生活和战斗过的地方。

1977 年的初冬，在举国纪念粉碎“四人帮”一周年之际，威海市京剧团抓住机遇，认真向上海京剧团学习，以最佳的演员阵容、最快的排练速度、最贴近历史事实的布景道具、最佳的音响配套效果，排演了大型新编历史京剧《甲午海战》，获得了巨大的成功。

通过排演《甲午海战》京剧，使我有机会比较系统地了解了北洋海军与甲午海战的历史，并对甲午海战中敢打勇拼、浴血奋战、屡挫强敌、弹尽援绝、宁死不降、自杀殉国的北洋海军和陆军中的爱国将士，包括他们的家属和普通的老百姓，有了进一步的了解，收获可谓丰厚，但北洋海军与甲午海战仍有许多人物和事件吸引着我。

改革开放的春风，让沉寂了 90 年的刘公岛得以复苏。1984 年，中共中央、国务院、中央军委决定，14 个沿海城市对外开放，闻名中外的威海名列其中。同年，全国“纪念甲午海战 90 周年学术研讨会”在威海市召开，与会专家学者如愿以偿地登上封闭了 30 多年的刘公岛，参观考察了北洋海军与甲午海战的遗迹，凭吊那些为国捐躯的参战海陆军将士。沉寂了近百年的威海湾和刘公岛，由此进入了新的历史发展时期。

1985年春，为顺应对外开放的需要，威海市人民政府决定成立威海市北洋海军提督署文物管理所，负责接收、管理由人民海军移交的北洋海军的建筑遗存。该单位属于全民文化事业单位，隶属于威海市文化局领导。在文件中，市政府下达的工作任务是：管理、保护、开发、利用好北洋海军提督署及其附属建筑，为发展威海市的旅游、提高威海市在海内外的知名度做出应有的贡献。

困难考验着我们，机遇迎接着我们。当大家背着铺盖卷登上向往已久的刘公岛，难以想象的困难便接连不断地考验着创业者的良知与信念。面对无自来水、无照明用电、无电话联络的刘公岛，面对百废待兴、塌漏严重、一无所有、门窗不全的提督署，面对缺钱少人、交通不便、孤悬海中的刘公岛，文物工作者第一次感受到海岛上的工作效率是如此低下。大家很快统一了认识：一切都需从零开始，一切成绩都要靠大家的智慧和勤劳的双手创造出来。要想开发利用刘公岛上的北洋海军遗迹，就要首先把这些建筑遗存保护好，要把北洋海军与甲午战争时期的文物与资料收藏研究并展示出来，还要对北洋海军与甲午战争的历史展开研究，使海内外的广大参观者都能高兴而来，满意而归。

刘公岛是北洋海军的诞生地、甲午战争的古战场，无数先烈前贤为了国家的独立和民族的解放，在这里抛头颅、洒热血，不成功、便成仁，他们的豪情壮志和可歌可泣的英雄事迹令人感佩，也在这里生根发芽，开花结果，成为今人和后人学习的重要遗产。国家把管理保护、开发利用历史文化遗产的重担交给我们，是对我们最大的信任。更何况中华民族一贯倡导“位卑未敢忘忧国”，“国家兴亡，匹夫有责”。因此，我们这些拓荒者没有因生活和工作条件艰苦而产生动摇，更没有因为缺钱少人而产生撤离和另寻出路的想法。身为馆长的我，白天坚持日常的管理和接待服务，晚上则利用驻岛值班的宝贵时间，考察建筑遗存的现状，阅读相关的历史资料，制定单位的工作目标和分期实施的计划，以最快的速度使自己成为符合管理工作要求的行家里手。

驻守在刘公岛上，身临其境的工作和研究使我认识到，中国的近代海军，是在经历了两次鸦片战争的惨败之后，被动地、异常艰难地开始建设。而北洋海防和北洋海军则是在日本出兵侵占台湾、吞并琉球王国、舰炮轰开朝鲜大门之后，清政府才被迫优先考虑建设的。北洋大臣兼直隶总督李鸿章以其超人的能力、过人的胆识、惊人的速度、购买军舰弹药，培养海军人才，建造海防设施，创办军工企业。为了加快建设速度，还高薪聘请外国的专业人才，全力以赴、高效快速地将北洋海军建设成军。

北洋海军是中国近代史上装备最先进、人数最多、水平最高的新型海军，曾航行于深海远洋，雄极一时，成为亚洲一流的海军。北洋海军，从 1875 年开始筹建，至 1888 年正式成军，历时 13 年。但由于清王朝腐朽落后，政治腐败，贪图安逸，追求享受，无知不学，不懂海军成军后还要持续投入，更新发展，因而满足现状，不思进取，停拨海军建设的经费，使北洋海军建设很快转入停滞状态，被举全国之力发展海军的日本迅速赶超。在中日甲午海战中，北洋海军经历了丰岛海战、黄海大战和威海卫刘公岛保卫战。虽然广大官兵浴血拼搏，奋勇杀敌，屡挫强敌，终因弹尽援绝，北洋海军提督丁汝昌及海陆军等高级将领宁死不降，自杀殉国。1895 年 2 月 17 日，日军登上刘公岛，北洋海军全军覆没。海军实力曾位居亚洲第一的北洋舰队，在其成军后不过短短的六七年间，就在刘公岛全军覆没，令全世界为之震惊。

落后就要挨打，腐败导致衰亡，软弱就要受欺辱，这就是近代中国的真实写照。北洋海军的覆没，甲午战争的失败，给中华民族留下了永久的耻辱和惨痛的教训，也留下了无尽的反思和有益的警示。甲午战争惨败的史实告诫人们：勿忘国耻，以史为鉴，居安思危，警钟长鸣，奋发图强，振兴中华，既是国家长治久安、持续发展的需要，也是每个中国人应尽的责任。身为守望甲午遗迹的专业人员，更应冲锋在前，敢于担当，事事尽心，责无旁贷。因此，有效管理，全面保护，合理开发，持久利用好分布在威海湾南北两岸和刘公岛、日岛等地的甲午遗迹，就成为我们最重要、最持久的责任，而利用这些文化遗产开展爱国主义教育，振奋民族精神，凝聚国人之心，挖掘进取之力，则是我们一切工作的出发点，更是中国甲午战争博物馆持续发展的永恒主题和不懈动力。

爱国主义是增强民族凝聚力和鼓舞各族人民团结奋斗的一面旗帜。在数千年的历史发展进程中，中华民族形成了以爱国主义为核心的团结统一、勤劳勇敢、爱好和平、自强不息、奋发向上、追求卓越的伟大民族精神。中华民族要有希望，就必须永远记住中华民族发展的历史，树立和宣传中华民族的精英和楷模，作为今人和后人学习的榜样，并从他们的爱国精神和英雄事迹中吸取所需的营养。进行爱国主义教育不是空洞的说教，而是要把历史人物在历史事件中所处的历史地位以及思想感情和言语行动，都编撰成个性鲜明、内容丰富、通俗易懂的故事讲给参观者听。进入 20 世纪 90 年代，针对当时的国情，中共中央宣传部为了把爱国主义教育任务落实到位，及时制定了《爱国主义教育实施纲要》，明确细致地将进行爱国主义教育的伟大意义、目的要求、主要内容和基本方法都作了阐述，使我们持久开展爱国主义教育的信心更加坚定，措施更加全面，内容更加丰富，效果也越来越好。

刘公岛甲午战争纪念地是国内进行“知耻而后勇”教育的最佳场所。为了把甲午战争史的研究引向深入，拿出新时期高质量的学术成果，写出有血有肉、真实客观的北洋海军及参战陆军官兵的爱国精神和战斗事迹，甲午战争博物馆及时确立了招才引智、科研兴馆的发展理念。在引进海内外专家学者来威海参加北洋海军与甲午战争史研究的过程中，积极推动甲午战争博物馆的工作人员也热情地投身到学术研究活动中。

在开展学术研究的过程中，笔者坚持了学为首先、思考跟进、写出真人史实、追求不断创新的治学原则。通过与戚其章、戴逸、孙克复、王家俭、关捷、郭毅生、张一文、张振鹍等老先生交谈之后，将北洋海军和参战陆军广大爱国官兵，包括甲午战争期间胶东地区民间举办的抗敌团练组织，确定为笔者的重点研究内容。在广泛搜集各种史料和开展研究的过程中，对所有人物都放到一定的历史范围内进行考察研究。坚持客观公正、实事求是的原则，对所有的研究对象，都从他们所处的时代背景和社会制度，以及他们在历史事件中所处的位置，联系当时的具体情况来分析取舍。对研究的所有人物既不溢美拔高，也不贬低丑化，始终实事求是、科学合理地评判他们的功过是非，还舍小家、保大家，为捍疆卫国做出贡献的人们一个客观公正的评价和名分。

特别值得一提的是，由于多年来多次南下北上，行程数万公里，寻访了甲午战争中广大爱国将士的200多位后裔及族亲，采访了多位海内外的专家学者，不但使我开阔了眼界，增长了知识，还追寻到了许多珍贵的文物和仅存的历史资料。所有这些，又成为推动笔者研究、撰写爱国官兵和将士后裔文章的巨大动力。笔者本着先抓主要人物、先海军后陆军和先易后难的原则，拟定了研究、撰写北洋海军与参战陆军爱国官兵的轮廓规划。

始终坚持日积月累、积少成多的研究理念。在担任博物馆法人代表的二十年间，笔者始终坚持上班时间抓管理和服务，工作之余的时间则开展学术研究，并且做到雷打不动，坚持不懈。卸任馆长特别是办理退休手续之后，仍坚持退而不休，以平静的心态，扎实深入地投入到科学研究和开展讲座等学术活动。开展学术研究和学术讲座活动，极大地丰富了笔者的精神生活，提高了笔者继续奉献的自觉性和自信心，既为人类社会反对侵略战争、珍惜世界和平，提供了优质的公共文化产品，还为把中国甲午战争博物馆打造成海内外越来越有影响的文化名牌而尽到了心意，为不忘走进刘公岛之初心而有了新的积累。

树欲静而风不止。在邻国日本，军国主义的残余思想及其右翼分子，把日本经过精心准备、借机挑起的甲午战争说成是"偶然发生的事件"，而且拒不承认甲午战争期间的旅顺大屠杀和挑起"卢沟桥事变"后实施的南京大屠杀，他们不断修改历史教科书，参拜靖国神社，拍摄反动的电影，陷害正义的人士，否定侵略的历史。上述这些事例，足以证明日本军国主义势力正在快速滋生。特别是在中日友好建交40周年之际，日本政府不顾中国政府的多次劝告和严正声明，仍一意孤行地上演了购买钓鱼岛的闹剧。近几年来，日本右翼和安倍政府毫不掩饰地解禁自卫法权，想方设法修改和平宪法，释放出十分危险的信号。日本著名学者中塚明教授明确指出，日本右翼和政府要员"歪曲历史，忘却历史，从而在无知的基础上，加速以海外派兵为目标的修改宪法的活动，则大有可能使日本再次成为亚洲更大灾难的根源"①。

日本右翼和安倍政府不承认侵略历史，就有可能还会寻找新的借口挑起侵略战争，还会以"强力"加害于亚洲邻国。看到日本右翼和安倍政府拒不承认侵略的历史，笔者也越来越清醒地认识到，甲午战争博物馆不但要向广大观众进行爱国主义教育，而且还要进行国防教育、海权教育、海洋观教育，尤其是要进行居安思危、勿忘国耻的伤痛教育。与此同时，自己也由单纯研究甲午战争期间的爱国将士，逐步扩大到三百年前抗击倭寇的英雄人物；第一次鸦片战争爆发后，首先睁眼看世界的英雄人物；甲午战争后数十年中抗击日本侵略者的爱国人物；还拓展到研究北洋海军与甲午战争史的国内外专家学者，以及广大爱国将士的后裔等人物群体，并将研究成果及时向广大观众进行宣讲。

《守望甲午忆英贤》一书，收录了作者这些年研究人物的文章30余篇。这些历史人物，主要有近代中国大搞洋务运动过程中，近代海防和北洋海军建设以及参加甲午战争海军和陆军中的相关人物，有反映明代抗击倭寇的英雄人物，有反映鸦片战争爆发后，近代中国开眼看世界的第一人，有甲午战争后五十年，坚决反对日本侵略者的各阶层历史人物，还有研究北洋海军与

① ［日］中塚明：《还历史的本来面目——日清战争是怎样发生的》，于时华译，天津古籍出版社2004年版，第131～132页。

甲午战争史的著名学者、关心甲午故地文化遗产保护的艺术名家以及寻访过的部分爱国将士后裔。其中，明代抗倭英雄戚继光，是本书中历史年代相对久远的英雄人物。《论戚继光兵学与中朝战斗情谊》一文是对戚继光的兵学理论和武器弹药的创新发明，以及戚家军平时的严格训练与管理、中朝人民运用戚继光兵学理论共同战胜日本侵略者等方面作出的简要论述。《试论林则徐的爱国爱民精神》主要略述了民族英雄林则徐强烈的民族责任感和大无畏的牺牲精神。在国家面临亡国灭种、人民生命财产受到严重威胁时，他冒着被杀头和坐牢的极大风险，冒死上奏报国利民的奏疏，赴汤蹈火，为国献身，保民重生。即便是在被贬流放至人烟稀少的新疆边陲，也不顾身患重病，亲至无人区进行勘测，为解决边疆人民的吃水和种植等问题做出了重要贡献。《李鸿章六次巡阅威海卫》《从刘铭传治台看其战略防御思想》《不辱使命 航海壮举——丁汝昌、林泰曾等赴英接带“超勇”“扬威”二舰始末撮要》《志节懔然 气贯长虹——北洋海军优秀将领刘步蟾》《北洋海军爱国将领林泰曾》《刘步蟾年谱》《林泰曾年谱》《民族英雄邓世昌》《甲午威海卫港保卫战中的萨镇冰》《陈兆锵将军的光辉人生》《甲午威海卫刘公岛保卫战中的张文宣》《略述白发提督宋庆的爱国人生》《爱国将领孙万林》《浩气长存 精神永在——纪念爱国名将左宝贵180周年诞辰》《从甲午战争期间举办登州团练看王懿荣的爱国精神》《甲午战争期间的黄县团练》，以及《略论吴佩孚的人格及其影响》《刘公岛、龙须岛起义暨山东胶东军区海军支队的建立——纪念中国人民抗日战争胜利70周年》等文章，则从不同侧面反映了近代中国百余年来，除弊兴利、兴建海防、保卫台湾、建设海军、守卫国土、反对侵略、卫国御敌、宁死不降的爱国志士的相关事迹。《于无声处见真情——纪念戚其章先生逝世一周年》《先生已远去 风范却永存——纪念毕生精力贡献“甲午”的戚其章先生》《执着追求淡定 德高学深寿长——纪念辞世于加拿大的王家俭先生》《爱国思乡情 太平洋作证——怀念与世长辞的毕克官先生》《正直做人 科学治史——我所认识的日本学者中塚明先生》《追忆刘德煜老师二三事》《略述丁汝昌后裔抗日杀敌的爱国真情——写在抗日战争胜利70周年和刘公岛开放30周年之际》《一位闽籍爱国将领及其后裔的感人事迹——写在抗日战争胜利和台湾光复70周年之际》《吴十洲与潘裕诚向我院无偿捐赠书画作品》《福建船政名杰与北洋海军将士后裔祭祀海军前辈活动综述》《解疑释惑答网友——关于丁汝昌五世孙丁小龙身世的说明》等文章，则是记述研究北洋海军与甲午战争的专家学者和爱国将士后裔的爱国精神和家国情怀。

热爱祖国是中华民族的优良传统。爱国精神是动员和鼓舞亿万人民团结奋斗、砥砺前行的鲜亮旗帜，是推动祖国社会历史前进的巨大动力，拥有一种伟大的凝聚力和向心力，是全国各族人民和全世界华人共同的精神支柱，它使中华民族能够经受住任何困难和风险的考验，而一直保持坚强的团结和旺盛的生机。

通过研究不同历史时期的人物使我认识到，虽然他们所处的时代和社会制度不同，其社会任职和能力大小也不相同，但他们却有着诸多的共同点，这就是：勤奋好学、立志报国；爱国爱乡、家国情怀；忧国爱民、仗义执言；国家有难、挺身而出；历经磨难、自强不息；关键时刻、敢于担当；身处逆境、忠心不变；同仇敌忾、捍疆卫国；宁为玉碎、毋为瓦全；以身许国、宁死不降。他们这些共同点皆源自于中华民族优秀的传统文化，而优秀的传统文化就是中华民族绵延不息、繁荣昌盛的伟大灵魂。当然我们也不能忽视传统文化的局限性，以及历史人物愚忠思想的鉴戒作用。

自鸦片战争爆发以来，从太平天国到辛亥革命，中国人民同不同肤色的侵略者和腐败无能的清朝统治者进行了无数的激战与抗争。将研究相关历史人物的文章结集成专辑出版，是著名学者戚其章、王家俭等老一辈史学工作者对笔者的希望。通过结集出版，可以系统地梳理出不同历史时期的各种人物，对国家、对民族、对家乡和家人的真实情感和强烈责任，又能通过这些人物的不同经历、不同时代和家国情怀，说明“修身、齐家、治国平天下”“国家兴亡，匹夫有责”“位卑未敢忘忧国”以及“先天下之忧而忧，后天下之乐而乐”等历史名言对中华儿女潜移默化影响的重要性。国家要发展，民族要复兴，人民要幸福，世界要和平，就离不开吸收和改造人类思想和文化发展中一切有价值的东西。正如中华人民共和国的主要缔造者毛泽东主席指出的那样：“我们不应该割断历史”，“从孔夫子到孙中山，我们应当给以总结，继承这份珍贵的遗产。这对于指导当前的伟大运动，是有重要的帮助的”。①

从 1840 年鸦片战争至 1949 年中华人民共和国建立，中华民族的有识之士，带领伟大的中国人民左冲右突，前赴后继，奋勇抗争，不惧艰难险阻，不怕流血牺牲，赶走了不同肤色的侵略者，低头弯腰的中国人民终于挺直了腰板站起来了；又经过半个多世纪的艰苦拼搏，我们的国家有了巨大的变化，国富兵强，人民幸福。我们应该永远铭记那些为国家独立和民族富强而做出

① 《毛泽东选集》（一卷本），人民出版社 1964 年版，第 499 页。

牺牲和贡献的人们。为了实现中华民族伟大复兴的中国梦，中国人民仍要勤奋好学，勿忘国耻；团结齐心，与时俱进；牢记使命，学习英贤；爱岗敬业，勇于创新，敢于担当，奉献国家。

此书的出版，一方面，为给学术界开展交流沟通提供方便，并能得到他们的补正与赐教；另一方面，为给赴刘公岛的参观者和社会不同的需求者，提供快捷、细致的服务，故将过往文章汇编专辑，呈现给社会。

愿读者朋友们喜欢、赐教。

戚俊杰

2019 年 4 月 20 日

目 录

CONTENTS

上 篇

中 篇

下　篇

上篇

对孟子义利观的现代认识

据史载：孟子见梁惠王，王曰："叟，不远千里而来，亦将有以利吾国乎？"孟子说："王，何必曰利？亦有仁义而已矣。"（《孟子·梁惠王上》，以下所引《孟子》只注篇名）长期以来，论者往往抓住孟子这段话，说他重义轻利，或认为他只讲义不讲利。对此，笔者实在不敢苟同。我们认为，孟子的确重义，但并非轻利，他是义利辩证统一论者。

孟子半身像

首先，人生在世，谁也离不开衣食住行，离不开物质利益，孟子不是虚无主义者，他当然深知此理。不仅如此，作为一名思想家，孟子对利的见解比一般人更合乎理性。孟子生于战国中期，在这一时期，新兴的封建生产关系已经代替了腐朽没落的奴隶制生产关系，生产力得到了解放，农、工、商各业较前代都有较大发展。孟子站在新兴地主阶级立场上，顺应了这一历史潮流，他不仅不轻利，而且给予社会生产和人们的物质生活以高度重视。他认为，一个好的君主应做到"制民之产，必使仰足以事父母，俯足以畜妻子，乐岁终身饱，凶年免于死亡"（《梁惠王上》）。孟子更提醒统治者，假若不能使百姓的粮食多到像火和水那样，那么百姓就顾不上讲什么道德，如果能使人民丰衣足食，安居乐业，"而民焉有不仁者乎？"（《尽心上》）孟子还为发展生产、创造财富向统治者提出了一些具体方案，主张"易其田畴，薄其税敛"（《梁惠王上》）；要使每个农户有百亩之田、五亩之宅，保证农民生产有时，充分调动他们的生产积极性，集中解决粮食问题；提倡发展桑业、畜牧业和盐业，以保证人们多方面的生活需要；主张农业、手工业严格分工，开设集市，实行免税贸易，互通有无，促使农、工、商各业全面发展等。孟子的设想，既全面又具体，这在当时来说，实在难能可贵。

由此可见，认为孟子重义轻利或只讲义不讲利的说法，未免失之片面。

其次，我们说孟子并非轻利，绝非说他将义利二者等量齐观。孟子在对物质利益予以充分肯定和足够重视的前提下，对义的地位又强调得更加突出些。

什么是义？对此，历来注家解释颇多，不过，我们认为，孟子自己及有关儒家典籍对“义”所作的说明，其意思更为贴切。《中庸》说：“义者宜也。”唐人孔颖达正义：“宜为遇事得宜，即是其义。”这是对人们的各种社会行为提出的总的原则要求，还显得抽象笼统。孟子说：“仁，人心也；义，人路也。”（《告子上》）又说：“义，人之正路也。”（《离娄上》）孟子的学生告子也说：“仁，内也，非外也；义，外也，非内也。”（《告子上》）孟子及其弟子将义与仁放在一起作比较分析，这既突出了二者的道德意义，又区分了二者各自的具体内涵。即“仁”突出了人的内在因素——思想观念的特征，它是人真善美属性的表达；“义”是仁的外在表现，它要通过人们所从事的政治（包括战争）、经济、文化、教育等社会实践活动体现出来，具有广泛的社会实践性。居于仁，行于义，就是要人们在通常情况下，应具有一颗善良仁爱之心，思想行为应该适度，或说中正。人的行为是否中正无邪，是关系到江山社稷是否安宁的全局大计，所以说：“中也者，天下之大本也。”（《中庸》）当然，人若能居于仁，也就必能行于义，两者是不可分割的有机统一体。

那么，孟子为什么特别强调义，甚至强调到令人误解的程度呢？其一，时代寡义使然。孟子之时，就社会形态而言，奴隶制土崩瓦解，封建制确立已成定势，这无疑是历史的进步。同时封建社会初期的地主阶级比起没落的奴隶主阶级来，也是新生的向上的阶级。不过，地主阶级同奴隶主阶级又毕竟都是依靠剥削劳动人民过活的阶级，这也是毋庸讳言的客观事实。当地主阶级的统治地位一经确立之后，在他们的官林宦海之中，除一部分具有良好政治素质与较高文化修养的人尚能保持清醒头脑，为封建统治的长远利益着想外，余者则只顾眼前利益，他们利令智昏，不受任何法纪和道德规范的制约，如狼似虎地追逐私利，盘剥人民，导致了“上下交征利”（《梁惠王上》）的恶劣世风。难怪孟子对弟子公孙丑颇有感慨地说：“王者之不作，未有疏于此时者也；民之憔悴于虐政，未有甚于此时者也。”（《公孙丑上》）另外，各诸侯国的统治集团为了争夺人口、土地和财富，相互兼并的战争连年不断，从而构成春秋战国时期政局的一个显著特点。诚然，这些战争是促使中国走向统一的必不可少的途径。但是，“争地以战，杀人盈野，争城以战，杀人盈城”（《离娄上》），从而给人民带来深重灾难，也是毋庸回避的事实。存在决定意识，这种到处多行不义的社会现实，怎么能不使孟子为伸张正义而大喊大叫呢？在当时的情况下，作为一名思想家，在议论国政时，如果动辄言利，则无异于火上浇油，助纣为虐。孟子强调义，其用意绝不是反对利，他所反对的是互相争夺不义之财，而极力主张的是在符合道义的前提下，取得正当的、更大的、长远的利益。其二，思想家的强烈历史责任感所致。自春秋末孔子兴办私学以来，为古代中国造就了一大批知识分子，他们大多数属于社会中下层，同百姓的感情很接近，又无高官厚禄的包袱，不仅对社会问题最敏感，而且具有以天下为己任的强烈历史责任感。他们从不同的角度著书立说，表明自己的政治主张。儒学大师孟子，既有“反身而诚”（《尽心上》）的修养，又有精通古今之变的学识。他奋力探索尧、舜及夏、商、周三代成功治世的经验和夏、桀、商纣衰败的原因，再结合现实中各诸侯国的实际情况，终于在其祖师孔子仁学的基础上，找到了既符合广大劳动者利益，又能维护新兴地主阶级长远利益的理想方案——仁政。谁能行施仁政，就必能实行义举，为此孟子以义匡人正世的理想也就实现了。

孟子治世方案虽佳，却难以为急功近利的各国统治者所采纳，不过，我们不能以成败论人，思想家的高明之处，就在于他的学说能够在未来的历史演进中发挥出在当时所不可估量的作用，孟子亦然。人们素知的汉朝“文景之治”和唐代的“贞观之治”，之所以会出现那样的繁荣景象，其原因固不可归于一端，不过，与孟子义利统一思想的付诸实践不无关系。

从整体意义上说，义与仁当然属于道德范畴，具体到义与利的关系上，孟子是怎样看待的呢？他针对“上下交征利”的社会现实，将义与利辩证地统一起来，或说把义视为人们获取物质利益的正当手段。孟子关于义利辩证统一的学说，是从具体的个人和国家整体两个方面展开的。

就具体的个人利益而言，孟子并不是禁欲主义者。齐宣王接见孟子时，说他自己有个毛病，“好货”。孟子不以为然，他以周代的公刘也“好货”为例说明，一般地讲“好货”并不算什么毛病，问题在于，面对物质利益，应持何种态度和遵循什么样准则来获取。他在回答弟子彭更关于这个问题的提问时说：“非其道，则一箪食不可受于人；如其道，则舜受尧之天下，不以为泰。子以为泰乎?”（《滕文公下》）所谓“非其道”和“如其道”，就是说的不合乎道义与合乎道义两种决然不同的态度和准则。孟子的观点非常明确，如果不合乎道义，就是一小筐饭也不能接受；若是合乎道义，哪怕像舜接受尧的天下那样大的利益，受之都不算过分。这同孔子所说“富与贵是人与之所欲也，不以其道得之，不处也”（《论语·里仁》）的观点完全一致。

在阶级社会里，贫富之差，善良邪恶之别，这是不以人们的意志为转移的客观存在。面对严酷的社会现实，孟子为世人提出了“富贵不能淫，贫贱不能移，威武不能屈”(《滕文公下》)的道德原则，从而使他的道德观达到了尽善尽美的境界。“富贵不能淫”，是要人们在取得富贵之后，不可利令智昏，腐败堕落，而应以法纪和道义严格约束自己；“贫贱不能移”，是要求人们在处于贫贱地位时，也应恪守道义，保持操节，决不在富贵与权势面前表现得奴颜媚骨，甚至为斗米折腰，为蝇头小利丢尽人格。“一箪食，一豆羹，得之则生，弗得则死，呼尔而与之，行道之人弗受；蹴尔而与之，乞人不屑也。”(《告子上》)“士穷不失义，达不离道”，“穷则独善其身，达则兼善天下”(《尽心上》)。可见，孟子的人穷志不衰和富而不忘义的道德观是建立在以天下为己任的思想基础之上的。在孟子看来，作为一个社会的人，不管你是富还是贫，都应该具有强烈的社会责任感，都应该承担一定的社会道德义务。只有这样，才能维持社会的相对稳定。否则，国将不国，家将不家，社会的一切还不都乱了套？“威武不能屈”，是向人们提出的在恶势力和敌人面前所应坚持的道德原则。对于一个人的最严峻的道德考验，莫过于触及他最根本利益的生死攸关时刻，而这种时刻往往存在于国内正不压邪与境外敌寇入侵的过程中。一个人能在恶势力和敌人面前表现得刚直不阿和宁折不屈，那么，为了正义，他还有什么别的利益不可以抛弃呢？按照孟子的义利观，人生所需固多，但道义、气节之对于一个人是比什么都重要的。在两千多年前，孟子能不遗余力地倡导这种为寻求真理、恪守道义和创造事业连死都不在乎的积极进取精神，实在不可多得。这种精神或被称作“安贫乐道”，其实，安贫乐道的目的在于乐道，而不是安贫。有人说孔孟儒家“重视道德价值，忽视经济价值”，我认为这是一种误解。

在国家整体，亦即安邦治国方面，孟子的基本观点为，道义是统帅，物质财富是基础，利寓于义之中。孟子所说“何必曰利？亦有仁义而已矣”的真正含义正在于此。孟子认为，一个国家要想富强，就必须实行德治仁政，所谓德治仁政，就包括了发展生产、繁荣经济。孟子甚至把发展生产与繁荣经济视为“反其本”(《梁惠王上》)。“本”，就是根本，是基础。“反其本”，就是要从经济基础抓起。如何反其本？孟子认为，欲富国，必先富民，民富则国强，民穷则国衰。这就是孟子的与民同忧乐的“民本”思想。这种“民惟邦本，本固邦宁”(《尚书·五子之歌》)的治国意识虽早已有之，但孟子将其发展得更加完善、更加体系化了。孔孟儒家思想中的某些方面之所以具有合理性，而且能够长存不衰，究其原因，就在于它是建立在以民为本这一坚实的基础之上的。

孟子的义利统一观形成于我国封建制确立的初期，它对维护封建统治阶级长远利益方面起过积极作用。秦汉以后，凡开明的有作为的统治者，大致都能效法孟子的思想，做到以义取利、义利统一。因而在他们统治期间，政治就比较清明，经济也就必然会出现繁荣的局面。今天，我们从事社会主义现代化建设，为之导向的当然是，而且只能是马列主义、毛泽东思想和邓小平理论的全新的科学理论。然而，即使在今天，也仍然存在着如何处理公与私、义与利的关系问题。因此，我们以马列主义、毛泽东思想和邓小平理论为武器，批判继承孟子义利统一的思想，应该是有益无害的。

（此文原发表于《淄博师专学报》1998 年第 2 期，笔者为第一作者。有改动）

论戚继光兵学与中朝战斗情谊

民族英雄戚继光半身像
（袁晓春供图）

戚继光不仅是我国明代抗倭的著名民族英雄，而且也是杰出的军事家。他熟读兵书，却不拘泥于旧法。他在总结、汲取中国古代军事思想理论的基础上，结合其领导抗倭斗争，总理蓟州、昌平、保定三镇练兵的实践经验，写下了《纪效新书》《练兵实纪》等军事名著。

戚继光的军事思想不仅具有高超的理论水平，而且还有着鲜明的实践性。它不仅在中国产生过重大影响，而且在16世纪末的中朝抗倭斗争中也充分显现出重要价值。戚继光兵学对中朝战斗情谊的凝成，功不可没。

一、戚继光兵学的理论性与实践性

我们要谈戚继光兵学及其相关问题，就应当对戚继光兵学的理论性与实践性有个较为全面的探讨。

（一）理论性

首先，继承与发展。继承与发展，是理论的基本属性。戚继光兵学并非经验之谈，更不是空中楼阁、闭门造车，而是建立在科学继承中国古代兵学思想理论的基础之上的。如戚氏的“算定战理论”，就是对古代杰出军事家孙武“庙算”思想的继承与发展。又如，他要求为将官者要有很高的道德修养和军事修养。如何做到呢？个人努力当然是最重要的，但这只是一个方面，还要精读《百将传》，从古代著名将领那里汲取做人之道。同时，应努力学习古代兵法，熟读《武经七书》，既要“师其意”，又要“不泥其迹”。这都表明，戚继光兵学之所以称得起古代兵学之集大成者，一方面他能科学地继承前人兵学成就，另一方面他又能紧密结合明代抗倭斗争的实际，有新的创造和发展。

其次，文化素质的培养。军人不仅要精通军事，要有道德修养，而且还要有文化。事实上，军事、道德、文化三者是相辅相成、三位一体的，缺了任何一点都造就不了合格的军事人才。通过戚氏兵书可以看出，戚继光非常重视对军人——尤其是将帅的文化素质的培养。

所谓文化素质的培养，在戚继光之世，主要是要求军人通晓孔孟儒家之道。作为儒家“修身、齐家、治国平天下”安邦治国方略载体的《孝经》《忠经》《论语》以及《资治通鉴》等典籍，不仅能使人明白孝、悌、温、良、恭、俭、让、宽、信、敏、惠、刚、直、勇等为人之道，增强人的理性，而且更能使人知道历代王朝兴衰成败之故。因之，要培养造就具有综合文化素质的智能双全的军事人才，就不能不熟读这些经典之作。不仅要熟读，而且还要“神会其意”。他要求将领“正心术”“至诚待下”，要以“忠信为甲胄，礼义为干橹”，练士兵的胆气，要练孟子的“浩然正气”，明确告知“杀人、安人，无不是使天下归仁”①，等等。

（二）实践性

首先，戚继光兵学的基本原则就是理论联系实际。戚继光对古代军事理论的继承，不是机械照搬，而是汲取精华，从实际应用出发，有所创新与发展。因此能极大限度地释放出他的能量。他主张：“师其意，不泥其迹”②，作战时，要因地形措阵，因敌情异用，因兵情转化。总之，不论是兵将的选择、军事训练、军队的编制、奖惩之严格，还是强兵之术与制胜之策的确定等，都体现了这一点。

其次，戚继光兵学是在抗倭斗争的实践中生成的。明代的抗倭战争不同于古代的任何战争，因此，他强调，“兵事须求于实际”③，并且“颇知于切实处用力”④。作战要“因形措胜”“临敌制变”，等等。戚氏兵学同以往的军事理论相比，既有共性，又有自己的独到之处。这独到之处，就是特别适用于抗击狡诈凶残之倭寇的可操作性或实践性。

二、戚氏兵学传入朝鲜

中、朝（指历史上朝鲜半岛诸国）之间唇齿相依、山水相连，自古以来就有着深厚的牢不可破的友情。

首先，自进入文明社会以后，彼此间就一直进行着政治、经济、思想、科技、艺术等全方位的文化沟通与交流，从未间断。双方情谊促进了文化（广义

① （明）戚继光撰：《止止堂集·愚愚稿上·大学经解》，清光绪十四年山东书局刻本。
② （明）戚继光撰：《练兵实纪》卷九《练将·习兵法》，清文渊阁四库全书本。
③ （明）戚继光撰：《练兵实纪》卷九《练将·辨效法》，清文渊阁四库全书本。
④ （明）戚继光撰：《止止堂集·愚愚稿上·大学经解》，清光绪十四年山东书局刻本。

的）的交融；文化交融又使中朝人民的友谊得到了进一步发展与巩固。作为传统文化的重要组成部分的军事文化，当然也在两地相互交流、相互补充之列。

其次，共同的文化心态与致思取向，必然地形成了中朝人民同生死、共患难的生存观。中朝人民不管哪一方，一旦遇到灾难，包括外敌入侵，另一方便会无代价地应邀予以支援，直至对方化险为夷。

最后，我们还必须看到另一种情况，即只要我们用科学历史主义的观点与方法予以审视，便不难发现，在中朝各具自己特色的文化交流中，无不为各自的社会发展营造了十分有利的外在条件，使彼此共同受益。然而，又毋庸讳言，在中朝之间全方位的文化交流中，思想意识形态领域以儒学为主流，包括包含儒学智慧与理性（体现为仁、义、礼、智、信、刚、直、勇等）的军事文化在内的中华文化，始终以其高势能东渐朝鲜乃至其他国家或地区。朝鲜在 7 世纪之前的太学之中就已开始了儒学经典及其理义的教授。新罗统一朝鲜后，更重视经学教育。高丽王朝时期，格外重视儒家的“修身、齐家、治国平天下”理念。1289 年（元至元二十六年），《四书集注》传入朝鲜，于是崇尚理学之风遍及半岛，被誉为“东方理学之祖”的郑梦周任学官，“每日坐明伦堂，分经授业，讲毕论难忘倦。是学者坌集，程朱性理之学始兴”①。从此，理学成为朝鲜李朝五百余年的正统之学。故史家多称李朝为“儒学王朝”。

儒学向朝鲜传播的主要载体是典籍，李朝时期，凡派往中国（明朝）的贺正使、圣节使、冬至使、谢恩使等，大多兼负进购所需各种儒家典籍的任务。明朝皇帝也常赠送，以供其需。为了普及儒学文化，李朝屡改印刷术，扩大了儒学典籍的印刷量。1420 年（明永乐十八年），世宗设“集贤殿”，由高层学者任职，对儒学进行高深研究。

古代朝鲜在 7 世纪之前，以仁义为其核心的儒学的传统与以义理为核心的道德学精神绵绵不绝，代代相传。在这伟大思想与崇高精神熏陶下，中朝人民的文化心态与价值取向的一致性日益加强。尤其由儒学演进升华的理学，其宁折不屈的人生价值观与同仇乱忾的民族气节观，在中朝人民屡次共同抵御来犯之敌的斗争中，体现得最为鲜明。

正因如此，才使得戚继光兵学传入朝鲜成为可能。

明朝建立不久，倭寇即侵扰中国沿海，朝鲜也深受其害。为抵抗倭寇，朝鲜

---

①［高丽］徐居正等编撰：《东国通鉴》卷四八，（清）陈梦雷编纂、蒋廷锡校订：《古今图书集成》第二十一册“方舆汇编边裔典第二十二卷朝鲜部”，中华书局、巴蜀书社 1985 年版，第 25028 页。

李朝常令“通事”到中国将“兵法等册”等“随所见贸来”[①]。1592 年 4 月，日本大封建主丰臣秀吉发动了侵略朝鲜并危及中国的战争，是为“壬辰之乱”。面对倭患，抵御中只用一般兵法是无济于事的，而戚继光兵学乃其击溃倭寇成功经验的结晶，并蕴含着中国古代军事文化之精髓，当然成为朝方求之不得的法宝。其时，李朝宣祖不仅火速遣使赴明朝求援，而且特令使臣将“戚继光所撰《纪效新书》数件购得而来”[②]。他们深知，《纪效新书》乃戚继光于明嘉靖间“募浙闽乡兵屡殄倭寇，以其练兵制敌之方，常所历试而取胜者为书”[③]。既然如此，《纪效新书》当然就成为壬辰抗倭战争中练兵制敌所不可多得的具有指导意义的兵书。

还有，李朝相臣李德馨随同明朝提督李如松，与敌激战于平壤，当他目睹中国浙江兵勇善战时，乃“询其教练训习之法，遂得是书，以献于朝廷”，并于 1593 年之后，“设训局，军兵习其技艺，且以其制教练。仍以书颁于国中”。[④] 可见，至少在 1593 年，以《纪效新书》为载体的戚继光兵学便正式传入朝鲜。

三、戚继光兵学与中朝战斗情谊

元泰定帝时（1324～1327 年），日本处于南北朝时期，各地封建主纷纷纠集境内的武士、商人和失去生产手段的浪人，不断乘机寇掠中、朝沿海一带。15 世纪后期，日本进入封建诸侯割据的战国时代，各地封建主为了满足私欲和弥补战争经费的不足，大力支持武士、商人与浪人到中、朝沿海进行抢劫。尤其到了明嘉靖年间，倭患更趋严重，“倭剽掠辄得志，益无所忌，来者接踵”[⑤]。他们到处烧杀掠抢，严重威胁中、朝两国沿海人民的生命财产，也妨碍了社会经济的发展。

1592 年（明万历二十年）、1598 年（明万历二十六年），日本大封建主丰臣秀吉发动了一场规模空前的侵朝战争。论规模，是空前的；论命运，也是倭患的终结。

（一）丰臣秀吉的“大日本帝国”梦

1573 年，日本结束了南北朝分裂的战国时代。1585 年，大封建主、权臣丰臣秀吉任关白，成为实际统治者，此人极富侵略野心，妄想征服朝鲜，进而侵占中国。他曾用占卜一类的谎言欺骗世人，说什么他要征服明朝是上天授予自己的

---

① 《朝鲜李朝实录》，中宗三十六年，明嘉靖二十年（1541 年）。

② 《朝鲜李朝实录》，宣祖二十六年，明万历二十一年（1593 年）。

③ 《朝鲜李朝实录》，显宗五年，清康熙三年（1664 年）。

④ 《朝鲜李朝实录》，宣祖二十六年，明万历二十一年（1593 年）。

⑤ 《明史·朱纨传》。

使命。他梦想侵占中国后，再将国都迁往中国，建立一个包括中国、朝鲜和日本的大帝国。

（二）丰臣秀吉发动侵朝的“壬辰之乱”

丰臣秀吉想实现他的“大日本帝国”梦，首先是侵占朝鲜，再以朝鲜为跳板，征服中国。1592 年 4 月，他派小西行长、加藤清正、黑田长征等率 20 万军队，九鬼家隆等率 9000 水军和 700 艘战舰进攻朝鲜。日军在釜山登陆，分三路北进，迅速占领了王京（今汉城），然后渡过临津江，攻陷开城、平壤，使朝鲜人民惨受祸害。是年乃旧历壬辰年，故史称“壬辰之乱”。

（三）中国派兵援朝抗倭

壬辰之乱，十万火急。李朝宣祖向中国“遣使络绎告急”①，请求明朝政府出兵相助。其时，明朝民族英雄戚继光领导的抗倭斗争已取得了彻底胜利。既然丰臣秀吉兴兵大举犯朝，并危及中国，而朝鲜又频频告急求援，出兵赴朝乃天经地义的事。于是，明朝于万历二十年（1592 年）四月，派辽东副总兵祖承训、游击史儒率军 3500 人渡过鸭绿江直挺平壤，开始了明朝无私援助朝鲜抗击倭寇侵略的正义战争。

（四）陆战何以转败为胜

先是，由于祖承训轻敌冒进，又不熟悉地理，在进攻平壤时，便“炮城斩关，分道以入”，遭日军埋伏，史儒战死，祖承训败回辽东。② 于是，明朝又派兵部右侍郎宋应昌为经略，李如松为提督，率军 3500 人入朝。1593 年 1 月 18 日，中朝联军打响了收复平壤的战斗。由于李如松遵照戚继光的战略战术原则，加强了军事部署和对敌攻势，只一日便收复平壤。事后，宣祖问李如松“前后胜败之异”，李如松回答说：“先来北方之将，恒习防胡，故取败；后来之将，能用戚将军御倭法，故全胜。”于是，各营镇“即今遵用者乃戚法”。③ 不仅如此，壬辰之乱过后，朝鲜仍“用戚继光兵法，诈假倭习战斗也”④。可见，又一次经受抗倭检验的戚继光兵法，堪称百战百胜之法。以平壤大捷为转机，日寇在陆战中之所以节节败退，最后龟缩到半岛南端一隅釜山，其原因固不可归为一端，而戚继光兵学所发挥的指导作用是显而易见的。

不过，忠于戚法，不等于机械照办或一成不变，而是以实际应用为前提，既

---

①《明史・日本传》。

② 参见吴晗辑：《朝鲜李朝实录中的中国史料》上编卷二六，中华书局版 1980 年版，第 1565～1567 页。

③《朝鲜李朝实录》，肃宗三十五年，清康熙四十八年（1709 年）。

④《朝鲜李朝实录》，肃宗五年，清康熙十八年（1679 年）。

忠于戚法，又发展创新。只有这样，戚继光的战略战术理论才能具有强大的生命力，才能真正显现出其价值。如虽然朝鲜军各营镇用戚继光兵法练兵，但柳赫然又能“师其意，不泥其迹”，他“请出火车，别为一镇”。此车乃李朝“训局新造者也”，“一车为五层，每层置十枚火铳，进退合战，五十火铳一时齐发，真平地利器也”。①又如李朝正宗十四年（清乾隆五十五年，1790年）四月成书的《武艺图谱通志》，其所载棍棒、藤牌、狼筅、长枪、镗钯、双手刀六技，皆“出于戚继光《纪效新书》”。而英宗朝时，又增入“竹长枪、旗枪、锐刀、倭剑、交战月挟刀、双剑、提督剑、本国剑、拳法、鞭棍等十二技，纂修图解，作为新谱”②。再如烽火台之设，虽是按《纪效新书》定制，大约以十里为率，但因两国地形不一，其他条件也不尽相同，故也不是非十里不为。像自庆兴西水罗堡、牛岩新起烽台，至于城津镇歧里洞烽台，近者为七八里、十余里，远者为二十里或三十里不一，实际所起到的瞭敌报信作用则是一样的。

（五）中朝抗倭海战的胜利

丰臣秀吉发动的侵朝战争，既有陆战，又有海战。中朝抗倭海战的胜利，标志着丰臣秀吉“建立大日本帝国”美梦的破灭。而陆战不仅是抗倭斗争的组成部分，而且为壬辰抗倭战争的最后胜利——海战的胜利奠定了基础。

在壬辰抗倭战争之前，中国明朝戚继光领导的东南沿海抗倭斗争，也有陆战。就海战而言，最著名者如1561年（明嘉靖四十年）浙江台州大捷中的松门西南海面之战，戚继光采用了水陆配合、陆上围攻、海上截击的战法，打得倭寇“只樯不返，而贼部中之枭雄悉绝”③。戚继光领导抗倭陆战与海战的成功经验全部都融入戚氏兵学之中。因此可以说，在中朝壬辰抗倭斗争中，不论是陆战的胜利，还是海战的胜利，都是戚继光战略战术思想的再一次巨大成功。

倭寇陆战败退守釜山等地，一方面加紧构筑城壕，以备卷土重来；另一方面接受明朝以兵部尚书石星为首的主和派的议和主张，以取得喘息机会。果然，1597年（明万历二十五年）正月，丰臣秀吉撕毁议和协议，以加藤清正、小西行长为先锋，又向朝鲜发动进攻。明朝又应朝鲜请求，以兵部尚书邢玠为总督、麻贵为备倭大将军，由麻贵先率15000名士兵赴朝作战，同时令“募兵川、浙，并调蓟、辽、宣、大、山、陕兵及福建、吴淞水师”④ 增援。开始，日本乘明军

---

①《朝鲜李朝实录》，肃宗五年，清康熙十八年（1679年）。

②《朝鲜李朝实录》，正宗十四年，清乾隆五十五年（1790年）。

③（明）戚祚国撰：《戚少保年谱耆编》卷二，嘉靖四十年五月，清道光刻本。

④《明史·朝鲜传》。

大队人马尚未入朝之机，先后在釜山、家德、安骨等地登陆，向北进犯，直抵汉城（王京），遭到朝鲜军民的奋勇抗击。是年十一月，大批增援明军开赴朝鲜，与朝鲜军民并肩战斗，重挫敌军。十二月底，中朝联军向败退南部的日军发动猛攻，使其“乃闭城不出，坚守以待援”①。

此间，曾有岛山一战，中朝联军虽给敌人以痛击，但因水军不济，终未大获全胜。邢玠吸取岛山战役“乏水兵无力”的教训，“乃益募江南水兵，精讲海运”②，采用戚继光练兵之法，加强训练。

在中朝联军的打击下，日军败退已成定局，并且做好了撤退的具体部署。中朝联军按照戚继光的战略原则，组成联合舰队的主力计 800 余艘，部署在古今岛以东洋面，完全掌握了朝鲜西南海域的制海权，从而为全歼溃逃之敌掌握了主动权。

露梁大海战，是中朝联军壬辰抗倭战争取得最后胜利的一战。明朝万历二十六年（1598 年）十一月十一日，日本在朝鲜西南部的侵略军登船逃跑，当其船队驶至光阳湾口的猫岛附近海面时，受到中朝联合舰队的阻击。困兽犹斗，小西行长不得不向驻泗川、南海之日军求援。敌酋岛津义弘接到求援信后，即刻率庞大舰队驶向露梁海峡，企图进入光阳湾，以解小西行长之危。其时，已掌握了制海权的中朝联军，灵活运用戚继光巧设伏兵、合臂夹击的海上灭倭战术，浴血搏战。在追击残敌的战斗中，年逾七旬的明朝老将邓子龙和朝鲜名将李舜臣虽然壮烈牺牲，但中朝人民终于取得了抗倭战争的彻底胜利。

几千年来，中朝人民全方位的文化交流，为戚继光兵学传入朝鲜奠定了坚实的基础。倭寇之患，给中朝人民带来了深重的灾难，在中朝人民抗倭斗争中，充分体现了戚继光兵学的价值。戚继光兵学的价值不仅体现在军事上，更体现在中朝并肩战斗凝成的情谊上。

（此文原载于戚俊杰、郭阳主编：《甲午纵横》第 1 辑中编，华文出版社 2006 年版，第 453～461 页。有改动）

---

①《明史·杨镐传》。

②（清）谷应泰撰：《明史记事本末》卷六二《援朝鲜》，清文渊阁四库全书本。

试论林则徐的爱国爱民精神

民族英雄林则徐，不但是国际公认的禁毒先驱，而且还是爱国爱民的光辉典范。他许国从政30多年，曾为官14省，统兵40万。他胸怀强国富民宏志，体恤民情，救灾治水，垦荒屯田，锐意革新，除弊兴利。即便是被贬戍边，身处逆境，也忍辱负重，历经千辛万苦，造福为民。他官德高尚，勤政廉洁，堪称楷模。

一、以立志为先

林则徐出身于下层封建知识分子家庭，他的父亲林宾日，先中秀才，后补廪生，但因眼病没能考中举人，只好做了收入低微的教书先生。因而林则徐少年时期，家境贫寒，生活比较清苦，全家人只能是“半饥半寒，迁就度日”。尽管林家生活艰难，但林宾日夫妇，对儿子的学业寄予莫大希望。他的母亲总是严肃地告诫他说：“男儿务为大者、远者，岂以是琐琐为孝耶？读书显扬，始不负吾苦心矣。”[①] 与此同时，其父母同情下层人民的痛苦，不满官僚地主巧取豪夺、贪污中饱的崇高品德，也给他幼小单纯的心灵留下了深刻的印象。

民族英雄林则徐画像
（林祝光供图）

林则徐于鳌峰书院苦读七年，在书院山长郑光策“明礼达用之学”[②] 的教导下，不仅学制义诗赋，还注意增读经世之学，“一课制举艺，一课古文论志，考辨诸体，

① （清）林则徐：《先妣事略》，《云左山房文钞》卷二，上海广益书局1916年石印本。

② （清）林则徐：《郑苏年师抱膝图遗照》诗引，《云左山房诗钞》卷四，清光绪十二年刻本。

期学者力经史之学"[①]。父母师长的教诲，书院学风的影响，优秀传统文化的熏陶，使他以立志为先，牢固地树立起经世致用的宏图大志。

林则徐无比敬仰先哲与民族英雄，立志学习效法。读书时，他经常和学友们谈论历史上的爱国志士及其英雄事迹，时常邀请学友同窗到越王山麓的李纲祠凭吊，赋诗作词抒发爱国情怀，还主动和学友们发起修葺李纲墓的活动。他十分敬仰岳飞、于谦等民族英雄抗击侵略者的英雄行为，在他赴任浙江省道员时，看到于谦祠墓荒废坍塌，十分痛心，遂即发起捐廉重修。这充分表明了林则徐以岳飞、文天祥、于谦为表率，不怕挫折打击，努力去实现自己的政治理想的坚定决心。

在清王朝封建统治日趋腐败，人民所受剥削日益加重，外国资本主义侵略锋芒毕露，民族矛盾日趋激化，民族危机日益加深的形势下，林则徐勤奋好学，急流勇进，成为爱国爱民的思想家、政治家和杰出的民族英雄，乃属历史的必然。

二、爱国必爱民

林则徐热爱祖国的大好河山，这种情感通过吟诗作词得以抒发。他在赴任途中，或是异地为官之时，经常"飞腾而入，用笔如神"[②]。在《飞云岩》《辰龙冈》《牟珠洞》《即目》《鱼梁江》等诸篇诗作中，我们可以十分清楚地感受到他热爱祖国奇情异景的真情实感和豪情壮志。

林则徐不但热爱祖国的大好山河，而且重民爱民。他在组织疏浚河道、加固堤防的工程中，同情人民，与劳苦大众同甘共苦，"每坐小舟，数往来河中，察勤惰，测浅深，与役人相劳苦，不烦供亿"[③]。在削职被贬无权上奏期间，仍以国家和人民的利益为重，不顾个人安危和得失，义无反顾地大声疾呼："人民、土地皆君职"[④]，坚决反对琦善擅自割地赔款的卖国行径，伸张民族大义。他任江苏按察使的1882年夏天，水灾突发江苏三十余州县，堤圩毁破，淹没田庐，民病粮贵。在此严峻时刻，他坚决反对"用武力驱散饥民"，主张"勘报灾情，减缓征赋"[⑤]，并及时与各地官绅商讨救灾之策，亲赴松江安定灾民，他还在巡

① （清）游光绎等纂：《鳌峰书院志》卷五，转引自林庆元：《林则徐评传》，南京大学出版社1990年版，第13页。

② （清）林则徐：《飞云岩》眉批，《使滇吟草》，转引自杨国桢：《林则徐传》，人民出版社1981年版，第34页。

③ （清）钱宝琛：《壬癸志稿》卷一《名宦·太仓州》，转引自杨国桢：《林则徐传》，人民出版社1981年版，第89页。

④ （清）梁廷枏撰，邵循正点校：《夷氛闻记》卷二，中华书局1959年版，第59页。

⑤ 杨国桢：《林则徐传》，人民出版社1981年版，第45～46页。

察途中，亲自购买了淮北麦种带回江宁，散播各乡灾田。

林则徐重民爱民不仅是“蠲征缓赋，查贫民，赈饿者”[①]，而且还区别情况，晓之以情理国法。他警告“吵闹店铺”的农民说：“尔等饥寒，本属可怜，但一犯法，则不可怜而可恶矣！尔等性命，本属可矜，但一滋事，则不可矜而可恨矣！”[②] 与此同时，他要求殷富地主“诚以捐赈则灾民得生”[③]，又想方设法招徕川、湖米商，使灾区的粮米“因是贾舶麇集，彼此争售，价不禁自跌”[④]。林则徐的这些措施使灾区的绝大多数人民得到实惠，因此“小夫妇孺偶语委巷之中，惟曰：‘林使君之德，生活我也。’”[⑤]

尤其值得称道的是，在他积极赈济灾民的同时，坚决反贪减赋，兴利除弊，。当他得知道光帝不同意缓征江南漕赋、拨发赈灾银粮以苏民困的奏报，训斥他“该督抚等不肯为国任怨，不以国计为亟”[⑥] 时，仍想到“吴民旦夕就毙”，遂决定“不揣冒昧，破格具奏”[⑦]，“国计民生实相维系，朝廷之度支积贮无一不出于民，故下恤民生正所以上筹国计，所谓民生惟邦本也”[⑧]。为达到兴利除弊、利国便民的目的，他大胆制定了减赋政策，规定“以此推之，户户皆然，村村一律，吏胥即欲轩轾，而无可握之权，给费者不能增一分，不减者亦不能减一分，则其无从索费也必矣”[⑨]。在关键时刻，林则徐冒死顶住了道光帝的压力，为江苏的经济恢复和百姓生计，做出了巨大的贡献。

在江苏为官的五年，林则徐以其超人的才干和精明干练的作风，较好地处理了钱漕、赈灾、水利、盐政、货币等实际问题，兴利除弊，基本上达到了利国便民的目的。

“德不孤，必有邻。”(《论语·里仁》)官爱民，民必爱之。林则徐重民爱民怜民的思想和为民造福的行为，广泛赢得了人民的拥戴，“大江南北数十州之远，

---

①（清）林聪彝：《文忠公年谱草稿》，道光三年条，转引自杨国桢：《林则徐传》，人民出版社1981年版，第45页。

②（清）林则徐：《禁止贫民借荒滋扰告示》，中山大学历史系中国近代现代史教研组、研究室编：《林则徐集·公牍》，中华书局1963年版，第5页。

③（清）林则徐：《劝谕捐赈告示》，中山大学历史系中国近代现代史教研组、研究室编：《林则徐集·公牍》，中华书局1963年版，第4页。

④（清）林则徐：《复姚春木（椿）》，道光三十年二月初五日于江西百花洲，抄件。

⑤（清）朱绶：《少穆先生四十初度序》，抄件。朱绶时为林则徐的幕僚。

⑥（清）林则徐：《江苏阴雨连绵田稻歉收情形片》，中山大学历史系中国近代现代史教研组、研究室编：《林则徐集·奏稿》上册，中华书局1965年版，第151～152页。

⑦（清）林则徐：《答陶云汀宫保书》，《云左山房文钞》卷四，上海广益书局1916年石印本。

⑧（清）林则徐：《江苏阴雨连绵田稻歉收情形片》，中山大学历史系中国近代现代史教研组、研究室编：《林则徐集·奏稿》上册，中华书局1965年版，第148～149页。

⑨（清）林则徐：《答陶云汀宫保书》，《云左山房文钞》卷四，上海广益书局1916年石印本。

亿万户之众，虽乡曲妇人，孺子绝不知大吏名氏者，独于公（则徐）名氏甚熟，莫不知其为好官”[①]，人民颂之曰“林青天”。

三、爱国必反贪，廉洁而勤政

憎恶贪官污吏，主张起用正直官吏。林则徐处在清王朝摇摇欲坠的艰难时刻，官场腐败，贪官污吏欺上瞒下，鱼肉乡民。每当想起官场的腐败，他总是焦虑不安，不由得心中打战，每次听到贪赃枉法之事，经常要大发脾气，这体现了他对贪官污吏疾恶如仇、刚直不阿的斗争锐气。

在打击贪官污吏徇私枉法的同时，他积极主张选择使用矢志不渝、立身有素、尽忠于国家皇朝的正直官吏。他认为汉阳县丞彭凤池“廉明勤干”，且籍隶广东，所以决定留在广州“就近代查鸦片根株”[②]。特别是当他得知嘉庆皇帝重新起用江苏巡抚张师诚为编修时，他高兴地称赞皇上的决定是“我朝求忠臣于孝子之门，圣度真如尧舜也”[③]。由此我们不难看出，他希望正直有素的官员能够得到善任重用，表达了振刷纲纪、施展抱负的强烈愿望。

道光十一年（1831 年）十一月，道光帝以林则徐“出膺外任已历十年，品学俱优，办事细心可靠”，特选派为东河道总督。他心情激动，决心“自持刻苦，不避怨嫌，以防意者防川，以纠心者纠吏”[④]，来报答道光帝的恩典。在东河河道总督任上，他以兴利除弊为经世抱负，精心组织，细心体察，尽职尽责，对于办理工程不力的官吏员弁一概严行纪律，确保工程进度及质量，博得了沿河兵夫居民的交口称赞。就连道光帝也难能可贵地称赞他办事得力，认为“向来河工查验料垛，从未有如此认真者”[⑤]。皇帝如此恩宠信任，使林则徐感激涕零，他决心永做济世匡时、廉洁奉公的良臣。

难能可贵的是，林则徐是官居极品，却始终保持廉洁奉公、勤政自律的高风亮节。他被授命为钦差大臣之后，在离京前往广东的南下路上，为保证廉洁自律，便于沿途官绅监督，特发出传牌做了如下的规定：一是声明此行“并无随带官员供事书吏，惟顶马一弁、跟丁六名、厨丁小夫共三名，俱系随身行走，并无

---

① （清）冯桂芬撰：《显志堂稿》卷一，清光绪二年冯氏校邠庐刻本。

② （清）林则徐：《遣用废员马辰及汉阳县县丞彭凤池片》，中山大学历史系中国近代现代史教研组、研究室编：《林则徐集·奏稿》中册，中华书局 1965 年版，第 706 页。

③ （清）林则徐：《致张兰渚书》，转引自杨国桢：《林则徐传》，人民出版社 1981 年版，第 30 页。

④ （清）林则徐：《起程赴河东河道总督新任折》，中山大学历史系中国近代现代史教研组、研究室编：《林则徐集·奏稿》上册，中华书局 1965 年版，第 11～12 页。

⑤ （清）林则徐：《查验豫东各厅料垛完竣折》，中山大学历史系中国近代现代史教研组、研究室编：《林则徐集·奏稿》上册，中华书局 1965 年版，第 28 页。

前站后站之人，如有借名影射，立即拿究”；二是所雇佣的轿夫和轿钱，都已经发给，“不许在各驿站索取丝毫。该州县亦不必另雇轿夫迎接”；三是一路之上“所有尖宿公馆，只用家常饭菜，不必备办整桌酒席，尤不得用燕窝烧烤，以节糜费”；四是所有随行的人夫丁弁，“不许暗受分毫站规门包等项，需索者即须扭禀，私送者定行特参”。[①] 最后还严令沿途州县、驿站官吏照此办理。通过这些规定，我们足可以看出当年的林则徐是何等的廉洁勤政，严于律己。

林则徐虽遭诬陷，但“为天下万世计”仍孜孜不倦、百折不挠地为国家和民族操劳着。他大胆地陈述自己的政治主张，尖锐地指出英国以鸦片输入中国“早已包藏祸心”，“鸦片之为害甚于洪水猛兽”，因此，销毁鸦片，执法惩奸，“实为天下万世计”。面对英国侵略者的野蛮进攻，他坚持“自当以威服叛”的观点，指出“设法羁縻”的做法是非常危险的，他认为国家必须要有抵御外国侵略者的措施和能力，这是国泰民安的长久之计。他积极建议“制船造炮”，而且要“从此制炮必求极利，造船必求极坚”，这样才能改变军事装备和技术落后的状况，把入侵之敌消灭在海洋之中。面对投降派的“随机应变”和不抵抗政策，在他无权争辩和干预的情况下，一针见血地指出，“抑知夷性无厌，得一步又进一步，若使威不能克，即恐患无已时，且他国效尤，更不可不虑”。他情真意切强烈地苦求“倘蒙格外天恩，宽其一线，或令戴罪前赴浙省，随营效力，以赎前愆，臣必当殚竭血诚，以图克复”。[②] 但是，道光帝要将他流放伊犁，林则徐欲献身无路，想报国无门，此情此景令人悲愤。道光二十一年（1841 年）八月二十九日，道光帝又谕令他在遣戍的中途转回开封祥符工地，尽力襄办河工，以求赎罪。

在祥符工地，他早晚跟随新任东河河道总督王鼎驻扎在坝上，“风雪中日夜坐与士卒同畚锸”[③]，以致“奔驰成疾，既发鼻衄，又患脾泄”[④]。然而，那些贪官污吏们非但不同情理解他如此卖力，反而制造流言蜚语造谣中伤。面对“苛刻催促之名”[⑤]，他毫不退避，仍抱病奔波于工地之上。

---

①（清）林则徐：《奉旨前往广东查办海口事件传牌稿》，中山大学历史系中国近代现代史教研组、研究室编：《林则徐集·公牍》，中华书局 1963 年版，第 46 页。

②（清）林则徐：《密陈办理禁烟抗英不能歇手片》，中山大学历史系中国近代现代史教研组、研究室编：《林则徐集·奏稿》中册，中华书局 1965 年版，第 884～885 页。

③（清）金安清撰：《林文忠公传》，中国史学会主编：《鸦片战争》（六），上海人民出版社 1957 年版，第 324 页。

④（清）林则徐：《致张应昌》，林则徐全集编辑委员会编：《林则徐全集》第 7 册《信札卷》，海峡文艺出版社 2002 年版，第 332 页。

⑤（清）林则徐：《致苏廷玉》，林则徐全集编辑委员会编：《林则徐全集》第 7 册《信札卷》，海峡文艺出版社 2002 年版，第 290 页。

林则徐戍边以来，年老多病的身体一直未能康复，虽“脾肺两经交相为病”[①]，他仍抱病捐办阿齐乌苏垦地，认真修筑龙口工程。通过实地考察，他认为首先必须改变边疆“万里穷边似一家”[②] 的落后状况，这是巩固和加强边防安宁的基础。他先后亲历查勘了八城垦地，行程达3万余里，这些地方虽然“不仅从来谪臣所未到，即武臣边帅亦鲜有躬亲周历者”[③]，但他却“到一城，查一城，将实情呈请将军（即布彦泰）核奏”[④]，“凡途间，日日如之”[⑤]。

在勘垦过程中，他根据新疆的地方特点，认真总结推广当地人民长期耕作创造出来的经验，倡导因地就势利用水源，不但在龙口至黑山头开通水渠，还大力推行卡井（坎井）。新疆人民为了感激林则徐推广卡井，把它称为“林公井”；为了纪念他倡导使用纺车称作“林公车”。[⑥] 与此同时，他从屯田的实际效益出发，研究和处理屯田的方式，建议制定了“因地制宜，毫无成见，惟应给回户者，仍不能强招民人”[⑦] 的屯田原则，收到了理想效果。这种屯田原则，一是有力地调动了边民垦荒生产的积极性，促进了边疆各兄弟民族共同开发边疆的主动性，为驱除穷贫落后、屯集丰富的粮食及物资，打下良好的基础；二是有利于“改屯兵为操防”，扩大了戍边的人力资源，加强了边疆防敌入侵的力量。

四、禁烟抗敌，更显爱国英雄本色

面对英国鸦片的大量输入，林则徐认为禁烟主要涉及挽救“白银外流”和民族生死存亡的大问题。他向皇上奏报说，“迨流毒于天下，则为害甚巨，法当从严”，否则，“数十年后，中原几无可以御敌之兵，且无可以充饷之银”[⑧]。他明知清朝统治集团内肯定有阻挠者，但为了堵塞中国大患之源，甘愿赴汤蹈火，即使身陷危机，也要竭尽全力，可谓置祸福荣辱生死于度外。

他主持的虎门销烟，更是一个伟大的振奋人心的壮举，它向全世界表明了中

---

① （清）林则徐：《致姚衡》，林则徐全集编辑委员会编：《林则徐全集》第7册《信札卷》，海峡文艺出版社2002年版，第383页。

② （清）林则徐：《次韵嶰筠喜余入关见寄》，林则徐全集编辑委员会编：《林则徐全集》第7册《诗词卷·近体诗》，海峡文艺出版社2002年版，第248页。

③ （清）黄冕：《书林文忠公逸事》，转引自杨国桢：《林则徐传》，人民出版社1981年版，第408页。

④ （清）林则徐：《致李石梧书》，转引自杨国桢：《林则徐传》，人民出版社1981年版，第404页。

⑤ （清）黄冕：《书林文忠公逸事》，转引自杨国桢：《林则徐传》，人民出版社1981年版，第404页。

⑥ 参见杨国桢：《林则徐传》，人民出版社1981年版，第405、407页。

⑦ （清）林则徐：《正月初五日谦帅寄邓信南路开垦事》，转引自杨国桢：《林则徐传》，人民出版社1981年版，第405页。

⑧ （清）林则徐：《钱票无甚关碍宜重禁吃烟以杜弊源片》，中山大学历史系中国近代现代史教研组、研究室编：《林则徐集·奏稿》中册，中华书局1965年版，第601页。

国人民反抗外来侵略的坚强决心。这次销烟关系到中华民族的生死存亡，所以虎门销烟的历史意义远远超出查禁鸦片本身。林则徐是近代中国反对侵略的第一面旗帜，是中国近代以来一位公认的杰出的民族英雄。

在广泛开展禁烟清毒的过程中，林则徐的禁烟思想随着禁烟的深入也发生了变化，即从重治吸食转移到断绝鸦片来源，由“民族自救”转向“反抗外国鸦片侵略”。[①]

林则徐率众英勇抵抗英国发动的鸦片战争，饬令沿海官兵严阵以待，强调水陆要隘“协同防堵”，“且随处侦拿接济，严断汉奸，务令尽绝勾通……”。为防止敌人带舰北上进犯，他又将情报“飞咨闽浙、江苏、山东、直隶各省”，希望各地“严查海口，协力筹防”[②]。为能有力地打退敌人的进攻，他广发安民击敌告示，“如英夷兵船一进内河，许以人人恃刀痛杀。凡杀白头鬼一名，赏洋银一百元，杀死黑鬼子一名，赏洋银五十元”[③]。当他听到英军驱舰北犯，而清军不战不守，纷纷溃散，听任英军占取定海县城的消息时，对那些贪生怕死，空言误国的投降派非常愤恨。根据广东抗英的经验，他向皇上建议，允许并鼓励民众起来抵抗诛杀侵略者。他建议“夷匪既在岸上，要令人得而诛之，不论军民人等，能杀夷人者，均按所献首级，给予极重赏格”[④]；为了收复定海，他还建议“或将兵勇扮作乡民，或将乡民练为壮勇，陆续回到该处，诈为见招而返……约期动手，杀之将如鸡狗”[⑤]。

面对猖獗野蛮的侵略者和国内投降派的干扰破坏，林则徐正气凛然，亲自登船赴狮子洋一带检阅兵勇海上操练技艺，他派人到澳门向葡萄牙当局宣布，“澳门系天朝疆土”，因此要增调兵力进入澳门，“不使他族得以占据”，并严正指出葡萄牙当局严守中立，免“受其害”。[⑥]

林则徐对关闸之战的失利又气又恼，他一面札令有关将领要严厉执法，对溃逃的官兵，“必得斩一二人以徇于军，方可稍截其流”；一面亲自鼓励出援关闸的

---

① 参见杨国桢：《林则徐传》，人民出版社1981年版，第139页。

②（清）林则徐：《英人续来兵船及粤省布置情形片》，中山大学历史系中国近代现代史教研组、研究室编：《林则徐集·奏稿》中册，中华书局1965年版，第837页。

③［英］宾汉：《英军在华作战记》，中国史学会主编：《鸦片战争》（五），上海人民出版社1957年版，第62～63页。

④（清）林则徐：《密陈以重赏鼓励定海民众诛灭敌军片》，中山大学历史系中国近代现代史教研组、研究室编：《林则徐集·奏稿》中册，中华书局1965年版，第861页。

⑤（清）林则徐：《密探定海敌情片》，中山大学历史系中国近代现代史教研组、研究室编：《林则徐集·奏稿》中册，中华书局1965年版，第864页。

⑥（清）林则徐：《敌船在粤寻衅续筹剿堵折》，中山大学历史系中国近代现代史教研组、研究室编：《林则徐集·奏稿》中册，中华书局1965年版，第863页。

将领兵勇要“激发天良、振作胆力”①，保家卫国，建立功业。同时派水师主动寻找英舰，“冀先歼灭此股”②。这次海战，英舰“受创不轻”，但是“既得胜仗而不能将船夺获，殊为可惜”③。关闸和巩石之战，是鸦片战争爆发以来广东战场上的两次主要战斗，虽说战功不著，但林则徐的主战精神可鉴，他善于启发和调动广大人民群众反侵略的积极性和不断提高军队素质及军事技术的做法，实应推广应用，广大爱国官兵及民众保家卫国的献身精神值得敬佩与学习。

定海失陷时，反禁烟派趁机诬陷林则徐，造谣说“夷兵之来系由禁烟而起”④，因“绝其贸易”⑤，以致激变。特别是道光帝收到琦善的奏片后，深恨林则徐惹起祸端，采纳了投降派意见，决定重治林则徐。并以“误国病民，办理不善”⑥ 的罪名，将林则徐革职查办。但在没有交卸官印前，为了防备英军返棹回粤后挑起事端，林则徐还是派人“分探水陆各要隘，豫雇石船，制办钉桶及刺竹、铁菱角等物”⑦，用以御敌。

林则徐被黜是因为“夷务改换局面”⑧。消息传开后，爱国将士和民众都为之愤慨和震惊。大家纷纷赶制靴鞋、雨伞、香炉、明镜和颂牌，为他送行，“连日铺户居民来攀辕者填于街巷”⑨，五十余面颂牌上写着“民沾其惠，夷畏其威”“勋留东粤，泽遍南天”“公忠体国”“清正宜民”“烟销瘴海”“德敷五岭”“威慑重洋”“风靖炎州”⑩ 的颂词，“清正宜民”的林则徐理应得到人民的回报。

1840 年 12 月 4 日，琦善正式接任两广总督之职后，极尽议和卖国破坏抗战之能事。林则徐为防备英军进犯，向琦善建议造船制炮，加强战守，遭到拒绝。

---

① （清）林则徐：《致怡良》，林则徐全集编辑委员会编：《林则徐全集》第 7 册《信札卷》，海峡文艺出版社 2002 年版，第 228～229 页。

② （清）林则徐：《致怡良》，林则徐全集编辑委员会编：《林则徐全集》第 7 册《信札卷》，海峡文艺出版社 2002 年版，第 232 页。

③ （清）林则徐：《致怡良》，林则徐全集编辑委员会编：《林则徐全集》第 7 册《信札卷》，海峡文艺出版社 2002 年版，第 234～235 页。

④ （清）林则徐：《密陈办理禁烟不能歇手片》，中山大学历史系中国近代现代史教研组、研究室编：《林则徐集·奏稿》中册，中华书局 1965 年版，第 884 页。

⑤ 齐思和等整理：《筹办夷务始末（道光朝）》卷一二，中华书局 1964 年版，第 362 页。

⑥ 齐思和等整理：《筹办夷务始末（道光朝）》卷一五，中华书局 1964 年版，第 491～492 页。

⑦ （清）林则徐：《致怡良》，林则徐全集编辑委员会编：《林则徐全集》第 7 册《信札卷》，海峡文艺出版社 2002 年版，第 249 页。

⑧ （清）林则徐：《致沈维鐈》，林则徐全集编辑委员会编：《林则徐全集》第 7 册《信札卷》，海峡文艺出版社 2002 年版，第 254 页。

⑨ 中山大学历史系中国近代现代史教研组、研究室编：《林则徐集·日记》，中华书局 1962 年版，第 371 页。

⑩ 中山大学历史系中国近代现代史教研组、研究室编：《林则徐集·日记》，中华书局 1962 年版，第 373～374 页。

他在写给姻亲叶申芗（字小庚）的长信中愤怒地指斥琦善毫无战守准备，对造船制炮之事，皆以“经费之难”为借口，“一概不准”，“而转以牛、羊、水、米”犒劳英军的无耻行径。[①]

1841年1月7日，英军进攻虎门。大角、沙角炮台失守，守将陈连升、陈长鹏父子同役阵亡。林则徐得知此消息，十分悲痛，他痛恨琦善“倒行逆施，懈军心，颓士气，壮贼胆，蔑国威，此次大败，皆伊所卖”[②]。自从削职被贬，林则徐已无权弹劾琦善，为能有效地制止琦善擅自割让香港的卖国罪行，他全力劝说怡良弹劾琦善，他气愤地说：“人民土地皆君职，（琦善）今未奏旨而私以予叛逆之夷，岂宜缄默受过？”[③] 林则徐不但支持帮助怡良揭露琦善私割香港的卖国罪行，还主动向怡良建议，立即将道光宣布对英作战的谕旨公布于众，打消琦善的嚣张气焰，鼓舞人心，激励士气。他深知琦善一贯无视和反对动用民力抗英，所以特别提醒怡良奖励抗敌要着重鼓励烧擒英船的群众。

虎门失陷，广州垂危，“手无斧柯”“身同羁绁”[④] 的林则徐，一方面坚决反对琦善的乞和行径，另一方面自己出资“自雇水勇千人，拟别为一队”[⑤] 抗击敌人。在他的带动下，广州爱国志士和商人绅士，也纷纷捐资雇勇，抗击侵略者。

林则徐奉旨到镇海，不因自己“悬而无薄”[⑥] 而置身局外，他“观山海形势，察看新旧炮位”，“与局员议铸炮演炮事”[⑦]，并把他从广东带来的记载铸炮之法的《焦氏兵法》一书“检付此间炮局，以资参考”[⑧]。在镇海他虽未得重用，但他一如既往，仍把全部精力和心思投入到战备活动中去。

林则徐流放伊犁途中，奉旨到开封祥符工地襄办河工时，惊闻江浙败绩，英国侵略者猖獗，他在工地上“效力赎罪”的同时，寄信给戴孙、牛鉴等，提出防御抵抗措施，他“力陈船炮水军之不可已”[⑨]，积极建议制船造炮、训练水军，

---

① （清）林则徐：《致叶申芗》，林则徐全集编辑委员会编：《林则徐全集》第7册《信札卷》，海峡文艺出版社2002年版，第262页。

② （清）林则徐：《寄林汝舟书》，中国史学会主编：《鸦片战争》（二），上海人民出版社1957年版，第564页。

③ （清）梁廷枏撰，邵循正点校：《夷氛闻记》卷二，中华书局1959年版，第59～60页。

④ （清）林则徐：《致沈维铄》，杨国桢编：《林则徐书简》，福建人民出版社1981年版，第172页。

⑤ （清）林则徐：《致冯椿、王柏心》，杨国桢编：《林则徐书简》，福建人民出版社1981年版，第196页。

⑥ （清）林则徐：《致冯登府》，杨国桢编：《林则徐书简》，福建人民出版社1981年版，第182页。

⑦ 中山大学历史系中国近代现代史教研组、研究室编：《林则徐集·日记》，中华书局1962年版，第400页。

⑧ （清）林则徐：《致冯登府》，杨国桢编：《林则徐书简》，福建人民出版社1981年版，第182页。

⑨ （清）林则徐：《致苏廷玉》，杨国桢编：《林则徐书简》，福建人民出版社1981年版，第191页。

采取“出奇制胜”的方法，迅速改变惯用的“徒守于陆，不与水战”[①] 的局面。

在伊犁虽然是天寒地冻，但也禁不住他爱国情思的奔驰。1843 年除夕夜，他心情特别激动，对自己的所作所为没有后悔，怀念的仍是自己无法报效的水深火热的祖国。他作诗云：“正是中原薪胆日，谁能高枕醉屠苏？”[②] 虽身在伊犁，但“中原之事，未敢忘怀”[③]，抗英卫国的大事更是“无时不悬悬于心目间”[④]，抒发了抗敌不成、报国无门的悲愤。

林则徐手书真迹

（林祝光供图）

林则徐身体多病，辞官引职以后，仍关心东南沿海的抗英斗争，“病榻呻吟忧未了，残灯孤枕警中宵”[⑤]。在福州，他看到“家乡江河日下，人人穷不聊生，原其所由，大约有三大害：洋烟也，花会也，举商而继以捐贴也”，当听到英人违反《中英南京条约》的规定，强行住进神光寺的消息后，林则徐立即联合一批士绅，联名上书，要求当局官员坚决驱除。在“既无斧柯，又不能谋诸肉食”[⑥] 的情况下，仍不甘忍受外国侵略的民族正气使他顶住了“轻听捕风捉影之谈，无事自扰”“喜事沽名”[⑦] 等谗言的中伤，不顾自己虚弱的病体，扁舟泛闽江密察五虎门、闽安诸海口的形势，与友人共商保卫福州城的良策。

我们如何评价林则徐的爱国爱民精神呢？

第一，确有忠君的一面。这是时代、阶级地位的局限，林则徐的忠君不是“愚忠”，它丝毫无损于林则徐爱国爱民精神的光辉。

第二，林则徐是中国近代史爱国爱民、献身

---

① （清）林则徐：《致吴嘉宾》，杨国桢编：《林则徐书简》，福建人民出版社 1981 年版，第 187 页。

② （清）林则徐：《除夕书怀》，《云左山房诗钞》卷七，清光绪十二年刻本。

③ （清）林则徐：《致陈景亮》，林则徐全集编辑委员会编：《林则徐全集》第 7 册《信札卷》，海峡文艺出版社 2002 年版，第 334 页。

④ （清）林则徐：《致李星沅》，林则徐全集编辑委员会编：《林则徐全集》第 7 册《信札卷》，海峡文艺出版社 2002 年版，第 337 页。

⑤ （清）林则徐：《袁午桥礼部（甲三）闻余乞疾寄赠依韵答之》，《云左山房诗钞》卷八，清光绪十二年刻本。

⑥ （清）林则徐：《致苏廷玉》，杨国桢编：《林则徐书简》，福建人民出版社 1981 年版，第 281～282 页。

⑦ 中国史学会主编：《第二次鸦片战争》（一），上海人民出版社 1978 年版，第 123～125 页。

禁烟和反抗外敌入侵的第一面光辉旗帜。他热爱祖国，同情人民，关怀人民，在祖国和人民遭受外敌入侵之时，他挺身而出，伸张民族大义，不顾个人荣辱得失，虽身处逆境，但仍保持廉洁勤政的高贵品质，时刻不忘禁烟抗英大业。他虽然不敢也不可能违抗皇帝的旨意，又受主和投降派的百般诬陷，但他并非一味地逆来顺受，他以郑国子产自喻，为自己坚持民族大义而自慰，同时不甘心禁烟抗英是“罪戾”，与琦善等的议和投降行径进行了坚决的斗争。

[此文原载于《福建论坛》（文史哲版）1997 年第 3 期，有改动]

中篇

李鸿章六次巡阅威海卫

李鸿章久任直隶总督兼北洋通商大臣，他兴办洋务，筹建海防，集内政外交大权于一身，“名满全球，中外震仰，近世所未有也”①，是清末大名鼎鼎的实权人物。就是这样一位权倾一时、位极人臣的忙人，却在年过六旬之后的十余年内，六次到威海卫勘察海湾港口，选择适合海军屯驻的基地，巡阅海防建设工程，校阅北洋海军操演大典。虽然他职高权重，年老体弱，但其认真负责、亲力亲为、吃苦耐劳、敢作敢为、献身海防的精神，令世人惊叹。本文就李鸿章六次巡阅威海卫的相关情况作简要介绍。

中年李鸿章坐像

一、责任重大不敢忘 顺路巡察抓落实

李鸿章第一次来威海卫刘公岛是在1883年7月上旬。1882年5月30日，得知母亲去世噩耗的李鸿章自天津起程，乘坐“保大”号轮船南下回安徽肥东县老家，为母亲奔丧、守孝。次年，5月26日，李鸿章抵达江宁，与左宗棠商议兵饷事。同时电告张树声派丁汝昌率船来上海待命。6月6日，清廷密电李鸿章仍回北洋大臣任。同日，李鸿章在上海令丁汝昌率军舰偕南洋吴全美所带军舰在香港会合后，前往廉州查探。他则于7月5日离开上海乘船北上，快速视察了烟台、威海卫、旅顺口的防务，然后赴天津北洋大臣署任。李鸿章这次巡阅威海卫，看到有线电报经烟台与天津全线开通，心里十分高兴。他任命候补道刘含芳主持，在威海卫城南之金线顶建设鱼雷仓库及学堂；同时，还要在刘公岛设立鱼雷局、机器厂、修理厂和屯煤所等。此次巡阅虽然时间暂短，但完全可以看出李鸿章对加快北洋海军和北洋海防基地建设的高度重视和务实态度。

① 《清史稿·李鸿章传》。

二、借机邀才俊同行 集思广益建海防

1884 年 6 月中旬，新任会办北洋事宜的吴大澂，与由山西巡抚迁署两广总督的张之洞联袂出京，前往任所。为了不负圣恩，办好海防，吴大澂、张之洞及会办福建海防事宜的张佩纶三人决定前往天津，拜访李鸿章。

李鸿章得知，十分高兴。他认为应利用这一机会共同巡阅已取得的筹办海防的成就，也为今后的海防建设争取更多的支持，便向皇上奏报："臣历年经营海防，先治大沽、北塘炮台……旅顺口炮台募用洋匠，仿造新式，工作既成，观者均目为坚实。电线鱼雷，骎骎及山东之威海矣。"报告皇上"北洋略有基绪可寻"并称："臣虽久更兵事，而衰朽之余，智虑短绌，亦冀与二三英俊反复考究，以辅臣之不逮。"① 意在请皇上批准他们率队出海，巡阅北洋海防。

得到皇上批准，李鸿章令天津镇总兵丁汝昌统带"超勇""扬威"两快船与"威远""康济"两练船，齐集大沽口外，待命起程。6 月 22 日，李鸿章"会同张之洞、吴大澂、张佩纶督率各船，放洋操演雁行、鱼贯各阵式，帆缆、灯旗各号令，及枪炮施放之法，尚能整齐灵变"。② 丁汝昌指挥各船，在航行中不断演变雁行或鱼贯等阵式，并在海上进行了打靶表演，李鸿章等十分满意。

巡阅从天津先到旅顺，经烟台，再奔威海卫。快到烟台时，待命的"镇东""镇西""镇南""镇北""镇中""镇边"等炮船皆加入巡阅船队，会操各舰，声势颇为壮观。

经过烟台时，法国水师提督利士比统铁甲舰两艘、快船两只驻扎烟台，盛邀李鸿章阅操。李鸿章见"其船坚炮巨，实较北洋船式为雄大"，而对法国海军的训练演习，却认为"操法尚不甚相远也"。③

6 月 25 日（闰五月初三日），李鸿章一行到达威海卫。威海卫地处山东半岛东北端，与辽东半岛的旅顺口隔海对峙，遥相呼应，成为扼守渤海乃至京津的两扇大门。1398 年，为防倭寇入侵，设卫建城，取名威海卫，寓意威镇海疆。威海卫港湾，水深湾阔，港湾中刘公岛砥柱中流，成为威海湾的天然屏障，并将港湾分为南北两口。1874 年郑观应就建议，"为今计，宜合直、奉、东三省之力，以铁甲船四

---

①《李鸿章奏出洋巡阅折》，张侠、杨志本等合编：《清末海军史料》，海洋出版社 1982 年版，第 225 页。

②《李鸿章奏出洋巡阅折》，张侠、杨志本等合编：《清末海军史料》，海洋出版社 1982 年版，第 225 页。

③《李鸿章奏出洋巡阅折》，张侠、杨志本等合编：《清末海军史料》，海洋出版社 1982 年版，第 226 页。

艘为帅，以蚊子船四艘、轮船十艘为辅，与炮台相表立，立营于威海卫之中，使敌先不敢屯兵于登郡各岛；而我则北接津郡，东接牛庄，水程易通，首尾相应”①。1881 年，北洋水师舰船开始停泊威海湾。1883 年，李鸿章又命候补道刘含芳主持，在威海金线顶建鱼雷库及学堂，并在刘公岛设立鱼雷局、机器厂、屯煤所等。

1886 年 5 月 20 日，巡阅北洋海防的总理海军事务醇亲王奕譞（中），直隶总督兼北洋通商大臣、会同办理海军事务李鸿章（右），正红旗汉军统领、海军事务帮同办理善庆（左）在旅顺合影

李鸿章到达威海卫的当天，顾不上休息，便会同张之洞、吴大澂、张佩纶检阅察看了“所延德国副将哈孙教演鱼雷”。参加操演练习的将士与工匠施放鱼雷时，“齐力操作，射放有准”，驾驶的鱼雷艇“快捷如风”。李鸿章等看得津津有味，非常高兴，一致认为鱼雷艇实为“制敌利器”。②

6 月 26 日，李鸿章结束了此次巡阅，“与吴大澂扬舲北旋”，“张之洞、张佩纶同舟赴沪”。结束此次巡阅之后，李鸿章在奏折中写道：“道员刘含芳会同哈孙督操，布置诸务，甚有条理。”这是对刘含芳和哈孙的充分肯定与表扬。同时，还对筹建威海卫港作了汇报。他认为，“该处濒海，南北两口，地阔水深，若筑台设守”，工程量大，“需费极巨，一时不易措办”。③

---

①（清）郑观应：《易言·论水师》，夏东元编：《郑观应集》上册，上海人民出版社 1982 年版，第 129 页。

②《李鸿章奏出洋巡阅折》，张侠、杨志本等合编：《清末海军史料》，海洋出版社 1982 年版，第 226 页。

③《李鸿章奏出洋巡阅折》，张侠、杨志本等合编：《清末海军史料》，海洋出版社 1982 年版，第 226 页。

三、精心陪同醇亲王 争取首肯促发展

1886 年 5 月，醇亲王奕譞要巡阅北洋水陆各军及海防设施。这是他总理海军事务以来的第一次巡阅。李鸿章深知搞好此次巡阅的重要性。他要求北洋各港口和水陆各军，要全力以赴，搞好操演汇报。

5 月 16 日（农历四月十三日），李鸿章陪同奕譞“巡阅北洋水陆各军”。随行的有“帮办海军正红旗汉军都统善厚斋（庆）、海军衙门文案总办副都统恩宝廷（佑）”，以及“文武随员三十余人：帮总办堃紫峄（岫）、常子清（明）、营务翼长祥伯泉（普）、明菊如（惠）；机器局总办恩厚丞（佑）、王子仪（福祥）；枪炮厂总办岳柱臣（梁）；营务委员希西元（林布）、景亨、博端、佟泽沛；机器委员恩俊斋（杰）、荫俊生（德赫）；枪炮厂委员振声甫（镛）、李璧垣（奎光）、岱仁山（寿）；章京载嵩泉（林）、联星桥（魁）、耆介寿（龄）、丰凤石（伸）、庆啸山（宽）、金子良（如鉴）、色达甫（楞额）、英书舫（文）、全雨乡（顺）、荫月岑（斌）；委管带小队官锡善；内火器营戈什哈章京桂林；外火器营戈什哈章京海禄善；都统随员四人：寿山、延年、于得禄、连元，并海军衙门神机营戈什哈兵弁、夫役，王府护卫太监人等，约共二百三十余人”。①

还有天津镇总兵丁汝昌，统领北洋水师的“定远”铁甲舰（官、弁、水手人等 331 员名）、“镇远”铁甲舰（官、弁、水手人等 331 员名）、“济远”钢快舰（官、弁、水手人等 240 员名）、“定”“镇”“济”三舰（洋员 43 名）、“超勇”快船（官兵人等 140 员名）、“扬威”快船（官兵人等 139 员名）、“康济”练船（官兵人等 137 员名）、“威远”练船（官兵水勇人等 317 员名）、“镇北”蚊船（官兵人等 55 员名）、“镇南”蚊船（官兵人等 54 员名）、“镇东”蚊船（官兵人等 55 员名）、“镇西”蚊船（官兵人等 54 员名）、“镇中”蚊船（官兵人等 55 员名）、“镇边”蚊船（官兵人等 54 员名）、水师屯船（官兵人等 14 员名）；记名关道刘含芳，带鱼雷营（训练官、库官、文案 6 员，雷兵、学生等 117 名），左队一号大雷艇（管驾大副 2 名、舵工等 26 名），左队二号大雷艇（管驾大副 2 名、舵工等 26 名），右队一号大雷艇（管驾大副 2 员、舵工等 26 名），右队二号大雷艇（管驾大副 2 员、舵工等 26 名），右队三号大雷艇（管驾大副 2 员、舵工等 26 名）；记名总兵吴安康，统领南洋水师的“南琛”（官 14 员，队长、水勇等 230 名）、“南瑞”（官 10 员，队长、水勇等 270 名）、“开济”快船（官 10 员，队长、水

---

① （清）周馥撰：《醇亲王（奕譞）巡阅北洋海防日记》，张侠、杨志本等合编：《清末海军史料》，海洋出版社 1982 年版，第 233～234 页。

勇、炮勇等 173 名）等随往。

李鸿章陪同醇亲王、善都统登上“海晏”轮船，盛宣怀和黄花农两观察及王府护卫、太监等也都随船伺候。海军衙门、神机营各员并戈什哈等，登“保大”轮船，周馥随船照料，两船夜宿大沽炮台之下。

5 月 18 日凌晨 4 时，巡阅船队乘着渤海大潮，驶出大沽口。2800 吨的“海晏”轮乘风破浪行驶在前，“保大”船随后而行。北洋水师的“定远”“镇远”“济远”“超勇”“扬威”五船与南洋派来会操的“南琛”“南瑞”“开济”三舰一字排开，“分左右各四护行”。北洋水师的“镇东”“镇西”“镇南”“镇北”“镇中”“镇边”六炮船尾随其后，保驾护航。舰队浩浩荡荡，蔚为壮观。

舰队航行至渤海湾中的长山列岛之庙岛时，“楼台隐见，林树扶疏，树外若有数僧翘首立迎，逾时始散”[①]。“定远”“镇远”“济远”“超勇”“扬威”及南洋之“开济”“南琛”“南瑞”八船，除在旅顺洋面合操，还随行威海，各舰“将弁讲求操习，持久不懈”，均能“布阵整齐，旗语灯号，如响斯应”。[②]

5 月 21 日晚 10 时多，航行了 300 多里的巡阅船队到达威海卫。

5 月 22 日上午 8 时，李鸿章陪同醇亲王检阅“镇东”“镇西”“镇南”“镇北”“镇中”“镇边”六炮船演阵打靶。炮船的管带官们，“皆视统领旗语为号”，驾驶炮船进退快慢，离合旋转，皆合机宜。炮船打靶，尚能击中目标。但炮船六只，“炮巨船小，行驶甚缓，只可护炮台以守海口”。[③]

看完炮船打靶操演，李鸿章与醇亲王乘坐“镇东”炮船，对停泊在海湾的“定远”舰进行检验视察。同时，“善都统验‘镇远’铁甲，派恩总办验‘济远’穹甲”[④]。“定远”与“镇远”是姊妹舰，德国制造，排水量 7335 吨，航速 15.5 海里，舰上前主炮为 280 毫米口径，舰上造淡水机器每日造淡水可供 300 人食用，船上最大电灯可抵 2 万支烛光之亮度。醇亲王与李鸿章登上“定远”舰，见其高大威武，设施先进，心里着实高兴。但他们深知“惟此数船，合尚嫌单，分则更少”，所以决定“俟明年英、德新订快船四只北来，合之北洋现有五船，自成一队”。

---

①（清）周馥撰：《醇亲王（奕谖）巡阅北洋海防日记》，张侠、杨志本等合编：《清末海军史料》，海洋出版社 1982 年版，第 242 页。

②《奕谖奏查北洋炮台、水陆操防、机器、武备、水师学堂情形折》，张侠、杨志本等合编：《清末海军史料》，海洋出版社 1982 年版，第 252 页。

③《奕谖奏查北洋炮台、水陆操防、机器、武备、水师学堂情形折》，张侠、杨志本等合编：《清末海军史料》，海洋出版社 1982 年版，第 252 页。

④（清）周馥撰：《醇亲王（奕谖）巡阅北洋海防日记》，张侠、杨志本等合编：《清末海军史料》，海洋出版社 1982 年版，第 242 页。

醇亲王是第一次到威海卫。他认为："威海卫亦海滨澳区，适当烟台来路，水师屯操皆宜。惟南北两口宽各数里，筑台布雷，需费颇巨，仍需量力次第经营。"① 这与李鸿章两年前到威海巡阅之后的意见是一致的。

李鸿章这次陪同醇亲王巡阅，虽然十分辛苦，但却达到了预期目的。诚如巡阅之后醇亲王所奏："臣遍加校阅，将领多经战阵，枪炮皆系新式，操法一律，变化整齐，尚为可恃。"②

四、登舰乘风验新舰 登山履险勘炮台

1888 年 1 月，海军衙门决定，把从英国和德国购买的"致远""靖远""经远""来远"四舰，调归北洋水师应用。这使北洋海防力量大增，李鸿章十分高兴，决定再次出海检验快船暨勘察各港口工程防务。

1888 年 5 月 1 日，李鸿章"率同水陆营务处津海关道周馥、前署津海关道刘汝翼、总统盛军湖南提督周盛波等"③，起程勘察北洋海防。第二天，船队驶出大沽口，先去旅顺口、大连湾，最后到达山东之威海卫，逐处勘察。

李鸿章不顾年事已高，仍"登山履险，亲加勘度"，他视察"威海卫之北口北山嘴、祭祀台筑炮台两座，南口之鹿角嘴、龙庙嘴筑炮台两座，并各建兵房、子药库"时，当面指示"候选道戴宗骞各督将弁、勇夫"，要"齐力兴办"。他也看到施工现场"各处山石嶙峋，开凿万难，取土运料皆远，极费工力"④，深知工程之不易。

5 月 14 日（四月初四日）申刻，李鸿章命令新购的"致远""靖远""经远""来远"四舰再次依法进行航速的检验。试验是在威海卫港湾口外进行的。英国制造的"致远"和"靖远"航速"每点钟仍可十八海里"，德国制造的"经远"与"来远""与原合同所订每点钟驶十五海里大略相符"。李鸿章见这四艘军舰"精坚迅利，与'定远''镇远'等铁甲船相辅而行，可为海洋稍壮声势"，"面饬

① 《奕譞奏查北洋炮台、水陆操防、机器、武备、水师学堂情形折》，张侠、杨志本等合编：《清末海军史料》，海洋出版社 1982 年版，第 252 页。

② 《奕譞奏查北洋炮台、水陆操防、机器、武备、水师学堂情形折》，张侠、杨志本等合编：《清末海军史料》，海洋出版社 1982 年版，第 252 页。

③ 《李鸿章奏察勘各口海防折》，张侠、杨志本等合编：《清末海军史料》，海洋出版社 1982 年版，第 263 页。

④ 《李鸿章奏察勘各口海防折》，张侠、杨志本等合编：《清末海军史料》，海洋出版社 1982 年版，第 264 页。

丁汝昌、琅威理加紧训练，参酌英水师定章办法，期有实济（绩）”。[①] 5 月 16 日，李鸿章一行回到天津。

勘察活动结束后的第二天，李鸿章就向皇上递交了奏折。他认为大连湾、威海卫“该两处同为渤海门户，口岸宽广，应筑台垒尚不止此。惟目前经费支绌，兵数又单，只能就现有人力、财力，择要经营”，“各台所需后膛大炮，亦经筹议分批订购，俾台成运到安设”，“威海之刘公岛，横据外口，势甚扼要。曾设水师机器厂屋，北洋各兵船每在此聚泊操练，拟建铁码头，横入水面，以便各船上煤。岛南须建炮台一座，岛北须建地阱炮台二座。威海南口之日岛矗立澳心，须建铁甲炮台一座，庶水路相依，以成巩固之势，拟次第察酌估办”。[②]

五、照章校阅项目多 不顾劳累全面看

1891 年 5 月 23 日（光绪十七年四月十六日），李鸿章率同水陆营务处直隶臬司周馥、津关道刘汝翼等，由大沽乘轮出海，第五次巡阅北洋海防。北洋海军提督丁汝昌统率所部“定远”“镇远”“济远”“致远”“靖远”“经远”“来远”“超勇”“扬威”“平远”“康济”“威远”“广甲”各船，及南洋郭宝昌总兵所带之“寰泰”“南琛”“开济”“镜清”“南瑞”“保民”六船，随同操演训练。北洋海军各舰“沿途分行布阵，奇正相生，进止有节”。还于 5 月 28 日（四月二十一日）夜间，在大连湾“夜以鱼雷六艇，试演泰西袭营阵法，兵舰整备御敌，攻守并极灵捷，颇具西法之妙”。第二天，李鸿章等又在三山岛观看了北洋舰队各舰“鱼贯打靶，能于驶行之际命中及远”。接着，北洋海军又以“三铁舰、四快船、六雷艇演放鱼雷，均能中靶”。[③]

6 月 1 日，李鸿章及随员到达威海卫。他首先“阅看候选道戴宗骞所部绥巩军新筑南北两岸各炮台”。高兴地看到威海“北岸之北山嘴、祭祀台两处外，添筑黄泥岩炮台一座，以便居中策应。又于南岸龙庙嘴、鹿角嘴两处外，添筑赵北口大炮台（皂埠嘴炮台）一座，以便向外迎击”。坐落在威海湾南口的日岛，“亦设地阱炮台，与南岸赵北嘴炮台相为犄角锁钥，极为谨严”。这些炮台“均得形

① 《李鸿章奏察勘各口海防折》，张侠、杨志本等合编：《清末海军史料》，海洋出版社 1982 年版，第 264 页。

② 《李鸿章奏察勘各口海防折》，张侠、杨志本等合编：《清末海军史料》，海洋出版社 1982 年版，第 264 页。

③ 《李鸿章奏巡阅海军事竣折》，张侠、杨志本等合编：《清末海军史料》，海洋出版社 1982 年版，第 273～274 页。

势，做法坚固，足与大连湾各台相埒”。[①]

李鸿章及随行登上“横据口门，势甚扼要”的刘公岛之后，首先察看了张文宣带领官兵新修筑的公所后地阱炮台。该炮台“凿山通穴，夹层隧道，安设二十四生特后膛炮，机器升降灵速非常，能狙击敌船，而炮身蛰藏不受攻击，为西国最新之式”[②]。接着，他又察看了刘公岛最西端的黄岛炮台。黄岛原本与刘公岛隔海而立，是北洋海军修筑麻井船坞时，填石筑坎，“跨海通道，工力尤艰”。黄岛炮台设 240 毫米口径大炮 4 门，与北岸的北山嘴炮台、黄泥沟炮台形成了威海湾北口牢固的防御体系。

看到延伸海中 200 多米长的大铁码头，李鸿章十分高兴。他询问建造大铁码头的道员龚照玙，得知大铁码头“用厚铁板钉成方柱，径四、五尺，长五、六丈，中灌塞们德土，凝结如石，直入海底，较之各处所设铁码头工程尤巨”[③]。

看完刘公岛铁码头，巡阅的部分官员又去“考校刘公岛水师学堂学生等”，考官们高兴地看到学生们“日习风涛，筋力坚定，于几何算学，颇能默会贯通”[④]。

李鸿章十分重视此次威海卫的巡阅，因此他考察的内容和项目格外齐全。不但“调阅绥巩八营陆操，兼看洋枪打靶，中至九成以上”，而且还“调集各兵舰小队登岸，操演陆路枪炮阵法，精严快利，旋转如风，为各处洋操之冠”[⑤]。

看完北洋海军在陆地上操演的枪炮阵法，李鸿章很兴奋。为了进一步掌握北洋海军各方面的情况，他又命令“威远”“敏捷”“广甲”三船，佯装机器动力故障，操使风帆，军舰仍“一律便捷”，快行如常。

李鸿章不顾连日劳累，还增加了夜间考察的项目。他命令北洋海军，“是夜合操，水师全军万炮齐发，无稍参差，西人纵观亦皆称羡”[⑥]。

---

① 《李鸿章奏巡阅海军事竣折》，张侠、杨志本等合编：《清末海军史料》，海洋出版社 1982 年版，第 274 页。

② 《李鸿章奏巡阅海军事竣折》，张侠、杨志本等合编：《清末海军史料》，海洋出版社 1982 年版，第 274 页。

③ 《李鸿章奏巡阅海军事竣折》，张侠、杨志本等合编：《清末海军史料》，海洋出版社 1982 年版，第 274 页。

④ 《李鸿章奏巡阅海军事竣折》，张侠、杨志本等合编：《清末海军史料》，海洋出版社 1982 年版，第 274 页。

⑤ 《李鸿章奏巡阅海军事竣折》，张侠、杨志本等合编：《清末海军史料》，海洋出版社 1982 年版，第 274 页。

⑥ 《李鸿章奏巡阅海军事竣折》，张侠、杨志本等合编：《清末海军史料》，海洋出版社 1982 年版，第 274 页。

李鸿章此次巡阅威海卫，“自二十五日开赴威海卫”至“二十九日开赴胶州”，历时四天，是历次巡阅威海卫时间最长、考察内容最丰富的一次，也是他筹办海防、组建海军以来，最为高兴的一次。巡阅之后，他向皇上奏报说：“北洋兵舰合计二十余艘。海军一支，规模略具，将领频年训练，远涉重洋，并能衽席风涛，熟精技艺；陆路各军，勤苦工操，历久不懈；新筑台垒，凿山填海，兴作万难，悉资兵力。旅顺、威海添设学堂，诸生造诣多有成就。各局仿造西洋棉花药、栗色药，后膛炮、连珠炮各种大小子弹计敷各舰操习之需，实为前此中国所未有。”他在奏折中肯定了海军和海防的建设“尚能日异月新”，并称“目前限于饷力，未能扩充，但就渤海门户而论，已有深固不摇之势”。[①]

六、年逾七旬再校阅 欣喜之中露担忧

1894年春天，朝鲜爆发了东学党起义，朝鲜政局不稳，给清政府增添了不少麻烦。久任直隶总督兼北洋通商大臣的李鸿章自然是忙碌不堪。然而，按北洋海军章程“每逾三年请旨特派大臣，会同北洋大臣出海校阅一次”的规定，71岁的李鸿章和定安，遵照章程惯例，又奉命校阅北洋海军及北洋各口海防，他第五次巡阅威海卫。

1894年5月，李鸿章巡阅北洋海军时的题词

李鸿章于5月7日（四月初三日）率同北洋前敌营务处山东登莱青道刘含芳、前任津海关道刘汝翼、直隶候补道龚照玙等自天津启程，途经旅顺、大连湾，19日（十五日）早七点钟到达威海卫，舰队停泊刘公岛铁码头。

北洋海军提督丁汝昌，先期调集所部“定远”“镇远”“济远”“致远”“靖远”“经远”“来远”“超勇”“扬威”九舰，及记名总兵余雄飞所带广东之“甲”“乙”“丙”三船，记名提督袁九皋、总兵徐传隆分带南洋之“南琛”“南瑞”“镜清”“寰泰”“保民”“开济”六船，在大沽口会齐，随同放洋航行，“北洋各舰及广东三船沿途行驶操演，船阵整齐，变化雁行、鱼贯，操

① 《李鸿章奏巡阅海军事竣折》，张侠、杨志本等合编：《清末海军史料》，海洋出版社1982年版，第274页。

纵自如”。18 日，“定”“镇”“济”“致”“靖”“经”“来” 七舰及 “乙”“丙” 两船在青泥洼“演放鱼雷，均能命中破的”。午后，南北各船驶至三山岛次第打靶，于驶行之际，“‘经远’一船，发十六炮，中至十五。广东三船，中靶亦在七成以上”。21 日，“在威海卫调集北洋兵舰小队，登岸操演陆路枪炮阵法，灵变纯熟，快利无前。各处洋操，实无其匹。并调集南北各船，各挑水军枪队二十名打靶，每名三出，均能全中。旋于铁码头雷桥试演鱼雷，娴熟有准。并令‘威远’‘敏捷’‘广甲’三船操演风帆，均甚灵速。夜间合操，水师全军万炮并发，起止如一。英、法、俄、日本各国，均以兵船来观，称为节制精严”①。

李鸿章校阅北洋舰队操演打靶之后，又于 20 日详细考察了威海卫南北两岸的防务设施。他看到，“道员戴宗骞，于威海卫南北岸原设六炮台外，又于柏顶、九峰顶、杨峰岭、谢家所四处，添建新式陆路炮台各一座；于仙梯岭、马蹄疃分建子弹总库、火药总库各一座；添修拐角快炮台、田鸡炮台共三座；南北两岸各建水雷营一座；自卫城至上庄，开通山道九十里，修木石桥一百座，西接烟台嵩武军所修桥道。总兵张文宣，于刘公岛南嘴添筑炮台一座；又于岛中山沟建总药库一座；甜水仓一座；山顶筑护墙一道，共长十里；又筑南咀土墙一道，岛西接连之黄岛，添设地阱炮台一座”②。

21 日（十七日）早八时，李鸿章在刘公岛观看北洋海军操演，后去黄岛观看了新购买的“后门长炮，均已扼要分配齐备”。还校阅了记名总兵张文宣率领两营护军，“兼习英德操法，均能一律精练”③。观看大炮打靶结束，中午去海军公所吃饭。下午，李鸿章不顾劳累，又亲临水师医院查看，并再往刘公岛东部看北洋护军新修南嘴炮台。晚上七时，李中堂在海军公所请英国水师提督吃饭。他对驻威海卫及刘公岛的绥军、巩军、护军，“频年工作，兼顾操防，勤苦有加”，给予了高度评价，对于“各军枪队打靶，多中至九成六七分以上”命中率，也给予了充分肯定，认为“实为难得”④。

22 日（十八日），李鸿章一行登上日岛炮台，观看试放地阱大炮。日岛炮台，设 20 厘米口径地阱大炮两门，均为上海仿英国阿姆士庄炮厂制造。地阱炮

---

① 《李鸿章奏校阅海军事竣折》，张侠、杨志本等合编：《清末海军史料》，海洋出版社 1982 年版，第 280 页。

② 《李鸿章奏校阅海军事竣折》，张侠、杨志本等合编：《清末海军史料》，海洋出版社 1982 年版，第 281～282 页。

③ 《李鸿章奏校阅海军事竣折》，张侠、杨志本等合编：《清末海军史料》，海洋出版社 1982 年版，第 281 页。

④ 《李鸿章奏校阅海军事竣折》，张侠、杨志本等合编：《清末海军史料》，海洋出版社 1982 年版，第 281 页。

用时升起，平时深藏地阱之中，“瞬息升降，灵准非常”，可圆转 360°。试放开始，大炮瞄准设在数里外海中的浮靶，“一击而中”，令人称羡。在威期间，李鸿章还派记名海关道罗丰禄、潘志俊，存记道张士珩等分别考察了“威海卫绥、巩军之枪炮学堂，及南北岸水雷营学堂，刘公岛之水师学堂”等。这些学堂的学生，对“发策考问”，能“条对详明”，对“面试技艺，并臻精密”。因此，考察官员认为，现有学堂培养的学生可以满足“水陆将弁之选”①。

李鸿章趁此次巡阅北洋海防之际，还抽时间亲自登上英、法、俄等国的铁甲舰，详加察看，认为其“规制均极精坚”，而英国尤为突出。

李鸿章这次巡阅，所到之处的考察项目与上次相比大同小异，但他的心情却比三年前复杂多了。高兴之中存在忧虑，忧虑过后又有自慰。他向皇上奏报说“日本蕞尔小邦，亦能节省经费，岁添巨舰”，而“中国自十四年北洋海军开办以后，迄今未添一船，仅能就现有大小二十余艘勤加训练，窃虑后难为继”。但“先后添置鱼雷艇十三只，经道员刘含芳教练精熟，以之守口，尚足自防”。“臣鸿章忝膺海寄，久领北洋，任重责专，时深悚惧。惟有随时与总理海军衙门量力筹商，固不敢以规模粗具偶涉疏虞，尤不敢以饷力未充稍存诿谢。自经此次校阅之后，仍当督饬水陆各将领等，勤求战备，奋勉工操，以期仰副圣主慎重海防之至意”。②

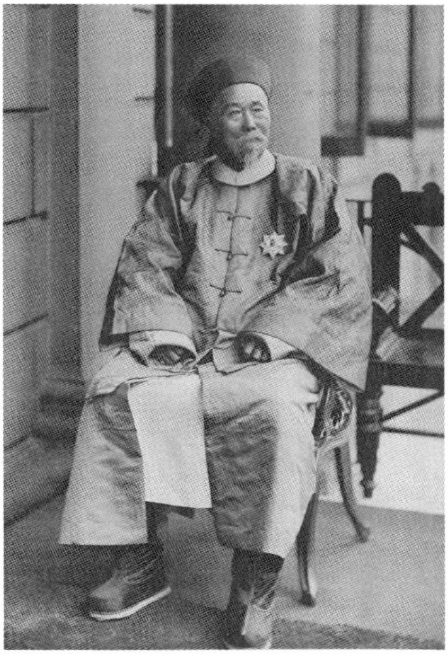

晚年李鸿章坐像

李鸿章五次巡阅，使威海卫得到了超乎寻常的快速发展。短短十年，威海就从一个环境幽静、民风淳朴、交通不便、设施滞后的边陲小城，建成为中国第一流的军港，成为北洋海军驻泊的重要基地。威海卫基地防御体系布局严密，设施配套，海陆联结，质量坚固，互为补充，具备了近代化和大型化的特点。

李鸿章巡阅威海卫距今已 100 多年了，但他所督办的海防设施，包括北洋海

① 《李鸿章奏校阅海军事竣折》，张侠、杨志本等合编：《清末海军史料》，海洋出版社 1982 年版，第 280 页。

② 《李鸿章奏校阅海军事竣折》，张侠、杨志本等合编：《清末海军史料》，海洋出版社 1982 年版，第 283～284 页。

军的提督衙署、大铁码头、麻井船坞、大小炮台、水师医院、机器厂、屯煤所、电报局、电灯台等建筑，基本保存完整。它不仅是人们回顾历史、进行爱国主义教育的好教材，而且也是人们研究中国近代海防、研究李鸿章海防思想的不可多得的实物例证。

（此文原载于大连市近代史研究所、旅顺日俄监狱旧址博物馆编：《大连近代史研究》，辽宁人民出版社 2014 年版，第 2～12 页）

从刘铭传治台看其战略防御思想

1884 年，中法战争爆发。法国在侵占越南的同时，也把侵略目标指向中国东南沿海，台湾岌岌可危。刘铭传奉诏以巡抚督台湾军事，率军同侵台法军血战八个月，力保台湾。次年，台湾建省，刘铭传首任巡抚。刘铭传治台凡七年，加强海防、开山抚番、办理清丈、修筑铁路等等，始终是“殚竭血诚”，“妥为办理”。这不仅表明他治绩之卓著辉煌，而且也体现了他全方位的积极防御的战略思想。择其要者概述之。

刘铭传半身照片
（翁飞提供）

一、“以台保台”的战略方针

地理环境是构成战略诸要素中的重要因素之一，特殊的地理环境具有特殊的战略意义。刘铭传深谙此理，他刚到台湾就向上奏道：“窃维台湾孤悬海外，为南北洋关键，矿产实多，外族因而偎伺。”① 他在《法兵已退请开抚缺专办台防折》中也说：“台湾为东南七省门户，各国无不垂涎，一有衅端，辄欲攘为根据。”② 可见，在刘铭传看来，台湾“孤悬海外”的特殊地理位置与地理环境，使它不仅成为中国东南沿海各省的门户锁钥，而且也是南、北洋的枢纽。因之，台湾防卫力量的强弱，不仅关乎东南沿海各省的安危，而且也无时不牵动着一些帝国主义者的心思。

对于澎湖，刘铭传认为：“臣到台一年，纵观全局，澎湖一岛，非独全台门户，实亦南北洋关键要区。守台必先守澎，保南北洋亦须以澎、厦为筦钥。”③

① （清）刘铭传撰，马昌华、翁飞点校，安徽古籍整理出版规划委员会、安徽古籍丛书编审委员会编：《刘铭传文集》，黄山书社 1997 年版，第 90 页。

② （清）刘铭传撰，马昌华、翁飞点校，安徽古籍整理出版规划委员会、安徽古籍丛书编审委员会编：《刘铭传文集》，黄山书社 1997 年版，第 27 页。

③ （清）刘铭传撰，马昌华、翁飞点校，安徽古籍整理出版规划委员会、安徽古籍丛书编审委员会编：《刘铭传文集》，黄山书社 1997 年版，第 71 页。

显然，在他看来，澎湖虽小，其战略意义却断不可小视。尤其从军事战略全局的角度观之，澎湖列岛的战略价值一点也不亚于台湾，甚至是台湾安危之所系。如果说台湾是中国东南海疆安保体系之关键的话，那么，澎湖又是台湾防御体系的关键。

既然台、澎的军事战略意义如此重大，作为“渥承恩命，督办台军，旋授福建巡抚（后又任台湾省首任巡抚——笔者注），受命于战阵忧危之际”的刘铭传，虽然“宿患目疾”，更加上“到台后，瘴烟风雨，昏障益深”。同时，又有台、澎远阻重洋，孤悬海上的特殊地理条件造成了诸多不便。所以他始终坚持“以台保台”的方针，殚竭血诚，全方位地加强台、澎的防御体系建设，取得了辉煌的成就。不仅时人赞之曰：“盖公一生血性，既已身当台难，必思安治台地，以自有之利，办自守之防，不至仰人接济，然后可保七省门户，以快其心计。”[①] 而且日本人也为之震惊，“甲午之战，西报言日议院闻公出则大惊，已，闻其不出也，则大喜，曰：刘某不出，吾无患矣”[②]。由此足见刘铭传督办台、澎军事成就之卓著，影响之巨大。事实表明，“以台保台”的战略方针，是当时唯一正确的选择。

二、全方位的防卫观

刘铭传积极的战略防御思想是建立在他对鸦片战争以来国际国内形势的科学理性认识的基础之上的，早在光绪六年（1880 年），他就在《筹造铁路以图自强折》中提出：“中国自与外洋通商以来，门户洞开，藩篱尽撤，自古敌国外患，未有如此之多且强也。彼族遇事风生，欺陵挟制，一国有事，各国环窥……我以积弱不振，不能不忍辱含垢，遇事迁就，不惜玉帛以解兵戎。然而和难持久，财有尽期，守此不变，何以自立？”[③] 敌国外患之所以从来未有如此之多且强，原因固不可归为一端，而当时中国的“积弱不振”应该是最主要的原因。作为东南海疆锁钥的台湾正是当时中国“积弱不振”而导致敌国外患日益加甚的缩影。时人陈澹然在其为《保台略》所作叙中写道：“公（刘铭传）既至，淮军至者才六百，合湘、土诸卒，不逮四千人。连奏乞江、闽兵轮，皆不至。炮台仅五炮当一

① （清）刘铭传撰，马昌华、翁飞点校，安徽古籍整理出版规划委员会、安徽古籍丛书编审委员会编：《刘铭传文集》，黄山书社 1997 年版，第 27～28 页。

② （清）刘铭传撰，马昌华、翁飞点校，安徽古籍整理出版规划委员会、安徽古籍丛书编审委员会编：《刘铭传文集》，黄山书社 1997 年版，第 489 页。

③ （清）刘铭传撰，马昌华、翁飞点校，安徽古籍整理出版规划委员会、安徽古籍丛书编审委员会编：《刘铭传文集》，黄山书社 1997 年版，第 43 页。

面，台势且乖。”[①] 如此薄弱的防卫力量，如何能抵敌得过船坚炮利的法国侵略者。若不是刘铭传率领台湾广大爱国将士浴血拼战，台湾必陷无疑。

光绪十一年（1885 年），中法战争事息，但刘铭传并未因此麻痹松懈，盲目乐观。他认为“今大局虽云粗定，而前车可鉴，后患方殷”。因为，“一切设防、练兵、抚番、清赋诸大端，均须次第筹办”[②]。刘铭传既能把因“积弱不振”而导致法国侵略者入侵的教训引为借鉴，又对台湾的危机后患作了充分的估计，表明他积极防御的战略主张并非空穴来风，而是由台湾危机日益加剧的客观形势所决定的。

刘铭传在战略防御思想方面的建树不只是表现在军事设防方面，在政治、经济、教育、交通等方面都有所作为，而这些方面无不是战略防御体系中的重要环节。

（一）政治

在政治方面，主要是举办团练、抚番与严奖惩。

决定战争胜负的因素很多，而人的因素则是最根本的因素。这一理论刘铭传不一定认识到，但他却是这样做了。如在法船封锁台、澎各海口、饷援俱绝之时，刘铭传得知圣上“复示援兵进剿之机”，在做好接应“援兵”事宜的同时，他又对“台南北团练乡民，已令一律举办，士绅稍有乡望，皆已礼罗练勇，苟能奋杀敌师，臣皆先行记奖，声明汇保”。陈澹然对此评论称，团练之举，就是为了“官民上下，生死相依，卒能坚守待援，强敌无能逞志”。[③]

由此不难看出，虽然还不能说刘铭传在军事民本理论上有多么高深的建树，但至少可以认为，在他的积极战略防御思想中蕴含着先秦以降兵家重民、“一民”的传统理念。

“抚番”，是刘铭传积极战略防御思想中的一项十分重要内容。“抚番”，即安抚、教化台湾地区的少数民族。其时，台湾地区少数民族的实际状况是，“横亘南北七百余里，尽占腹心之地，犬牙错处，无一不与民地为邻，岁杀居民至千余人之多”。同时，“匪盗藉番地以为巢，聚众抢劫。土豪藉防番以敛费，养勇抗

---

①（清）刘铭传撰，马昌华、翁飞点校，安徽古籍整理出版规划委员会、安徽古籍丛书编审委员会编：《刘铭传文集》，黄山书社 1997 年版，第 492 页。

②（清）刘铭传撰，马昌华、翁飞点校，安徽古籍整理出版规划委员会、安徽古籍丛书编审委员会编：《刘铭传文集》，黄山书社 1997 年版，第 27 页。

③（清）刘铭传撰，马昌华、翁飞点校，安徽古籍整理出版规划委员会、安徽古籍丛书编审委员会编：《刘铭传文集》，黄山书社 1997 年版，第 26 页。

官，官令不行，民粮纷扰”。[①] 可见，当时台湾地区的民族问题并不孤立，它直接导致了匪盗的猖獗，土豪的为非作歹，官方政令不通，财力严重匮乏。如此严重的局面，当然会削弱台湾地区的防御力量。

为解决台湾少数民族问题，前福建船政大臣沈葆桢曾“创议开山抚番”，但“驻台未久，遽任两江（总督）”，也就无果而终了。地方官员则“相率苟安，生番杀人，视如未睹”。刘铭传到台后，总揽全局，认为台湾形势“如人之一身，生番横亘胸腹，四肢血脉不通，呼吸不灵，百病重作”。尤其“当此强邻迭伺，一岛孤悬，内患不除，何由御外？”[②] 列强垂涎台湾，如果台湾各族人民不能团结一致，同仇敌忾，怎么能够保住台湾？所以，要想加强台湾地区的战略防御，就不能不解决民族问题。

如何抚番？抚番是要讲策略的，不能单凭武力。刘铭传的具体做法是：

第一，“于德威并用之中，寓剿抚兼施之意”[③]。刘铭传幼读诗书，甚懂仁义之理，将仁义之道用于抚番，充分体现了他的人本精神。当然，道德感化不是万能的，对于那些安抚无效的“番社”，只好动用武力。德威并用之策无疑是正确的。

第二，示以诚信。抚番与抗击外来侵略的斗争是截然不同的两回事。抗击侵略者是关乎中华民族生死存亡的问题，抗敌则生，不斗则亡。为了中华民族的权益，中华儿女必须拿起武器，同侵略者作殊死的拼战，唯其如此，别无选择。抚番则纯粹是中华民族内部的事。既然如此，在实行“德威并用”之策的过程中，就必须示以诚信，“诚信昭著，番情自可翕然”。有一位番首叫马来诗昧的，曾连续杀过 21 人，在其投降后，刘铭传并没有杀他。为此，遭到一些人的非议。不过，对待少数民族就得采用特殊政策，只有这样，才能表达诚信。陈澹然对此事评论道：“武侯七擒孟获，卒赦使归。英雄作用，固有非可以常度测者，是乃所谓大略欤。”[④] 诚哉斯言。

第三，“不求近功”，循序渐进。抚番是一项具有开拓性的战略任务，它牵扯到少数民族的行政管理、经济发展、教化、交通等方面的革新、改造与重建，浮

---

① （清）刘铭传撰，马昌华、翁飞点校，安徽古籍整理出版规划委员会、安徽古籍丛书编审委员会编：《刘铭传文集》，黄山书社 1997 年版，第 134 页。

② （清）刘铭传撰，马昌华、翁飞点校，安徽古籍整理出版规划委员会、安徽古籍丛书编审委员会编：《刘铭传文集》，黄山书社 1997 年版，第 134～135 页。

③ （清）刘铭传撰，马昌华、翁飞点校，安徽古籍整理出版规划委员会、安徽古籍丛书编审委员会编：《刘铭传文集》，黄山书社 1997 年版，第 139 页。

④ （清）刘铭传撰，马昌华、翁飞点校，安徽古籍整理出版规划委员会、安徽古籍丛书编审委员会编：《刘铭传文集》，黄山书社 1997 年版，第 145 页。

躁心态，急功近利，是断然不能取得成效的。于是，刘铭传便“督饬诸将不求近功，以期渐归围范”①。循序渐进不等于蹉跎岁月，操之过急，不顾客观实际，则必然一事无成。可见刘铭传战略眼光之远大。

刘铭传在抚番中取得了巨大的成就。光绪十二年（1886 年）上谕称：“刘铭传筹办剿抚，深合机宜。”次年又有上谕称：“台湾前后山各路生番，于上年十月，经刘铭传札委将领开通道路，设法招抚。数月之间，后山南北两路生番二百十八社，番丁五万余人，前山各路生番二百六十余社，番丁三万八千余人，均各次第归化，可垦田园数十万亩，办理尚为妥速。刘铭传督率有方，深堪嘉尚。”②足见，刘铭传不仅是杰出的战略家，而且也是卓越的实践家，的确值得褒扬。

严奖惩，是一项重要的政治举措，当然也极具战略意义。刘铭传能够赏罚分明，对于道员陈鸣志等人的勤政廉洁都给予重奖，对道员朱守谟、刘墩等人的违法乱纪、贪污腐败都予以严惩，从而严肃了法纪，凝聚了人心，自然增强了广大军民的战斗力。

（二）经济

刘铭传初到台湾时，那里的经济状况很不景气。诚如他在《陈请销假到闽会商分省协款情形折》中所奏：“台湾现在整顿海防，抚番招垦，百废待举，经费支绌万分。从前闽省岁资台饷六十万，积欠至三百余万之多，自上年（光绪十一年）五月至今，毫无协济。台用亏竭，中外昭然。”③

经济、财力是决定战争胜负的物质基础，也是战略防御的最有力的保障。因此，自古以来都为兵家所关注，刘铭传亦然。他在发展台湾经济、加强台湾地区财力方面格外倾注精力，并取得了巨大成就。

1. “抚番”垦田，发展农耕

“抚番”不只是为了安抚少数民族，以达不分畛域、同仇敌忾、团结御侮之目的，而且也是为了开垦多荒的“番山腴地”，发展农耕，以满足各族人民的生活需求和军用粮饷。经“抚番”将士们“披荆斩棘，奔走于穷谷深崖之地，寝馈于蛮烟瘴雨之乡，寒暑再更，艰危万状”④ 的劳作经营，终于取得了巨大成就。

---

①（清）刘铭传撰，马昌华、翁飞点校，安徽古籍整理出版规划委员会、安徽古籍丛书编审委员会编：《刘铭传文集》，黄山书社 1997 年版，第 144 页。

②（清）刘铭传撰，马昌华、翁飞点校，安徽古籍整理出版规划委员会、安徽古籍丛书编审委员会编：《刘铭传文集》，黄山书社 1997 年版，第 146、150 页。

③（清）刘铭传撰，马昌华、翁飞点校，安徽古籍整理出版规划委员会、安徽古籍丛书编审委员会编：《刘铭传文集》，黄山书社 1997 年版，第 212 页。

④（清）刘铭传撰，马昌华、翁飞点校，安徽古籍整理出版规划委员会、安徽古籍丛书编审委员会编：《刘铭传文集》，黄山书社 1997 年版，第 149 页。

仅半年时间，便“招抚四百余社，薙头归化逾七万人。前山旧垦田地二万亩，畏番弃置，灌莽塞途，现已重新垦熟，既可开疆设县，为国家久大之谋；又可建营分屯，杜民番仇杀之祸。所裨于台湾全局实大且深”①。“民番乐业，内外相安。”②

2. “发愤为雄，讲求商政”

中国自进入文明社会以后，人们重农轻商的思想意识根深蒂固，严重影响着社会经济的发展。刘铭传思想开放，他借鉴西方先进国家“以商为国”的经验，本于富民强国的基本理念，认为，“自强实在经商，中华立国在民，爱民斯为邦本……经商即爱民之实政也”。因为“恒心必根恒产，足食方可足兵”，没有足够的衣食财物，就不会有充足的兵力与捍疆卫国的坚定意志。他更认为，“中国生齿日繁，土田日寡，谋生乏术，缓急堪虞。故欲自强，必先致富，欲致富必先经商”。所以，当务之急应该是“改弦易辙，发愤为雄，亟宜讲求商政”。具体做法是：“特派廉正大员，认真督理，举凡丝、茶、纺、植、垦、矿、制造诸大端，招集股商，广筹资本，妥议保商防损章程，各就所能，分途认办，银钱出入，商自主持。”但官方并非撒手不管，要负责“察其赢亏，护其艰阻。内地办理得宜，然后推之边省。中土行销既畅，然后推之外洋”。他设想道：“如此行之十年，且将无敌于天下，尚何敌国外患之足虑哉！”③

刘铭传关于讲求商政的构想成效如何？查无可知。但至少可以表明，刘铭传的构想绝不是空想，它具有远见卓识的预见性，符合国情的科学性与详细设计的可操作性。这是难能可贵的。

3. 整顿厘税，自强自保

台湾乃东南海疆之锁钥，战略地位非同一般。强化海防本来就耗资巨大，“自改设行省以来，用项较前倍繁，协饷较前转绌，若坐安简陋，何以自强？若拘守例章，何以自保？”那么，怎样打破陈规陋习和突破旧的例章呢？刘铭传认为，除了“抚垦以广幅员，清丈以裕供赋”外，还要“整顿厘税，裁汰陋规”。他之所以“竭力图维，任劳任怨者，无非就地筹款，为国家建远大之谟。成效既

---

①（清）刘铭传撰，马昌华、翁飞点校，安徽古籍整理出版规划委员会、安徽古籍丛书编审委员会编：《刘铭传文集》，黄山书社 1997 年版，第 135 页。

②（清）刘铭传撰，马昌华、翁飞点校，安徽古籍整理出版规划委员会、安徽古籍丛书编审委员会编：《刘铭传文集》，黄山书社 1997 年版，第 230 页。

③（清）刘铭传撰，马昌华、翁飞点校，安徽古籍整理出版规划委员会、安徽古籍丛书编审委员会编：《刘铭传文集》，黄山书社 1997 年版，第 50 页。

彰，后便不必仰资邻省”。[①]

厘税既然如此重要，如何整顿呢？刘铭传认为，全台物产均饷源所系，但实以煤、盐、茶、樟脑为大宗。于是他拟就防务稍布规模之后，“即将煤矿、盐厘详查整核”，以“兴地方自有之利，养全台防守之兵”[②]。整顿厘税之举“有裨于公家，即不能无损于私囊”。因此，刘铭传不断遭到一些人的诋毁。但他的态度是：“苟利于国，死生以之。”[③] 忠心报国之志，令人感佩之至。

4. 丈田清赋，利国利民

其时，田赋是国家财经收入的重要来源。然而，台湾地区的农作物虽一年两熟，“田日辟而赋不增”，但垦户之租却仍未减轻。原因何在？“盖绅民包垦，但呈一禀，募佃垦荒，其私纳曰大租、屯租、番租、隘租”，名目繁多，但公家却没有增加分文。于是，刘铭传不得不上奏：“雍、乾之世，迭诏减台赋，不准升科。此盖全盛之时，台无足重。今建为一省，财足方可自存，舍维正之供，一听豪强之私纳，而乞济邻疆，非政体也。”并在法军初退之时，首陈善后之策，“即以清赋为断断，而其事必以查户丈田为简要”。[④]

由于政策对头，利国利民，所以，自光绪十二年（1886 年）秋开办“清丈”始，至光绪十五年（1889 年），时仅三年，全台得告成功。内地一州一县举办“清丈”，往往经过多年还尚无成效。“台湾广袤千余里，自入版图，未经查丈。旧征粮额十八万三千余两，不足供地方之需，岁赖闽饷八十万”，自改设行省后，“海疆重要，经费尤繁”。而“台地旧无图册，民间各管各业，纠缠琐屑，棼如乱丝。今三年之间，丈田给单，绘图造册，一律完竣。……从此粮额大定，正供有盈，筹抚筹防，缓急可恃”。[⑤] 垦民的田租减轻了，豪强中饱私囊得以扼制，国防用费也增加了，堪称一举多得。

5. 理财惩贪，开源节流

法军攻台，战时状态，一切为了御敌保台，财界遂处于混乱局面，贪官、奸

---

① （清）刘铭传撰，马昌华、翁飞点校，安徽古籍整理出版规划委员会、安徽古籍丛书编审委员会编：《刘铭传文集》，黄山书社 1997 年版，第 79 页。

② （清）刘铭传撰，马昌华、翁飞点校，安徽古籍整理出版规划委员会、安徽古籍丛书编审委员会编：《刘铭传文集》，黄山书社 1997 年版，第 91 页。

③ （清）刘铭传撰，马昌华、翁飞点校，安徽古籍整理出版规划委员会、安徽古籍丛书编审委员会编：《刘铭传文集》，黄山书社 1997 年版，第 79 页。

④ （清）刘铭传撰，马昌华、翁飞点校，安徽古籍整理出版规划委员会、安徽古籍丛书编审委员会编：《刘铭传文集》，黄山书社 1997 年版，第 508 页。

⑤ （清）刘铭传撰，马昌华、翁飞点校，安徽古籍整理出版规划委员会、安徽古籍丛书编审委员会编：《刘铭传文集》，黄山书社 1997 年版，第 265 页。

商相互勾结，大发国难财。如不清理整顿，不仅设防开支无着，而且民愤也难平，最终危及台湾地区的安全。战事初定，刘铭传便对台湾地区的矿业、百货、军需、盐务、洋药、茶叶、樟脑甚至捐款、抚恤等项，都一一进行清理整顿，并作出“台湾全年各项出入款目清单”，恭呈御览。在理财中发现的贪官刘璈、奸商陈郁堂之流相互勾结、通同作弊、吞匿厘金的罪行，都作出严肃、认真的处理，既平了民愤，又使财归其所。

刘铭传清正廉洁，治台始终坚持开源节流的方针。他在发展经济、增强财力方面所采取的一系列措施，都体现了这一点。刘铭传个人就是节俭的表率，他在奏折中说：“臣渡台数年，因经费支绌，非地方至急至要之务，不敢浪用一钱，所住淡水县署，半系草房。”[①] 如此节俭，固然体现了刘铭传正直作人的高风亮节，但更有利于设防资金的筹措。

（三）教育

战略防御工程千头万绪，而人才则是根本。人才如何得来？一靠选拔；二靠教育培养。归根结蒂还是要靠教育培养。

在刘铭传的战略防御思想中，我们可以看到他对教育的重视。其时，兴办新式教育之风已现端倪，一改明清以来盛行的八股取士的科举传统。刘铭传在《台设西学堂招选生徒延聘西师立案折》中称：“窃惟中外通商，互准研学文艺。自京师设立同文馆，招选满汉子弟，延请西师，天津、上海、福建、广东仿造枪炮船械之地，无不兼设学堂。风气日开，人才蔚起，海防、洋务利赖良多。”而台湾虽为海疆要冲之区，但“通商、筹防，动关交涉，只以一隅孤陋，各国语文文字辄未知所讲求。臣初到台，翻译取才内地，重洋遥隔，要挟多端，月薪至百余金，尚非精通西学。”于是便不得不“聘延教习”，走就地育才之路。开始，先由“官绅捐集微资，造就一二良才”，以解燃眉之急。随之闻风而起，那些乡学俊秀接踵而来，这就“不得不开学堂，以广朝廷教育人才之意。先后甄录年轻质美之士二十余人，延订英国人布茂林为教习。生童酌给膏火，厘定课程，并派汉教习二人，于西学余闲，兼课中国经史文字，既使内外通贯，亦以娴其礼法，不致尽蹈外洋习气，致堕偏诐。”同时，“每季委员会同洋教习考校一次，别其差等，分行奖戒，或有不谌造就者，随时撤退补更”。[②]

---

① （清）刘铭传撰，马昌华、翁飞点校，安徽古籍整理出版规划委员会、安徽古籍丛书编审委员会编：《刘铭传文集》，黄山书社 1997 年版，第 293 页。

② （清）刘铭传撰，马昌华、翁飞点校，安徽古籍整理出版规划委员会、安徽古籍丛书编审委员会编：《刘铭传文集》，黄山书社 1997 年版，第 234 页。

自光绪十三年（1887 年）三月起，仅一年时间，台湾的教育事业便初具规模。据刘铭传奏称："臣尝亲加考察，所习语言文字，均有成效可观。"他还希望学生们"砥砺研磨"图算、测量、制造之学，"日臻有用"，"而台地现办机器、制造、煤矿、铁路，将来亦不患任使无才"。[①]

刘铭传兴办教育，改变过去陈旧落后的状态，从师资配备、教学内容设置，到教育目标的确立与远景构想等，都体现了革新精神，从而为台湾的发展尤其是国防建设培育了不少优秀人才。

（四）交通

交通方面，除在抚番中开通少数民族居住山区的道路外，刘铭传又把着力点放在铁路的兴建上。

铁路乃国家之血脉，快捷直达的铁路运输，不仅利商便民，而且更裨于国防，有利军事。然而，就是这样一项利国利民的事却也遭到守旧派的反对。早在光绪六年（1880 年）沙俄侵占新疆伊犁时，刘铭传应诏至京，就力陈建造铁路之益。他认为，国家要自强，"练兵造器固宜次第举行，然其机括则在急修铁路。铁路之利不可殚述，而于用兵一道，尤为急不可缓之图"。因为"中国幅员辽阔，画疆而守，防不胜防。铁路一开，则东西南北呼吸相通，视敌所驱，相机策应，无征调仓皇之虑，无转输艰阻之虞，合我国二十二行省，联为一气。从此裁兵节饷，并成劲旅，则一兵可抵十数兵之用，而权操在上，又不为疆臣所牵制。所以立自强之基础者在此，所以杜外人之觊觎者亦在此"。[②] 修筑铁路意义如此之大，却因"其时风气未开，举朝疑议"[③] 而终无结果。不过，"中国铁路之兴实自铭传发之"[④]。时人陈澹然如是说。

台湾同内地的情况就不同了：一是外敌入侵，台湾首当其冲，不论平时防卫，还是战时物资、兵运，铁路运输的意义更显突出；二是台湾"绅商多涉外洋，深明铁路大利。商民既多乐赴，绅士决无异辞"[⑤]。所以刘铭传至台后，遂

---

① （清）刘铭传撰，马昌华、翁飞点校，安徽古籍整理出版规划委员会、安徽古籍丛书编审委员会编：《刘铭传文集》，黄山书社 1997 年版，第 234～235 页。

② （清）刘铭传撰，马昌华、翁飞点校，安徽古籍整理出版规划委员会、安徽古籍丛书编审委员会编：《刘铭传文集》，黄山书社 1997 年版，第 522～523 页。

③ （清）刘铭传撰，马昌华、翁飞点校，安徽古籍整理出版规划委员会、安徽古籍丛书编审委员会编：《刘铭传文集》，黄山书社 1997 年版，第 204 页。

④ （清）刘铭传撰，马昌华、翁飞点校，安徽古籍整理出版规划委员会、安徽古籍丛书编审委员会编：《刘铭传文集》，黄山书社 1997 年版，第 523 页。

⑤ （清）刘铭传撰，马昌华、翁飞点校，安徽古籍整理出版规划委员会、安徽古籍丛书编审委员会编：《刘铭传文集》，黄山书社 1997 年版，第 204～205 页。

于光绪十三年（1887 年）三月上奏《拟修铁路创办商务折》，详细陈述兴建铁路之利。他强调指出："臣查铁路之利，不独目前有裨于海防、建省、桥工三事，将来更可添大宗入款，充海防经费要需。"[①] 他认为，沙俄、日本之所以"挟我""轻我"，"皆以中国守一隅之见，畏难苟安，不能兴奋。若一旦下造铁路之诏，显露自强之机，则声势立振，彼族闻之，必先震詟，不独俄约易成，日本窥伺之心亦可从此潜消矣"[②]。刘铭传所见甚是。

铁道之谋获准后，具体由商局李彤恩为之筹划施行。他"勘地南北，径直六百里，除地价、车房、码头、土工外，估银百万两"，"令兵代土工"。资金盖由民间筹集，"本资就铁道取偿，不劳公款"。[③] 他们历尽千辛万苦，取得了初步成效。

（五）军事设防

设防，即建设台湾地区的对敌防御体系。主要包括练兵、建炮台、购置船炮等。

俗云，养兵千日，用兵一时。即使和平时期，军队也不可或缺。一旦遭到外敌入侵，仓促征兵调勇，是难能战胜来犯之敌的。光绪十三年（1887 年），上谕裁撤各营长夫。刘铭传为此在《台勇长夫不能再裁折》中奏道："若全行裁减，将来各营势必以勇代夫，军政何堪设想？若谓目前无事，岂特大可裁，即勇亦可裁，惟兵可百年不用，不可一日无兵。"西方列强为什么能够"环伺中朝"，原因固然很多，但它们重于"讲武厉军，日强月盛，精神注于造器；国用绌于养兵"[④]，也是一个重要原因。

养兵还需练兵，养而不练，如同虚设。刘铭传在《条陈台澎善后事宜折》中奏称："查台湾军务，久号废弛，湘、淮各军，已成弩末。欲挽积习、杜虚糜，非讲求操练不可。"大到新式枪炮的施放，小到步法手法，都在操练之列。同时，"更有难者，台湾烟瘴之地，勇丁多半病烟，兵滑将贪，宽则玩而不振，厘奸剔弊，严则去而之他。臣时欲改弦更张，严定营规，坚明约束"，只是由于"事烦

---

① （清）刘铭传撰，马昌华、翁飞点校，安徽古籍整理出版规划委员会、安徽古籍丛书编审委员会编：《刘铭传文集》，黄山书社 1997 年版，第 206 页。

② （清）刘铭传撰，马昌华、翁飞点校，安徽古籍整理出版规划委员会、安徽古籍丛书编审委员会编：《刘铭传文集》，黄山书社 1997 年版，第 45 页。

③ （清）刘铭传撰，马昌华、翁飞点校，安徽古籍整理出版规划委员会、安徽古籍丛书编审委员会编：《刘铭传文集》，黄山书社 1997 年版，第 503～504 页。

④ （清）刘铭传撰，马昌华、翁飞点校，安徽古籍整理出版规划委员会、安徽古籍丛书编审委员会编：《刘铭传文集》，黄山书社 1997 年版，第 86 页。

目剧，未易猝图”。[1]

不论养兵还是练兵，都需要很高的费用，“查台湾水陆马步兵丁，每名月饷及加给戍饷、兵米、练饷，均在三两二三钱，练兵出防每月又加银一两二钱，统计四两五钱”。假如一兵不当一兵之用，岂不白白浪费？群龙不能无首，军中不能无将，只是有将不行，还必须得有良将。“自非遴选将才，万难挽回积习。惟有就现在军营官弁并投效武职之中，或年壮力强、未沾恶习，或战争奋勇、办事勤劳，拟请由臣等按月考试，如五枪能命中三四者，即分别奏咨留标，以后考列在前，准其补署。论枪法之高下，不论资格之浅深，庶钻营之弊不禁可除，疲老之将不遣自去。于例章不无破格，于营伍差可振兴。”[2] 刘铭传所见，表达了完全意义上的练兵之道。

精兵良将无疑是御侮和克敌制胜的最主要、最活跃的因素。但如果没有精良的武器装备也难以实现防敌入侵和战胜敌人（尤其近代化装备的侵略者）的愿望。台湾孤悬海外，若论武器装备，最重要的莫过于兵船与大炮。所以刘铭传多次上奏道：“台、澎孤悬海外，今昔悬殊，非兵轮无能战守。”[3] 于是，他从光绪十一年（1885 年）五月开始，先后上奏过《请拨兵商各轮船片》《购买轮船片》《添购轮船片》《请拨兵船并请同购鱼雷船专备台急片》《变售旧轮船以资新购折》《购造小船片》等。

至于大炮，刘铭传认为，“办防必先购炮，否则虽有坚台劲旅，亦属虚名”[4]。终由英商投资规平银 60 万两，定购大炮 31 尊。

另外，还先后购买后膛洋枪万余杆，所需子弹若不自己仿造，用完则枪成废物。所以，又必须设立机器局、厂，与之相配套。自光绪十一年（1885 年）六月兴工，至次年讫工，共建成制造用房及小机器厂 117 间。

海岸防守，坚固适用的炮台是必不可少的。那时台湾的炮台设置情况如何呢？“公既至……炮台仅五炮当一面，台势且乖。公首拊诸将相劳苦，急命筑新

---

① （清）刘铭传撰，马昌华、翁飞点校，安徽古籍整理出版规划委员会、安徽古籍丛书编审委员会编：《刘铭传文集》，黄山书社 1997 年版，第 71～72 页。

② （清）刘铭传撰，马昌华、翁飞点校，安徽古籍整理出版规划委员会、安徽古籍丛书编审委员会编：《刘铭传文集》，黄山书社 1997 年版，第 224 页。

③ （清）刘铭传撰，马昌华、翁飞点校，安徽古籍整理出版规划委员会、安徽古籍丛书编审委员会编：《刘铭传文集》，黄山书社 1997 年版，第 223 页。

④ （清）刘铭传撰，马昌华、翁飞点校，安徽古籍整理出版规划委员会、安徽古籍丛书编审委员会编：《刘铭传文集》，黄山书社 1997 年版，第 175 页。

台、建新垒为卫。”[①] 刘铭传于到台湾的当年（光绪十年）便上《遵筹整顿海防讲求武备折》，内称：“言战者，当审兵将是否可战，器械是否可战，炮台是否可战，兵船是否可战，空谈无补，后祸焉穷。”他依据“沿海设防，宜分缓急重轻，以期扼要”[②] 的原则，对台澎具有重要战略意义的海口要塞重点建台布防。自光绪十二年（1886 年）正月兴工，至光绪十四年（1888 年），“计澎湖、基隆、沪尾、安平、旗后五海口，共造炮台十座”[③]，成就可观。另外，还在各海口储备下沉雷、碰雷，与炮台相为资用。又台湾同大陆“往来文报屡阻风涛，每至匝月兼旬不通音信”，一旦外敌入侵，何以联络，何以沟通，又何以知彼知己、克敌制胜？所以刘铭传认为，“水陆电线实为目前不可缓之急图”[④]，并为此也付出了巨大努力。

刘铭传关于台湾地区的战略防御构想及其所采取的主要措施，大致如此。

三、殚竭血诚治台的爱国深情

人们建功立业需要动力。动力来自何处？来自远大的志向和理想。而最远大的志向和理想就是热爱祖国，报效祖国。刘铭传之所以能殚竭血诚地治理台湾，为构建台湾地区的防御体系而鞠躬尽瘁，就是由于他对祖国的无限热爱和忠心不二。

在刘铭传的时代，中国人还谈不上什么科学系统的“爱国主义理论”，但许多仁人志士却有着崇高的爱国精神，他们对伟大的祖国无不怀着深厚的感情，刘铭传就是这样的人。

刘铭传久有疾患，早在督师西北时，曾因病告假返里。但是，“自解兵柄养疴田园，每念中国大局，往往中夜起立，眦裂泣下，恨不能竭犬马以图于万一也”[⑤]。在台湾巡抚任上，“每念时局艰难，不获报称万一，彷徨中夜，惭疚万端。惟有殚竭愚忱，勉图职守，虽目疾万分沉重，残驱苟可支持，不敢片刻稍

---

① （清）刘铭传撰，马昌华、翁飞点校，安徽古籍整理出版规划委员会、安徽古籍丛书编审委员会编：《刘铭传文集》，黄山书社 1997 年版，第 492 页。

② （清）刘铭传撰，马昌华、翁飞点校，安徽古籍整理出版规划委员会、安徽古籍丛书编审委员会编：《刘铭传文集》，黄山书社 1997 年版，第 52～53 页。

③ （清）刘铭传撰，马昌华、翁飞点校，安徽古籍整理出版规划委员会、安徽古籍丛书编审委员会编：《刘铭传文集》，黄山书社 1997 年版，第 201 页。

④ （清）刘铭传撰，马昌华、翁飞点校，安徽古籍整理出版规划委员会、安徽古籍丛书编审委员会编：《刘铭传文集》，黄山书社 1997 年版，第 189 页。

⑤ （清）刘铭传撰，马昌华、翁飞点校，安徽古籍整理出版规划委员会、安徽古籍丛书编审委员会编：《刘铭传文集》，黄山书社 1997 年版，第 43 页。

休，尤不敢自安缄默”[1]。陈澹然在《清太子太保兵部尚书台湾巡抚合肥刘壮肃公神道碑》中称：“公尝登基隆山，张远镜东望，慨然曰：‘彼葱郁者，非日本三岛耶！失今不图，吾且为披虏乎？’及闻海军罢，则顿足叹曰：‘人方盗我，我乃自抉其藩，亡无日矣！’”不论是居家养病，还是肩负治台重任，面对日危的时局，刘铭传时刻都在为祖国的安危而忧虑，为治台而尽职尽责。陈氏在同一碑文中还说他：“晚治岩疆，艰难缔造，虽绩效炳然，顾未竟其志。性伉爽刚毅，谋国一本血诚，不顾问流俗毁誉。”[2] 刘铭传虽然在致力于祖国边陲的防卫中取得了显著成效，但自己总觉得志向未竟。只有对祖国具有无限热爱之情的人才会具有这种愧疚心态。也正因为刘铭传以报效祖国为终身理想，自己所干的事业是正义的事业，所以对于别人的诋毁他全然不顾。

要谈刘铭传的爱国精神与爱国行为，就不能回避中国古代客观存在的爱国与忠君的关系。

《诗经·小雅·谷北》有“溥天之下，莫非王土，率土之滨，莫非王臣”之谓，这表明在奴隶社会国王就已经是国家的总代表了。至于而后两千多年的君主专制主义的封建时代，皇帝的地位更是如此。由此可见：

第一，臣僚们的忠君有维护剥削阶级统治地位的一面。这是历史的局限。

第二，忠于国君也就是忠于国家，当然也是爱国的一种表现。

因此，对于我国古代的“忠君”不能全盘否定，我们应予批判地继承。这是符合科学历史主义的基本法则的。

在刘铭传的奏折中，我们可以见到许多关于他对朝廷、皇上的无比感激之情与效忠朝廷、皇上的言表。如：在《法兵已退请开抚缺专办台防折》中表示，“窃臣渥承恩命，督办台军，旋授福建巡抚，受命于战阵忧危之际，自应曲陈于军势粗定之余。臣一介武夫，不谙吏治，持兵台岛，未立寸功，仰蒙皇太后、皇上破格恩施，畀以封疆重寄，力所能效，敢不殚此血诚！”[3] 在《复陈封口后兵危饷缺劝绅捐助各情片》中，对于台湾被法船封口，“焦灼如焚，生还已绝”之际，有幸接到三次谕旨，他表示：“仰荷圣慈逾格垂念台危，温谕叠颁，谆饬各疆臣悉力救援，谋通消息。奉诏涕泣，莫知所云。臣处万分危迫之中，一息尚

---

[1]（清）刘铭传撰，马昌华、翁飞点校，安徽古籍整理出版规划委员会、安徽古籍丛书编审委员会编：《刘铭传文集》，黄山书社 1997 年版，第 73 页。

[2]（清）刘铭传撰，马昌华、翁飞点校，安徽古籍整理出版规划委员会、安徽古籍丛书编审委员会编：《刘铭传文集》，黄山书社 1997 年版，第 538～539 页。

[3]（清）刘铭传撰，马昌华、翁飞点校，安徽古籍整理出版规划委员会、安徽古籍丛书编审委员会编：《刘铭传文集》，黄山书社 1997 年版，第 27 页。

存，终当死守待援，仰答鸿慈于万一。”[1] 另外，刘铭传在设防、抚番、清赋、兴建铁路等方面，都做到了事事有请示，项项有奏报，他的全部奏折就体现了这一点。他将个人身心的全部，都融入了朝廷、国家的安危之中。

总之，台湾第一任巡抚刘铭传是中国近代史上一位杰出的爱国者。他受命于中华民族危难之际，为加强台湾地区的防卫能力殚竭血诚，鞠躬尽瘁。他全方位的台湾防御体系的构想与实践，限于国势日衰，尤其政治之腐败，不见得能事事如愿，但至少我们可以认定，刘铭传的战略防御思想是积极的，他的爱国精神值得我们很好地总结与弘扬。

（此文系笔者与刘玉明先生合作完成，原收录于程必定主编：《刘铭传与台湾建省——海峡两岸纪念刘铭传首任台湾巡抚120周年学术研讨会论文集》，黄山出版社2007年版，第162～174页）

① （清）刘铭传撰，马昌华、翁飞点校，安徽古籍整理出版规划委员会、安徽古籍丛书编审委员会编：《刘铭传文集》，黄山书社1997年版，第112页。

浩气长存 精神永在

——纪念爱国名将左宝贵180周年诞辰

左宝贵是中日甲午战争中牺牲在朝鲜平壤的清军高级将领。他一生勤奋好学，乐善好施，关怀部下，体恤民情。从军统兵后，严格管理，强调军纪，平时以尽忠报国为目标，战时则以国家需要为准则。1894年，日本借朝鲜东学党农民起义大量出兵朝鲜。左宝贵奉命率军入朝，筹措战守，不遗余力，战斗中突然中风，仍带病参战。在战事惨烈的危急关头，他又身先士卒，不怕牺牲，亲燃大炮，猛轰敌军。虽两负枪伤，仍不下火线，继续杀敌，壮烈牺牲在朝鲜平壤的玄武门上，为保卫祖国和朝鲜人民献出了自己宝贵的生命。他的牺牲，大义凛然，气壮山河。百余年来，深受中朝人民的崇敬和怀念。

著名爱国将领左宝贵遗像
（左步青供图）

一、左宝贵的生平简介

左宝贵，回族人，1837年10月18日（清道光十七年九月十九日）出生于山东省费县地方村（今属平邑县）。其祖籍为山东省齐河县城东左三里村。该村地势低洼，村小地瘠，生存环境极差。1781年（乾隆四十六年），黄河决口，洪水肆虐，房屋倒塌，人畜被淹。为了生存，左家与众多灾民一样，背井离乡，来到费县城西的沂阳镇（清代中期称地方村）。由于这里北靠蒙山和浚河，南临天宝山和乾河，可谓田肥水丰，交通便捷，历代官府驿站都从村中经过。地方政府还在此开设官集，故商贾聚集，各类生意商贩都在此落脚住宿。这里汉族人朴实热情，易于相处，加之杨姓和金姓回民已先定居在此，可以互相照应，左宝贵的爷爷左凤友带着一家四口便在沂阳镇村西的一座古庙里栖身定居。他勤奋能干，农忙时租地耕种，还时常帮人打工忙收。冬季农闲季节，则挑着杂货担子走村串户，做点小生意补贴家用。另外，他还靠着精湛的皮匠技艺，赚钱养家。

左宝贵的父亲左世荣继承了前辈为人正直、乐于助人的秉性，勤劳肯干，想方设法增收节支，节衣缩食，盖房娶妻，带着弟弟左世宏共同生活。左宝贵的母亲杨氏，性情随和，温顺仁慈，善良厚道，充分发挥自己缝补刺绣的高超技艺，时常帮助村人纾困解难。

左宝贵出生后，其母外出做活时，将其放在木盒里保暖避风，故村人皆称其为“左盒儿”。直至他去私塾求学，老师见他“天庭饱满，地阁方圆”①，为他取名左宝贵。由于其父母的良好影响，幼年时期的左宝贵即刻苦好学，愿意读书。但因天灾接踵而至，家里又连续添了两个弟弟，左宝贵只读了两年私塾就被迫辍学在家，帮助父母看弟弟、挖野菜，学皮匠活，卖些小杂货，还帮亲戚家放牛羊、割草料，以补贴家用。左宝贵自幼酷爱习武，敢于迎难而上。他在家随父亲学拳棒，出门在外时自觉跟着村里的能人学习武术。而且做到了冬练三九，夏练三伏。至十五六岁时，他已练得一身好功夫，包括要大刀、打梢子棍、要绳鞭等，可谓无不精通。② 他还从说书艺人那里了解了《杨家将》《岳飞传》《水浒传》《瓦岗寨》等英雄豪杰保家卫国、扶正祛邪的感人故事。

1851 年（咸丰元年），费县又遭重灾。左宝贵的父亲病饿而死，15 岁的左宝贵肩上的担子更重了。1856 年，家乡“大雨七昼夜”，河溢横流，“沿河庄村漂没殆尽”。③ 大灾之后，瘟疫流行，其母杨氏染病去世。20 岁的左宝贵一心想投军当兵，施展抱负。他挑着一对筐笼，带着两个弟弟离开地方村，朝着清军与太平军作战的地方奔去。

其时，清政府急于招募新兵，清军官员见他“器宇轩昂，声如洪钟”，敢说敢为，便安排他到清军大营伙食队里“当了一名伙（火）夫，两个弟弟跟着他当个小帮工”。此后一年时间，左宝贵先后参加了“栖霞、石埠桥、龙潭、仓头、高资、句容等地的战斗”。期间，左宝贵因奋不顾身扑灭军营烈火，而受到官兵们的赞扬。后因做饭时突见太平军已突破防线冲入中军营房，左宝贵毫不犹豫地抄刀冲杀，赶走了太平军。他的这次勇猛异常的自觉参战，令清军官兵更加佩服。左宝贵遂被“调到前线守垒”④，被正式编入战斗部队行列。

---

① 廉成灿等主编：《民族英雄左宝贵》，陕西人民出版社 1994 年版，第 5 页。
② 参见廉成灿等主编：《民族英雄左宝贵》，陕西人民出版社 1994 年版，第 7 页。
③（光绪）《费县志》卷十六《祥异》，清光绪二十二年刻本。
④ 廉成灿等主编：《民族英雄左宝贵》，陕西人民出版社 1994 年版，第 12～13 页。

1858 年春季，左宝贵一炮将太平军乌江据点的城墙轰塌，又一马当先冲入太平军营垒，受到“六品军功”的嘉奖，其名声随即大扬。1859 年四月，太平军包围扬州，清军派左宝贵突破太平军的层层封锁，按时将作战情报送给六合清将李若珠，“有功，叙外委”[①]。1860 年 11 月，左宝贵又因战功“以千总归江南督标尽先拔补，并赏换花翎”[②]，管带六起劲勇，驻防上海宝山一带。1864 年 7 月，已升任游击的左宝贵被朝廷“以游击留山东尽先补用”[③]，攻陷天京之后，左宝贵与太平军出身的陶氏结为夫妻。1868 年 4 月 26 日，西路捻军突破运河防线，天津危急，京城震惊。朝廷急调陈国瑞为“神机营”管带，左宝贵参助协理。为了落实责任，派左宝贵任天津镇标中营游击，不久又晋升为参将，并加副将衔，带队防守古北口。31 岁的左宝贵从此独当一面，其卓越的军事指挥才能终于有了展示的机会。由于他严加防备，持之以恒，毫不松懈，无法得手的捻军只好转而南下，左宝贵再次受到奖赏。1875 年，左宝贵因屡建战功，被晋升为“总兵记名简放”，并赏赐铿色巴图鲁勇号。1878 年 1 月 25 日，盛京将军崇厚以左宝贵“晓畅戎机”“才堪专阃”奏报朝廷，将其报军机处记名，遇有提督、总兵空缺“即请旨简放”。1880 年（光绪六年），清廷为了京师的稳定与安宁，特调治军严明的左宝贵率军回防河北省巴克什营和密云之间的古北口一带战略要地。东北诸将则上疏予以挽留。同年 5 月 10 日，盛京将军岐元奏请朝廷，将驻防在古北口的练军马队调赴直隶省驻防，留左宝贵继续训练练军各队。此后，朝廷发布上谕，将“左宝贵以提督总兵记名简放”[④]，统领奉军并总理营务兼翼长。

1889 年 12 月（光绪十五年十一月），左宝贵再次奉命被调往广东任高州、雷州和廉州的三府镇总兵（简称为高州总兵）。左宝贵雷厉风行，奉旨后很快就到高州镇巡查视事。其间，东北驻防的各位将领再次上疏请奏，让左宝贵继续留驻东北，保民安宁。清廷也因东北是清王朝的起家之地，盛京又是清太祖努尔哈赤和皇后叶赫那拉氏等先祖皇陵的重地，故再次破例准奏，留下左宝贵继续在东北驻防。

1891～1892 年，左宝贵因军功被清廷赏穿黄马褂，继而获赏头品顶戴，直至赠授其“建威将军”之称号。1894 年，适逢慈禧太后六十大寿，58 岁的

---

① 廉成灿、张乃军：《左宝贵年谱》，廉成灿等主编：《民族英雄左宝贵》，陕西人民出版社 1994 年版，第 359 页。

② 廉成灿等主编：《民族英雄左宝贵》，陕西人民出版社 1994 年版，第 15 页。

③ 廉成灿等主编：《民族英雄左宝贵》，陕西人民出版社 1994 年版，第 17 页。

④ 廉成灿、张乃军：《左宝贵年谱》，廉成灿等主编：《民族英雄左宝贵》，陕西人民出版社 1994 年版，第 361～362 页。

左宝贵又被赏戴双眼花翎，足见清廷对左宝贵率兵驻防、力保地方安宁的肯定与赞赏。

二、治军严明 不讲亲疏

左宝贵治军严明，深受赞扬。出身贫苦的他，深谙清军中有些欺压百姓的歪风邪气。他参军入伍后，既见过曾国藩严明治理湘军的场面，也了解李鸿章淮军中的严格军纪的事例。他统带练军之后，不但将湘军和淮军严明纪律的好作风继承下来，而且还根据驻地的实际情况和本人从军多年的经历，增加了许多整顿军纪、严明纪律的条文，使他所统带的练军成为清军中的一支敢打硬仗的精锐部队。早在他率军驻守天津之时，就明文规定所部官弁兵勇“不准扰民；不准扰乱社会秩序；不准聚赌；不准吸食鸦片；不准榨取民财”。还强调“严禁奸淫妇女”，从事“买卖公平”。[①] 此后，无论他驻守那里，他都严格执行军纪军规。对于违反规定的官弁兵勇，无论关系亲疏，他都坚持不徇私情，严惩不贷，毫不手软。他驱逐山东费县乡亲赵某便是一例。赵某的父亲是村中塾师，赵某幼承父教，略通文墨。当他听说左宝贵做了大官，便前往军营，谋求职务。由于其识字会写，口齿伶俐，善于察言观色，迎送得体，很快就由在军营做点杂务而被提拔为哨官，继而又被提升为军营文案。从此，赵某开始利用权力假公济私，以权谋利，不但贪污受贿，还寻花问柳，夜不归宿，败坏了军风军纪。赵某在违纪行为暴露后，祈求左宝贵看在乡亲的面子上宽恕他。左宝贵严正以告诉：“军法无情，没有亲疏上下。”[②] 遂令将赵某责打四十军棍，并用铁丝穿透耳朵拽着游营示众后，开除军籍，遣回老家。

左宝贵严明军纪，整肃军务，不但得到驻地百姓的赞扬，而且还得到上司的表彰和赞颂。盛京将军岐元和将军崇厚上疏称赞他“营务严肃，谋勇兼全”[③]。直隶总督兼北洋大臣李鸿章也上奏疏赞扬他“勤明忠实，骁勇耐劳，懂得军事韬略，谋勇兼优”[④]。署盛京将军、刑部尚书崇实去东北办理军务，每次都邀左宝贵随身行走，凡碰到事关百姓利益且非常棘手的问题，总安排左宝贵前往处理。而左宝贵总是不负众望，及时把那些矛盾和问题处理好，得到了上级和百姓的称赞。

---

① 廉成灿等主编：《民族英雄左宝贵》，陕西人民出版社 1994 年版，第 24 页。
② 廉成灿等主编：《民族英雄左宝贵》，陕西人民出版社 1994 年版，第 31 页。
③ 廉成灿等主编：《民族英雄左宝贵》，陕西人民出版社 1994 年版，第 24 页。
④ 廉成灿等主编：《民族英雄左宝贵》，陕西人民出版社 1994 年版，第 24 页。

左宝贵训练军队，不但严明军纪，赏罚分明，还处处为广大基层官弁兵勇着想。在军中作战时，他始终坚持与士兵同甘共苦，遇有受伤、战死者，总会以私财抚恤其亲属家人。为了保障军队官兵的体魄康健，左宝贵在军中设立医院，并经常到医院视察和看望伤病人员。身为高官的他，嘘寒问暖，鼓励抚慰，还时常拿出自己的俸银照顾病人，抚恤死难者的家属。对于部队中敢说真话、不搞拍马溜须之人，总是给予必要和恰当的保护和关照。这从被派往营口驻防的部属马占鳌给他的书信中便可得到见证。马占鳌在来信中坦诚地说："屡次得罪上游，均荷宪恩袒护，得不罹于咎则，无非恩施格外，优容至矣。"，表示"沐恩苟有天良，能不知愧知感？""此后自当勤慎奋勉，期报知遇之德。"[①]

左宝贵平时严格治军，战时即见显著成效。1894 年 7 月下旬，左宝贵奉命率奉军主力开赴朝鲜平壤。其时，正值盛夏酷暑季节，霪雨连绵不断，道路坑洼不平，烂泥粘脚难行，再加上蚊蝇等虫类叮咬，部队前进异常艰难。面对这样的情况，左宝贵不但严格管理，勤加督导，而且还身体力行率军急进，广大奉军将士精神抖擞，斗志昂扬，每日以百余里的行军速度兼程推进。7 月 29 日，左宝贵率军抵达九连城，为了争取时间，他下令即日渡过鸭绿江，第二天即赶赴朝鲜的义州。奉军进入朝鲜境内后，由于他平时严格管理，整个所带奉军纪律严明，秋毫无犯，与前期经过的卫汝贵统带的盛军形成了鲜明的对比，受到朝鲜百姓的称赞。8 月 6 日，左宝贵率奉军主力抵达朝鲜平壤，驻守战略位置极为重要的平壤城的玄武门、牡丹台一带。

三、重教倡学 大办公益

左宝贵出身贫寒，少年时代求学若渴而不能的日子令他难以忘怀。他由士兵积军功而升至高级将领后，仍不放松读书学习的任何机会。为了跟上社会的发展，适应各种工作的需要，他还专门聘请了知识渊博、品行端正的饱学之士为师。左宝贵思维敏捷，见多识广，加之用功苦读，坚持不懈，其文化水平和各方面的知识提高很快。仅从现存的匾额题字来看，他的颜体书法艺术就达到了很深的造诣。

左宝贵在为官行政的漫长过程中，逐步清楚地认识到：欲使国家富强，必先兴学办教育。而教育以培育大量人才最为紧要。要改变中国贫穷落后的面貌，要使百姓脱离愚昧无知，就必须要提高整个国家和人民的文化水平。所以，左宝贵心有所思，行有所动。不管被派到哪里驻防，在治军之余首先想到"振兴学校"，

---

① 廉成灿等主编：《民族英雄左宝贵》，陕西人民出版社 1994 年版，第 31 页。

实现了军队驻到哪里，学校就开办到哪里。他曾在营口海神庙、沈阳练军公所、南北寺等地设立了大小义学多处，还亲自为学校挑选品学兼优的先生任教。左宝贵还不辞辛苦，常常在办完军务的闲暇之时，亲自到学校考察学生的课程，了解师生的教学细节，不厌其烦地给学生讲“玉不琢，不成器，人不学，不知义”的道理，讲古代圣贤勤学苦读的故事。他对成绩优异的学生及时给予奖励，对学习成绩差的则给予督促，对生活困难的学生则给予资助，想方设法为他们改善学习条件。因而驻防之地的人们称他“循循然有儒士风”[①]。

1890 年初冬季节，左宝贵在视察广东高州、雷州和廉州之后，顺路回到离别了三十年的家乡。敲锣打鼓、列队欢迎的乡亲们万万没有想到，左宝贵既没有扈从千百，更不见气高志扬、威风八面。只见他轻车简从，一行数人，而且在距离村子二里的地方便下车步行。欢迎的村民见他来了，便要向前行大礼，左宝贵急忙向前扶起众位乡亲，对当年接济过他的周姓老人说：“大娘，我是‘左盒儿’，在您老人家面前我是晚辈，还是叫我‘左盒儿’吧。”[②] 回到魂牵梦绕的家乡，左宝贵激动亢奋，思绪万千。看到家乡贫苦人家的子弟很少入学读书，便毫不犹豫地决定捐款助学。他一次即向地方村学校捐银 1000 两，铜钱 1000 串，资助学校修理破旧校舍，建设新房，扩容增人，以增加就学的人数。他“还向县城书院捐银千两，放当生息，以为薪水之需”[③]。山东费县知县李敬修亲撰《左忠壮公助捐书院膏奖记》，刻石立碑，碑记写道：

> 费之有书院，历有年所，一切规模，前人之所筹划者，既可经久。赠太子少保、高州镇总兵左忠壮公，复以经费不充为虑，捐银千两……为子孙之谋。而乃急急于培养人材（才）如此。呜呼！公之所为，学士大夫之所难也。[④]

左宝贵造福百姓，不但捐资办学，还积极参与抢险救灾、创办各种公益事业。他积极参与除弊兴利的洋务运动，如修筑铁路、开采矿产、架桥修路、疏河筑坝、创办医院、兴办粥厂、创办牛痘局、开设栖流所、育婴堂等多项福利事业。左宝贵参军三十多年，从底层士兵一步步升至高级将领，实属难能可贵，但他始终没有忘记自己苦难的童年，始终与人民大众休戚相关，身处富贵而怜恤贫贱，自觉

---

① 廉成灿等主编：《民族英雄左宝贵》，陕西人民出版社 1994 年版，第 31 页。
② 廉成灿等主编：《民族英雄左宝贵》，陕西人民出版社 1994 年版，第 34 页。
③ 廉成灿等主编：《民族英雄左宝贵》，陕西人民出版社 1994 年版，第 36 页。
④（光绪）《费县志》卷六《学校》，清光绪二十二年刻本。

为驻地的百姓大众做些好事。他在奉天驻防 20 年，率军参加地方抗洪抢险、解救受灾百姓即达七次之多。他深入百姓中间，了解灾情，发放救灾粮，采取以工代赈的方式，不仅解决百姓的吃饭问题，还疏通河道，修建河桥，根除水患。同时，千方百计安置灾民，发放粮种，引导灾民进行生产自救，使灾区逐步恢复生息。由于左宝贵及时果断地采取措施，拯救了大批的灾民，得到朝廷和百姓的广泛称赞。

1881 年 5 月，左宝贵在奉天创办了“牛痘局”，每年可为 2500 多名儿童接种天花牛痘，开辟了奉天公共卫生事业的新纪元。他还凭借在奉天创办“牛痘局”的经验，在回乡省亲之时，又在家乡清真寺内专门开设一室，为儿童接种天花疫苗。使无数儿童避免了天花病魔的侵害。1887 年，他以施药济人救命为宗旨，创办了民间医院，规定单日为男人诊治，双日为妇女看病，据当时统计，全年就诊各类病人约有 18000 多人。为了收留救治弃婴、流浪孤儿以及残疾儿童，左宝贵还设立了育婴堂，使众多苦命儿童得到及时收养和救治。当他听说奉天老营一士兵的姐姐，因家乡遭灾，独自从内地到东北寻弟，被人拐卖到妓院，不堪凌辱逃出，历经千辛万苦找到弟弟所在的兵营。左宝贵听说此事后，决定建立栖流所（也称“栖良所”），主要收留从妓院逃出的妓女、不堪忍受封建家庭迫害的青年妇女以及那些不堪忍受迫害虐待的丫环婢女。他亲自为栖流所制定的章程规定：

> 凡遭受迫害的妇女，逃进栖流所门前的石桥者，就受栖流所保护，妓院或其他干预者无权索要。①

随着收留妇女的增多，左宝贵下令安排她们学习各种手艺，读书识字，使她们日后能以一技之长谋生。还明确规定：妓女愿出嫁者，“可择良婚配，建立家庭”，“愿取者需取保立据，不准转卖，不准虐待等”②。这些切实可行的章程出台后，使许多妇女重获新生。与此同时，左宝贵还在奉天设立了两处放粥的粥米厂，规定“每年冬春两季缺粮时，每日施粥 500 人；夏秋两季施粥两个月，每日以百人为限”③，专门向那些鳏寡孤独和老弱残疾者发放粥饭。左宝贵的这些为民善举，对于落后贫困的封建社会来说，虽是杯水车薪，但却实实在在地帮助了一些弱势群体，不但使许多人免受冻饿疾患的折磨，还维护了驻地的稳定与安宁。这对于

---

① 廉成灿等主编：《民族英雄左宝贵》，陕西人民出版社 1994 年版，第 43 页。
② 廉成灿等主编：《民族英雄左宝贵》，陕西人民出版社 1994 年版，第 44 页。
③ 廉成灿等主编：《民族英雄左宝贵》，陕西人民出版社 1994 年版，第 44 页。

一个封建社会的官员来讲，实属难得，因而也毫无例外地受到驻地人民的真心赞扬和拥戴。

四、筹措战守 尽心竭力

1894 年 6 月初，朝鲜爆发东学党农民起义，朝鲜请求清政府出兵帮助镇压。日本政府认为机会难得，一方面极力怂恿清政府出兵朝鲜代为戡乱，另一方面于 6 月 2 日即决定出兵朝鲜。日本外务大臣陆奥宗光和日本参谋本部次长川上操六中将还共同商定，所派赴朝兵力一定要以绝对优势压倒赴朝清军。6 月 5 日，日本又成立了战时大本营，并于 6 月 8 日决定派大岛义昌率 7600 余人的混成旅团进入朝鲜。7 月 23 日凌晨，日军突然包围朝鲜王宫，囚禁朝鲜国王，建立以大院君为首的傀儡政府，并强迫其下令驱逐在朝鲜的中国军队。7 月 25 日，日本的海军与陆军分别在牙山附近丰岛海面和成欢一带对中国的海军和陆军开战，甲午战争随即爆发。

面对日本政府设下的连环套，妄自尊大、贪图安逸、不想打仗的清政府决策者，按照"保护属邦旧例"，派直隶提督叶志超和聂士成率 2456 人进入朝鲜，令他们"星驰朝鲜全罗、忠清一带，相机堵剿"东学党农民起义军，并电令驻日公使汪凤藻照会日本政府，入朝清军"一俟事竣，仍即撤回，不再留防"①。清政府这种天真幼稚的举动，被急于寻找开战借口的日本嗤之以鼻，不但拒绝中日两国同时撤兵，而且还公开提出共同改革朝鲜政府的建议，寻找可以开战的理由。

随着朝鲜局势的恶化，清廷不得以于 7 月 14 日密电李鸿章"倭事紧迫"，要"速为筹备"。还明示"东三省练军，及左宝贵所带兵勇，亦皆可用"②。18 日，盛京将军裕禄奉命令左宝贵于"所部挑带马步三千五百，合队前进，至平壤一带驻扎，与尊处所派盛、毅两军随时会商，相机妥办"③。接到命令的左宝贵，自知军情紧急，立即开始行动。7 月 21 日，左宝贵派副将杨建春率马队两营为先锋，登程起行。自己则抓紧筹措枪炮弹药，增募新兵；妥善安置相关人员，亲自安抚出征将士的家属；利用出征前的最后一个穆斯林聚会日，办理了自己承担的宗教事务的交接手续；还特地与好友、英国传教士督阁·克里斯举行话别，表达

---

①《寄译署并叶军门袁道》，顾廷龙、戴逸主编：《李鸿章全集》24，电报四，安徽教育出版社 2008 年版，第 46 页。

②《寄沈阳裕并左统领》，顾廷龙、叶亚廉主编：《李鸿章全集》（二）电稿二，上海人民出版社 1986 年版，第 779 页。

③《寄小站卫统领并旅顺宋军门》，顾廷龙、叶亚廉主编：《李鸿章全集》（二）电稿二，上海人民出版社 1986 年版，第 786～787 页。

他誓死抗敌的坚定决心。

7 月 25 日，左宝贵率奉军主力从南大门出城，奉天城内官绅百姓，涌上街巷，争相送行。见此情景，左宝贵情绪激动，慷慨陈词，当众宣誓，充分表达效忠国家、痛击日寇的决心。7 月 29 日，左宝贵率军抵达九连城，考虑前方军情紧急，刻不容缓，他命令部队立即抢渡鸭绿江，向朝鲜挺进。是日晚间，左宝贵向李鸿章报告："本日西抵义州电局，明早调马、步四营渡江，与卫、马两镇并进。"李鸿章 7 月 30 日电告左宝贵："倭势披猖，闻已分队进踞平壤，料其人数无多。若贵军与卫、马合队速进，当可设法驱逐，再布置严守，相机进取。"同时他也明确地坦言："惟运路为倭梗阻，无法接济，焦灼莫名。"① 8 月 6 日，左宝贵率军抵达朝鲜平壤，驻守在平壤的玄武门、牡丹台一带。

想方设法筹办枪炮弹药和粮草。由于清政府此前毫无作战准备，致使赴朝御敌的清军缺枪炮，少弹药。驻守平壤后，左宝贵多次向李鸿章和盛宣怀致电请求："敝军前在定帅处借有毛瑟千根，子母甚少，望求傅相赐拨二十万，运营口为叩。"但盛宣怀于 8 月 8 日却致电告诉他，所商请拨的毛瑟枪因"相意尚游移"，"切实迳自电禀，谅可允行"②。8 月 19 日，左宝贵又致电盛宣怀："未审能拨三四千枪否?"22 日再次致电李鸿章："务求中堂赏拨恰其（哈乞）开斯枪四五百杆，子弹二十万，随尊处运饷械船带来为祷。"③ 8 月 23 日，张士珩致电盛宣怀称："左军须枪，即由旅局照拨毛瑟五百杆，子拾万，交便船运义。弟已发电龚鲁翁查照办理。"④ 盛宣怀致电左宝贵祈派员迎提。

坚扎营垒，抢修备战公事。平壤系朝鲜北部的重镇，从平壤向北，经安顺、新安州、定州、宣州等地，可达新义州，渡过鸭绿江即可进入中国的安东（即现在的丹东市）。从平壤向南，可到达其王京汉城。平壤的东南方向有海港城市南浦，向东则有另一海港城市元山浦。因此，平壤是朝鲜南北交通之枢纽，其战略位置非常重要，历来是兵家必争之地。平壤跨山建城，北有峰峦重叠的高山，东、东南、西南三面临近大同江。平壤城三面是高大的城墙，由青石垒砌而成。墙高足有 10 米，基厚 7 米，顶部宽足有 2 米。进驻朝鲜平壤之后，左宝贵即根

---

①《寄义州交左统领》，顾廷龙、戴逸主编：《李鸿章全集》24，电报四，安徽教育出版社 2008 年版，第 177～178 页。

② 陈旭麓等主编，季平子、齐国华编：《甲午中日战争》上册，盛宣怀档案资料选辑之三，上海人民出版社 1980 年版，第 84 页。

③ 陈旭麓等主编，季平子、齐国华编：《甲午中日战争》上册，盛宣怀档案资料选辑之三，上海人民出版社 1980 年版，第 99 页。

④ 陈旭麓等主编，季平子、齐国华编：《甲午中日战争》上册，盛宣怀档案资料选辑之三，上海人民出版社 1980 年版，第 166 页。

据战守要求，组织官兵积极抢修新的防御设施。左宝贵通过现场考察确认，他所驻守的玄武门与牡丹台一带是平壤城的防御重点。根据原有防御工事的不足和缺陷，左宝贵与诸将“日督勇丁并朝民于城内外筑垒”，在一个多月的时间里，冒着盛暑骄阳，克服了工具和材料奇缺等种种困难，增修胸墙，加设炮台，以固城郭向北前伸的凸角。还于东北城的牡丹台，新筑堡垒一座，在牡丹台的东北江岸处，再建新堡垒一座，以防东路来敌。在牡丹台之西并岘高地附近增筑堡垒三座，其布局为两座偏北，一座稍南，使玄武门外的防御设施形成了两重堡垒，可“环炮而守”，且达到外垒环绕内垒，内外相互支持，形成共扼平壤城北爱美、坎北二山以南的谷地。但对如何防备敌人从背后高山打过来，却因时间紧急无法顾及，令“识者忧之”。[①]

多次派出探马和小股部队，主动打探敌情并消灭小股敌兵。在抢修防御工事的同时，“派马队二百名分探”日军情况，还多次派出探骑前往平壤附近的成川、保山、黄州一带，打探日军情况，甚至“密雇改装侦探，分路往来不绝”[②]。听说距离大同江南五十里中和地方有匪盘踞，即“派营官徐玉生、帮带杨建胜往捕，已击毙多名，获马匹刀械，余向黄州逃走矣”[③]。为了保证赴朝诸军能相互支持，“左军马队两营驻祥原，常川出队巡防，探遏元山、高原等处倭兵来路，兼为黄州声援”[④]。其实，早在6月份，左宝贵得知日军大兵突然进入朝鲜，占领战略要地，便立即派员“至汉城出探、绘图”，“为进兵之计”，早作打算。他认为：“朝鲜为中国门户，而奉省为扼要之区，所有海防江防，宜俱加周密，事关大局，禀请添军置炮，预备不虞。”[⑤]

9月7日，左宝贵“派马队哨官傅殿魁等率队百名出探黄州”日军的动静，进至黄州东五里时，恰巧与日军第九混成旅先头部队一户兵卫步兵所率的第十一联队第一大队迎面相遇，双方交火后，“毙日数十名，我兵阵亡一人，受伤四人”。[⑥] 傅殿魁因敌我兵力相差太多，即下令撤队回营报告敌情。

坚决反对不抵抗就撤出平壤。从8月4日至9日，清政府派往朝鲜平壤的四

---

① （清）姚锡光：《东方兵事纪略》，中国史学会主编：《中国近代史资料丛刊·中日战争》（一），上海人民出版社、上海书店出版社1957年版，第20页。

②《寄译署》，顾廷龙、戴逸主编：《李鸿章全集》24，电报四，安徽教育出版社2008年版，第297页。

③ 陈旭麓等主编，季平子、齐国华编：《甲午中日战争》上册，盛宣怀档案资料选辑之三，上海人民出版社1980年版，第74页。

④《寄译署》，顾廷龙、戴逸主编：《李鸿章全集》24，电报四，安徽教育出版社2008年版，第292页。

⑤（光绪）《费县志》卷十一《人物二·左宝贵》，清光绪二十二年刻本。

⑥《寄译署》，顾廷龙、叶亚廉主编：《李鸿章全集》（二）电稿二，上海人民出版社1986年版，第961页。

支军队全部到达。分别是：卫汝贵率领的盛军6000人，马玉昆率领的毅军2000人，左宝贵率领的奉军4026人，丰升阿率领的盛字和吉字练军共1500名，四支清军部队共计32营起，但因有些部队的营兵名额不足，所以所到之兵总数才13526人，其中有4070人分散驻守在平壤后路的安州、肃州和义州等地，因此驻守平壤城的清军总数“不足万人，兵单实难展布”①。后来加上叶志超所带的3500余人，驻防平壤城的清军总兵力也不过13000人。

9月上旬，清军主帅叶志超电报李鸿章：“现平壤不过万人”②，急需筹谋调兵并添募新勇。当他得知“筹调添募”已无可能，便召集诸将会商议：“敌人乘势大至，锋芒正锐，我军子药既不齐，地势又不熟，不如整饬各队，暂退叆州，养精蓄锐，以图后举。”闻听此议，左宝贵坦言：“敌人悬军而来，正宜出奇痛击，令其只轮不返，不敢再正视中原。朝廷设机器，养军兵，岁靡金钱数百万，正为今日。若不战而退，何以对朝鲜而报国家？大丈夫建功立业在此一举！至于成败利钝，暂时不必计也。”并恳求叶志超和诸将和衷共济，严加防守。左宝贵声情并茂慷慨陈词令诸位将领大为感动，叶志超便决定尽此兵力，同心奋勇，出奇制胜。他决定各军抽调八成之兵组成7000余人的出击部队，酌带干粮，于第二天清晨渡江至中和，寻敌射杀。9月9日（八月初九），清军的出击部队到达中和时，“天色已晚，遂相度地势，各分扎要隘”。夜间刚过三更日军乘夜劫营，他军皆惊，兵勇不辨方向和敌我，“竟各自施放枪炮”，“彼此自攻，互相击杀。混战一时许，带伤者、击毙者，兼有之”。③ 但因左宝贵平时治军严厉，敌人夜袭时“惟宝贵军憾之不动”。④

9月10日，叶志超根据李鸿章“如平壤被围，只有令中和各队乘夜拔回，以顾根本，勿致两失”⑤ 的电令，命令中和各部队迅速返回平壤驻守，“以顾根本”。接到命令的左宝贵，立即“整军，退守平壤城”。为了争取主动，他还派出“奉军左、右、后三营至江东大同江上游”⑥，向敌射击。但因日军从混江上游水套港汊分歧之处暗渡过江，聚集至平壤城四面的日军数量迅速增加。

---

①《左宝贵致依克唐阿书》，转引自戚其章：《甲午战争史》，上海人民出版社2014年版，第87页。

②《北洋大臣来电》，转引自戚其章：《甲午战争史》，上海人民出版社2014年版，第87页。

③ 栾述善撰：《楚囚逸史》，孙克复译，戚其章主编：《中国近代史资料丛刊续编·中日战争》第6册，中华书局1993年版，第180页。

④（光绪）《费县志》卷十一《人物二·左宝贵》，清光绪二十二年刻本。

⑤《寄叶总统》，顾廷龙、叶亚廉主编：《李鸿章全集》（二）电稿二，上海人民出版社1986年版，第982页。

⑥（光绪）《费县志》卷十一《人物二·左宝贵》，清光绪二十二年刻本。

五、血洒平壤 气壮山河

9 月 12 日早上 7 时之后，日军千余人“分队来扑，毅军马玉昆督队用连环枪及开花炮奋力击退，毙日约数十名，夺马二十余匹”。但进攻的日军仍有数百人“踞附近小山藏匿”，毅军围之并将其击退。然而，“日兵尚有数千，分东南两路来攻，并有民船百余号由大同江下流暗渡”。[①]

是日中午，日军又聚马步数千，乘我营未筑成猛扑，意欲过江，盛军统将卫汝贵“督率四营竭力抵御，血战两时之久始将该寇击退，枪毙日兵多名，夺马匹及衣帽锹鞋皮袋多件”[②]。至日军开始总攻平壤城前夕，日军的总数为 16000 余人，而守卫平壤城的清军总数为 13000 人左右；日军两条运兵船就“载兵八百，弹药甚多”，马兵的小炮“灵锐无比”[③]，而清军不但武器装备落后，弹药缺少，“只存军粮数日，天寒兵冷，夜间守营均无棉衣”，而且“后路转运，至今未到”。[④] 面对敌众我寡、敌优我劣的严峻局面，左宝贵勤加督导，严防死守，日夜操劳。

9 月 13 日，58 岁的左宝贵由于连日战守，过度操劳，突然“右偏中风，不能起床”[⑤]。同日，日军立见尚文少将已率部抵达国主岘高地，这里距平壤城仅五六千米，牡丹台近在眼前，尽收眼底。听见船桥里方向传来炮声，立见少将仍按兵不动。这对于“右偏中风”的左宝贵来说确实是机会难得。但大战在即，左宝贵深知自己责任重大，仍想方设法继续督导参战。

平壤城北部玄武门和牡丹台及城外的堡垒附近是平壤之战的主战场。这里主要驻守着两支清军，一是左宝贵的奉军三个营共 1500 人，他们分别由副将杨建春、都司徐玉春和金得凤带领。另一支是江自康的仁字营军两个营又四哨共计 1400 人，分别由江自康、记名提督谭清远、游击潘金山分别驻守在箕子陵一带。两支军队的总数为 2900 人，而进攻此处的日军则占了进攻平壤总兵力的近一半，

---

①《寄译署》，顾廷龙、叶亚廉主编：《李鸿章全集》（二）电稿二，上海人民出版社 1986 年版，第 982 页。

②《寄译署》，顾廷龙、叶亚廉主编：《李鸿章全集》（二）电稿二，上海人民出版社 1986 年版，第 982 页。

③《寄平壤叶军门并卫左马各统领》，顾廷龙、叶亚廉主编：《李鸿章全集》（二）电稿二，上海人民出版社 1986 年版，第 920 页。

④《寄译署》，顾廷龙、叶亚廉主编：《李鸿章全集》（二）电稿二，上海人民出版社 1986 年版，第 979 页。

⑤《寄译署》，顾廷龙、叶亚廉主编：《李鸿章全集》（二）电稿二，上海人民出版社 1986 年版，第 982 页。

包括朔宁、元山两个支队共计 7800 余人。将作战双方兵力作一比较可知，一个装备落后的清兵必须要对付 2.7 个装备精良的日本兵。9 月 14 日，负责指挥的大岛义昌决定："元山支队宜及拂晓先率众攻敌左翼堡垒，朔宁支队宜逼其侧面。"行动之前，元山支队长、佐藤正步兵大佐送信给立见少将，告诉其明天从清军左翼进攻并岘高地的堡垒，并探询朔宁支队的行动计划。立见少将告知："明朝贵队宜以敌垒侧面炮击之；朔宁支队今夕以一点钟聚集，在侧面攻坎北山南垒。"[①]日军指挥官之所以制定这样的进攻计划，是因为平壤城玄武门外的地形和位置决定的。并岘高地在玄武门的正北面，为牡丹台和箕子陵以北的要冲，正好也是清军驻守的重点地段。15 日破晓前，朔宁支队自国主岘营地开拔，渡过合井江，选择在距清军最东堡垒五百米的兴浮洞高地架设山炮，等候进攻的命令。天亮后，日军见"清军新筑造堡垒，以严防御；若非拔并岘山，不能入平壤城北。"[②]日军立即将并岘高地附近的堡垒作为日军炮击和进攻的主要目标。破晓之前，日军元山支队的炮兵第三联队第三大队长迫水周一少佐，已率部将 12 门山炮排列于坎北山南麓，瞄准了清军外重堡垒的西垒。清晨 5 时，佐藤正下令炮兵大队猛轰平壤城北。"左右两队鳞次射击，清兵亦发炮，山鸣谷应。"[③] 正在指挥的佐藤正支队长突然被一颗飞来的弹丸击中前额。令人遗憾的是，因射程太远，弹丸冲力不足，佐藤正未曾毙命。听到元山支队进攻的炮声，朔宁支队也从另一侧面向清军发起进攻。立见少将指挥部队向并岘高地东侧清军外重三垒之中垒猛攻。

此时，清军内外两重堡垒之西垒官兵们，突然用毛瑟十三连发枪，向进攻的日军射击，"其势甚猛，锐不可当"，进攻这里的日军也受阻不进。立见尚文少将见此法无效，立即决定将进攻部队分为左右两翼：左路用步兵第二十一联队第二大队，由大队长山口圭藏少佐率领，沿大同江北岸丘陵前行，进攻清军外重堡垒的东垒；用步兵第十二联队的第一大队为右路，由大队长富田春壁少佐率领，沿元山大道向南穿过丘陵西进，进攻清军外重堡垒的中垒。

应该明确指出的是，驻守在平壤城北的清军部队虽然有两支，但狡猾的日军却是利用优势兵力集中进攻左宝贵的奉军之一处。因他们"素惮其威名，知宝贵不死，平壤不可得"[④]，遂决定暂不与江自康所部接触，而专攻左宝贵的奉军。在五倍日军左右同时的猛烈攻击下，左宝贵驻守这里的 500 名奉军官兵处境异常

① ［日］桥本海关：《清日战争实记》第 4 卷，上海 1899 年版，第 173 页。
② ［日］桥本海关：《清日战争实记》第 4 卷，上海 1898 年版，第 182 页。
③ ［日］桥本海关：《清日战争实记》第 4 卷，上海 1898 年版，第 182～183 页。
④（民国）《沈阳县志》卷九《人物》，民国六年（1917 年）铅印本。

艰难。

听到敌人进攻的炮响后，左宝贵不顾“右偏中风”，亲自登至城上指挥，大声激励将士说：

> 吾辈厚禄重饷，安食数十年，今彼失约背盟，恃强侵犯，正宜愤忠义，扫尽边氛，上抒九重东顾之忧，下救万民西奔之苦。社稷安危，兆在斯时。进则定有异常之赏，退则加以不测之罚。我身当前，尔等继至，富贵功名，彼此共之。①

奉军将士见主帅带病督战，闻听此言，深受激励，无不感奋争进，全力抗击，拼命血战，使日军久攻而未能占据一垒。战至6时许，日军元山支队重新调整部署，命令第一、第二两个中队排列于坎北山南麓，第三中队推进至义州大道坎北院前，第四、第五中队位于抢占的义州大道西侧，重点攻击清军外重堡垒之西垒。但因距离过远，进攻的子弹打不着射击的目标，日军只得再次增调进攻军力，利用炮兵的掩护，步兵全力进攻外围之三垒。左宝贵的奉军也根据敌情的变化而采取主动措施。他们派出四、五哨冲前迎击，猛放排枪，外重之西垒守军也频频发炮支援。势将不支的日军再次增兵进行突击。清军英勇抗击，给日军以狠狠打击。日军第十二中队长品川大尉亦在此时被击毙。但没有想到的是，日军从江东桥店前的高地连放榴霰弹，“弹无空发，皆裂于营中”，“清兵苦日兵榴霰弹破裂，将避”。6时50分，日军趁此机会用三个中队的兵力向清军外重堡垒的西垒冲击并夺取。清军外重的西垒被敌人占领后，驻守内重西垒的清兵变完全暴露在日军的打击之下。7时15分，日军的石田少佐亲率第二中队全力猛冲，内重西垒的守军“不能支，弃堡垒而遁”。② 至此，左宝贵奉军左翼的两座堡垒都被日军占领。

指挥另一路进攻的日军少将立见尚文深知，不夺取清军外围堡垒之东垒，日军根本就无法接近牡丹台，更谈不上攻击玄武门了。他命令第五和第七中队同时猛冲，向外重的东垒进攻。其时垒内“时有一缕烟氛，如墨冲天”，又见“平壤牙城（玄武门）亦烟腾，盖清兵狼烟也。”接着清军“炮声俄起，响声如雷。小仓大尉与第七中队长代理本间中尉共进，近清兵，俄命突击之。清兵小部队坚守不动，本间中尉以下二十余人死之”。但进攻的日军仗着人多武器好，继续推进。

---

① 栾述善撰：《楚囚逸史》，孙克复译，戚其章主编：《中国近代史资料丛刊续编·中日战争》第6册，中华书局1993年版，第181页。

② ［日］桥本海关：《清日战争实记》第4卷，上海1898年版，第183页。

垒外的清军小队，虽浴血奋战，终因寡不敌众，全部战死。驻守在垒内清军奋勇抵抗，“弹丸雨注，勇不可当”[①]。战至最后，因为弹药将尽，剩余的50余人全部跳出堡垒，与敌人展开肉搏拼杀，宁死不退，全部壮烈牺牲在堡垒前。7时30分，死伤惨重的日军终于占领了外垒之东垒。与此同时，进攻外垒、中垒的日军，先用重炮猛轰清军阵地，见无有声响，便开始推进至低洼平地处，埋伏在高地的清军，排枪突发，飞弹如雨，“炮如飞霰，（与）高阜清弹交叉于中队头上，兵皆伏地”[②]，死伤甚多。受阻的日军立即重新组织力量再次展开进攻。立见尚文少将命炮兵与清军“相距八百米的山上布置火炮阵地，不断发射榴霰弹”[③]，支援带兵冲锋的富田少佐。坚守高地的清军部队，不顾敌人的炮火，仍顽强抵抗。第一和第二堡垒的清军“突然以毛瑟十三连发枪，从侧面向我军部队射击，其势猛烈，势不可挡”[④]。日军的进攻再次受阻。但因敌人的山炮榴霰弹频频在清军的阵地与堡垒上爆炸，此处清兵伤亡殆尽，日军才占领了清军内重堡垒的东垒。此后，日军开始进攻牡丹台，他们及时调整军力，从“三面以合击之”。但“因清军固守，而攻取匪易”[⑤]。驻守在这里的奉军，利用预设的三门野炮，以及速射炮和七连发步枪，拼命向进攻的日军射杀，日军伤亡很重，无法接近牡丹台。日军指挥官“见步兵苦战，欲援之”，急令朔宁支队的炮兵中队和元山支队的炮兵大队“急转其炮口，以炮弹连发牡丹台外城。其弹轰坏牡丹台胸墙，清兵多杀伤；且坏裂速射炮”[⑥]，牡丹台的守军终于不支。

8时30分，占领了牡丹台的日军将山炮移到牡丹台上，这里居高临下，对玄武门及全城都造成了极大威胁。此时，在玄武门上带病督战的左宝贵见此形势，自知平壤城情势危急，志在必死。他换上“御赐衣冠”，“登陴（城垛子——笔者注）督战”[⑦]。众部下劝他换掉翎顶和黄马褂，以免被敌人炮火集中攻击。左宝贵则大声回答说：“吾服朝服，欲士卒知我先，庶竟为之死也。敌人注目，吾何惧呼？”[⑧] 他“亲自燃点”大炮，连续发榴弹数十颗。守备杨建胜“劝其暂

---

① ［日］桥本海关：《清日战争实记》第4卷，上海1898年版，第175页。

② ［日］桥本海关：《清日战争实记》第4卷，上海1898年版，第173～174页。

③ 刘恩格、于时化选译：《日清战争实记选译·平壤之役》，戚其章主编：《中国近代史资料丛刊续编·中日战争》第8册，中华书局1994年版，第54页。

④ ［日］桥本海关：《清日战争实记》第4卷，上海1898年版，第174、184页。

⑤ 刘恩格、于时化选译：《日清战争实记选译·平壤之役》，戚其章主编：《中国近代史资料丛刊续编·中日战争》第8册，中华书局1994年版，第54页。

⑥ ［日］桥本海关：《清日战争实记》第4卷，上海1898年版，第176页。

⑦（民国）《沈阳县志》卷九《人物》，民国六年（1917年）铅印本。

⑧ 小横香室主人编：《清朝野史大观·清人逸事》卷八，上海书店1981年版，第49页。

下，宝贵斥之”[①]。突然，敌人射来的子弹击中了左宝贵的腿部，但他全然不顾，裹伤后继续督战，誓死抵御进攻的敌军。其部下将士见状无不英勇搏杀，“日兵三突之，清兵三退之”[②]。“敌军披靡，相顾失色。”[③] 日军炮队在牡丹台“瞰视此状，故连发炮，霰弹聚中玄武门城楼，城墙崩碎”，“城门碎坏”。突然，左宝贵身边的一尊铁炮也被炸毁，炸飞的炮铁碎片“穿宝贵胁下”[④]，他包扎后仍坚持在城楼指挥。但进攻的日军却趁此机会“乘势越玄武门胸壁跳入壁中，直夺其门”[⑤] 后，彻底打开了城门。

惨烈的战斗仍在继续。带病、裹伤仍继续战斗的左宝贵，虽“先中两枪，仍在炮台指挥。复被炮中胸前，登时阵亡”[⑥]。奉军主帅左宝贵中炮洞胸牺牲后，其营官副将杨建春和都司徐玉生也先后中弹战死。但仍有数百兵勇“据高壁，飞铳如骤雨降，不可向迩”，还有奉军官兵凭借“楼橹左右壁眼频放铳”，“忽有一弹丸飞中神田中尉，再有一弹中上等兵译村宽次，二人皆死”。[⑦]

六、浩气长在 精神永存

左宝贵在朝鲜平壤壮烈殉国，引起朝野极大震悼。1894 年 9 月 20 日，直隶总督兼北洋大臣李鸿章奏报称：“查记名提督、高州镇总兵左宝贵，奋勇血战，中枪阵亡，应请旨照提督例从优议恤，并于各省立功地方建立专祠。可否予谥，伏候恩施。”[⑧] 9 月 23 日，朝廷在上谕中称赞道：

> 记名提督广东高州镇总兵左宝贵久历戎行，卓著劳勋，此次进援朝鲜，在平壤接仗，力疾血战，奋不顾身，已受重伤，仍在炮台督队。旋因胸前中枪阵亡，实属忠勇性成，深堪悯恻。左宝贵著照提督阵亡例，从优议恤。任内一切处分悉予开复，加恩予谥，入祀昭忠祠。所有战绩及死事情形宣付国

---

① （光绪）《费县志》卷十一《人物二·左宝贵》，清光绪二十二年刻本。

② ［日］桥本海关：《清日战争实记》第 4 卷，上海 1898 年版，第 176 页。

③ 栾述善撰：《楚囚逸史》，孙克复译，戚其章主编：《中国近代史资料丛刊续编·中日战争》第 6 册，中华书局 1993 年版，第 181 页。

④ 易顺鼎撰：《盾墨拾余·魂北魂东杂记》卷五，中国史学会主编：《中国近代史资料丛刊·中日战争》（一），上海人民出版社、上海书店出版社 1957 年版，第 110 页。另见廉成灿等主编：《民族英雄左宝贵》，陕西人民出版社 1994 年版，第 68 页。

⑤ ［日］桥本海关：《清日战争实记》第 4 卷，上海 1898 年版，第 176～177 页。

⑥《叶志超致李鸿章电》，中国第一历史档案馆编：《中日甲午战争档案》（宫中电报档）。

⑦ ［日］桥本海关：《清日战争实记》第 4 卷，上海 1898 年版，第 176～177 页。

⑧《北洋大臣李鸿章奏中日平壤战况及我军伤亡撤退等情形电》，中国第一历史档案馆编：《中日甲午战争档案》（宫中电报档）。

史馆立传，并准予立功省分建立专祠。该总兵子嗣几人，著李鸿章查明具奏，候旨施恩。用示褒扬忠烈至意。钦此。[1]

10 月 1 日，李鸿章向朝廷奏报称左宝贵“自调防奉天统领马步各营，整顿地方，剿办盗匪，声绩卓然，为东防诸将之冠”。其两个弟弟“先后在直隶郑家口、奉天法库门等处剿贼阵亡”。他们弟兄三人“俱死王事，一门忠义，实堪敬悯”。左宝贵“现有亲子三人，长左国楫，年八岁，次左国栋，年七岁，次左国樟，年六岁”，将来到了岁数，对他们“应如何加恩录用之处，伏候圣裁”。[2]

左宝贵壮烈牺牲后，许多爱国志士和诗书名家纷纷著书、撰文、赋诗，写出了“英名左邓同千古”之句，表达了对爱国将领左宝贵和邓世昌的赞誉和缅怀。清代爱国诗人黄遵宪挥毫写成了《悲平壤》一诗，诗云：“翠翎鹤顶城头堕，一将仓皇马革裹。天跳地踔哭声悲，南城早已悬降旗（指左宝贵战死后，叶志超竟无耻地在城上挂起白旗，并于当天夜晚率军溃退）。”1895 年，清政府决定在山东费县地方村为左宝贵修建衣冠冢。1896 年 7 月，奉天人民在外攘门（即小西门）外，建“左公祠”，还在“同善堂”院里为左宝贵树立 2 米高的铜雕像，以示对爱国英雄左宝贵的纪念。1897 年（清光绪二十三年），光绪皇帝在御制祭文中称：“虽廑唾手成功之志，竟报陨身殉战之衰。惟浩气之长存，矧前劳之难没。”“忠烈垂光于青史，竹帛长绵；馨香贲宠于黄泉，蘋蘩用荐。灵兮不昧，尚克歆承！”还传旨给山东巡抚李秉衡暨司、道、府、厅、县“敬谨誊黄致祭”。[3]遵照皇上的旨意，山东巡抚李秉衡暨司、道、府、厅，在山东费县地方村为左宝贵衣冠冢墓地立碑。

百余年间，左宝贵壮烈牺牲的英雄事迹被收入《清史稿》《清史列传》《费县志》《沈阳县志》等史书，被编入学生课本，成为对广大青少年进行爱国主义教育的基本素材；他的遗物和遗像分别在北京的中国人民革命军事博物馆、济南的山东博物馆、刘公岛上的中国甲午战争博物院等文博单位陈列展示。

1984 年，左宝贵壮烈殉国 90 周年之际，山东平邑县举行了隆重的纪念活动。1992 年，平邑县人民政府又在城东浚河桥边为左宝贵树立一尊花岗岩石雕像，展现了他当年扬刀跃马、奋勇杀敌的英武雄姿。在甲午战争爆发和左宝贵牺

① 《内阁奉上谕左宝贵照提督例从优赐恤并宣馆立传》，中国第一历史档案馆编：《中日甲午战争档案》（谕旨汇奏 600 卷）。

② 《北洋大臣李鸿章奏为遵旨查明左宝贵身世情况片》，中国第一历史档案馆编：《中日甲午战争档案》（宫中朱批奏折）。

③ （光绪）《费县志》卷首《恤典・御制祭文》，清光绪二十二年刻本。

牲 100 周年的 1994 年，由山东省费县和平邑县的廉成灿等人主编、陕西人民出版社出版了 25 万字的《民族英雄左宝贵》一书，由时任全国政协副主席的杨静仁先生亲笔题写了书名。

综上所述，左宝贵热爱祖国、心系百姓，服从大局、奔赴前线，带病参战、奋勇抗敌，两受枪伤、裹伤再战，身着官服、头戴官帽，激励将士、坚守阵地，亲放大炮、猛轰敌军，不幸中弹、壮烈牺牲，其英勇献身的英雄壮举令人肃然起敬，其爱国善民的奉献精神令人记忆尤深。其浩然正气与日月同辉，其勇于牺牲的奉献精神永放光芒。

爱国英雄左宝贵将永远活在中国人民的记忆里。

（此文原载于《春秋》2017 年第 4 期。有改动）

不辱使命 航海壮举

——丁汝昌、林泰曾等赴英接带“超勇”“扬威”二舰始末撮要

1880年12月，丁汝昌、林泰曾率队前往英国，接带在阿摩士庄厂订造的“超勇”“扬威”两舰回国。这是中国近代海军首次海外远航。航程之远，任务之重，困难之多，影响之大，举世瞩目。

一、决策与准备

1875年，清政府派李鸿章“督办北洋海防事宜”，认识到“海防关系紧要”，“要添设兵轮船若干只”[①]。李鸿章遂通过总税务司赫德等向英国阿摩士庄厂购买船炮，筹建海防。从1875年至1879年间，先后从英国订购蚊子船（炮船）11艘，以及巡洋舰二艘。11艘炮船分4批聘请英国海军驾驶回国，但“西洋弁兵管驾新船来华，沿途须费保重资”[②]，令清政府特别是李鸿章心痛和焦虑。海防建设既需要海军人才，又需要大量的银子，而他手中的人才和银子又太少。为了走自立自强的海防建设之路，为了锻炼培养水师人才，也为了节约经费，李鸿章毅然大胆决定，由中国海军官兵去英国接带“超勇”“扬威”二舰回国。

李鸿章对此次赴英国接带军舰非常重视。经过慎重考虑，决定由“武职重臣”北洋海防督操丁汝昌率领管带林泰曾，副管带邓世昌，大副蓝建枢、李和，二副杨用霖，正管轮黎星桥、陈学书，副管轮王齐辰、陆保，管队袁培英、何桂福，医生江永、杨星源，洋总教习葛雷森（Capt. Glayson），洋管驾章斯敦（Johnstone），以及随行文案附坐池仲祐，候补县丞马毓藻、监生解茂承，文童马元恺20人，此外尚有舵工、水勇、夫役224人。另外，涉及“升火人等随时添招，属超勇者黎（星桥）、王（齐辰）率之。属扬威者陈（学书）、陆（保）率

① 张侠、杨志本等合编：《清末海军史料》，海洋出版社1982年版，第12页。
② 张侠、杨志本等合编：《清末海军史料》，海洋出版社1982年版，第112页。

之”[①]。至 2 月 23 日，在上海吴淞一带，“陆续添招舵工二名，升火三十三名，夫役五名，连前计二百六十四人，同驻海琛”船上。根据规定，招商局账房发给“员弁人日银三钱，勇丁人日银一钱”[②] 的饭食银两。

45 岁的丁汝昌深知自己责任重大，也明白自己虽为“武职重臣”，但对新式海军和以蒸汽机为动力的军舰知之甚少，督操北洋海防也只是刚刚开始，更何况此次赴英国接带军舰，要“远越重洋，数万里之外”，“险恶异常”[③]。所率官兵中，除林泰曾等少数军官出洋学习过外，绝大多数官兵也都与自己一样，是第一次出国远行。为了做好充分的准备，丁汝昌、林泰曾、邓世昌与葛雷森、章斯敦拟定了详细的计划，力求把准备工作做到无一漏缺。

1880 年 12 月 6 日（清光绪六年十一月五日），丁汝昌率领官兵登上停泊在天津的“招商局丰顺轮船”，“申刻由西沽启行”。在此停泊的“各兵船升炮并挂彩旗”欢送。12 月 10 日清晨，轮船“驶抵吴淞口下锚”，全体官兵借驻“驭远”兵船。当天下午，按照分工有关人员开始定制勇役号衣和旗帜，总计“价洋四千七百圆，又号靴三百圆”。为了保证不延误工期，丁汝昌命令他们立下军令状，“不得逾期”。他们“分诸勇为两班，其一属林管带、蓝（建枢）、杨（用霖）率之，次属章（斯敦）、管带邓（世昌）、李（和）率之”，又从“驭远”兵船“借洋枪百六十杆，日赴淞校场会操”。[④]

12 月 23 日，丁汝昌、葛雷森“偕玉斋、砚珊、禹门由申附法国公司轮船先行，拟验收诸事齐备后合部再行赴英也”[⑤]。其余人员的管理及驻吴淞期间的公事，都由林泰曾会同章斯敦办理。

林泰曾，字凯仕，福州马尾船政学堂毕业后，又赴英留学三年。他“沈毅朴诚，学有实得”，1880 年被南北洋大臣会同闽浙总督奏保“升游击，并戴花翎，调任镇西炮舰管带”[⑥]。他对此行责任之重大，心中有数，对此行的成功，也充满信心。他依照原定计划，有条不紊，定做的服装准时交货，并“分给各勇号衣”和

---

① （清）池仲祐撰：《西行日记》卷上，上海商务印书馆戊申仲冬（1908 年——笔者注）代印，第 3 页。

② （清）池仲祐撰：《西行日记》卷上，上海商务印书馆戊申仲冬（1908 年——笔者注）代印，第 7 页。

③ 张侠、杨志本等合编：《清末海军史料》，海洋出版社 1982 年版，第 112 页。

④ （清）池仲祐撰：《西行日记》卷上，上海商务印书馆戊申仲冬（1908 年——笔者注）代印，第 2～3 页。

⑤ （清）池仲祐撰：《西行日记》卷上，上海商务印书馆戊申仲冬（1908 年——笔者注）代印，第 3 页。

⑥ 孙克复、关捷主编：《甲午中日战争人物传》，黑龙江人民出版社 1984 年版，第 151 页。

靴鞋。第二天，又遵照李鸿章的命令，去“上海机器局领洋枪八十杆，配弹子万粒”。另外，“海琛”轮船以由英国人桔捧“将船舱改制员弁房屋，第三舱作各勇卧床三百架”。2 月 14 日，全体员弁勇丁均移驻“海琛”船。文案池仲祐“居房一所，尚清适，可以观书作字”。为解决“海琛”船“无舵水升火人等”的困难，林泰曾“派头目、舵工、木匠照常供差外，又选水勇二十人代役舱面各事，升火四十人代役机舱各事，官弁亦轮流为之照料”。2 月 20 日，丁汝昌从英国发来电报，命令“合部可以四月内到英”。[①] 赴英之行的准备工作一切就绪。

二、起航赴英

2 月 27 日（农历正月二十九日），天气稍阴，气温为“寒暑表四十度”。上午九时，“海琛”轮起航开行，驻泊在淞江的“各兵船炮台皆升旗发炮”相送。迎着微寒的春风，林泰曾、邓世昌、杨用霖等海军官兵，心潮澎湃，思绪万千。许多人为有机会亲历欧洲考察学习而激动异常，也为有机会远涉重洋驾舰回国而感到兴奋自豪。

丁汝昌坐像
（1881 年拍摄于英国。陈悦供图）

“海琛”轮航速为每小时 10 海里，顺风扬帆可行 11 海里。3 月 3 日至香港。3 月 9 日至越南西贡。3 月 12 日到新加坡。自 3 月 16 日入印度洋，每天“水勇练习洋枪打靶”，“以后舟昼夜行”。3 月 30 日夜入红海，“海涯皆山多灯楼”。4 月 4 日夜子刻抵达苏伊士运河。4 月 7 日至波斯。4 月 8 日入地中海。4 月 11 日过土耳其界。4 月 17 日有“风雨，有波涛，夜又雷电，过西班牙界”。4 月 18 日过葡萄牙界。4 月 21 日“天冷如冬”，傍晚船入英国海。4 月 22 日“午后过伦敦界”，“午夜天大寒，雨雪。丑刻下锚多尔”。4 月 23 日至罗窠可下锚，“午后往观新快船，两号均未制竣，合部仍驻海琛船上”。4 月 25 日，“丁提督到船”。他规定自明日起，“水勇等早晚站班点名”，“各执事按日办公如兵船”。4

① （清）池仲祐撰：《西行日记》卷上，上海商务印书馆戊申仲冬（1908 年——笔者注）代印，第 5～7 页。

月 30 日，船到纽克所，“夹岸土人聚观如堵”①。丁提督命令船停泊于离纽克所三里外的挨苏逸，这里即是鼎鼎有名的阿摩士庄厂所在地。

自 2 月 27 日至 4 月 23 日，北洋水师官兵安全顺利地到达英国的纽克所，历时 56 天。中国水师官兵的到来，让英国人第一次见到了中国海军的装束。他们对大辫子和鞋帽服装很感兴趣。5 月 8 日是星期天，当地的居民“集岸边观船者约千人，男女上船观者联络不绝”②。

三、见闻与收获

丁汝昌、邓世昌等北洋水师官兵，早就具“开眼看世界”的意识。到达英国后，他们一方面做好接受军舰的准备，另一方面，抓紧时间参观考察纽克所的枪炮弹药，火车、轮船制造，矿山开采以及城市建设管理和文化科学技术等方面的情况，考察中的所见所闻给他们留下了深刻的印象。

5 月 5 日，参观阿摩士庄机器厂时，看到“厂中有一千匹马力机器”。参观炮厂时，看到“大炉溶铁，铁流如涌泉”，十八吨、二十八吨、三十五吨各种大炮罗列排队，以备出售，还有“马车炮”、五响连发炮、十二磅钢炮等。特别令人惊异的是，“一百吨之炮，计每吨合中国一千六百八十斤，是炮计重十六万八千斤”。在阿摩士庄厂，“每日做工者三千人”。各分厂之间均有电话相连，这种电话机“口言耳听，顷刻可达三百里而遥”。③

6 月 9 日，是火车发明人史蒂文森（George Stenphenson）百岁诞辰，英国“合国官民为之庆贺”，纽克所“合街竖红杆，结彩旗，民家以花饰户”。只见“路上人马拥塞已不可走”，“车马尽饰以五彩或装以花，千数百辆，联络不绝”。将近中午时分，各种机器及人物等杂戏，“又以大幅锦缎绘实提生顺（即史蒂文森——笔者注）父子之像”。“其子承父业，造火车飞空之桥”。该种铁桥分为上下两层，上层为火车之路，下层中间供马车或汽车行驶，栏杆以外的路面供人们行走。铁桥“高十余丈”，“横空飞渡”，高高矗立在河港上空。其“功业赫赫，播于民口，今老而犹存，故民亦绘像迎之”。④

北洋水师的官兵们，身临其境，观其盛况，感想颇多。他们第一次感受到西

---

①（清）池仲祐撰：《西行日记》卷上，上海商务印书馆戊申仲冬（1908 年——笔者注）代印，第 9、12～13 页。

②（清）池仲祐撰：《西行日记》卷上，上海商务印书馆戊申仲冬（1908 年——笔者注）代印，第 14 页。

③（清）池仲祐撰：《西行日记》卷上，上海商务印书馆戊申仲冬（1908 年——笔者注）代印，第 14 页。

④（清）池仲祐撰：《西行日记》卷上，上海商务印书馆戊申仲冬（1908 年——笔者注）代印，第 27～28 页。

方先进国家尊重知识、崇尚科学的良好社会风尚，亲身体验到大英帝国军民官绅对那些为人类经济的发展、科学的进步做出贡献的人们的尊敬和怀念。是日，纽克所政府在议政院举行了大型祝宴会，丁汝昌、林泰曾应邀与当地官员、绅士、名人等400多人出席了宴会。宴会上，府尹、阿摩士庄、丁汝昌、林泰曾分别起立祝酒。林泰曾用英语讲道：

> 我中国提督与在座诸君致谢，非独谢今日之宴也！盖谓中国员弁勇丁到此以来，受诸公及本地民人之款待为已优矣！但愿英与中国永相和睦，无忘旧好，且实提生顺百年庆寿，我中国官员得附（赴）盛筵，何胜荣幸。愿实提生顺子孙世享其泽。夫实提生顺创立火轮车美利几遍各国，我中国他日用之，大获其利，则中国之幸，亦诸君之幸也！[①]

林泰曾的讲话，赢得了全场“数百人为之鼓掌，称善”。第二天，当地的报纸这样评价丁汝昌、林泰曾出席宴会的盛况：“胜会之间得中国两员在座，且中有解英语者，词令之善，音调之纯，诚所罕见，足使胜会生色，诸官绅于此又大快意焉。”[②]

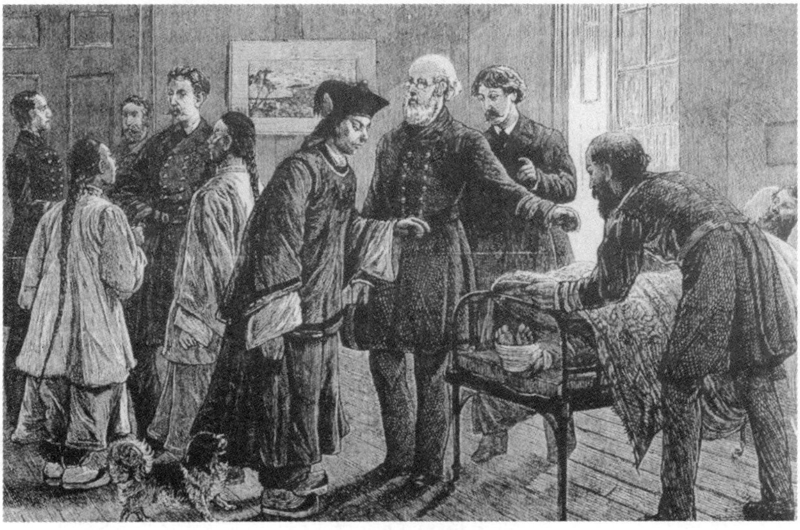

丁汝昌在英国考察医院
（陈悦供图）

---

① （清）池仲祐撰：《西行日记》卷上，上海商务印书馆戊申仲冬（1908年——笔者注）代印，第28页。

② （清）池仲祐撰：《西行日记》卷上，上海商务印书馆戊申仲冬（1908年——笔者注）代印，第28～29页。

在英期间，令北洋水师官兵悲痛和难以忘怀的是，袁培福、顾世忠病逝并安葬于异域他乡。

水勇袁培福，山东荣成人。此次赴英国接船，因病于 5 月 23 日“夜亥初”卒于纽克所市。事隔两天，即 5 月 25 日“夜子初水勇顾世忠死”。5 月 26 日清晨，管驾官及全体弁员水勇，前往纽克所官山为水勇袁培福送葬，并立石碑，书曰：大清故勇某某之墓。5 月 27 日早晨，水师官兵按照相同的规模和仪式又安葬了水勇顾世忠，“两墓紧接为邻”。[①] 官山墓地“夹道芳草，联络不断，诸墓皆有碑，墓上多栽花或置杯盘及玩物等，错落散布”。两舰试航的当天傍晚，忙碌了一天的池仲祐又去看望长眠于此的袁培福、顾世忠，“周视良久，为之慨然”。他的朋友玛其犁承诺以后将为袁培福、顾世忠两墓栽花捐物。英国人的习俗是，“礼拜日士女多往墓上栽花，善举也”。[②]

在英国期间，最令北洋水师官兵激动的那一刻，是大清国的龙旗冉冉升起的时候。1881 年 8 月 3 日，纽克所港彩旗飘扬，呈现一片节日的欢乐景象。当天适逢礼拜日，街上的游人络绎不绝。吃完早饭，中国驻英国大使曾纪泽在这里举行“超勇”“扬威”巡洋舰升旗仪式。丁汝昌及全体官弁勇役精神抖擞，与英国官员、制造商及当地的部分市民参加了升旗仪式。曾纪泽把中国龙旗冉冉升上军舰旗杆的时候，水兵们鸣放礼炮，所有在场人员，特别是中国海军官兵们，激动不已，欢欣若狂。

中国龙旗是 1862 年总理衙门奏定为中画飞龙戏珠图案的黄色三角旗，此后的十多年间，这面龙旗在中国沿海和部分亚洲国家海域飘扬过。尽管此前中国也从英国购买过舰船，但都是雇请英国海军升用英国旗驾驶来华后再行交接，因此，这次空前的交接试航和升旗仪式格外引人注目。

“超勇”“扬威”两舰均身长约 67 米，宽约 9.7 米，排水量 1350 吨，马力 2400 匹，“舟桅系两枝，无横杆”，“船上配备小轮船两只，电汽灯一盏”，船上 25 吨重“后膛大炮两尊，分配船首尾”[③]。另外，“中号炮四尊，配弹子各重 40 磅”，“小号炮二尊，配弹子各重九磅”，“格林炮 4 尊，新式四门响糯等飞（Nordenfelt）炮（多管枪）二尊”。船上除洋枪、手枪外，共有大小钢炮 14 门。

---

① （清）池仲祐撰：《西行日记》卷上，上海商务印书馆戊申仲冬（1908 年——笔者注）代印，第 24 页。

② （清）池仲祐撰：《西行日记》卷下，上海商务印书馆戊申仲冬（1908 年——笔者注）代印，第 10 页。

③ （清）池仲祐撰：《西行日记》卷下，上海商务印书馆戊申仲冬（1908 年——笔者注）代印，第 9 页。

“超勇”舰照片（刘烜赫供图）

“扬威”舰照片（刘烜赫供图）

试航开始。两舰驶出港口操作，演放大炮，“皆轻灵妙捷”。试航结果说明，两舰每小时“尽力可行十四海里”，“每昼夜烧煤四十五吨”。如果每小时只行十二海里，则“昼夜烧煤二十八吨”。如果每小时只行八海里，“则用煤十八吨而已”。[①] 两船试航进行得十分顺利。北洋水师官兵第一次在欧洲驾驶军舰试航成功，使丁汝昌、林泰曾、邓世昌等将士们感到十分高兴，他们对自己远航回国充满了信心。

---

①（清）池仲祐撰：《西行日记》卷下，上海商务印书馆戊申仲冬（1908年——笔者注）代印，第9～10页。

至8月8日，两船返航的各项准备工作都已完毕。中午时分，“本地府尹来送行”。他向丁汝昌督操和林泰曾管带赠送了礼物，还有制造轮机的“何逊奉送丁、林诸色机器照本各一册”。照片和相册“工致清亮，阅之爽目”。当天晚上，丁汝昌“赴伦敦，拟往菲利茅上船”①，他要去那里考察英国皇家海军舰队，并拜访英国海军提督。

四、艰辛返航

驾驶两船安全回国，既是李鸿章的要求，又是丁汝昌、林泰曾等北洋水师官兵的共同心愿。中国人首次驾驶以蒸汽机做动力的巡洋舰，航行北大西洋—地中海—苏伊士运河—印度洋—西太平洋航线，可谓一次壮举。尽管他们做好了充分准备，但归国途中仍遇到了意想不到的艰难。

8月9日，天气晴朗，微风拂面，“超勇”“扬威”两艘军舰于下午2时“由纽克所港道出……每一分钟轮九十转，每一点钟约行十二海里”②。8月11日下午5时，丁汝昌在菲利茅港上船。第二天清晨，“超勇”舰“挂英旗，升炮二十一响，贺英国主，是地炮台亦升挂龙旗，答炮如数”，“扬威”舰“复升十七响，贺其提督，彼亦照答”③。是日下午，林泰曾前往拜访英国提督及舰船管带，他们都是他的故友。8月13日，英国海军提督来看船，以示回访。

8月17日，提前晴朗，微微有风，清晨4点两舰开船起航，“扬威”紧随其后，相隔不远，“以后船皆昼夜行”。第二天，两舰驶出英国海，丁督操命令两船“水勇人等按日操作如常”。④ 水师官兵精神饱满，归心似箭，但他们没料到问题和艰难会一个接一个地向他们袭来。

首先，舰船在过西班牙界时，“超勇”没有看见“扬威”船随行。自20日起，只要遇到来往货船，便升旗询问，是否看见中国军舰，均回答没有看见。丁汝昌、林泰曾、葛雷森及全舰官兵心急如焚，却无可奈何。直到8月26日早5时，“扬威来并行”。中午之后，“扬威”升旗告知“炮首洋人柯落可病重”。此日天气酷热，“寒暑表九十度（F）”。第二天下午，洋炮首卒于冒他海域。紧接着，随行文案池仲祐也生病了。由于天气酷热，口干舌燥，胸闷气短，他只好“登船

---

①（清）池仲祐撰：《西行日记》卷下，上海商务印书馆戊申仲冬（1908年——笔者注）代印，第11页。
②（清）池仲祐撰：《西行日记》卷下，上海商务印书馆戊申仲冬（1908年——笔者注）代印，第11页。
③（清）池仲祐撰：《西行日记》卷下，上海商务印书馆戊申仲冬（1908年——笔者注）代印，第12页。
④（清）池仲祐撰：《西行日记》卷下，上海商务印书馆戊申仲冬（1908年——笔者注）代印，第12～13页。

楼吸取海上清气”。[1] 由于洋员的死亡和官兵的突发疾病，使两舰官兵心情十分沉重。

8 月 31 日傍晚，“超勇”到达波斯湾。当天夜里，“以船由菲利茅来未领保安执照，本地因勒挂黄旗禁船，岸人不得来往”。当地一名引港者因已上船而被拘留在船上过夜，这令全船人员惶恐不安。第二天，当地医生来船细验查检，证实无疫情病症后，“立即开禁”。接着，苏伊士运河管理人员来量船，并测量大炮之重，计两船需交费二千四百元，立票画押之后，方准通行。下午接“扬威”舰寄来电报称：“煤水已罄”无法行驶，船停在“离鸦罗山大（即亚历山大——笔者注）八十海里洋面下锚”[2]。接到求救电报，丁汝昌决定“超勇”舰立即起航，前往救援。9 月 2 日傍晚，终于在洋面看见“扬威”舰。“超勇”驶近下锚，连夜给“扬威”舰运送煤水粮食。第二天中午，两舰继续并行。

9 月 10 日 10 时，又接“扬威”电报：“轮叶已坏，船停河中不能行”。第二天下午，“扬威”船被拖入船坞修理。这些拖船和船坞皆是苏伊士运河经营者设立的配套服务项目。9 月 14 日，“扬威修竣出坞”，添装煤水粮菜之后，两舰于下午 5 时许起航开行，“以后皆昼夜行”。15 日，船行红海洋面，天气又热，连续数日寒暑表九十三度（F），员弁水勇“行坐无所，挥汗如雨”。又因“有坏船半浸于水”，全体官兵瞪大眼睛，坚守岗位，精心操作，丝毫不敢松懈。“扬威”船也紧紧相随，“时有升旗问答”。9 月 21 日，船出红海门，得知“扬威”舰“尚余煤二百五十吨”，丁汝昌、林泰曾与葛雷森遂决定“不入亚丁，直抵锡兰”。“午刻过亚丁口行入印度洋”。到了晚上，丁汝昌与池仲祐不顾天气炎热，伏案“披阅地图”，研究航线，并指示“以号灯与扬威答话”。[3]

9 月 22 日，午后起大风浪，船行异常艰难。至 9 月 25 日，风浪稍减，“天不甚热”。9 月 27 日上午 10 时，“扬威”“机器微坏，停轮修理”，并升旗报知“超勇”舰，丁提督命“超勇”舰“停轮待之”，至中午 12 时修好开航，“以后快轮昼夜行”[4]。“扬威”舰紧随其后，每小时航速快达 12 海里。

10 月 2 日夜晚 10 时许，“扬威”船“水缸舱失火”，管带立即下令“停轮以水龙扑火”。虽然没有造成大的损失，但官兵着实受惊不小。灭火之后，官兵情绪稍定，便又起锚航行。10 月 5 日至苏门答腊。10 月 7 日午后过马六甲

---

① （清）池仲祐撰：《西行日记》卷下，上海商务印书馆戊申仲冬（1908 年——笔者注）代印，第 14 页。
② （清）池仲祐撰：《西行日记》卷下，上海商务印书馆戊申仲冬（1908 年——笔者注）代印，第 14 页。
③ （清）池仲祐撰：《西行日记》卷下，上海商务印书馆戊申仲冬（1908 年——笔者注）代印，第 15 页。
④ （清）池仲祐撰：《西行日记》卷下，上海商务印书馆戊申仲冬（1908 年——笔者注）代印，第 16 页。

海峡。10 月 8 日大雨倾盆，上午 8 时船到新加坡，丁提督与林管带下令“升炮庆贺”，英国军舰及炮台“亦答炮如数”。“午后雨加甚”。10 月 14 日，“有风浪，午后暴雨”，船行艰难。10 月 15 日，“未初暴雨”。“未正见香港外口浮岛洋面时有大木漂流，又有坏篷船半浮于水”，又“见木排上坐六人随水漂流而来”。丁督操命令“超勇”舰立即停航，林泰曾下令“放舢板”将 6 人“拯救到船，给食更衣，医生为之调治”。经查，此“船之大可装货六百担”，系 10 月 13 日遇大风遭难，船上 23 人有 17 人遇难。同一天下午 4 时，又有人在浮岛上挥衣呼救，“超勇”停轮，驾小舢板前去救回 4 人，经查，他们的亲人都是 10 月 14 日遭风袭击，一船“失去七人，只余三人”，另一船遭风，“船上失去二十四人，仅存就得一人”。①

自 10 月 8 日至 10 月 15 日共 8 天时间里，气象恶劣，暴风骤雨，洋面掀起狂涛巨浪。“超勇”“扬威”两舰仍艰难行进。在确保两舰安全的情况下，“超勇”舰搭救了 10 名船民的生命，实在是劳苦功高，令人敬佩。

10 月 16 日，丁汝昌接到李鸿章发来的电报：“奉谕便道过广州、福州。”下午 5 时，“开船入广，沿途万山重叠”，河道弯曲，航行艰难。10 月 17 日上午 10 时，“扬威”舰在大石附近搁浅。此地在林则徐抗英防海时，于港中多填巨石，只在靠岸边处可通行一船，而且大船必须要“趁潮乃得过”。“扬威”舰因乘潮不及，船头稍微搁浅，直至“夜子正水涨，扬威船浮行退出深港下锚”。10 月 20 日夜，又接天津李鸿章电信，“恐封河在即，赴津太迟”，“令船不必闽广之行”。10 月 21 日，英国兵船见“超勇”“扬威”两舰驶来，立即挂龙旗，“升炮十七响，贺中国”，“超勇”舰也立即“挂英旗答礼如数”。10 月 25 日，两舰到达汕头界，海上风大浪高，船行艰难，半夜停泊厦门港。26 日“风浪愈狂，至夜不歇”。27 日白天“风略定开船”，是夜大风又起，“泊湄洲”。28 日“冒风开行”。29 日风太大，船不能行。这次大风历时 5 天，两舰行行停停，十分艰难。至 11 月 1 日，船到上海靠港后，池仲祐与“林凯仕（即林泰曾——笔者注）及洋员葛雷森、章斯敦在亚士客寓作出洋用款报销”② 账。11 月 13 日，两舰由上海起航北行。11 月 18 日，“超勇”“扬威”到达天津大沽。至此，丁汝昌、林泰曾等北洋水师官兵圆满完成了赴英接带两舰的任务。

---

① （清）池仲祐撰：《西行日记》卷下，上海商务印书馆戊申仲冬（1908 年——笔者注）代印，第 17～18 页。

② （清）池仲祐撰：《西行日记》卷下，上海商务印书馆戊申仲冬（1908 年——笔者注）代印，第 19～20 页。

这次远航，意义重大，影响深远。它是中国人自己驾驶大型巡洋舰第一次远航海外。北洋水师官兵不仅胜利完成了接带两舰的任务，而且开阔了眼界，增加了见识，经受了考验，得到了锻炼。从而为创建中国近代海军打下了良好的基础，为中国航海史与海军发展史写下了光辉的篇章。

（此文原载于戚俊杰、郭阳主编：《甲午纵横》第1辑上编，华文出版社2006年版，第498～508页。有改动）

志节懔然 气贯长虹

——北洋海军优秀将领刘步蟾

北洋海军右翼总兵兼“定远”舰管带刘步蟾坐像

北洋海军右翼总兵兼旗舰“定远”管带刘步蟾，是中国向欧洲海军强国所派海军留学生中的优秀代表。他以优异的成绩学成归国后，为中国的近代化海军建设事业做出了重要的贡献。特别在反对外敌入侵的海战中，他英勇顽强，砥柱中流，重创敌舰，力挽危局。他忠于职守，爱国爱舰，在生死存亡的最后关头，毅然实践了“舰亡与亡”的誓言，宁死不降，自杀殉国，保持了中华民族的崇高气节，成为世人称颂的海军爱国名将。刘步蟾是北洋海军中的优秀将领，但曾因相关人员的偏见与污蔑，对其多有微词，后经戚其章、郭毅生等学者挖掘史料，学术界为其恢复了名誉。在他诞辰155周年之际，笔者依据翔实的史料，写成此文，全方位地介绍刘步蟾的生平事迹，以作纪念。

一、学业超群 甘当重任

刘步蟾，字子香，1850年3月17日（清道光卅年二月初四）出生[①]，福建省福州市侯官“珠浦堂”刘氏族人。他“少沉毅，力学深思”。1867年（清同治六年），福建马尾船政后学堂开课招生，刘步蟾经船政大臣沈葆桢考选，成为船政后学堂驾驶班的学生。其时，学堂所开课程有英文、算法、驾驶、测算、枪炮操法等，而英文和算法是贯穿堂课始终的科目。刘步蟾“学习驾驶、

---

① 关于刘步蟾的出生年月，池仲祐在《刘军门子香事略》中记为“春秋四十有四”；戚其章所撰《刘步蟾小传》一文中记为1852～1895；本文采用刘步蟾三子刘镇藩所撰《刘步蟾公传记》中的出生年月日。该传记是刘步蟾曾外孙陈琨（1920年出生）、曾孙刘永荣提供给笔者的手抄本。

枪炮诸术，勤勉精进，试迭冠曹偶”[①]。三年的课本知识学习之后，又被派到“建威”练船练习航海。先后游历了南洋群岛、北方的渤海直隶湾、黄海的辽东半岛和山东半岛等沿海港口。1872 年，刘步蟾又在“会考闽、广驾驶生的考试中，再次获得了复冠其曹”[②] 的好成绩。福州船政学堂毕业后，刘步蟾便参加了海军，投身于中国海防事业的建设。

1874 年，为了加强台湾的海上防务，刘步蟾奉命前往台湾勘测港口及航道。他勤奋努力，把学到的知识应用于实际之中，圆满地完成了任务。同年，日本出兵侵占台湾，刘步蟾又奉命前往台湾郎峤，察看日本营垒。他还“率带水勇驰赴后山、埤南等社，抚循安辑”[③]。由于出色完成任务有功，他被任命为“建威”练习舰的管带。一位年仅 24 岁的有志青年，学堂毕业两年之后，就担任一艘舰船的最高指挥员，不能不令世人特别是同龄人羡慕和称赞。

1875 年（清光绪元年）秋天，福州船政局正监督、法国人日意格因事返回欧洲，船政局借机选派刘步蟾、林泰曾等人随同前往，顺路考察拥有强大海军的英、法等国，学习枪炮等海军武器装备的制作与配备。这是刘步蟾第一次远渡重洋考察学习。次年春天，他从欧洲回国后，被保举授予都司。

1877 年，清政府第一次向欧洲派出海军留学生，刘步蟾以学业优异、才干出众而被选中。同年 5 月 7 日，他与同行的 30 多名学友到达法国，根据留学计划的安排，学习造船技术的留学生留在法国的马赛，他与学习航海驾驶和指挥管理的学生则于 5 月中旬到达英国的伦敦。经中国首任驻英国公使郭嵩焘的办调安排，刘步蟾、林泰曾、蒋超英被派往英国地中海舰队排水量 10600 吨的“马那杜”号、“孛来克柏林”号、“狄芬士”号铁甲舰实习，并在生活方面获准给予军官伙食和床位优待。留英学习期间，刘步蟾、林泰曾还先后登“拉里”号、“潘尼洛布”号、“阿其力”号、“威灵顿”号军舰实习，数次巡历大西洋、地中海，学习了设防、备战、布置水雷、枪炮等技能。

刘步蟾在英国留学两年多的时间里，勤奋努力，学业有成。经英国海军部考试，发给他优等文凭。1879 年 6 月，他与林泰曾、何心川经法国取道回国。鉴于他留学期间表现突出，回国后被李鸿章留职北洋，派充“镇北”炮舰管

---

① （清）池仲祐撰：《刘军门子香事略》，张侠、杨志本等合编：《清末海军史料》，海洋出版社 1982 年版，第 371 页。

② 戚其章：《刘步蟾小传》，孙克复、关捷主编：《甲午中日战争人物列传》，黑龙江人民出版社 1984 年版，第 146 页。

③ （清）池仲祐撰：《刘军门子香事略》，张侠、杨志本等合编：《清末海军史料》，海洋出版社 1982 年版，第 371 页。

福州船政学堂第一届驾驶班毕业生刘步蟾在英国皇家海军舰艇上实习时的照片（刘俊彦供图）

带，“奉旨授游击，并赏戴花翎”[①]，成为中国海军最年轻的文武兼备的优秀军官之一。

1880 年 12 月，清政府决定在德国新造两艘铁甲主力舰。造舰开工后，为了确保军舰质量和熟悉管驾铁甲舰技能，李鸿章又派刘步蟾等 11 人于 1882 年前往法、德等国，直接参与监督制造“定远”“镇远”两艘铁甲巨舰。此间，他努力“研究枪炮、水雷技术”[②]，并细心学习铁甲巨舰的管带与驾驶。

1885 年秋季，刘步蟾督带“定远”舰回国，被任命为“定远”舰管带，授参将。此时，清政府已清楚地认识到建设海军的重要性，成立了海军衙门，大举兴办近代化海军。刘步蟾正好学有所用，不久又被晋升为副将，赏加强勇巴图鲁名号。1886 年 5 月，李鸿章陪同醇亲王奕譞“巡阅北洋水陆各军”，刘步蟾管带“定远”舰，同北洋各舰艇自大沽口随同出发。“定远”“镇远”“济远”“超勇”“扬威”及南洋之“开济”“南琛”“南瑞”，与北洋水师的“镇东”“镇西”“镇南”“镇北”“镇中”“镇边”六炮艇，排队列阵，保驾护航，浩浩荡荡，蔚为壮观。“定远”与各舰“将弁讲求操习，持久不懈”，均能“布阵整齐，旗语灯号，如响斯应”。李鸿章与醇亲王还对“定远”舰进行了细致的检验察视。刘步蟾熟练而准确地介绍了“定远”舰的相关情况及其特别之处。醇亲王在李鸿章的陪同下，登上“定远”舰，见其高大威武，设施先进，心里着实高兴，随即决定，“俟明年英、德新订快船四只北来，合之北洋现有五船，自成一队”。[③] 自此，刘步蟾更加勤勉，积极协助北洋海防统领丁汝昌筹建北洋海军。他不但直接参与北洋海军章程的

---

① （清）池仲祐撰：《刘军门子香事略》，张侠、杨志本等合编：《清末海军史料》，海洋出版社 1982 年版，第 371 页。

② （清）池仲祐撰：《刘军门子香事略》，张侠、杨志本等合编：《清末海军史料》，海洋出版社 1982 年版，第 371 页。

③《奕譞奏查北洋炮台、水陆操防、机器、武备、水师学堂情形折》，张侠、杨志本等合编：《清末海军史料》，海洋出版社 1982 年版，第 251～252 页。

起草与定稿，而且“海军规制，多出其手”[①]。

北洋海军旗舰“定远”号照片（刘烜赫供图）

1888年秋，北洋海军正式成军。刘步蟾“升授北洋海军右翼总兵，加头品顶戴”[②]。至此，38岁的刘步蟾已成为中国历史上首批受过正规培训的新型海军高级将领。他有远大的理想，有坚定的信念，有敬业献身的奉献精神。他立志要为建设中国强大的海军而努力奋斗。

二、忠心报国 屡进良言

刘步蟾留学回国之后，面对中国有海无防、有防不强的局势，十分着急。他决心把学到的知识，尽快应用于中国海防的建设之中。他与林泰曾共同筹划研究，将留学心得写成题为《西洋兵船炮台操法略论》的条陈，上报直隶总督兼北洋大臣李鸿章。他还积极建议，中国建设海军“最上之策，非拥铁甲等船自成数军决胜海上，不足臻以战为首之妙”[③]，明确提出了中国建设海军所必须抓住的重点和应注意的问题。

刘步蟾的尽心竭力，不但表现在他敬业勤勉，更为可贵的是，他敢于忠言直

---

①《清史稿·刘步蟾传》。

②（清）池仲祐撰：《刘军门子香事略》，张侠、杨志本等合编：《清末海军史料》，海洋出版社1982年版，第371页。

③ 中国史学会主编：《中国近代史资料丛刊·洋务运动》（三），上海人民出版社1961年版，第297～298页。

述，及时指出海军建设过程中所发生的各种问题。即便是主管领导和王公大臣经办的事情，只要发现不对，他都十分负责地及时指出，以求改正。

刘步蟾任“镇北”炮舰管带时，发现购买于英国的“镇北”“镇东”“镇南”“镇西”四炮舰，虽系1879年8月竣工出厂，来中国时间也短，但这种舰艇炮大船小，遇到风浪则炮难取准。即使平常天气，由于舟皮浅底平，偶受小炮也难免洞穿艇体。此类舰既不能有效防御敌人坚船利炮的进攻，也无法有效地打击敌人。欧洲各国把这种炮舰作为守港利器，它行驶缓慢，易避风浪，只适宜在海口及沿岸浅水海域航行驰逐，并不适用深海远行和作战。于是，他及时向李鸿章明确指出其缺点，坦言这种炮舰“只可用于守港”[①]。得知刘步蟾批评四炮舰的消息，许多同学及好友都为他捏了把汗，生怕心实嘴直和秉笔直书会使他官场失意，甚至带来灾难。然而，刘步蟾为了建设中国强大的海军，仍保持自己敢说敢为的良好秉性。

刘步蟾治军严格，训练有方，而且能以身作则，身体力行。北洋海军“定远”舰总管轮陈兆锵曾记述说：“凡关操练及整顿事宜，（丁汝昌）悉委步蟾主持。每夏秋之间，则驻防操演，巡弋辽东、高丽一带；或率两三舰，往日本各口岸。冬、春则巡察南洋群岛。”[②] 刘步蟾“治军严肃，凛然不可犯”[③]，深得官兵拥戴。

北洋海军成军后，其势力雄冠亚洲和远东地区。清政府为之沉醉，便停止了购买新式军舰、枪炮武器，停止了扩建的步伐。而此时的近邻日本，却早已制定了“征讨清朝方案（清国征讨策案）”[④]，蓄谋发动侵略中国的战争。他们倾其全力，快速发展扩建新式海军，每年至少购买或制造两艘新式军舰。身为北洋海军右翼总兵的刘步蟾，“留心国事，已窥其底蕴”[⑤]，对日本的所作所为深感忧虑，认为“日本增修武备，必为我患”[⑥]。他“曾将其情形上书李傅相，言之甚详”[⑦]。

---

①（清）刘步蟾撰：《西洋兵船炮台操法略论》，转引自姜鸣：《龙旗飘扬的舰队》，三联书店2002年版，第119页。

②《陈兆锵所记中日战役情况》，张侠、杨志本等合编：《清末海军史料》，海洋出版社1982年版，第349页。

③（清）池仲祐撰：《刘军门子香事略》，张侠、杨志本等合编：《清末海军史料》，海洋出版社1982年版，第372页。

④［日］中塚明：《日清战争前的日本对清战争准备》，戚俊杰、刘玉明主编：《北洋海军研究》，天津古籍出版社1999年版，第101页。

⑤《陈兆锵所记中日战役情况》，张侠、杨志本等合编：《清末海军史料》，海洋出版社1982年版，第349页。

⑥（清）池仲祐撰：《刘军门子香事略》，张侠、杨志本等合编：《清末海军史料》，海洋出版社1982年版，第372页。

⑦《陈兆锵所记中日战役情况》，张侠、杨志本等合编：《清末海军史料》，海洋出版社1982年版，第349页。

李鸿章对他所言虽有同识，但因清政府敷衍从事，一时也无法采纳他的建议。刘步蟾毅然面谒李鸿章，建议“按年添购如‘定’‘镇’者两舰，以防不虞”。李鸿章明知刘步蟾所言无错，但他知道此事重大，关系复杂，只能为之搪塞道：“子策良善，如吾谋之不用何?”刘步蟾闻听此言，不顾个人得失，也不理在座官员的友善示意，进一步慷慨陈词道：“相公居其位，安得为是言！且平时不备，一旦偾事，咎将谁属?”刘步蟾的忠诚坦言，不但让李鸿章为之感动，更令在座的各位官员大惊失色。时为李鸿章幕僚的池仲祐曾评论说：“盖其忧国之深，忠愤激昂，流露于言词之间，而不自觉也。”[①]

由于清政府闭关锁国，昏庸腐败，加之对建设强大海军的无知和不重视，刘步蟾加强中国海防建设的主张，终难得到应有的重视。

三、重情重义 爱憎分明

刘步蟾重情重义，爱憎分明，时人记其“豪爽有不可一世之概”[②]。他事母至孝，常常以远离家门而不能在母亲身边侍奉为憾事。夫人陈氏，为人贤惠，孝敬父母。步蟾不在家时，母有病，多蒙夫人尽心照料，因而刘步蟾对她深为感激和敬重。

刘步蟾重亲情，不仅事母至孝，而且对自己的儿女及亲属皆疼爱有加，无微不至。看到当时社会上有很多人吸毒贩毒，害己害家误国，刘步蟾深恶痛绝，他时常严诫子女及亲属：“永远不许吸鸦片，家中以后有吸鸦片者，就不是我的儿孙!”[③]

刘步蟾数次赴欧洲留学或考察，广泛接触了西方世界的政治、经济、文化及风情民俗。他观念新颖，视野开阔，在西方资产阶级民主革命的新思想的影响下，确立了许多新的、正确的思想观念。如他在欧洲期间，看到英、德及其他西方发达国家，对儿子与女儿同等相待，平等视之，女人不用缠足。回国后对家人说，外国人对儿子和女儿所生的孩子一律叫孙儿、孙女，并无内外之分；女人也不用缠足，所以我们也应该如此称呼，女儿也不用缠足。陈氏夫人十分赞成。此后，刘步蟾大女儿刘寿琳所生儿女与其儿子所生儿女，同样都被称为孙儿、孙女，也都得到同样的关爱。同样，步蟾与陈氏夫人也不准孩子们称他们“外祖

---

① （清）池仲祐撰：《刘军门子香事略》，张侠、杨志本等合编：《清末海军史料》，海洋出版社 1982 年版，第 372 页。

② （清）池仲祐撰：《刘军门子香事略》，张侠、杨志本等合编：《清末海军史料》，海洋出版社 1982 年版，第 371 页。

③ 刘镇藩：《刘步蟾公传记》，手抄本。刘步蟾曾外孙陈琨、曾孙刘永荣提供。

父”“外祖母”，而一律称“祖父”“祖母”。[①]

刘步蟾不但敢破男尊女卑和女子缠足之恶习，大胆倡导男女平等之风，而且还乐善好施，救人于危难之中。陈氏夫人有一胞妹，其夫家非常封建，特别重男轻女。她第一胎生一女孩，即受到夫家人的歧视。后来，第二胎又生了个女孩。当时社会上有溺女婴之风，于是其夫家人要将女婴溺死。刘步蟾得知此事，坚决反对。为了有效保护这条无辜的小生命，他主动提议陈氏夫人领养这个小女孩。从此，这女孩就由刘步蟾夫妇领养，并视同亲生骨肉。甲午战前，刘步蟾的大女儿刘寿琳出嫁。后来，刘步蟾也为这位养女找了婆家，陪嫁与亲生女儿一样。[②]他的所作所为，受到亲属及友邻的交口称赞。

刘步蟾重亲情、友情，但他决不徇私情。北洋海军“济远”舰管带方伯谦在黄海海战的危急关头，因军舰受伤和官弁伤亡首先退出战场而被请旨正法。临刑前，同是闽籍同乡、同学的“镇远管带林开（凯）士（仕）、靖远管带叶桐侯、来远管带邱彪臣同请于刘，为方设法，刘不理，林开士且涕泣而求，力陈利害，谓目下兵呈未已，安可自残，如大局何?”刘步蟾耐心而坦诚地指出：“此吾不与也，且大东沟之役，彼固知全军将覆，而欲脱（身）事外，袖手以观我辈之沦亡，彼已于大局何?”[③] 刘步蟾与方伯谦既是同乡，又是历时20多年的同学、同事。方伯谦在《益堂年谱》中写道：“定、镇、济、威远赴日本巡洋。七月十六日……下午，同蓝季北（建枢）登岸赴子香（刘步蟾）请酒福屋。”[④] 这足证他们的关系是亲密友好的。然而，刘步蟾却没有徇同学、同乡和朋友间的私情而抛弃民族大义，也没有置大清条律于不顾，其高风亮节，由此可见。

中日黄海大战后，北洋舰队于1894年11月14日凌晨回威海港，其时，“定远”在前，“镇远”在后。由于连日风大浪高流急，又逢枯水潮干时辰，“定远”在前，淌水力大，航道上的浮鼓漂流移位，“镇远”航行至黄岛炮台外侧时不慎触礁，舰底撞出三道口子，海水顿时涌进“镇远”舰底舱。林泰曾立即采取了一系列抢救措施，将军舰开进港内。林泰曾感到事故后果严重，又担心别人认为他是畏战所致，就急忙“往见刘，欲与商酌如何办，而林犹未言，刘即顿足曰：镇、定两船系国家保障，朝廷多次明降谕旨，谆戒保护，尔奈何竟将裂坏，更有

---

① 刘步蟾大女儿刘寿琳口述，其外孙陈琨整理并提供。

② 刘步蟾大女儿刘寿琳口述，其外孙陈琨整理并提供。

③ 卢毓英：《卢氏甲午前后杂记》，林伟功、黄国盛主编：《中日甲午海战中方伯谦问题研讨集》，知识出版社1993年版，第551～552页。

④ 卢毓英：《卢氏甲午前后杂记》，林伟功、黄国盛主编：《中日甲午海战中方伯谦问题研讨集》，知识出版社1993年版，第536页。

何面目见人耶?”[①]

刘步蟾面对忧心忡忡的亲家、战友、同事、同学的真心求助，仍能真诚客观地当面提出批评和劝说，坚持以国家、海军、舰船为最重之事，再一次证明了他重真情、友情，而不徇私情，证明了他“慷慨好义，有烈士之风”[②]。

刘步蟾具有远见卓识，他居安思危，自觉把爱国豪情变为实际行动。早在1874年处理日本发动的侵占台湾事件时，24岁的他就对日本军国主义的侵略野心及其紧锣密鼓的扩张计划有所认识。进入19世纪80年代，日本连续借朝鲜的“壬午事变”和“甲申事件”大做文章。而在其国内，日本天皇带头捐款，迅速扩大日本海军力量。这一切，身为北洋海军右翼总兵的刘步蟾，对日本军国主义者的侵略本性及其发动侵略战争的狡诈手段时刻保持着高度警惕。

1891年秋，丁汝昌、刘步蟾率北洋海军舰队访问日本横滨，日本派亲王在东京王府宴请北洋海军将领，其规格和标准甚为隆重。丁汝昌为敦促邻邦友好，“率各管带暨舰员前往与宴。独步蟾辞，命（兆锵）为代表”。问其原因，答曰：“日人奸宄无信，胆敢妄为，深恐假藉宴会，乘我不备，攻袭我舰，我必留舰预防不测。”[③] 由此可以看到刘步蟾常有的高度警惕性，也可以看到他在面对舰船安全和日本居心叵测的盛情接待，所做出的果断而又具理性的安排，都是来自智勇双全的才干与爱憎分明的立场。同时，也表明了他对难得一遇的日本国宴的冷静与淡泊。

刘步蟾不但对日本军国主义始终保持高度警惕，而且对那些受聘来华不学无术、骄纵专横、野心难羁、终将偾事的外籍顾问，也心中有数，不失原则，坚持同他们的揽权越职行为作针锋相对的斗争。如李锡亭所言：“洋员泰莱颇具野心，尝倡议购置智利巡洋快船，交其本人指挥。刘子香（步蟾）闻之，从中阻梗，泰莱愤然，每寻机诋毁之。”[④] 泰莱本是英国海军的后备少尉，来中国后一直在海关缉私船上供职，后进入北洋海军，担任德国人汉纳根的顾问兼秘书。试想，如果刘步蟾不对泰莱想当舰队指挥的企图“从中阻梗”，就凭泰莱的能力和水平，将会给中国的海防事业造成什么样的后果，这是可想而知的。

---

① 卢毓英：《卢氏甲午前后杂记》，林伟功、黄国盛主编：《中日甲午海战中方伯谦问题研讨集》，知识出版社1993年版，第554页。

② 池仲祐：《刘军门子香事略》，张侠、杨志本等合编：《清末海军史料》，海洋出版社1982年版，第372页。

③《陈兆锵所记中日战役情况》，张侠、杨志本等合编：《清末海军史料》，海洋出版社1982年版，第350页。

④ 李锡亭：《清末海军见闻录》，戚其章主编：《中日甲午战争史论丛》，山东教育出版社1983年版，第70页。

由上述诸事可见，刘步蟾是一位有情有义、爱憎分明、理性成熟、敢恨敢爱的海军高级将领。

四、英勇杀敌 捍疆卫国

刘步蟾是北洋海军中的有勇有谋、德才兼备的高级将领，他既学习掌握了先进的海防理论和知识，又胸怀爱国壮志，为中国的海防事业做出了突出贡献。这不仅仅因为他“数十年衽席风涛，远涉重洋，不辞艰险”[①]，也不单纯因为他在筹建北洋海军时，海军规制，多出其手”。更重要的还是由于他在中日黄海大战中，“奋勇督战”，英勇杀敌，力挽海战危局。

1894 年 7 月 25 日，日本海军采用海盗的方式，向中国的运兵船发动了突然袭击，挑起了中日甲午战争。面对战争，刘步蟾十分清楚，报效国家的时候到了，他郑重立下了“苟舰亡，必与亡”[②] 的钢铁誓言，决心以血肉之躯，捍卫国家领土主权的完整。

1894 年 9 月 17 日，中日两国海军相遇在大东沟附近的黄海海域。12 时 50 分许，双方舰队相距 5300 米时，刘步蟾管带的“定远”舰首先向日本舰队发炮，拉开了黄海海战的序幕。12 时 53 分许，在相距北洋舰队 3500 米时，日本海军旗舰“松岛”号向北洋海军发炮轰击，中日两国海军在黄海海面展开了猛烈的炮击。开战不久，“定远”即被日舰炮火击中，大桅被打断[③]，信号装置被摧毁，旗舰的战斗命令已无法向舰队下达。在舰桥上督战的丁汝昌被震落负伤，只能坐在甲板的椅子上督战。刘步蟾镇定不乱，指挥“定远”舰紧紧咬住日本旗舰“松岛”不放。12 时 55 分，“定远”舰 150 毫米口径舰炮击中日本海军旗舰“松岛”号 325 毫米口径炮塔，有两名炮手负伤。日本舰队凭借军舰航速快和速射炮多的优势，对北洋海军实行堵截围攻。刘步蟾指挥“定远”舰与“镇远”舰保持一致，使“定”“镇”二舰处在舰队中间凸突位置，率先向敌舰队冲过去，将日本海军第一游击队和本队冲开截断，接着集中猛烈炮火狠狠打击被分割离队的日本“比睿”舰。下午 1 时 10 分之后，“定远”舰一发 305 毫米口径炮弹打中“比睿”舰右侧舷，在其后桅处爆炸，下甲板后部全部毁坏，“三宅（贞造）大军医、村

---

① （清）池仲祐撰：《刘军门子香事略》，张侠、杨志本等合编：《清末海军史料》，海洋出版社 1982 年版，第 372 页。

② William Ferdinand Tyler，Pulling Strings in China，London，1929，p. 80.

③《高千穗舰某尉官亲笔记述的黄海海战实况》，戚其章主编：《中国近代史资料丛刊续编·中日战争》第 7 册，中华书局 1996 年版，第 253 页。

越（千代吉）少军医、石塚（铸太）大主计以下十九人被击得粉碎而死”[①]。1 时 15 分，“比睿”舰逃出北洋海军的打击范围，挂出“本舰火灾退出战列”的信号，驾舰脱离战场而去。这时，北洋海军左翼各舰又向日本的“赤城”舰发炮猛轰。1 时 20 分，“定远”舰后部 150 毫米口径炮弹“击中赤城舰桥右侧之四十七公厘速射炮之炮楯，打死一号炮手、一等水兵宫本丈太郎及二号炮手、三等水兵椋木繁治，弹片打穿正在观看海图之坂元舰长头部，鲜血及脑浆溅在海图台上，染红了罗盘针”[②]。与此同时，日本舰队快速调整其主攻目标，其“高千穗”“秋津洲”“浪速”三舰边向前航行，边向“定远”等舰发炮猛轰。面对数艘敌舰的合力强攻，刘步蟾毫不畏惧，指挥“定远”舰官兵奋力抵抗。在他的带动下，全舰官兵上下一心，英勇无畏，猛烈发炮，给敌人以狠狠打击。

2 时 14 分之后，北洋海军的“定远”等四艘军舰不约而同地集中火力攻击日本海军军令部长桦山资纪中将乘坐的“西京丸”舰。2 时 22 分许，“定远”“镇远”两舰 30 厘米半炮弹从“两京丸”的“右舷二百米左右打来，穿过客厅右侧，于客厅和机械室之间爆炸。结果客厅及其附近数室的‘天窗’‘舱口’，以及气压计、航海表、测量器具、食器等全被击毁”[③]。

海战仍在惨烈地进行。刘步蟾指挥“定远”舰与“镇远”舰始终保持协调行动，相互支援。约 3 时 10 分，“定远”舰又中一炮，军舰前部燃起大火，火势极为猛烈。“定远”官弁水勇立即实施灭火，攻击敌舰的炮火立即减弱。日本舰队不失时机地一齐扑向“定远”，攻击“定远”的炮火更加猛烈，“定远”舰处境危险。在战局极为不利的危急关头，刘步蟾处惊不乱，他在指挥塔上巍然屹立，指挥有序。“定远”舰水手称赞说：“刘船主有胆量，有能耐，全船没有一个孬种！”[④] 刘步蟾临危不惧的大无畏精神及其出色表现，使全舰官兵的情绪大为振奋，全舰官兵及在船洋员一边奋力灭火，一边继续向敌人还击。“定远”舰的大火仍在燃烧，日本舰队趁机向其发炮猛攻。“镇远”管带林泰曾命帮带大副杨用霖驾舰猛进，上前掩护。恰在此时，北洋海军的中军中营副将邓世昌指挥已负重伤的“致远”舰开足马力，驶到“定远”舰前边，迎战前来围攻的数艘敌舰。“定远”舰全体官兵抓住机会将烈火扑灭，转危为安。3 时 20 分后，日本舰队的“松岛”“千代田”“严岛”“桥立”“扶桑”五舰死死咬住中国的“定远”“镇远”两舰，

---

① [日] 川崎三郎：《日清战史》第 7 编（上），东京博文馆 1897 年版，第 125 页。

② [日] 平田骨仙：《黄海大海战》下卷，转引自戚其章：《甲午战争史》，人民出版社 1990 年版，第 150 页。

③ 戚其章主编：《中国近代史资料丛刊续编·中日战争》第 7 册，中华书局 1996 年版，第 260 页。

④《定远舰水手陈敬永口述》，戚其章：《甲午战争史》，人民出版社 1990 年版，第 160 页。

对其施行轮番环攻。而刘步蟾、林泰曾指挥的“定”“镇”两艘巨舰，顽强不屈，奋力与敌抗争，一步也不稍退。战至下午 3 时 30 分许，“定远”瞄准日本旗舰“松岛”，“发出之三十公分半大炮炮弹，命中‘松岛’右舷下甲板，轰然爆炸，击毁第四号速射炮，其左舷炮架全部破坏，并引起堆积在甲板上的弹药爆炸。刹那间，如百电千雷崩裂，发出凄惨绝寰巨响。俄而，剧烈震荡，舰体倾斜，烈火焰焰焦天，白烟茫茫蔽海。死伤达八十四人，队长志摩（清直）大尉、分队长伊东（满嘉记）少尉死之。死尸纷纷，或飞坠海底，或散乱甲板，骨碎血溢，异臭扑鼻，其惨憺殆不可言状。须臾，烈火吞没舰体，浓烟蔽空，状至危急。虽全舰尽力灭火，轻重伤者皆跃起抢救，但海风甚猛，火势不衰，宛然一大火海”[①]。“松岛”舰连续被两发 305 毫米口径炮弹击中之后，舰上设备严重损坏，“三十二公分炮栓和水压机发生故障而不能发炮”[②]，伊东祐亨见“松岛”舰已经失去了指挥能力和作战能力，向各舰发出了“随意运动”的信号之后，便开足马力，竭力摆脱“定远”“镇远”二舰的炮击和追赶，与其他日舰向东南方向驶去。“定远”与“镇远”两舰虽奋力急追，终因军舰航速不快，越追距离敌舰越远而作罢。

海上作战，既是海军武器装备先进与落后、质量与数量的较量，也是参战官兵精神力量和军事素质的比拼，而指挥员的精神状态和指挥能力及战略战术水平则更为重要。在黄海大战中，刘步蟾指挥“定远”舰与林泰曾管带的“镇远”舰，在海战局势急转直下的关键时刻，配合默契、砥柱中流、重创敌舰、力挽危局的突出表现，受到北洋海军广大官兵和观战国海军官弁的一致好评。10 月 23 日，刘步蟾因黄海海战苦战良久，表现突出，朝廷颁谕：右翼总兵“定远”管带刘步蟾以提督记名简放，并赏换“格洪额巴图鲁”名号。

中日甲午黄海大战，是中日两国海军的一次主力决战，也是世界近代史上的一次著名海战，这也是刘步蟾 27 年海军生涯中最为重要的一次海战。在这次海战中，刘步蟾在爱国精神、军事理论、指挥能力、战略战术水平等方面，都经受住了铁与火的考验。

五、舰亡与亡 志节懔然

经过黄海大战猛烈炮火的生死考验，刘步蟾变得更加成熟和坚强，也更加坚定了誓死保卫祖国的信念。

---

① ［日］川崎三郎：《日清战史》，第 7 编（上），东京博文馆 1897 年版，第 157 页。

② 《松岛舰长尾本知道大佐关于黄海海战的报告》，戚其章主编：《中国近代史资料丛刊续编・中日战争》第 7 册，中华书局 1996 年版，第 248 页。

黄海大战之后，北洋海军提督丁汝昌伤势恶化，不能履行提督职责。刘步蟾因其性情豪放，敢抓敢管，被破格委任代理提督之职。李鸿章命令他抓紧时间抢修受伤舰船，抓好北洋海军战后整顿、后勤保障和舰队管理。

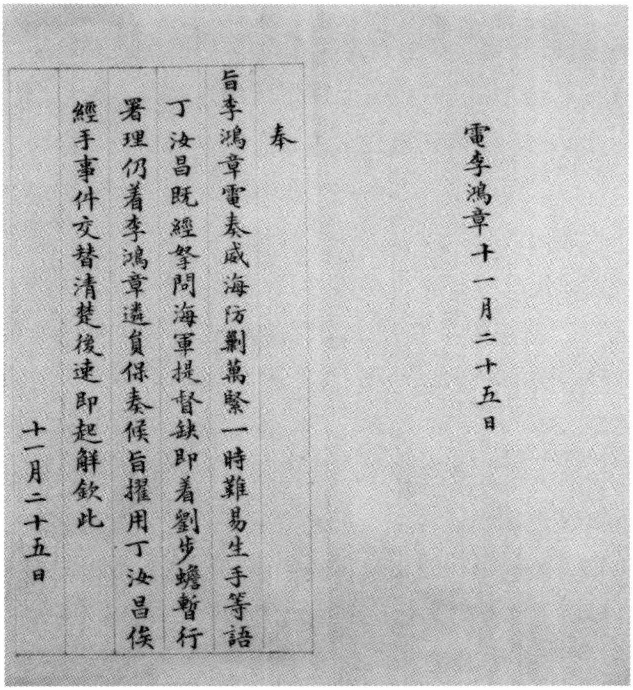
電李鴻章十一月二十五日
奉
旨李鴻章電奏威海防剿萬緊一時難易生手等語
丁汝昌既經拏問海軍提督缺即着劉步蟾暫行
署理仍着李鴻章遴員保奏候旨擢用丁汝昌俟
經手事件交替清楚後速即起解欽此
十一月二十五日

威海卫与刘公岛保卫战爆发前夕，朝廷命刘步蟾代理北洋海军提督职务之电旨稿

刘步蟾既受命于危难之际，又处于举步维艰的位置。其时，舰船伤损严重，广大官兵犹沉浸在失去战友的悲痛之中，所需工匠尚缺 200 多位，所用材料供应不上。而按北洋海军章程规定，海军舰船维修由舰坞总办龚照玙负责，而海军官兵又只有监督修理的责任。时间紧迫，任务艰巨。刘步蟾知难而进，想尽办法，积极协调，抢修舰船。远离旅顺的清廷和李鸿章等，既不了解实际情况，又不帮助解决实际困难，反而怀疑刘步蟾敷衍塞责，消极怠工。并警告说："若刘步蟾等借修理为宕缓，误我大计，定行严参。禹廷（丁汝昌字）虽病，当认真督催，勿为若辈把持摇惑。"[①] 看到歪曲事实、横加指责的上峰来电，丁汝昌既气又急

① 《寄旅顺丁提督龚道》，顾廷龙、叶亚廉主编：《李鸿章全集》（三），电稿三，上海人民出版社 1987 年版，第 10 页。

且难，他复电李鸿章告知“各船伤重且多”① 的实况。刘步蟾在舰日夜督催维修工程，并无专擅之权，如何敢托故迁延时日？由此可见刘步蟾代职期间的艰难与辛酸。但刘步蟾在危难之中，仍能以国家最高利益为重，宁肯委曲求全，也没有半点怨言牢骚。

1895 年 1 月 20 日开始，日本侵略军在荣成龙须岛一带登陆，在占领荣成县城后，又立即向威海卫进发。在中日两国军队争夺威海卫南帮摩天岭炮台的激战中，守台清军英勇苦战，连续打退日军的数次轮番进攻，北洋舰队在威海港湾及时给予火力支援。他们利用军舰大炮，“频开炮轰发”，日军死伤累累，“士兵因此皆有惧色，不敢大胆向前”②。但终因守台清军全部战死，炮台落入敌手。日军左翼支队司令大寺安纯少将登上摩天岭炮台后，得意忘形，“与部下共徒步登炮台，自观战状”③。刘步蟾等在舰上望见炮台上清军大旗已被日本国旗代替，知是炮台失守，“定远”等舰便立即向摩天岭炮台发炮轰击，大寺安纯胸部被弹片击穿，当场毙命。《二六新报》随军记者远藤飞云亦同时中弹毙命。这是日军在甲午战争中最先被击毙的日本将军。这也是刘步蟾指挥“定远”舰在威海卫保卫战中创造的新的战绩。

在刘公岛和北洋舰队的保卫战中，刘步蟾强忍痛失战友、“镇远”受伤之悲痛，坚定不移地协助丁汝昌拼死抵抗敌人的进攻。他率领“定远”等舰驶向刘公岛至日岛之间，“一面巡航，一面向东（南）岸炮台猛轰，努力阻止日军进攻”④。同时，北洋舰队和驻刘公岛的北洋护军已先后数次打退日本联合舰队的海上进攻。日本联合舰队司令官伊东祐亨见强攻不行，便改为夜间用鱼雷艇偷袭的方法，向北洋海军舰船发起偷袭。

2 月 5 日凌晨 3 时 20 分许，日本海军第二艇队和第三艇队的 10 艘鱼雷艇向停泊在铁码头的北洋舰队发起了突然偷袭。当时，刘步蟾、丁汝昌及诸将领在开会议事，忽闻敌艇闯入港湾内，立即登甲板观察敌艇活动情况。此时系黎明前，夜色昏暗，视线不清，待发现敌艇时，日军的九号艇和十号艇距离“定远”舰仅有不到半海里远。丁汝昌、刘步蟾急命向其开炮。借着炮火，敌人的两艘鱼雷艇已盯住高大雄伟、发炮猛烈的“定远”舰不放。十号艇连放两枚鱼雷，第二发鱼雷击中“定远”舰尾部，致其轻伤。“定远”的炮弹击中九号艇机舱，有 8 人死

---

①《复译署》，顾廷龙、叶亚廉主编：《李鸿章全集》（三），电稿三，上海人民出版社 1987 年版，第 49 页。

②［日］河村直编：《日清战争实记》第 20 编，东京博文馆 1895 年版，第 27 页。

③［日］桥本海关：《清日战争实记》第 11 卷，上海 1898 年版，第 377 页。

④［日］河村直等编：《日清战争实记》第 19 编，东京博文馆 1895 年版，第 33 页。

伤。九号鱼雷艇发射的鱼雷也命中“定远”舰底部。“定远”舰在一声巨响之后，海水已喷涌而入，舰身也开始倾斜。刘步蟾虽果断采取措施，但由于舰体受伤的部位特殊，常规堵漏抢救措施已无济于事。于是，命令砍断锚链，将“定远”舰驶离铁码头深水处，在其东侧临岸浅水滩搁浅，利用舰上炮火，加强威海湾南口的防御。

“定远”舰受伤，刘步蟾痛不欲生。几次欲自杀，均为众将弁劝阻救助。“定远”舰上有用的军需品在源源不断搬运到刘公岛上的同时，海水也涌入舰内。至当日下午，锅炉熄灭。“定远”官兵只得移住在北洋海军提督署内。

日军见偷袭“定远”得手，便连续数日采用夜间鱼雷艇偷袭，白天则由其他军舰和陆地炮台海陆夹击的方法，轮番进攻刘公岛和北洋舰队。虽然丁汝昌亲乘“靖远”舰，率“平远”等舰驶至日岛附近海域轰击日军，刘步蟾也在搁浅的“定远”舰上开炮助战，但北洋海军和刘公岛上的护军已死伤数百人，刘公岛的陷落只是时间问题。10 日下午，丁汝昌、刘步蟾下令用水雷炸毁弹药已尽、露出水面的“定远”舰。

为防止“定远”舰被日军掳走，刘步蟾将受伤的“定远”舰自行炸沉（刘烜赫供图）

刘步蟾早就拿定舰亡与亡的主意。炸毁“定远”舰之后，他步履维艰，分别看望了移居在提督署的“定远”舰的官弁及水兵。当他看到“定远”舰枪炮大副沈寿堃写下的“千古艰难惟一死”时，坦然一笑，并吟颂清代诗人邓汉仪“伤心岂独息夫人”的诗句，以表自己的志节正气。随即又找到“定远”舰总管轮陈兆锵，向他嘱托后事，并于当晚吞服鸦片，自杀殉国。中国第一批赴欧洲留学海军生中的佼佼者、北洋海军的优秀将领，就这样走完了他的人生里程。40 天后，山东巡抚李秉衡向皇上奏报称，刘步蟾“船亡与亡，志节懔然，无愧舍生取义”①。4 月 9 日，朝廷颁谕，刘步蟾“照提督阵亡例从优赐恤，世袭骑都尉加一等云骑尉”②，其长子刘彬贤为二品荫生。

史实表明，作为北洋海军的一名高级将领，刘步蟾对国家忠心耿耿，居安思危；对敌人竭尽筹划防御之策，保持高度警惕；在抵抗侵略的战争中，英勇顽强，屡挫强敌；在危急关头，身先士卒，宁死不降，最后舍生取义。他不愧为北洋海军广大爱国将士中的优秀代表，是一位值得纪念和缅怀的爱国将领与抗敌英烈。

（此文原载于戚俊杰、郭阳主编：《甲午纵横》第 1 辑中编，华文出版社 2006 年版，第 233～248 页。有改动）

---

① 戚其章辑校：《李秉衡集》，齐鲁书社 1993 年版，第 220 页。

② （清）池仲祐撰：《刘军门子香事略》，张侠、杨志本等合编：《清末海军史料》，海洋出版社 1982 年版，第 372 页。

刘步蟾年谱

1850年3月17日（清道光卅年二月初四日[①]），刘步蟾出生于福建省福州市侯官刘姓“珠浦堂”。

1867年1月6日（清同治五年十二月初一日），刘步蟾考入福州船政后学堂。在学堂“学习驾驶、枪炮诸术”的三年时间里，他一贯“勤勉精进，试迭冠曹偶”。

1871年（同治十年），刘步蟾完成了学堂课本知识的学习，被派到“建威”练船实习航海驾船技术。先后游历了南洋群岛、北方的渤海直隶湾、辽东半岛和山东半岛等沿海港口。

1872年（同治十一年），刘步蟾又在“会考闽、广驾驶生的考试中，再次获得了复冠其曹”的好成绩。

1873年（同治十二年二月），刘步蟾在洋教习德勒塞（Tracey）的率领下，乘“建威”练船历经厦门、香港、新加坡、槟榔屿等国家和地区，于7月（六月）返回福建船政局。

1874年（同治十三年），刘步蟾奉命前往台湾勘测航口港道。同年，日本出兵侵占台湾，他又奉命前往台湾郎峤，查看日本营垒。还“率带水勇驰赴后山、埤南等社，抚循安辑”。

1875年（清光绪元年），刘步蟾被擢充“建威”练船管带。“建威”练习舰是福州船政局1870年购买的一艘夹板船，“长一二五呎，宽二十七呎，可容三十余名学生练习”。

同年冬天，随同洋监督法国人日意格赴英国采办军用器物，同时考察研究欧洲科学技术，“究习枪炮、水雷”。在欧洲考察期间，被派往英国高士堡学堂，学习研究欧洲船政及海军建设，还被“收入英国大战船续学军事”。

1876年4月（光绪二年三月），刘步蟾、林泰曾、陈季同结束在欧洲的考

① 关于刘步蟾的出生年月，池仲祐在《刘军门子香事略》中记为“春秋四十有四”；戚其章所撰《刘步蟾小传》一文中记为1852～1895；本文采用刘步蟾三子刘镇藩所撰《刘步蟾公传记》中的出生年月日。该传记是刘步蟾曾外孙陈琨（1920年出生）、曾孙刘永荣提供给笔者的手抄本。

察，随日意格起程回国。6 月 3 日（五月十二日），刘步蟾等回到福州马尾。不久，又被调赴台湾驻防巡守。“以劳绩保都司”。

同年 11 月 7 日（九月二十二日），刘步蟾等 5 人被福建巡抚、船政大臣丁日昌奏保“才皆可用”。

1877 年（光绪三年）春，刘步蟾等 30 多位船政学堂毕业生被选赴英国深造学习。这是福州船政学堂选派的第一批赴欧洲留学生。

5 月 7 日（三月二十四日），刘步蟾等随李凤苞到达法国马赛。根据清政府留学计划的规定，刘步蟾与学习航海驾驶和指挥管理的留学生继续前往英国学习。

6 月 7 日（四月二十六日），长女刘寿琳出生。

8 月 14 日（七月初六日），刘步蟾被分派到英国地中海舰队（The Mediter－ranean Station）“马那杜”（H. M. S. Minotour）号铁甲舰上实习，并享受军官伙食和床位待遇。

1878 年冬季（光绪四年十一月），因病自塞浦路斯离舰前往法国巴黎治病调养。

1879 年 2 月（清光绪五年正月），返回英国伦敦。

3 月 8 日（二月十六日），刘步蟾被派上“拉里”（H. M. S. Raligh）号军舰上实习。

7 月中旬前（农历五月），刘步蟾与林泰曾、何心川完成学业，取道法国返回祖国。

9 月 14 日（七月二十八日），刘步蟾、林泰曾、何心川被沈葆桢保奏管带“镇东”“镇西”“镇南”“镇北”诸炮船。

11 月 5 日（九月二十二日），刘步蟾、张成、吕瀚、林泰曾、蒋超英虽“才皆可用”，但“资格太浅”，被丁日昌奏请择其最优者暂行代理统领，或令由外海水师出身之总兵吴奇勋为统领，再聘请西方海军人士为教练，共同抓好督操船防事宜。

11 月 30 日（十月十七日），刘步蟾、林泰曾被李鸿章奏保调北洋差遣并函告沈葆桢催促北上。

12 月 7 日（十月二十四日），被李鸿章任命为“镇北”炮船管带。

12 月 20 日（十一月初八日），刘步蟾等被李鸿章奏请以游击留闽尽先补用，并赏戴花翎。

1880 年 5 月 25 日（光绪六年四月十四日），奉李鸿章之命，带闽厂头目水手数十人出洋帮驾铁甲舰。

9 月 21 日（八月十七日），刘步蟾、蒋超英可任命为新购两船管驾的设想，被李鸿章提出并函告李凤苞。

1881 年 8 月 11 日（光绪七年七月十七日），奉命与水师营务处道员许钤身前往大沽验收“镇中”“镇边”两炮艇。

9 月 10 日（闰七月十七日），督操炮船游击刘步蟾与道员许钤身、洋员哥嘉（Cocku）和德璀琳陪同直隶总督兼北洋大臣李鸿章验收在英国购买的“镇北”“镇边”两艘炮船。李鸿章对刘步蟾的能力颇为称赞。

1882 年 3 月 30 日（清光绪八年二月十二日），刘步蟾等 11 人奉命赴德国，协助驾驶铁甲舰回国，定于月内起程。

4 月 13 日（二月二十六日），得知伏尔铿船厂同意他“随船观摩”。

5 月 25 日（四月初九日），刘步蟾、罗丰禄受李鸿章之派，向返国途经天津的英国驻华公使威妥玛，询问聘请琅威理为北洋水师总教习的有关情况，并希望英国能破例应允。

7 月 13 日（五月二十八日），奉李鸿章之命，赴德国学习观摩，并验收“定远”舰。李鸿章同时函告李凤苞，望加训迪并筹办雷艇。

1883 年 8 月 2 日（光绪九年六月三十日），刘步蟾先接到李鸿章的电报，让他随“定远”舰回国。后又接李鸿章电告，让他继续在欧洲认真学习本领，俟“镇远”舰验收后，一并回国。

1884 年（光绪十年），遵照李鸿章的指示，他继续在德国及欧洲相关国家学习考察，“研究枪炮、水雷技术”，并悉心学习铁甲巨舰的管带与驾驶。

同年 9 月（八月）初，刘步蟾告知金登干，自己被任命为中国驻英国使馆海军武官，并对琅威理参加中国海军表示高兴。金登干将此事于 9 月 7 日函告赫德。

11 月 27 日（光绪十年十月十日），刘步蟾随同许景澄、李凤苞在德国溪耳海口逐处点验查检“定远”“镇远”两舰的尺寸和质量。“勘得船身连首尾长九十四迈当半，合营造部尺三百尺五寸一分，船面中腰宽十八迈当三，合五十八尺一寸九分”。

1885 年 7 月 3 日（光绪十一年五月二十一日），刘步蟾与杨兆鋆分别在起航回国的“镇远”与“定远”舰上，沿途照料，在德国定制的“定远”“镇远”，两舰分别由洋员伏司、密拉克管驾。

8 月 5 日（六月二十五日），刘步蟾等协助照料的“镇远”“定远”两舰抵达波赛。

8 月 15 日（七月初六日）前，刘步蟾即报告曾纪泽，主张待“定远”“镇远”“济远”三舰到华后，察其利弊得失之后，再定购新舰。

9 月 12 日（八月初四日），刘步蟾等协助管驾的“镇远”“定远”二舰抵达新加坡。

10 月 3 日（八月二十五日），在香港电报李鸿章，“定远”明早开行北上。请预订送德国员弁回国之船，并将中国上船之官弁水手集齐待命。

10 月 4 日（八月二十六日），协助伏司管驾的“定远”舰，于早晨起航离港，前往天津大沽。

9 月 18 日（八月初十日），协助照料的“镇远”“定远”二舰抵达香港。

9 月 28 日（八月二十日），协助照料的“镇远”舰由香港起程，前往天津大沽。

11 月 17 日（十月十一日），刘步蟾等与“定远”“镇远”“济远”三舰抵达大沽港。李鸿章率丁汝昌、周馥前往验收，均与合同相符。

11 月 24 日（十月十八日），刘步蟾、陆麟清、余贞顺、邱宝仁等协助驾驶三舰回国有功的人员，被李鸿章奏报请奖。刘步蟾被授参将，负责管带“定远”舰。不久，又被晋升为副将，赏加“强勇巴图鲁名号”。

1886 年 1 月 14 日（清光绪十一年十二月初十日）前，管带“定远”舰与北洋诸舰在厦门操训时，突遇大风，“定远”舰左右摇摆 19 度。

3 月 14 日（光绪十二年二月初九日），刘步蟾和林泰曾管带的“定远”“镇远”两舰经李鸿章上奏酌定人数、饷数为：官弁匠役 331 名，各月支薪粮公费 5711 两，岁支医药费 300 两。

5 月 18 日（四月十五日）凌晨 2 时许，管驾“定远”舰，与“镇远”“济远”“超勇”“扬威”“南琛”“南瑞”“开济”及“镇东”“镇西”“镇南”“镇北”“镇边”“镇中”六炮艇，在丁汝昌的率领下，乘潮出大沽口，排队列阵，分左右四行，为醇亲王奕譞及爵相都统乘坐的“海晏”与“保大”船保驾护航。是日，行五百六十里，酉刻，抵旅顺口。

5 月 19 日（四月十六日），管带“定远”舰，与受阅各舰待命参演，接受醇亲王爵相及都统的检阅。

5 月 20 日（四月十七日）上午 10 时许，管带“定远”舰，与“镇远”“济远”“超勇”“扬威”“开济”“南琛”“南瑞”七舰会集黄金山之南的深水处，演阵打靶，“各船旋转离合，皆视统领旗语为号，无不如响斯应”。

5 月 21 日（四月十八日）下午 2 时许，刘步蟾管带“定远”舰，与参阅各舰随醇亲王起航离港，“开轮赴威海卫”。“亥刻，抵威海卫”。

5 月 22 日（四月十九日），刘步蟾在“定远”恭迎醇亲王奕譞“验‘定远’铁甲”。上午 10 时左右，他管驾“定远”舰随巡阅大队“起碇赴烟台，各兵船左右护驶行一百四十八里。申刻，抵烟台”。

5月23日（四月二十日），管驾“定远”舰随同巡阅大队“展轮回大沽”。自当日子时起程至晚上酉刻船队进入大沽口，“是日行六百四十三里”。

8月7日（七月初八日），刘步蟾管驾“定远”舰，与“镇远”“济远”“威远”三舰，由丁汝昌率领赴日本长崎修理。

8月13日（七月十四日），刘步蟾管带的“定远”舰，与“镇远”“济远”“威远”诸舰的水兵在岸上购物时发生纠纷，遂与日本警察冲突，北洋水师有1名水兵受伤。

8月15日（七月十六日），是星期天，刘步蟾管带的“定远”，与其余在长崎的三舰均放假休息。下午他在岸上邀请方伯谦、蓝建枢等小聚吃酒。是日，水兵在长崎市内与日警再起冲突。由于中国水兵毫无防备，“定远”舰有4人被打致死，有25人受伤。

8月17日（七月十八日），他指挥维修竣工的“定远”舰，当日出坞，下水备航。

10月1日（九月初四日），刘步蟾遵照丁汝昌的命令，在日本长崎带着“长崎事件”证人，“率住‘南瑞’，约束候审”。

1887年5月29日（光绪十三年四月初七日）前，刘步蟾将“定远”舰所需修配料件详细呈报丁汝昌。

7月31日（六月十一日）前，刘步蟾管带的“定远”舰，与各舰抓紧时间进行保养，“各舰拆洗机舱并船身内外油饰之事亦了”。准备开赴大连湾操练。

9月20日（八月初四日），刘步蟾将“定远”舰修配所需一般料物报丁汝昌审核批准。对“定远”舰需要更换修理的炮盘螺丝，则专派洋管轮克鹿库亲自送到船坞当面验证，确保准确无误。

10月10日（八月二十四日），他管带“定远”舰，与“镇远”“济远”“威远”“扬威”诸舰去天津大沽。

12月10日（光绪十三年十月二十六日），刘步蟾管驾“定远”，与“镇远”“济远”“超勇”“扬威”“康济”“威远”等舰在丁汝昌率领下，在厦门迎候从欧洲驾驶回国的“致远”“靖远”“经远”“来远”及鱼雷艇。

1888年5月6日（清光绪十四年三月二十六日），刘步蟾管驾“定远”舰，载着李鸿章及丁汝昌等，与北洋海军诸舰前往旅顺口。

5月7日（三月二十七日），上午8时许，他管驾的“定远”舰抵达旅顺口。

5月10日（三月三十日），刘步蟾管驾“定远”舰载李鸿章等出海至大连湾海面，观看“致远”“靖远”“经远”“来远”全速试航，“以验速率”。

5 月 11 日（四月初一日）晚 8 时许，管驾“定远”舰载李鸿章等前往威海卫港。

5 月 12 日（四月初二日）天晴，管驾“定远”舰抵达威海卫港。

5 月 14 日（四月初四日）上午 8 时许，刘步蟾管驾“定远”舰载李鸿章等前往烟台，“沿途阅视海军操阵，过崆峒礁各船迭开巨炮击之，为弹所击石破天惊”，舰队过烟台后于下午 2 时许下锚。

5 月 15 日（四月初五日）天晴，管驾“定远”舰早早起航，于早上 6 时许抵达登州港。

5 月 16 日（四月初六日），刘步蟾管驾“定远”，与北洋各舰起碇开航，辰刻，驶抵大沽沙外下碇。

6 月 9 日（四月三十日），刘步蟾又被赏“强勇巴图鲁名号”。

12 月 17 日（十一月十五日），刘步蟾被任命为北洋海军右翼总兵。

1889 年 3 月 25 日（光绪十五年二月二十四日），刘步蟾管带“定远”舰与“经远”舰随丁汝昌自上海回北洋，泊大沽。

4 月 12 日（三月十三日），管带“定远”与“经远”由大沽起航，抵达威海卫。

4 月 26 日（三月二十七日），刘步蟾管驾“定远”舰与“镇远”“济远”“致远”“靖远”“经远”“来远”“超勇”“扬威”八舰在丁汝昌率领下由威海赴大连湾起操。

5 月 6 日（四月初七日），操演结束，管带“定远”舰返程回威海。

6 月 22 日（五月二十四日），刘步蟾管带“定远”与“致远”“靖远”“经远”“来远”“寰泰”“镜清”“开济”七船，由丁汝昌、吴安康率领赴朝鲜沿海各口，并至海参崴一带操巡，时间约为两个月后回国。

6 月 29 日（六月初二日），管带“定远”与七舰抵达朝鲜仁川港。

7 月 6 日（六月初九日），管带“定远”舰在“韩东一带测操”。

7 月 17 日（六月二十日），管带“定远”与七舰在丁汝昌、吴安康率领下，由朝鲜巨文岛开至元山港。

7 月 18 日（六月二十一日），管带“定远”舰在元山“督率操练”。

8 月 10 日（七月十四日），管带“定远”舰到朝鲜釜山装煤，并计划 8 月 14 日（七月十八日）开航驶离，其中“定远”“寰泰”“威远”三船“途中尚测看三两处”。

9 月 3 日（八月初九日），管带“定远”舰与“康济”“威远”二舰在丁汝昌率领下抵达旅顺口。

9 月 23 日（八月二十九日）之前，随丁汝昌“东巡回津后”，已面见李鸿章，并与其讨论志锐奏折。

11 月 29 日（十一月初七日），管带“定远”与“镇远”“致远”“靖远”“经远”“来远”五舰在丁汝昌的率领下，由威海卫直开上海港。

12 月 2 日（十一月初十日），管驾“定远”与北洋五舰抵达上海。

1890 年 1 月 2 日（光绪十五年十二月十二日），刘步蟾管带“定远”与“镇远”“经远”“来远”三舰开赴香港。

1 月 11 日（十二月二十一日），管带“定远”与北洋三舰抵达香港，准备油修。

1 月 18 日（十二月二十八日）前，他与林泰曾将“定远”“镇远”油底修配项目预算及所需在坞时间，上报丁汝昌并电报李鸿章。“每船拆验轮轴，在坞须多八天，并零星修理，共需二万四千余元，合上年修费加倍”。

1 月 25 日（光绪十六年正月初五日），指挥“定远”舰官兵协助香港坞方将“定远”舰牵引进坞，开始油修。

2 月 11 日（正月二十二日），“定远”舰在坞道上油底修配的项目结束，是日出坞。

2 月 24 日（二月初六日），奉命协助琅威理与林泰曾在香港督率妥办“定”“镇”“超”“扬”的油修事宜。

3 月 6 日（二月十六日），刘步蟾以丁汝昌不在船，下提督旗升总兵旗，与北洋海军总查琅威理各持己见，互不相让。

3 月 21 日（闰二月初一日），管带“定远”与“镇远”“济远”“致远”“来远”四舰在丁汝昌的率领下访问西贡、新加坡、小吕宋各口。

4 月 14 日（闰二月二十五日），管带“定远”与北洋诸舰在新加坡访问考察。

4 月 15 日（闰二月二十六日），管带“定远”，起程前往小吕宋访问。

4 月 22 日（三月初四日），管带“定远”舰抵达小吕宋。

4 月 29 日（三月十一日），由小吕宋回到香港，立即装添燃煤。

5 月 6 日（三月十八日），管带“定远”舰离开香港，前往福州。

5 月 8 日（三月二十日），管带“定远”舰随丁汝昌抵达马尾船厂，办理接收“龙威”相关事宜。

5 月 16 日（三月二十八日），管带“定远”舰离开福州，前往上海。

5 月 19 日（四月初一日），管带“定远”舰到达上海。

5 月 29 日（四月十一日），刘步蟾管带“定远”舰与“镇远”“致远”“济远”“经远”“来远”“平远”“广甲”七舰回到威海卫港。

7 月 22 日（六月初六日），管带“定远”舰与南北洋各船，“赴大连湾打靶并演鱼雷”。

8 月 8 日（六月二十三日），管带“定远”舰到达烟台港。

8 月 14 日（六月二十九日），管带“定远”舰回到威海卫。

9 月 4 日（七月二十日），刘步蟾管带“定远”舰与“济远”“开济”“寰泰”“超勇”“扬威”五舰赴朝鲜仁川、天冠山、釜山操巡。

9 月 17 日（八月初四日），管带“定远”舰赴朝鲜釜山。

10 月 11 日（八月二十八日），管带“定远”再次到达仁川港。

10 月 14 日（九月初一日），管带“定远”与五舰回威海卫。

12 月 9 日（十月二十八日），刘步蟾管带“定远”舰与“镇远”“济远”“经远”“来远”四舰起航南行。

1891 年 1 月 1 日（光绪十六年十一月二十一日），管带“定远”舰由上海开赴闽省沿海。

1 月 21 日（十二月十二日），管带“定远”舰在香港越冬巡洋操训。

1 月 27 日（十二月十八日），刘步蟾、林泰曾与丁提督共商护送俄太子、海军大阅及游巡东洋各口之事。三人一致认为：“宜先筹随护俄太子暨大阅事。”“拟俟大阅后，再游巡东洋各口。”

1 月 29 日（十二月二十日），刘步蟾、林泰曾与油修厂方设计“定远”“镇远”油修的时间安排，报丁汝昌并电报李鸿章：“‘定’‘镇’油修，明正初四五可竣”。

2 月 9 日（正月初一日），管带“定远”舰泊香港九龙，遵照丁提督吩咐，做好过节准备，在“定远”舰上举行春节团拜。

2 月 25 日（正月十七日），管带“定远”与“镇远”“济远”“经远”“来远”四舰，随丁汝昌起锚北上。

2 月 27 日（正月十九日）下午，刘步蟾管带“定远”舰抵达厦门。

2 月 28 日（正月二十日），管带“定远”舰离开厦门，继续北上。

3 月 5 日（正月二十五日）晚，管带“定远”舰抵达吴淞口外。

3 月 18 日（二月初九日），管带“定远”与北洋各舰离开吴淞口，北上威海卫。

3 月 21 日（二月十二日），管带“定远”舰抵达威海卫。

5 月 5 日（三月二十七日），管带“定远”舰与北洋舰队全部开赴大连湾。

5 月 11 日（四月初四日），管带“定远”舰抵达旅顺口。

5 月 23 日（四月十六日），管带“定远”舰与北洋“镇远”“济远”“致远”“靖远”“经远”“来远”“超勇”“扬威”“平远”“康济”“威远”“广甲”十二舰在丁汝昌的率领下，由天津大沽起程出海，参加李鸿章、周馥、刘汝翼等出席的三年一次的海军阅操大典。

5 月 24 日（四月十七日），管驾“定远”舰随李鸿章抵达旅顺口。

5 月 28 日（四月二十一日），管带“定远”舰随舰队开赴大连湾，“北洋各舰沿途分行布阵，奇正相生，进正有节”。

5 月 29 日（四月二十二日），管带“定远”舰与各舰驶往三山岛，“鱼贯打靶，能于驶行之际命中及远”。

6 月 1 日（四月二十五日），管带“定远”舰与南北洋各舰随李鸿章开赴威海卫。“是夜合操，水师全军万炮齐发，毫无参差”。

6 月 5 日（四月二十九日），管带“定远”舰随李鸿章开赴胶州湾一带巡阅视察。

6 月 6 日（四月三十日），管带“定远”舰随李鸿章等，由“黑水洋抵澳，详阅形势”。“澳内周围百余里，可泊大队兵舰”。“实为旅顺，威海以南一大要隘”。

6 月 8 日（五月初二日），管带“定远”舰在丁汝昌率领下，随李鸿章北驶烟台。

6 月 9 日（五月初三日），管带“定远”舰随李鸿章等，驶回大沽口。

6 月 26 日（五月二十日），管带“定远”舰载丁汝昌，率“镇远”“致远”“靖远”“经远”“来远”诸舰，开赴日本马关转驶各地访问。

6 月 28 日（五月二十二日），管带“定远”舰到达日本马关。

6 月 30 日（五月二十四日），管带“定远”舰开赴日本神户。

7 月 1 日（五月二十五日），管带“定远”舰在神户装煤后驶往日本横滨和东京。

7 月 5 日（五月二十九日），管带“定远”舰安全抵达横滨港访问。

7 月 9 日（六月初四日），刘步蟾、林泰曾、邓世昌、叶祖珪、林永升、邱宝仁六舰管带，在李经方、丁汝昌的带领下，在东京“见日王、亲王，其海宗、外部各特开茶会”。

7 月 16 日（六月十一日），协助丁汝昌在“定远”舰上接待日本国会议员和记者。

7 月 20 日（六月十五日），管带“定远”舰“回神户兵库地方”。

7 月 24 日（六月十九日），管带“定远”舰开往长崎。

7 月 29 日（六月二十四日），管带“定远”舰抵达长崎，继续访问考察。

7 月 30 日（六月二十五日），刘步蟾请丁汝昌向李鸿章发报，力陈中国海军战斗力远不如日本，添船换炮刻不容缓。

8 月 5 日（七月一日），管带“定远”舰“由长崎回威海”。

8 月 8 日（七月初四日），管带“定远”与“镇远”“致远”“靖远”“经远”“来远”，“全军回抵威海”。

1892 年 1 月 30 日（清光绪十八年正月初一日），刘步蟾与北洋舰队官兵，在威海卫基地举行春节团拜。

5 月 8 日（四月十二日），刘步蟾向提督丁汝昌报告“定远”舰“舱面近多渗漏之处，应请饬匠前往一律錾舱”。

6 月 23 日（五月二十九日），管带“定远”与“镇远”“致远”“靖远”“来远”“威远”五舰，随丁汝昌抵达日本长崎。

7 月 2 日（六月初九日），管带“定远”舰仍在日本长崎。

7 月 16 日（六月二十三日），管带“定远”与“致远”“威远”二舰，到达朝鲜釜山港。

7 月 23 日（六月三十日），管带“定远”与其他三舰，离开朝鲜仁川回威海。

1893 年 7 月 16 日（光绪十九年六月初六），管带“定远”与“经远”“来远”二舰，随丁汝昌前往天津。

1894 年 2 月 18 日（光绪二十年正月十三日），因本年慈禧太后六旬庆辰，刘步蟾被“赏宝寿字一方、大卷八丝绸二匹”。

3 月 3 日（正月二十六日），管带“定远”与其他五舰，随丁汝昌到达新加坡。

3 月 11 日（二月初五日），管带“定远”与北洋铁快五船起程前赴马六甲、槟榔屿等处，一礼拜后回新加坡。

3 月 24 日（二月十八日），管带“定远”舰与北洋诸舰，“由新加坡开船北旋”。

4 月 27 日（三月二十二日），管带“定远”舰返回天津。

5 月 10 日（四月初六日），管带“定远”与北洋八舰在大沽口会齐放洋。北洋舰队的“定远”“镇远”“济远”“致远”“靖远”“经远”“来远”“超勇”“扬威”九舰，与广东的“广甲”“广乙”“广丙”三舰，及南洋的“南琛”“南瑞”“镜清”“寰泰”“保民”“开济”六船，“沿途行驶操演，船阵整齐，变化雁行、鱼贯，操纵自如”。

5 月 11 日（四月十一日），管带“定远”与南北洋诸舰，随李鸿章、定安、丁汝昌等，到达大连湾举行会操。

5 月 18 日（四月十四日），刘步蟾管带“定远”与“镇远”“济远”“致远”“靖远”“经远”“来远”及“广乙”“广丙”诸舰，“在青泥洼演放鱼雷，均能命中破的”。午后，南北各船驶至三山岛次第打靶，于驶行之际，“击穹远之靶，发速中多”。

5 月 19 日（四月十五日），管带“定远”与南北洋诸舰，随会校阅操大员们到达威海卫。

5 月 21 日（四月十七日）夜，管带“定远”舰参加“夜间合操，水师全军万炮并发，起止如一”。

5 月 24 日（四月二十日），管带“定远”与北洋诸舰，离开烟台开赴营口，此行是护送李鸿章、定安“由陆路还奉天”。

5 月 25 日（四月二十一日），随丁汝昌管带“定远”与诸舰，“送相节至山海关登岸”。

5 月 27 日（四月二十三日），管带“定远”舰顺利回到威海卫。

6 月 18 日（五月十五日），刘步蟾、林泰曾接到李鸿章的电令：“应饬刘、林二镇，酌派一员，统带数船，速赴仁川，妥慎防护”。

7 月 26 日（六月二十四日），管带“定远”与“镇远”“致远”“靖远”“经远”“来远”“超勇”“广甲”“广丙”八舰，随丁汝昌“开往汉江洋面巡游迎剿”。

7 月 27 日（六月二十五日），管带“定远”与各船，出巡至汉江口外巡游。

7 月 28 日（六月二十六日），管带“定远”与诸舰，“往返汉江口外，未遇倭兵商各轮”。

7 月 29 日（六月二十七日），管带“定远”与各船，“折回威海，布置防务”。

8 月 2 日（七月初二日），管带“定远”与“镇远”“致远”“靖远”“经远”“来远”五舰，“往巡朝鲜洋面”。

8 月 9 日（七月初九日），管带“定远”与“镇远”“致远”“靖远”“经远”“来远”“平远”“广甲”“广丙”“扬威”船，“赴大同江巡击”。

8 月 10 日（七月十日），管带“定远”舰与其他九舰寄泊樵岛。

8 月 11 日（七月十一日），管带“定远”“开往冰洋大小青岛游弋”，继续在海上梭巡。

8 月 12 日（七月十二日），管带“定远”巡游至海洋岛一带海面时，接到命令后立即返航。

8 月 13 日（七月十三日），管带“定远”舰与其他各舰，于“早六点到威海”，并“连夜赶添煤水”，准备“速开西行剿逐，以清洋面”。

8 月 14 日（七月十四日），刘步蟾管带“定远”舰至早上开船时，装煤 100

吨。“定远”舰与其他九舰二艇仍随丁汝昌“出巡庙岛、洋河口、秦王岛、山海关，绕金州澳”，预计“约四日可进旅口”，以便在旅顺口储备煤和水。

8月15日（七月十五日），管带“定远”与其他舰艇，继续在海上巡缉，晚上到达榆关，并连夜派人驾船测量，秦皇岛东、西两侧及洋河口的水深尺寸。

8月16日（七月十六日），管带“定远”与其他舰艇，于晚上起锚开航，前往大沽。

8月21日（七月二十一日），管带“定远”与海军各舰赴庙岛、山海关、秦王岛、洋河口一带巡查，回到大沽折往旅顺后，连夜添煤小修。

8月22日（七月二十二日），管带“定远”与其他各舰，于晚上开航，绕行烟台，再往威海。

8月23（七月二十三日）晨，管带“定远”与其他各舰，驶抵“烟、威之间寄泊”。下午3时许，探知“威东一带……十余日未见倭船”。大队随即起锚，直抵威海。

8月29日（七月二十九日），管带“定远”与“镇远”“致远”“靖远”“经远”“来远”“济远”“平远”等舰，前“往海洋岛，由大鹿、三山各岛巡查”。“晚过海洋岛北寄泊”。

8月30日（七月三十日），管带“定远”与北洋诸舰，“开赴大鹿岛泊巡”，途中先后遇见由旅顺运军火的民船三只，由大沽运粮米的船二只，没有碰到日本海军舰船。

8月31日（八月初一日），管带“定远”舰“由光禄各岛一路探询至三山岛”，夜晚到达大连寄泊。

9月1日（八月初二日），管带“定远”舰由大连湾开往旅顺口外锚泊。

9月2日（八月初三日），管带“定远”舰与北洋诸舰，由旅顺口外起航回威。

9月12日（八月十三日）晚，管带“定远”舰，与北洋海军大队开赴旅顺。

9月13日（八月十四日）晨，管带“定远”到达旅顺。午后，接日舰出没威海战报。下午3时，返航威海。

9月14日（八月十五日），管带“定远”舰，与北洋数舰至成山角巡弋。

9月15日（八月十六日），管带“定远”与北洋诸舰，赶赴大连湾，候护铭军运船赴朝。

9月16日（八月十七日），管带“定远”与“镇远”“济远”“致远”“靖远”“经远”“来远”“广甲”“超勇”“扬威”九舰，由大连湾开行，午后抵大东沟，并于口外

12海里处下碇。

9月17日（八月十八日）上午9时，管带“定远”舰在大东沟外进行常操。上午10时，他管带“定远”与“镇远”“济远”“致远”“靖远”“经远”“来远”“超勇”“扬威”“广甲”诸舰在丁汝昌率领下，迎击对面驶来的日舰。12时50分，刘步蟾管带“定远”舰在双方相距5300米时，向日舰发炮轰击，黄海大战爆发。海战中，刘步蟾指挥“定远”舰与“镇远”舰始终保持协调行动，相互支援，奋力与敌抗争，一步也不稍退。“定远”舰水手称赞说：“刘船主有胆量，有能耐，全船没有一个孬种。”

9月18日（八月十九日）天亮后，刘步蟾管带“定远”与参战舰船驶抵旅顺港。

9月20日（八月二十一日），刘步蟾被李鸿章提名“暂行代理全军事务，俟提督伤愈再照常办事”。

9月21日（八月二十二日），清廷著刘步蟾暂行代理北洋海军提督。李鸿章要求刘步蟾“妥慎代理，催船坞速修‘定’‘镇’，余以次修理，勿得贻误军情”。

9月23日（八月二十四日）晚8时许，刘步蟾与丁汝昌收到李鸿章寄来的关于“希即遵钦，将方伯谦即行正法具报。余照行”的电报。

9月28日（八月二十九日）上午8时许，刘步蟾与丁汝昌接到李鸿章的电报称：“前虽具情奏令刘镇代理，不过代拆代行之式，旨令伤愈仍行接统。……望仍勉力视事，督催修理各船早竣，以后专在北洋各要口巡击，倭犹有忌惮也。”

10月2日（九月初四日），刘步蟾暂行代理北洋海军提督至12天时，李鸿章就给丁汝昌和龚照玙发电报称：“若刘步蟾等借修理为宕缓，误我大计，定行严参。禹廷虽病，当认真督催，勿为若辈把持摇惑”。

10月4日（九月初六日），刘步蟾带领诸将士监督并协助旅顺船坞技工抢修舰船弹伤。当日，又接李鸿章电令，“定远”“镇远”“靖远”“济远”“平远”“广丙”六船必须漏夜修竣，早日出海游弋，使日本海军运兵船不敢放胆横行。

10月18日（九月二十日）傍晚，刘步蟾管带没有安装起锚机的“定远”舰，与北洋舰队诸船由旅顺口回威海卫添配弹药。

10月23日（九月二十五日），刘步蟾因在黄海大战中表现突出，被朝廷赏换格洪额巴图鲁勇号。

10月25日（九月二十七日），管带“定远”与“镇远”“济远”“靖远”“平远”“广丙”舰及二艘鱼雷艇，出威海湾迎击当天早晨驶抵威海海域的两艘日本军舰。日本舰船快车北驶。

10 月 26 日（九月二十八日）凌晨 3 时，管带“定远”与诸舰出威海湾口，“见两倭船由南驶北，当开满足齐逐，相距八千余码，彼遂转向东北急驶，各船合逐，至卯初远不见影”。

10 月 28 日（九月三十日）早上 7 时许，管带“定远”与“镇远”“济远”“靖远”“平远”“广丙”五舰及二艇，前往旅顺、大连湾及大孤山一带探剿敌船。

10 月 29 日（十月初一日），管带“定远”与诸舰艇由旅顺口开往大连湾并寄泊口内。

10 月 30 日（十月初二日），管带“定远”舰与其他舰艇，由大连湾返回旅顺口，为“定远”和“镇远”二舰赶配起锚机。

11 月 2 日（十月初五日），管带“定远”与诸舰艇前往旅顺老铁山前一带游巡。

11 月 3 日（十月初六日），管带“定远”在旅顺口，接到李鸿章电令：“兵船应驶出口，依傍炮台外，互相攻击，使彼运船不得登岸，相机进退，一切机宜，预为商定。”

11 月 6 日（十月初九日）晚 7 时许，奉旨协助丁汝昌“统率海军各舰，前往游弋截击”，阻断日军后路。

11 月 7 日（十月初十日）晚，管带“定远”与诸舰艇，趁夜暗渡威海，拟明早六点钟到威归队。

11 月 8 日（十月十一日）午间，管带“定远”舰抵达威海湾。同日夜晚 10 时许，他管带“定远”舰随丁汝昌，前往大沽面见李鸿章，商讨“渡兵运粮械”救援旅顺的有效之法。

11 月 10 日（十月十三日），管带“定远”舰与诸舰船，到达天津。

11 月 12 日（十月十五日）下午 3 时许，管带“定远”与其他舰船，离开天津大沽，前往旅顺口游巡。

11 月 13 日（十月十六日）上午 9 时许，管带“定远”到达旅顺，在口外抛锚。由于敌军鱼雷艇太多，恐其夜间偷袭，管带“定远”与其他五舰晚六点开往威海。

11 月 14 日（十月十七日）凌晨 3 时，管带“定远”舰抵达威海卫，并从北口“两鼓之中六百码”的船道中，安全进入港湾中锚泊。

11 月 15 日（十月十八日），刘步蟾及各管舰“管驾以下员弁”，接到李鸿章关于“札派马格禄帮办北洋海军提督，帮同认真办事，若遇海战，务奋勇御敌。各管驾以下员弁，谨受指挥”的电令。

12 月 10 日（十一月十四日），刘步蟾在“定远”舰上认真接待徐建寅，查看枪炮弹药的存储保养数量及情况。

12 月 21 日（十一月二十五日），刘步蟾接到朝廷旨意：“海军提督缺，即着刘步蟾暂行代理”。

12 月 22 日（十一月二十六日），刘步蟾暨各舰管带联名奏保挽留丁汝昌，“暂留本任，竭力自赎，以固海军根本之地，而免洋将涣散之心，实为深幸”。

1895 年 1 月 13 日（二十年十二月十八日），刘步蟾看到李鸿章转来清帝圣旨，命令“海军诸将，妥慎办理，并先行复奏”。

1 月 15 日（十二月二十日），刘步蟾及诸将领积极协助丁汝昌、马格禄，筹划水陆相依迎击敌人的作战方案。

1 月 30 日（二十一年正月初五日）下午 1 时许，管驾“定远”铁舰驶近炮台，发炮轰击，约半点钟，炮台全坏，此为日恶战中之一大壮观。

2 月 2 日（二十一年正月初八日）晨，随丁汝昌前往威海湾北岸，与戴宗骞达成一致，派人炸毁炮台，并将戴宗骞载进刘公岛。同日，日本海军四舰在威海湾北口外，他管带“定远”舰驶出北口，“倭即退去”。

2 月 3 日（正月初九日），指挥“定远”舰官兵，向进攻威海湾港的日本海军舰队，及占领威海湾南北两岸的日本陆军发炮轰击，炮战激烈异常。当天，日舰始终无法靠近威海卫。

2 月 4 日（正月初十日），指挥“定远”舰官兵，继续向海陆夹攻的日本军队发炮轰击。协助丁汝昌会见进入威海港内的英国远东舰队司令裴利曼特。

2 月 5 日（正月十一日）凌晨 3 时许，刘步蟾与众将领随丁汝昌在“定远”舰上议事，闻听敌鱼雷艇入港偷袭，急登甲板指挥反击。“定远”舰开炮，命中敌九号艇机舱，轮机师以下 4 人当场毙命，另有 4 人受伤。其中 2 人伤势严重，命在旦夕。然而，与此同时，“定远”舰底也被敌鱼雷击中，海水喷涌而入，舰身开始倾斜。刘步蟾果断采取措施，在常规堵漏措施无济于事的情况下，命令砍断锚链，将“定远”舰驶离铁码头，在其东南浅水处搁浅，利用舰上炮火，加强威海湾南口防御。是日下午，“定远”舰因海水大量涌入致锅炉熄灭。刘步蟾悲痛大哭，几次欲自杀，为诸将士劝阻。

2 月 9 日（正月十五日）上午，刘步蟾在搁浅的“定远“舰上，指挥官兵发炮助战。

2 月 10 日（正月十六日）下午，刘步蟾根据丁汝昌的安排，下令用水雷炸毁弹药已尽、露出水面的“定远”舰之后，分别看望了移居在提督署的“定远”

舰的官弁及水兵。当晚，向“定远”舰总管轮陈兆锵嘱托后事之后，吞服鸦片，自杀殉国。

2 月 17 日（正月二十三日）下午，刘步蟾的灵柩及海陆官、洋员由“康济”舰装载前往烟台。

4 月 9 日（三月十五日），刘步蟾被李秉衡以“船亡与亡，志节凛然，无愧舍生取义”的奏报，获朝廷“照提督阵亡例从优赐恤，世袭骑都尉加一等云骑尉”的颁谕。

参考书目：

顾廷龙、叶亚廉主编：《李鸿章全集》（一）、（二）、（三），上海人民出版社 1986 年版。

张侠、杨志本等合编：《清末海军史料》，海洋出版社 1982 年版。

戚其章：《甲午战争史》，人民出版社 1990 年版。

姜鸣：《龙旗飘扬的舰队》（增订本），三联书店 2002 年版。

姜鸣编：《中国近代海军史事日志》，三联书店 1994 年出版。

林庆元：《福建船政局史稿》，福建人民出版社 1986 年版。

戚俊杰、王记华编校：《丁汝昌集》，山东大学出版社 1997 年版。

戚其章主编：《中国近代史资料丛刊续编·中日战争》，中华书局 1991 年版。

（清）徐继畬、余思诒撰：《瀛环志略·航海琐记》，中华全国图书馆文献缩微复制中心 2000 年版。

林伟功、黄国盛主编：《中日甲午海战中方伯谦问题研讨集》，知识出版社，1993 年版。

许同莘：《许文肃公（景澄）遗集》，沈云龙主编：《近代中国史料丛刊》第十九辑，（台北）文海出版社 1968 年版。

（此文原载于戚俊杰、郭阳主编：《甲午纵横》第 2 辑，华文出版社 2008 年版，第 277～296 页。有改动）

北洋海军爱国将领林泰曾

林泰曾是清朝北洋海军左翼总兵兼“镇远”舰管带，他为中国的近代海防事业与北洋海军筹建做出了重要贡献。他在抵抗外来侵略、维护国家领土主权完整的伟大斗争中，英勇顽强，身先士卒，奋勇杀敌，展现了崇高的民族气节与强烈的爱国精神。然而，由于他是忧愤自杀，故百余年来在一些论著中虽然有过记述，但都比较简略。笔者拟就林泰曾的海军生涯作些具体的探讨，敬请专家指正。

北洋海军左翼总兵兼“镇远”舰管带林泰曾坐像（林沛姚供图）

一、风华正茂 学有所成

林泰曾，字凯仕，1851年（咸丰元年）出生，福州闽县人。1866年（同治五年）清政府在福州创办了福州船政学堂，开始招收学生，培养海军人才。1867年，林泰曾以良好的成绩考入福州船政后学堂，成为当时唯一一所海军学校的第一届正式学员，学习航海驾驶。他勤奋刻苦，“历考优等”[①]，被誉为“闽省学生出色之人”[②]。1871年，结束了学堂内场课程的学习，他被“调赴‘建威’练船”实习，在此期间，“遍历南北洋海港”。两年之后，又“随船赴新加坡、吕宋、槟榔屿各海口，练习风涛沙线”。1874年，日本出兵侵占我国台湾前，正式成立侵台机构“台湾都督府”。清政府为了增强防御能力，由沈葆桢派林泰曾“赴台湾后山测量港道”。不久，“委充‘安澜’军舰教习枪械”。[③] 同年5月7日，侵台日军在台湾南部琅桥登陆。6月14日，在福建船政

① （清）池仲祐撰：《海军实记·林凯仕军门事略》，张侠、杨志本等合编：《清末海军史料》，海洋出版社1982年版，第372页。

② 中国史学会主编：《中国近代史资料丛刊·中日战争》（四），上海人民出版社1957年版，第301页。

③ （清）池仲祐撰：《海军实记·林凯仕军门事略》，张侠、杨志本等合编：《清末海军史料》，海洋出版社1982年版，第372～373页。

大臣沈葆桢等的率领下，台湾道夏献纶、船政洋监督日意格、帮办斯恭塞格，从马尾分乘“安澜”“伏波”“飞云”三艘舰船前往台湾。23 岁的林泰曾第一次乘着军舰参加保卫祖国领土和捍卫国家主权的军事行动。是年冬天，又调任“建威”练船大副。1875 年（光绪元年），被沈葆桢奏保守备加都司衔。同年冬季，随同洋监督法国人日意格赴英国采办军用器物，林泰曾有幸进入英国高士堡学堂学习。期间，还考察了欧洲船政及海军建设。1876 年 4 月，林泰曾从国外归来，又被调往台湾从事翻译事务。

林泰曾在英国皇家海军地中海舰队实习时留影
（林彤供图）

1877 年春，福州船政学堂派第一批学生赴欧洲学习。林泰曾有幸中选。3 月 31 日，他与刘步蟾、蒋超英、方伯谦、严宗光、何心川、林永升、叶祖珪、萨镇冰、黄建勋、江懋祉、林颖启由李凤苞、日意格及随员马建忠、文案陈季同、翻译罗丰禄带领，从马尾搭“济安”轮船起程，经香港换船，前往英、法等国家学习。5 月 11 日（三月二十八日），他与其他同学到达英国。李凤苞与日意格“并于四月一日赴公使馆拜会郭嵩焘”①。这些官生共 32 人，分赴法国学习者 20 人，留伦敦 12 人。经安排，“驾驶学生刘步蟾，林泰曾、蒋超英，被派往英国地中海舰队的‘马那杜’号、‘孛来克柏林’号、‘狄芬士’号铁甲舰实习，并获准给予军官伙食和床位优待”②。在英期间，他们努力学习，刻苦实践，“熟练驾驶、枪炮、战阵诸法”③。1878 年 8 月 13 日（七月十五日）英国王君要在朴次茅斯海口校阅皇家海军船操，盛邀中国驻英公使参观校阅。“是日，武生林泰曾请星使往观”。驻英国公使郭嵩焘不顾阴雨风大，立即率队乘火车前往观看。在英学习期间，林泰曾与刘步蟾还分别在“拉里”号、“潘尼洛布”号、“阿其力”号、“威灵顿”号军舰实习，巡历大西洋、地中海，学习了设

① 姜鸣编著：《中国近代海军史事日志》，三联书店 1994 年版，第 54 页。

② 姜鸣：《龙旗飘扬的舰队》（增订本），三联书店 2002 年版，第 142～143 页。

③（清）池仲祐撰：《海军实记・林凯仕军门事略》，张侠、杨志本等合编：《清末海军史料》，海洋出版社 1982 年版，第 373 页。

防、备战、布置水雷和枪炮等技能。1879 年 6 月，28 岁的林泰曾与刘步蟾、何心川结束了两年的国外学习，途经法国取道回国。9 月 14 日，沈葆桢奏报请示，李鸿章代南洋订购炮船 4 艘即将抵闽，命名为“镇东”“镇西”“镇南”“镇北”，“拟由赴英学生艺成回国之刘步蟾、林泰曾、何心川管带”①。同年 11 月 5 日，丁日昌推荐林泰曾、刘步蟾、蒋超英皆为可用之才。李鸿章还函告李风苞，称林泰曾、刘步蟾将来能调管大船。12 月 7 日，李鸿章函沈葆桢，林泰曾委带“飞霆”赴江苏，由沈葆桢差遣。12 月 20 日，又奏请林泰曾、刘步蟾以游击留闽尽先补用，并赏戴花翎。1880 年，南北洋大臣会同闽浙总督奏保，以公“沉毅朴诚，学有实得，保游击并戴花翎，调带‘镇西’炮船”②。

自 1867 年至 1880 年，林泰曾经过 13 年系统的理论学习和管驾舰船的实践，已成为理论全面、经历广泛、年轻有为的中国海军舰长。

二、首次远航　接舰成功

1880 年 12 月，李鸿章决定派丁汝昌、林泰曾等带同弁勇赴英国接带新购“超勇”“扬威”二舰回国。林泰曾深知自己责任重大，也明白自己虽然出洋学习过，但此次赴英国接带军舰，要“远越重洋数万里之外”③，肯定异常艰险。于是，他积极协助丁汝昌拟定详细计划，做好充分准备。

1881 年 2 月 27 日，天气稍阴，气温为“寒暑表四十度（华氏）”④。林泰曾率领官弁勇丁乘“海琛”轮起航开行。为了提高官兵素质，他每天坚持率领水勇操演行队或“练习洋枪打靶”⑤。4 月 23 日，他们历时 56 天，顺利到达英国纽克所（Newcastle）。

在英国期间，林泰曾虽是故地重游，学友故旧很多，但他却全力以赴地准备接舰试航。由于水土不服，水勇袁培福、顾世忠先后病逝。5 月 26 日和 27 日的清晨，林泰曾率全体员弁水勇，前往纽克所官山为水勇袁培福、顾世忠送葬，还为两位葬于异域他乡的水勇立了墓碑。送葬仪式结束，林泰曾即率水师官兵投入

---

① 姜鸣编著：《中国近代海军史事日志》，三联书店 1994 年版，第 65 页。

②（清）池仲祐撰：《海军实记・林凯仕军门事略》，张侠、杨志本等合编：《清末海军史料》，海洋出版社 1982 年版，第 373 页。

③《李鸿章复陈驾驶兵船回华各员请奖折》，张侠、杨志本等合编：《清末海军史料》，海洋出版社 1982 年版，第 112 页。

④（清）池仲祐撰：《西行日记》卷上，上海商务印书馆戊申仲冬（1908 年——笔者注）代印，第 7 页。

⑤（清）池仲祐撰：《西行日记》卷上，上海商务印书馆戊申仲冬（1908 年——笔者注）代印，第 9 页。

了紧张的试航准备活动中。

6 月 9 日，是火车发明人史蒂芬森（George Stephenson）百岁诞辰，英国“合国官民为之庆贺”①，是日，纽克所政府在议政院举行了大型庆祝宴会，丁汝昌、林泰曾应邀与当地官员、绅士、名人等 400 多人出席了宴会。宴会上，府尹、阿摩士庄、丁汝昌、林泰曾分别起立祝酒。林泰曾用英语讲道：

> 我中国提督与在座诸君致谢，非独谢今日之宴也！盖谓中国员弁勇丁到此以来，受诸公及本地民人之款待为已优矣！但愿英与中国永相和睦，无忘旧好，且实提生顺百年庆寿，我中国官员得附（赴）盛筵，何胜荣幸。愿实提生顺子孙世享其泽。夫实提生顺创立火轮车美利几遍各国，我中国他日用之，大获其利，则中国之幸，亦诸君之幸也！……言已，即席数百人为之鼓掌称善。②

第二天，当地的报纸这样评价丁汝昌、林泰曾出席宴会的盛况：“胜会之间得中国两员在座，且中有解英语者，词令之善，音调之纯，诚所罕见，足使胜会生色，诸官绅于此又大快意焉。”③

8 月 3 日，纽克所港彩旗飘扬，呈现一片节日的欢乐景象。中国驻英国大使曾纪泽在这里举行“超勇”“扬威”巡洋舰升旗仪式。丁汝昌、林泰曾及全体官弁勇役精神抖擞，与英国官员、制造商及当地的部分市民参加了升旗仪式。

中国龙旗是 1862 年由总理衙门奏定为中画飞龙戏珠图案的黄色三角旗，此后的十多年间，这面龙旗在中国沿海和部分亚洲国家海域飘扬过。尽管此前中国也从英国购买过舰船，但都是雇请英国海军升用英国旗驾驶来华后，再行交接。因此，这次交接试航和升旗仪式的空前之举格外引人注目。

试航开始后，林泰曾、章斯敦管带“超勇”“扬威”两舰驶出港口，演放大炮，“皆轻灵妙捷”。“超勇”“扬威”两舰身长约 67 米，宽约 9.7 米，排水量 1350 吨，马力 2400 匹，“桅系两枝，无横杆”，船上配备“小轮船两只，电气灯一盏”，船上 25 吨重“后堂大炮两尊，分配船首尾”。另外，“中号炮四尊，配子弹各重四十磅”，“小号炮二尊，配弹子各重九磅”，“格林炮四尊，新式四门响糯等飞（Nordenfelt）炮（多管枪）二尊”。船上除洋枪手枪外，共有大小钢炮十四门。试航结果说明，两舰每小时“尽力可行十四海里”，“每昼夜烧煤四十五吨”。

---

①（清）池仲祐撰：《西行日记》卷上，上海商务印书馆戊申仲冬（1908 年——笔者注）代印，第 27 页。
②（清）池仲祐撰：《西行日记》卷上，上海商务印书馆戊申仲冬（1908 年——笔者注）代印，第 28 页。
③（清）池仲祐撰：《西行日记》卷上，上海商务印书馆戊申仲冬（1908 年——笔者注）代印，第 29 页。

如果每小时只行十二海里，则“昼夜烧煤二十八吨”。如果每小时只行八海里，“则用煤十八吨而已”。① 两船试航进行得十分顺利。林泰曾感到十分高兴，他对自己管驾新船远航回国充满了信心。

至8月8日，两船返航的各项准备工作都已完毕。中午时分，“本地府尹来送行”。他向丁督操和林管带赠送了礼物，还有制造轮机的“何逊（H. owthorn）先生奉送丁、林诸色机器照本各一册”。照片和相册“工致清亮，阅之爽目”②。

8月9日，天气晴朗，微风拂面，林泰曾与章斯敦管带“超勇”“扬威”两舰，于下午2时“由纽克所港道出……每一分钟轮九十转，每一点钟约行十二海里”。8月11日下午5时，丁汝昌在菲利茅港上船。第二天清晨，林泰曾命“超勇”舰“挂英旗，升炮二十一响，贺英国主，是地炮台亦升挂龙旗，答炮如数。‘扬威’复升炮十七响，贺其提督，彼亦照答”。③ 是日下午，林泰曾前往拜访英国提督及舰船管带，他们皆其旧友。

8月17日，天气晴朗，微微有风，清晨4点，两舰开船起航，林泰曾管带“超勇”舰在前，“扬威”紧随其后，相隔不远。“是后船皆昼夜行”。驶出英国海之后，林泰曾遵照丁汝昌命令，每天指挥“水勇人等按日操作如常”。④

中国人首次驾驶以蒸汽机做动力的巡洋舰，离英东航，途经大西洋—地中海—苏伊士运河—红海—印度洋—西太平洋，可谓一次壮举。在归国途中，林泰曾精心管驾，与“超勇”舰的官弁水勇们，战胜了一次又一次的惊涛骇浪，救助了姊妹舰不断出现的突发险情，圆满完成了接舰任务。

首先是“扬威”舰轮机损坏，缺少粮煤。自8月22日至26日凌晨，章斯敦管带的“扬威”舰与“超勇”舰失联达148个小时。丁汝昌、林泰曾及“超勇”舰官兵心急如焚，却无可奈何。9月1日下午，“扬威”舰报告，“煤水已罄”，无法行驶，船停在“离鸦罗山打（亚历山大）八十海里洋面下锚”。接到求救电报，丁汝昌命令“超勇”舰前往救援。林泰曾立即驾舰前往施救。9月2日傍晚，“超勇”舰驶近下锚，连夜给“扬威”舰运送煤水粮食。第二天中午，两舰继续并行。9月10日，林泰曾又接“扬威”舰电报：“轮叶已坏，船停河中不能

---

①（清）池仲祐撰：《西行日记》卷下，上海商务印书馆戊申仲冬（1908年——笔者注）代印，第9～10页。

②（清）池仲祐撰：《西行日记》卷下，上海商务印书馆戊申仲冬（1908年——笔者注）代印，第11页。

③（清）池仲祐撰：《西行日记》卷下，上海商务印书馆戊申仲冬（1908年——笔者注）代印，第11～12页。

④（清）池仲祐撰：《西行日记》卷下，上海商务印书馆戊申仲冬（1908年——笔者注）代印，第11、13页。

行。""超勇"舰想法帮助。9 月 27 日上午 10 时，"扬威"舰又升旗报告："机器微坏，停轮修理。"林泰曾只得停轮待之。至中午 12 时修好开航，"以后快轮昼夜行"①。10 月 2 日夜晚 10 时许，林泰曾又接"扬威"舰电报，称"水缸舱失火"。10 月 17 日上午 10 时，"扬威"舰在"沿途万山重叠"，河道弯曲的大石附近搁浅。"超勇"舰再次停轮等待，直至"夜子正水涨，'扬威'船浮行退出深港下锚"②。

自 8 月 17 日至 10 月 17 日的 60 多天里，洋管驾章斯敦管带的"扬威"舰 6 次出故障而影响了正常航行。"超勇"与"扬威"为姊妹舰，同一生产厂家，同时签单制造，同时验收试航，虽然我们不排除舰船质量的差别，但 0 ∶ 6 的事故率还是证实了管理上和操作上的差别。可见，林泰曾管驾军舰的能力与水平之高超。

其次，天灾人祸接连不断。林泰曾管驾"超勇"舰从欧洲回国，属首次管带新式 1350 吨巡洋舰远洋航行。其间，有时高温难耐，疾病突袭；有时狂风巨浪，暴雨倾盆。这也是林泰曾和水师官兵们从未经历过的。

8 月 26 日，天气酷热，"寒暑表九十度（华氏）"，"扬威"舰"洋炮首洋人柯落可病重"。第二天下午，洋炮首卒于冒他海域。8 月 28 日，"超勇"舰上的随行文案池仲祐也突然发病。由于天气酷热，口干舌燥，胸闷气短，他只好"登船楼吸取海上清气"。由于洋员的死亡和官兵突发疾病，使林泰曾及水师官兵心情十分沉重。8 月 31 日傍晚，"超勇"舰到达波斯湾。当天夜里，"以船由菲利茅来未领保安执照，本地因勒挂黄旗禁船，岸人不得来往"③，当地一名引港者因已上船而被拘留在船上过夜。这令林泰曾与全船人员惶恐不安。林泰曾留学欧洲，深知西方国家对传染性疾病的控防是极为严格的。尽管他表面平静，但内心深处也是顾虑重重，寝食难安。直到第二天，当地医生来船细检查验，证实无疫情病症，立即开禁后，他才放心踏实地继续开航。

9 月 15 日，船行红海洋面，天气酷热，连续数日寒暑表九十三度（华氏），员弁水勇"行坐无所，挥汗如雨"。又因有坏船半浸于水，影响舰船正常航行，林泰曾精心指挥全舰官兵，坚守岗位，精心操作。9 月 21 日船出红海门，得知"扬威"舰"尚余煤二百五十吨"，林泰曾建议："不入亚丁，直抵锡兰。""超勇"

---

① （清）池仲祐撰：《西行日记》卷下，上海商务印书馆戊申仲冬（1908 年——笔者注）代印，第 14～16 页。

② （清）池仲祐撰：《西行日记》卷下，上海商务印书馆戊申仲冬（1908 年——笔者注）代印，第 19 页。

③ （清）池仲祐撰：《西行日记》卷下，上海商务印书馆戊申仲冬（1908 年——笔者注）代印，第 13～14 页。

舰“午刻过亚丁口行入印度洋”。① 9月22日，午后起大风，船行异常艰难，林泰曾管驾“超勇”舰连续四天冒风航行。10月5日至苏门答腊。10月7日午后过马六甲海峡。10月8日大雨倾盆，上午8时船到新加坡，林泰曾下令“升炮庆贺”，英国军舰及炮台“亦答炮如数”。“午后雨加甚”。10月14日，“有风浪，午后暴雨”，船行艰难。10月15日，“未初暴雨”，“未正见香港外口浮岛洋面时有大木漂流，又有坏篷船半浮于水”，又“见木排上坐六人随水漂流而来”。林泰曾下令“放舢板”，将六人“拯救到船，给食更衣，医生为之调治”。经查，此“船之大可装货六百担”，系10月13日遇大风遭难，船上23人有17人遇难。同一天4时，又有人在浮岛上挥衣呼救，林泰曾立即命令停轮，派水勇驾小舢板前去救回四人。经查，他们是10月14日遭风袭击，一船“失去七人，只余三人”。另一船遭风袭击“船上失去二十四人，仅存就得一人而已”。② 10月25日，两舰到达汕头界，海上风大浪高船行艰难。26日，林泰曾顶着风浪驾舰驶离厦门港，“午后风浪愈狂，至夜不歇”。27日白天，“风略定开船”，是夜大风又起，泊眉洲岛。28日冒风开行。29日风太大，船不能行。至11月1日，两舰抵达上海港。靠码头后，池仲裕与“林凯仕（泰曾）及洋员葛雷森、章斯敦在亚士客寓作出洋用款报销”③ 账。11月18日，林泰曾与水师官兵驾驶“超勇”“扬威”二舰胜利到达天津。

自8月17日至10月29日的74天中，气象恶劣，暴风骤雨、酷热天气约占三分之一，林泰曾管带“超勇”舰，克服了艰难险阻，在确保安全航行的情况下，搭救了10名船民的生命，数次救援由章斯敦管驾的“扬威”舰，确保两舰安全回国，圆满完成了赴英国接带“超勇”“扬威”舰回国的任务，得到广泛好评。1881年12月4日，朝廷以接待“超勇”“扬威”舰来华尤为出力，“赏林泰曾果勇巴图鲁名号，免补游击，以参将补用”④。

三、巡航演练 席不暇暖

1882年7月23日，朝鲜发生了“壬午兵变”，清政府在10天之后才得到消息。朝廷一方面命令为母奔丧的李鸿章返回天津，一方面命令张树声派水陆两军迅速赴朝救援。8月9日，林泰曾管带“超勇”舰、邓世昌管带“扬威”舰随丁

---

① （清）池仲祐撰：《西行日记》卷下，上海商务印书馆戊申仲冬（1908年——笔者注）代印，第15页。

② （清）池仲祐撰：《西行日记》卷下，上海商务印书馆戊申仲冬（1908年——笔者注）代印，第17～18页。

③ （清）池仲祐撰：《西行日记》卷下，上海商务印书馆戊申仲冬（1908年——笔者注）代印，第20页。

④ 姜鸣编著：《中国近代海军史事日志》，三联书店1994年版，第89页。

汝昌、马建忠从烟台直奔朝鲜。第二天抵达朝鲜仁川港时，日本海军少将仁礼景范率“金刚”舰已先期到达。林泰曾与邓世昌带舰驻守仁川，观察并打探日军情况的随时变化。8 月 13 日，林泰曾与邓世昌分乘小艇至南阳测量水道，第二天返回军舰。他们了解到，10 天时间，日本向仁川增派了 7 艘军舰，1 营陆军，形势日益紧张。为了把握主动，以防发生意外，林泰曾与邓世昌将“超勇”“扬威”两舰移泊南阳浦口，升火待命，时刻关注局势变化，直到事件平息。

这是林泰曾和北洋水师官兵第一次管驾军舰参加援助朝鲜、维护国家权益的军事行动。“壬午事件”的平定，使朝廷及清政府的大员们甚为满意。10 月 10 日，李鸿章奏请，“管带‘超勇’快船留闽尽先补用，参将林泰曾免补参将，以副将仍留原省尽先补用”[①]。

1883 年 5 月初，李鸿章怕法兵扰我海口，请各省督抚自行调度。5 月 26 日，李鸿章电告张树声：“派丁汝昌带‘超勇’‘扬威’‘威远’舰来上海待命。”[②] 5 月 28 日，林泰曾奉命管带“超勇”舰与丁汝昌离大沽赴上海港。

1884 年 6 月 22 日至 27 日，林泰曾管带“超勇”舰随同李鸿章巡阅北洋海防，并参加了由北洋水师 10 艘舰艇组队的海上操演。林泰曾及各船管带“督率各船，放洋操演雁行、鱼贯各阵式，帆缆、灯旗各号令，及枪炮施放之法，尚能整齐灵变”[③]。

同年 8 月，法国海军舰队进攻台湾基隆、炮击马江福建水师之后，又对台湾实行封锁。林泰曾分别于 10 月 24 日和 10 月 29 日随丁汝昌去天津，与李鸿章共商援台之事。11 月 13 日，林泰曾、邓世昌管带“超勇”“扬威” 2 舰南下援救台湾。11 月 21 日，早已到达上海的林泰曾又接到李鸿章的电报，他便根据电报的要求，立即与吴安康密商，协调 7 船号令次序及严守军事机密的规定，做好了出战的一切准备。不料，朝鲜于 12 月 4 日又发生“甲申政变”，为防日本趁机寻衅图谋朝鲜，李鸿章奏请皇上批准，将“超勇”“扬威”二舰调赴北洋听遣。12 月 16 日，林泰曾、邓世昌管带二舰离沪赴旅顺口。12 月 20 日夜，林泰曾管带装备充足的“超勇”舰，从旅顺口驶往朝鲜。22 日驶抵朝鲜马山浦。自 12 月 22 日至 1885 年 2 月 3 日，林泰曾管带“超勇”舰驻泊朝鲜达 44 天之久。其间，他督率全舰官兵，严密注视日本军队的活动，为及时解决“甲申政变”、防止事态恶化

---

① 姜鸣编著：《中国近代海军史事日志》，三联书店 1994 年版，第 96 页。

② 姜鸣编著：《中国近代海军史事日志》，三联书店 1994 年版，第 100 页。

③《李鸿章奏出洋巡阅情况片》，张侠、杨志本等合编：《清末海军史料》，海洋出版社 1982 年版，第 225 页。

尽到了自己的职责。

1885年5月16日，林泰曾又奉命管带“超勇”舰随丁汝昌抵达位于朝鲜仁川与釜山之间的巨文岛，察看占领此岛的英国海军情况。朝鲜派参判严世永及德人穆麟德（P. G. Von Mollendorff）附轮前往质问。英舰长麦乞伊明借口此举系为防俄，并提出请丁汝昌去长崎会晤英国海军提督交涉。5月18日，林泰曾管驾“超勇”舰，将丁汝昌、严世永、穆麟德送至长崎，与英国远东舰队司令陶威尔（H. Dowell）提督会晤。

另外，林泰曾于“十一年（1885年），兼办北洋水师营务处”①。因此，他既要忙于海上训练，完成各项出海任务，又要兼顾营务处工作。同年10月，“定远”“镇远”“济远”三艘铁甲舰即将到华，林泰曾以事务尤繁奏请重新聘请琅威理为北洋水师总教习。

11月17日，从德国购买的3艘铁甲舰到达天津大沽。李鸿章、丁汝昌、周馥前往验收，均与合同相符。“定远”“镇远”二舰为姊妹舰，舰长约91米，宽18.4米，吃水约6米，排水量7335吨，马力6000匹，时速14.5节。舰上装配305毫米口径克虏伯炮4门，150毫米口径克虏伯炮2门，机关炮10门，是当时远东地区舰体最大、装备最好的钢甲主力舰。“镇远”验收合格，留北洋效力，林泰曾负责管带此舰。

1886年5月16～22日，醇亲王奕𫍽在李鸿章的陪同下，巡阅北洋海防各口。林泰曾管带“镇远”铁甲舰，携官、弁、水手人等331位，与北洋水师各舰参加了这次巡阅大操。5月18日凌晨4时，巡阅舰队乘着渤海大潮，驶出大沽口。20日上午，“定远”“镇远”“济远”“超勇”“扬威”及南洋之“开济”“南琛”“南瑞”八船演阵打靶。林泰曾、刘步蟾管带铁甲巨舰虽然才半年时间，但各舰“将弁讲求操习，持久不懈”，均能“布阵整齐，旗语灯号，如响斯应”②。

同年7月，林泰曾管带的“镇远”舰与“定远”“济远”“威远”“超勇”“扬威”五舰先到朝鲜釜山、元山，后至海参崴。8月7日，“定远”“镇远”“济远”“威远”四舰要去日本长崎修理。8月15日，北洋水师放假上岸，与日本警察再起冲突。据英国外交档案记载，“镇远”舰死3人，伤12人。8月26日，“镇远”舰修竣出坞，接着去朝鲜仁川执行任务。

---

①（清）池仲祐撰：《海军实纪·林凯仕军门事略》，张侠、杨志本等合编：《清末海军史料》，海洋出版社1982年版，第373页。

②《奕𫍽奏查北洋炮台、水陆操防、机器、武备、水师学堂情形折》，张侠、杨志本等合编：《清末海军史料》，海洋出版社1982年版，第252页。

“镇远”舰照片（刘烜赫供图）

1887 年 9 月 7 日，林泰曾奉上谕保举为候补提镇。

1888 年 1 月，海军衙门决定，把从英国和德国购买的“致远”“靖远”“经远”“来远”四舰，调归北洋水师应用。同时加紧北洋海军建设。同年 5 月，周馥、丁汝昌、林泰曾、罗丰禄等议订《北洋海军章程》，8 月 22 日，李鸿章命令丁汝昌带舰前往台湾执行任务，北洋水师操防各事，饬琅威理与林泰曾商办。第二天，丁汝昌即复电李鸿章“操练各事，琅与林认真会商办理。公事归林泰曾代印代行”①。

同年 9 月 30 日，海军衙门奕譞奏呈《北洋海军章程》。10 月 3 日，懿旨允准。12 月 17 日，海军衙门上奏：“管带‘镇远’铁甲舰记名总兵林泰曾，心志坚定，器识深闳；管带‘定远’铁甲舰总兵衔水师补用副将刘步蟾，才明识远，饶有干略；该二员由学堂出身，久在西洋随队操习，委带战船巡海已阅七八年，资劳甚深，林泰曾堪胜北洋海军左翼总兵之任，刘步蟾堪胜北洋海军右翼总兵之任，人缺实属相宜。”②

12 月 18 日，内阁奉上谕：“北洋海军左翼总兵著林泰曾补授；北洋海军右翼总兵（着）刘步蟾补授。”1889 年，林泰曾又被加提督衔。是年夏天，丁汝昌、吴安康率八舰去朝鲜沿海各口，林泰曾则率“镇远”“济远”“超勇”“扬威”“南瑞”“南琛”“保民”七船在北洋各口操巡约一月有余，7 月 24 日，林泰曾率七舰

① 姜鸣编著：《中国近代海军史事日志》，三联书店 1994 年 12 月出版，第 158 页。

②《海军衙门奏新设海军提镇照章遴员恳请简放折》，张侠、杨志本等合编：《清末海军史料》，海洋出版社 1982 年版，第 558 页。

返回威海卫港，圆满完成了训练任务。入秋以后，丁汝昌率“定远”“康济”“威远”三舰抵旅顺。余船由林泰曾率领在威海照章操练。进入初冬季节，北洋海军便起航南下，进行操习训练。12 月 2 日，“镇远”与“定远、致远、靖远、经远、来远”五舰抵达上海。12 月 30 日，林泰曾又率“镇远”“靖远”“来远”三舰离开上海开赴台湾。由于连日大风，林泰曾所率三舰三天后才到达基隆抛锚，还是因为风大浪高，取消了原订绕后山的训练计划。之后，林泰曾奉丁汝昌令，率三舰到澎湖归队。1 月 11 日，“定远”“镇远”“经远”“来远”四舰抵达香港修理。

1890 年 2 月 24 日，丁汝昌率北洋“致远”“济远”“经远”“来远”四舰到南海一带操巡。“定远”“镇远”“超勇”“扬威”在香港操修，丁汝昌安排由琅威理、林泰曾、刘步蟾督率妥办。

朝鲜自 1882 年发生“壬午事变”和 1884 年“甲申政变”之后，1894 年春，又发生了东学党农民起义，日本政府又借机出兵朝鲜，意在发动吞并朝鲜和侵略中国的战争。

1894 年 2 月 18 日（农历正月十三日），清廷以本年慈禧太后六十大寿，赏给林泰曾宝寿字一方、大卷八丝绸二匹。同年 6 月 18 日，李鸿章电令丁汝昌“应饬刘、林二镇，酌派一员，统带数船，速赴仁川，妥慎防护”①。6 月 23 日，北洋海军左翼总兵林泰曾统带“镇远”“超勇”“广丙”到达仁川，他立即派人打探日军兵力情况。6 月 25 日向国内发回电报称：“风闻倭尚有五千将到，倭水陆共十队，我兵既添，未添大队海军，后路请速备大队船，合军更备，雷艇‘福龙’须饬出坞，‘康济’装修水雷候进，并请调南洋船来。”② 收到林泰曾电报 2 小时之后，李鸿章就十分生气地给丁汝昌发去电报称：“日虽添军，谣言四起，并未与我开衅，何必请战。”对林泰曾提出的“后路请速备大队船，合军更备，雷艇‘福龙’须饬出坞，康济装修水雷候进，并请调南洋船来”的建议，更为不满。他认为林泰曾对海军力量的调配，鱼雷艇、水雷的备用建议是“林镇等胆怯张皇，应令静守，相机进止，岂可遽调回威示弱。现俄国出为调处，或渐就范”③。就在李鸿章给丁汝昌发去电报的第二天，即 6 月 26 日，林泰曾再次给国内发电称：“仁港泊船，战守均不宜，拟以一二船驻仁探信，余船驻牙备战守。请速派

---

①《寄刘公岛丁军门》，顾廷龙、叶亚廉主编：《李鸿章全集》（二），电稿二，上海人民出版社 1986 年版，第 707 页。

②《林镇来电》，顾廷龙、叶亚廉主编：《李鸿章全集》（二），电稿二，上海人民出版社 1986 年版，第 725 页。

③《复刘公岛丁军门》，顾廷龙、叶亚廉主编：《李鸿章全集》（二），电稿二，上海人民出版社 1986 年版，第 727 页。

雷艇三艘来牙，并派弁兵带水雷五十个，药线、电机，一切由商船速装来牙云”[①]。6 月 30 日，林泰曾根据李鸿章、丁汝昌的命令，察看了驻守仁川和牙山两地的北洋海军的“超勇”“扬威”“平远”“操江”四船的粮饷煤水，规定两地舰船要常通音信。之后，他管带“镇远”舰，与“济远”“广丙”“康济”四船分队陆续出口，取齐后开回整备。此次林泰曾奉命率舰赴朝鲜执行任务历时八天。期间，他数次发电报汇报前方日军兵力布置情况，及时提出自己的建议和看法，特别是针对日本海军舰船的增多提出的鱼雷艇与水雷备用的建议，是符合海军备战保舰的客观情况的。

四、黄海搏敌 卫国有功

甲午黄海大海战，是中日两国海军的一场主力决战。在历时近 5 个小时的海战中，林泰曾率“镇远”舰全体官兵奋勇杀敌，勇扑烈火，击敌保舰，直至海战结束。

1894 年 9 月 17 日上午，北洋海军按常例进行了一小时的操练。上午 10 时许，“镇远”舰瞭望哨发现西南方天际出现了一抹淡淡的轻烟。林泰曾命令继续加强警戒。不久，已能看清是日本舰队正面驶来。林泰曾立即报告丁汝昌，同时发出了战斗警报。

自 7 月 25 日丰岛海面日军突然袭击北洋海军以来，北洋舰队已做好了主力决战的准备。“镇远”舰上的美国人马吉芬详细记述道：

> 中日启衅之后，我舰队员官无不锐意备战。有鉴于丰岛一役济远、广乙两舰之覆辙，各舰皆将舢板解除，仅留六桨小艇一只。意在表示军舰之运命，即乘员运命，舰存与存，舰亡与亡，岂可有侥幸偷生之念，或借舢板遁逃，或忍败降之辱哉？此外，若十二吋炮之薄炮盾，若与战斗无益之木器、索具、玻璃等项，悉行除无余。各舰皆涂以深灰色，沿舱面要部周围积置沙袋，高可三四英尺……以煤袋配备冲要处所，借补沙袋不足。通气管及通风筒咸置之舱内，窗户与防水概为锁闭。凡有乘员俱就战斗部署，战斗喇叭余响未尽，而战斗准备业已整然。[②]

可见，林泰曾及其管带的“镇远”舰官兵的士气是高涨的，海战的准备是充分的，誓死为国的战斗信念是坚定的。

12 时 50 分，中日舰队相距 5300 米时，“定远”舰 305 毫米口径前右主炮首

---

① 《寄刘公岛丁军门》，顾廷龙、叶亚廉主编：《李鸿章全集》（二），电稿二，上海人民出版社 1986 年版，第 733 页。

② ［美］马吉芬：《马吉芬黄海海战述评》，《海事》1936 年第 3 期，第 33 页。

先发出了第一炮。林泰曾指挥的“镇远”舰与刘步蟾管带的“定远”舰，位居“中央突出点的凸形阵，几乎是成锐角的横阵”[①]。

海战打响以后，“镇远”舰与“定远”舰始终相伴而行，相互依护，勇猛作战。他们紧紧咬住被分割离队的日舰“比睿”，发炮猛轰。激战中，“比睿”舰大军医三宅（贞造）、少军医村越千代吉、大主计石塚（铸太）等 17 人丧命，分队长高岛万太郎大尉等 32 人负伤。而日本舰队的“高千穗”“秋津洲”“浪速”三舰边航行，边向“定远”“镇远”等舰发炮猛攻。

2 时 14 分之后，“定远”“镇远”等四艘中国军舰随即集中火力攻击日本海军中将华山资纪军令部长乘坐的“西京丸”船。2 时 22 分，“镇远”“定远”及另外一艘军舰向“西京丸”追击，并发炮猛轰。“其三十厘米炮弹从我右舷二百米左右打来，穿过客厅右侧，于客厅和机械室之间爆炸。结果客厅及其附近数室的‘天窗’‘舱口’，以及气压计、航海表、测量器具、食器等全被击毁”[②]。炮弹还穿过最上部甲板，将通往舵轮机的蒸汽管打碎，蒸汽舵轮机不能使用。2 时 26 分，“镇远”舰被“松岛”发射的 320 毫米口径巨弹击中前部。“镇远”舰主炮在发射中忽然中弹，一个炮手的头骨当场被炸碎，血迹脑浆飞溅。但其他炮手毫无惊惧，将尸体搬开后继续射击。“镇远”舰一炮术长的弟弟战前来舰访兄，因故未能离舰，此时也在露天炮塔后协助作战，毫无惧色，其哥哥负重伤后，略作安慰，仍回岗位继续战斗。为了防止通气管把甲板上的火焰引入机舱，水手们把风斗卸除，这就使机舱内温度升至华氏 200 度。但机舱内人员冒着高温工作，确保机器正常运转。当时，日本舰队观察到：“镇远前甲板殆乎形成绝命大火，将领集合士兵救火，虽弹丸如雨，仍欣然从事，在九死一生中毅然将大火扑灭，终于避免了一场危难。”[③] 当年参加黄海海战的“镇远”舰洋员马吉芬也有相同的记述：“当镇远的前甲板被致命的大火燃烧时，各军官立即召集士兵，命令跟他一起救火。……士兵们还是欣然从命，奔向九死一生的虎穴，无一表现踌躇。”

海战仍在惨烈地进行。“镇远”“定远”两铁甲舰仍保持协调行动。约 3 时 10 分，“定远”舰忽中一炮，“定远”前部燃起大火，火势极为猛烈。“定远”舰正集中人力灭火，攻势顿弱，但火势益猛，日本舰队不失时机地向“定远”扑来，炮击愈猛，“定远”处在危急之中。在此千钧一发之际，“镇远”舰急驶上前掩

---

① ［日］川崎三郎：《常备舰队司令官海军少将坪井航三的报告》，戚其章主编：《中国近代史资料丛刊续编·中日战争》第 7 册，中华书局 1996 年版，第 236 页。

② ［日］川崎三郎：《日清战史》第 3 编，戚其章主编：《中国近代史资料丛刊续编·中日战争》第 7 册，中华书局 1996 年版，第 260 页。

③ ［日］川崎三郎：《日清战史》第 7 编（上），东京博文馆 1897 年版，第 70～71 页。

护，灵活射击。尽全力掩护“定远”舰。林泰曾与帮带大副杨用霖在关系北洋海军旗舰生死存亡的关键时刻，置生死于脑后，全心全力、沉着果断地指挥“镇远”舰，“开炮极为灵捷，标下各弁兵亦皆恪遵号令，虽日弹所至，火势东奔西窜，而施救得力，一一熄灭”①。3 时 20 分以后，日舰本队“松岛”“千代田”“严岛”“桥立”“扶桑”五舰死死缠住北洋海军的“定远”“镇远”两铁甲舰，双方在原作战海域激烈交战。北洋海军两舰虽处在五艘日舰的包围之中，但“镇远”“定远”二舰的官弁水勇，临危不惧，他们沉着果敢，凭借坚固装甲与敌周旋，奋力激战。“3 时 30 分，两发 305 毫米口径巨弹命中‘松岛’4 号炮位，引起堆积在甲板上的弹药大爆炸，顿时发出惊天动地的巨响，状如雷电崩裂。军舰上空白烟翻腾，形成一个大火海。海军大尉志摩清宜等 28 人当场毙命，68 人负伤，死者的头、手、足、肠到处散乱着，脸和脊背被炸得难以分辨”②。林泰曾抓住战机，“督同在舰各员鼓勇御敌”③。

林泰曾管带“镇远”舰，始终如一地保持和“定远”舰的间隔和方位，行进相宜，配合默契。“镇远”舰“放出开花弹四百余颗，小炮之弹业已垂尽”④。两舰官兵，勇敢威猛，屡挫强敌。在惊险异常的情况下，有效地打击了日本海军旗舰“松岛”号，使其死伤近百人，军舰燃起大火，设施毁坏严重，32 公分炮栓和水压机发生故障而不能发炮。“松岛”已经失去了指挥和作战能力。于是，伊东祐亨下令各舰随意运动，“松岛”则竭力摆脱“定远”“镇远”两舰的打击，与其他日舰向东南方向驶去。

甲午黄海大战历时 4 小时 40 分钟，时间之长，海战之激烈，为世界近代海战史所罕见。在这次海战中，北洋海军广大爱国将士不屈不挠、视死如归的崇高爱国精神，将永远彪炳史册。林泰曾作为北洋海军左翼总兵兼“镇远”舰管带，是第一次直接参加中日海军的主力决战。在整个海战过程中，他管带“镇远”铁甲巨舰，与“定远”相互配合，协同作战，以少抵多，重创敌舰。当我旗舰危难时，立即全力救援。在狠狠打击敌舰的同时，有效地保护了中华民族的两艘铁甲巨舰。10 月 23 日，林泰曾因参加黄海大战有功，被朝廷赏换霍伽助巴图鲁勇号。

---

① 蔡尔康等编：《中东战纪本末·大东沟海战》，中国史学会主编：《中国近代史资料丛刊·中日战争》（一），上海人民出版社、上海书店出版社 1957 年版，第 166 页。

② 姜鸣：《龙旗飘扬的舰队》（增订本），三联书店 2002 年版，第 162、372 页。

③（清）池仲祐撰：《海军实纪·林凯仕军门事略》，张侠、杨志本等合编：《清末海军史料》，海洋出版社 1982 年版，第 373 页。

④（清）池仲祐撰：《海军实纪·林凯仕军门事略》，张侠、杨志本等合编：《清末海军史料》，海洋出版社 1982 年版，第 373 页。

五、知耻之勇 良可悯惜

黄海大战结束，北洋海军的参战军舰就近在旅顺船坞进行抢修。“镇远”舰中弹 220 多处，是受伤较为严重的军舰之一。林泰曾尽心竭力积极督修，但因“船坞修工均不上紧，非得傅相（李鸿章）严行派人督催，海军不能计日出海”①。按规定，北洋海军需修军舰，应由旅顺船坞总办龚照玙负责主持修理。北洋海军各船官兵则负责监督修理质量。自刘步蟾代替丁汝昌行使提督职责以来，林泰曾仍一如既往，尽心尽力监督对“镇远”的坞修。至 10 月 18 日傍晚，“镇远”舰的主要伤处已基本修竣，林泰曾奉命将没有安装起锚机的“镇远”舰起航开行，前往威海卫北洋海军基地补充弹药。

北洋海军主力战舰“镇远”号之炮塔区域特写照

① 陈旭麓等主编，季平子、齐国华编：《甲午中日战争》上册，盛宣怀档案资料选辑之三，上海人民出版社 1980 年版，第 262 页。

10 月 25 日，林泰曾管带“镇远”舰与北洋海军的“定远”“济远”“靖远”“平远”“广丙”及两艘鱼雷艇，出海追寻当天早晨驶抵威海一带海面的两艘日本军舰。第二天早晨 6 时，又有两艘日舰在威海口外游弋，林泰曾随丁汝昌率六舰二艇出湾口迎击敌舰，日舰逃之。10 月 28 日晚，他又管带“镇远”舰随同北洋舰队出发，经过一夜的航行，第二天上午到达旅顺口。是日下午，又前往大连湾，“行至大连湾东北河折回”，决定要“回旅赶配‘定’‘镇’起锚机”。[①]

11 月 14 日凌晨，林泰曾管带“镇远”舰驶进威海湾口时，正值退潮水枯时，“因风大水溜，浮鼓稍有移动”[②]，“镇远”舰为避雷标而误擦海底暗礁，弹药舱、帆舱、煤舱、锅炉舱以及水力机舱下部等被水下礁石划破数道裂缝，水急速涌进来。林泰曾下令紧急抢救，设法堵住进水的同时，将“镇远”舰驶进威海湾港内泊好。

威海湾港口，本来水深口宽，各种舰船通行安全快便。甲午战争爆发之初，为防日本海军舰队夜间偷袭，北洋海军以刘公岛为中心，在威海湾南、北海口布设“水雷拦坝”——即用长一丈有余、直径为一尺半左右的木材排列海口，以粗大铁索相连接，每间隔一定距离用大锚和巨石固定于海底，以防风浪或潮流的冲击。在木栏附近，布设了不同类型的沉雷、浮雷、电雷等各种水雷共计 248 颗。除北口留下宽约 600 码宽的通道外，其余木栏外侧全都置有水雷数层，使所有船只不得靠近。为了保证北洋海军安全航行，在通道口门两侧用浮鼓做出雷标，为进出港口的舰船导航引行。通道之南的“岛嘴撑出礁石至二百五十尺之遥，东鼓下处，只距山嘴三百尺”，“惟汛潮极枯时，礁上有水二丈一尺”。初冬的威海湾，是多风大潮季节，海水落潮差流较大。由于连日大风，正赶上落潮最枯之时，加上“定远”舰先行在前，“分水力大，西北风盛，浮鼓被推东南”。“镇远”舰“平时装足煤水，吃水二十尺八寸，现在备战，因多装药弹，用泥袋保护，机器各舱口又多吃水八寸”。[③] 由此可测算出，开战之后的“镇远”舰吃水深度至少需要二丈一尺六寸。而当时威海湾北口的航道入口，水深却只有二丈一尺，加之浮鼓移动，致使航道错位。

由此可见，“镇远”舰船底受伤不是人为事故，也不是林泰曾失职造成的。

---

① 《丁军门来电》，顾廷龙、叶亚廉主编：《李鸿章全集》（三），电稿三，上海人民出版社 1987 年版，第 102 页。

② 《丁提督来电》，顾廷龙、叶亚廉主编：《李鸿章全集》（三），电稿三，上海人民出版社 1987 年版，第 163 页。

③ 《寄译署》，顾廷龙、叶亚廉主编：《李鸿章全集》（三），电稿三，上海人民出版社 1987 年版，第 207 页。

但是，林泰曾“因海军首重铁舰，时局方棘，巨船受伤，辜负国恩，难对上宪。又恐外人不察，动谓畏葸故伤，退缩规避，罪重名恶，故痛不欲生”[①]，于 1894 年 11 月 16 日“卯刻服毒，辰刻身故”[②]。

林泰曾自杀的当天晚上，李鸿章见事态严重，先向总理衙门作了通报，后又奏报朝廷。皇帝览奏，十分惊疑，接到奏报的当天即颁谕旨质问：“丁汝昌电称，‘镇远’前因进口时为水雷擦伤，似此电之前，已有电将此事原委报明李鸿章，而李鸿章并无电奏。此船原泊何处？进何口被水雷浮标？既是水雷浮标，应碰伤船帮，何以擦伤船底？又何致派查数次，未能觅出伤处？林泰曾纵因船损内疚，何至遽尔轻生？来电叙述，既属含糊，情节更多疑窦，殊堪愤闷，难保该船无奸细勾通，用计损坏。著李鸿章严切查明，据实详晰复奏，不得一字疏漏。京津耳目甚近，此事实情，无难即日发觉，谅该大臣亦不敢代为掩饰也。”根据朝廷谕旨，李鸿章电告丁汝昌，“俟马格禄到后，令速查明原由，据实转报，以凭核办”[③]。之后，李鸿章又接朝廷圣旨：“海舰管带，自应用奋勇之人，既称林泰曾胆小，何以派令当此重任，则该大臣平日用人不当，已可概见。……著李鸿章迅即查明复奏等因。”李鸿章立即奏明朝廷：“林泰曾本闽厂学生出色之人，沈葆桢迭经保奏有案。北洋创立海军，仿照西洋各国水师定章，必须由学堂出身者，乃可洊充管驾。林泰曾出洋肄业有年，资深学优，委充‘镇远’管带，驾驶合法，但未经战阵。今夏派赴朝鲜巡防，有人议其胆小，鸿章曾加训斥记过。迨大鹿岛之战，询其同船洋弁，云该镇临敌，并未退缩。方冀其历练有成，不料竟因船被擦漏轻生，尚为有耻之将。”[④] 11 月 23 日，李鸿章再次奏报说，林泰曾“服毒自尽，救护不及，并无他故及奸细勾通各事，委系实情。马格禄所查，亦属相符云。……林泰曾素精船学，自知获咎颇重，故尔轻生，并无别故”[⑤]。

至此，朝廷对林泰曾“服毒自尽”的调查，也以“因所带铁舰被伤，引义轻

---

①《寄译署》，顾廷龙、叶亚廉主编：《李鸿章全集》（三），电稿三，上海人民出版社 1987 年版，第 207 页。

②《寄译署》，顾廷龙、叶亚廉主编：《李鸿章全集》（三），电稿三，上海人民出版社 1987 年版，第 177 页。

③《寄丁提督》，顾廷龙、叶亚廉主编：《李鸿章全集》（三），电稿三，上海人民出版社 1987 年版，第 186 页。

④《寄丁提督》，顾廷龙、叶亚廉主编：《李鸿章全集》（三），电稿三，上海人民出版社 1987 年版，第 196 页。

⑤《寄译署》，顾廷龙、叶亚廉主编：《李鸿章全集》（三），电稿三，上海人民出版社 1987 年版，第 207 页。

生，知耻之勇，良可悯惜”[①] 的结论而告终。

林泰曾自 15 岁开始进入水师学堂学习海军知识，至 43 岁忧愤自责，引义轻生，历时 28 年。其间，他为改变中国有海无防、有防不强的被动局面，为北洋海军的筹建与正式成军，为舰队的训练与救援，为维护国家独立和领土完整抵抗外来侵略等方面，都是尽职尽责，不辱使命。通过他短暂而丰富的人生经历，证实了林泰曾是一位有智有勇、知耻重义的爱国将领。

综上所述，林泰曾勤奋好学、历考优等、沉毅朴诚、慈厚忠谨、知耻有勇、誓死御敌，以及“能忍人之所不能忍。用人信任必专，待下仁恕。故临事恒得人之死力”[②] 的美德，是值得我们肯定和敬佩的。

（此文原载于戚俊杰、郭阳主编：《甲午纵横》第 2 辑，华文出版社 2008 年版，第 109～127 页）

① （清）池仲祐撰：《林凯仕军门事略》，张侠、杨志本等合编：《清末海军史料》，海洋出版社 1982 年版，第 373 页。

② （清）池仲祐撰：《林凯仕军门事略》，张侠、杨志本等合编：《清末海军史料》，海洋出版社 1982 年版，第 373～374 页。

林泰曾年谱

1851 年（清咸丰元年），林泰曾出生于福建省福州闽侯（今福州市区）。

1867 年 1 月 6 日（同治五年十二月初一日），林泰曾考入福州船政后学堂，学习航海驾驶。在学堂学习期间，“历考优等”，被誉为“闽省学生出色之人”。

1871 年（同治十年），林泰曾结束了学堂内场课程的学习，被分配到“建威”练船实习，“遍历南北洋海港”。

1873 年（同治十二年），林泰曾“随船赴新加坡、吕宋、槟榔屿与各海口，练习风涛沙线”。

1874 年（同治十三年），被沈葆桢派赴台湾后山测量港道。不久，“委充‘安澜’军舰教习枪械”。

6 月 14 日（五月初一日），乘“安澜”军舰随沈葆桢前往台湾，处理日军侵台事件。

1874 年冬，调任“建威”练船大副。

1875 年（光绪元年）被沈葆桢奏保守备加都司衔。冬，随同洋监督法国人日意格赴英国采办军用器物。其间，他有幸进入英国高士堡学堂学习，登上英国大战船续学军事，还考察了欧洲船政及海军建设。被沈葆桢“复保都司留闽补用”。

1876 年 4 月（光绪二年三月），林泰曾从国外归来，又被调往台湾从事翻译工作。

1877 年（光绪三年）春，被选赴欧洲学习。这是福州船政学堂选派的第一批赴欧留学生。

5 月 11 日（三月二十八日），与其他同学到达英国。经安排，林泰曾被派往英国地中海舰队的“博来克珀林”号铁甲舰实习，“并获准给予军官伙食和床位优待”。

1878 年 8 月 13 日（光绪四年七月十五日），奉命邀请驻英国公使郭嵩焘，到朴次茅斯观看英国王君校阅皇家海军的船操演练。

1879 年 6 月（光绪五年五月），结束了两年的国外学习，取道法国回国。

12 月 7 日（十月二十四日），持李鸿章信函，管带“飞霆”船赴江苏，由沈葆桢差遣。

12 月 20 日（十一月初八日），被奉请以游击留闽尽先补用，并赏戴花翎。

1880 年（光绪六年），因南北洋会同闽浙总督奏保，以“沉毅朴诚，学有实得，保游击并戴花翎，调带‘镇西’炮船”。

12 月 3 日（十一月初二），被任命为管带官，奉命赴英国接带“超勇”舰。

12 月 6 日（十一月初五日），林泰曾一行乘招商局丰顺轮船由西沽码头起行，各兵船开炮挂彩旗相送。

12 月 15 日（十一月十四日），林泰曾、蓝建枢、杨用霖率弁勇百余人赴淞校场会操。

12 月 23 日（十一月二十二日），林泰曾驻吴淞口期间负责办理准备工作及弁勇、升火等人的管理和训练。

1881 年 1 月 29 日（光绪六年十二月三十日），乃除夕日，林泰曾与本部官弁均在寓所宴饮，欢度春节。

2 月 2 日（光绪七年正月初四），林泰曾命令全体弁勇起操训练。

2 月 23 日（一月二十五日），林泰曾派头目、舵工、木匠照常供差外，又选水勇 20 人代役舱面各事，升火 40 人代役机舱各事，官弁亦轮流为之照料。

2 月 27 日（一月二十九日）下午，率领官弁勇丁乘“海琛”轮船起航，淞江各兵船炮台皆升旗发炮欢送。

3 月 3 日（二月初四日），林泰曾一行乘船抵达香港。

3 月 12 日（二月十三日）上午，林泰曾一行乘船抵达新加坡。

4 月 23 日（三月二十五日），林泰曾一行顺利到达英国纽克所（Newcatle）。

5 月 26 日（四月二十九日），率弁勇到纽克所官山墓地，为已故水勇袁培福（山东荣成人）送葬，并立墓碑，上书“大清故勇袁培福之墓”。

5 月 27 日（四月三十日），再次率全体员弁水勇到纽无所官山墓地，为已故水勇顾世忠送葬，同时立墓碑。袁、顾两墓紧接为邻。

6 月 9 日（五月十三日），陪同丁汝昌参加纽克所政府在议政院举行的纪念火车发明人史蒂芬森（George Stephenson）百岁诞辰庆祝宴会。宴会上，林泰曾祝酒时用英语作了即席发言，在场数百人为之鼓掌称善。

8 月 2 日（七月初八日），率“员弁勇丁第一班赴‘超勇’快船”。

8 月 3 日（七月初九日），林泰曾待驻英国公使曾纪泽把大清龙旗升起之后，便管驾“超勇”快船试航。试航结果是：“快船每点钟尽力可行十四海里，每昼夜烧煤四十五吨，若每点只行十二海里，则昼夜烧煤二十八吨，若行八海里，则用煤十八吨而已。”

8月9日（七月十五日）下午1时许，管驾“超勇”舰由纽克所港道出发，起程回国。

8月11日（七月十七日）下午3时许，管带“超勇”舰抵达菲利茅港抛锚。

8月12日（七月十八日）12时后，前往拜访英船提督及船主等。

8月17日（七月二十三）凌晨3时许，管驾“超勇”船起航，“扬威”船随后相隔不远。

8月31日（闰七月初七日）傍晚，管带“超勇”舰到达波斯湾。

9月1日（闰七月初八），管带装满煤水的“超勇”舰，于晚上开赴距离鸦罗山打（Aixexan—drea）80海里洋面前往救援“扬威”舰。

9月21日（闰七月廿八），管带“超勇”舰出红海门……升旗查“扬威”尚余煤250吨，遂拟不入亚丁直抵锡兰（Ceylon）。午刻过亚丁口，行入印度洋……是夜以号灯与“扬威”答话。

9月27日（八月初五），接“扬威”船升旗报告：“‘扬威’机器微坏，停轮修理”，“超勇”立即停轮待之。

10月15日（八月廿三），管带“超勇”舰在香港外口浮岛洋面，放舢板将木排上坐六人拯救到船，给食更衣，医生为之调治。又在望浮岛“停轮驾舢板往救四人”。是晚在香港灯塔山前下锚。

10月19日（八月二十七）上午9时，管带“超勇”船到达广城靠岸，“两广总督张树声来观船，合城文武司道中军以下皆从之”。

10月26日（九月初四），林泰曾管带“超勇”舰出厦门口，风浪大作，午刻在寥遥下锚，午后风浪愈狂，至夜不歇。

11月1日（九月初十），管驾“超勇”船于上午7时许到达上海下锚，此后几天，他同洋员葛雷森、章斯敦与池仲祐在亚士客寓做出洋用款报销账。

11月18日（九月二十七日），林泰曾管带“超勇”舰到达天津大沽港。

11月22日（十月初一），林泰曾管带“超勇”舰从大沽前往旅顺口，李鸿章乘坐此船亲自验收“超勇”舰。

12月4日（十月十三日），因接待“超勇”舰来华有功，光绪皇帝“赏林泰曾果勇巴图鲁名号，免补游击，以参将补用”。

1882年8月9日（清光绪八年六月二十六日），林泰曾管带“超勇”舰随丁汝昌、马建忠从烟台直奔朝鲜，帮助朝鲜处理“壬午兵变”事件。

8月10日（六月二十七日），管带“超勇”舰到达朝鲜仁川港时，日本海军少将仁礼景范率“金刚”舰已先期到达，林泰曾派人观察并打探日军情况的随时变化。

8 月 13 日（六月三十日），与邓世昌分乘小艇至南阳测量水道。

8 月 14 日（七月初一日），林泰曾再次前去探测情况，并及时返回军舰。他了解到，10 天时间，日本向仁川增派 37 艘军舰，1 营陆军，形势日趋紧张。为防万一，林泰曾将“超勇”舰移泊南阳浦口，升火待命，时刻关注局势变化，直至事件平息。

10 月 10 日（八月二十九日），林泰曾被李鸿章奏请，免补参将，以副将仍留原省尽先补用。

1883 年 5 月 28 日（光绪九年四月二十二日），林泰曾命管带“超勇”舰与丁汝昌离大沽赴上海港。

1884 年 6 月 21 日（光绪十年五月二十八日），管带“超勇”舰随同李鸿章从大沽口起航前往烟台集合，参加出洋巡阅大操。

6 月 22 日（五月二十九日），管带“超勇”舰，随同李鸿章、张之洞、吴大澂、张佩纶、丁汝昌，“放洋操演雁行、鱼贯各阵式，帆缆、灯旗各号令，及枪炮施放之法，尚能整齐灵变”。

6 月 23 日（闰五月初一），管带“超勇”舰跟随大队驶抵金州之旅顺口勘察。

6 月 24 日（闰五月初二），管带“超勇”舰过烟台，会操各船声势略壮。

同日，管带“超勇”舰随巡阅大队“抵威海卫”，观看鱼雷艇操演练习。

10 月 24 日（九月初六日），随丁汝昌去天津面见李鸿章，共商援台之事。

10 月 29 日（九月十一日），再次随丁汝昌赴天津面见李鸿章，接受援台任务。

11 月 13 日（九月二十六日），林泰曾、邓世昌管带“超勇”“扬威”两舰南下援救台湾。

11 月 21 日（十月初四日），在上海港接到李鸿章的电报后，立即根据电报的要求，与吴安康密商，协调下船号令次序及严守军事机密的规定，做好出战的一切准备。

12 月 16 日（十月二十九日），林泰曾、邓世昌管带“超勇”“扬威”舰离沪赴旅顺口。

12 月 20 日（十一月初四日）夜，管带装备充足的“超勇”舰，从旅顺口驶往朝鲜。

12 月 22 日（十一月初六日），管带“超勇”舰到达朝鲜马山浦。

12 月 23 日（十一月初七日），林泰曾督率全舰官兵，严密注视日本军队的活动，为解决朝鲜“甲申政变”，防止事态恶化尽到了自己的职责。

1885 年 1 月 19 日（光绪十一年十二月初四日），在朝鲜接到李鸿章的电令，拟派“超”“扬”“威”三船出巡洋面，顺回旅顺要防。

2月3日（十二月十九日），管带“超勇”舰离开朝鲜出巡洋面回国。自1884年12月22日至1885年2月3日，林泰曾管带“超勇”舰驻泊朝鲜达44天之久。

是年，林泰曾奉命“兼办北洋水师营务处”。

5月16日（四月初三日），奉命管带“超勇”舰随丁汝昌抵达位于朝鲜仁川与釜山之间的巨文岛，察看占领此岛的英国海军情况。

5月18日（四月初六日），管驾“超勇”舰，将丁汝昌、严世永、穆麟德送至日本长崎，与英国远东舰队司令陶威尔提督（H. Dowell）会晤。

10月（九月），林泰曾以“定远”“镇远”“济远”三艘铁甲舰即将到华，事务尤繁，奏请重新聘请琅威理为北洋水师总教习。

11月17日（九月十一日），“镇远”舰到达天津大沽，经验收合格后，由林泰曾管带排水量为7335吨的“镇远”钢甲主力舰。

1886年1月14日（光绪十一年十二月初十日），管带“镇远”舰在厦门海域遭遇大风，“镇远”舰左右摇摆为18度。

5月18日（光绪十二年四月十五日），管带“镇远”舰与“定远”“济远”“超勇”“扬威”等舰艇乘潮出大沽口，随醇亲王奕譞、李鸿章巡阅北洋海防。是日，“行五百六十里，酉刻，抵旅顺口”。

5月20日（四月十七日）上午9时许，管带“镇远”舰与“定远”“济远”“超勇”“扬威”等舰，齐集黄金山之南水深处，演阵打靶，“各船旋转离合，皆视统领旗语为号，无不如响斯应”。

5月21日下午（四月十八日），管带“镇远”舰随巡阅大队“未刻起碇，开轮赴威海卫”。是晚，“行三百一十里，亥刻抵威海卫”。

5月22日（四月十九日）早饭后，曾率“镇远”舰官兵迎接“善都统验‘镇远’铁甲”舰。上午“巳刻起碇赴烟台……申刻抵烟台”。

5月23日（四月二十日）凌晨，管带“镇远”舰随巡阅大队于“子刻，展轮回大沽”。“巳刻，海上微风从人间有眩呕者，已谈笑如常。”“未刻，风稍息。酉刻，进大沽口。是日行六百四十三里。”

7月18日（六月十七日），管带“镇远”舰与“定远”“济远”“超勇”“扬威”“威远”五舰，随丁汝昌由威海起航，前往朝鲜沿海。

7月21日（六月二十日），管带“镇远”舰到达朝鲜釜山。

7月23日（六月二十二日），林泰曾等随丁汝昌到达元山，测量永兴湾一带港道。

7 月 31 日（七月初一），管带军舰随丁汝昌由元山永兴湾操巡到海参崴。

8 月 7 日（七月初八），管带“镇远”舰与“定远”“济远”“威远”三舰随丁汝昌去日本，“就近至长崎刮油船底，并装添煤斤等事”。

8 月 15 日（七月十六），管带“镇远”舰与“定远”“济远”“威远”诸舰皆放假休息，北洋水师官兵在长崎街道购物观光，与日警发生冲突。数百名日本警察将街道两头堵住，看见中国水兵便挥刀砍杀。中国水兵毫无防备，吃了大亏。

8 月 26 日（七月二十七日），管带“镇远”舰在长崎修竣出坞，即刻赴朝鲜仁川执行任务。

1887 年 6 月 12 日（光绪十三年闰四月二十一日），林泰曾向丁汝昌禀报称，“镇远”舰轮机舱备用料件业已无存，开具款目清折，呈请领用。

7 月 21 日（六月初一日），向丁汝昌禀报“镇远”舰请领该船需用各件。丁汝昌于次日即致信高仲瀛，查照核发。

9 月 20 日（八月初四日），向丁汝昌禀称：“定镇两船所配十五生脱炮，每船应配火药二十处，前年以此项火药不敷，每船只领八十出，除操演用去外，现两船仅存九十出，若再拨去三十出，所存似更太少。”

10 月 9 日（八月二十三日），奉丁汝昌命令，“带六船前去，环卫台旌，藉承心法”。丁提督强调“澳工一节，必须彼此会量尺寸乃可符合”。

10 月 10 日（八月二十四日），管带“镇远”舰与“定远”“济远”“威远”“扬威”诸舰去天津大沽。

12 月 10 日（十月二十六日），林泰曾管带“镇远”舰与“定远”“济远”“超勇”“扬威”“康济”“威远”等舰随丁汝昌在厦门。

1888 年 5 月（光绪十四年四月），赴天津与周馥、丁汝昌、罗丰禄等议订《北洋海军章程》。

8 月 22 日（七月十五日），林泰曾与琅威理接李鸿章电令：“操防各事，饬琅与林镇妥商办理……”

8 月 23 日（七月十六日），林泰曾接丁汝昌电报：“昌去后，操练各事，琅（威理）与林（泰曾）认真会商妥办。公事归林镇代（印代行）。”

12 月 17 日（十一月十五日），海军衙门上奏：“管带‘镇远’铁甲舰记名总兵林泰曾，心志坚定，器训深闳；管带‘定远’铁甲舰总兵衔水师补用副将刘步蟾，才明识远，饶有干略；该二员由学堂出身，久在西洋随队操习，委带战船巡海已阅七八年，资劳甚深，林泰曾堪胜北洋海军左翼总兵之任，刘步蟾堪胜北洋海军右翼总兵之任，人缺实属相宜。”

12 月 18 日（十一月十六日），内阁奉上谕："北洋海军左翼总兵著林泰曾补授，北洋海军右翼总兵（著）刘步蟾补授。"

1889 年 4 月 12 日（光绪十五年三月十三日），管带"镇远"舰与北洋海军各舰（"镇南""镇西"在沽坞油底除）"均驻操威海"。

4 月 25 日（三月二十六日），管带"镇远"舰与北洋舰队诸舰"到大连湾打靶、操鱼雷"。

4 月 26 日（三月二十七日），管带"镇远"舰与"定""济""致""靖""经""来""超""扬"八船抵达大连湾。

5 月 6 日（四月初七日），管带"镇远"舰完成此次打靶试雷操练任务，起程回威海卫。

6 月 22 日（五月二十四日），管带"镇远""济远""超勇""扬威"、并"南琛""南瑞""保民"七船，在北洋各口操巡，此次操巡计划时间约 30 天左右。

7 月 24 日（六月二十七日），带七船返回威海卫港，圆满完成了此次训练任务。

9 月 2 日（八月初八日），奉命督率北洋舰队诸船在威海湾照章操练。

11 月 29 日（十一月初七日），管带"镇远"舰与"定远""致远""靖远""经远""来远"五舰随丁汝昌"由威海卫直开上海"。

12 月 2 日（十一月初十日），管带"镇远"舰与北洋五舰随丁汝昌到达上海吴淞口。

1889 年（清光绪十五年），因表现突出，被"加提督衔"。

12 月 30 日（十二月初九日），率"镇远""靖远""来远"三船开赴台湾基隆，并计划绕后山行，与丁提督在台南安平会齐后赴香港。

1890 年 1 月 2 日（光绪十五年十二月十二日），林泰曾率"镇远""靖远""来远"于下午 3 时前到达基隆抛锚，"因连日大风，未开绕后山"。

1 月 11 日（十二月二十一日），管带"镇远"舰与"定远""经远""来远"三舰随丁汝昌抵达香港。

1 月 18 日（十二月二十八日），林泰曾与刘步蟾抓紧时间与香港修船方制定"镇远""定远"油底修配计划，连日核议，估定照章在坞日期外，每船拆验轮轴，在坞须多八天，并零星修理，共需二万四千余元，合上年修费加倍。

2 月 11 日（光绪十六年一月二十二日），管带"镇远"舰进坞油修。

2 月 25 日（二月初七日），管带"镇远"舰完成坞上修理任务，是日出坞。然后，与"定远""超勇""扬威"三舰在香港操修。

3 月 7 日（二月十七日），林泰曾接到李鸿章发来电报："琅威理昨电请示应升何旗，章程内未载，似可酌制四色长方旗，与海军提督有别。”

3 月 21 日（闰二月初一），管带“镇远”舰协助丁汝昌率北洋舰队五船访问西贡、新加坡、小吕宋各口。

4 月 29 日（三月十一日），管带“镇远”舰随丁汝昌回到香港。

5 月 8 日（三月二十日），管带“镇远”舰及其余六船随丁汝昌到达马尾，赶办“龙威”粤船各事。

5 月 16 日（三月二十八日），管带“镇远”舰随丁汝昌离福建赴上海。

5 月 19 日（四月初一日），管带“镇远”舰与其他舰船到达上海。

5 月 29 日（四月十一日），林泰曾管带“镇远”舰与“定远”“致远”“济远”“经远”“来远”“平远”“广甲”七船随丁汝昌回到威海卫。

7 月 22 日（六月初六日），协助丁汝昌统带南北各船，赴大连湾打靶并演鱼雷。

7 月 26 日（六月初十日），管带“镇远”舰协助丁汝昌“带同南北各舰到达大连湾打靶，计二十左右方可蒇事”。

9 月 22 日（八月初九日），林泰曾率六船，由海参崴经元山到达朝鲜釜山，与丁提督所率船队齐集。

12 月 9 日（十月二十八日），管带“镇远”舰与“定远”“济远”“经远”“来远”四舰随丁汝昌赴上海，拟在南洋操巡。

1891 年 1 月 20 日（光绪十六年十二月十一日），林泰曾接到丁汝昌交来李鸿章的电报，内容为：“‘定’‘镇’两船赶紧油修，明正即须预备东巡日本之事。”

2 月 9 日（光绪十七年正月初一），林泰曾参加丁汝昌在“定远”舰举行的春节团拜活动。

2 月 25 日（正月十七日），林泰曾管带油修竣工的“镇远”舰，随丁汝昌起航北上。

2 月 27 日（正月十九日）下午，管带“镇远”与北洋诸舰抵达厦门。

2 月 28 日（正月二十日），林泰曾管带“镇远”舰与北洋诸舰离厦北航。

3 月 5 日（正月廿五日）晚，管带“镇远”舰与北洋诸舰随丁汝昌抵达吴淞口外。

3 月 21 日（二月十二日），管带“镇远”舰与北洋诸舰随丁汝昌抵达威海卫。

5 月 5 日（三月廿七日），管带“镇远”舰随北洋舰队开赴大连湾。

5 月 11 日（四月初四日），管带“镇远”舰随北洋舰队到达旅顺口。

5 月 23 日（四月十六日），管带“镇远”舰随李鸿章、周馥、刘汝翼、丁汝昌，由大沽乘轮出海，参加北洋海军成军后的第一次校阅。

5 月 24 日（四月十七日），管带“镇远”舰随巡阅大队驶抵旅顺。

5 月 28 日（四月二十一日），管带“镇远”舰与“北洋各舰沿途分行布阵，奇正相生，进止有节”。

5 月 29 日（四月二十二日），管带“镇远”舰与北洋舰队“驶往三山岛”，巡阅指挥官“调集各舰鱼贯把靶，能于驶行之际命中及远”。之后，又“以三铁舰、四快船、六雷艇演放鱼雷，均能中靶”。

6 月 1 日（四月二十五日），管带“镇远”舰随巡阅大队开赴威海卫。是夜合操，水师全军万炮齐发，无稍参差，西人观之亦皆称羡。

6 月 26 日（五月二十日），管带“镇远”舰与“定远”“致远”“靖远”“经远”“来远”五舰随丁汝昌“开赴长崎，添煤后由内海直去京”。

6 月 28 日（五月二十二日），管带“镇远”舰到达日本马关寄泊。

6 月 29 日（五月二十三日），管带“镇远”舰与北洋五舰早上起航赴日本神户。

6 月 30 日（五月二十四日），管带“镇远”舰与五舰随丁汝昌到达日本神户，六舰抓紧时间“装煤毕即赴横滨、东京”。

7 月 5 日（五月二十九日），管带“镇远”舰随丁汝昌一行安全抵达横滨港。

7 月 9 日（六月初四日），与五舰管带随李经方、丁汝昌“拜见日王、亲王，其海宗、外部各特开茶会”。

7 月 29 日（六月二十四日），管带“镇远”舰随丁汝昌一行到达日本神户。

8 月 5 日（七月初一日），管带“镇远”舰与“定远”“致远”“靖远”“经远”“来远”五舰随丁汝昌由日本“长崎回威海”。

8 月 8 日（七月初四日），林泰曾管带“镇远”舰与五舰随丁汝昌“回抵威海”。

1892 年（光绪十八年）1 月 30 日（正月初一），林泰曾在威海参加北洋海军团拜。

1892 年 10 月 26 日（九月初六日），管带“镇远”舰去大连湾，“俟旅顺油、修各船工竣，并操巡各船到湾齐集后”，正式开始大操打靶。

12 月 14 日（十月二十六日），率“镇远”“济远”“威远”开往上海。

12 月 31 日（十一月十三日），率“镇远”“济远”“威远”开往福州。

1893 年 1 月 22 日（光绪十九年十二月初五日），率“镇远”“济远”“威远”三舰到达香港。

2 月 14 日（十二月二十八日），率“镇远”“济远”“威远”三舰到达厦门过年。

2 月 22 日（正月初六日），管带“镇远”舰率“济远”“威远”两舰抵达福州。

2 月 28 日（正月十二日），率“镇远”“济远”“威远”离开福州赴上海。

3 月 3 日（正月十五日），率“镇远”“济远”“威远”三舰抵达上海。

3 月 17 日（正月二十九日），管带“镇远”舰率“济远”“威远”离开上海港。

3 月 19 日（二月二日），林泰曾一行抵达威海卫。

4 月下旬（三月间），林泰曾出资库平银 500 两，买“济远”舰管带方伯谦九股中之一股。此为英国国家档案馆馆藏档案、卷宗号 CO873/211 里的记载：“‘济远’舰管带方伯谦的集成股份九股，共股本银四千五百两，折约大钱六千七百五十吊，合买刘公岛新庄前沿海沙地数段合成一处，北至山根，南至潮边，东至水沟，西至新兴口，计地六亩。先将沙滩应用之处约有三十六丈填平，起盖由西至东楼屋十四间，每间阔一丈二尺、深四丈六尺，前留道。傍海又盖阔八尺、深一丈平房二十五间。又西边平方五十四间。共计并买地的费钱七千三百吊左右。计开九股，股友林凯仕一股，出库平银五百两；林少谷（即超勇舰管带林履中，作者注）二股，出库平银一千两；林钟卿（即‘经远’舰管带、副将林永升——笔者注）一股，出库平银五百两；黄菊人（即‘扬威’舰管带、参将黄建勋——笔者注）二股，出库平银一千两；方益堂（即‘济远’舰管带、副将方伯谦——笔者注）三股，出库平银一千五百两。兹林凯仕等股份合同约字已到，其四至间数俱载约内，合亟具报呈验。”

1894 年 2 月 18 日（光绪二十年正月十三日），北洋海军左翼总兵、“镇远”舰管带林泰曾获清廷恩赏“宝寿字一方、大卷八丝绸二匹”。

5 月 10 日（四月初六日），林泰曾管带“镇远”舰与北洋其他八舰在大沽口会齐放洋，北洋各舰及广东三船沿途行驶操演，船阵整齐，变化雁行、鱼贯、操纵自如。

5 月 18 日（四月十四日），管带“镇远”舰与“定”“济”“致”“靖”“经”“来”诸舰，“在青泥洼演放鱼雷，均能命中破的”。下午，各舰驶至三山岛次第打靶，“于驶行之际，击穹远之靶，发速中多”。

6 月 18 日（五月十五日），林泰曾、刘步蟾接到李鸿章的电令：“应饬刘、林二镇，派一员，统带数船，速赴仁川，妥慎防护。”

6 月 19 日（五月十六日），管带“镇远”舰，并率“广丙”“超勇”两快船赴朝鲜仁川。

6 月 23 日（五月二十日），林泰曾统带“镇远”“广丙”“超勇”三船到达仁川，他立即派人打探日军兵力部署情况。

6 月 24 日（五月二十一日），林泰曾会同中国驻仁川刘理事会见日本领事，日领事答复六条，称兵不聚汉城等。

同日，林泰曾自朝鲜仁川马山浦发回电报称："昨晚有现在日兵登岸。往探领事，据云，在船在仁日兵定今夜进汉。"

6 月 25 日（五月二十二日），林泰曾自朝鲜仁川马山又发回电报称："风闻倭尚有五千将到，倭水陆共十队，我兵既添，未添大队海军，后路请速备大队船，合军更备，雷艇'福龙'须饬出坞，'康济'装修水雷候进，并请调南阳船来。"

6 月 26 日（五月二十三日），林泰曾再次给国内发回电报称："仁港泊船，战守均不宜，拟一二船驻仁探信，余船驻牙备战守。请速派雷艇三艘来牙，并派弁兵带水雷五十个，药线、电机，一切由商船速装来牙。"

6 月 30 日（五月二十七日），管带"镇远"舰移驻牙山口。他根据李鸿章、丁汝昌的命令，察看了驻守仁川和牙山两地的北洋海军的"超勇""扬威""平远""操江"四船的粮饷煤水，规定两地舰船要常通音信。之后，他管带"镇远"舰，与"济远""广丙""康济"四船分队陆续出口，取齐后开回整备。此次林泰曾奉命率舰赴朝鲜执行任务历时八天。

7 月 26 日（六月二十四日），管带"镇远"舰与北洋八舰随丁汝昌"开往汉江洋面游巡迎剿"。

7 月 28 日（六月二十六日），管带"镇远"与北洋八舰随丁汝昌仍"赴朝鲜海面迎击"，搜寻日舰，仍不见日舰踪迹。

7 月 29 日（六月二十七日），带"镇远"舰与诸船随丁汝昌"折回威海部署防务"。

8 月 2 日（七月初二日），管带"镇远"舰与"定远""致远""靖远""经远""来远"五舰随提督丁汝昌赴朝鲜洋面梭巡。

8 月 9 日（七月初九日），带"镇远"舰与"定远""致远""靖远""经远""来远""平远""广甲""广丙""扬威"船随丁汝昌"赴大同江巡击"。

8 月 10 日（七月十日），管带"镇远"舰与其他九船随丁汝昌寄泊樵岛。

8 月 11 日（七月十一日），管带"镇远"舰与其他九舰继续在海上梭巡。

8 月 12 日（七月十二日），管带"镇远"舰与其他九船驶至海洋岛一带海面。

8 月 13 日（七月十三日），管带"镇远"舰与其他各舰于"六点回威"。丁汝昌命令"各船连夜赶添煤炭"。至第二天早晨开船时，"查只'定''镇'各装一百吨，'致'四十，'靖'十二，'经''来'各五十，由商煤轮上；'平''丙'各八十，'甲'廿，'扬'十二，'丙'艇三十二。由码头上"。

8 月 14 日（七月十四日），管带“镇远”舰与其他诸船随丁汝昌早上开船，“出巡庙岛、洋河口、秦王岛、山海关、绕金州澳，约四日可进旅口”。

8 月 15 日（七月十五日），管带“镇远”舰与其他诸舰随丁汝昌晚上到达榆关。他们“连夜派量两处水势，水深二三托不等；洋河口宽约二丈余，枯潮约尺余，满潮七尺余，离口二迈余，深四五托不等”。

8 月 16 日（七月十六日），协助丁汝昌率舰队于晚上起航开往大沽。

8 月 21 日（七月二十一日），管带“镇远”舰与北洋诸舰艇随提督丁汝昌“赴庙岛、山海关、秦王岛、洋河口一带巡查”，回至大沽折往旅顺后，连夜赶添装煤，小修备航。

8 月 22 日（七月二十二日），管带镇远舰与北洋舰队各自晚上开船由旅顺绕烟台外行。

8 月 23 日（七月二十三日）晨，管带“镇远”舰与北洋舰队各舰随丁汝昌驶抵“烟、威之间寄泊”。当天，“‘威远’‘镇远’两船进烟载威厂并守口要件”。

8 月 29 日（七月二十九日），林泰曾随丁汝昌统“定”“镇”“致”“靖”“经”“来”“济”“平”等船自威海卫“往海洋岛，由大鹿、三山各岛巡查”。

8 月 30 日（七月三十日），管带“镇远”舰与诸舰随丁汝昌开赴大鹿岛泊巡，途中“见陆军由旅运军火民船三只，由沽运米船两只”。但没有敌船。

8 月 31 日（八月初一日），管带“镇远”舰与北洋诸舰随丁汝昌由光禄各岛一路探询至三山岛，夜晚到达大连湾。

9 月 16 日（八月十七日），管带“镇远”舰与北洋舰队随丁汝昌从大连湾开行，午后抵达大东沟。在距口外十二海里下碇。

9 月 17 日（八月十八日）上午 10 时许，林泰曾管带的“镇远”舰与瞭望哨发现西南方天际出现了一抹淡淡的轻烟，他命令加强警戒。看清是日本舰队正面驶来，林泰曾立即报告丁汝昌，同时发出了战斗警报。

海战打响之后，林泰曾管带的“镇远”舰与刘步蟾管带的“定远”舰始终相伴而行，相互依护，勇猛作战。在历时近 5 个小时的海战中，林泰曾率“镇远”舰全体官兵奋勇杀敌，勇灭烈火，击敌保舰，直至海战结束。

9 月 28 日（八月二十九日），林泰曾管带的“镇远”舰和刘步蟾管带的“定远”舰，因在黄海大战中，“将士苦战出力”，光绪皇帝“著李鸿章酌保数员，以作士气”。

10 月 3 日（九月初六日），带领“镇远”舰官兵监督并协助旅顺船坞技工抢修弹伤。当日又接李鸿章电令，“定远”“镇远”“靖远”“济远”“平远”“广西”六船必须漏夜修竣，早日出海游弋。

10月18日（九月二十日）傍晚，奉命管带没有安装起锚机的“镇远”舰开行，前往威海卫北洋海军基地补充弹药。

10月23日（九月二十五日），因参加黄海大战有功，被朝廷赏换霍伽助巴图鲁勇号。

10月25日（九月二十七日），管带“镇远”舰与“定远”“济远”“靖远”“平远”“广丙”及两艘鱼雷艇，出威海湾口追寻当天早晨驶抵威海一带海面的两艘日本军舰。“倭船逃东北”。

10月30日（十月初二日），管带“镇远”舰与定远舰从大连湾赶回旅顺口拟赶配起锚机。

11月12日（十月十五日）下午3时，管带“镇远”舰与北洋舰队其余五舰随丁汝昌“由沽开行，次早六点，望见口外老铁山西北有船发烟，九点，六船到旅外抛锚”。

11月13日（十月十六日），管带“镇远”舰与北洋其他五舰随丁汝昌于“晚六点开威海”。

11月14日（十月十七日）凌晨3时许，林泰曾管带“镇远”舰驶进威海湾口时，正值退海落潮水枯时，“因风大水溜，浮鼓稍有移动”，“镇远”舰为避雷标而误擦海底暗礁，弹药舱、帆舱、煤舱、锅炉舱以及水力机舱下部位等被水下礁石划破数道裂缝，进水甚急。林泰曾下令紧急抢救，设法堵住漏水的同时，将“镇远”舰驶进威海湾港内泊好。

11月15日（十月十八日），组织人力“将夹底上之水抽干，派人下查数次，未能觅出伤处”。之后，又“用帆布兜底赶抽夹底之水，冀速觅伤处，设法堵塞”。

11月16日（十月十九日），北洋海军左翼总兵、“镇远”舰管带林泰曾“以时棘船损、痛不欲生，卯刻服毒，辰刻身故”。

参考书目：

顾廷龙、叶亚廉主编：《李鸿章全集》（一），上海人民出版社1985年版。

顾廷龙、叶亚廉主编：《李鸿章全集》（二），上海人民出版社1986年版。

顾廷龙、叶亚廉主编：《李鸿章全集》（三），上海人民出版社1987年版。

（清）池仲祐撰：《西行日记》，上海商务印书馆戊申仲冬（1908年——笔者注）代印。

张侠、杨志本等合编：《清末海军史料》，海洋出版社1982年版。

姜鸣编著：《中国近代海军史事日志》，三联书店1994年版。
戚俊杰、王记华编校：《丁汝昌集》，山东大学出版社1997年版。
姜鸣：《龙旗飘扬的舰队》（增订本），三联书店2002年版。
戚俊杰、刘玉明主编：《北洋海军研究》第1辑，天津古籍出版社1999年版。
戚俊杰、刘玉明主编：《北洋海军研究》第2辑，天津古籍出版社2001年版。
戚俊杰、刘玉明主编：《北洋海军研究》第3辑，天津古籍出版社2006年版。
戚俊杰、郭阳主编：《甲午纵横》第1辑，华文出版社2006年版。

（此文原载于戚俊杰、郭阳主编：《甲午纵横》第2辑，华文出版社2008年版，第215～231页）

民族英雄邓世昌

邓世昌，是清朝北洋海军中军中营副将、“致远”舰管带，是中国近代史上一位可歌可泣的民族英雄。他在抵御外来侵略、捍卫祖国万里海疆的战斗中，表现突出，令人敬佩，特别是在中日甲午黄海大战中，管带“致远”舰，英勇杀敌，壮烈殉国，他的民族气节和英雄事迹永垂青史。今天，我们纪念这位伟大的爱国者，对于弘扬爱国主义、振奋民族精神都是大有裨益的。

民族英雄邓世昌

一、勤奋好学 文武双全

邓世昌，字正卿，原名永昌，1849 年 10 月 4 日（道光二十九年八月十八日）生于广东番禺县（今广州市海珠区）。他性格内向，刚毅果断，少年时就“留意经世之学”[①]，有远大报国志向。邓世昌兄弟姐妹六人，他排行第四。19 世纪 60 年代，他常随父亲邓焕芬去上海，在黄浦江边，他看到外国舰船在中国海口任意进出，毫无顾忌，慨然叹道：“中西互市久远，人曰驭风涛，稔知我国厄塞。若我国不以西法练海军，一旦强邻肇衅，何以御之？”[②] 于是他立志努力学习，将来投身海军，为中国的海防事业奉献自己的一生。

1866 年，闽浙总督左宗棠奏请创办福州船政局。接着，前江西巡抚沈葆桢任总理船政大臣，创办福州马尾船政学堂，以培养中国自己的造船人才和海军人才。得知消息的邓世昌当即报名，并顺利考入入学堂被“分班肄业”[③]，成为马尾后学堂学习驾船航海的第一批学生。这时的邓昌世已年满 18 岁，由于他志向坚定，学习目的明确，所以，“凡风涛、沙线、天文、地理、测量、电算、行陈

---

① （宣统）《番禺县续志》卷二十三《人物志六・邓世昌传》，民国二十年（1931 年）重印本。

② （清）池仲祐撰：《海军实纪・邓壮节公事略》，张侠、杨志本等合编：《清末海军史料》，海洋出版社 1982 年版，第 354 页。

③ （清）池仲祐撰：《海军实纪・邓壮节公事略》，张侠、杨志本等合编：《清末海军史料》，海洋出版社 1982 年版，第 354 页。

诸法，暨中外交涉例文，靡不研究精通”[①]。沈葆桢很看重他的才华与能力，毕业之后，于1871年派他上“建威”号练船实习航海，巡历南洋各岛。顺利完成实习任务的邓世昌返回福州后，沈葆桢即派他管带“建威”号兵轮，旋调“琛航”船任大副。1874年，沈葆桢奏保奖给邓世昌五品军功。此后数年，邓世昌出任“海东云”炮舰管带，后又调任“振威”号炮舰管带，并代理“扬武”号管驾，负责巡弋福建沿海。

1879年，直隶总督兼北洋大臣李鸿章筹建北洋海防时，急需大批海军人才。他“闻世昌熟悉管驾事宜，为水师中不易得之才”[②]，即调邓世昌到北洋服役，任“飞霆”号炮舰管带。

邓世昌勤奋好学，西学造诣甚深。1880年，他随丁汝昌到英国接“超勇”和“扬威”两舰时，利用一切机会考察西方国家海军的发展状况，不但开阔了他的视野，还大大提高了他的海军军事理论和专业技能。返航回国时，他协助协助洋管驾章斯敦，克服了种种突发紧急情况，终于将“扬威”舰安全带回中国。

1887年，中国在英德两国订购的“致远”“靖远”“经远”“来远”四艘军舰竣工，邓世昌、叶祖珪、林永升、邱宝仁等随同总教习琅威理前往欧洲验收舰船并带回国内。在归国航行途中，邓世昌不依赖洋员教习，充分指挥自己的能力与真才实学来指挥舰船的航行与操练，每天变换阵形数次，“时或操火险，时或操水险，时或作备攻状，或作攻敌计”[③]，于当年冬季回到中国南方海域。这次独立驾舰远航回国，邓世昌与北洋海军的官兵们增长了见识，经受了锻炼，提高了战斗能力。次年4月，结束了冬季的海上训练，邓世昌、叶祖珪、林永升、邱宝仁等驾驶四舰安全驶抵天津大沽。回国验收后，邓世昌被任命为“致远”舰管带。北洋海军成军后，以副将补用，“以总兵记名简放，并加提督衔”[④]。1891年5月，李鸿章亲临威海卫检阅北洋海军，邓世昌管驾“致远”舰，“使船如使马，鸣炮如鸣镝，无不洞合机宜”，时人也说他“精于训练”[⑤]，“治事

---

① 棘人邓浩洪、浩翔、浩乾：《哀祭先严》，《民族英雄邓世昌哀荣录》，邓世昌长孙邓小鹏小楷手抄本，第5页。

② （宣统）《番禺县续志》卷二十三《人物志六·邓世昌传》，民国二十年重印本。

③ （清）余思诒撰：《航海琐记》上册，甘肃省图书馆藏，中华全国图书馆文献缩微复制中心：《瀛环志略·航海琐记》，中华全国图书馆文献缩微复制中心2000年版，第282页。

④ （清）池仲祐撰：《海军实纪·邓壮节公事略》，张侠、杨志本等合编：《清末海军史料》，海洋出版社1982年版，第355页。

⑤ 蔡尔康等编：《中东战纪本末·大东沟海战》，中国史学会主编：《中国近代史资料丛刊·中日战争》（一），上海人民出版社、上海书店出版社1957年版，第167页。

精勤，恒若夙癖”。1891 年，他因奉操得力，“赏噶尔萨巴图鲁勇号，覃恩赏给三代一品封典”①。

邓世昌管带的“致远”舰照片（刘烜赫供图）

邓世昌勤奋好学，文武双全。他不但军事技术精湛，而且“藏名书甚夥”，军政一有闲暇，就披览不倦。其书法颇得其神采，“尤好黄山谷笔法”②，据传邓氏宗祠里“龙跃云津凤鸣朝日，桂生高岭莲出绿波”③ 的对联，就是他青年时代的手迹。

二、保国为民 兵民拥戴

邓世昌个子不高，但英气勃发。他为人耿直坦诚，素有“忠勇”之称。他热爱祖国，爱护兵民，在历次执行战斗任务中，都能做到“衽席波涛，不避风险”④，圆满完成了保卫祖国海疆的任务，每每得到同事和上峰的好评。1874 年，邓世昌任“海东云”炮舰管带，恰遇日本派兵 3000 入侵台湾，他奉命扼守澎湖、基隆等港口要塞。他精心管带炮舰，昼夜加强巡逻，严防密守，为粉碎日本强行占领台湾的侵略图谋做出了积极贡献。

---

①（清）池仲祐撰：《海军实纪·邓壮节公事略》，张侠、杨志本等合编：《清末海军史料》，海洋出版社 1982 年版，第 356 页。

②（清）池仲祐撰：《海军实纪·邓壮节公事略》，张侠、杨志本等合编：《清末海军史料》，海洋出版社 1982 年版，第 355～356 页。

③ 这副对联是邓世昌青年时亲笔所书，系 20 世纪 90 年代笔者与中国甲午战争博物馆工作人员南下采访时，邓世昌曾侄孙邓敏扬先生、广州市海珠区副区长、书法家周树坚先生分别接受采访时，皆亲口说到此事。邓世昌的书法作品现仍藏于上海市中国共产党第一次代表大会会址纪念馆。

④（宣统）《番禺县续志》卷二十三《人物志六·邓世昌传》，民国二十年（1931 年）重印本。

光绪八年（1882 年），近邻朝鲜各地不断发生反日事件和反对朝鲜政府对外妥协的“壬午兵变”，日本政府趁机要派兵干涉。为了及时平息兵变，稳定朝鲜政局，署理直隶总督张树声奏请调浙江提督吴长庆率军渡海援朝，命北洋海防统领丁汝昌率带军舰护送。邓世昌管驾“扬威”舰，“鼓轮疾驶，迅速异常，迳赴仁川口，较日本兵舰先到一日”，吴长庆的军队迅速登岸，果断平息事变。日军后至，“争门不得入而罢”[①]，日本借机侵占朝鲜的阴谋遭到失败。邓世昌因功奉旨免补都司，以游击补用，于 1887 年赏给勃勇巴图鲁勇号。[②]

1884 年，法国海军舰队入侵台湾，攻陷基隆炮台，邓世昌奉命又率舰南下御敌。当时适逢其父病故，他闻知悲痛欲绝，请假回家守孝的报告未获批准，他便强忍悲痛，以国家安危为重，慨然率舰出征。五年之后，他回到广东老家，哭昏倒在地。邓世昌孝敬父母，珍重亲情，但他在民族与国家大义面前不计一己之亲，把个人情怀更多地系于祖国和人民之下。

邓世昌（中间站立者）与“致远”舰部分官兵合影

爱国必爱民，爱国必爱兵。邓世昌同情人民，关怀士兵，“自奉则备极俭约，自请缨以来”，始终与“士卒同甘苦”。[③] 他对士兵十分爱护，故部下将士无不为之效力。1887 年，他从英国驾船回国途中，有一名水手病故，若告知北洋海军

---

① （宣统）《番禺县续志》卷二十三《人物志六 · 邓世昌传》，民国二十年（1931 年）重印本。

② （清）池仲祐撰：《海军实纪 · 邓壮节公事略》，张侠、杨志本等合编：《清末海军史料》，海洋出版社 1982 年版，第 355 页。

③ 棘人邓浩洪、浩翔、浩乾：《哀祭先严》，《民族英雄邓世昌哀荣录》，邓世昌长孙邓小鹏小楷手抄本，第 12 页。

总查英人琅威理，必会将其沉于海底。邓世昌按照中国人的习俗，备棺装殓，待靠岸后埋葬，使死者得到陆葬，瞑目九泉，使生者益于节哀，感到宽慰。也是在这次回国途中，舰船行经直布罗陀时，遇到一些被西班牙掠卖到那里的广东华工求见，恳请搭救他们回国。邓世昌毫不犹豫地答应了他们的请求，把这些“食不饱，寒无衣”① 的劳工带回祖国与家人团聚。

邓世昌的爱国爱民爱兵之举，深受广大兵民的拥戴。自参军带兵以来，始终坚持与士卒同甘苦，共命运，因而“隶麾下者，均效死力”②。这是他能够多次胜利完成战斗任务的重要前提。

三、以身许国 怒沉黄海

邓世昌为了捍卫国家和民族的利益，早把个人生死置之度外。1894 年 7 月 25 日，日本侵略者不宣而战，向行驶在牙山丰岛海面的北洋海军运兵船发动突然袭击。其时，邓世昌“愤欲进兵”，为死难的将士报仇雪恨。他对海军将士说：“人谁不死，但愿死得其所耳！”“设有不测，誓与日舰同沉！”③ 这充分表明了他准备与敌人决一死战的决心。在黄海大战中，他实践了自己的誓言。

1894 年 9 月 17 日中午 12 时 50 分，中日两国舰队在鸭绿江口外的黄海海面相遇，北洋海军“定远”旗舰首先发炮轰击日舰，黄海大战打响。邓世昌指挥“致远”舰冲锋在前，勇不可当。他命令“致远”舰的官兵们，开放舰首舰尾主炮，同时又发射机器格林炮，“先后共百余处，击中日舰甚多”④。但日本海军联合舰队凭借速度快、速射炮多的优势，避开“定远”“镇远”两舰的猛烈炮火，绕攻北洋舰队右翼舰船。“超勇”“扬威”相继中弹起火，“致远”“定远”“济远”三舰被敌舰队隔开，使北洋舰队处于不利位置。面对腹背受敌的危急情况，邓世昌激励将士说：“吾辈从军卫国，早置生死于度外，今日之事，有死而已。”⑤ “致远”舰全体将士同仇敌忾，义无反顾，同日本侵略者开展了英勇搏战。

双方激战至下午 2 时 30 分，号称“帝国精锐”的日本“吉野”“高千穗”“秋津洲”和“浪速”四舰从北洋舰队右翼向左回旋，驶至“定远”舰的前方，步步

---

① （清）余思诒撰：《航海琐记》上册，甘肃省图书馆藏，中华全国图书馆文献缩微复制中心：《瀛环志略·航海琐记》，中华全国图书馆文献缩微复制中心 2000 年版，第 282 页。

② 棘人邓浩洪、浩翔、浩乾：《哀祭先严》，《民族英雄邓世昌哀荣录》，邓世昌长孙邓小鹏小楷手抄本，第 12 页。

③ （宣统）《番禺县续志》卷二十三《人物志六·邓世昌传》，民国二十年（1931 年）重印本。

④ （宣统）《番禺县续志》卷二十三《人物志六·邓世昌传》，民国二十年（1931 年）重印本。

⑤ （清）徐珂撰：《邓壮节阵亡黄海》，转引自戚其章：《邓世昌》，孙克复、关捷主编：《甲午中日战争人物传》，黑龙江人民出版社 1984 年版，第 10 页。

紧逼，并企图施放鱼雷。定远舰情况危急，旗舰的安危直接影响到全军的胜败。邓世昌为保护旗舰，毅然“开足机轮，驶出定远之前”，迎战敌舰。战不多时，日舰“以四舰环攻之”，邓世昌毫无惧色，镇定自若，指挥全舰将士还击敌人。海战进行至下午 3 时多，“致远”舰多处受伤，水线下已进水，舰身倾斜，且弹药将尽，情况异常危急。正在此时，日舰“吉野”驶近“致远”，邓世昌想与它同归于尽，以便为海战取胜扫清最大障碍。他对大副陈金揆说：“倭舰专恃吉野，苟沉是船，则我军可以集事。”[①] 于是，“致远”舰“鼓轮怒驶，且沿途鸣炮，不绝于耳，直冲日队而来”[②]。数艘敌舰急忙集中火力发炮猛轰，“致远”舰甲板燃起熊熊大火，周围窜起道道水柱，但邓世昌仍毫不犹豫地向“吉野”冲去。有数颗榴弹同时命中“致远”舰水线，致使舷旁鱼雷发射管内的一枚鱼雷爆炸，右舷即刻倾斜，旋即沉没。官兵们纷纷坠入海中，邓世昌与大副陈金揆、二副周展阶等也同时落水。邓世昌坠水后，侍从刘忠（应为刘相忠）[③] 递给他救生圈，他断然拒绝，并且高喊：“事已如此，义不独生。”[④] 接着，又有一艘中国鱼雷艇快速驶来，水手们高呼：“邓大人，快上扎杆！”他也不应，仍复奋掷自沉。这时，他的爱犬游到他的身边，衔住他的手臂，被他推开，爱犬又衔住他的头发，世昌誓与舰船共存亡，他先将爱犬按入水中，自己也随之沉入波涛之中。全舰 200 多官兵除 27 人获救生还外，其余全部壮烈牺牲。邓世昌壮烈殉国时年仅 46 岁。

四、民族英雄 名垂千古

邓世昌以身许国，怒沉黄海，举国上下，莫不痛悼。光绪皇帝赐予他“壮节”谥号，“入祀京师昭忠祠”[⑤]，追赠太子少保，还派钦差大臣到广东抚慰其家属，并亲为邓世昌撰写祭文、碑文各一篇。1895 年，光绪皇帝又赐白银十万两，用于修建邓氏宗祠。宗祠大门两侧的楹联是：“云台功首，甲午留名。”1897 年朝廷又赏给邓母匾额一方，以示旌表。甲午战争后，威海人民为了纪念这位民族

---

① （清）姚锡光撰：《东方兵事纪略·海军篇》，中国史学会主编：《中国近代史资料丛刊·中日战争》（一），上海人民出版社、上海书店出版社 1957 年版，第 67 页。

② 中国史学会主编：《中国近代史资料丛刊·中日战争》（七），上海人民出版社、上海书店出版社 1957 年版，第 550 页。

③ 2016 年 12 月 12 日，刘相忠的曾孙女刘素华女士在北洋海军将士名录墙前激动地告诉在场的媒体记者和将士后裔，她的曾祖父叫刘相忠，而非此前书中所记的刘忠。参见戚俊杰：《福建船政名杰与北洋海军将士后裔祭祀海军前辈之综述》，《甲午战争研究》2017 年第 1 期。

④ （宣统）《番禺县续志》卷二十三《人物志六·邓世昌传》，民国二十年（1931 年）重印本。

⑤ （清）池仲祐撰：《海军实纪·邓壮节公事略》，张侠、杨志本等合编：《清末海军史料》，海洋出版社 1982 年版，第 355 页。

英雄，于卫城环翠楼中堂挂邓世昌肖像。荣成县百姓还在成山头日主祠内立邓世昌木雕像，年年祭祀不忘。1984 年，为纪念邓世昌壮烈殉国 90 周年，威海市人民政府又在市区环翠楼公园广场开阔处，为邓世昌塑造了高 8 米、重 30 多吨的铜雕像，以供万世瞻仰，永久纪念。

邓世昌的一生是勤奋进取的一生，是御辱战斗的一生。在他短暂的人生旅程中，正值西方列强屡扰中华，民族危机日益加深之时，他自幼年起，就将个人的命运同祖国的命运融为一体。他的诺言是"以身许国""义不独生"①。他为祖国而生，为民族而死。在同日本侵略者决战的黄海大战中，他终以血肉之躯，实践了自己庄重的诺言。

我们从邓世昌的人生实践中，看到了什么是大丈夫，什么是大英雄。我们也从邓世昌的战斗人生中，看到了中华民族的崇高精神，这就是自强不息、勇往直前，热爱祖国、热爱人民，同仇敌忾、不屈不挠。这种精神与日月争辉，与天地共存。这种精神是中华民族之灵魂，是中国人民之脊梁。就是凭着这种精神，才使中华民族历尽苦难与坎坷，最终得以独立于世界民族之林。

纪念民族英雄邓世昌，就是要学习他忧国忧民、立志为国的远大抱负，学习他勤奋好学、献身海防的奉献精神，学习他爱国爱民爱兵、敢于负责的务实精神；更要学习他英勇善战、顾全大局、保护战友、甘愿牺牲的无私无畏精神。为了夺取海战的最后胜利，在事关个人生死存亡的关键时刻，他把生的希望留给别人；在弹药将尽，舰船行将沉没的最后时刻，他还要撞向敌舰，尽自己最后的努力去消灭敌人。

邓世昌的精神光环达到了当时历史条件下的最亮点。很多人与其过多地挑剔瑜中之瑕，倒不如鼓起勇气，发扬光大邓世昌展现出的伟大民族精神，在新的历史条件下抓住机遇，为维护世界的持久和平与安宁，去工作，去战斗，在社会主义现代化建设中去充分实现自己的人生价值。

（此文原载于戚俊杰、郭阳主编：《甲午纵横》第 1 辑中编，华文出版社 2006 年版，第 133～138 页。有改动）

---

① 中国史学会主编：《中国近代史资料丛刊·中日战争》（三），上海人民出版社、上海书店出版社 1957 年版，第 136 页。

甲午威海卫港保卫战中的萨镇冰

甲午威海卫港保卫战，发生在1895年1月下旬至2月上旬，这是日本侵略军在山东地区的最后一战。北洋海军广大官兵在提督丁汝昌的率领下，浴血奋战，屡挫强敌，涌现出许多可歌可泣的爱国将士和英雄人物。精练左营游击、“康济”练舰管带萨镇冰就是诸多爱国将士中的一位。

北洋海军参将、“康济”练舰管带萨镇冰

萨镇冰，字鼎铭，1859年3月30日（咸丰九年二月二十六日）出生于福建省福州市。7岁时入私“塾从业师王崧辰读书”。次年，因家庭贫穷投奔“福州名中医族叔铿藩，与族兄弟从族叔澹秋受业”。1869年，11岁的萨镇冰考入福州船政后学堂，成为该校的第二期学习航海驾驶的学生。1872年，学业期满，“成绩优异，名列全班第一”。毕业后的萨镇冰被派到“扬武”舰上实习，远航外海大洋，南至新加坡、槟榔屿及小吕宋等海域港湾，北至日本等海域。1874年，“任巡缉台湾沿海的‘海东云’兵舰二副，因剿灭海匪有功，记大功一次”。1877年春，19岁的萨镇冰考入英国格林尼治皇家海军学院，学习海军理论及管驾舰船的相关知识。1879年，被派登上英国海军新式重型战舰“们那次”（Monarch）号，学习操防、排布、迎御诸法，远航至地中海、大西洋、美利坚、非洲、印度洋，真可谓“始终勤奋，得有实学”。[①] 1880年4月，萨镇冰留学期满，回国后在南洋水师为国效力。

1882年，直隶总督兼北洋通商大臣李鸿章调萨镇冰任天津水师学堂教习。4年后改任威远练船管带。1887年，又改任康济练习舰管带。北洋海军正式成军后的第二年，萨镇冰升署北洋海军精练左营游击，继续管带“康济”舰。

---

① 萨本仁：《萨镇冰传——一生跨越四个历史时期的近代爱国海军宿将》，海潮出版社1994年版，第191～192页。

1894 年，日本借朝鲜东学党农民起义事件，挑起中日甲午战争。日本海军联合舰队时常派舰船骚扰和炮击威海湾内的北洋舰队。为了加强威海卫港海军基地的海上防御，萨镇冰奉丁汝昌之命，率带“康济”舰 30 余名水兵驻守威海湾南口的日岛炮台。

日岛，位于威海湾南口的深海中央。北距刘公岛东泓炮台 2 公里，南距威海湾南岸鹿角嘴炮台 2.5 公里，西距威海卫陆地 10 公里，东面则是一片汪洋深水。日岛的礁石突兀，四面环海，岛长 120 米，宽 80 米，高 13.8 米，岛岸线长 0.88 千米。这里原来是露出水面的一片礁石，从威海陆地远远望去，好似衣服漂浮水面，故名“衣岛”。清朝初期，陆地上的人们见其位于太阳升起之处，且方言“衣”与“日”两字同音，于是便改称“日岛”。日岛海市奇观是“威城八景”之一。清代威海卫人、福建巡抚王士任写有七言诗赞曰：“东溟遥望白云封，幻出奇观千万重。才见冠裳皆列象，俄惊楼阁已无踪。桑田沧海浮仙岛，玉女金童笑祖龙。应是蓬莱原不远，探幽何必到三峰。”①

1888 年 5 月 17 日，李鸿章在勘察各口海防奏折中提出，在此建铁甲炮台一座。于是，北洋海军与北洋护军从南岸载来沙石，修筑了日岛地阱炮台。日岛炮台建成后，设置仿英国阿姆斯特朗厂制造的 20 厘米口径地阱炮 2 门，6.5 厘米口径平射炮 6 门。所谓地阱炮，就是掘一地阱，藏炮于其中，上加施铁盖，适于地面持平，所用炮手 2 人，亦伏地阱中，以防敌弹飞堕。距阱稍远，多筑土堆，阱东土西，使敌疑惑。开炮之倾，烟焰迷天，不能辨炮在何处。又备小炮台一座，略出台面，用以探视敌情和测量距离所用。1894 年 5 月 22 日，李鸿章一行登上日岛炮台，观看“施放地阱大炮，于隔海数里外置靶，一击而中”，大炮则“瞬息升降，灵准非常”②。地阱炮，是用水机升降，见敌人到来就升炮射击，而且可以圆转自如，四面环击。燃放之后，炮身就借弹药座力退压水汽，又降到阱中藏好，既保证了大炮的自身安全，又使敌人无法找到攻击目标。日岛炮台因位于刘公岛的东泓、南嘴和威海南岸的皂埠嘴、鹿角嘴炮台中间，是威海卫港湾南口的砥柱，所以战略位置非常重要。然而，日岛炮台的生活条件异常艰苦，岛上没有淡水，所需粮食、蔬菜全靠从刘公岛或威海南岸供应，守台官兵全都居住在地下隐蔽体中。萨镇冰驻守日岛炮台后，由于生活条件艰苦和操劳过度，身染疾病，数月未愈。他的夫人陈氏知道后，急忙带孩子从福州赶来探望。镇冰以战事为重，不与相见，并即时派人将夫人和孩子送到南下车上，让他们迅速返回老

① 威海市地方史志编纂委员会编：《威海市志》，山东人民出版社 1986 年版，第 597 页。

② 张侠、杨志本等合编：《清末海军史料》，海洋出版社 1982 年版，第 282 页。

家。自己强忍病痛的折磨，与水兵们日夜坚守在日岛炮台上。

1895 年 1 月 20 日，日军在山东荣成龙须岛登陆，至 1 月 25 日，日军共登陆了 34600 人，战马 3800 匹和大批武器辎重。接着，日军兵分两路，向威海方向快速推进。1 月 30 日凌晨 3 时，日军又分左右两路纵队向威海卫南岸炮台进逼。与此同时，日本海军的联合舰队也从海上对威海卫港内的北洋舰队和日岛炮台发炮猛轰。至此，甲午威海卫刘公岛保卫战正式打响。

威海卫港口阔水深，其南北两岸山势险峻，蜿蜒而东，伸向海中。刘公岛好似一艘巨型军舰，停泊在港口中央，将港湾分成南北两口。而日岛又将南口一分为二，成为威海卫港和刘公岛的前沿阵地。此时，正值乙未年的正月，天寒异常，狂风呼啸，海浪滔天。守卫在刘公岛上的北洋海军广大爱国将士、特别是萨镇冰与 30 余名驻守在日岛上的水兵，密切注视日本联合舰队的行踪，随时准备发炮轰击进攻的敌人。

1 月 30 日天刚蒙蒙亮，当日本陆军进攻南岸炮台时，其海军联合舰队的“筑紫”“赤城”“摩耶”“爱宕”“武藏”“葛城”“大和”“鸟海”八舰也同时向南帮炮台、刘公岛东泓炮台和日岛炮台开炮轰击。萨镇冰率带水兵即时向日舰发炮还击。在日军占领南帮摩天岭炮台后，左翼支队司令大寺安纯少将喜不自胜，在其准备与部下合影留念时，日岛炮台和北洋舰队的“定远”等舰齐向摩天岭炮台发炮轰击，大寺安纯少将胸部被炮弹洞穿而亡，《二六新报》随军记者远藤飞云亦中弹毙命。大寺安纯是甲午战争中第一个被清军击毙的日本将军。他在日本国内被誉为“一代良将”。日本国内对大寺安纯的毙命自然是十分痛惜，但与此同时，却大长了中国将士奋勇抗敌的志气。

同日中午 12 时，日本舰队先是第一、第二游击队又合为单纵队阵，频进挑战。继而，日本第三、第四游击队诸舰又进逼威海南口，日岛炮台和刘公岛东泓炮台大炮、小炮一齐猛轰，“清舰亦发弹，势颇激烈，“筑紫”舰烟突根为巨弹所中，伤水兵四人”①，“筑紫”等舰急退。下午 3 时许，日本旗舰松岛命令第二游击队诸舰炮击日岛，其他各舰则在口外“观其战状”。日岛炮台、刘公岛东泓炮台和南嘴炮台皆发炮猛轰，日军进攻未能奏效，伊东祐亨便下令驶至鸡鸣岛一带海面停泊。当天夜里，日军 4 艘鱼雷艇开到日岛外面，“伺机以快速突击港内，因港内防守严密而未能达到目的，无功而返”②。

1 月 31 日，日本“筑紫”舰请求伊东祐亨司令批准，趁黑夜偷袭并占领威

---

① ［日］桥本海关：《清日战争实记》第 12 卷，上海 1898 年版，第 399～400 页。

② ［日］河村直等编：《日清战争实记》第 19 编，东京博文馆 1895 年版，第 34 页。

海南口"中流砥柱"的日岛炮台。但因当夜"风雪大作，海浪高起，寒威亦甚，炮门往往结冰不能使用，日舰队不得已退到荣成湾方面，只留第三游击队守住港口"[①]。萨镇冰与众水兵却不顾暴风雪掀起的海浪飞沫溅到身上，仍然密切注视敌人的行动。

2月2日，日本陆军进入威海卫城，并于当日占领威海湾北帮炮台。至此，威海卫陆地全失，北洋海军在刘公岛陷入腹背受敌之局。其时，日本陆军抓紧抢修威海卫南北帮炮台的大炮，以便配合日本海军攻击困守在刘公岛和日岛上的北洋海军。2月3日上午，日本陆军技师川岛高良修好了龙庙嘴炮台24厘米口径大炮2门、15厘米口径大炮1门，鹿角嘴炮台24厘米口径平射炮1门，皂埠嘴炮台24厘米口径平射炮1门，加上其先前配好的鹿角嘴炮台24厘米口径平射炮2门，合计共为7门。于是，日岛炮台便首先处于南岸敌军大炮和日军舰队的夹击之下，而萨镇冰及其将士却"毫无屈色，努力防战"[②]。中日双方在威海卫港湾内展开了激烈的炮战。"巨弹交迸，坠落海中，猛响如百雷齐发，飞沫高及数丈"[③]，"扶桑"等舰不敢恋战，转舵驶向外海。下午1时许，"筑紫""大和""武藏""葛城"四舰又驶向日岛附近海域，开始炮击。日岛炮台、刘公岛东泓炮台等同时发炮还击。"筑紫"被一颗炮弹击中，"左舷穿透中甲板，未爆炸，由右舷落入海中，打死士兵三名，伤官兵三名，舰体损坏"[④]。一颗臭弹使"筑紫"舰幸免落难，奋勇发炮的官兵既气愤，又无奈。战至下午2时39分，"葛城"舰也中弹受伤。当日傍晚，日军进攻无效，只好收兵。面对敌人的水陆夹击，北洋海军官兵敢打敢拼，士气旺盛，发炮猛轰，重创敌舰。狡猾的日军不得不改变进攻方式，采用鱼雷艇进港偷袭北洋舰队的战法。

2月5日凌晨1时，夜气阴沉，星斗满天。日本联合舰队依仗舰船量多，决定兵分三路，一路封锁北口，一路炮击日岛和刘公岛诸炮台，"以牵制清舰，使不遑他顾"[⑤]。而第三路鱼雷艇队则趁机利用紧靠南岸被破坏的栅栏木坝，偷偷进入威海湾港内，偷袭北洋舰队船只。凌晨4时许，北洋海军提督丁汝昌正在"定远"舰上与诸将议事，忽听报告敌艇闯入港口，偷袭舰船，急忙与众将领到甲板上

---

① 中国史学会主编：《中国近代史资料丛刊·中日战争》（一），上海人民出版社、上海书店出版社1957年版，第271页。

② [日] 海军军令部编纂：《明治二十七八年海战史》下卷，第11章，春阳堂1905年版，第199页。

③《日方记载的中日战史》，中国史学会主编：《中国近代史资料丛刊·中日战争》（一），上海人民出版社、上海书店出版社1957年版，第271页。

④ [日] 海军军令部编纂：《明治二十七八年海战史》下卷，第10章，春阳堂1905年版，第85页。

⑤ [日] 桥本海关：《清日战争实记》第12卷，上海1898年版，第403页。

指挥反击。“定远”舰急忙开炮，命中敌九号艇机舱，轮机师以下四人当场死去，另四人受伤甚重。然而几乎同时，“定远”舰敌鱼雷艇被击中，丁汝昌、刘步蟾急令砍断锚链，将“定远”舰开到刘公岛东南浅海中，作为水中炮台继续发挥作用。

同日上午 8 时许，日舰队见“定远”被击伤，以为机会难得，伊东司令立即下令对港湾中之日岛、刘公岛发动第三次进攻。日本海军联合舰队本队及第一、第二、第三、第四游击队 22 艘舰船，环绕于威海卫南口与北口之外，与占领南北两岸炮台的日本陆军轮番进行猛烈炮击。北洋舰队各舰与日岛、刘公岛各炮台官兵努力防战。炮战持续时间很长，双方各有伤亡，日舰仍然难以接近日岛和刘公岛。看看天色将晚，日军只好停止进攻，退到阴山口之外泊锚。

2 月 6 日凌晨，日本鱼雷艇又偷入港内，凭借北洋舰队的探照灯光寻找目标，发射鱼雷，击中“来远”舰，舰上 30 多人遇难。当天下午，日本舰队又向日岛和刘公岛发动海上进攻。萨镇冰带领守岛官兵配合刘公岛炮台和北洋舰队进行反击，坚决封锁住威海湾南口，日本联合舰队再次被击退。

2 月 7 日，日本海军联合舰队司令官伊东祐亨中将命令第二、第三、第四游击队为左军，炮击日岛，命令本队及第一游击队为右军，专攻刘公岛各炮台和北洋舰队。日本第二游击队“扶桑”“比睿”“金刚”“高雄”四舰，第三游击队“大和”“武藏”“天龙”“海门”“葛城”五舰，第四游击队“筑紫”“爱宕”“摩耶”“大岛”“鸟海”五舰进至距日岛 4500 米处。本队“松岛”“千代田”“严岛”“桥立”四舰在前，第一游击队“吉野”“高千穗”“秋津洲”“浪速”四舰跟在后面，航行至刘公岛 4500 米处，开始发炮轰击日岛和刘公岛。与此同时，占领威海卫南岸皂埠嘴、鹿角嘴、龙庙嘴和所城北 4 座炮台的日本陆军也向日岛和刘公岛发炮猛轰，发发炮弹落到日岛炮台和刘公岛东泓炮台上。日岛炮台、刘公岛各炮台和北洋舰队相互配合，同时开炮猛轰。面对日本海、陆两军的凶猛夹击，萨镇冰沉着冷静，鼓励水兵坚守岗位，沉着应敌，誓死拼战。

萨镇冰是北洋海军的优秀将领。近 20 年的海军生涯，无论是教授学生技艺，强化操作训练，还是管带大小舰船等方面，他都积累了丰富的经验。但是，带领水兵驻守炮台，特别是驻守在粮食、蔬菜、淡水、燃料都无法生产的小孤岛上，还是从军以来的第一次。然而，他克服了各种艰难险阻，身先士卒，既当指挥官，又作战斗员，“冒着不绝的炮火，他亲自守着速射炮”，指挥日岛炮台的水兵反击敌人的猛烈攻击。在他的带动和影响下，“那些年轻的水兵仍旧坚守着这些炮”，他们“奋勇发放”[1]，以一当十，勇敢善战，战绩显著。在双方激烈的炮战中，日舰“扶桑”左舷舰首“刹那间一声巨响，舰身猛震，甲板被打烂一尺多的洞，三分厚的铁梁和梯子皆被击断，弹片纷飞，击毁左舷内侧，击到指挥塔的铁壁又弹回甲板，死伤达七人之多”[2]。“筑紫”舰也死伤八人。“松岛”舰亦被“击中前舰桥，打穿烟突，伤航海长木英次郎少佐等官员三人”。上午八时零五分，“严岛”舰“三斤速射炮炮盾中炮碎裂”，“损坏上甲板及几条传令管，打死水兵二人，伤四人”，“浪速”舰“六号煤库中弹，七号煤库被击穿”[3]。之后，日舰秋津洲被刘公岛炮台击中，两名水兵受伤。狂妄骄横的日本海军遭此打击，气焰受挫，只得暂时停止进攻。

虽然打退了日军第二、第三、第四游击队的猛烈进攻，但日岛炮台的军事设施也损伤严重，一门 20 厘米口径的地阱大炮被炸坏扑倒，萨镇冰等想尽一切办法抢修，仍失去射击能力。官兵们的住所不幸被炸毁，坚固的弹药库也被炸毁，且弹药已尽。无可奈何的萨镇冰只得及时将炮台的情况报告了北洋海军提督。丁汝昌见日岛炮台损伤严重，已经失去了坚守御敌的作用，便命令萨镇冰及全体水兵撤回刘公岛。

萨镇冰在甲午威海卫港保卫战中，身先士卒、英勇奋战的事迹，100 多年来在威海人民中广为流传。他深明大义、保国重于一切的爱国主义精神深受人民群众的赞扬。日岛炮台已于 1988 年 1 月 13 日被国务院公布为全国重点文物保护单位，并对外开放。每年夏天，凡到刘公岛参观的人，大多希望到此岛参观游览。目下，日岛炮台业已修复，其雄姿仍不减当年。萨镇冰等广大敢战将士勇往直前、英勇杀敌的爱国主义精神，将永远激励全国各族人民奋发图强，振兴中华。

（此文原载于戚俊杰、郭阳主编：《甲午纵横》第 1 辑中编，第 153～158 页。有改动）

---

① 《肯宁咸乙未威海卫战事外纪》，中国史学会主编：《中国近代史资料丛刊·中日战争》（六），上海人民出版社、上海书店出版社 1957 年版，第 321 页。

② ［日］河村直等编：《日清战争实记》第 19 编，东京博文馆 1895 年版，第 34 页。

③ ［日］海军军令部：《明治二十七八年海战史》下卷，第 10 章，春阳堂 1905 年版，第 92～95 页。

略述白发提督宋庆的爱国人生

白发将军宋庆照片
（袁晓春供图）

宋庆是中国晚清时期著名的敢战名将。在近半个世纪的军旅生涯中，始终狠抓军事训练，严格执行操法军纪，使所辖部队勇众精锐，军威肃整，10 余年保持北洋诸军之冠。在国家濒临灾难之际，他不图安逸，全力备战，忘我奋战。更为难能可贵的是，面对来势汹汹的日军，已是年逾古稀的他率军“屡挫贼锋，力支危局，保顾辽沈，厥功甚著”①。1900 年，八国联军进攻天津和北京，进入耄耋之年的宋庆再次奉诏帮办北洋军务，护卫京津。他一生血诚忠勇，身经百战，身先士卒，敢打勇拼。2017 年是爱国名将宋庆辞世 115 周年，笔者依据中外历史资料、历史文物、相关碑文和题词，对宋庆的爱国精神和家国情怀略作述论，以示对爱国先贤的缅怀与纪念。

一、整军抓训始终为北洋诸军之冠

宋庆自 1854 年应招训练团勇至 1894 年中日甲午战争爆发，带兵 40 年间始终坚持严格管理，强化训练。特别是奉命驻扎东北旅顺口基地的十多年间，更是训练精严，在醇亲王和北洋大臣五次阅操大典活动中，所率毅军综合成绩始终名列北洋各军之冠。

（一）由“率练团勇”成长为清军的高级将领

四川提督宋庆，字祝三，1820 年 12 月 23 日（清嘉庆二十五年十一月十八日）出生于山东省蓬莱市泊子镇宋家庄。幼年时期虽然家景清贫，但却“少有志略，”喜欢习武，勇事尚义，颇有名气。咸丰初年，“赭寇执张”，宋庆愤慨大呼：“此丈夫报国时矣。”1854 年，宋庆应同乡人、安徽亳州知州宫国勋之召，前往

① 故宫博物院编：《清光绪朝中日交涉史料》卷三八，故宫博物院 1932 年印，第 8 页。

亳州率练团勇，协守亳州城池。“以后遂破贼亳城下”。通过此次战事，年富力强的宋庆得到安徽督办军务袁甲三（即袁端敏）和英抚军的赏识。“而皖臬张公学醇尤重公，以所部得胜营属焉”。宋庆自此正式步入军界，开始了正式的军旅生涯。亳州化险为夷，城民皆安，宋庆被授予蓝翎千总。继而奉调前往河南省剿捻，积军功升至花翎游击。1860 年，袁甲三再次督师来到安徽，并调宋庆率军赴淮，与陈国瑞镇军“并力破贼十余万于凤阳”，因功晋总兵，赐号“毅勇巴图鲁”。1862 年（同治元年），袁甲三因病裁撤军队，因宋庆刚刚获得毅勇之号，故留其三营，称为“毅军”，“是为毅军之始也”。此后，宋庆带兵转战河南和山东大地，“连战皆捷”。1865 年，擢南阳镇总兵。次年，赏穿黄马褂，换“格洪额巴图鲁”勇号。1868 年，宋庆因围剿捻军有功，被授予湖南提督兼二等轻车都尉，世职。1872 年，“肃州告急诏公会办哈密剿匪事宜，并赏戴双眼花翎。关内平，改四川提督”。[①]

（二）苦练精训，所统毅军始终为北洋诸军之冠

1880 年，年逾五旬的宋庆奉命移师东北，会办奉天防务。1882 年，又奉命驻防辽东半岛的金旅之地，抓训练，筑炮台，守海防。据统计，宋庆驻守旅顺12 年间，率军建设造型各异、功能齐全的炮台数座。最初，宋庆拨毅军三营驻金州，留五营守旅顺。但所统毅军“皆淮北久战之士，不屑学西洋操法，宋军门善诱导之”[②]，逐步将军事训练纳入正规，集体操法、步枪射击、大炮演放、埋设地雷等均按西法要求，苦练精熟。

1884 年闰五月初一日，李鸿章会同张之洞、吴大澂、张佩纶巡阅北洋海防至金州及旅顺口勘察。旅顺口地处海外，濒临大洋，冈岭阻复，形势险要，是驻泊水师的要地。这里的“炮台高距山顶，筑造精坚”，“派四川提督宋庆统毅军等十一营驻守”[③]。宋庆率毅军官兵勤学苦干，严遵图纸，开山琢岭，搬运沙石，保质保量，使“新筑炮台营垒，全仿洋式，坚致曲折，颇据形胜”[④]。6 月 29 日，李鸿章上《奏出洋巡阅情形片》中报告说：“现有提督宋庆等陆军，与丁汝昌水师互相犄角，布置已稍就绪。设遇海上有事，冀可凭险固守。”[⑤]

1886 年 5 月，醇亲王奕譞率李鸿章等巡阅北洋海防。十六日辰刻，醇亲王在

---

① 以上所引皆摘录于《皇清故光禄大夫建威将军晋封三等男爵赏戴双眼花翎太子少保尚书衔四川提督军门宋忠勤公墓志铭》，该墓志铭现存于山东省蓬莱市登州博物馆。

② 张侠、杨志本等合编：《清末海军史料》，海洋出版社 1982 年版，第 240 页。

③ 张侠、杨志本等合编：《清末海军史料》，海洋出版社 1982 年版，第 230 页。

④ 张侠、杨志本等合编：《清末海军史料》，海洋出版社 1982 年版，第 225～226 页。

⑤ 张侠、杨志本等合编：《清末海军史料》，海洋出版社 1982 年版，第 240 页。

旅顺赴毅军教场阅操，王以宋庆年老功高，特“谕宋祝三军门旁坐止勿参堂”，以“示优异也”。阅操开始后，只见毅军“所习德国部队操法整齐，他军竟莫之能胜，其与西洋炮法讲求亦极精熟”。阅操结束，醇亲王和陪同阅操的官员对毅军出色的表现都非常惊讶，一致认为这么整齐的操练“向所未有”。接着，宋庆又命令毅军演放地雷五处，只见“怒雷震地，沙土蔽天，洵为战阵利器”。[①] 6月2日，醇亲王奕譞在《查北洋炮台、水陆操防、机器、武备、水师学堂情形折》中指出，“各将领文武等，均能勤奋将事。官弁兵勇，步伐整齐，一律严整”。“尤为得力者乃四川提督宋庆”[②]。三年之后，李鸿章校阅北洋海防时，又见“四川提督宋庆所部毅军八营演习德国陆操，日臻纯熟，步武枪法一律整齐”[③]。

1894年5月，李鸿章再次校阅北洋海军。事竣后在奏折中明确指出：“四川提臣宋庆所部毅军八营，久驻旅顺，训练娴熟，枪法步武最为严整。”[④] 由于四川提督宋庆狠抓军事训练，10余年表现突出，1894年春，适逢慈禧太后六旬万寿，宋庆被授“尚书衔”。

通过上述所列史实可知，自1882年进驻旅顺口至1894年中日甲午战争爆发的12年间，宋庆始终坚持认真研习德国的军训操法，始终坚持严格的军训标准，确保毅军的训练成绩始终排列于北洋诸军之首。

二、甲午战争期间敢打勇拼易马督战

中日甲午战争爆发后，75岁的白发提督宋庆，不顾年逾古稀，尽心竭力帮办北洋军务，带领毅军奋力拼杀，毅军被誉为“（关外）最可恃之军”[⑤]。

（一）年逾古稀仍亲赴抗敌前线布阵督战

1894年6月上旬，日本利用朝鲜东学党农民起义事件，先是诱导清政府出兵，继而又以超过清军三倍的数量悍然出兵朝鲜，然后以保护朝鲜政府改革的名义拒绝从朝鲜撤兵，并于7月23日凌晨占领朝鲜王宫，囚禁朝鲜国王，终于7月25日在朝鲜牙山附近的丰岛海面，以海盗的方式开炮轰击北洋舰队及其运兵船，悍然挑起中日甲午战争。

被动迎战的清政府，为及时增兵援助已先期入朝的叶志超、聂士成部，下令调派宋庆毅军的4个营2000人，由分统马玉昆率领入朝增援。由于宋庆统领的

---

① 张佚、杨志本等合编：《清末海军史料》，海洋出版社1982年版，第240页。
② 张佚、杨志本等合编：《清末海军史料》，海洋出版社1982年版，第253页。
③ 张佚、杨志本等合编：《清末海军史料》，海洋出版社1982年版，第273页。
④ 张佚、杨志本等合编：《清末海军史料》，海洋出版社1982年版，第281页。
⑤ 故宫博物院编：《清光绪朝中日交涉史料》卷四一，故宫博物院1932年印，第4页。

毅军平时训练严格，战时敢打勇拼，在朝鲜平壤战役中狠狠打击了日本侵略者。然而，由于赴朝清军主帅叶志超既无敢打硬拼之志，又缺御敌退兵之策，加之清军平时毫无打仗之准备，致使入朝清军在战场上连连失利。

随着清军主帅叶志超在朝鲜战场的撤退溃败，朝廷降旨命宋庆帮办北洋军务并总统前敌诸军，在中国境内的鸭绿江沿岸组织抗击日本侵略者。75 岁高龄的宋庆上折表示抗敌决心说："念时局之方艰，更无辞避，自维捣昧，深惧弗胜，惟有殚竭血诚，以冀仰酬知遇。"[①] 9 月 18 日，朝廷又以义州空虚可虑，沈阳边防尤关紧要，电谕宋庆先统带所部毅军火速驰往义州驻扎。然而，9 月 19 日清廷又改令刘盛休带铭军进驻义州，改调宋庆之毅军开赴九连城驻守。接到谕旨的四川提督宋庆马上调兵遣将，命分统宋得胜率毅军四营于 9 月 26 日和 27 日由旅顺分批出发，自己则于 29 日率带亲兵从旅顺急进。10 月 11 日，宋庆带领包括宋得胜四营在内的毅军率先抵达九连城。13 日，黑龙江将军依克唐阿也率马步十三营抵达九连城。此时，驻守鸭绿江沿岸的清军虽有三万之多，但从朝鲜溃败万余之清军中"伤病二千有零"[②]，而且士气低落，"疮痍未复，整顿非易"[③]，"各军心离"急迫。为了鼓舞士气，年逾古稀的宋庆亲自前往盛军驻地"以鼓其气"[④]。

宋庆到达九连城后，不顾人马疲乏，连日沿江岸查看地理地形，派出探马，打探敌情，规划布阵，殚竭血诚地统筹战守之策。为了保证鸭绿江沿岸防线布阵合理，帮办宋庆在与依克唐阿将军两次会商无果的情况下，坦诚致电北洋大臣李鸿章提出落实战守责任的建议："若帮办、将军同驻于此，兵勇参杂，恐又蹈平壤之辙。其不能展布情形，务乞电奏，请饬依将军专顾北面长甸河口一带。否则，惟有庆率游兵北顾，以中、南各段请依策应，方免疏虞。"[⑤] 清廷采纳了宋庆的建议，命依克唐阿于长甸、蒲河一带驻守。

（二）敢打勇拼的白发提督

自日军进入中国境内，由于清军平时准备不足，被动应战所产生的负面影响更加严重。东北战场清军的精神状态也变得更糟糕。临危授命的宋庆全靠身体力

---

① 《四川提督宋庆奏谢委任帮办北洋军务并报即赴九连城折》，故宫博物院编：《清光绪朝中日交涉史料》卷二一，故宫博物院 1932 年印，第 15 页。

② 《前敌紧要军情各电清单》，故宫博物院编：《清光绪朝中日交涉史料》卷二二，附件一，故宫博物院 1932 年印，第 7 页。

③ 《寄译署》，顾廷龙、叶亚廉主编：《李鸿章全集》（三），电稿三，上海人民出版社 1987 年版，第 59 页。

④ 《北洋大臣来电》，故宫博物院编：《清光绪朝中日交涉史料》卷二二，故宫博物院 1932 年印，第 3 页。

⑤ 《北洋大臣来电》，故宫博物院编：《清光绪朝中日交涉史料》卷二二，故宫博物院 1932 年印，第 2～3 页。

行亲赴抗战前线，率带官弁兵勇北上南下，攻城解困，堵截杀敌。

1. 率军攻打被日军占领的金州

日军第二军在花园口登陆后，即向金州、大连湾和旅顺进犯。清政府急令宋庆、刘盛休回援金旅。接到电令的宋庆于 11 月 7 日亲率分统马玉昆、宋得胜、刘世俊等毅军共约 3200 人，日夜兼程，驰援金州和旅顺口。11 月 19 日，宋庆、刘盛休抵达距离金州 35 公里的长兴店。宋庆派出的探马与小股日军遭遇，日军 4 人被打死，余者慌忙逃窜。与此同时，宋庆的先头部队还袭击了日军的兵部和通信所，俘虏了守备的官兵，破坏了貔子窝至金州的日军电线，切断了日军貔子窝登陆指挥所和金州的通信联络，迫使金州以东的日军全部逃往金州。20 日，宋庆兵分两路，加快向金州推进。驻守金州和大连湾的日军非常紧张，急忙向第二军司令官大山岩求援。大山岩马上改变原来的部署，调集日军火速驰援金州，确保日军进攻后路不被切断。21 日，宋庆指挥清军分两路进攻金州，但没有想到日军的后援部队如此快速地赶到，而且武器精良，炮火猛烈。毅军分统马玉昆率 4 营官兵与日军展开激战。他们的子弹像雨点般的射向敌人，打得日军不敢起头。据日方资料记述："二时二十分，战斗在阵地全线展开，彼我射击，最为炽盛，胜败之数，莫可逆料。"[①] 宋庆率带毅军将士在风雪寒夜继续同日军苦战。22 日，徐邦道、张光前无力再战，率队撤退，旅顺口失守。宋庆奉命向海城和盖平一带驰援，因为这里是通往省城的军事重地。

2. 激烈争夺感王寨

白发提督宋庆是在日军不断取胜、清军节节败退的情况下经过长途奔波后参加抗敌战斗的。正如他在锦州昭忠祠碑上所记那样："庆以本部残卒数千，无坚甲利器，无策应救援，大战七次，而感王寨、大平山、田庄台三战尤力"。[②] 1894 年 12 月 10 日，宋庆亲率毅军和铭军两支进驻大石桥，以备兼顾和策应海城、盖平和营口三地。没有想到 13 日日军即攻陷海城。宋庆立即决定利用感王寨，联络北部诸支清军夺回海城。12 月 18 日，宋庆下令进驻感王寨的铭军抢修临时工事，令进驻樟虎屯的毅军加强夜间巡逻，以防敌人骑兵夜里偷袭。19 日上午，宋庆率军紧急赶往位距海城西三十里的感王寨（也称"缸瓦寨"），途中探知占领海城之日军已经倾巢而出，遂率军火速急进。待他率毅军抵达感王寨时，日军的炮兵、骑兵和步兵正轮番强攻感王寨。宋庆指挥炮兵发炮轰击，据日方记

---

① ［日］参谋本部：《明治二十七八年日清战史》第 20 章，东京印刷株式会社发行，第 184～185 页。

② （清）宋庆撰：《敕建昭忠祠碑》碑文，该碑高 385 厘米，宽 86 厘米，现立存于辽宁省锦州市昭忠祠碑亭内。

载："敌弹是瞬发弹，其距离测定之精确也是清军从来没有过的。炮弹落在我军各中队的前后左右，我军奋战在弹片与雪泥之中。"[1] 激战之中，敌我双方"炮声如轰雷，天地为之震撼"。[2] 毅军步兵则利用民房墙体做掩护，举枪猛射进攻的敌人。战后参战日军说："我兵没有可据之地物，只是在茫茫的原野上纵横奔驰，加以积雪达两尺余，军队的动作极不自在。"还说："我军的确站在苦战的地位。例如，以一百二十名袭击香水泡子的一支部队，仅仅有四十名生还，各队的死伤可想而知。"[3] 见日军的增援部队前来协战夹攻，75 岁的宋庆不顾个人安危，亲自督阵冲杀，毅军官兵精神更加振奋。所有将领"出力真打"，率兵勇打敢冲。据日方记载，宋庆率带的清军"甚至不再凭借清军善于使用的障碍直着腰前进，进行猛烈的射击。这真是清军从来没有的勇敢行为。第七联队左翼的一个中队和和第十九联队的各个中队，夹于这条射击线与正面敌弹之间，受到交叉火力的射击，伤亡特别多"[4]。只见日军鲜血淋漓，"伤亡者的鲜血淌在雪地上"[5]。就连敌人也不得不承认："敌兵亦不愧为闻名的白发将军宋庆的手下，不轻露屈挠之色。"[6] 感王寨争夺战持续进行了数个小时，仍打得难解难分。至下午 4 时 20 分，日军的后援部队突破清军的第一道防线，三面受敌的清军只得退守第二道防线，继续狙击敌人。但因日军第三师团全部投入战斗，至傍晚 5 时零 5 分，敌人冲入感王寨东端阵地。

感王寨争夺战共持续了 6 个多小时，日军投入参战兵力为 4537 人，清军直接投入战斗的人员为 5000 人左右。据日方公布的伤亡数字，第五和第六旅团分别伤亡 146 人和 254 人，共计 400 人。由此可见，宋庆指挥并亲自督战的感王寨之战，是甲午战争中中日两军的一次鏖战。感王寨和香水泡虽然最终被敌人攻占，但宋庆及所率清军的猛冲勇打给了日军以迎头痛击，白发提督及其所率军队不怕牺牲的敢战精神，也使不可一世的侵略者对白发提督宋庆产生了敬畏。

3. 激战在大平山

大平山争夺战发生于 1895 年 2 月 21 日至 24 日。日军占领盖平之后，又马

---

① 戚其章主编：《中国近代史资料丛刊续编·中日战争》第 8 册，中华书局 1994 年版，第 349 页。

② 中国史学会主编：《中国近代史资料丛刊·中日战争》（一），上海人民出版社、上海书店出版社 1957 年版，第 265 页。

③ 中国史学会主编：《中国近代史资料丛刊·中日战争》（一），上海人民出版社、上海书店出版社 1957 年版，第 265 页。

④ 戚其章主编：《中国近代史资料丛刊续编·中日战争》第 8 册，中华书局 1994 年版，第 349 页。

⑤ 戚其章主编：《中国近代史资料丛刊续编·中日战争》第 8 册，中华书局 1994 年版，第 347 页。

⑥ 中国史学会主编：《中国近代史资料丛刊·中日战争》（一），上海人民出版社、上海书店出版社 1957 年版，第 265 页。

不停蹄占据了大平山。大平山矗立于辽河口南百里平原之中，西北距营口约有15公里，南离盖平约20公里，是盖平赴营口的要冲。为了切断日军盖平至海城的联系，强化营口外围的防御，及时援助依克唐阿诸军第四次反攻海城之战，宋庆决定率铭、毅各军进逼大平山。2月21日黎明时分，宋庆所率清军包括骑兵和炮兵共约5000人，向大平山的日军发起两面攻击，日军第十五联队两个大队遭到优势清军的猛攻，丢下阵地，仓皇奔逃。清军骑兵迅猛追击。激战两个多小时，清军占领了大平山。22日，日军重新部署进攻大平山的兵力。23日因天降大雪，而且雪深没过膝盖，日军只得推迟进攻大平山的计划。24日拂晓，日军乘暗夜向大平山进发。上午7时，装备精良的日军强攻兵力少、装备差的姜桂题部，并很快占领北大平山。日军还派出骑兵奋力冲杀。宋庆指挥毅军迎头堵截，双方“炮战数小时”，至下午3时以前，“硝烟蒙蒙，炮声隆隆不断”。日方资料记载：“敌军顽固抵抗，我军炮兵遭受了非常大的损失。”① 清军利用房屋墙壁构筑临时工事，坚持阻击进攻的敌人。日方记载：“敌军的火力几乎全集中我们的小队了，其猛烈程度超过了盖平战斗”②。24日的大平山之战，日军“炮兵发射炮弹估计多达数千发，这是征清以来最大的炮战，因而也可能是伤亡最多的一次”③。

由此可见，大平山之战是鸭绿江战役以来最为激烈的一场战斗。白发提督宋庆亲临前敌，来往指挥，“以年几八十，帕首短衣，踝躞冰雪中，与士卒同甘苦”④，令人敬佩。日军步兵第一联队步兵中尉小田切政纯在日记中写道：“第十五联队已经把子弹打光了，又因一直在雪中行军而疲劳，几乎处于无法应付敌人的状态。”⑤ 宋庆指挥的部队骁勇善战，重创日军，确实难能可贵，令人感动。

4. 田庄台大战中易马督战

1895年2月17日，北洋海军在刘公岛全军覆没后，深入东北腹地的日军更加肆意妄为地向清军展开进攻。日军按照“辽河平原扫荡作战”方案，不给清军一点喘息的时间，立即向田庄台发起新的攻击。田庄台地处营口以北，南有辽河，是营口前往山海关之要道。这里既是辽河下游重要的水陆码头，又是繁华的市镇。田庄台的周围四边皆为平原地形，“无山险可扼”，“惟依辽河以为固，时

① 戚其章主编：《中国近代史资料丛刊续编·中日战争》第8册，中华书局1994年版，第408页。

② 戚其章主编：《中国近代史资料丛刊续编·中日战争》第8册，中华书局1994年版，第409页。

③ 戚其章主编：《中国近代史资料丛刊续编·中日战争》第8册，中华书局1994年版，第410页。

④ 顾云撰：《辽阳见闻录》，戚其章主编：《中国近代史资料丛刊续编·中日战争》第6册，中华书局1993年版，第346页。

⑤ 戚其章主编：《中国近代史资料丛刊续编·中日战争》第8册，中华书局1994年版，第409页。

值冰坚，策马可渡”。[①] 宋庆得知日军集结欲扑田庄台，先后集结清军 60 余营 2 万余兵，各种炮近 40 门。日军则有第一军和第二军三个师团 2 万人联合作战，其中有步兵 20 个大队和 2 个小队，炮兵 7 个大队，工兵 4 个中队 2 个小队，骑兵 4 个中队 5 个小队，配备各种火炮 109 门。从双方配备的兵力看，这是甲午战争爆发以来中日双方投入兵力最多的一次。

因不明清军兵力部署和火力配备的具体情况，日军先是采用选派小股步兵在炮兵掩护下进攻。3 月 7 日这天，“西北风强烈，阴雨变成了满天白雪。从辽河上吹来的劲风，带着雪花，打在脸上，使人睁不开眼睛”。进攻的日军只能“侧风而行，缓慢行进”。“在如此风暴中，十步之外就模糊不清”[②]。宋庆看准时机，命令马玉昆从左侧，宋得胜从右侧，自己亲督程允和从中路出击。清军三路并进，枪炮齐放，相互配合，左右包抄，进攻的日军伤亡很大，急忙撤退。3 月 8 日，日军又在炮兵的掩护下分两路进攻。宋庆指挥清军列队辽河东岸，向进攻的日军开枪齐射，并乘胜过河追击，“追出数里，擒斩百余名”[③]。此日，为了摸清清军的兵力部署详情，日军的炮兵和步兵数次前进又数次挨打后退。宋庆不知这是敌人的诡计，命清军全力向日军射击。据此，日军探知清军有“炮火约三十门，其兵力约一万，欲以辽河为防线迎击我军”[④]。3 月 9 日凌晨，日军乘天气寒冷，浓雾弥漫，“桂中将率领第三师团从正路进至辽河的东岸。柴野炮兵大佐列山炮、野炮、臼炮等共九十一门在村前的北端。”[⑤] 日军集中 91 门大炮，向清军阵地猛轰，宋庆透过烟雾发现日军炮阵地，亦令清军以仅有的 20 余门炮发还击。“敌我百余门大炮对射，万条闪电出现于两岸上空，千百声霹雳在硝烟下轰鸣，乾坤一时为之震动，河神亦因之而惊杀。”[⑥] 日方记载说：“敌兵殊死奋战，我军亦应战激烈。彼我炮声，如百雷齐发，仿佛天柱将裂，地轴已倾。”[⑦] 日军的 91 余门大炮不但数量上占绝对优势，而且“炮轻易于运动，愈逼愈紧”，而清军的

---

① （清）姚锡光撰：《东方兵事纪略》，中国史学会主编：《中国近代史资料丛刊·中日战争》（一），上海人民出版社、上海书店出版社 1957 年版，第 50 页。

② 戚其章主编：《中国近代史资料丛刊续编·中日战争》第 8 册，中华书局 1994 年版，第 446～447 页。

③ 戚其章主编：《中国近代史资料丛刊续编·中日战争》第 2 册，中华书局 1989 年版，第 483 页。

④ ［日］河村直等编：《日清战争实记》第 24 编，东京博文馆 1895 年版，第 21 页。

⑤ 中国史学会主编：《中国近代史资料丛刊·中日战争》（一），上海人民出版社、上海书店出版社 1957 年版，第 280 页。

⑥ 戚其章主编：《中国近代史资料丛刊续编·中日战争》第 8 册，中华书局 1994 年版，第 452～453 页。

⑦ 中国史学会主编：《中国近代史资料丛刊·中日战争》（一），上海人民出版社、上海书店出版社 1957 年版，第 281 页。

大炮已被“击损过半，内有六尊已不堪用，炮目炮兵伤亡尤重，驾车马匹毙愈多”[①]，清军阵地渐渐不支。日军趁机组织步骑兵在炮火的掩护下，分三路围攻田庄台。宋庆命新毅军列队辽河西岸，奋力阻击。面对踏冰过河的日军，清军或在河岸房屋墙壁上的枪眼射击，或在河滩船上的枪眼射击，或躲在木材堆后射击。清军的顽强抵抗，使“彼此伤亡无数”。日本人不得不承认清军“倾注全力于防御，实在令人钦佩”[②]。日军见硬攻无效，便拿出后路包抄的惯用伎俩。宋庆发现大股日军在隐蔽集结，及时识破敌人“势将包抄”的阴谋，亲督马玉昆、宋得胜率毅军“由东迎剿”。由于毅军的奋力阻击，日军第五师团未能按原来预期与第一师团合围，日军包抄合围的阴谋没能得逞。上午 10 时许，桂太郎亲率部队从上游渡过辽河，并从三面突入街市。此时，宋庆正在田庄台东北指挥清军与日军作战，“见事急，躬亲驰回督战。所乘之马亦中弹，易马督战，军皆思奋。无如贼已据险，抵敌不住”。然而，清军仍拼死杀敌，死伤惨烈。还有许多毅军士兵躲进民房向敌人射击。丧心病狂的日军又施展火烧牛庄的手段，对民房全部“放火烧之”。[③] 据日方记载：“因此日北风异常猛烈，火势逐渐蔓延到全城。”[④]宋庆见状，只好下令各军迅速转移。

三、宋庆晚年的爱国思想与作为

当清政府两次派往日本和谈的使臣遭日人的羞辱和不公正待遇后，宋庆认为日本政府没有和谈的诚意，因而反对妥协议和，主张积极备战。

（一）愿与天下精兵舍身救国

田庄台失守后，极度疲惫的宋庆毫不气馁，力主整备再战。3 月 12 日，亲赴双台子与吴大澂“商扼守之计”，并即时率毅军驻扎杜家台、阳圈子、闾阳驿，“杜其西窜、北窜之路”[⑤]。3 月 23 日，宋庆探闻日军“开河后，即欲乘轮往犯大沽”，马上“赶整营伍，以备缓急策应”。闻知李鸿章赴日本签订《中日停战协定》，宋庆担心日人奸诈贪婪，和议不成，日军仍会举兵进攻津沽，除留铭、嵩两军驻扎石山站和闾阳驿，固守辽沈重要运道，自率毅军驻防大凌河西岸“赶为

---

① 《帮办军务四川提督宋庆来电》，故宫博物院编：《清光绪朝中日交涉史料》卷三五，故宫博物院 1932 年印，第 36 页。

② 戚其章主编：《中国近代史资料丛刊续编·中日战争》第 8 册，中华书局 1994 年版，第 449 页。

③ 中国史学会主编：《中国近代史资料丛刊·中日战争》（一），上海人民出版社、上海书店出版社 1957 年版，第 281 页。

④ 戚其章主编：《中国近代史资料丛刊续编·中日战争》第 8 册，中华书局 1994 年版，第 459 页。

⑤ 故宫博物院编：《清光绪朝中日交涉史料》卷三五，故宫博物院 1932 年印，第 43～44 页。

训练，以期临战得力”。①

4 月 17 日，《中日马关条约》签订，76 岁的宋庆不是默不做声，而是坚决反对割地赔款，并于 4 月 25 日致电督办军务处建议：“今日之急，尤在料简军实，去腐留精，尝胆卧薪，实事求是。”并表示“庆一介武夫，愿与天下精兵舍身报国”②，哪怕奉献生命，也在所不计。宋庆的请战奏报没有得到朝廷的批准。不久，仍奉命回旅顺驻防。1898 年，79 岁的宋庆奉命移师驻守山海关，所统毅军 30 营也改称为“武卫左军”。是年，年近八旬的宋庆念念不忘甲午辽东血战中为国捐躯的毅军将士，亲自撰写了“敕建锦州昭忠祠碑”③ 的碑文。宋庆把甲午战争挑起、战争经过、主要战场、数次激战、敌我伤亡等史实详细铭刻碑上，使之成为记录中日甲午战争陆战的重要的实物资料。

（二）耄耋之年仍奉诏帮办北洋军务，率军督战

1900 年，穷凶极恶的八国联军进攻天津北京。危难时刻，朝廷复命宋庆帮办北洋军务，率军督战。宋庆“虽年逾八十，不以衰老自宽”。亲自向马玉昆传授战守方略。马玉昆率军先战天津，继战北仓，“督之力战，连得大捷”，坚持月余。但“终以孤军无援而败”。④ 北京失守，百姓遭殃，宋庆深感失责，悲愤成疾。1901 年，护卫两宫西去的宋庆奉诏驻守山西、河南。是年入冬，两宫回銮，宋庆也移师直隶通州。1902 年 2 月 10 日（光绪二十八年正月初三日），83 岁的白发提督宋庆在军中因病去世。慈禧太后和光绪皇帝得知宋庆辞世的消息，“两宫震悼，照尚书例赐恤，晋封三等男，予谥‘忠勤’，入祀贤良寺”⑤。

四、情系桑梓造福家乡父老

宋庆是山东蓬莱人，虽出身布衣，家境贫寒，但前朝同乡先辈、抗倭英雄戚继光“南督浙闽，北镇蓟门，功业巍然”，以及施惠家乡，捐修蓬莱阁，回报父老乡亲的感人故事对他产生了很大的影响。他不但在驻防练兵、杀敌报国时以戚继光为榜样，而且在心系桑梓，造福家乡父老乡亲方面也向先贤看齐。当他晋身

---

① 戚其章主编：《中国近代史资料丛刊续编·中日战争》第 3 册，中华书局 1989 年版，第 46～47 页。

② 故宫博物院编：《清光绪朝中日交涉史料》卷三九，故宫博物院 1932 年印，第 7 页。

③《敕建昭忠祠碑》，高 385 厘米，宽 86 厘米。1898 年，为纪念和追祭中日甲午战争陆战中为国捐躯的毅军将士，毅军统领宋庆亲撰碑文。该碑现存于辽宁省锦州市昭忠祠碑亭内。

④《宋庆墓志铭》，全称《皇清故光禄大夫建威将军晋封三等男爵赏戴双眼花翎太子少保尚书衔四川提督军门宋忠勤公墓志铭》，汉白玉石质，长 82 厘米，宽 81 厘米。据蓬莱市登州博物馆袁晓春馆长说，1902 年宋庆病逝于通州军中，归葬于蓬莱龙山之阳。1966 年，“文化大革命”爆发，红卫兵将宋庆墓毁坏，时蓬莱县文物部门将《宋庆墓志铭》征集回来，现收藏于登州博物馆。

⑤《宋庆墓志铭》。

高级将领之后，不忘造福家乡父老，多次捐款行善，包括运沙填沟、筑造河桥、拓修乡路等。他还先后对蓬莱修筑学宫、修葺试院、兴建义仓、广设粥厂、疏浚河道、续修史志等多项公益事业进行资助，因此得到蓬莱乡绅百姓的赞扬和拥戴。1896 年，蓬莱的父老乡亲特为宋庆树立高 268 厘米，宽 75 厘米的《宋宫保建桥修路运沙填沟阖邑感德碑》[①]，并在碑文中坦言："安肯令公之行谊湮没不彰，虽在公非以此见德，未可概其生平，而善推所为，始家邦终四海行见诩。"[②] 20 世纪 90 年代末，蓬莱市人民在疏浚密汾河旧河道时，从挖掘的淤泥中发现了蓬莱城"三山不显，七桥不露"之一的草桥出土，清理淤泥之后发现其拱形券石上镌刻着"宋宫保捐修"[③] 的文字。宋庆 1890 年被清廷加封"太子少保"，简称"宫保"，故《宋宫保建桥修路运沙填沟阖邑感德碑》碑文所记史料真实无虚。捐修草桥石刻文字的面世，毫无悬念地证实了宋庆造桥修路的义举是确有其事。宋庆情系桑梓、热爱乡亲、捐助家乡公益事业的家国情怀值得后人学习和仿效。

总而言之，宋庆是一位令人敬佩的高级爱国将领。统军带兵多年，其所作所为，确有为君尽忠、为国尽力、为民造福的爱国思想和家国情怀。甲午战前的和平时期，他居安思危，厉兵秣马，精练毅军，护国安宁。外敌入侵，国家罹难，他不顾年逾古稀，精神抖擞，统兵出战，虽疲惫不堪，却敢打敢拼，数次激战，屡挫强敌，虽败犹荣。他情系桑梓，捐款为民，造福乡里，其真情实意，可圈可点，令人敬佩。当然，由于时代的局限和历史的原因，宋庆也不可避免地存在一些失误和不足，他在指挥辽东之战时的缺失，以及《段婴赋》中所说的内容，在此不多赘言。爱国将士英勇杀敌的真实历史需要我们更加深入地挖掘，那些为抵抗侵略者而献身的前辈先贤永远值得国人缅怀。

（此文原载于大连市近代史研究所、旅顺日俄监狱旧址博物馆编：《大连近代史研究》第 14 卷，辽宁人民出版社 2017 年版，第 37～49 页。有改动）

---

① 《宋宫保建桥修路运沙填沟阖邑感德碑》高 268 厘米，宽 75 厘米，1896 年（光绪二十二年岁次丙申）由蓬莱阖邑绅民立于宋氏祠堂。后该碑移立于蓬莱市蓬莱阁东厢。

② 载于《宋宫保建桥修路运沙填沟阖邑感德碑》。

③ 该拱形券石现藏于蓬莱市登州博物馆。

从甲午战争期间举办登州团练看王懿荣的爱国精神

王懿荣是中国近代史上著名的金石学家，是卓有建树的古文字学巨擘。他以惊人的胆识和超凡的学识，成为最早认定甲骨刻辞是最早文字的学者，把中国古文字信史上溯提早了1000多年。更为难能可贵的是，王懿荣还是中国近代史上著名的爱国志士，宁死不降的民族精英。依据新挖掘的珍贵史料，笔者略述甲午战争期间王懿荣力请朝廷停止靡费、起用贤者，积极建议朝廷派兵破解威海卫危局，坚决请旨回山东登州“办理团练”等相关史实，敬请专家学者教正。

王懿荣半身像（吕伟达供图）

一、王懿荣生平

王懿荣，出生于道光二十五年六月初八日（1845年7月10日）寅时，字正孺，号廉生，山东福山县（今烟台市福山区）古现村人。他出身于书香官宦世家，其祖父曾官居山西巡抚，著有《正俗备用字解》《眄崇书屋文集》等书。其父王祖源曾任四川成绵龙茂道，著有《渔洋山人秋柳诗笺》等。在先祖与家父治学精神的熏陶下，王懿荣对金石与古文字学的研究更是颇见功力，其《汉石存目》《南北朝存石目》等著述，可谓独辟蹊径，独树一帜。他的《正读亭诗集》，透过字里行间展示出他那忧国忧民、义薄云天、刚正不阿的家国情怀和爱国精神。

王懿荣自幼聪明机敏，勤奋好学。6岁开始随“外叔祖谢学庵先生”学习。14岁时随咸丰庚辛进士、直隶乐亭县知县、表伯张墨林先生学习。咸丰九年（1859年），15岁的王懿荣携弟妹侍奉母亲“谢太夫人于本年入都”，“在京受业于崔清如先生”①。同治十二年（1873年）秋，王懿荣参加“顺天乡试，中式副

① 吕伟达主编：《王懿荣集》，齐鲁书社1999年版，第461页。

贡第一名”[①]。此后数年间，他两次生病，且病情较重。更令人想不到的是其夫人与妹妹也先后去世，连续的沉重打击压得王氏家族喘不过气来。但王懿荣意志坚定，锲而不舍，于光绪六年（1880 年）获“殿试二甲第十七名，赐进士出身。朝考一等第三名，授翰林院庶吉士”[②]。光绪九年（1883 年），39 岁的王懿荣被“散馆取一等二十六名，授职编修”[③]。光绪二十年（1894 年），50 岁的王懿荣“京察一等，以道府记名”。四月初八日奉上谕“编修王懿荣著以侍读升用”，五月初七日，又奉上谕“翰林院侍读王懿荣在南书房行走”，六月十四日，奉旨“国子监祭酒著王懿荣署理”。[④] 光绪二十一年（1895 年）五月十八日，奉上谕：“王懿荣著补授国子监祭酒”[⑤]。光绪二十四年（1898 年）奉旨“赏加二品衔，分发直隶候补，需次天津”[⑥]。

王懿荣热爱博大精深的中华文化，时刻以保留和传承优秀传统文化为已任。1889 年，他即上奏《恳恩特饬续修四库全书疏》《请训饬衍圣公向学并饬整理衍圣公府地产疏》《胪陈本朝儒臣所撰十三经疏义请列学宫疏》等[⑦]，并奏“请修复曲阜尼山、洙泗两书院”。还针对曲阜衍圣公府不戒于火，旧藏书籍焚毁一空，“恩饬下各直省督抚，有书局者，无论新旧诸刻本，亦以一分解交山东巡抚，转行曲阜”[⑧] 收藏。王懿荣勤奋刻苦，治学严谨。他的《南北朝存石录》“始自壬戌，迄今辛巳，前后十九年”[⑨]，足见其严谨扎实之学风。

王懿荣学业深厚，品德高尚，始终怀有修身齐家治国平天下之大志。他十分敬仰前朝抗倭英雄戚继光。亲“赴登州府城谢吊戚党”。还抓住机遇对事关国家安全与稳定诸事项积极上奏。又“借钞翰林院藏明刻《止止堂集》”，嘱山东巡抚张曜将戚继光的《止止堂集》“刻于济南”[⑩]，自己则亲自撰写《重刻戚武毅公止止堂集叙》，充分表达了他对爱国先贤的怀念与仰慕，也体现了他对中华民族优秀兵学著作的全力弘扬与传播。

1894 年，日本挑起中日甲午战争。王懿荣再三上奏，呈请朝廷停建景点，

---

① 吕伟达主编：《王懿荣集》，齐鲁书社 1999 年版，第 466 页。
② 吕伟达主编：《王懿荣集》，齐鲁书社 1999 年版，第 471 页。
③ 吕伟达主编：《王懿荣集》，齐鲁书社 1999 年版，第 473 页。
④ 吕伟达主编：《王懿荣集》，齐鲁书社 1999 年版，第 479～480 页。
⑤ 吕伟达主编：《王懿荣集》，齐鲁书社 1999 年版，第 484 页。
⑥ 吕伟达主编：《王懿荣集》，齐鲁书社 1999 年版，第 487 页。
⑦ 参见吕伟达主编：《王懿荣集》，齐鲁书社 1999 年版，第 476 页。
⑧ 吕伟达主编：《王懿荣集》，齐鲁书社 1999 年版，第 45～46 页。
⑨ 吕伟达主编：《王懿荣集》，齐鲁书社 1999 年版，第 471 页。
⑩ 吕伟达主编：《王懿荣集》，齐鲁书社 1999 年版，第 4475 页。

任用能人，抗敌救国。随着战局进一步恶化，王懿荣主动请缨，奉旨回乡筹办团练。1900 年，八国联军进攻北京。五月二十一日，王懿荣与李端遇被任命为京师团练大臣，会同五城御史督率弁勇，严密稽查，加强巡逻。56 岁的王懿荣“往往夜漏三下未及就眠”。七月二十日夜，八国联军攻进北京东便门，王懿荣心急如焚。次日晨，探知两宫西去，遂留下楷书绝命词曰：“主忧臣辱，主辱臣死。于止知其所止，此为近之。”并署名“京师团练大臣、国子监祭酒、南书房翰林王懿荣”。[①] 书写完毕，吞金不绝，复仰药，仍不绝，遂投井身亡。其妻谢夫人率长媳张氏相从入井而死。

二、大义凛然上奏疏

1894 年 7 月，日本政府利用朝鲜发生东学党农民起义事件，以海盗的方式对北洋舰队开炮射击，拉开了甲午战争的序幕。由于日本经过精心策划和准备，装备精良的日军始终牢牢掌握着战场上的主动权，而且战火很快从朝鲜半岛燃烧到中国境内。战局危急，王懿荣不顾个人安危，挺身而出。

1894 年十月初十日，是慈禧太后六十华诞庆典日。慈禧太后非常在意六十华诞庆典，早在 2 月 18 日，北洋海军提督丁汝昌和总兵林泰曾、刘步蟾就同时受到慈禧的封赏。为了体现庆典活动隆重热烈，清政府决定动用银两 240 万两，将颐和园至故宫的道路两旁的铺面街景修葺一新，还要搭建包括龙楼、经棚、牌楼、亭座等 60 处欢乐吉祥的点景。慈禧太后更是希望普天同庆，热闹无比。由于清政府不想打仗，因此毫无准备。被动应战以后，战场上的形势急转直下，令海内震惊。在此危难之际，王懿荣大义凛然，不怕搅了慈禧太后六十大寿庆典筹备正欢的心情，一天之内就上了三道奏疏：第一道是《皇太后万寿请暂停点景但行朝贺疏》，“此疏既上，京朝为之变色”[②]；第二道是《时势孔亟请召用亲贤疏》；第三道是偕王文锦、吴树梅联名，上奏《请召用恭亲王疏》[③]。他认为，朝廷调兵增援，“救兵虽多，漫无统制，无争胜之意，有相互之能”，所以“列城瓦解，事在意中”。他强烈要求重新启用“曾办军务，通晓洋情”的恭亲王辅佐朝廷，并重新“布置将帅，联络与国，震慑强敌”，这样才可“上佐宸谟，下孚众望”[④]。王懿荣为了挽救国家危局，不顾个人荣辱得失，不怕慈禧老佛爷震怒治

---

① 吕伟达主编：《王懿荣集》，齐鲁书社 1999 年版，第 489～490 页。
② 吕伟达主编：《王懿荣集》，齐鲁书社 1999 年版，第 481 页。
③ 参见吕伟达主编：《王懿荣集》，齐鲁书社 1999 年版，第 481 页。
④ 吕伟达主编：《王懿荣集》，齐鲁书社 1999 年版，第 55～56 页。

罪，敢于坦诚进言，说出了许多人想说却又不敢提及的建议。他的奏疏递上之后，既令满朝文武惊出一身冷汗，又让许多人对他大义凛然、秉笔直书的惊天举动充满了敬意。

值得一提的是，恭亲王奕䜣的出山没有改变甲午的战局。无心组织抗敌的清政府匆匆忙忙派议和使者前往日本讲和，面对日本的蛮横无理和漫天要价，王懿荣于十一月初四日（11 月 30 日），又上奏《详度夷情审量时局疏》，坚定地主张抵抗，反对轻许议和，要“趁此大兵云集，精历士马，厚积军火，肃清海隅，使其畏服，切誓有坚不敢再犯之心”。王懿荣认为，如果轻易答应日本的苛刻条件，割地赔款，必然使敌人得寸进尺，变本加厉地“挟我之资便以攻我”，近则半载，远或数年，中国将无安宁之日，“是益寇粮而资之盗也”。届时将会导致山河破碎，经济崩溃，从而产生“内溃之患，不可不应”。[①]

日军占领旅顺之后，立即扩充军力，组建了山东作战军，其首要的攻击目标是驻守威海卫刘公岛的北洋舰队。1895 年 1 月中旬末，日军采用声东击西的战术，派军舰炮轰登州古城，造成要从蓬莱沿海登陆的假象，然后于 1 月 20 日在山东荣成龙须岛成功登陆。而且日军登陆的数量、战马和武器辎重，都是山东半岛清军兵力的几倍，而且配备了许多新式的武器装备。至此，拱卫京畿的辽东半岛和山东半岛两扇大门全被打开。

此时，身居京城的王懿荣心急如焚。他千方百计派人前往山东半岛打探战况，在掌握清军兵力部署及战争进展情况的基础上，向光绪帝呈上利用山东半岛地理位置及港湾众多的特殊优势，积极组织，巧妙布兵，狠狠打击日军的奏折。他在奏折中直言：“窃臣籍隶山东福山县，地滨海，烟台即其所属，东距威海百八十里，为渤海南路紧要关键，此地一失，大局瓦裂。”他还对当时山东半岛兵力部署和新任山东巡抚的详情向光绪帝作了简要介绍：“抚臣李秉衡公忠廉介，中外叫旌，惟履任未久，兵力又单……故致有荣成失蹈之事。”[②]

王懿荣所作的分析，真可谓恰如其分。日军在龙须岛登陆了 34600 人、战马 3800 匹，以及大批武器辎重后，立即兵分两路，从后路包抄威海卫，其海军舰队则利用舰船多、航速快、速射炮多的优势，一方面引诱威海湾里的北洋海军出海作战，以便围而歼之；另一方面又海陆夹击，轮番进攻港湾里的北洋舰队。此时驻守威海后路的清军力量薄弱，而且整个山东半岛，包括从威海、烟台、至登州沿线的兵力，虽然号称四十营二万人，但其中属于正规的守备部队还不足半

---

① 吕伟达主编：《王懿荣集》，齐鲁书社 1999 年出版，第 38～39 页。

②《黄县团练杂记》手抄本，孤本，山东博物馆藏。

数，且又分布在胶东沿海150多公里的海岸地带。这样的部队突然面对训练有素、装备精良的侵略者，确实难以抵御他们的进攻。就连山东巡抚李秉衡也不得不承认“练军兵数较单，实属不足分布”[①]，而且“旧存军械本属无多”，还多为“旧式洋枪，难以及远”，因此，身负重任的李秉衡也奏请“募勇添营”，速“购买外洋快炮及快枪毛瑟等枪”[②] 以制敌。

针对山东半岛兵力严重不足和武器弹药奇缺的严重局势，王懿荣从实际出发，十分客观地提出兵力布置要快速运转和保住重点的防御方案。他认为，山东半岛军情紧急，刻不容缓，“非有得力军干，迅速赴援，不足济急”。由于威海为京津门户，威海如再不保，则天津万无可守之理。倭人避实击虚，知道登州兵力较单，“故扰我东防，以制全局”。他积极建议光绪帝立即派管带永兴军的记名提督王鸿发，带兵快速前往山东半岛，以解威海之围。王懿荣为什么推荐王鸿发带兵驰援威海呢？第一，王鸿发“前随伊犁将军金顺在新疆南北两路转战二十余载”，骁勇善战，经验丰富，并且“刻下同总兵马心胜所带马步八营”，已经抵达京都的近畿，调这支部队驰援可迅速见效。第二，王鸿发是他的同乡同祖堂弟，知人知面更知心。王鸿发也在书信中告诉王懿荣，“亦深以乡邦为极愤恨切齿”[③]，并坦率表达他急于回乡杀敌报国的坚强决心。由此可以清楚表明，在国难当头、战局危急之关键时刻，王懿荣荐保王鸿发带兵救急，确实做到了以国家利益和人民生命为重，而且坚持了举荐人才内不避亲、外不避嫌的原则。

为了争取光绪帝的支持，他还进一步分析道：“留此八营于畿辅，兵力之厚薄，不足轻重。”而登州各属区域海面，与奉天对岸海面诸路通达。若任其游弋，时有制动，“亦万非李秉衡一人所能奔顾。诚使鸿发驰援威海或足以保重地，而救孤军”。[④] 虽然王懿荣的分析和推断是客观正确的，但令人遗憾的是，朝廷决策层始终不予采纳，致使王懿荣的积极建议成为一纸空文。

三、主动请缨办团练

王懿荣不但提出了正确布置精锐作战部队的建议，而且还向光绪帝详细地陈述了自己速回山东登州“会同抚臣，办理团练”的设想和具体计划。其计划主要包括兵源选择、人数编制、武器弹药、粮草饷银、营规章法诸方面。透过这些具

---

① 戚其章主编：《中国近代史资料丛刊续编·中日战争》第2册，中华书局1989年版，第153页。
② 戚其章主编：《中国近代史资料丛刊续编·中日战争》第2册，中华书局1989年版，第341页。
③《黄县团练杂记》手抄本，孤本，山东博物馆藏。
④《黄县团练杂记》手抄本，孤本，山东博物馆藏。

体详细的内容，我们可以清楚地看出，儒学大家王懿荣在国难当头之际，不计个人得失，不顾年过五旬，不惧艰难险阻，毅然决然地放弃安逸舒适的京城生活，选择奔赴战争的前线，组建并率带团练乡勇，坚决打击入侵的日军，其御敌报国之忠心，爱国爱乡之真情，由此可见一斑。

古时的登州，就是现在的蓬莱市，它面向大海，自古就是海上丝绸之路的重要港口，也是中、日、韩三国贸易往来的交通枢纽。明代时期，登州城新河口、北直津沽以及山海关三处都是防倭的重地。“故有登莱巡抚，蓟辽总督之设”①的说法，非常明确地告诉我们，登州乃京师的门户，其战略地位特别重要。另外，登州海陆兼有，地灵人杰。如明代抗倭英雄戚继光，甲午辽东之战中勇战日军的白发提督宋庆，他们奋勇抗敌的爱国精神，激励着王懿荣要回乡举办团练。

1895年1月18～19日，日本海军派主力舰“吉野”“秋津洲”和“浪速”三舰，驶近登州海岸便减速慢行，观察登州城内动静。下午3时许，日舰用15厘米口径舰炮轰击登州古城。敌舰炮弹落入城内，引发两处火灾，致使屋毁人伤，居民百姓纷纷外出躲避。消息传到北京，王懿荣心急如焚，寝食俱废。经过反复斟酌，他上疏请求回籍举办登州团练抵抗入侵的日军。在奏折中他直言不讳地指出：“臣家有老母，年已七十有三，一闻此信，神魂飞越，登（州）莱（州）商贾，旅京师者约有三十余万人之多，人人有身家之念。海隅有警，兵团不给，众情惶惑。若市面一空，转滋动摇，亦须先有以镇定其心。”由此，我们知道王懿荣是一位很重骨肉亲情的仁人志士，他以“孝悌”为荣，以儒家的家国情怀为念。他的对父母之孝与对家庭之情是寓于对国家和民族的深厚情感之中的。为能尽快得到皇帝批准回乡“办理团练”，他详细叙述了祖父“于咸丰十年任部员时”，“专办登州海疆一带团练”之旧事。他还陈述道：“臣于斯时年已十六七岁，跟随周历各口，故与乡人夙昔洽熟，二三豪侠皆所周知。”②

本来，王懿荣学识渊博，酷爱文物，喜欢收藏青铜器、石刻、古钱、刻本书、字画及印章，凡有价值的古玩金石，他都要想方设法买回收藏并予以研究。然而，就是这样一位知名学者，一旦国家有难，他竟毫不犹豫地抛开治学，坚决要求回乡操办团练，“以卫桑梓”，并确保京津平安。他将拟定好的创办计划向光绪帝奏报说：“奉命回籍办理团练，拟到籍之日直抵烟台，先见抚臣，与之商榷办法，即速周历十属，与该地方州县各官集诸士民，相机酌试。”他认为，登州山多地窄，居民中之青壮年向来多以贸易为生，而且大多分散居住在京师及东北

① 戚其章主编：《中国近代史资料丛刊续编·中日战争》第2册，中华书局1989年版，第313页。
②《黄县团练杂记》手抄本，孤本，山东博物馆藏。

三省，其贸易生意收入低微，勉强可以自给，所以没有巨富人家。凡是不能外出从事商业贸易的，都是些老弱妇幼人家，故“武风不振，每耻言当兵”。而登州府所属的莱阳西南乡“风气为最刚劲，尚有性情剽悍、身躯长大之人。海阳、栖霞次之，其余皆懦弱悭吝庄农本色，而蓬莱、黄县、福山尤甚”。[①]

针对登州境内各地的民风乡情，王懿荣还根据各县的实际情况，提出了筹办团练要因人而定，因地制宜。他说：“臣于行县之次，令官绅公举四乡绅民有素称才智干练者，或二三十人分为团总、团长，如向来办法，使之训练。”对于武器装备方面存在的枪械不齐、弹药缺少等问题，他准备“会同地方官助之器械”。对“有肯捐办枪火器械者，随时奖励”。他还明确指出，登州原有的团练，是没有编制在册的“无粮无饷”者，只不过是徒有虚名的团练。对这种有名无实的团练，他非常果断地提出“团而不练，不如不团”。因此，他特别强调新创办的团练，要“以城防勇例，济以资粮银，月二两两钱，一旦寇至，率众登陴，以守为战”，御敌于城外。直至“寇退则止，臣即于其中择其精壮娴熟者，拔入营武，名曰乡练”。其饷银可“照正兵例给饷”。[②]

为了使所办团练具备一定规模，发挥守城能战的作用，他还针对个别地方男丁缺少的实际情况，提出“每县至少须有五百人，不足则以他县补之，再不足以招募青、莱一带者补之”。以此计之，“十县合有五千人，便成十营之数”，“使其分扎于十属之间”，平时派他们逐渐更替交换，使他们与各乡团之间相互演习操练，联络一气，扩大声势，以壮其志，以凝其力。如果沿海港口有警报，“每使二百人，合乡团共守一城，以明指挥防御，盖不能战者亦不知守。而臣以此三千人者，或尾随大军之后，为之接运粮草，或截击败寇之余，以之夺粮断道，其平时熟悉本地山川险要，或扼堤岸，或出偏师以补大军所不足”。最后还充满信心地表示，如果按照这种方式展开持久训练，这些团练必然“积熟生巧自成劲旅”。为使所办团练名副其实，能战能守，他还规定了“立营之法”，拟仿效陕西永兴军现行之制，亦即老湘军所遗营制，拟定步队一营每月“须饷银二千五百四十三两，马队一营每月饷银一千五百三两八钱”。[③] 如果战事平息，这些人都可以近归本籍，非常容易地随时遣散，让他们回乡务农。

---

① 戚其章主编：《中国近代史资料丛刊续编·中日战争》第 2 册，中华书局 1989 年版，第 313～314 页。

② 戚其章主编：《中国近代史资料丛刊续编·中日战争》第 2 册，中华书局 1989 年版，第 313～314 页。

③ 戚其章主编：《中国近代史资料丛刊续编·中日战争》第 2 册，中华书局 1989 年版，第 313～314 页。

为了保证回乡办理团练时有得力人员相助，王懿荣还奏请皇上恩准黄县籍翰林院检讨王守训、莱阳籍翰林院编修王垿、潍县籍知府陈阜、荣成籍前安徽宿松县知县孙葆田等一同前往山东登州，齐心竭力举办山东半岛的团练。通过上述王懿荣保国卫乡的具体计划，我们轻而易举地了解了这位著名学者、爱国志士举办登州团练的计划，其条理清晰、环环相扣，严谨周密。王懿荣保家卫国用心之良苦，由此可见一斑。

就在王懿荣提出举办团练的同一天，其妹夫两江总督张之洞也向朝廷建言献策。他认为，威海的戴宗骞和孙万龄两军，以少击众，力挫凶锋，非常难得。但孤军恐难持久，援军又缓不济急。所以，应由山东巡抚李秉衡电饬该军，晓谕荣成至登州一带居民，“各集团练义勇，协助官军击倭”①。1895 年 1 月 28 日，光绪帝谕准王懿荣回乡办理团练。他一面电谕李鸿章：“集团一策，著李秉衡即饬地方文武赶紧举办”，一面谕内阁，著准王懿荣“回籍办理登州团练事宜”，还令兵部“刊刻关防，并请发给勘金”，著户部“借支银二千两”②，以备开局所需。王懿荣于光绪二十一年正月“十九日（1895 年 2 月 13 日）开库承领”③ 所借支银两，简单收拾所需行囊，二十二日（2 月 16 日）即由京城束装出发，急速奔赴山东登州。

年过五旬的王懿荣，带着极为精干忠诚的一行人，在急忙赶路的同时，还想方设法对沿途经过之直隶省和山东省举办团练的实际情况及时向朝廷奏报：“臣此次沿途直隶及本省各州县地方，亲加访问，正在举办的团练。”通过耳闻目睹，他认为：“畿辅以顺天所属之良乡六里河，东省以青州所属之昌乐较为齐整，而莱州之潍县民团尤属认真。”他说这些地方皆属“逼近京城及东抚住扎之区”。④通过所见所闻，王懿荣认为山东巡抚李秉衡尽职尽责，忠于职守，想方设法组织山东军民奋勇杀敌御辱。但他同时也认为，李秉衡出任山东巡抚时间太短，加之胶东半岛兵力太单，武器陈旧且少，没能阻止日军登陆实属无奈。他还认为，国难当头之际，奏请回乡举办团练既是责无旁贷，又是迫在眉睫。

王懿荣一行经过 20 多天的长途跋涉，于二月十三日（3 月 9 日）抵达莱州府。在面见山东巡抚李秉衡时，得知北洋海军提督丁汝昌、总兵兼“定远”舰管带刘步蟾、署理“镇远”舰管带杨用霖、刘公岛上的护军统领张文宣、威海陆军

---

① 中国史学会主编：《中国近代史资料丛刊·中日战争》（三），上海人民出版社、上海书店出版社 1957 年版，第 348 页。

② 戚其章主编：《中国近代史资料丛刊续编·中日战争》第 2 册，中华书局 1989 年版，第 316 页。

③ 戚其章主编：《中国近代史资料丛刊续编·中日战争》第 2 册，中华书局 1989 年版，第 501 页。

④ 戚其章主编：《中国近代史资料丛刊续编·中日战争》第 2 册，中华书局 1989 年版，第 502 页。

统领戴宗骞等海陆高级将领都宁死不降，自杀殉国。北洋海军已于2月17日全军覆没。心急如焚的王懿荣不顾旅途劳累，与李秉衡商谈布防和巡视各地团练的有关事宜后，就急忙“会同各员先行驰赴登州原籍，周历十属，查勘情形，扶绥农众，激励士庶，宣布朝廷德意”[①]。

二月二十六日（3月20日），王懿荣到达黄县（今龙口市），“黄县团练总局董事候选知县前广东封川县知县山民、四品衔后补员外郎丁世常、候选训导王常益、试用教谕前署平原训导姜淑、四项统选教职丁庭闻、候选训守姜梧庆、廪生丁毓旃”共同拜见并汇报了黄县团练训练站岗、巡夜执勤及筹款开支等主要情况。通过实地考察，王懿荣了解到，黄县共有55262户居民，“城内共587户，圩内共2792户，圩外各乡共51863户”。这些居民均按要求编进保甲（即团练）。“城外四十四社，每社或二三十村，或七、八村不等”，均建立了团练，设立总团，由社长兼任总团长。各村团长则由社长推举一至二人，负责办理各村的事情。除临海渔村外，其余各村每十家一个门牌，互相稽查。圩门内外，由总局派勇，不时稽查，门勇则由各门团长负责稽查，互相监督。无论城乡，凡已设团练者皆有办公场所，有事则齐集召开团长会议，商定解决办法。至于圩内的军火，由总局发给，各乡则由各团自筹。经费的筹集也大体如此，“总局经费，由全县绅商捐输，各村则由各村自行捐输”。他们的《团练二十四村变通章程》规定：“圩内二十四村团练联络一气，拟邀营官二名管带约束团丁，各村未选余丁，无论老弱，各团长率领操演，昼则巡街，夜则支更，看守圩墙”。[②] 在巡视期间，王懿荣还观看了义胜军和义胜勇团的列队出操，1500多人排齐了队伍，精神饱满地向团练大臣操演一遍。看到家乡组建的兵勇团练能达到如此水平，身为钦差大臣的王懿荣颇为满意。

二月二十九日（3月23日）阅队后，王懿荣由黄县前往登州所属各地考察兴办团练的实际情况。在10多天的时间里，王懿荣不顾劳累，不敢歇脚，一个地方接着一个地方地快速查勘，等到登州所属之地全部巡视后，他认为“黄县办团练认真，为合郡第一”。值得一提的是，王懿荣在视察各地团练情况时，时刻牢记朝廷的重托，反复强调“蛇无首不行”和“人心甚齐，最为可用”[③] 的道理和故事，所到之处皆坚持激励官弁兵勇奋勇抵抗的士气。在登州蓬莱阁西北山（现改称“田横山”）炮台视察结束后，他还亲笔题写了“郓城夏公印辛酉字庚堂

---

① 戚其章主编：《中国近代史资料丛刊续编·中日战争》第2册，中华书局1989年版，第501页。
②《黄县团练杂记》手抄本，孤本，山东博物馆藏。
③《黄县团练杂记》，手抄本，孤本，山东博物馆藏。

德公碑”[①] 的碑文，表彰提督夏辛酉督率守军向三艘日舰发炮轰击的事迹。据日本随军记者桥本海关记述，炮弹“过吉野舰侧”落入海中，“高扬波涛”使日海军最先进的吉野舰猛受一惊，然后急回旋舰身躲避。[②]

王懿荣身为钦命督办团练大臣，自 3 月 13 日到达山东半岛起，竟在十几天之内就巡察了登州所属各县团练状况，这在当时交通条件十分恶劣的情况下，实属难能可贵。这也足以证明著名学者王懿荣忠于国家，不惧艰难险阻，全心全力抵御日本侵略者的可贵精神。其信念之坚定，精神之可贵，依靠民众治国观念之超前，令人深为敬佩。后来，由于《马关条约》的签订，登州团练只得停办，但王懿荣办团练已经花掉饷银 2500 两。奉旨停办团练后，王懿荣毫不犹豫地想方设法将借支筹办团练的 2000 两饷银全部还给国家，虽然还欠下 500 两的债务，但他仍义无反顾地保持清廉为政，不沾国家的任何便宜。

综上所述，王懿荣在中日甲午战争中所表现出的爱国精神和崇高品质，值得我们予以充分肯定和褒扬。在中国人民全力推进民族复兴大业的关键时刻，缅怀这位知识渊博的爱国者，秉承爱国志士的伟大精神，将会大大激发中国人民的爱国热情，这对于坚持社会主义的人生观和价值观，全面推进社会主义物质文明和精神文明建设，无疑都是非常必要和大有裨益的。

（此文原载于大连近代史研究所、旅顺日俄监狱旧址博物馆编：《大连近代史研究》第 15 卷，辽宁人民出版社 2018 年版，第 23～32 页）

---

① 据蓬莱市登州博物馆袁晓春馆长讲，他于 20 世纪初发现该碑后，被县（当时蓬莱市称蓬莱县）文管所收藏。令人遗憾的是，该市开发田横山景区时，石碑被搬到野外后遭到毁坏。

② 参见［日］桥本海关：《清日战争实记》第 11 卷，上海 1898 年版，第 369 页。

爱国将领孙万林

孙万林（1843～1905），字寿卿，出生在安徽省祸阳县孙集乡孙小砦村（今属利辛县）一个农民家庭。为替父母分忧，小小年纪的孙万林“就以卖烙馍为生”，个性倔犟，爱习刀枪。刚到入伍年龄，就报名参军，因个子矮小，三次报名皆未被录用。为此“乡邻时有讥抨”。[1]

清同治初年，19 岁的孙万林再次辞别父母，离开安徽老家，去山东德州，投营参军，终被录取，“隶属嵩武军张勤果公曜麾下”。他作战机智果断，骁勇过人，“常赤膊上阵、攻垒”，屡建奇功，数年之间，就由外委、哨官升任总兵加提督衔，赏给达春巴图鲁钦字勇号。同治十一年十二月二十日（1873 年 1 月 18 日），“以宁夏肃清案内出力，被赐之丝纶诰命，赏授孙万林为武功将军，其妻严氏毓质被封为夫人”[2]。

光绪十年（1884 年），孙万林率军随张曜进入北京，负责疏浚皇城的北城河。两年之后，又跟随张曜离开北京，去勘查整修山东河流。张曜就任山东巡抚后，任命孙氏移防胶东，“驻守烟台石灰窑”附近（今牟平县大窑村），负责“修筑烟台宁海州至威海卫西山口道路，化险为夷，交通称便”。[3] 数年之间，孙万林率军逢山开路，遇河架桥，共开通山道 45 公里，修木石桥 53 座。为加强威海卫与烟台一带的军事防御和发展生产、方便居民生活做出了重要贡献。

光绪二十年（1894 年），中日甲午战争爆发。至 1895 年初，山东半岛局势紧张。清政府急忙招兵扩军，以备不测。1 月 20 日，34600 名日军，3800 匹战马，以及各种弹药辎重，在荣成成山头龙须岛划子窝海滩登陆，并立即向荣成进犯。其时，山东巡抚李秉衡闻讯后，立即“电饬酒馆驻扎之提督孙万林两营，前往合剿”。还令率嵩武军左营和游击谭邻都的福字三队，赶赴威海卫，与驻威海陆军统领戴宗骞互相支援，全力抵抗。随后，又令驻上庄的李楹总兵也率福字三营整队赴援。“迨荣成失守，复添派孙万林等军，与戴宗骞所部绥军，

---

① （民国）《涡阳县志》卷一三，民国十四年（1925 年）铅印本。

② 《孙氏家谱》。

③ 《孙氏家谱》。

会合堵剿”。[①]

军情火急，刻不容缓。总兵孙万林接到命令后，立即带领人马，急速奔赴威海卫。行至羊亭集东5公里多的阮家口子附近，适与从荣成西退的副将阎得胜及所带五营河防军相遇。此时根据李秉衡的命令，阎得胜及河防军均归孙万林指挥。他们合兵成一队后，分统刘树德也率两营绥军赶到宿营地会合。会师后，清军继续向东南方向的桥头镇开去。

其时，大雪纷飞，天寒路滑。总兵孙万林，虽已年过五旬，但仍精神抖擞，威风凛凛。只见他骑着一匹白马，满身披挂，气度豪迈，率领部队，兼程前进。孙万林绰号“孙滚子”。在威海方言中，“滚子”是勇敢、不怕死的意思。孙万林及其部下作战勇敢，且军纪严明，深得威海百姓拥戴，他们路过沿途各村，广大民众都踊跃地帮着拖车拉炮，运送粮草。

1月22日，孙万林率军开到桥头北面的五尚地村。探知日军已从荣成向西进犯，便召开紧急会议筹划战守；孙万林自率嵩武军左营及福字三队，在北马河西岸埋伏阻敌；阎得胜率精健等五营从旁截击，并包抄敌军；刘树德军仍驻守五尚地附近，以备接应。会后，孙万林即率军进驻白马村，在白马河的西岸修筑工事，并密切注视敌寇的行动。根据会议协商的方案，刘树德也抓紧时间抢修了两座临时炮台，一座在孟家庄北的兴隆山，另一座在与之对峙的桥头北山。两座炮台各设行营炮两门。副将阎得胜则移军桥头集，相机出战。

1月24日，日军先头部队进入东豆山村，派骑兵继续西犯，行至白马河东岸的观里村西部时，突然遭到孙万林骑兵哨探的伏击，日军被打死一人，便不敢贸然前进。当天傍晚，日军探明清军兵力不多，便派出步兵一个大队和一个中队，准备攻占白马河东岸各村。日军摸着黑，刚进白马河东岸的姚家圈村，早已埋伏在此的孙万林，趁敌人立足未稳，立即下令向日军发起攻击。孙万林亲自督战，凭借熟悉和有利的地形，巧妙地利用敌人的灯光，瞄准射击。日军突然遭到袭击，急忙组织还击。这时，夜幕笼罩，伸手不见五指，日军又不熟悉地形，只好使用携带的探照灯，用以照射进攻目标。激烈的阻击战进行了近两个小时，清军“打死敌军官一名，士兵十余人，而清军仅一名哨官受伤，一名马夫中枪牺牲”[②]。由于天寒夜黑，

---

① 戚其章辑校：《李秉衡集》，齐鲁书社1993年版，第192页。

② 戚其章：《甲午战争史》，人民出版社1990年版，第394页。该说法是戚其章先生1958年和1959年采访90岁的夏锡奎、74岁的夏元吉、76岁的王佩芝三人后整理记录的。在顾廷龙、叶亚廉主编的《李鸿章全集》（上海人民出版社1987年版，第376页）中，李鸿章寄给丁汝昌的电稿中称：“孙万林、刘树德已获胜仗，杀贼百余，生擒三名，倭已败回。”此说系威海陆军统领戴宗骞根据陈万清探报。因该说存在夸大嫌疑，故采信戚其章采访记录一说。

日军无法组织大规模进攻，只好向东转移，并准备实施包抄战术。

白马河阻击战是入侵之敌第一次受到的打击，也是甲午威海之战中，孙万林以少制多的一次小小胜利。在“初战获胜，稍壮士气”① 的情况下，参战清军理应遵照战前的部署，从旁截击和包抄敌军，给入侵之敌以更大的打击。然而，副将阎得胜却不战自退，率先撤走。而装备最好的刘树德部队，先是静观不动，后借口戴宗骞有令调回也率军西去。孙万林率 1200 余人孤战无援，无法抵挡大批敌人的包抄和围攻，不得已撤出阵地，移驻羊亭集以西至孙家滩一带，修筑工事，准备继续应战。

自荣成失守和白马河狙击战后，威海卫后路战局每况愈下，李鸿章十分担忧，李秉衡更是焦急异常。他在致电张之洞的电报中坦言：“兵固单，尤苦无将。前敌敢战之将，仅一孙万龄（林）。”② 他认为“查各军退缩者不止一人，而以阎得胜为最怯”③。因此，他于 1 月 29 日电饬孙万林：“阎得胜临阵退缩，即军前正法。”④ 此时，日军已进逼羊亭一带，孙万林担心临战斩将，不利于稳定部队，故没有按巡抚的电令去办。

1 月 30 日，孙万林探知日军来攻，决定将参战各军分为三部分，划地分片，严密防守。具体分工为：孙万林亲自率嵩武军左营和福字三队在中间，防守孙家滩村东的羊亭河长堤，从正面堵击敌人。李楹率福字三营防守港南村高地，为右翼，主要预防敌人迂回和包抄后路。左翼由阎得胜带领精健等五营驻守小西庄和港头村，一方面预防日军直插威海卫城，另一方面准备接应孙万林部队负责的正面战场。

2 月 1 日，是中国旧历的正月初七，天寒地冻，北风呼啸，羊亭河水结了厚厚的冰层。大风卷着雪花，让人难以睁眼。进攻的日军过河以后冒着风雪直向孙家滩东面的护河大堤扑来。孙万林身先士卒，指挥嵩武军左营和福字三队的 1200 余人埋伏在护河大堤的树丛中，用步枪和抬杆射向敌人。据当时的目击者——威海港头村的隋纪明（时年 16 岁）说：“孙统领的兵有大堤和树木隐蔽，打死不少日本兵，只见这一排倒下了，又一排向前冲，可始终冲不上去。”⑤ 日

---

①《寄译署汇报前敌紧要军情折》，顾廷龙、叶亚廉主编：《李鸿章全集》（三），电稿三，上海人民出版社 1987 年版，第 378 页。

②《李秉衡致张之洞电》，《山东巡抚衙门档案》，中国第一历史档案馆藏。

③《山东巡抚来电》，故宫博物院编：《清光绪朝中日交涉史料》卷三〇，故宫博物院 1932 年印，第 15 页。

④《致孙统领电》，戚其章辑校：《李秉衡集》，齐鲁书社 1993 年版，第 632 页。

⑤ 戚其章：《孙家滩之战调查资料》，戚海莹：《甲午之战在威海》，天津古籍出版社 2004 年版，第 152～153 页。

军见正面进攻受挫，又企图从南面包抄孙万林的后路，但是遭到埋伏在右翼的李楹军队的堵击，而未能奏效。在这紧急关头，日本的山炮兵第六中队，利用架好的四门山炮，猛烈向清军阵地发炮轰击。孙万林也命令炮兵利用行营炮“据险架设，努力进行防战”。据日本随军记者桥本海关记述，“双方炮声无间，战愈倍烈”①。日本炮兵仗着人多炮优，“拼命地发射，终将清军的猛烈战火压下去了”②。这时，负责指挥左翼精健等五营的阎得胜，见日军炮火凶猛，只放了两排枪，便下令西撤。阎得胜带着2000多兵临阵而逃，使孙万林部立时两面受敌。兵力本来就少的嵩武军处境异常危险。孙万林强压怒火，不敢恋战。急忙与李楹联系，相互掩护，越过皂山，甩开敌军，连夜撤至酒馆集驻守。

2月2日上午，孙万林在酒馆集隆福寺召集各军将领会议。阎得胜接到开会的命令后也按时赴会，他刚走进隆福寺，孙万林便命令刀斧手将其逮捕，并于当日就地军前正法。

2月3日，威海卫失守。孙万林奉命“犹于宁海，文登境内之龙泉塘（汤），小芦庄，申阁子等处，”屡次打击进犯的日军。“殪其二酋函首一，日人气夺。”③并于二、三月间，分别收复了宁海、荣成、文登三县城。接着，率军移驻文登县城内，奉命将所部更名为东字正军五营，孙万林仍为统领。

光绪二十四年（1898年），孙万林奉命驻守平度州，归军统夏辛酉节制。同年，有人状告孙万林处决阎得胜是错误的，清政府令夏辛酉调查此案。因夏辛酉与阎得胜是同乡，所以，禀复案情的报告含混吞吐。山东新任巡抚张汝梅奏准革职，将孙万林发配军台效力。次年四月，孙万林到达山西军台。光绪二十六年（1900年）正月，锡良任山西按察使，上奏清廷，为孙万林申冤平反，孙万林被赦，充任武卫中军前路前营管带。

八国联军进攻京津时，孙万林被任命为武卫中军前路统领，复原官衔，奉命率部攻打京都之东交民巷（外使驻地）。由于他督战有功，战后被任命为陕西河州镇总兵。两宫西幸时，万林奉命护驾。抵大同后，拨授南阳镇总兵，加提督衔，并赏给达春巴图鲁钦字勇号。

孙万林任南阳镇总兵三年间，勤政为民，“捕务振兴，地方安谧”。深受当地百姓称赞。光绪三十年（1904年）万林调任四川松潘镇总兵。次年六月，靠近四川的西藏境内，“苗夷作乱，川军无功”。总督锡良十分忧愁。他召集将领商讨

---

① ［日］桥本海关：《清日战争实记》第11卷，上海1898年版，第383页。
② ［日］河村直等编：《日清战争实记》第20编，东京博文馆1895年版，第36页。
③（民国）《涡阳县志》卷十三，民国十四年（1925年）铅印本。

平乱之法。孙万林从容地说："苗夷小丑罔知国家威德，万林不敏，窃以为三寸舌固贤于十万师也。"[①] 锡良听后大喜，命令他代理建昌镇总兵。孙万林到达建昌后，即下令解除禁严，只带随从两名，日夜兼程，驰驿入藏。

进藏后，孙万林先叫当地人传话说："孙总兵来藏!"藏族的部落酋长大惊失色，急忙前往驿馆拜谒。相见后，孙万林扶髯振词，慷慨激昂，痛论背叛朝廷，开战端不详的利弊，洋洋数千言，说得藏酋无不由衷宾服，曰："公何来之晚也!"[②] 于是，罢兵议和，川边翕然。

平息叛乱后，孙万林在返回四川的归途中，由于颠簸劳累，加上年老体弱，身染瘴毒顽症。回到衙署，请医调治，仍不见愈。孙万林仍坚持行政为民，"一日升公堂，虑囚甫罢，失足仆地，噤不能语，遂不起"[③]。卒于光绪三十一年(1905年)，享年63岁。

闻知孙万林死在官府大堂上，满城百姓无不悲痛。总督锡良悲伤地说："孙万林威镇苗夷，何天夺之速也!"[④] 遂赠银三千两使其隆重归葬。

（此文原载于孙洁池、于才年、许玉琪主编：《甲午英烈》，山东大学出版社1994年版，第160～165页。有改动）

① （民国）《涡阳县志》卷十三，民国十四年（1925年）铅印本。
② （民国）《涡阳县志》卷十三，民国十四年（1925年）铅印本。
③ （民国）《涡阳县志》卷十三，民国十四年（1925年）铅印本。
④ （民国）《涡阳县志》卷十三，民国十四年（1925年）铅印本。

甲午威海卫刘公岛保卫战中的张文宣

张文宣是淮军集团中年轻有为的后起之秀。和平时期，他率领部队修建炮台和军事设施，强化训练，治军保民，维护了海军重地的安全。甲午战争爆发后，驻守在刘公岛上的北洋护军统领、总兵张文宣积极备战，狠抓刘公岛和威海湾港口的防御设施配套建设与加固；积极与北洋海军提督丁汝昌、威海水陆营务处提调候补道牛昶昞、驻威海北岸的陆军总指挥、绥军统领戴宗骞、绥军分统领刘树德、驻守威海湾南岸的巩军统领刘超佩以及驻守日岛炮台的萨镇冰等加强联络，相互协作，英勇抵抗，炮轰强敌，多次打退日本海军和陆军对刘公岛的三面夹击。最后，在弹药将尽，军心散乱，援军无望，自己无力回天的最后时刻，宁死不降，悲壮自杀，践行了战前“文宣誓同队勇先用力，后用命”[①] 的誓言。

一、勤奋好学 文武双全

张文宣生于 1850 年（道光三十年），字德三，安徽省合肥市肥东县众兴乡贾户村人。幼有大志，聪明好学，学文之余，尤喜习武，弓箭骑马，韬略计谋，文武兼备。1873 年（同治十二年），考取癸酉科武举人，1874 年又考中甲戌武进士，派往江南任守备。其时，统领庆军的总兵吴长庆率军驻守江浦、江阴一带，对张文宣这位青年才俊十分器重。[②]

1874 年和 1879 年，因日本出兵侵占台湾、吞并琉球王国，朝廷下旨令李鸿章加速创建北洋水师和海防基地，辽东半岛和山东半岛的海防工程开始大规模兴建。1880 年秋季，张文宣随吴长庆率军移驻山东登州至黄县（今蓬莱市至龙口市）一带，帮同山东巡抚周恒祺办理海防事务。1882 年 7 月 23 日，朝鲜发生“壬午兵变”。8 月中旬，张文宣又随同广东水师提督吴长庆，乘丁汝昌统带的北洋水师舰船出兵朝鲜，快速戡平事变。留驻朝鲜期间，既帮助朝鲜政府训练新军、维护社会治安，又帮助朝鲜修路架桥、赈灾恤丧。1884 年春，法国兵船北

---

① 《奉遵旨详查丁汝昌等死事情形折》，戚其章辑校：《李秉衡集》，齐鲁书社 1993 年版，第 218～220 页。

② 参见张广余：《简论甲午战争时期的张文宣》，戚俊杰、刘玉明主编：《北洋海军研究》第 2 辑，天津古籍出版社 2001 年版，419～420 页。

上大沽，京畿吃紧，清政府急调军队布防。6 月初，张文宣奉命随吴长庆回到辽东半岛，驻防金州至旅顺一带，负责修筑旅顺后路炮台，并负责训练驻守炮台的护军。

1886 年 5 月中旬，督办海军事务和硕醇亲王奉皇太后懿旨巡阅北洋水陆各军，旅顺防营中有“补用都司张文宣，带护军二营〔共官十员、勇一千名〕”[①]恭迎候阅。5 月 18 日酉刻，醇亲王乘船抵达旅顺口时，统领护卫营都司张文宣随同宋庆、黄仕林、吴兆有等，“列队于口门内外，声炮跪迎”。第二天下午，庆军统领黄仕林、吴兆有与“护军统领张文宣，俱带队操阵，进退离合，无不严整齐一，枪声万响如一出，军容不亚毅军”。[②] 由于张文宣“带队操阵”，“整齐严一”，醇亲王十分高兴，赏“护军两营银八百两”。[③] 在此期间，进入而立之年的张文宣在建设海防、修筑炮台和带兵训练、布阵打靶等诸多方面，经历了各种磨难和考验，积累了许多创造性的经验。

二、治军爱民 军肃民安

1886 年春夏相交之际，醇亲王和李鸿章巡阅北洋海防后，清政府决定在山东半岛的威海湾刘公岛建设海军基地。1887 年，张文宣被调至威海，率护军两营进驻刘公岛。自此，37 岁的张文宣在刘公岛上开启了修筑炮台、操练护军、治军爱民、抗敌御倭的生命历程。

1895 年春，在威海卫与刘公岛保卫战中，他与丁汝昌在刘公岛上率领陆海两军多次打退日军海陆三面进攻，在弹药将尽、援军无望、军心散乱、百姓求生的情况下，得知丁汝昌于 11 日深夜服毒自杀的消息后，他也于 1895 年 2 月 12 日，悲愤自杀，壮烈殉国。

刘公岛位于威海湾中，东西长 4.08 公里，南北最宽处 1.5 公里，最窄处只有 0.06 公里，全岛面积只有 3.15 平方公里。因其“横据口门，势甚扼要”[④]。张文宣进驻刘公岛后，千方百计克服刘公岛交通极为不便、施工条件极为艰苦、施工任务极为繁重、施工时间极为紧迫等种种困难，遵照北洋大臣海军基地建设的

---

① 《醇亲王（奕譞）巡阅北洋海防日记》，张侠、杨志本等合编：《清末海军史料》，海洋出版社 1982 年版，第 238 页。

② 《醇亲王（奕譞）巡阅北洋海防日记》，张侠、杨志本等合编：《清末海军史料》，海洋出版社 1982 年版，第 240 页。

③ 《醇亲王（奕譞）巡阅北洋海防日记》，张侠、杨志本等合编：《清末海军史料》，海洋出版社 1982 年版，第 242 页。

④ 《李鸿章奏巡阅海军事竣折》，张侠、杨志本等合编：《清末海军史料》，海洋出版社 1982 年版，第 274 页。

部署要求，高质量地完成了修筑炮台和其他军事设施的任务。

1891 年 6 月，直隶总督兼北洋通商大臣李鸿章在巡阅北洋海军的奏折中指出："副将张文宣所带护军于岛北新筑地阱炮台，山通穴，夹层隧道"[①]，"地阱暗炮台，台式系掘深地基"，其"地阱形如满月，中藏阿蒙士庄新制后膛地阱钢炮二尊"。[②]"机器升降灵速非常，能阻击敌船，而炮身蛰藏不受攻击，为西国最新之式。"[③]

李鸿章视察张文宣带兵修筑的刘公岛连接黄岛的挡浪堤坝时，认为"跨海通道，工力尤艰"。[④] 黄岛，位于刘公岛西侧的海中，原来与刘公岛隔海而望，只有落潮时才可涉水而过。张文宣率护军官兵在黄岛上掘地劈石，修建了黄岛炮台。炮台设 240 毫米口径德国克虏伯平射炮 4 门。炮台的地下通道总长近 300 米，兵舍、弹药库均位于地下。在修建黄岛炮台的同时，他们又将开山挖地所取之数万方石头和泥土，运来填海筑起挡浪堤坝，使刘公岛与黄岛连为一体，不管海水潮起潮落，均可顺利通行，为海军基地的布兵设防、运送弹药、保障供给等各方面，都节约了成本，提高了效率。而且此后又利用挡浪堤坝做依托，为海军修建了小型舰艇停泊和上坞检修的避风港——麻井子船坞。

自 1887 年进驻刘公岛，至 1894 年甲午战争爆发，张文宣率领护军不但修筑了公所后炮台、黄岛炮台、旗顶山炮台、迎门洞炮台、东泓炮台和南嘴炮台，"于岛中山沟建总药库一座；甜水仓一座"，而且还从东鸿至旗顶山炮台的"山顶筑护墙一道，共长十里"。在南嘴炮台附近，"又筑南咀土墙一道"。[⑤] 上述这些工程，其施工场地艰难异常，险相丛生，尤以旗顶山和迎门洞两炮台为最。

旗顶山是刘公岛的制高点，海拔高度 153.5 米。旗顶山炮台依山掘崖而建，上下分为三层。设炮位、掩体、兵舍、弹药库和地下储水池等，其布局合理，构造独特，隐蔽安全，坚固耐用。炮位之间各有专门通道，又可相互连通。靠山墙体全部采用夹层防潮技术，防止山体渗水造成兵舍及弹药库潮湿。特别是兵舍的

---

① 《李鸿章奏巡阅海军事竣折》，张侠、杨志本等合编：《清末海军史料》，海洋出版社 1982 年版，第 274 页。

② 《候补知县萨承钰上山东巡抚张曜南北洋各炮台情形折》，张侠、杨志本等合编：《清末海军史料》，海洋出版社 1982 年版，第 270 页。

③ 《李鸿章奏巡阅海军事竣折》，张侠、杨志本等合编：《清末海军史料》，海洋出版社 1982 年版，第 274 页。

④ 《李鸿章奏巡阅海军事竣折》，张侠、杨志本等合编：《清末海军史料》，海洋出版社 1982 年版，第 274 页。

⑤ 《李鸿章奏巡阅海军事竣折》，张侠、杨志本等合编：《清末海军史料》，海洋出版社 1982 年版，第 282 页。

通风排气孔，保证了兵舍里的空气清新，外观上隐蔽安全、美观庄重。另外，炮弹和火药的吊运升降设备，设计科学，操作简单，既省力高效，又便捷适用。旗顶山炮台设 240 毫米口径德国克虏伯平射炮 4 门，其火力可随时支援岛上其他炮台和北山嘴炮台，以形成强大的火力屏障。

迎门洞炮台，则坐落在北洋海军电报局、电灯台的东麓，东泓炮台西侧的半山腰处。炮台设 240 毫米平射炮 1 门。炮台是依山就坡顺势掘地而建。其地下兵舍和弹药库，分为南北两排，相对而建，围成天井方形院落，院内设有地下储水池，可及时回收雨水或雪水。弹药库和兵舍的屋顶上端，与炮位的底座基础持平。露天石阶梯紧紧贴着内院墙而设，可让炮台官兵快速、隐蔽地进入炮位进行操作。

张文宣率北洋护军和民工，在技术落后的年代，在运输能力低下的刘公岛上，7 年时间共修筑了 6 座炮台，还有与之相配套的其他军事设施，其艰难程度与巨大付出远非今人所想象。虽然经过 120 多年的风吹雨打和战争洗礼，但这些炮台至今仍保存完好。这就足以证明总兵张文宣对工程质量的高度重视和严格把关。

张文宣在率部修筑诸炮台及军事设施的同时，还积极做到“且操且防”，自觉督率所部官兵加练新式陆操，使驻刘公岛的北洋护军素质提高很快。1891 年和 1894 年，李鸿章两次来威海校阅北洋海军时，对张文宣负责修筑的 6 座炮台、总弹药库、甜水仓、石砌长墙等军事设施，以及北洋护军的操演训练等方面，都进行了认真的巡阅和测试，他评价说：“记名总兵张文宣护军两营，兼习英德操法，均能一律精练”，称赞张文宣率护军“频年工作，兼顾操防，勤苦有加，实为难得”。[①] 可见李鸿章对张文宣及其护军的出色表现非常满意。

张文宣自 1887 年率护军进驻刘公岛后，关爱百姓，十分亲民，深得岛上绅商和百姓的拥戴。他在建设刘公岛海防基地设施的同时，想老百姓之所急，思老百姓之所难，行老百姓之所盼。例如，刘公岛横踞威海湾中，淡水井本来就很少，海陆两军的突然大量涌入，使岛上的生活和生产用水更为紧张，解决岛上居民和南来北往船民的用水问题迫在眉睫。就在刘公岛老百姓开始发愁的时候，张文宣选择在刘公岛南坡中部临近海边的地方，在阳坡半山靠近深沟处，连续打了好几口深水井，及时为岛上居民、行船商人及渔民解决了缺少淡水的问题。因为这些水井是张文宣带兵选择地址、掘地深挖并用石料砌筑而成，其水质和出水量

① 《李鸿章奏巡阅海军事竣折》，张侠、杨志本等合编：《清末海军史料》，海洋出版社 1982 年版，第 281 页。

都超过了人们的预期，彻底解决了当时岛上居民缺少淡水的后顾之忧，老百姓都感恩于他，故把他率兵打好的水井称为“统领井”，以此来纪念这位爱民亲民、年轻有为的淮军将领。这些水井距今已经120多年了，由于水源旺盛和当年挖井时砌筑坚固，所以至今仍为岛上居民所使用。

另外，他还同北洋海军提督丁汝昌及其他海陆军将领，捐资扩修刘公庙（也有人称刘公刘母庙）。刘公刘母庙，位于刘公岛东村以东，距海边百米之远。自明代建设以来，深受南来北往船民的欢迎。每年许多船民经过附近海域时，专门来这里上供进香，祈求平安。进入清代，清政府实行海禁政策，刘公刘母庙因年久失修，出现急需维修、油漆等诸多问题。张文宣主动联络北洋海军将领及绅商名流，集资维修扩建了刘公刘母庙及相关设施，使这里香火更为旺盛，深得当地渔民和南来北往商贾船客的赞誉。

张文宣治军严整，对所属部队一贯管理严格。他整肃军纪，成效显著，深得百姓称赞。张文宣进驻刘公岛后，大兴土木，修筑炮台和各类军事设施，在短短的几年时间，就把刘公岛建设成海防基地，而且对岛上绅商与平民百姓没有惊动和骚扰。张文宣爱护部下，关心兵勇，愿与将士同甘共苦，故护军将士在关键时刻，无不为之用命。由于他治军有方，强化管理，保证了广大护军官兵军纪严整，买卖公平，秋毫无犯，使得刘公岛上生意兴隆，军民关系融洽，岛民生活安宁。1890年孟夏时节，刘公岛的绅商专门自愿为张文宣立了两方功德碑。一方碑上写着：“军肃民安”① 四个大字；另一方碑上书写：“治军爱民”四个大字，表彰其出色的政绩和公德。时至今日，刘公岛绅商为张文宣树立的“治军爱民”功德碑和为丁汝昌树立的“柔远安迩”② 功德碑仍陈列在刘公岛龙王庙侧殿内，供世人参观瞻仰。

张文宣的出色表现和累累成绩，不但赢得绅商百姓的交口称赞，而且还得到朝廷的信任和褒奖。因而，在朝廷历次叙功中，先后三次擢升，至总兵记名简放，并赏给技勇巴图鲁勇号。朝廷的封赏、官兵的拥戴、百姓的赞扬，使不惑之年的张文宣更加勤奋努力，恪尽职守，直至生命的最后一刻。

三、率军拼战 宁死不降

1894年7月25日，日本海军在朝鲜牙山附近的丰岛海面，对北洋海军的舰

---

① “军肃民安”碑，毁于20世纪70年代初。当时驻岛海军战士受无产阶级“文化大革命”的影响，将该碑砸成大块石料，砌到了新修的大寨田的地堰上。

② 该碑20世纪70年代在刘公岛水师学堂被海军战士发现，当时作为水沟上的简易石桥使用。后被移到龙王庙正殿，现树立在刘公岛龙王庙东侧殿内，供游人参观瞻仰。

船及运兵船突然开炮，挑起了蓄谋已久的大规模武装侵略中国的甲午战争。由于清政府毫无准备，且一心避战求和，所以战场上的主动权一直被日军牢牢控制着，战火也很快由朝鲜半岛烧到中国境内。

1894 年 8 月 9 日下午 3 时 30 分，北洋海军提督丁汝昌率北洋舰队的“定远”“镇远”“靖远”“致远”“经远”“来远”“威远”“平远”“康济”“超勇”“广甲”“广丙”“湄云”“镇边”“镇北”“镇东”“镇中” 17 艘舰船出海巡剿日本海军联合舰队。第二天早晨，获得准确军事情报的日本海军联合舰队的 21 艘军舰，就气势汹汹地分头扑向威海湾南北二口。

日本的 21 艘军舰分别是：第一游击队的“吉野”“高千穗”“浪速”“秋津洲” 4 舰；本队的“松岛”“千代田”“严岛”“桥立”“筑紫”“扶桑” 6 舰；第二游击队的“比睿”“葛城”“大和”“武藏”“高雄”“赤城” 6 舰；第三游击队的“天龙”“大岛”“摩耶”“爱宕”“鸟海” 5 舰。日本联合舰队趁北洋舰队外出、威海港及刘公岛海军基地空虚之际，气势汹汹大规模地突然开来，大有一举拿下刘公岛之势。面对穷凶极恶的日本侵略者的挑衅和进攻，张文宣指挥刘公岛上的北洋护军沉着发炮轰击敌舰，并与驻威海陆地北岸的绥军统领戴宗骞，驻南岸的巩军统领刘超佩，相互配合，猛烈射击，炮轰日舰，使轮番而上的日本海军舰队无法靠近威海港湾的南北两口。

8 月 12 日清晨，海上有大雾，日舰趁机靠近威海湾北口，张文宣指挥刘公岛公所后地阱暗炮台的官兵，借着北山嘴炮台的探照灯光，与北山嘴炮台共同开炮击退敌舰。当晚，日舰又趁夜幕降临，驶近威海湾北口，张文宣又指挥黄岛炮台发炮轰击，继续与北岸北山嘴炮台密切配合，炮轰敌舰，日舰的阴谋无法得逞，很快便撤离威海海域。

根据日本战后公布的资料统计，自 1894 年 8 月 10 日起，至 1895 年 1 月 20 日日军在荣成成山龙须岛登陆止，在将近 160 天的时间里，日本海军联合舰队的舰船，有 17 天开到了威海港湾的口外，或进行攻击，或进行骚扰，或展开火力侦察。这些日本军舰由于清楚地掌握北洋舰队的行踪，所以他们有时单艘独来，有时成双而行，有时多艘齐集一起，其攻击、骚扰、侦察的目标就是刘公岛和威海湾内的军港锚地，但日军这 17 次海上军事行动，都被刘公岛上的张文宣率北洋护军，与威海北、南两岸的绥军与巩军全部击退，确保了威海湾与刘公岛海军基地的安全。这些历史事实充分展现了张文宣及北洋护军敢打敢拼、屡挫强敌的英勇事迹。

10 月下旬，日军进入东北陆地以后，特别是日本海军舰队占领大连湾以后，北洋海军情况危急。11 月 14 日凌晨 4 时多，丁汝昌率北洋舰队从旅顺基地撤回威海卫基地时，因大风和大退潮造成航标浮鼓移位，致使 7335 吨的“镇远”主力舰触礁受伤，使北洋海军的力量大为削弱，广大官兵的精神状态也大受影响。此时，战伤未愈的北洋海军提督丁汝昌顶着巨大压力，在想尽办法抢修“镇远”舰的同时，下决心狠抓北洋舰队的纪律管理。他于 11 月 23 日在威海刘公岛发布命令：“目下军务紧急，刘公岛作为海军基地，严申军令，稽查逃勇，禁止滋事，密缉奸匪，以静谧地方。”因为丁汝昌“时常率军舰出海巡航，势难兼顾”，“特委托水陆营务处牛（昶昞）、护军统领张（文宣）发布告示，以期各员遵守”。[①] 张文宣与丁汝昌同是安徽乡亲和淮军集团的有为将领，他们在刘公岛共同驻防已长达 7 年之久。驻防期间，在建设海军与海防基地方面，多能相互支持帮助，海陆协调发展。甲午战争爆发后，丁汝昌经常率海军舰队出海巡剿，张文宣更加主动出手相助，帮助解决海军基地防务设施不齐备的问题，尽全力保护刘公岛海军基地设备完善和安全。在此艰难时刻，他积极与牛昶昞“发布告示”，对“海军营、舰、校、厂各所人员，不遵命令，且有酗酒、滋事、赌博、犯禁等事”，及时“查拿，并酌情惩罚”。对于北洋舰队“各舰乘员畏怯而带舰退逃，或乘机逃脱者”，也都由张文宣与牛昶昞“两员严缉审理”。[②] 在辽东半岛沦陷，山东半岛局势紧张，威海基地内的海、陆军人心不稳，精神状态不佳，战事一触即发的严峻形势下，丁汝昌对北洋舰队官兵“严申军令”的命令，经长年驻守刘公岛的水陆营务处牛提调和张统领发布，并由他们两人严拿缉审，这对于整肃海军人员的纪律，整顿因败退造成的人心涣散，及时提振北洋海军勇打敢拼的战斗精神，都发挥了重要的作用。

为了解决北洋护军兵力“不敷分布”但必须增强刘公岛防御力量的问题，张文宣提出：“刘公岛周环廿余里，护军三营两哨守台，并派边巡哨，冀抽游击，临时实觉不敷分布。前禀帅请添三哨以足四营之数，以期周防。”因李鸿章“恐无军装，空手无益”，没有办理。张文宣告诉丁汝昌，护军“现余军装足充三哨之用”。在他与丁汝昌的共同努力下，“该军前招工队三百名，本为安炮而设，俟炮安好，即行禀拨”。[③]

---

① ［日］海军军令部编：《廿七八年海战史》卷下，东京水交社明治三十八年（1905 年）版，第 193～194 页。

② 戚其章主编：《中国近代史资料丛刊续编·中日战争》第 6 册，中华书局 1993 年版，第 533～534页。

③ 陈旭麓等主编，季平子、齐国华编：《甲午中日战争》上册，盛宣怀档案资料选辑之三，上海人民出版社 1982 年版，第 317 页。

1895年1月20～24日，日军5天时间从荣成成山龙须岛登陆了34600人，战马3800匹，以及大量的武器辎重。拥有先进武器的日本军队，一方面利用海军舰队监视、封锁威海港湾口门，另一方面，日本陆军凭借人多势重、武器精良、战马突击速度快的优势，很快从荣成推进到威海港湾的南岸。面对寡不敌众、瞬息多变的战局，张文宣致电登莱青道刘含芳说：刘公岛孤悬海中，“文宣誓同队勇先用力，后用命”。

1月30日，日本山东作战军开始进攻威海南岸的陆路和海岸诸炮台。凌晨2时，伊东祐亨率联合舰队本队“松岛”“千代田”“桥立”“严岛”4舰和第一游击队“吉野”“高千穗”“秋津洲”“浪速”4舰，自荣成龙须岛海域向威海卫航进。日本海军的第三、第四游击队的“筑紫”“赤城”“摩耶”“爱宕”“武藏”“葛城”“大和”“鸟海”8舰起锚随行。日本海军第二游击队的“扶桑”“金刚”“高雄”3舰，则于头天傍晚在成山角海面担任警戒，也奉命航行至威海卫港湾外海域会合。伊东祐亨司令命令“天龙”“海门”“天城”等舰船仍锚泊于荣成湾，警戒日军登陆海岸的安全。早上6时30分许，日本海军联合舰队的“本队与第二游击队向东口（即南口——笔者注），第一游击队向西口（即北口——笔者注），各横行二十海里间，以张威势，以窥清舰队动静”①。张文宣命令刘公岛各炮台守军，坚守各自的岗位，随时准备炮轰港湾外的日本海军联合舰队。上午10时许，日本海军的“筑紫”等8艘军舰驶近南岸皂埠附近海面开炮，从海上支援进攻南岸炮台的日本陆军。丁汝昌率北洋舰队的“定远”“济远”“平远”及诸炮艇，驶至刘公岛与日岛之间的海面，“一面巡航，一面向东岸（即南岸——笔者注）炮台猛轰，努力阻止日军进攻”②，日本海军的“筑紫”等8艘军舰被迫停止攻击。当天中午，日本海军的本队及第一、第二游击队11艘军舰合为单纵阵，频进挑战。日本第三、第四游击队8舰则趁机又进逼威海湾南口。日军的“筑紫”舰在前，“赤城”等舰紧紧跟随。张文宣指挥“刘公岛炮台放大炮、小炮……清舰亦发弹，势颇激烈。筑紫舰烟突根为巨弹所中，伤水兵四人”③。“筑紫”等舰只好后撤。

当天中午，南岸炮台相继失陷，皂埠嘴炮台也危在旦夕，丁汝昌与张文宣生怕280毫米口径巨炮落入敌手，为敌所用，便派鱼雷艇队管带兼左一艇管带王平，载着护军前营帮带洪占魁、“定远”舰炮手李升及奋勇25名埋伏在炮台下海边，以便在危机时刻炸毁巨炮。下午1时许，进攻的日军登上炮台，刚刚把日本

---

① ［日］桥本海关：《清日战争实记》第12卷，上海1898年版，第399页。

② ［日］河村直等编：《日清战争实记》第19编，东京博文馆1895年版，第33页。

③ ［日］桥本海关：《清日战争实记》第12卷，上海1898年版，第399～400页。

旗竖起，“炮台突时坍塌，台上日兵飞入空中”[①]。而25名敢死队员仅有8名撤回到鱼雷艇上，“余尚未知下落”[②]。其实，早在日军进攻威海南岸炮台之前，丁汝昌就与张文宣一起商定，“挑选奋勇，安插其中，暗备急时毁炮”[③]。

威海湾北岸的三座海岸炮台坐落在威海卫城东北3～6公里的突出入海的悬崖之上，地势陡峭，形势险要。特别是布设了6门240毫米口径德国克虏伯平射炮的北山嘴炮台，距离刘公岛最近，仅有不足4000米，故对刘公岛及北洋舰队的安危关系极大。三座海岸炮台的后路还有陆路炮台分布，由6营绥军驻守。日军自荣成龙须岛登陆后，绥军抽调数营主力前往堵截日军的进攻。经过白马村阻击战，特别是经过南岸温泉镇虎山村和固山镇虎口村两次战斗，受绥军分统刘树德放弃阵地北撤的影响，5营绥军（刘树德带绥军3营，戴宗骞带绥军2营）基本溃散。威海卫北岸炮台皆有炮无人，情况特别危急。为了加强北岸诸炮台的防御力量，张文宣积极配合丁汝昌派人救急的意见，在刘公岛护军兵力“不敷分布”的情况下，仍然想方设法抽出护军两哨，前往威海北岸助守，负责祭祀台炮台西侧面向威海卫城沿岸及道路的防守。上述各项，足可证明总兵张文宣在大敌当前的关键时刻，能够胸怀大局，尽心竭力，积极与北洋海军提督丁汝昌及驻威海陆地的守军密切配合，相互支持，布阵驻守，共同御敌。

1月30日下午3时许，日本第二游击队诸舰奉命炮击日岛。张文宣见此状况，立即指挥刘公岛东泓炮台奋勇发炮，与日岛炮台官兵密切配合，奋勇还击进攻的日舰。据日军资料记载，激烈的炮战中，一颗从刘公岛射来的巨弹几乎击中日本的“松岛”旗舰。伊东祐亨司令见进攻无效，急忙下令舰队驶至鸡鸣岛海面锚泊。当天夜里，日本海军的第二鱼雷艇队4艘鱼雷艇“伺机以快速突击港内，因港内防守严密未能达到目的，无功而返”[④]。

此后三天，皆因“风雪大作，海浪高起，寒威亦甚，炮门往往结冰不能使用”，日本海军“舰队不得已退到荣成湾方面，只留第三游击队守住港口”[⑤]。日本陆军仍继续攻占威海卫城和北岸炮台。2月2日，威海卫城及威海湾南北两岸

---

① 蔡尔康等编：《中东战纪本末》卷四，中国史学会主编：《中国近代史资料丛刊·中日战争》（一），上海人民出版社、上海书店出版社1957年版，第189页。

② 《北洋大臣来电》，故宫博物院编：《清光绪朝中日交涉史料》卷三〇，故宫博物院1932年印，第19页。

③ 《北洋海军提督丁汝昌致电李鸿章》，戚俊杰、王记华编校：《丁汝昌集》，山东大学出版社1997年版，第321页。

④ ［日］河村直等编：《日清战争实记》第19编，东京博文馆1895年版，第33页。

⑤ 《日方记载的中日战史》，中国史学会主编：《中国近代史资料丛刊·中日战争》（一），上海人民出版社、上海书店出版社1957年版，第271页。

所有炮台全部被日军占领，刘公岛已成为海陆受敌的海中孤岛。

2月3日上午9时多，日本海军本队与第一、第二游击队诸舰皆排成单纵阵，在威海湾口外海域游弋，伺机挑战。10时许，第二游击队“扶桑”“比睿”“金刚”“高雄”4舰驶向威海南口外，首先向刘公岛东泓炮台发炮。张文宣命东泓、南嘴和迎门洞等炮台猛烈还击。此时，占领南岸炮台的日本陆军利用已修复好的7门大炮，从南岸发炮夹击刘公岛护军及北洋舰队。虽然刘公岛孤悬海中，但张文宣率领的北洋护军和“丁汝昌以下毫无屈色，努力防战”。双方炮战异常激烈。“巨弹交迸，坠入海中，猛响如百雷齐发，飞沫高及数丈”。[①] 敌舰队不敢恋战，急忙驶向刘公岛及北洋舰队大炮射程以外海面。

下午1时许，日本“筑紫”“大和”“武藏”“葛城”4舰又驶至靠近威海南岸海域，炮轰刘公岛及北洋舰队。张文宣与丁汝昌继续指挥刘公岛炮台和舰船大炮发炮还击。据日本战史记载，“筑紫”舰被一颗炮弹击中，“左舷穿透中甲板，未爆炸，由右舷落入海中，打死士兵三名，伤官兵三名，舰体损坏”[②]。可惜这颗炮弹没有爆炸，大大减轻了对“筑紫”舰的损伤。战至下午近3时，日本“葛城”舰也中弹受伤。双方炮战将近一天，日军舰队始终无法靠近威海湾口，看着夜幕降临，只好退回阴山口锚地。

2月5日凌晨1时多，日本海军联合舰队的鱼雷艇队利用黑暗之夜，破坏了南口靠岸的方木拦坝，凌晨4时许，冲进港内偷袭了停靠在铁码头的“定远”舰。当天上午，当日本海军司令伊东祐亨看到“定远”舰受伤进水，便以为机会难得，立即下令对刘公岛进行新一轮全面进攻。日本联合舰队本队及第一、第二、第三、第四游击队共22艘舰船，分布排列在刘公岛南、北两口之外，对刘公岛及北洋舰队进行猛烈炮击。张文宣与丁汝昌指挥刘公岛各炮台与北洋舰队及日岛炮台密切配合，瞄准敌舰，奋勇开炮，轰击敌舰与南岸敌军。此日双方炮战甚久，两国军队也各有伤亡。但日本海军联合舰队却始终难以接近刘公岛与日岛炮台及南、北两口。

2月6日凌晨，日本海军的鱼雷艇队故伎重演，再次从靠近南岸的破坏口处进入港湾内，继续偷袭力量大为削弱的北洋海军，北洋舰队的“来远”舰、“威远”舰和“宝筏”船中弹沉没。天亮之后，日军继续进行海上和陆地的两面夹攻。张文宣继续组织刘公岛各炮台与北洋舰队配合，猛轰进攻的日军舰队和占据

---

① 《日方记载的中日战史》，中国史学会主编：《中国近代史资料丛刊·中日战争》（一），上海人民出版社、上海书店出版社1957年版，第271页。

② [日] 海军军令部编纂：《明治二十七八年海战史》下卷，第10章，春阳堂1905年版，第85页。

南北两岸炮台的日军。炮战一天，日本海军舰队仍无法靠近刘公岛和攻入威海港湾内。

2月7日，日本联合舰队制定实施了新的总攻计划：以第二、第三、第四游击队为左军，炮击位于刘公岛与南岸之间的日岛炮台；以本队及第一游击队为右军，专攻刘公岛诸炮台，并且采取两翼夹击的进攻战术。7时34分许，日海军本队首先开炮，张文宣与丁汝昌分别指挥刘公岛炮台和北洋舰队，与日岛炮台相互配合，发炮还击。

7时39分，当"松岛"舰驶至距刘公岛2800米时，"被击中前舰桥，打穿烟突，伤航海长高木英次郎少佐等官员三人"。7时50分时许，"桥立"舰也中弹受伤。8时零5分许，"严岛""三斤速射炮炮盾中炮碎裂"，"损坏上甲板及几条传令管，打死水兵二人，伤四人"。"秋津洲"舰也被击中，两名水兵受伤。8时20分许，日本"浪速"舰"六号煤库中弹，七号煤库被击穿"。[①]

虽然早上北洋海军的鱼雷艇队集体逃跑，引起岛上恐慌，但张文宣毫不放松，仍率刘公岛各炮台誓死拼战，全力支援日岛炮台守军和北洋舰队诸舰，对13艘日本舰船和南岸炮台日军进行猛轰。日方资料记载，在双方炮战过程中，刘公岛东泓炮台一炮击中日本"扶桑"舰左舷首，"刹那间一声巨响，舰身猛震，甲板被打烂一尺多的洞，三分厚的铁梁和梯子皆被击断，弹片纷飞，击毁左舷内侧，击到指挥塔的铁壁又弹回甲板，死伤达七人之多"[②]。

是日白天，日岛炮台守军在萨镇冰的率领下，打退了日本海军第二、第三、第四游击队的反复进攻。但日岛炮台也损伤严重：两门大炮无法射击，军官的住所被炸毁，一个弹药库也被炸毁。鉴于日岛炮台已失去战斗作用，丁汝昌下令萨镇冰与守军撤回刘公岛上。

当天，北洋舰队及刘公岛炮台"台舰弁兵伤亡三百余名，伤心惨目，莫可言状"。又因"早间开战之后，大小十三雷艇，利顺、飞霆小轮皆逃"，岛上军心不稳。"至夜，护军各营兵麕集码头，求放生路。丁汝昌、张文宣抚慰稍安。"[③]

2月8日，日本联合舰队一部分军舰在威海湾口外海域警戒，防止北洋舰队逃跑。另一部分军舰继续向刘公岛和港湾中的北洋舰队射击。与之相配合，占领南岸炮台的日军也利用修复好的大炮，不断地向刘公岛和北洋舰队猛轰。张文宣

---

① ［日］海军军令部编纂：《明治二十七八年海战史》下卷，第11章，春阳堂1905年版，第199页。

② ［日］河村直等编：《日清战争实记》第20编，东京博文馆1895年版，第3～4页。

③ 中国史学会主编：《中国近代史资料丛刊·中日战争》（三），上海人民出版社、上海书店出版社1957年版，第521页。

艰难地率领刘公岛诸炮台开炮还击。炮战中，“岛上学堂、机器厂、煤厂、民房皆有毁伤，岛内民人亦多伤亡”[①]。护军之中也有人“扬言不再作战。或齐集防浪堤下，或占据小船，或登上镇远舰，要求载他们离岛”[②]。丁汝昌与张文宣再次“晓以大义，勉慰固守”，并承诺“若十七日救兵不至，届时自有生路”。[③] 经过他们的抚慰，士兵才都回到了战斗岗位。

2月9日，日本海军联合舰队发动了第六次海上进攻。日本的本队、第一、第三游击队诸舰驶近刘公岛东泓炮台，“纵横左右行驶，猛烈射击”[④]。“葛城最力战，清兵亦善拒。”[⑤] 战至上午10时，日本第二游击队4舰又加入战斗。在南岸日军利用炮台“共勠力轰发”的同时，占领北岸的日军也架起大炮向刘公岛发排炮轰击，据易顺鼎在《盾墨拾余》中记载，“北岸皆子母弹，纷如雨下，南岸皆大炮开花子、钢弹”，“岛舰共伤一百余人”。但是，张文宣率领的护军，仍能奋勇还击，黄岛炮台“击毁鹿角嘴倭大炮一尊”，刘公岛炮台“击伤倭两舰”。[⑥]

2月10日早上，祈求生路的北洋海军与护军的兵勇纷纷涌上“镇远”舰。德国人瑞乃尔也“被一些水兵召来，而且如我一开始所料，也是被提督所召”。在会议厅里，总兵张文宣将军也与丁汝昌在一起。丁汝昌与张文宣再次安抚海陆兵勇，并承诺“届时自有生路”。

当天，日本海军联合舰队司令下令各舰加煤添水，搞好补给。刘公岛上的海陆军官兵，也趁机进行补给和修整。

2月11日，日本舰队各舰举行完纪元节的遥拜仪式后，立即向刘公岛及北洋海军发动了第7次进攻。日本第三游击队“葛城”“大和”“武藏”“天龙”4舰和南岸日军也“发大炮，火势甚猛。清兵不屈，连日连夜，疲困亦极，力击诸舰及东口（即南口——笔者注）三炮台”[⑦]。张文宣继续配合丁汝昌组织海陆两军炮轰前来进攻的日本联合舰队第三游击队。日本战史中记载：“葛城”舰首先中弹，操作前部回旋炮的一号炮手的头部、手臂及左腿，皆被弹片击中，当即死亡。另

---

① 《署理北洋大臣王文韶复奏查明丁汝昌等死事情形折》，故宫博物院编：《清光绪朝中日交涉史料》卷三五，故宫博物院1932年印，第27页。

② William F. Tyler, Pulling String in China, *Royal Institute of International Affairs*, Vol. 9, No. 2 (March1930), P. 79.

③ 《署理北洋大臣王文韶复奏查明丁汝昌等死事情形折》，故宫博物院编：《清光绪朝中日交涉史料》卷三五，故宫博物院1932年印，第27页。

④ ［日］河村直等编：《日清战争实记》第20编，东京博文馆1895年版，第10页。

⑤ ［日］桥本海关：《清日战争实记》第12卷，上海1898年版，第409页。

⑥ 中国史学会主编：《中国近代史资料丛刊·中日战争》（一），上海人民出版社、上海书店出版社1957年版，第117页。

⑦ ［日］桥本海关：《清日战争实记》第12卷，上海1898年版，第410页。

有 6 人受伤。上午 10 时 40 分，复来进攻的日军“天龙”舰也被击中，副舰长中野信正阳被打断一条腿，而身体则被炸飞抛入海中。弹片还飞入机舱，机械士高野泰及吉等 5 人负伤。“大和”舰舰桥的机关炮也被打坏。[①] 鉴于此种情况，伊东祐亨下令第二游击队进行支援，日军水陆夹击，炮火更加猛烈。东泓炮台 2 门 240 毫米口径大炮被南岸鹿角嘴炮台大炮击毁，无奈之下，张文宣令护军撤出东泓炮台。张文宣与丁汝昌的处境更加艰难了。

其实，2 月 7 日上午北洋海军鱼雷艇队集体逃跑，就引起护军兵勇的种种猜疑和推测，他们认为：“我们的大舰不久也会步其后尘，抛弃他们这些士兵，任由入侵的敌人摆布；这意味着，根据他们从旅顺口的目击者那里听到的消息的推论，岛上的所有人，男人、女人和小孩都将被屠杀。”[②] 又因白天刘公岛上“弁兵伤亡三百余员名，伤心惨目，莫可言状”[③]，更使岛上护军与百姓惊恐异常。到了夜晚，“护军各营麕集码头，求放生路。丁汝昌、张文宣抚慰稍安。”[④] 曾在“定远”舰上服役的英国人戴乐尔在当天的日记中写道：“晚七时，闻水兵违抗命令而上岸。约八时，陆兵也不听命而登舰。”[⑤] 德国人瑞乃尔说：“他们想占领一两艘军舰，这样就可以在紧急状态下有一个最后的避难所了。”[⑥]

2 月 11 日，是丁汝昌安抚岛民“届时自有生路”的最后时限。“水陆兵勇又以到期相求”，丁汝昌“几次派人将镇远用雷轰沉，众水手只顾苦求，无人动手”。到了夜晚，再次出现“水陆兵民万余人哀求活命”[⑦]。至深夜凌晨，丁汝昌决定实践自己以一身报国的诺言，遂饮鸦片自杀。

张文宣得知丁汝昌自杀的消息，极其悲伤难过，也深知自己无法挽回败局，遂亦决定自杀殉国。临死前，他致书给栽培自己的李鸿章说：“此次战事有守一月而不支者，有守数月而不支者，有守半年不支而至死不屈者。相座当付泰西各

---

① 参见［日］河村直等编：《日清战争实记》第 20 编，东京博文馆 1895 年版，第 11 页。

② 张黎源译：《瑞乃尔关于威海卫投降的报告》，《中国甲午战争博物馆馆刊》2012 年第 3 期。原文章登载于《京津泰晤士报》(Peking and Tientsin Times)，1896 年 2 月 15 日和 2 月 29 日。

③《署理北洋大臣王文韶复奏查明丁汝昌等死事情形折》，故宫博物院编：《清光绪朝中日交涉史料》卷三五，故宫博物院 1932 年印，第 27 页。

④《北洋大臣来电》，故宫博物院编：《清光绪朝中日交涉史料》卷三十，故宫博物院 1932 年印，第 19 页。

⑤ William F. Tyler，Pulling String in China，*Royal Institute of International Affairs*，Vol. 9，No. 2 (March1930)，P. 79.

⑥ 张黎源译：《瑞乃尔关于威海卫投降的报告》，《中国甲午战争博物馆馆刊》2012 年第 3 期。原文章登载于《京津泰晤士报》(Peking and Tientsin Times)，1896 年 2 月 15 日和 2 月 29 日。

⑦《署理北洋大臣王文韶覆奏查明丁汝昌等死事情形折》，中国史学会主编：《中国近代史资料丛刊·中日战争》(三)，上海人民出版社、上海书店出版社 1957 年版，第 520～521 页。

国观战武员评其得失勇怯，不能以成败论。”① 写完后，于2月12日晨悲愤自杀，壮烈殉国，时年45岁。

综观上述可知，护军统领张文宣是淮军集团中的后起之秀，是一位有勇有谋、治军有方、爱民亲民、胸怀大局、能守能战、善于联络友军奋勇抗敌的优秀将领。他与李鸿章虽有亲属关系，是李鸿章的表外甥（李鸿章大妹婿张绍棠之侄），是天津军械局总办张士珩的堂兄，但他从没因此而放松对自己的要求，也从来没有以此要挟他人和为自己谋取私利。

自甲午开战以来，总兵张文宣就发出了“誓同队勇先用力，后用命”的铮铮誓言。在半年多的时间里，率领北洋护军官兵，多次打退日本海军的袭扰和进攻。他是清朝陆军中少有的几位“守半年不支而至死不屈”的爱国将领。张文宣英勇拼战、屡挫强敌、至死不降、自杀殉国的英雄事迹将永载史册，彪炳千秋。

---

① 张士珩：《书从兄文宣死难事》，转引自戚其章：《张文宣》，孙克复、关捷编：《甲午中日战争人物传》，黑龙江人民出版社1984年版，第74页。

甲午战争期间的黄县团练

1894年，日本明治政府发动了一场大规模武装入侵朝鲜和中国的战争，战火由朝鲜半岛很快燃及中国的辽东半岛，清军主力纷纷出关迎战，山东和其他一些内陆省份，因驻军外调，防务力量顿时捉襟见肘，不敷调用。另外，山东等地自然灾害严重，百姓生活艰难，匪徒盗贼时有袭扰。外患加之内乱，社会秩序动荡不安。为此，清政府采纳了一些有识之士“兵力不及之处，须转之以团练”[①]的建议，下令各地举办团练，寓兵于民，自行筹措经费，招募兵勇，以备急需。黄县团练就是在这种情况下筹措兴办的。

黄县（今山东龙口）地处山东半岛，北接蓬莱（登州），南邻莱州，是内陆通烟台、威海的必经之地。境内临海港湾较多，其龙口港为半岛北部第三大港，仅次于烟台、威海港，地理位置十分重要，当清政府发出“举办团练，由官给发军火，并定奖赏章程，以资鼓励”[②]的指令后，黄县地方官员和士绅积极响应，捐款、捐物，整顿保甲，并组织起一支1500余人的地方武装。虽然这支部队最终没有奔赴前线直接参战，但在稳定当地政局、维护社会治安等方面发挥了重要作用。现就当时保存下来的盖有“统理黄县团练义胜营务钤记”印章的《黄县团练杂记》（现存山东省博物馆）一书，对黄县举办团练的史实作一简单的剖析介绍。

一、黄县团练举办始末

黄县团练创始于1894年8月（光绪二十年七月），到1897年2月（光绪二十三年正月）奉命解散，前后历时两年零七个月。

如果以1895年1月的甲午威海保卫战为分界线，在此之前的团练实际上仅仅是保甲而已，属于各村镇自办阶段。威海之战爆发，战火由辽东半岛燃烧到山东半岛，从此，黄县团练开始进入认真筹办的阶段，即由民办而趋向官助民办，

---

① 中国史学会主编：《中国近代史资料丛刊·中日战争》（三），上海人民出版社、上海书店出版社1957年版，第371页。

② 中国史学会主编：《中国近代史资料丛刊·中日战争》（三），上海人民出版社、上海书店出版社1957年版，第316页。

其武装队伍也由松散的乡民自卫队而转为正规化的军队。

山东省团练的兴办开始是由山东巡抚福润倡议的。1894 年 7 月 25 日，日本海军在丰岛海面不宣而战，突然袭击中国运兵船和北洋海军护卫舰船，清军运兵船“高升”号被击沉，800 多名清军将士葬身海底。与此同时，日本陆军也向屯驻在朝鲜牙山的中国军队宣战。8 月 12 日，山东巡抚福润向清廷提出建议：“山东海口可容巨舰者有三……威海为海军根本重地，烟台系各国通商口岸，均为敌人所觊觎……至登莱两府滨海岛屿纷歧，一旦封禁海口，沿海居民恐为敌所利用。饬将各渔船挨字编号，责令联保，择壮健者勤加训练，以备调用。”① 这项建议很快就为清廷所采纳，并迅速转发各地：“饬令沿海州县，编查渔船，力行保甲，认真严防。”②

同年 10 月，李秉衡接任山东巡抚后，又札饬东三府各县：“照得倭人开衅以来，海防吃紧，业经遣调各营前往登州一带择要扼守。惟是东三府各属为渤海门户，地著殷富，口岸如林，兵力实难周到，自应筹办团练，以壮声威而资防守。……札到该县，立即遵照邀集公正绅董，妥议章程，认真举办……务当振刷精力，实心办理。”③

在接到上宪的指令后，黄县县令肖启祥即将其布告全县，并明确提出了筹办保甲的方案。在县城设立了保甲总局，总司其事，各社设立保甲公所，颁布了保甲章程。为了更简练扼要地申明举办保甲的意义和任务，县署还编发了四言 32 句的保甲告示，由保甲总局负责刊印各村社。告示内容如下：

谕尔军民，海疆戒严。迭奉宪谕，防守宜先。
谨保口岸，编查渔船。分设窝铺，巡护电杆。
清查户口，举办民团。设立店薄，按日循环。
城圩各门，初更锁关。认则击柝，昼则巡签。
乡间旧圩，修理齐全。严拿土匪，研诘汉奸。
烟馆娼赌，逐细究盘。守望相助，声势宜联。
遇警鸣锣，互相救援。阳奉阴违，立即禀官。
按法惩治，决不姑宽。剀切晓谕，各宜勉旃。④

① 山东师范大学历史系编选：《清实录山东史料选》，齐鲁书社 1984 年版，第 1877 页。
②《黄县团练杂记》手抄本，孤本，山东博物馆藏。
③《黄县团练杂记》手抄本，孤本，山东博物馆藏。
④《黄县团练杂记》手抄本，孤本，山东博物馆藏。

各乡社在县署的督促下，虽然匆匆扯起保甲的旗号，但一无专项资金，二无装备器械，平时不过勉强安排巡夜支更而已。当时正值秋收秋种的农忙时节，各乡社保甲组织更是形同虚设，何况战事虽起，离山东尚远，还没有到火烧眉毛的紧要关头，连地方政府也不得不变通权宜，允许在农忙时节，稍为推迟几天，缓办保甲。但在各海口和城关等商贾辐辏所在，则仍强调要抓紧清查户口，更换户主门牌，以便随时稽查。为防止敌人搞突然袭击，还规定："一遇有警，鸣锣撞钟"，"一家有警十家救护，一村有警邻村救护"。①

因为这一阶段的任务主要在民间，所以政府除一般性号召外，仅仅作一些象征性的督查。至于保甲所急需的武器装备、懂军事的教官、指挥人员等，政府并没有给予过多的支持和扶植。尤其是枪支弹药，黄县、烟台虽然都有军装局，但政府却不肯拨出一枪一弹用来武装农民。为此，负责总办团练的董事、候选知府丁树桢等人曾不得不向新任山东巡抚李秉衡申请，"请发护照专人赴上海、香港等地采办"兵器弹药。抚院迅速批准"沿途经过州、县关津渡卡准此"②。此次共采购"后膛洋钢小行炮4尊、毛瑟洋枪120杆、十三响马枪6杆、新式手枪30杆"③。

从8月到11月，黄县保甲的举办进展缓慢，各村各社所能办到的也仅仅是村口圩边张挂旗帜灯笼，造造声势而已，至于训练组团等工作均未扎实展开。

11月以后，日军在辽东战场连连得手，与烟台仅一海之隔的金州、旅顺相继失陷，难民、逃兵把辽东战事的消息传到山东，闹得人心惶惶，特别是得知"威海现已拿获奸细二名"的消息后，团练的事情遂引起各界的重视。山东巡抚李秉衡更是着急，他一面向清廷发出告急电报，要求增派官兵驻守防卫，一面指示"照得倭人开衅以来，海防吃紧，饬将沿海各州县速即办理团练"④，并于11月16日亲赴烟台一带，筹办海防。李秉衡曾在基层，深知保甲民团实际情况，平时看家守院缉获个把小偷小摸之人还凑合，真正冲锋陷阵捍疆卫国还需教导训练。其时，清政府虽然明白旅顺失守后，"沿海一带口岸，处处皆为要防"⑤，但调兵却无能为力，只能要求李秉衡督饬现有防军固守。

山东地方政府感到，援军既然无望，剩下的唯一途径就是赶办团练，而真正要使团练成为正规军队的预备力量，目前的状况是根本不行的，于是，黄县地方

① 《黄县团练杂记》手抄本，孤本，山东博物馆藏。
② 《黄县团练杂记》手抄本，孤本，山东博物馆藏。
③ 《黄县团练杂记》手抄本，孤本，山东博物馆藏。
④ 《黄县团练杂记》手抄本，孤本，山东博物馆藏。
⑤ 山东师范大学历史系编选：《清实录山东史料选》，齐鲁书社1984年版，第1880页。

官员和士绅们便联名向上提出创办正规民团的要求。

12月底，黄县团练总局董事山民等人正式向山东巡抚提出，自筹资金，请求政府派正规军驻扎黄县，同时要求拨付一部分军火武装当地练勇。李秉衡虽然对黄县士绅捐款助饷的行为深表赞赏，但手头却无兵可派，只得命登防营统领夏辛酉从前充水师勇内，先挑选500名勇丁驻守黄县。不过挑选、招募了十几天，只凑得170人，加上在黄县当地招募的，勉强凑成一营，同时委派了一名记名总兵带队训练。1895年2月2日晚，由于日军攻占了威海卫城和南北帮炮台，战争形势更加吃紧，黄县又在当地招募了1000人，分编两营，加上从登州招来的一营，由夏辛酉派出的记名总兵和黄县团练总局共同管理，其粮饷由地方政府负责，武器装备则由烟台、黄县军装分局等拨付。至此，黄县团练已初具规模，政府对团练的事情也由一般性的号召而转为积极支持。

加快黄县团练成军的另一重要因素是京城对王懿荣奏折的批复。王懿荣是山东省福山县（今烟台市福山区）古现村人。生于清道光二十五年（1845年），字正孺，号廉生，出身于书香官宦世家。他自幼聪明机敏、勤奋好学，于光绪六年（1880年）中进士、选庶吉士。38岁授翰林院编修。光绪二十年（1894年），又升任翰林院侍读、南书房行走、国子监祭酒。当日军把进攻的矛头由辽东半岛转至山东半岛的时候，在京的王懿荣慨然上书，恳请“皇上逾格天恩准臣回籍，会同抚臣办理团练，兼事招募”[①]。他向朝廷详细地陈述了“会同抚臣办理团练”的设想和具体计划。主要包括兵源选择、人员编制、武器弹药、粮草饷银、营规章法诸方面。为能尽快争取皇上批准他回乡办团练的奏折，王懿荣还详细叙述了其祖父“于咸丰十年任部员时”，“专办登州海疆一带团练”之旧事。“臣于斯时年已十六七岁，跟随周历各口，故与乡人夙昔洽熟，二三豪侠皆所周知。”[②] 就在王上书的同一天，两江总督张之洞也向朝廷发出建议：“威海戴、孙两军，以少击众，力挫凶锋，洵为难得。惟孤军恐难久持，援军缓不济急……由东抚李电饬该军，晓谕荣成、登州一带居民，各集团练义勇，协助官军击倭”[③]。光绪皇帝很快采纳了这些建议，一面电寄李鸿章：“集团一策，著李秉衡即饬地方文武赶紧举办”，一面谕告内阁，批准王懿荣“回籍办理登州团练事宜”[④]，令兵部

① （清）朱寿朋撰：《东华续录（光绪朝）》光绪一百二十四，清宣统元年上海集成图书公司本。

② 《黄县团练杂记》手抄本，孤本，山东博物馆藏。

③ 中国史学会主编：《中国近代史资料丛刊·中日战争》（三），上海人民出版社、上海书店出版社1957年版，第348页。

④ （清）朱寿朋撰：《东华续录（光绪朝）》光绪一百二十四，清宣统元年上海集成图书公司本。

"刊刻关防，并请发给勘金"，著户部"借支银二千两"[①]，以备开局所需。

1895年1月20～25日，日军在山东荣成龙须岛登陆了3.46万人，战马3800匹，还有大量辎重器械弹药。旋即从背后包抄威海卫炮台。此时，不但威海后路的防御力量薄弱，而且整个半岛包括威海、烟台至登州一线的兵力，虽然号称40营2万人，但其中属于正规作战的军队还不足半数，并且分散部署在150多公里长的胶东沿海地带。所以，身负重伤的山东巡抚李秉衡再次奏请"募勇填营"并想方设法筹集资金，"购西洋新式快炮快枪"[②] 以制敌。

1895年2月4日（光绪二十一年正月初九），日军攻占威海的消息传到北京，光绪帝又电谕李鸿章等："现在威海失守，敌焰益张，直隶、山东沿海各口，在在均虞窜扰。著李鸿章、李秉衡迅即分饬沿海各州县赶办乡团，务当切实经理，毋徒以空言塞责，总期缓急可恃，以资捍卫。"[③]

清朝中央政府的这一系列举措，进一步加快了各地举办团练的进度，对黄县筹办团练的官吏士绅们更是一个莫大的鼓舞。清廷下了决心，各级政府也认真重视团练的督办。黄县团练"支更巡查，分段插旗悬灯很谕奉行"[④]。王懿荣作为钦差团练大臣视察到登州时，曾评价说："黄县办团认真，为合郡第一。"[⑤]

2月17日，北洋水师全军覆没，日军进兵威海的目的达到，其陆路进攻的速度相继放慢。3月8日，清兵收复宁海州、文登两县城，17日，收复荣成。半岛防御任务基本完成。到4月17日《马关条约》签订，甲午战争以中国失败而告结束，黄县团练由主要防御外寇入侵转为维护地方治安。11月开始，团练因经费紧缺而逐步裁减；12月初，政府下令裁撤各地团练，到农历12月29日，山东巡抚指示："义胜团一律裁撤，军械就近呈交。"[⑥] 1897年正月底，所有三营团勇全数遣散，黄县团练也随之结束，完成了其短暂的历史使命。

二、黄县团练的组织和制度

黄县团练分民办、官办两种。在未组建正式队伍以前，团练实际上等同于保甲制，尽管在概念认定上，地方官吏们把保甲与团练的任务分别作了明确规定，保甲分管"清户口而靖匪类"，团练则"保身家而卫地方"，但更多的却是"寓保

---

① 《清德宗实录》卷三五九正月中，光绪二十一年乙未。

② 戚其章主编：《中国近代史资料丛刊续编·中日战争》第2册，中华书局1989年版，第31页。

③ 《清德宗实录》卷三五八正月上，光绪二十一年乙未。

④ 《黄县团练杂记》手抄本，孤本，山东博物馆藏。

⑤ 《黄县团练杂记》手抄本，孤本，山东博物馆藏。

⑥ 《黄县团练杂记》手抄本，孤本，山东博物馆藏。

甲于团练之中”[①]，把保甲、团练混为一体。因此，当 1894 年 8 月中日两国宣战，各地政府遵旨筹办团练时，大部分没有搞清团练和保甲的区别。所以，黄县县知事把更多的精力放在了整顿保甲秩序方面。

从县署所列《开保甲章程》看，全县保甲的领导机构为保甲总局，设在城里，总局由当地一些颇有名望而又赋闲在家的候选知府、知县充任董事，总理保甲事务。县署所属城外四乡四十四社、城内四坊各设保甲公所，由当地社长、保正们推举公正练达之人，充当董事。城乡各村、街则设团，每团百户，其中十户一保，按户抽丁，轮流出夫支更。在实际创办中，并没有严格按章程要求组团，团与团之间户数也不尽相等，“大团或分数保，小团或自为一保”[②]。村、街团保的管理则由村长、甲长、地方保正负责。

为了便于管理，县里还专门印制了户口门牌，规定“每五家一个门牌，十家一甲长，每村一村长统之”[③]。近海有船的民户，还要发给“船牌一块，小红旗一面，分别张挂竖立在船头船尾，编列号数”[④]。

为能达到互相制约、互相监督、共同联防的目的，村长、保正与十家户主，要相互联系，发现情况立即上报，如隐匿被查，则十家同保正、村长连坐问官。

在城区、海口及商贾辐辏的地方，则由当地富户捐资雇募勇丁，发给腰牌、枪炮器械，每 10 名举一队长，每 50 名选一管带。但此事牵扯到经费开支，以及脱产勇丁的管理等问题，实行起来有一定的难度，所以当黄县知事在 9 月份前前往龙口稽查时，各商店首事也仅仅打算“招募二三十名勇丁”，而且还希望“由保甲总局发给武器”[⑤]。

1894 年 9 月 30 日（光绪二十年九月初一），山东巡抚再次发出筹办团练的指令后，黄县当即响应，改保甲为团练，保甲总局改为团练总局，旗帜军械，俱团练字样，圩门村口，用长杆悬挂方丈红旗，上书“团练”二字，旁书某社某庄，城内圩内男丁，则由各团长查明造册后，“造齐腰牌，到总局烙用戳记后，发给配带（佩戴）”。[⑥]

一个月后，鉴于局势吃紧，而当地办理团练进展迟缓，县署再次发出要求：城关团局应立即设立公所，每十家轮流抽丁二人携带家存枪刀器械支更。改过去

---

① 《黄县团练杂记》手抄本，孤本，山东博物馆藏。
② 《黄县团练杂记》手抄本，孤本，山东博物馆藏。
③ 《黄县团练杂记》手抄本，孤本，山东博物馆藏。
④ 《黄县团练杂记》手抄本，孤本，山东博物馆藏。
⑤ 《黄县团练杂记》手抄本，孤本，山东博物馆藏。
⑥ 《黄县团练杂记》手抄本，孤本，山东博物馆藏。

一村一团的做法为“无论三村五村，但就呼吸易通之处，联为一团。每村立甲长二人，一正一副，甲长由本村共举，务得廉政耐劳之人，倡率众姓，谨奉官之教令，举办团防”[①]。城内分东西南北四路，“自十字口大街划界分为四隅——每路横直街道铺户居民合为一团，设立公所，团长甲长设置如同乡村。近城圩内二十四村，各设公所，各村办各村团练，圩上按团丁多寡，分清段落交界，由牌长铺头约束。

日军攻占旅顺之后，立即扩充军力，组建山东作战军，山东半岛形势日趋紧张。1895 年 1 月 12 日（光绪二十年十二月十七日），团练总局又新议《团练二十四村变通章程》，规定“圩内二十四村团练联络一气，拟邀营官二名管带约束团丁，各村未选余丁，无论老弱，各团长率领操演，昼则巡街，夜则支更，看守圩墙。”[②]

3 月 22 日（光绪二十一年二月二十六日），钦差大臣王懿荣到黄县时，黄县团练保甲组织已基本完善。“黄县团练总局董事、前广东封川县知事候选知县山民、四品衔候选员外郎丁世常、候选训导王常益、四项统选教职丁庭闻、试用教谕前署平原县训导姜溆、候选训导姜梧庆、禀生丁毓旃”[③] 共同拜见并汇报了黄县团练的组织章程、经费收支、训练制度、巡夜执勤等情况。全县 5.5262 万户居民，城内共 587 户，圩内共 2792 户，圩外各乡共 5.1883 万户均按要求编进保甲。城外共 44 社，每社或二三十村，或七八村不等[④]，均建立团练，设立总团，由该村长兼任总团长。各村团长则由社长推举一二人，以办各村之事。除临海渔村外，其余各村每十家一个门牌，互相稽查。圩门内外，由总局派通，不时稽查，门勇则由各门团长负责稽查，相互监督。无论城乡，凡已设团，皆有办公场所，有事则齐集团长会议。圩内军火，由总局发给，各乡则由各团自筹。经费也如是，“总局经费，由全县绅商捐输，各村则由各村自行捐输”[⑤]。至于训练方面，各乡村由甲长们带队操演。

总之，团练组织为三级管理。县有总局，社设总团，村办村团。村团以下，每十户一保，由甲长统带。这种团练，用当时的团练董事、前广东封川县知事候选知县山民的话讲，实际上是“以保甲之法，统办团练之事”[⑥]，团练就是保甲。

---

① 《黄县团练杂记》手抄本，孤本，山东博物馆藏。
② 《黄县团练杂记》手抄本，孤本，山东博物馆藏。
③ 《黄县团练杂记》手抄本，孤本，山东博物馆藏。
④ 《黄县团练杂记》手抄本，孤本，山东博物馆藏。
⑤ 《黄县团练杂记》手抄本，孤本，山东博物馆藏。
⑥ 《黄县团练杂记》手抄本，孤本，山东博物馆藏。

还有另一种形式，那就是王懿荣在上奏中策划的，黄县出资招募的脱产团练。脱产团练共有三营 1500 人，由团练总局统管，经费完全由总局筹支。这一部分人又按成营先后及管理方式不同而分为两部分：一部分因系黄县团练总局出面请求登州防营夏辛酉所代招，并请夏派了一名记名总兵带队管理，所以成营后被命名为“士乡义胜军”；另一部分系黄县团练总局自招的两营，由团练总局管带，为“士乡义胜团勇”。

士乡义胜军设营官一员，月给薪水公费等 100 两，其待遇比当时清军营官低一半。部队建制仿清步兵做法，营官以下为哨官，哨官以下为哨长，哨长以下为什长，什长以下为队勇和夫。队伍按照自定的《操练军规》，严格训练。每日两操，以军号为令。平时不准撤离营门，如要出门公干必须身穿号衣，领发差签。营内不准酗酒赌博打架，采买薪粮公平交易，不准强赊硬买。队伍不训练的时候还要经常擦拭爱护武器。该营武器弹药由登荣兵备道借拨，山东巡抚也批准从当地军装局拨发一部分，其军装、旗帜等类，则由团练总局筹资办理。

士乡义胜团勇的建制机构大体同义胜军相同，只是武器较差，大多为大刀、长矛之类。由于团勇为当地农民，故纪律比较松弛，成团不久，即出现团勇聚赌的现象。其待遇方面似乎也与义胜军有所区别，义胜军每月发一次饷，而“所添士乡义胜团勇一千余名，卑局管带口粮五日一发，便其随时养家”①。义胜团勇虽两营 1000 人，但其每月饷银却比义胜军还要少 100 余两。

作为正规军队的后备力量，团练虽来自民间，但却不能太松散。否则，一经战阵必不堪一击。就发起筹办民团者的初衷而言，所办团练也还是要正规化一些才好。王懿荣在上书回乡帮办团练时，就是希望每县能够建立一支全脱产的非常备武装。“有事则用作干城，无事则守望相助”，“或尾随大军之后，为之接运粮草，或截击败寇之余，以之夺粮断道，其平时熟悉本地山川险要，或扼堤要，或出偏师，以补大军之所不足”，如认真训练，或者还可“积熟生巧自成劲旅”。② 正是基于这种思路，他还亲自设计了一个仿照清军步兵、马队编制的团练，实际上就是过去的保甲，其建制形同虚设，其管理也不可能十分严密，战斗力强弱更是可想而知了。

三、黄县团练在战争期间的主要作用

黄县团练是甲午战争的产物，战争乍起，团练即随之诞生，战事结束，团练

---

① 《黄县团练杂记》手抄本，孤本，山东博物馆藏。

② 戚其章主编：《中国近代史资料丛刊续编·中日战争》第 2 册，中华书局 1989 年版，第 31 页。

也很快解散。而且由于威海战后，日军仅仅是虚晃一枪，并没有想认真地向半岛内陆挺进，所以黄县团练也就始终没有开往前线，直接与日军交锋。尽管如此，但村村社社的团练声势，1500余人的半脱产专门队伍，配合驻扎在黄县的部分清军，对于稳定当地民心、稳定局势，还是发挥了重要作用的。

首先，在旅顺陷落，威海失守，日军炮舰时不时在烟台登州海面游弋，并炮击黄县海口的时候，“倭寇猖獗，暗派奸细，雇使民船，各口游弋，意将蠢动，狼顾鸱张者，已有数处”①。而手无寸铁的老百姓自然十分惶恐，有些人甚至弃家出走，躲进深山。黄县团练则在沿海村庄的港湾码头附近，“每日巡视数次，遇有形迹可疑之人，毋令登岸，一面飞报团局，盘诘深究”②。黄县作为战时山东地方政府与胶东联系的主要通道，作为大军开赴前线的必经之地，一旦内乱，后果不堪设想。如果日军再次玩弄绕道偷袭的诡计，从黄县的龙口等地偷渡成功，则烟台不战而下。而当时山东的兵力一在威海前线，一在登州驻扎观望，黄县实际上并没有认真布防。这一点，登防统领夏辛酉也十分清楚。所以当山东巡抚要他把招募的新兵尽数派到前线的时候，他竟然私下把一营兵勇拨到了黄县，以补充黄县团练。如此一件违令的大事发生在战争期间，不但没有受到应有的处分，反而得到了巡抚的肯定，并拨付支援了一批武器，说明黄县海口的重要，也间接表明了黄县团练所起到的重要作用。至少，黄县团练为清军分担了一部分守卫海口的责任。

其次，黄县团练维护了邮路，使前后方通信联络畅通。黄县境内纵横约四五十公里，列电杆400余根，“如被奸细匪人暗中截断，电报不能灵通，军情亦有阻滞，关系匪轻”③。为保证电报灵通、军情畅达，战事一起，县团练总局即组织电线所经村社，抽取甲丁20名，分守10卡，并配合电报局巡勇，轮流巡逻稽查，圆满完成了维护邮路、确保通信联络畅通的任务。

再次，保证了交通运输的安全畅通。除过往政府官员、军用物品和邮差、军差通行时有团练保甲协助护卫外，即往来行旅经过黄县境内时，也由道路所经村社派出“更夫兵役人等沿途护送，村村接替，共保无虞”④。

最后，起到了维持社会治安的作用。鉴于村社及近城圩墙多年失修，团练总局所属各团即担负起修整圩墙的责任，并在圩门村口要隘等处设防布丁，严密稽

① 戚其章主编：《中国近代史资料丛刊续编·中日战争》第2册，中华书局1989年版，第31页。
②《黄县团练杂记》手抄本，孤本，山东博物馆藏。
③《黄县团练杂记》手抄本，孤本，山东博物馆藏。
④《黄县团练杂记》手抄本，孤本，山东博物馆藏。

查奸细匪盗。城乡各处在清查户口的基础上，编发了门牌，建立了责任共担的联保制度，严密清查外来人口，杜绝赌博等犯罪行为，对烟馆、窝娼等作了明令限制，对来历不明之人尽行驱逐。并连续不断地捕获了一批自辽东和威海等战场开小差的逃兵散勇。

黄县团练历时两年半，共筹得各方捐款 7.73 万余两银子，最多的一次捐出 2300 两，最少的一次也捐出 100 两。这些银两大多用于招募士乡义胜营的军费开支，一般情况三营兵丁饷银及杂费开支每月需三四千两之数。这种自筹资金办理地方武装的办法，虽然在战争期间帮了清政府的忙，受到清廷的赞赏和支持，但战事一结束，清政府就迫不及待地下令解散，所有武器尽数上缴，这也反映了清政府对于民间武装的恐惧和担心。

黄县团练虽然存在仅两年多的时间，但上至捍疆卫邦，下至清乡揖盗，举凡牵扯社会治安的大事小事，无不干预处理。实际上起到了地方政府的保安力量的作用。

（此文是作者参加 1994 年“甲午战争 100 周年国际学术讨论会”时提交的学术论文，原载于戚其章、王如绘主编：《甲午战争与近代中国和世界——甲午战争 100 周年国际学术讨论会论文集》，人民出版社 1995 年版，第 662～673 页）

陈兆锵将军的光辉人生

陈兆锵着西装领结时的照片
（陈榕供图）

曾任北洋海军旗舰“定远”舰总管轮的陈兆锵将军的一生，是光辉的一生，战斗的一生。他不仅为中国近代化海军——北洋海军的创建与发展，为中国先进的制舰、造船及飞机研制事业的奠基做出了重要贡献，而且在屡次抗击日本侵略和在中国共产党领导的新民主主义革命的斗争中，充分展现了他崇高的民族气节与强烈的爱国主义情怀。像这样一位技艺高超、学识渊博、职高资深的优秀爱国者，却一直名不见经传。虽然在有关北洋海军与甲午战争史的一些专著中（包括人物传记）有过记述，近些年也有关于陈兆锵将军的著述问世，但研究、探讨的力度与深度远远不够。笔者撰此文章，目的就在于抛砖引玉，将陈兆锵将军引入学界的视野，从学术的角度予以审视，给予足够的关注和评价，展开深入的研究。

一、立志报国 英勇参战

陈兆锵，字铿臣，福建省闽侯县（今属福州市）螺洲乡人，生于清同治元年六月十一日（1862 年 7 月 7 日）。其父竹溪在乡试屡屡受挫后愤而拒考从商。在从商生涯中见多识广，还乡时同妻室儿女谈起所见所闻，常发出国家贫弱受欺，希望自家能为国家振兴富强出智尽力的感叹。耳濡目染，天长日久的熏陶，使陈兆锵自幼就开始形成忧国忧民的思想意识。

1867 年，刚满 5 岁的陈兆锵就被家人送入明伦堂接受启蒙教育，所读自然是儒家典籍。儒家思想传统中的温、良、恭、俭、让、仁、义、礼、智、信、刚、直、勇、敏、敬和一些正确价值取向如“见利思义”“见义勇为”“仁者爱人”“天下为公”等，对陈兆锵的成长都施加了积极的影响。同时，儒学的开放性、包容性（它从不排斥佛教、伊斯兰教的传入与流行，也乐于接纳各少数民族的文化）及其祖母等对西方先进文化与新鲜事物的讲述，对陈兆锵后来能为中国的近代化海防事业及造船业而献身，也有着深刻的影响。

陈兆锵渴望新知识和新事物。1875 年，他考入福州船政学堂后学堂第二届管轮专业班，学习了八年零四个月，于 1883 年毕业。随后，他被分配到“扬威”练习舰以管轮练习生见习。次年，被派往“超勇”舰实习轮机，历经南海群岛与日本各地。1886 年见习期满，以其考列优等，被选派在当时中国最大最新的主力舰“定远”号任机管、管轮等职。1892 年，以其劳绩，被升授署北洋海军右翼中营守备、充任“定远”二管轮。1894 年 1 月，“定远”舰总管轮、北洋海军右翼中营游击余贞顺升调他任，不久，陈兆锵以其洞悉机务、忠勤职守、劳绩卓著，被升任北洋海军右翼中营游击递补“定远”舰总管轮。此间，他一直尽心尽力，技艺累长。

甲午战争北洋海军败绩，清政府着手海军重建，于光绪二十二年（1896 年）一面向英美订制新舰，一面遴选优秀人才出国深造。陈兆锵以“卓立战功”[①] 被选派英国学习造船新技术，历时两年，于 1898 年学成归国，旋即被派任“海天”号巡洋舰总管轮。1910 年，学识渊博、经验丰富的陈兆锵再次赴美国监造军舰，并考察学习欧美先进的科学技术与精湛的制造工艺。

人不仅要有报国之志，而且还要具有实现远大理想的本领。陈兆锵勤奋好学，又不断出国深造，使他成为一名既有报国之志又有报国技能的难得人才。他以满腔的爱国之情，充分运用所学知识，实践着自己报效祖国的誓言。

二、临危受命 屡创佳绩

陈兆锵献身海防事业长达半个世纪。无论是抗击外敌的入侵，还是实业救国办工厂，他都尽己所能，做出自己应有的贡献。

1894 年，即旧历甲午年，日本发动了蓄谋已久的侵略朝鲜和中国的战争。作为北洋海军中的一员，陈兆锵义愤填膺，把祖国的安危放在首位，置个人生死于度外，决心同侵略者拼战到底。

在震惊中外的黄海大战中，陈兆锵随同他所在的旗舰“定远”号冲锋在前。其时，在管带刘步蟾的指挥下，“定远”舰全体将士同仇敌忾，奋勇抗敌，先后重创日本旗舰“松岛”等数舰。在敌舰队逃离后，“定远”舰又与姊妹舰“镇远”号共同护卫北洋海军余舰驶往旅顺。是役，“定远”舰一马当先，奋力拼搏，战

① 杨福鼎：《忆海军耆宿陈兆锵》，《福建史志》1990 年第 4 期。

功卓著。作为该舰机电保障部门最高指挥，总管轮陈兆锵临阵沉着调度，指挥有方，从而保证了战斗的有序进行，在重创日舰队的战斗中功不可没。

在威海卫之战和刘公岛保卫战中，陈兆锵坚持积极备战。寻机狠狠打击敌人的战略战术，密切配合刘步蟾，为多次击退敌军的进攻做出了积极贡献。1895年2月5日凌晨3时半，日本鱼雷艇偷袭威海港，“定远”舰在发炮击中日本鱼雷艇的同时，也被日军鱼雷艇击中，伤势严重，即将沉没。刘步蟾当机立断，下令砍断锚链，快车启动。陈兆锵动作迅速，全力配合，以最大速率将“定远”开到刘公岛东南侧搁浅，以作水上炮台之用。至2月10日，“定远”舰的弹药用尽，不能再战。为使“定远”舰不落敌手，刘步蟾下令将舰炸毁，并向陈兆锵托付家事和后事，准备自裁殉国。陈兆锵强忍悲愤，将刘步蟾扶在怀里以共勉。刘步蟾早就立下舍生取义、决不降敌的誓言，遂即“仰药逾日未绝，其他下属纷纷离散”，唯陈兆锵守护其旁，直至呼吸停止。对此，陈兆锵在《重建马江昭忠祠碑记》中写道：“诸先烈只知有国，不知有身，虽捐縻顶踵，在所不恤。浩然正气，如日星河岳，历劫不磨，然则万古纲常，岂与一姓同兴废耶！兆锵深愿后之人，皆能本蓝公之心以为心，则相垂不朽矣。”①

不能以成败论英雄，也不可凭生死定气节。甲午战争虽然中国败此，但北洋海军广大爱国将士同仇敌忾、不畏强敌的英雄气概却是彪炳千古的。邓世昌的拼死海疆，丁汝昌、刘步蟾的自裁殉国，其高风亮节固然值得称颂，而幸存者陈兆锵在甲午海战中，与其他爱国将士紧密配合，风雨同舟，屡挫敌寇，其民族气节与爱国精神同样光耀史册，永垂不朽！

如何看待甲午战争北洋海军的覆亡？作为战争的直接参与者，陈兆锵出于理智的思考。他认为，其责任全在于清政府的腐败无能与其所奉行的妥协路线。他说，“以舰炮之众寡坚脆论，我军万无幸胜之理”，但武器装备之强弱优劣，并不是决定战争胜负最重要或唯一的因素，最重要的因素在人，在于人的精神状态与心理素质。如黄海海战中，在“国殇累累”，伤亡惨重的情况下，北洋舰队“犹能指挥却敌，收合余烬者，盖士气之勇，与阵法之变，足以寒敌人之心也”②。可见，即使就武器装备言之，敌优我劣，但依靠同仇敌忾的高昂士气和机动灵活的战术，同样能够重创敌寇。

---

① 陈兆锵撰：《重建马江昭忠祠碑记》。这是陈兆锵将军于1920年主持重修昭忠祠时撰写的碑文，以将乐石雕刻成碑两块，每块高45厘米，宽87厘米。第一块碑已毁，第二块碑尚存。原镶嵌在昭忠祠内墙壁上，现移至昭忠祠大门内墙壁上。

② 陈兆锵撰：《甲申甲午两役合祀马江昭忠祠记》。这是陈兆锵将军于1922年撰写的，以将乐石刻制成碑。该碑长77厘米，高43厘米，原镶嵌在昭忠祠墙壁上。现移至昭忠祠大门内墙上。

在陈兆锵看来，威海卫与刘公岛保卫战及北洋海军的覆没，从另一个侧面表明人的因素对战争胜负所起的重要作用。黄海大战之后，陈兆锵同北洋海军众多将士一起请求准其伺机再战，主动出击。可是，软弱无能的清政府却“诏令退守威海”，消极避战。致使北洋海军在三面受敌的情况下，由于“牵制于朝旨，不能越雷池一步”，终失最后战机，“坐困重围”，“外援不至”①，直到全军覆亡。俗云，两军对阵，勇者胜。清朝统治者消极避战，坐守待毙，正是甲午战败、北洋海军覆亡最根本也是最直接的原因。陈氏所见，不仅客观，而且深具理性。

甲午战败，海权尽失，海防松垮，清政府迫于形势，不得不决定重建海军，并向美、英等国定购军舰。1898 年，出国学成归来的陈兆锵被派往“海天”号巡洋舰任总管轮。该舰是当时从美国新购买的铁甲舰，排水量 4300 吨，时速 17 海里，为重建海军舰队中最大的两舰之一。陈氏到职后，勤恳努力，恪尽职守，深受海军官兵的称赞。1903 年（光绪二十九年），“海天”舰管带刘冠雄率舰赴江阴接运军械，当行至江苏省鼎星岛时，突遇大雾触礁，军舰进水，形势危急，幸好官兵均被友舰救走。陈兆锵见“海天”号尚未沉没，自告奋勇留岛守舰。该岛荒无一人，环境十分恶劣，食粮蔬菜全靠过往船只接济，生活之艰辛，自不待言。据其后代称，小时见陈公留守荒岛的照片，孤身住在帐篷里犹如鲁滨逊，须发很长，衣衫褴褛，在其枕头下长满了青草。但陈公毫不在意，他关心的只是“海天”号，为防其继续下沉，他在海边加固钢缆。如此生活了三个多月，充分体现了他为加强祖国的海防建设，忠于职守、爱舰如命的崇高精神。他的事迹，在当时海军界，特别是高级军官中传为佳话。

辛亥革命，推翻了统治中国 2000 余年的封建君主专制制度，建立了资产阶级共和国——中华民国。其时，陈兆锵出任江南造船所所长。他苦心经营，锐意改革，为独立自主发展我国的造船业做出了重要贡献。

1912 年 4 月，国内混战局面结束，南北合一，内阁组成。上海江南船坞收归北洋政府海军部管辖，更名为“海军江南造船所”，令陈兆锵前往接管整顿。同年 12 月，他又被授予海军轮机少将军衔。次年 2 月，被正式任命为海军江南造船所所长。在任三年中，他工作勤奋，措施得力，业绩卓著。

第一，依据国情民情，准确决策，再谋改进。北洋政府海军部接收江南造船所后，曾想改变过去的商务化经营方针。他们认为：列强的国有船厂都只专营军用舰艇的修造业务，而不对外进行修船营业。江南造船所是否应该照此经营？于是，北洋政府责成所长陈兆锵少将“详审此中损益”，然后提出有利于发展中国

---

① 陈兆锵撰：《甲申甲午两役合祀马江昭忠祠记》。

军备的优良之法。就当时中国的实际情况而言，既受困于经济，又受限于人才，想一步跨越，谈何容易。有鉴于此，陈兆锵认为不能轻易照搬列强的经营模式。既充分估计国情，又不回避困难；既能坚持改革，又不操之过急，正表明了陈兆锵的求实精神与战略眼光。

陈氏的思路是，按原来的商务化方针继续发展，积极创造条件，再谋改进之策。由于他的思路符合实际，北洋政府海军部只得予以采纳。

第二，努力培养人才。当时江南造船所从经营管理、财务，到技术、生产等，无不由外国人操纵把持。要进行改革，首先必须培养我国自己的人才，从洋人手里收回大权。于是，陈兆锵呈请海军部批准并拨款，在所内“附设实地练习处”，以便“罗致留学外洋造船造机学生毕业回国者，派所实地练习”；“筹设船机专门学校”，“免费叙练”；“附设艺徒学校”，学生半日读书，半日做工，培训出既有一定技术，又有一定学识的工人。这样，“期于后日可接洋工师之手”，走我国自己发展造船业之路。然而，海军部以现在“公款困难”，决定“以所内营业盈余先垫给，其不足者，由海军部补助之”①，致使陈兆锵所长的呈请迟迟未得实现。

“疾风知劲草，板荡识诚臣。”虽然在反动腐朽的北洋军阀政府统治下，陈兆锵等爱国人士振兴中华的雄心斗志得不到应有的施展，但他们强烈的民族意识与爱国热情，却是永垂千古的。

第三，江南造船所的营业呈现出“骎骎日上”② 的景象。主要表现在：

1. 舰船修造业务日益扩大。江南造船所的前身是江南船坞，1905～1912 年，共造舰船 133 艘，排水量 21040 吨，其中 500 吨以上的 12 艘，平均每年造船 19 艘，排水量约为 3006 吨。而陈氏主持江南造船所期间（1912 年 5 月至 1915 年 10 月），仅三年半时间，就造大小舰船计 89 艘，总排水量达 17074 吨，其中 500 吨以上 2 艘，平均每年造船 25.4 艘，排水量为 4878 吨。在修船方面，江南船坞时期共修舰船 524 艘，每年平均为 75 艘，而陈氏任内共修船 463 艘，每年平均为 118 艘。成效之显著，由此可见一斑。

2. 经济效益不断增长。江南船坞时期营业总额为 6407670.62 银元，平均每月为 75384.36 银元；盈余总额为 793929.93 银元，平均每月为 9340.35 银元。而陈兆锵担任所长期间，江南造船所营业总额为 4309015.10 银元，平均每月为

① （清）池仲祐撰：《海军实纪·造船篇下·江南造船所纪略》，张侠、杨志本等合编：《清末海军史料》，海洋出版社 1982 年版，第 216 页。

② 杨福鼎：《忆海军耆宿陈兆锵》，《福建史志》1990 年第 4 期。

105097.93 银元；盈余总额为 691514.10 银元，平均每月为 16866.20 银元。不论营业额，还是利润，都大大超过了江南船坞时期。

3. 企业规模与生产设备取得了初步扩展与完善，生产技术也有较明显的进步。陈兆锵不仅扩充了原有船台场地，而且购买了若干周围民地，以扩展造船场所。所造“没凌”“飞凌”双螺旋桨破冰船，吃水浅，适合河道航运，在技术上解决了外国破冰船尚未解决的既有破冰能力，又要船体轻、吃水浅之间的矛盾。此类破冰船的研制，不仅引起各方面的重视，扩大了破冰船的生产业务，而且也为以后承造适合中国北方其他港口，以及俄国海参崴港航行条件的破冰船提供了生产技术条件。

实践是检验真理的重要标准。在“一困于经济，二限于人才”的社会现实条件下，陈兆锵确立的按原先的商务化方针继续发展，努力创造条件，再谋发展的战略方针究竟如何？仅举以上几个方面的事例，便可得出肯定的结论。

陈兆锵为了祖国的海防事业鞠躬尽瘁、死而后已的献身精神，更体现在他任福州船政局局长的 11 年中。

陈兆锵中将戎装照片
（陈榕供图）

1915 年 10 月，北洋政府海军部为了重振福州船政局，特升授陈兆锵为海军轮机中将，并调任福州船政局局长。在此后的 11 年中，陈氏不畏艰难，谱写了他实业救国的新篇章。

陈兆锵对福州船政局的历史与现状并不陌生。它是洋务运动的产物，是中国第一个专事制造舰船的近代军用工业企业。它所附设并为其重要组成部分的船政学堂，又是中国第一所近代舰船制造学校与海军学校。刘步蟾、林泰曾、邓世昌等以及陈兆锵本人皆毕业于此。自 1907 年停止造船以来，该局遂一蹶不振。陈兆锵到任时，已是局务停办、百废待举的局面。但他毫无畏难情绪，而是知难而进，“毅于任事”，决心“汰冗振疲，一切与为更始”。① 他在任 11 年，尽心勤奋，艰苦创业，锲而不舍，业绩卓著。

（一）疏浚江流，清除船坞淤沙之患

青州石坞是福州船政局最主要也是最大的船坞，石坞上游有块陆地伸展江

① 陈宝琛著，刘永翔、许全胜校点：《沧趣楼诗文集·沧趣楼文存》卷上《族弟铿臣七十寿序》，上海古籍出版社 2006 年版，第 359 页。

中。1907 年停造轮船后，此地被引港商人据而“筑楼于上，近坞之水被阻，不得直下，致坞前常有淤沙船滞”，从而严重妨碍了舰船的修造与船坞的安全。陈兆锵上任伊始，便立即“请于（海军）总长，购其地而去其淤，前患顿息”。[①]此举为恢复和发展舰船的修造业奠定了可靠基础。

（二）重振民族造船业

福州船政的创设，本为制舰造船，强我海军，固我海防。但自 1907 年起停造以来，长期不能恢复，致使海军力单，海防松弛。陈兆锵到任，立即实行各种措施，重振民族造船业。他一方面调整机构，大胆起用留学生出身的造船制机人员与富有生产经验的工程技术人员，充实各厂、各车间的领导力量；一方面清理、整修废置多年的生产设备，规范生产秩序。同时，又制订了首期造船计划，并积极组织实施。1917 年 2 月，新造的“海鸿”“海鹄”两艘炮艇竣工下水，经试航，“成绩尚佳”[②]。接着，又兴工制造海军测量舰，但因“费绌，工随以辍”[③]。为此，有论者以种种“理由”对陈兆锵多有指责。其实，这未免有失公平，也无史实依据。人所共知，陈兆锵主持福州船政局工作时期，正是北洋军阀政府黑暗统治之时，国家财政枯竭，各项事业举步维艰，对船政局更是扶持不足，摧残有余。福建军阀周荫人与直系海军总司令杜锡珪，为筹措军饷，大打内战，不惜“以福州船政局经费无着，勒令停办，饬由第二舰队轮机长刘贻远接管厂屋材料”[④]，赶走了陈兆锵。随之，一些不法之徒妄图盗卖机器设备与生产材料，但经“局长陈兆锵报告海军部，以船政局造船机关，决不容军阀摧残。据理力争，因收回管理”[⑤]。尽管如此，因遭此厄，江南造船所元气难复。可见，在当时的历史条件下，陈兆锵要通过重振民族造船业，走实业救国之路来展现自己的人生价值，是何等艰难。然而，他的精神却是难能可贵的。

（三）试制水上飞机，创建飞机工程处

1918 年 1 月，北洋政府海军部向福州船政局下达了一项只给任务、不拨经费的命令，让陈兆锵主持创办中国首家飞机制造厂——福州船政局飞机工程处，

---

① （清）池仲祐撰：《海军实纪·造舰篇下·福州船政局纪略》，张侠、杨志本等合编：《清末海军史料》，海洋出版社 1982 年版，第 216 页。

② 韩仲英：《福建船政始末记·船政前后所造的舰船》，张侠、杨志本等合编：《清末海军史料》，海洋出版社 1982 年版，第 744～774 页。

③ 陈宝琛著，刘永翔、许全胜校点：《沧趣楼诗文集·沧趣楼文存》卷上《族弟铿臣七十寿序》，上海古籍出版社 2006 年版，第 359 页。

④ （民国）海军总司令部编：《海军大事记》，重庆润华印书馆 1943 年版，民国三十一年条。

⑤ 陈培源、陈志武、郭秀如：《福建海军沿革纪要》，中国人民政治协商会议全国委员会文史资料研究会编：《文史资料选辑》第 23 辑，文史资料出版社 1981 年版，第 194 页。

试制水上飞机。对此，陈兆锵一如既往、不折不扣，凡有利于中华民族振兴的事业，只要是需他承担的，他都毫不犹豫地勇挑重担。

首先，狠抓技术人才的使用与培训。任命巴玉藻为飞机工程处主任，王助、王孝丰、曾贻经为副主任，并根据他们在美国学习的专业，分别负责飞机设计与航空发动机的设计。还从船政局选拔出技术、文化水平较高的木工、机工、钳工、油漆工四五十人，再招收学徒工三四十人加以培训，使之成为中国第一代水上飞机制造工人。

其次，努力抓好飞机工程处的硬件建设。为此，筹款 20000 元建设了一座飞机棚、一座飞机装配厂和一条飞机下水道。

最后，在船政局经费奇缺的情况下，每月拨出 2000 元，用作职工工资和制造飞机所需的材料费。同时，还充分利用船政局现有设备的潜力，为飞机工程处提供必要的服务。就是在这样极度艰难的条件下，陈兆锵把中国第一个飞机制造厂创办起来。1919 年 8 月，中国历史上的第一架水上飞机试制成功。此后，又试制了 14 架水上飞机。

根据上述史实我们可以论定，福州船政局堪称中国航空工业的先驱，而主持福州船政局工作 11 年之久的陈兆锵当然功不可没。1921 年 8 月，北洋政府“大总统以福州船政局试制水上飞机告成，局长陈兆锵督率有方，特授勋五位”[①]。

（四）创办电厂，改善生产生活条件

福州船政局自创建以来，舰船的制造均以蒸汽机为动力，如此落后的动力生产条件，严重制约了生产效率的提高。为了改变这种落后状况，陈兆锵千方百计筹措资金，于 1922 年创建了船政局发电厂。这不仅极大地优化了舰船制造的生产条件与工作条件，而且也结束了该地区千百年来靠点油灯、蜡烛照明的历史。

三、培养人才 尽心竭力

一个爱国主义者，必定是一个民本主义者。而一个以民为本的人，又必定是视民如父母的重民爱民的人。作为一名有识之士，除了关注人民的衣食住行以外，还会把人的文化素质的提高与才能的加强置于重要位置。陈兆锵就是这样的有识之士。

陈兆锵勤奋好学，知识渊博。他深知，要兴利除弊，富国强兵，就必须重视教育、抓好教育，努力培养人才。他将自己的爱国爱民之情化为办学育才的实际

---

① （民国）海军总司令部编：《海军大事记》，重庆润华印书馆 1943 年版，民国十年八月条。

行动，每时每刻，每到一地，他都把培养人才、办学育人作为头等重要的大事来抓，卓有成效地为国家培养了一大批能文能武、亦工亦技的工程技术人员、管理人才，为国防工业和民族工业的振兴发展做出了重要贡献。

1912年，陈氏接管海军江南造船所时，就奏请“设立制造专门及艺徒两学校，附于所中”①。他还广泛邀集留学外洋学习造船、造机专业的学生，毕业回国后到造船所实地练习，并计划筹设船机专门学校，快速培养一批既有一定文化又有专业技能的工人队伍。

陈兆锵在任福州船政局局长期间，更是想尽一切办法，兴办教育，培养人才。其态度之认真、计划之周密、操作之扎实、成效之显著，令世人瞩目。

（一）创办飞潜学校

在第一次世界大战中，飞机、潜艇的威力令世人惊叹。为此，各国竞相办学育人、设厂制造。时任江南造船所所长的陈兆锵及诸多有识之士，为此奔走呼号，建议国家仿效西方强国的做法，跟上时代发展的潮流。陈兆锵更是广泛收集世界科技与军事的各方面信息，向海军总长刘冠雄报告世界强国科技强军情况，并针对中国实际，提出加强国防的建议，即要求顺乎世界军备潮流，筹办飞机、潜艇制造厂，设立培训制造和驾驶飞机、潜艇人员的学校，专门、快速培训这方面的人才。刘冠雄采纳了他的建议，于1915年春派12名“员生赴美国学习飞潜各技”②，并且还把曾留学英国的“专习造舰毕业生向国华、陈藻藩，专习造机毕业生黄承觊，专习电机毕业生周恭良等”③ 10余人，再派往美国学习飞机、潜艇制造技术。由此为设厂办校奠定了人才基础。

1918年4月1日，陈兆锵奉命主持创办中国第一所飞机潜艇制造学校——海军飞潜学校，并兼任校长。其时，海军部除提供图书、仪器之类的教学设备外，别无所有。“经费则完全仰赖于马尾船政局”④，办学之艰难，可想而知。但陈兆锵不畏艰难，他本着勤俭办校的行为准则，因陋就简地拨出海军艺术学校的新校舍归飞潜学校使用，同时，派巴玉藻、向国华、王超等专业技术骨干任该校各专业教官。陈兆锵始终坚持从严治校的原则，不仅组建了雄厚的师资队伍，而且学

① （清）池仲祐撰：《海军实纪·造舰篇下·福州船政局纪略》，张侠、杨志本等合编：《清末海军史料》，海洋出版社1982年版，第216页。

② （民国）海军总司令部编：《海军大事记》，重庆润华印书馆1943年版，民国四年二月条。

③ 韩仲英：《福建船政始末·船政学生的出洋》，张侠、杨志本等合编：《清末海军史料》，海洋出版社1982年版，第771页。

④ 蔡仁清：《海军飞潜学校始末》，中国人民政治协商会议福建省委员会等编：《福建文史资料》第15辑，福建人民出版社1986年版，第86页。

生的素质也毫不含糊。学制与课程的设置也比较科学合理，在办学过程中，坚持全面发展与突出专业相结合的育才原则与理论和实践相结合的教学方法。同时，还建立了月考、季考、期考的严格的考试制度和严明的校风校纪。从而，使该校呈现出教学相长、生机勃勃的可喜局面。

1923 年 8 月，飞潜学校第一届飞机制造专业班的学生学成毕业，学校举行了隆重的毕业典礼。当时的海军总长李鼎新、军学司长李景曦分别为之题词，以示郑重。陈兆锵感到无比欣慰，他鼓励学生们“本其体以为用，行见智创巧术”，只要将所学知识创造性地运用到生产实践中去，定能为中国造出“运行如神”的质量优、水平高的飞机，并表示，“吾为国家尽义务、收效果，虽竭尽心力，梦寐间无倦容焉”[①]。即将离校的毕业生们也对师长表达了眷恋之情和由衷的谢意，他们说：“飞潜学校创设伊始，皆前总长刘公资颖及兼校长陈公铿臣苦心经营，并各师长赞襄，缔造艰难，以有今日。”[②] 师长学生，志同道合，情深意厚，感人肺腑。

海军飞潜学校虽然存在时间只有 8 年，毕业学生仅 56 人，但它“为吾国空前之举”[③]，培养的学生成为中国航空和潜艇工业的先驱。由此，我们也看到陈兆锵主持创建飞潜学校的艰辛与贡献。陈兆锵不愧是一位既重视人才培育，又懂得人才教育的实干家，不愧是一位自强不息、艰苦奋斗的创业者。

（二） 努力整治，复振海军、制造两校

福州海军学校与福州海军制造学校，原为福建船政附设的马尾船政前、后学堂。1913 年 10 月，北洋政府收归海军部直接管辖时更为此名。马尾船政前、后学堂自左宗棠于 1868 年创办以来，教学有方，校风严谨，师资力量雄厚，为培育中国近代海军人才成就巨大，北洋海军主要将领大多出自该校。但由于当局政治腐败，资金短缺，不但发展海军、海防事业力不从心，就连马尾两校也是经费匮乏，教学松弛，管理不严，而且在招生中出现了不正之风。福州海军学校与福州海军制造学校的状况令国人担忧，有识之士呼吁海军部予以重视，加紧整顿。

1916 年初，陈兆锵奉令“兼海军、制造两学校（前身即前、后两学堂）督

---

① 周仁清：《海军飞潜学校始末》，中国人民政治协商会议福建省委员会等编：《福建文史资料》第 15 辑，福建人民出版社 1986 年版。

②《福州飞潜学校甲班同学录·自序》，转引自林庆元：《爱国海军将领陈兆锵述论》，《江海学刊》1990 年第 4 期。

③ 沈骏：《怀念外祖父陈兆锵将军》，福州市文物管理局、福州政协文史资料委员会编：《福州文史资料选辑》第二十二辑《船政文化篇》，福州政协文史资料委员会 2003 年版。

办"[1]，着手全面整顿，他首先把解决经费问题作为整顿的切入点，以稳定师生的教学情绪，然后狠抓教学管理。那时，在校学生大多勤奋好学，上进心强，但也有人不思进取，不守纪律；更有甚者，考试舞弊，目无师长。他们虽然为数不多，但其危害之大、影响之深，却不容低估。陈兆锵对这类学生从不讲情面，一经发现，即予以严处，从而使两校严谨向上的校风得到迅速恢复。同时，他还改变了两校原来优先照顾员工子弟的陈规陋习，亲自主持招生工作，不仅亲临考场巡视，而且还抽阅试卷，坚决杜绝了滥竽充数的不正之风。由于严格把关，不仅使海军学校招考的第一届轮机班学生质量优秀，而且还使两校的教学质量与校风校纪都得到了复振，受到了广大师生员工及社会各界的交口称赞。

另外，陈兆锵在新建海军艺术学校校舍、恢复艺术学校招生方面，也体现了他发展教育、造就人才眼光之远大、办学之有方。福州海军艺术学校前身为福建船政附设的培训技术工人的"艺圃"。1913 年 10 月，福州船政局收归海军部所有，"艺圃"改名为"海军艺术学校"。该校校舍破旧狭小，久未招生。陈兆锵一贯注重技术工人的培训工作，一到任便新建校舍、恢复招生。经严格考试，招收了 120 名艺徒，将其编入英文班与法文班，分别学习英、法两国制船造机技术，从而纠正了过去只学法国制造技术的片面性，为全面吸取世界先进制船造机技术提供了极大的可能。

四、爱国爱民 真情永在

陈兆锵爱国爱民，功在千秋。他在青年时代就驱舰海洋，衽席风涛，与北洋海军广大官兵以血肉之躯谱写了英雄篇章。中年之后，他以强烈的爱国之情，全身心地投入到海防教育与人才的培养上。到了晚年，面对帝国主义侵略者的威逼利诱，他正气浩然、亮节高风，以高度的智慧与刚直的勇气击退敌人的各种攻击。他的爱国精神与民族气节，将永远光耀史册。

（一）"首捐俸钱"，重建马尾昭忠祠

始建于 1886 年的马江昭忠祠，是为悼念中法战争马江战役中死难将士而修建的。其后年久失修，堂毁祠废，急需保护修复。陈兆锵到福州船政局上任后，为了弘扬爱国精神，于 1920 年带头捐款，亲自主持昭忠祠工程的修建，他"首捐俸钱"，又与"津沪工商各家相劝募"[2]。他将甲申、甲午两次海战烈士合祀昭忠祠，并亲手撰写了重建马江昭忠祠碑记与甲申、甲午两役合祀马江昭忠祠

---

① 杨福鼎：《忆海军耆宿陈兆锵》，《福建史志》1990 年第 4 期。

② 陈兆锵撰：《重建马江昭忠祠碑记》。

碑文。

重建昭忠祠之举，充分表达了陈兆锵的爱国主义情怀。他在碑记中写道，两役之烈士不是“为清朝效力”，而是“为一国效力”，理应受到人们的怀念。爱国精神与民族气节是中华民族的“万古纲常”，决不随清朝“一姓兴废”而兴废，必将“相垂不朽”。他热情称颂“诸先烈只知有国，不知有身，虽捐糜顶踵，在所不恤。浩然正气，如日星河岳，历劫不磨”。[①] 碑文撰者同诸先烈的爱国之情与民族大义相融相合，古今一以贯之。对此，鲁迅先生谓之“中国的脊梁”。一个民族，一个国家，不可以没有精神支柱，不可以没有脊梁。中华民族 5000 余年，历经了坎坷与苦难，始终没有亡国灭种，所创造的光辉灿烂文化始终能够维系不绝，不仅如此，到今日，又巍然屹立于世界民族之林。这是为什么？就是因为有这些无比坚强的“脊梁”。

（二）白头虽老赤心存

1941 年，日本侵略军占领福州。在中华民族处于危难之际，更可见爱国志士品格之高尚。其时，身体多病、年逾古稀的陈兆锵疾恶如仇，决不同内奸外敌同流合污。敌人要他充当日伪的维持会长，他坚决拒绝。面对穷凶极恶的敌人，他做到了“富贵不能淫，贫贱不能移，威武不能屈”，真正体现了中华民族大丈夫的浩然正气。抗日战争胜利后，国民政府海军部为表彰其矢志不移的民族气节和爱国精神，特授予“凛然可风”银盾一面。海军名将陈绍宽也以国民政府海军总司令的名义发了“陈兆锵将军为我军之光”的电报，对他进行了表彰。

外敌入侵，陈兆锵宁折勿屈，坚守民族大义；国民党反动派对人民进行血腥镇压，陈兆锵毅然决然地站在人民的一边。1927 年 4 月 12 日，蒋介石公开背叛革命，对共产党人、爱国志士及进步青年进行血腥屠杀，福州马尾飞潜学校的陈长钧、林轰、王卫等进步学生也遭逮捕。时已退休在家的陈兆锵闻讯，立即联络海军旧友，冒着生命危险，设法营救。在第三次国内革命战争中，即 1947 年春，全国反独裁、反内战的学生爱国运动风起云涌，马尾商船学校学生也举行罢课，学生干部陈奇、游开阳等被开除。已是 86 岁高龄的陈兆锵对进步学生的遭遇深表同情，立即亲笔手书信函，要求校方准予学生复学。陈兆锵还把自己家作为中共福建省委宣传部长陈光的掩护处，以使其更好地开展地下活动，他常与陈光畅谈国事至深夜。1947 年，陈光在永泰县被捕，陈兆锵千方百计搭救。探监时看到反动监狱当局给陈光戴手铐和脚镣，便向国民党当局提出抗议。1949 年 8 月

---

① 陈兆锵撰：《重建马江昭忠祠碑记》。

17 日，中国人民解放军进军福州城，为了不打扰百姓，只能露宿街头。出于对人民军队的深情厚谊，陈兆锵就令家人打开自家大门，请解放军入住。他还非常关心解放金门、马祖及台湾的事，将福建、台湾海域情况资料提供给解放军，并分析什么季节解放台湾对舰艇的行驶最有利。

陈兆锵晚年之照片
（陈榕供图）

进入晚年的陈兆锵，不仅站在人民的一边，同情、支持中国共产党领导的革命事业，而且常把人民的疾苦放在心上，想方设法造福于民。1927 年 66 岁的陈兆锵退职还乡后，虽然年老体弱，但对家乡的公益事业与教育事业仍十分关心，并积极支持。当时，马尾造船所要在长乐兴建莲柄港灌溉工程，陈兆锵不仅借支自己的养老基金，而且还以自己的人格和声誉作担保，向江南造船所借款 20 万元，用作这项利民工程的费用。由于他的积极支持并带头筹款，莲柄港灌溉工程得以顺利建成。

1953 年 2 月 4 日，陈兆锵将军与世长辞，享年 92 岁。他的一生是爱国的一生、光辉的一生。他为国为民鞠躬尽瘁，死而后已。不论在历次反侵略战争中，还是在中共领导的革命斗争中；不论在创办民族造船业、飞机制造业与教育事业的历程中，还是为祖国的国防建设与人民的公益事业，他都历尽艰辛，置个人的生死荣辱于不顾，做出自己应有的贡献。他不愧为中华子孙，人民会永远纪念他！

（此文原载于戚俊杰、刘玉明主编：《北洋海军研究》第 2 辑，天津古籍出版社 2001 年版，第 295～310 页）

下篇

略论吴佩孚的人格及其影响

2009 年的 12 月 4 日，是吴佩孚辞世 70 周年纪念日。数十年来，吴佩孚的人生经历引起许多专家和学者的研究兴趣。特别是改革开放 30 年来，国内外参与研究吴佩孚的人也越来越多，大家都能以史为据，各抒己见，褒贬客观公正。这种良好的学术氛围使笔者深受感动，因此也想就吴佩孚的人格及其影响发表一些个人的粗浅见解，不当之处，敬请专家学者批评指正。

一、优秀传统文化是其人格形成的重要思想基础

1874 年 4 月 20 日（清同治十三年三月初七），吴佩孚出生在山东省蓬莱县（现蓬莱市）城区县学后街一个小生意人的家庭。他的父亲吴若天是一个勤奋的小商贩，母亲张氏为人善良，操持家务。

蓬莱县是登州府所在地，与辽东半岛的大连市隔海相望，是守卫京津的重要门户。蓬莱阁的西侧不远处，又是渤海与黄海的交界处。特殊的地理位置，决定了蓬莱海上交通运输的特殊作用，因而还是海上交通运输繁荣发达的重要港口。早在唐宋时期，这里就是多个国家和地区人员往来的必经之地，因而也促进了这里贸易的繁荣和经济的发展，从而带动了这里文化的发展，教育的繁荣。而且文化与教育的交融与发展使这里具有多元化和包容性，具有尊贤尚功、勤劳朴实、好学上进、宽容善良、友好交往、诚实有信、爱憎分明、不怕牺牲、忠心报国等儒家文化的特点。儒家文化经过几千年的传承与积淀，早已在人们的思想方法、行为模式、情感态度中形成了稳定的文化心理结构与人格标准。蓬莱县人民从古至今一直都是以孔孟之道、儒家学说教育子孙后代的，特别是到了明代，随着戚继光率领军队消灭倭寇、保家卫国，使人民不再遭受侵扰，“国家兴亡，匹夫有责”“以天下为己任”的历史名言，更是成为这个地方教育传承永恒不变的重要主题。

吴佩孚的父亲是个小本生意人，母亲是个家庭妇女，家庭收入微薄。虽然他们能够勤俭持家，精打细算，但家庭生活仍很清贫。然而，他的父母对他却寄予厚望，盼其长大后成为报效国家的有用之才。因而在他 6 岁的那一年，就将他送入私塾，请当时登州府著名的宿儒李丕森执教。父母和老师的严厉管

蓬莱人吴佩孚将军（袁晓春供图）

教，使吴佩孚从小就“咬牙立志”，发奋苦读。他学习了《论语》《中庸》《孟子》等很多儒家经典，少年之时就懂得了“齐家、治国、平天下，而以修身为其起端”“身不能修，何异于禽兽乎？”①。因此，在他幼小的心灵里深深地打下了只有独善其身，才能兼济天下的烙印。良好的儒家文化教育，使他从小就有了崇高的人生奋斗目标，掌握了报效国家文韬武略，形成了受世人称道的人格魅力，尤其是孟子“贫贱不能移，威武不能屈，富贵不能淫”② 的名言，使他受益匪浅，是他爱国治军，拒当汉奸的座右铭。

二、爱国将领的英雄事迹是其人格形成的巨大动力

蓬莱，曾因八仙过海的故事名扬海内外，也曾因苏东坡在此为官作诗而闻名。到了明代，民族英雄戚继光的抗倭英雄事迹，更使蓬莱举世闻名。胶东半岛的广大人民都以有这样的英雄乡亲而感到骄傲和自豪。而且这种自豪感在潜移默化地代代相传过程中，孕育了千千万万的优秀儿女在国难当头的危急时刻，挺身而出，誓死报国。吴佩孚的父亲虽然是个小本生意人，但仍有着深厚的忠君爱国情怀。

据传，因为在吴佩孚出生的头天晚上，他的父亲梦见了民族英雄、明代抗倭将领戚继光来到吴家，因而其父便以戚继光的号佩玉（字元敬）的“佩”字为名，以“玉”字为字，给刚刚出生的儿子取名佩孚，字子玉。一个做小本生意的商人，虽然生活并不富裕，但却对民族英雄、爱国将领无限崇拜，在为自己心爱的儿子取名和字的时候，都要用戚继光号里边的字，借以表达他对戚继光的敬仰和对儿子将来能成为一个英雄的企盼。由此，我们可以得知，吴佩孚从一出生，就承载了父辈忠君爱国、反抗外国侵略的期许。

蓬莱众多的文物古迹和建筑遗存是吴佩孚接受教育的重要场所。戚家祠堂、

---

①《礼记·大学》。

②《孟子·滕文公下》。

戚继光父子总督牌坊，则是他经常要去的地方。奋勇杀敌，以身许国的志向，在少年时期的吴佩孚心里已经留下了深深的烙印，他立志做一个像明代戚继光那样有能力报效祖国的民族英雄；做一个像清代爱国名将宋庆那样的将领，不顾年事已高，仍亲率大军剿杀日本侵略者。1887 年，吴佩孚的父亲因病去世，吴家的生活更加艰难。13 岁的吴佩孚不但更加刻苦努力读书，而且还牢记父亲给他讲的戚继光领兵抗倭的故事，牢记“修身、齐家、治国、平天下”的古训，更加勤奋努力的学习。为了减轻母亲的生活压力，1888 年，14 岁的吴佩孚虚报年龄，报名参加了登州水师营，当了学兵，这样一来，既解决了家里的生活困难问题，又为他实现报效国家的宏愿打下了基础。水师营的学兵每周只有两天进行军事授课和操练，勤奋好学的吴佩孚，不但抓紧这两天的时间，刻苦参加训练，而且还抓紧其他时间继续在李丕森老师的指导下努力学习。因而“每逢塾中期课所为文字，气机谤沛，清言霏屑，辄欲压倒侪辈，夺取锦标。其师亦深加推许，目为未易之才”①。

蓬莱县城东侧抹直口村的陶元太，是北洋海军的一个“把总”——北洋舰队“经远”舰水手总头目。甲午战争之前，为了海军建设的需要，一度好几年没有回家，而且音信全无，这让包括吴佩孚在内的水师营学兵开始认识到：国家和军队的需要，就是军人最重要的选择。有家不能回，有亲没法探，音信不能通，这是国家和军队的规定。军人就是以服从命令为天职。1894 年 7 月 25 日，日本海军舰队的“吉野”等三艘军舰，在朝鲜牙山附近的丰岛海面，对中国海军的“济远”等军舰和运兵船突然开炮，引发甲午战争。9 月 17 日，中、日两国海军大战于黄海海面，北洋舰队广大官兵，英勇作战，奋力杀敌，特别是邓世昌、林永升等海军将领，不顾数艘敌舰集体围攻，率领广大官兵迎战强敌，最后舰沉战败，壮烈殉国。“经远”舰水手总头目陶元太也在黄海海战中壮烈牺牲。陶元太的英勇牺牲，受到清政府的表彰和抚恤，自然也深受家乡人民的尊敬和爱戴，这也激发了 20 岁的吴佩孚的爱国情怀。特别是年事已高的四川提督宋庆，在甲午辽东保卫战以及后来抵抗八国联军的作战中，督军勇战，鞠躬尽瘁，尽心为国，是清末蓬莱人的骄傲。这些蓬莱籍将官的爱国事迹，也深深印刻在吴佩孚的心里，成为他一生能够坚守爱国底线的重要底色。

家贫出孝子，国难显忠臣。吴佩孚所处的时代，是西方列强利用坚船利炮轰开中国的大门之后，争相占领瓜分中国领土的时代。特别是与中国隔海相邻的日

① 濑江浊物：《吴佩孚正传》，荣孟源、章伯锋主编：《近代稗海》第 5 辑，四川人民出版社 1985 年版，第 616～617 页。

本，先于1874年第一次入侵台湾，又于1894年发动了蓄谋已久的大规模入侵中国的甲午战争。甲午战争失败，中国被迫割地赔款，丧权辱国，引发帝国主义列强掀起了瓜分中国的狂潮。这对血气方刚、学业初成的吴佩孚是个极大的刺激。1904年，日本和沙俄为了争夺在中国的利益，又在中国的领土上进行了“日俄战争”。值得一提的是，早在1858年《瑷珲条约》签订时，沙皇俄国一次就从中国抢走了100万平方公里的土地。沙皇俄国的这种强抢豪夺，早就令闯关东的山东人深恶痛绝，义愤填膺。这些类似的事情自然使有知识、有良知、有爱国情怀的吴佩孚刺痛在心。1919年1月18日，巴黎和会开幕。日本代表牧野伸显突然提出，德国在山东所享有的各种权利应“以无条件之手续让与日本”①。12年后，胃口越来越大的日本军国主义者又于1931年发动了九·一八事变，占领了我国东北三省。继而于1937年7月7日，发动了卢沟桥事变，开始了全面侵华的罪恶战争。国土被占，人民被杀，所有这一切，都使吴佩孚记忆深刻，痛心疾首。戚继光、宋庆、陶元太等先人忧国忧民、杀敌卫邦、英勇献身的精神始终伴随着他。“国家兴亡，匹夫有责”和“以天下为己任”的古训让他始终牢记自己应负的责任。同时，也使他认识到，身为军人，特别是统帅数万军人的高级将领，维护国家主权不受侵犯，自己责无旁贷。因此，在广大学生走上街头游行示威、身遭不幸的关键时刻，他便挺身而出，鼎力相助。

三、以国家和民族利益为重是其人格魅力的主要表现

1917年7月14日，段祺瑞改组旧国会，重组安福新国会。孙中山通电反对，号召议员南下护法，并在广州成立护法军政府，南北战争再次爆发。此时，吴佩孚奉北洋政府之命出任前敌总司令，率北洋第三师进兵湖南。他以闪电战术，速克岳州，攻占长沙。国务总理段祺瑞亲自前往湖南犒赏，并称颂吴佩孚为“常胜将军”。次年6月3日，北洋政府授吴佩孚为“孚威将军”衔，并且在电文中公开允诺以广东督军为酬，利诱吴佩孚南下攻打两广。但是，吴佩孚不为利益所动，他公开地讲：“民国肇建八年了，如今竟闹得人人都在争地盘，长此以往，必将亡国！我们军人现在唯有埋头整军，以备将来抗御外辱，这才是正经事。再要南北对峙，唯有同归于尽！”②

吴佩孚在关键时刻，以国家和民族利益为重，说出了国人的心里话，确确实实体现了他的大局意识、爱国情怀。

---

① 唐锡彤：《吴佩孚：乾坤正气照汗青》，《联合日报》2007年9月22日。

② 章君穀：《吴佩孚传》，新华出版社1987年版，第270页。

1918 年 8 月 2 日，吴佩孚在湖南衡阳公开发表通电称："以有限之兵力，从事内争，置外患于不顾，是对敌国宁可屈服，对国人毫无迁就，重轻倒置。"[①]接着，他又公开提出了"文官不贪污卖国，武将不争夺地盘"的口号。为了表达他自己的诚意，他公开向世人宣誓："不做督军、不住租界、不结交外国人、不举外债"的四大自律原则，约束自己，警告他人，而且做到终身奉行不渝，让世人为之敬佩。

1920 年，吴佩孚率军从南方撤防北归不久，直皖大战爆发。吴佩孚担任前敌总指挥，率第三师与段祺瑞的定国军大战于固安、大兴一带，仅仅 5 天时间就使段的皖军陷于溃散状态。吴佩孚被誉为立下"不世功勋"，当时的大总统徐世昌、国务总理靳云鹏想封他为山东省督军，被他婉言谢绝，以践行自己"四不"中"不做督军"的自律原则。

吴佩孚在国家外交软弱无力的情况下，再次高呼愿为外交做后盾。1919 年 1 月 18 日，巴黎和会开幕，参会的日本代表突然提出，德国在山东胶州租借地，包括铁路等其他德国人在山东所享有之各种权利，都"要求德以无条件之手续让与日本"。吴佩孚得知消息，立即电告中国代表顾维钧，要求其在会议上阐明中国对山东不容争辩的主权。1 月 21 日的会议上，中国代表从历史、地理、文化、经济、法律等诸多方面论述了中国对山东的主权，明确说明德国必须将山东的一切权利交还中国，驳斥了日本代表的无理要求。在吴佩孚的鼎力支持和顾维钧机智勇敢的斗争下，中国代表毅然做出了"拒签的决定"[②]。这一举动，震惊了全世界。

吴佩孚在关键时刻，坚决支持"内惩国贼，外争主权"的五四运动。1919 年，五四运动爆发，吴佩孚在衡阳连续数次致电大总统徐世昌和全国各界，公开站在广大爱国学生和群众一边，全力支持北京、上海、天津、汉口、长沙、济南等地的罢课、罢市和罢工运动，坚决反对北洋政府逮捕学生，主张召开国民大会，力主收回青岛。他还联合山东籍湖北督军王占元、浙江督军卢永祥等，通电"内惩国贼，外争主权"，表示"此次外交失败，学生开会力争，全国一致，不约而同。民心民气，概可想见"。他还明确指出："对于直言学生，倒颠措施。大好江山，任人宰割，稍有人心，谁无义愤。天下兴亡，匹夫有责，况学生乎？彼莘莘学子，激于爱国热忱而奔走呼号，前赴后继，以草击钟，以卵击石；既非为权

① 武德报社编：《吴佩孚》，北京武德报社 1940 年版，第 79 页。

② 郭剑林：《一代枭雄：吴佩孚大传》，天津大学出版社 1991 年版，第 87 页。

利热衷，又非为结党要誉；其心可悯，其志可嘉，其情更有可原。”①

吴佩孚不但在五四运动期间大力支持广大学生和人民群众，而且在日常生活中也非常关心普通民众的不幸遭遇。1919 年 11 月，福州学生抵制日货，惨遭日人杀害。吴佩孚立即通电各省：“闻此噩耗，义愤填胸。谨厉戎行，愿为外交后盾。”② 听其言，观其行，通过吴佩孚的言论与行动，我们完全可以看出他对广大学生和群众是有着深厚感情的。而他对民众释放怜爱之心的同时，必然会引起一些人的不满，特别是站在民众对立面的敌人肯定会对他恨之入骨，以至于用卑鄙的手段加以报复。但是，精明透顶的吴将军对此毫不在意，足以说明他的为人是何等磊落光明。

吴佩孚在失败和挫折面前，既不食言，更不移志。1924 年 10 月 23 日，冯玉祥发动“北京政变”，囚禁了总统曹锟，促使第二次直奉战争形势发生剧变。吴佩孚被冯玉祥的国民军和张作霖的奉军两面夹击，10 万大军全线溃败，吴佩孚立时陷入绝境。在这万分危急的时刻，有人出来调停，劝他背离曹锟，投靠段祺瑞，吴则立即以“孝、悌、忠、信、礼、义、廉、耻”八德拒之，并且做到理直气壮。日本政府也趁机提出请他暂时退入日本租界躲避，吴佩孚断然拒绝：“堂堂中国军官，托庇外人，有伤国体，乌可为者也!”看到自己部下也有人想劝他暂时到租界避避风，他立即宣布：“谁再要我入租界，我便要谁的脑袋!”③ 在这生死存亡的危急关头，吴佩孚坚持住了“不入租界”的承诺，实在是难能可贵。

吴佩孚在寄人篱下的艰难时刻，仍然做到了“贫贱不能移”。1927 年 7 月，吴佩孚带着幕僚和仅有的 5000 名官兵，来到四川巴东，投奔国民革命军第 20 军军长杨森，过上了流亡的生活。其间，日本第一遣外舰队司令荒城二郎少将，派他的特务机关长佐藤秀夫大佐专程前来看望并告诉他：“日本朝野对大帅十分敬仰，愿在大帅暂时受挫之际伸出援助之手，以示亲善之谊。我们想给大帅私人借款一百万元，赠送步枪十万支，小钢炮五百门、机枪二千挺。若大帅不嫌菲薄，我们连同弹药物资一并用军舰运送入川交大帅。”④ 面对侵略者送上门来的大礼包，吴佩孚大笑言道：“过去我有枪何止十万，有钱何止百万，尚且一败涂地，可见我的成败与款械无关。况且，我要借外债、引外援又何必等到今日？我与蒋

① 中国社会科学院近代史研究所编：《五四爱国运动档案资料》，中国社会科学出版社 1980 年版，第 351～352 页。

② 濑江浊物：《吴佩孚正传》，荣孟源、章伯锋主编：《近代稗海》第 5 辑，四川人民出版社 1985 年版，第 639 页。

③ 任见：《洛阳往事》，花城出版社 2012 年版，第 189 页。

④ 郭剑林：《吴佩孚真传》，辽宁古籍出版社 1997 年版，第 315 页。

先生作战，是我们中国人的事，中国人的事自己能了结，贵国政府的盛意委实不敢承受!”佐藤秀夫还想劝说，吴佩孚则毫不犹豫地坚决拒绝，并让部下送客。佐藤秀夫走后，其幕僚中有人提出不该拒绝日本的援助，吴佩孚一针见血地指出：“什么援助？小日本要乘我北洋军与北伐军内战之机，进行挑拨分化，插手中国内政，你们难道还看不明白？我辈军人，岂能见利忘义，做对不起祖宗的小人?”① 通过吴佩孚的言谈话语，我们十分清楚地看到，吴佩孚无论生活怎么艰难困苦，在涉及国家安危与利益轻重的问题上，他都始终站在国家和人民的利益一边，从不马虎，不打折扣，而且是旗帜鲜明，态度坚定，雷厉风行。

吴佩孚在失势、失意、缺人、缺钱时，绝不失民族气节。1931 年 9 月 18 日，日本军队又以贼喊捉贼的手法，发动了占领东北的九·一八事变。吴佩孚在甘肃武都“闻报，一夕不寝。黎明，出示电稿，抗议倭庭，速返关东之地，否则率师周旋到底”②。吴佩孚于 11 月在兰州和平解决了“雷马事变”，使回汉之争暂趋缓和。值此之际，甘肃、四川、青海、宁夏、新疆五省的军队将领，联合发出拥护吴佩孚出山共同抗日的通电，吴同意出任“安国军联军总司令”，并开始招兵买马。然而，蒋介石却别有担心，他命令杨虎城迅速派兵驱散这支军队。吴佩孚只好离开兰州，前往张学良统治下的北平进发。当他乘车来到包头，天津《大公报》记者前来采访，吴佩孚回答说：“永息内争，同心同德，集中力量，共御外侮，一切以国事为重”。同时，他还亲笔为《大公报》题写了“和内攘外”四个大字。③

1932 年 3 月 9 日，伪满洲国在长春宣告成立。吴佩孚闻听此事，怒不可遏，他专门请国学大师章太炎代拟电稿，并经他修改后于 3 月 10 日对外发表：“佩孚以退处之身，不能默尔，特申愚悃，惟望鉴裁!”④

1935 年，日本帝国主义为发动全面侵华战争做准备，掀起所谓“华北自治”运动。在北京、天津等地的一些失势军人、官僚、政客当了汉奸，日本人要请吴佩孚出任他们所谓的“华北国”的领袖，吴佩孚不为利诱所动，他说：“自治者，自乱也！中国已经乱了几十年，老百姓吃够动乱之苦。如再有人制造动乱，分裂国家，老百姓所不容也！天地良心所不容也。我吴佩孚绝不做对不起祖宗后代的事!”⑤

---

① 马宣伟：《吴佩孚拒日“援助”》，唐锡彤主编：《吴佩孚研究文集》，吉林文史出版社 2004 年版，第 139 页。

② 郭剑林：《吴佩孚真传》，辽宁古籍出版社 1997 年版，第 320 页。

③ 参见任见：《洛阳往事》，花城出版社 2012 年版，第 190 页。

④ 转引自章君穀：《吴佩孚传》，新华出版社 1987 年版，第 677 页。

⑤ 转引自唐锡彤：《吴佩孚：乾坤正气照汗青》，《联合日报》2007 年 9 月 22 日。

四、“宁为玉碎，不为瓦全”是其人格让世人敬佩的重要原因

吴佩孚一生做到了“宁为玉碎，不为瓦全”。1937 年 7 月 7 日，日本挑起了卢沟桥事变，日军迅速占领了北平，吴佩孚身陷敌占区。日本人及其走狗多次登门请吴佩孚出来担任维持会长，被吴佩孚一概拒绝。彼时出面帮助日本人组织北平“治安维持会”的江朝宗，专门去看望吴佩孚，以求得他的支持。没想到吴佩孚一见到江朝宗就劈头盖脸地对他说：你年纪比我大，乃出面为日本人组织治安维持会，真是白发苍苍，老而不死，是谓贼也！江朝宗及其随行人员灰溜溜地赶紧走了。

1938 年 7 月 12 日，日本五大臣会议决定批准军部关于“建立一个新的中央政府”的建议，为了这个新的政权能够稳固，决定起用中国第一流的人才。吴佩孚首先被日本人选中。他们多次选派各方说客，登门为日说项。无论是利诱，还是威逼，吴佩孚始终不为所动。无奈之下，日本大本营特务部长土肥原贤二亲自出马，没有想到，一连三次，都吃了闭门羹。日本人见正面来不行，就想着从别的方面打歪主意。

1939 年 1 月 31 日，中外记者招待会在北平什锦花园吴府召开。日本人把它们拟好的书面讲话稿交给吴佩孚，企图利用这种手法把生米做成熟饭，逼吴佩孚就范。令所有参加记者招待会的人没有想到的是，吴佩孚根本不用原来的书面材料，而是发表了口头演讲。他首先阐明，自己热爱和平，反对内战，并且举例说明从民国八年至民国十九年的所有举动，都是为了和平而为之。接着，他又谈到中日和议的问题：“恢复和平，必须是全面的，平等的，惟平乃能和，和必基于平”！他还就中日讲和问题提出三个先决条件：“一、日本无条件的全面撤兵。二、中华民国应保持领土和主权的完整。三、日本应以现在重庆的国民政府为全面议和的交涉对象。”[①] 吴佩孚的讲话令所有在场的人都大为震惊。许多人没有想到此时的吴佩孚能够说出这样掷地有声的话来，尤其是日本人和那些软骨头的汉奸们，他们更没有想到居住在沦陷区里的吴佩孚，到了这种时候还敢公开跟日本人对着干。

吴佩孚顶天立地的表现，既令日本人非常仇恨，又使日本人更加觉得吴佩孚的巨大利用价值。他们也及时调整策略，展开新一轮对吴佩孚的动员说服工作。1939 年 6 月，日本内阁根据中国的情况，决定将争取吴佩孚的工作改为“汪吴合作”，妄图建立汪精卫和吴佩孚合作的联合中央政府。此后，汪精卫跑到北平等了半个多月，多次求见吴佩孚而未果。汪精卫回到上海后，又多次致电吴佩

---

① 唐锡彤：《吴佩孚：乾坤正气照汗青》，《联合日报》2007 年 9 月 22 日。

孚，邀请他参与伪中央政权，还派陈中孚专程到北平游说，许诺让吴佩孚出任伪军事委员会委员长等要职，仍可住北平。吴佩孚则对陈中孚怒斥道："谁同汪合作，这人就是下贱!"他还将手书文天祥的《正气歌》交给陈中孚转给汪精卫，再次表明自己的心迹：誓死不做亡国奴。

吴佩孚在两年多的时间里，每时每刻都处在日本人的监视和控制之下，假如吴佩孚有半点苟且偷生的想法，他早就成了日本人重要的帮凶。然而，吴佩孚不怕恫吓，不计个人家庭和部下的私利，采用硬顶软磨、软硬兼施的手法，坚决拒绝为日本侵略者出力办事，用不拿刀枪、不开大炮的方式，参与抵抗和打击日本侵略者的战争。体现了他热爱国家、热爱人民的高尚情操。恼羞成怒的日方失去了耐心，乘吴佩孚突患牙病之际，派日本军医寿田强行为吴佩孚施行所谓"手术"，最终吴佩孚死在了日本人的手术刀下。

吴佩孚的人格影响力是巨大的。1939 年 12 月 4 日，吴佩孚在北京寓所里因牙病被日本医生"医治"而突然死亡的消息传出，震惊中外。社会各界纷纷发表声明、致悼词，以示纪念。国民党最高国防委员会决议追赠其为一级上将；国民党中央政府则决议其生平事迹，存备宣付史馆。国民党和共产党的重要人物也都纷纷发表讲话和唁电，表示对吴佩孚将军的敬重和纪念。特别是陪都重庆的报纸上，更是把吴佩孚誉为"中国军人的典范"。所有这一切，都是因为吴佩孚在事关国家主权和领土完整的关键时期，能以国家的利益为重，以民族的利益为大，不顾也不怕敌人任何的威逼与利诱，为维护国家的统一和领土的完整，直至把个人的生命搭上，他也毫不动摇。

纵观吴佩孚数十年间，始终如一地做到了言而有信，诚信有加；做到了能以国家的领土与主权完整为自己行动的准则，每到关键时刻，都能以个人和集团的利益服从于国家和民族的利益；做到了得志有权有钱时，不卖国、不误国、不贪污；失意无权无钱时，不要侵略者的钱，不要日本人的武器装备，不要有损于国家的任何支援；虽然他日夜梦想东山再起，但他永远牢记自己是中国人，永远不做敌人的帮凶和走狗；他恪守了自己"不住租界"的诺言，即使是在危急万分的情况下，他也坚决拒绝进入租界。特别是到了晚年无奈住在敌占区里，不但独善其身，而且敢作敢为，与敌人斗智斗勇，永不屈服。在他面前，侵略者的所有计谋统统落空。

吴佩孚是为了国家和民族的利益而被敌人夺去了宝贵的生命。因此，他的人格影响力是正面的，是实在的，是长久的。我相信，随着社会的进步与发展，随着相关史料的进一步发掘，人们对吴佩孚的研究肯定会取得许多新的成果。他的人格影响力也将发挥更大的作用。

反帝反封建的英勇斗士——陈干将军

陈干将军是认真反思甲午惨败的有志者，是中国近代民主革命运动的积极宣传者和参与者，是山东领导辛亥革命的重要成员。在事关国家命运和前途的关键时刻，他始终保持着旺盛的斗志和崇高的爱国热情，在近代中国反帝反封建的伟大斗争中做出过卓越的贡献。本文拟就陈干将军反思甲午伤痛、确立军人精神以及为了维护国家的利益，即便是“断头绝颈”，也“在所不顾”的赤胆忠心略作论述，敬请专家学者予以批评指导。

陈干半身像

陈干题词

一、考察甲午旧战场 寻找救国新路径

陈干，字明侯，1881 年 12 月 13 日（清光绪七年十月二十二日）出生于山东昌邑县南白塔村。他 4 岁时即展现出少见的聪颖，其父“授五言绝句，立成诵”[①]，此后进入私塾学习，不敢稍有怠纵。1895 年 4 月 17 日，丧权辱国的《马关条约》签订，中国被迫向日本割地赔款，中华民族陷入空前的灾难。14 岁的

① 陈隽、佟立容编：《陈干集》，（香港）天马图书有限公司 2001 年版，第 478 页。

陈干深感“祖国不振，外夷凌迟，乾纲隳弛，冠履颠倒”①，实是可耻。因此，立志“少小共忧患，长大事戎轩”②。

1897 年，16 岁的陈干遵从父母的安排，渡海北上闯关东，寻求谋生的新路径。其间，他排除各种艰险，考察了甲午战争时期东北战场遗迹，还“东涉鸭绿江过高丽，观中日战迹”③，反思和寻找甲午战争中国惨败的原因。面对德国强租青岛和胶州湾、俄国强租旅顺口和大连湾、英国强租威海卫和香港新界、法国强租广州湾、日本强租福建的疯狂掠夺，面对甲午惨败给中华民族带来的深重灾难，面对生活在水深火热之中的老百姓，陈干非常痛恨清政府的贪图安逸、追求享受、腐败无能。与此同时，陈干也深刻认识到，没有真才实学，就无法成就大事业，就无法“兼善天下，救生灵于涂炭”；就谈不上“保桑梓之地以卫父老”④。遂确立勤奋攻读，忠诚报国的新目标。1899 年，陈干从东北返回家乡，发誓要继续刻苦学习。他拜学养深厚的昌邑县县令胡铁霜为师，学习《史记》和诗文。其时，因家务纷繁，妨碍专心攻读，陈干毅然住宿在昌邑县城东南人迹罕至的魁星阁中。他通宵达旦地读书，学识日新月异，“遂以有成”⑤。

1900 年，八国联军进攻北京，守卫北京的山东名人——白发提督宋庆和京师团练大臣王懿荣拼死抗敌，皆悲壮殉国。胶东老乡精诚保国、宁死不降的牺牲精神给了陈干巨大力量，也促使他选择了报效祖国的新道路。1902 年春，陈干告别父母妻子，前往北京投奔毅军统领马玉昆，成为一名步兵，驻守在北京的通州一带，开始了他的军旅生涯。

1904 年，陈干赴湖北陆军学堂接受短期培训。正规学堂短时间的紧张学习，不但使他掌握了军事理论，还懂得了作文法则、时事政治以及简单的民族革命学说。同年夏天，他在北京的《京话日报》发表了慷慨激情、观点鲜明的《一个步兵的志向》和《大呼我陆军同胞》两篇文章，表明了自己的人生观就是把“这个身体，一定要送给我国家”，“等待我中国一朝有事，我就把这父母的遗体，报效给我国家。铁心热血，生死如一”⑥。他在揭露清军吃喝嫖赌、烧杀抢掠的黑幕后，一针见血地指出：“军人是国家的血气，军人教育，是国家的精神，有血气，无精神，可就不能称为军人了”。陈干还旗帜鲜明地直言，国家养兵，“为的是保

① 陈隽、佟立容编：《陈干集》，（香港）天马图书有限公司 2001 年版，第 8 页。
② 陈隽、佟立容编：《陈干集》，（香港）天马图书有限公司 2001 年版，第 539 页。
③ 陈隽、佟立容编：《陈干集》，（香港）天马图书有限公司 2001 年版，第 15 页。
④ 陈隽、佟立容编：《陈干集》，（香港）天马图书有限公司 2001 年版，第 8 页。
⑤ 陈隽、佟立容编：《陈干集》，（香港）天马图书有限公司 2001 年版，第 479 页。
⑥ 陈隽、佟立容编：《陈干集》，（香港）天马图书有限公司 2001 年版，第 437 页。

护好百姓……国家的土地，就是我祖宗的土地……不能替我祖宗保全土地，对不起国家，对不起百姓，便是对不起自己的祖宗”。因此，“无事的时候，习操莫嫌劳；有事的时候，打仗不怕死”，“千万莫叫敌人打了脊梁背”。他还举例说明日本人入营当兵，亲朋故旧都会道贺，崇拜“军人必当战死”，“战死可以成名”[①]，鼓励军人以死报国。陈干是在甲午战争爆发 10 周年之际，以发表文章的形式，为中国的军人注入灵魂、树立形象、言明责任与担当。一个名不见经传的陆军士兵能发表这样有见识、有血性、有目标、有担当的观点，确实在清军中引发了不小的震动，也因揭露清军的黑暗而得罪了当政权贵。同年深秋，陈干结束了学堂的正规学习和军旅生涯，一路北上，前往东北锦州，做了一名教师。

1905 年夏，日俄战争刚刚结束，陈干即前往考察战场遗迹，探寻日本险胜的内在原因。同年 9 月，意志坚定、怀揣救国理想的陈干，东渡日本，谒见孙中山先生，并加入同盟会，与黄兴、宋教仁、张继、徐镜心、李烈钧等革命党人相识，还拜访章太炎先生，并当面求教。1905～1909 年，陈干五次东渡日本，不停地往返于日本、东北、山东之间，学军事、观兵操、论革命、任教官，联络革命同志，组织东北山东同乡会，宣传革命主张，不断壮大革命力量，还将创办的青岛震旦公学办成山东同盟会的活动基地。

自 1911 年辛亥革命爆发至 1927 年，陈干将军两次参加北伐，为推翻清王朝封建统治，建立民主共和的政府立下赫赫战功。之后，为了体恤国家的艰难，他又毫不犹豫地遣散了部队，主动要求前往边疆，为国戍边尽力。在奉命参加“鲁案”与“威案”交涉的过程中，他尽心竭力，坚持国家利益至上，与日本代表、与中国代表中的软骨头展开了激烈斗争，并发誓“断头绝颈，在所不顾”[②]。

陈干将军为雪甲午国耻，自觉修文练武，强筋骨，勤用笔，著述颇多。主要有《倥偬集》《陈氏家乘》《鲁案》《威案》《欧战拾遗》《旅大问题汇纂》《经国文钞》《诗选》《庭话》《家庭琐言》和《六经碎语》等书。他读书之认真，记录之翔实，爱国之情怀，体会之深刻，创见之新特，着实令人敬佩。

二、英勇征战推翻清帝 为国分忧解甲戍边

陈干将军在少年时代即经历了甲午战争惨败，中国被迫割地赔款的奇耻大

---

① 陈隽、佟立容编：《陈干集》，（香港）天马图书有限公司 2001 年版，439～440 页。

② 陈干：《鲁案·致黎总统》，陈隽、佟立容合编：《陈明侯将军》，中国文史出版社 1997 年版，第 199 页。

辱，遂在心中立下复仇保国的志向，并发出呐喊："陈干不死，中国不亡。"[①] 他认为："书不能读，吾之耻也；亲不能养，吾之辱也；生不能有济于物，吾之羞也；国家不振，外夷凌辱，吾之痛也。"[②] 因此，他时时刻刻将此四事牢记在心，作为平生敢想敢闯勇于担当的座右铭。

（一）英勇参战，报效国家

1902 年（清光绪二十八年），21 岁的陈干投笔从戎，他精神饱满，"枕戈磨剑"，其目的就是等待中国一旦有事情，"就把这父母的遗体，报效给国家"。[③] 1911 年 10 月 10 日，武昌起义爆发，已进入而立之年的陈干积极响应。他首先劝说山东革命党人放弃攻占烟台的想法，带着骨干人员亲赴南京面见黄兴，并向孙中山建议："欲保长江，必进取两淮；欲保两淮，必占领徐州；欲定中原之局，须下山东。断不宜苟且偷安，以蕞尔金陵为万世之业。"[④] 陈干以武力占领中原大地、全面推翻清朝统治的战略构想，深得孙中山肯定。

1912 年 1 月 26 日，陈干奉陆军部黄兴总长之命，出任山东民军统领，率山东民军由浦口出发，经滁州北进，坚持边走、边募、边训的原则，行至凤阳时部队已集结万余人。后与葛云龙的部队合编为淮泗讨虏军，陈干出任淮泗讨虏军司令，统归北伐临淮总司令林述庆的指挥。陈干率队会合各军沿津浦铁路挺进，在固镇与张勋率领的清军部队激战，攻下固镇后，乘胜追至宿州。尽管张勋所部清军武器装备先进，其炮兵和骑兵尽占优势，但仍被北伐军击败。张勋因节节败退，向北伐军提出讲和。2 月 10 日，双方代表在符离集车站谈判，北伐军要求清军退出徐州以外 100 里，顽固的张勋拒绝北伐军的要求，双方未能达成一致。北伐军遂兵分三路：中路为林震率领的粤军；右路为葛云龙率领的浦军和镇军；左路为陈干率领的淮泗讨虏军。三路北伐军均以夹攻徐州为目标。陈干率左路军由寿州经正阳关、濉溪、萧县进攻徐州。2 月 17 日，北伐军进入徐州城，追击张勋至韩庄车站。此次北伐激战，陈干将十年苦学苦练的军事理论和为国献身的军人精神融为一体，身先士卒，无所畏惧，其非凡的军事才能也得以充分展现，为保障南京的安全和巩固辛亥革命的成果，立下了有目共睹的赫然伟功。但他"从未发一告捷之电报，功皆让人"[⑤]。后因宣统皇帝宣布退位，南北停战议和，

---

① 陈隽、佟立容编：《陈干集》，（香港）天马图书有限公司 2001 年版，第 576 页。

② 杨展云：《陈明侯先生的行谊》，陈隽、佟立容合编：《陈明侯将军》，中国文史出版社 1997 年版，第 85～86 页。

③ 陈隽、佟立容编：《陈干集》，（香港）天马图书有限公司 2001 年版，第 438 页。

④ 陈隽、佟立容编：《陈干集》，（香港）天马图书有限公司 2001 年版，第 484 页。

⑤ 彭翼仲：《弟子陈干事略》，陈隽、佟立容合编：《陈明侯将军》，中国文史出版社 1997 年版，第 55 页。

武装战斗暂时休止。3 月下旬，奉国父之命，将山东民军与淮泗讨虏军合编为陆军第三十九混成旅，陈干出任少将旅长。

（二）国家有难，主动分忧

1912 年冬季，国家财政日益紧张，加之袁世凯有意打压革命军，陈干所在的三十九旅军费拮据，开支日绌。为了响应政府裁军的要求，陈干毫不犹豫地将个人利益置于国家利益之后，主动请求解散部队，交出兵权，以解国家财政支绌的困局。为了表达对国家的忠诚和热爱，他情真意切地坦言上书大总统，其所统军队系淮军及山东民军混合而成，性质强悍，勇拼敢死为其所长，但缺乏教育，应“从严淘汰，择留精壮，日事训练”，才能“无负于国，无负于民”，此是其“应尽之职”。现在时局艰难，强邻环伺，国家边陲不宁，愿辞去“旅长之职”后，前往边疆，“从事边圉”，“实地调查”，“以便将来效命边疆庶有把握”。[①]

为了做好解散部队的思想工作，陈干又向本旅官兵写了《告诫将士书》。他说“去岁从事革命，转战两淮。师抵徐州，共和告成”，全体将士奋勇参战，挫败清军后，仍发扬民国精神，维持秩序，坚持训练，顾全大局，“此副心肝，天日可表”。但近来国家财政困难，练兵之费，仰仗外国借款，因而国家诸事“受彼牵制”，令人心碎。“触目时艰，惄焉如捣。故电请解甲，各尽本分。尚望始终一贯，保全本旅名誉，表白男儿心迹。”最后，陈干语重心长地嘱咐属下将士，“勿交匪类，勿作殆谋。穷达有命，尽其在我，人生有死而已，不可稍为苟且事矣。临别拳拳，欲言不尽”。[②] 通过“上书大总统”和“告诫将士”两份历史文献，清晰地展现了陈干将军高尚的人生观和价值观，展现了他以国家领土与主权完整为心中最重，展现了他每时每刻都把国家的安宁、老百姓的福祉牵挂于心。其真情实意，令人敬佩。

（三）带病为国奔忙，尽心履职无怨

陈干的三十九旅遣散后，北洋政府因他“历年奔波，积有吐血之症，现复爆发，日吐数碗”的严重状况，委任他为总统府将军，晋中将军衔，命他赴烟台解散驻烟台的关东军，后又前往河南助剿白朗匪乱。1914 年，日本趁第一次世界大战爆发之机，借对德国开战之名强行从龙口登陆，后又强占青岛等地。同年秋，陈干奉命前往胶东各县调查日本抢占青岛胶澳时，人民死伤及财产损失的情况。1915 年，潍河决口 30 余处，陈干倡导筑河堤，两岸“民免水患，至今赖

---

① 陈隽、佟立容编：《陈干集》，（香港）天马图书有限公司 2001 年版，第 16 页。

② 陈隽、佟立容编：《陈干集》，（香港）天马图书有限公司 2001 年版，第 38 页。

之"[①]。1916年9月，他奉命出任山东省政务厅长。1919年，陈干协同徐树铮前往湖南衡阳，探访坚决拒绝日本援助的吴佩孚。1920年春，陈干奉命出任陕西省实业厅长。1921年，孙中山在广州就任非常大总统，任命陈干为总统府咨议。是年秋，"国父北伐，督师桂林"，39岁的陈干前往桂林大本营谒见孙中山，"陈说北伐大计，国父亦甚纳之"[②]。1922年，陈干奉命交涉"鲁案"和"威案"。1923年夏，陈干奉孙中山之命，与丁鼎丞、于沐尘等在青岛创办胶澳中学，培植革命人才。1924年春，发动乡人"开一新河入乡，长约二十余里"，解决了家乡人"饮水缺少，人以为苦"的困难。是年秋，他又接受国民第二军岳维峻督办的邀请，充任顾问。1925年初，孙中山病重入北平协和医院，陈干"侍侧奉药，日夜无间"。国父逝世后移灵西山碧云寺时，他"哀痛执绋，悉躬亲行"。同年，将"近代稀有激励气节之爱国教材"的《经国文钞》编著面世。[③]

1926年9月，北伐军进逼长江流域，陈干赴江西行营拜谒总司令蒋介石，略述北伐大计，被任命为总司令部参议。1927年春末，陈干被任命为国民革命军北伐第二支队司令，由淮徐起兵，连克敌军，转战北上，攻克兖州，直逼泰安。不料想，陈干因国民党军队内部的派系争斗，于8月18日（农历七月二十一日）"竟遭构陷"，含冤被杀。

三、"断头绝颈，在所不顾"确保"鲁案"按期签字

1922年2月4日，中日两国《解决山东悬案条约》在美国华盛顿签字。同年3月，北京政府派王正廷督办"鲁案"善后事宜，开始了中日间的谈判。由于日方代表对山东怀有野心，故意拖延时间，中方代表软弱无力，不敢坚持原则。此时，因第一部委员何宗莲辞职，经两湖巡阅使、北洋名将吴佩孚等的力荐，时任两湖巡阅使署顾问的陈干，于9月5日被黎元洪大总统任命为"鲁案"中日联合委员会第一部委员，直接参与"鲁案"的交涉事宜。

（一）不惧死亡，独身劝匪首

陈干接任委员后，立即对"鲁案"展开全面了解。他阅读、熟悉《解决山东悬案条约》的全部内容，还调阅研究此前所举行的谈判会议记录，发现了日本人对于山东的野心和故意拖延的伎俩，妄图使谈判不能在规定的6个月期限内完成签字协定，把延期的责任推给中国，而将"鲁案"定成悬案，日本则可从继续搁

① 陈隽、佟立容编：《陈干集》，（香港）天马图书有限公司2001年版，第488页。
② 陈隽、佟立容编：《陈干集》，（香港）天马图书有限公司2001年版，第490页。
③ 陈隽、佟立容编：《陈干集》，（香港）天马图书有限公司2001年版，第494页。

置中获利。为了避免上当，在 10 月 30 日第 21 次会议上，中方提出加快进度，由每周两次会议改为每日一次，后来又改为每日两次。

待到临近原定接受青岛与胶济铁路的最后时段，日本浪人勾结地方土匪头子孙百万，占据青岛附近的崂山，预谋在日本进行交接时，立即占领青岛，妄图让日本获得一个不能移交的绝佳口实。陈干委员得知此情报后，毫不犹豫地独身前往土匪盘踞的地盘，向匪首苦口婆心地晓以大义，痛陈国家收回青岛的利害得失。他不顾生死、深明大义的果敢行动，让土匪头子悬崖勒马，改变了抢占青岛的原定计划，使日本浪人的阴谋诡计未能得逞。[①]

（二）坚持原则，履职尽责

陈干始终牢记《解决山东悬案条约》的重要内容是："日本应将胶州德国旧租借地交还中国。"无论属德国官厅所有，还是日本官厅所购置建造的房产，"全部移交中国政府"，并"不得向中国政府要求偿还"。[②] 陈干始终牢记"鲁案"最重要者是按期收回"青岛土地权"，至于山东"内地开放"事则是中国内部事务，待收回主权后由中国政府研究决定。陈干虽为外交谈判的新手，但他非常注意观察和思考双方交涉的内容，认为时间绝不能耽误在细枝末节上，而应该牢牢抓住重大事项和"鲁案"的核心内容进行交涉。他对相关人员指出，"日人必诸事让步"[③]，而从主权、土地和时间等处着眼。他建议双方交涉时应坚持"争主权不争浮利；争土地不争房子；争永远不争暂时"[④] 的谈判原则。

针对分委员会主任徐东藩在青岛擅与日人私行订立草约，企图将日人在青岛占领土地改为"永久租借"的做法，忠于职守的陈干"均不承认"。他表示，日本方面无论提出什么条件均可商量，"惟此二者绝不敢苟同"。他写信告诉张芳岩说："咬定牙根，绝不敢负气，绝不敢苟同。"同时也坦言，只要是遵循《解决山东悬案条约》的规定，"不出乎华府范围，大体无伤，则均无不可"。[⑤] 为了避免给国家造成新的损失，陈干语重心长地对王正廷说："国家事非一人之私，吾等不妨平心静气细为研究。"还请求他"以华府条约为根据，华府条约所损失者，公能挽回一分是一分，如不能挽回，干绝不敢强公所难；如未损失者，切不要增

---

① 参见陈隽、佟立容编：《陈干集》，（香港）天马图书有限公司 2001 年版，第 490 页。

② 陈隽、佟立容编：《陈干集》，（香港）天马图书有限公司 2001 年版，第 111～112 页。

③ 陈隽、佟立容编：《陈干集》，（香港）天马图书有限公司 2001 年版，第 146 页。

④ 陈干：《鲁案·致郭梁丞》，陈隽、佟立容合编：《陈明侯将军》，中国文史出版社 1997 年版，第 178 页。

⑤ 陈隽、佟立容编：《陈干集》，（香港）天马图书有限公司 2001 年版，第 146 页。

如"[①]。通过上述事例可见，陈干忠于职守，坚守底线，苦口婆心地履行着第一委员的职责。

（三）为国家利益，敢对外交总长说不

11 月 22 日，陈干再次致信王正廷说，“鲁案”交涉的主要目的是收回青岛的主权，无论何事须本着“收回”二字精神去做。倘若名为收回，事实竟成反比例，“则断乎不可”。他建议刚刚升任外交总长的王正廷，对日本“涉及内地”的想法，一定要设法消灭。他还直言不讳地指出，“租者，不能永租”，即便“德人强横，不过谓之租借，日人无论如何奢望，亦不过继承德人权利。德人犹不能有土地权，况日人耶”?[②] 陈干有理有据、铿锵有力的寥寥数语，让外交总长王正廷无言以对。

在劝说王正廷无效的情况下，陈干只得致信给统兵的吴佩孚，明确指出青岛开放商埠章程年限不宜过久，因为青岛虽属商埠，但从地域而论，“确为中部门户，含有军事性质”，“今虽作商埠开放，似有杜渐防微必要”。[③] 他还就青岛收回后的近期工作与长远规划指出，从近期的任务讲，首先是请会办实行职权；二是因时间剩下不足 40 天，时间紧迫，故请中央速将胶澳商埠督办发表，以便筹备接受一切。三是收回商埠之后，胶澳商埠的督办应由省长兼充，因商埠的许多事情与地方有联系，因此必须要“事权画一”。四是强调接收后，胶东全局将大为改变，管理方面“不能老守往辙”。建议“将胶东道尹移住胶州，兼胶澳商埠会办。这样布局就民政言，较为适中；就外交言，亦比烟台冲繁。济南镇守使亦似应移住青岛或即墨，因济南系督长所在，无设立镇守使必要”。[④]

随着中日交涉谈判的持续进行，陈干敏锐地认识到，日本人真实的目的首先是“将青岛空名交换，而借以开放内地”；继而是“将胶济路空名交还归两国合办，而借以发展高徐、顺济”铁路。他们的野心“不仅占据青岛，实欲进吞山东”，进而“由胶济路开拓高徐、顺济，借以窥取中原而割据江北全部”。[⑤] 他还将“海底电线案件”的相关文件呈交吴佩孚，希望他“一并查阅”，而且忧心忡忡地明确指出，“此事关系极巨也”。[⑥] 为了阻止日本继续扩张的侵略野心，陈干多次致信吴佩孚表达其担忧，并希望他发挥作用，及时阻止日本在山东的扩张。

① 陈隽、佟立容编：《陈干集》，（香港）天马图书有限公司 2001 年版，第 149 页。
② 陈隽、佟立容编：《陈干集》，（香港）天马图书有限公司 2001 年版，第 148 页。
③ 陈隽、佟立容编：《陈干集》，（香港）天马图书有限公司 2001 年版，第 149 页。
④ 陈隽、佟立容编：《陈干集》，（香港）天马图书有限公司 2001 年版，第 152 页。
⑤ 陈隽、佟立容编：《陈干集》，（香港）天马图书有限公司 2001 年版，第 160 页。
⑥ 陈隽、佟立容编：《陈干集》，（香港）天马图书有限公司 2001 年版，第 165 页。

史实早就证明陈干将军当年的判断是非常准确的。这充分证明他对日本侵略者始终保持高度警惕，时刻把国家的安危放在心上。

（四）为国家利益不受损害，“断头绝颈，在所不顾”

在“鲁案”谈判的过程中，日本代表根本不把中国人放在眼里。陈干委员有不少文件事前看不见，更为过分的是，日本代表提出农业暨得权并海底电线两项，其提交的文件“有译出者、有未译出者”，但第二天即要中国代表给予答复。认真履职的陈干苦苦等到第二天凌晨 2 点多，也没有见到译好的全部文件。“终日含着两眼苦泪”[①] 的陈干，无奈之中再次致信王正廷：“愈到末尾之时，愈宜慎重，无论何种稿件，非预先共同审定，绝不能发生效力”。因“长途电话、无线电开放、大连湾接线”，均在“鲁案”的范围之外，陈干明确告知“不敢苟同”。[②]

随着日方代表步步紧逼，心急火燎的陈干直接致电北京国务院总理张绍曾称：“鲁案事，前有数电想邀亮察。今接到第三十八次会议录，细察内容，遽生我国大不祥之事。……当即去电求其删除，勿为国家留莫大之祸。”而王正廷竟来电不以为然。他指出“别纸约定案”，“竟大出范围之外”。中国如“因一区区之青佐线，将全国海陆交通一切断送，彼固不为国计，都不为其家计乎？……干因此事关系极巨，又忝为鲁案委员之一，不敢缄默苟同，以误国家。谨专电陈述，伏乞严查。俾卖国之徒有所戒惧。倘有不实不尽，干亦愿受国人惩罚”。[③]

为防止出现远水不解近渴的局面，在致电北京国务院张总理的同时，他还致函山东省熊炳琦省长，告知第三十八次会议录中有王正廷秘密与日人私订的“别纸约定案”，“事关全国海外交通。若含糊认可，直不啻全国完全为东邻封锁”。他直言此事项与“鲁案”无关，“何必插入鲁案之三十八次会议录中？日人前年向交通部提出，并未议决，今王某并非代部，何敢与之擅为约定？其卖国事实可谓自招”。最后陈干强烈要求熊省长“就近取三十八次会议录阅看”，并“向当局进言，速行取销，免为国家之祸”。[④]

为确保国家利益不受损害，在给国务院张总理和山东熊省长去电没有回复的情况下，陈干还直接致电黎元洪大总统指出“别纸约定案”远远超出“鲁案”的“范围之外”。但“别纸约定案关系极巨，干知而不言，无以对国，倘国家置之不理，千秋万世罪不在干也”。他直言不讳地告知“已电请张总理严查，如有架空

---

① 陈隽、佟立容编：《陈干集》，（香港）天马图书有限公司 2001 年版，第 165 页。
② 陈隽、佟立容编：《陈干集》，（香港）天马图书有限公司 2001 年版，第 171 页。
③ 陈隽、佟立容编：《陈干集》，（香港）天马图书有限公司 2001 年版，第 175 页。
④ 陈隽、佟立容编：《陈干集》，（香港）天马图书有限公司 2001 年版，第 175～176 页。

虚构”，陈干“愿受反坐”。在函电的最后，陈干斩钉截铁地表示：“此事无论为国、为私，非根本取消，干绝不认可，断头绝颈，在所不顾”。①

陈干自10月30日第21次会议起，至11月29日第50次会议止，共参加了29次交涉会议（11月18日因故缺席）。会上，陈干与日人折冲，仗义执言，不遗余力。对山东的种种权利，均“誓死力争”，无有退让。为了捍卫国家的领土主权不被侵犯，会议之外，陈干分别给21位相关人员发去信函、电报62份，其中直接寄大总统黎元洪的3份；给国务院张绍曾总理的1份；给外交总长王正廷的25份，给洛阳吴佩孚幕府秘书长郭梁丞的8份，给两湖巡阅使吴佩孚的6份，给孔祥熙的2份，给山东省长熊炳琦的2份，给日本公使小幡酉吉的2份，余者13人则每人1份。② 在陈干对损害国家利益的谈判条款“绝不认可”以及“断头绝颈，在所不顾”的斗争和坚持下，在社会各界的共同努力下，王正廷的“别纸约定案”被撤销，进而使中日间海底电线不为日本所据，为国家保住了海底电线的主权。因而康有为先生称赞他为“鲁案砥柱”。

综上所述，陈干将军一生胸怀大志，发奋读书；勤于反思，敢斥时弊；为人正直，光明磊落；文武兼备，浩气英伟；孝敬父母，爱国恤民；办事认真，效率惊人；人生短暂，光彩照人。陈干将军虽然离世已经九十多年，但他在反帝反封建过程中“打仗不怕死”的伟岸英姿宛在；为了维护国家领土和主权完整，所表现出的“断头绝颈，在所不顾”的浩然正气永存，值得后人纪念和学习。

---

① 陈隽、佟立容编：《陈干集》，（香港）天马图书有限公司2001年版，第177页。

② 参见陈隽、佟立容编：《陈干集》，（香港）天马图书有限公司2001年版，第144～178页。

刘公岛、龙须岛起义暨山东胶东军区海军支队的建立

——纪念中国人民抗日战争胜利70周年

1895年1月20日，日本山东作战军在荣成龙须岛登陆成功，导致北洋海军在刘公岛全军覆没，甲午战争惨败，从而给中华民族留下了奇耻大辱。

然而，49年后的1944年，还是在刘公岛和龙须岛，一批中华热血青年在郑道济、连城、毕崑山和丛树生等人的领导下，武装暴动，杀敌起义，获得成功。起义后，他们投奔了八路军胶东抗日根据地，组建了山东胶东军区海军支队。这一历史壮举，海内外媒体都进行了大量报道，令中华儿女和世界反法西斯阵营大为振奋。但因种种情况所限，令人遗憾的是，70年来人们对刘公岛和龙须岛起义成功的历史了解不多，记忆不深，掌握的情况也不够全面。

为了纪念甲午故地刘公岛和龙须岛武装暴动、杀敌起义取得的胜利，作者利用长期从事文物工作的有利条件，亲访了许多刘公岛和龙须岛起义的亲历者和八路军山东胶东军区海军支队的相关领导及部分官兵，并在阅读相关史料的基础上，撰写了这篇纪念文章，以表达对“两岛”起义官兵和山东胶东军区海军支队首长及全体指战员的真诚敬意和缅怀之情，并以此纪念抗日战争胜利70周年。

一、刘公岛伪海军起义

刘公岛伪海军杀敌起义，发生在1944年11月5日。汪精卫汉奸政府所属伪海军华北要港司令部练兵营的新兵们，在卫兵队少尉队长郑道济、教练班长连城、毕崑山领导下的这次武装起义，击毙日本侵略者及伪海军校尉级军官多人，摧毁了设在刘公岛的日伪海军华北要港司令部机关及部队。起义获得圆满成功。

（一）刘公岛再次被日军占领并成为汪精卫伪海军的重要基地

1888年，北洋海军在刘公岛正式成军，由此刘公岛成为闻名海内外的海军基地。在北洋海军全军覆没43年之后，日本侵略军第二次占领了刘公岛。1941年10月，汪精卫伪海军华北要港司令部进驻刘公岛，它是伪海军部下属的华南、

华中、华北三个要港司令部之一，也是汪伪华北海军的最高指挥机构。其辖区为南起连云港、北至辽宁的葫芦岛沿海水域。该部队配备炮舰1艘、运输舰1艘、大小交通艇4艘。华北要港司令部的伪司令鲍一民为中将军衔，伪参谋长孟铁樵为少将军衔，他们以下级别的军官数十名，皆系国民党海军的投敌分子。

刘公岛汪伪海军练兵营是专门为华北要港司令部所属海军部队训练新兵的机构。练兵营在刘公岛上训练了第5～9期新兵，每期100～200人，学期为半年。1944年，练兵营长由孟铁樵兼任。入营受训的新兵是第9期，共200名。他们大多是来自北京、天津等地的失学、失业青年。这些新兵中，有的是被抓丁拉夫补进来的，有的是为了活命和养家糊口，还有的是因为政治上幼稚，受敌伪的欺骗宣传而误入歧途。当他们来到刘公岛后，在紧张的训练和繁重的劳役中，动辄挨打挨骂，经常被欺侮凌辱，还一日三餐吃不饱，这才认识到上当受骗了。许多人强忍内心的愤怒，暗暗打算另找出路。但因刘公岛四面环海，戒备森严，许多人是欲走不让，欲逃不能。只好委曲求全，静待时机。

（二）不丢专业，暂且栖身，卧薪尝胆，以曲谋伸

练兵营卫兵队少尉队长郑道济，原名郑钦业，1908年生于山东省诸城县，家出身贫寒，青年时代考入葫芦岛航警学校受训，毕业后，在国民政府海军第三舰队教导队任中尉副队长。由于他勤奋努力，刻苦好学，所以对海军专业、陆战战术、训练新兵等方面，都有了解和研究。

刘公岛汪伪海军起义领导人郑道济，山东诸城人，原任伪海军练兵营少尉区队长，起义后率部队参加了八路军，被胶东军区任命为海军支队上校支队长

1937年卢沟桥事变后，日军继续南侵，华北沦陷，国民党海军第三舰队奉蒋介石之命放弃华北沿海，逃往江南。郑道济没有随军南下，而是投奔了陆军姜黎川旅，先后任副团长、干部教导大队大队长、旅参谋处主任等职。后因看不惯姜的作风，脱离姜部，到烟台市租屋闲居。其间，他系统阅读了《孙子兵法》《东周列国志》《西汉演义》等书。越王勾践卧薪尝胆的故事让他记忆深刻。1942年秋天，郑道济来到刘公岛伪海军练兵营。但他并非真心投敌，而是暂且栖身，以曲谋伸。他待人态度和蔼，喜欢与士兵聊天，还

常常主动寻机宣传抗日救国的道理。

1943 年 4 月间，刘公岛伪海军第 7 期练兵 100 余名分别从北京、天津等地骗招而来。为了宣传抗日，郑道济主动找他们谈心，关心他们的生活。当发现敢讲实话吐露真情的练兵时，便主动带他们到自己家中，进行更深入的交谈。经过半年时间的考察了解，他发现教练班长连城为人老成憨厚，富有正义感，具有爱国心。于是郑道济便有目的、有意识地接触连城，试探他有没有杀敌的勇气和能力；考察他对国家、民族的感情与态度，了解他在练兵中的威信等。郑道济还利用讲课时间向练兵们讲苏武牧羊，身在匈奴心在汉的故事，赞扬苏武在高官厚禄、金钱美女诱惑之下，仍能做到“贫贱不能移，富贵不能淫，威武不能屈”的高风亮节。他还用民族英雄文天祥“人生自古谁无死，留取丹心照汗青”的名言，激励教育大家要养成崇高的民族气节。特别是南宋岳飞“壮志饥餐胡虏肉，笑谈渴饮匈奴血”的抗金斗争的经过，更是他时常讲给士兵听的故事。他教育士兵，树立杀敌壮志，敢于为中华民族献身，哪怕是抛头颅洒热血，也在所不辞。

郑道济利用合法身份，在讲课时向练兵们宣传爱国思想、灌输正义情感、培养救国壮志，广大练兵的思想觉悟有了很大提高，精神面貌也大为改观。许多人都在自觉不自觉地醒悟，开始思考自己的未来。

1944 年的上半年，地处胶东半岛最东端的威海卫城乡，天干地旱，庄稼枯萎。生活在敌占区的城乡民众，更是焦虑不安，难以活命，许多人跪拜大地，祈祷苍穹。伪海军华北要港司令鲍一民为了收买人心，特选择在第 9 期练兵进岛的第二天，即 7 月 3 日（农历为五月十三日），在刘公岛龙王庙戏楼唱大戏，举行祈雨仪式。规定 7 月 3 日下午 1 时准时开戏，第 9 期练兵要全体列队看戏，不能缺席。

7 月 3 日中午 12 时 15 分，已是满头大汗的第 9 期练兵，排着队来到龙王庙戏台前参加祈雨仪式。烈日当头，火烧火燎，刚站了一会儿，新兵们就大汗淋漓，头昏脑涨。祈雨仪式结束，教练班长和练兵全部坐在露天处，观看演出。只见练兵们一个个口干舌燥，全身是汗，衣裤皆湿。伴着烈日的蒸烤，散发出阵阵汗臭味。

鲍一民等伪军官们，包括他们的家属，则端坐在龙王庙的南正厅里，一边吃着水果、瓜子，一边旁若无人地看戏。当闻到练兵队伍里散发的汗臭味后，非但没有同情心，反而破口大骂晒得发昏的练兵们。然而，练兵们敢怒不敢言，只能强压怒火，坚持看戏。

说来凑巧，戏还没有演完，威海湾的上空就乌云翻滚，电闪雷鸣，下了好大一阵雷阵雨。在露天看戏的老百姓早都跑去避雨，而练兵们没有接到避雨的命令，既不能跑，又无心看戏，坐在湿地里继续遭受煎熬。再加上鲍氏妻女的辱骂，更激起士兵们的不满。他们大声地喊好，特意噼里啪啦地鼓掌，使包厢里的官员及太太小姐们听不清唱什么。鲍妻及其女儿恼羞成怒，更加肆无忌惮地辱骂士兵。练兵们极为气愤，但又不能对骂，只好用集体起哄的方式予以还击。演员在台上唱一句，士兵们就在台下喊一声好。鲍的亲信、基地队副长王景和出面维持秩序，也无济于事。鲍一民主办的这场祈雨演出，在阵阵骚乱中草草结束了。

在这次祈雨看戏过程中，练兵们遭到出人意料的辱骂，个个义愤填膺。这件事一时成为刘公岛上练兵们议论的主要话题。酝酿日久的杀敌武装起义的时机已经到来，筹备暴动的准备工作便悄悄开始了。

（三）抓住机遇，形成核心，制定目标，胆大心细

7 月 4 日，天下大雨。连城与郑道济在练兵营的士兵宿舍门旁，议论昨天士兵看戏时遭受辱骂的事，商谈着今后的出路。连城试探着提出，能不能把队伍拉出去，不在这里受气挨骂了。郑道济很高兴连城先把此事公开提出来。但他认为，此事非同小可，须从长计议，周密计划才行。只有发动武装起义，消灭敌伪军，才能把队伍拉出去。他提议，要联络一批志同道合的弟兄，并要严守机密。他们俩决定分头联络，然后再一起商议。

刘公岛汪伪海军起义领导人连城，山东荣成人，原为练兵营班长，起义成功后参加八路军，被任命为海军支队第一中队上尉中队长

7 月 5 日，连城找到练兵班长毕崑山，谈了拉队伍、杀敌除奸共同抗日的想法，得到毕崑山的坚决支持，并表示，“杀鬼子除汉奸我坚决干”。

7 月 6 日晚，郑道济、连城、毕崑山在刘公岛西村前边的小码头上，密商在刘公岛举行武装暴动、杀敌起义的大事。他们效仿三国时期的刘、关、张桃园三结义，组成了“三义团”，作为领导起义的核心组织，并决定一切重大问题都要经过“三义团”集体研究。连城、毕崑山推举郑道济为主要领导人，确定三人分头联络起义骨干人员，及时发展壮大暴动队伍。

“三义团”成立后，便紧锣密鼓地召开了几次会议，逐步深入地研究了组织武装起义的有关问题。第一，正在练兵营训练的第 9 期练兵 200 人，为这次武装

起义的主体。对他们要加强反对侵略压迫、积极投身抗日和学好专业技术的教育，强调各班要先搞好团结。第二，要发展一批武装起义的骨干。其方法是，在摸清发展对象的思想状况、个性特点以及爱好和特长后，分批分期逐个发展。第三，在第9期练兵中组织业余武术班，由郑道济亲自担任武术教练。目的是利用合法组织的名义，向练兵进行教育宣传，传授武艺，并从中物色勇敢而又有爱国思想的练兵，作为发动武装起义的骨干。第四，毕崑山负责到日本辅导部侦察情况，利用带练兵去打扫卫生的机会，全面摸清敌人武器、弹药存放位置和敌人的管理方式。第五，“三义团”领导成员，每个人都要到基地队和各派遣队去联络过去几期本班结业的练兵，通过交谈，增进感情，摸清思想，宣传抗日，加强团结，扩大力量，为起义做好思想上、组织上及理论上的准备。第六，为保证人身安全和秘密集会的顺利进行，连城、毕崑山二人以打麻将、借东西做掩护，到郑道济家，研究制定武装起义的具体方案，以使起义计划周密完善。

刘公岛汪伪海军起义领导人毕崑山，山东烟台人，原为练兵营班长，起义成功后参加八路军，被任命为海军支队第二中队上尉中队长

接着，“三义团”便分头考察发展武装起义的骨干人员。8月份，首先在练兵营组织武术比赛，挑选了一批敢说敢干、敢打敢拼的练兵，成立了业余武术班，作为骨干力量加以培训。

9月，武装起义的骨干又发展了刘国璋、李仁德等9人。他们是练兵营卫兵队少尉队长郑道济，练兵营教练班长连城、毕崑山、李仁德、刘国璋，“东海”交通艇副艇长王文翰（王心甫），练兵营卫兵队崔大伟，“同春”运输舰信号兵于书，练兵营军队小卖部售货员于云青。经全体人员研究决定，以郑、连、毕、李、刘、王、崔7人为武装起义的领导骨干，而郑、连、毕3人仍为核心组领导成员。要求全体领导及骨干成员，分头侦察敌伪各部队的兵力部署情况及武器库的位置和管理情况。

武装起义领导骨干的工作富有成效，起义队伍在快速扩大。武术队的34个人，知道了要在刘公岛举行武装暴动、杀鬼子、除汉奸、反出刘公岛的消息后，于9月18日，和一部分练兵自发聚集在营房的后院里，齐唱《松花江上》等抗日歌曲。练兵们群情激昂，悲愤交加，许多人流下了眼泪。这些活动进一步激发了练兵们的抗日爱国热情。

在扩大发展起义队伍的同时，起义计划也更加具体，任务更加明确：(1) 要把刘公岛上的伪海军华北要港司令部、日本海军辅导部、伪海军威海卫基地队司令部及岛上所属各处派遣队等一切军事单位全部消灭掉。破坏岛上电话、电报等通信设施，防止威海敌人破坏武装起义。(2) 要争取缴获“海祥”号军舰，尽一切努力把“同春”运输舰等所有军用舰船全都缴获到手，为我所用。(3) 要缴获刘公岛所有武器、弹药和全部辎重物资。(4) 彻底消灭岛上日军，坚决镇压岛上那些民愤极大的汉奸，如鲍一民、孟铁樵、王景和（绰号王二虎)、罗世厚等人。(5) 争取海员养成所的海员弟兄们一道抗日杀敌。(6) 每个领导骨干的作战任务都有分工，由于骨干较少，每人都需要承担好几项任务。(7) 关于武装起义部队杀出刘公岛以后的去向问题，由于刘公岛孤悬海中，消息闭塞，很多人不了解山东半岛的抗战形势，没有具体意见。大家只是根据郑道济的提议，准备到牟平占据一个地盘，打起抗日旗号，争取老百姓的支持，等待着国民政府军队的反攻、收编。

就在武装起义计划一步步实施的进程中，参加了起义组织的王福勇、胡维良与另外 5 名士兵，10 月 8 日夜被龙须岛派遣队押回刘公岛，关在基地队司令部（提督署）后院禁闭室。“三义团”核心组织立即派连城和毕崑山去了解情况，采取必要的措施，保护被抓人员的安全，确保武装起义秘密，保证武装暴动的准备工作顺利进行。

连城和毕崑山以看望老部下为名，分别混进伪基地队司令部禁闭室打探情况。经了解，被抓的马骏、周天林、王福勇、冯世祥（冯之坤)、王昆、胡维良都是刘公岛第 8 期练兵，他们到龙须岛后，经常听附近小商店和理发店的人讲，胶东抗日根据地八路军好，讲八路军欢迎反正人员参加抗日。这些人决定集体逃到根据地，投奔八路军。10 月 7 日中午，他们趁吃饭换岗时，以到老百姓家找水喝为名趁机逃跑，被伪中队长李维桢发觉，将他们逮捕押送回刘公岛，交伪华北要港司令部审问。

“三义团”核心组织弄清情况之后，立即研究对策：第一，鼓励 7 人要冷静、忍耐，团结一致，坚持统一口径，想方设法与敌人软磨硬顶，力求拖延时间，使敌人不能在短期内结案；第二，号召 7 人做好受酷刑的准备。要咬紧牙关，不能改变口供，就是被处死也不能暴露武装暴动的计划；第三，告诉王福勇、胡维良，“三义团”正在千方百计营救他们，并通过王、胡二人告诉其他 5 人，一定要坚持斗争信心，耐心等待；第四，武装起义的准备工作要加紧进行，防止发生其他变化。并决定连城、毕崑山、刘国璋等人要经常看望被关押的弟兄们，以稳定他们的思想，坚定他们的意志。

被关押的 7 人还没有被放出来，大家悬着的心还没有平静下来，新的险情又出现了。驻威海的日本海军陆战队一个小队突然驾舰开到刘公岛，对伪练兵营实行巡查，这是过去从未有过的事情。“三义团”核心领导担心是练兵营走漏了武装起义的消息，个个精神紧张，迅速做好了应变准备。

日军进入练兵营后，把卫兵队全体人员集中到军官住的小院，全副武装的日军陆战队，摆出一副要缴械的架势。大家对这一突然出现的情况，根本来不及思考，也摸不清敌人的来意。此时，郑道济站在队伍的右侧，他把手枪放在裤兜里，密切注视着日军的行动，他已下定决心，若有不测，即开枪杀敌。

日军分成数个战斗小组，对练兵营、基地队司令部、要港司令部、辅导部、旗顶山、西炮台、西疃、东疃、东泓五个派遣队，以及在码头停泊的炮艇舰船，进行了全面巡查。

其时，连城在停航维修的“掣电”内火艇的机舱里，正拿出隐藏的手枪，严阵以待。毕崑山、李仁德、刘国璋等人则集中在练兵营宿舍里，守着自己的步枪，密切注视着军官小院里的动静。巡查的日军，没有发现任何异常情况。日军小队长对郑道济及其卫兵队进行训话后，即撤回威海。

日军的这一突然行动，使武装起义的组织者更加警惕。大家一致认为，起义的准备工作应加速进行，并建议结合第 9 期练兵的持枪射击训练，对全体练兵进行实弹射击训练。同时规定，还要利用这次机会进一步摸清军械库的家底，弄清各种枪支、弹药、刺刀、手榴弹的数量及质量。

为争取更多的骨干力量，连城与毕崑山建议，把留在刘公岛上的 10 多位第 2 期练兵，以纪念参加海军 5 周年为名，请到一起，进行宣传教育。因为第 2 期练兵几乎全是班长，有的还是交通艇的艇长，他们手下都有一个班的兵力。团结这些班长，就能团结更多的弟兄。核心组决定由连城、毕崑山以第 2 期练兵的身份组织一次聚餐会，目的是加强第 2 期练兵的团结，联络更多的人参加武装暴动。

10 月 29 日是星期天，连城、毕崑山利用吃晚饭的机会把李仁德、李恩芝、刘国璋、张之光（章挺）、王秉昌、王文翰、于学珠、邵剑鸣等 10 余人请到练兵营食堂。为了掩人耳目，还请了练兵营伪区队长陈宝琳等。连城首先讲话，回忆了 5 年的当兵生涯，强调同学战友要团结，要互相帮助，共渡难关。接着是轮机教练班长李恩芝讲话。他拿起一根筷子，只听“咔嚓”一声，将竹筷折断了。接着他又拿起七八根竹筷，无论怎样用力，筷子也没有被折断，以此比喻团结起来就有力量的道理。他强调第2期的弟兄们要抱成团，要同舟共济，互相帮助。大家围绕抱成团、共患难，说话喝酒，气氛热烈，既达到了目的，又不露声色，收到了超过预期的好效果。

11月3日，是日本裕仁天皇的生日，即所谓的天长节。刘公岛上的日本官兵无一外出，全部集中在辅导部内会餐。他们狂喝暴饮，放歌吼叫，多数人喝得烂醉，日军辅导部乱成一团。

郑道济得到这个消息，认为这是个聚歼敌人举行起义的好机会。其时，在武装起义领导骨干多已回家的情况下，他当机立断，派崔大伟临时通知开会，研究起义的事情。刚刚吃完晚饭的起义领导骨干急忙来到郑道济家，他讲了想利用日军个个喝得酩酊大醉的机会，立即举行武装起义的想法。郑道济是求成心切，又怕夜长梦多，所以提出当晚歼敌起义的方案，同时也征求大家的意见。面对突如其来的决定，参加核心组扩大会议的人员深思良久，默不作声。经过10多分钟的静思，连城、毕崑山、刘国璋、崔大伟先后发言，认为时间仓促，准备不足，一旦失败，损失无法挽回。连城提议，起义再推迟两天，利用这两天时间，进行全面的部署，确保起义万无一失。针对连城的提议，大家展开热烈讨论，一致认为5日是星期天，全岛性的放假，敌人阵地空虚，对武装起义十分有利。郑道济最后决定起义时间定为11月5日，并要求大家严守秘密，充分准备，确保起义成功。

从11月3日到11月5日，虽然只有两天时间，但这短短的数十个小时，对于领导武装起义的领导成员来说，却是很难熬的，他们吃不好，睡不着，觉得时间过得特别慢。更难做到的是，既要像往常一样地坚持正常的工作和操习，又要时刻提防着可能出现的意外情况。

（四）武装暴动准时进行，杀敌起义获得成功

1944年11月5日，天气晴朗，万里无云。西风3～4级，海上轻浪，因为是星期天，岛内的日军官兵、伪军官们和各派遣队的老兵都照常放假休息。交通艇、内火艇也和往常一样，一大早就升火温机，只有练兵营的练兵们仍像往常一样要坚持训练。

上午7时30分，连城、毕崑山等来到铁码头门房管理口附近，装作看热闹或是等人送行的样子，详细查看出岛日军官兵和伪军官的人数。日军官兵像往常一样，身着军装，背着手枪，照例先登上交通艇。其中日军尉官出岛3人，士官10多人。其次是伪军官及其家属上船。其中有伪基地队司令李玉琨上校、基地队司令部副长王景和少校、要港司令部军需课长周尔康中校等校尉级官员共10

多人。出岛班船上午 8 时开航，11 时返回；下午 1 时开航，预计 5 时返回。12 时 30 分，连城与毕崑山又来到铁码头查看情况，没有日军出岛，只有几名伪军官出岛。

情况查明，武装起义领导决定按原计划行动。正式行动前，为了麻痹敌人，练兵营的练兵照例于下午 1 时列队放假。第 9 期练兵 200 人，其中有近 100 人被通知离营后马上返回，下午要举行武装起义。接着，起义领导骨干成员刘国璋带领武术班的一些人，到伪军官办公室取下了所有战刀。下午 1 时 30 分，郑道济站在练兵营第二宿舍内的床板上，武装起义的骨干及得到通知的练兵们都集合在练兵营第二宿舍的屋内外，连城、毕崑山、李仁德、刘国璋等人持枪分别把守着第二宿舍两边的门。会场气氛紧张，大家态度严肃，郑道济讲道："弟兄们，我们中国人决不当亡国奴，决不听敌人摆布，我们再也不受鬼子和汉奸的压迫了，我们要拿起武器，消灭日本鬼子和汉奸，为我们的父老兄弟报仇。我们今天要杀出刘公岛，岛外有队伍接应我们，出去配合中央军打鬼子。弟兄们都是爱国的热血青年，愿意打鬼子的弟兄们勇敢地站出来……"

郑道济的讲话虽然简短，但富有号召力和鼓动性。各班发展培养的起义骨干和武术队的人都纷纷表示愿意杀敌锄奸，报效国家。会场的秩序紧张而热烈，请战的情绪极为高涨。恰在此时，伪军官郭奋起突然闯了进来，见有这么多人在此集合，杀气腾腾，刚想问话，就被李仁德、刘国璋缴了手枪，捆绑起来，关押在门窗有铁栏杆的游艺室（乒乓球室）内。

郑道济声音洪亮地宣布了武装起义的决定，由他担任武装起义总指挥，指挥所设在练兵营，命李仁德留守指挥所并负责后勤工作。其他起义人员，编成三路突击队：

第一路，由毕崑山、刘国璋率领石涌、桑世伟、刘秉义、许心、张玉亭、张树和、冯醒雄等 7 名勇士攻打日本海军辅导部。

第二路，由连城、崔大伟率领数名勇士，攻打伪基地队司令部，由王文翰（王心甫）带领 40 多名练兵为第二梯队，跟在他们后边，到基地队搬运武器。

第三路，由郑道济率领柯柏华等 10 多位勇士攻打西炮台派遣队。

郑道济宣布命令之后，起义的练兵们到武器库拿起了教练枪顶上子弹，跟随负责人，快速向各自的目标冲去。

1. 打响第一枪，攻占辅导部

日军辅导部位于刘公岛水师学堂东侧练兵营后面的高地上，是一栋英租时期新建的二层楼房。透过二楼的玻璃窗，华北要港司令部、练兵营、铁码头以及海面上的舰船都在日军的监视之下。由于太平洋战争的失利，特别是中国战场日军接连不断的惨败，使辅导部斋藤大佐更加凶狠残暴，他要求全体日军官兵严加戒备。因此，日军辅导部，是刘公岛上最难攻打的目标。假如日军发现练兵营武装起义，一个电话，威海的敌人就会倾巢出动，武装起义就会功亏一篑。

毕崑山、刘国璋深知此战的重要性。他们手持步枪、大刀，出了练兵营北门，迅速冲向辅导部。站岗的郭小嘎突然看见毕崑山带领一些人手持刀枪、满脸杀气地向大门冲来，正在疑惑间，毕崑山已到他面前，并告知暴动的消息。郭小嘎当即表示愿意一起打鬼子，并立即带着一支步枪和 5 发子弹参加了攻打辅导部的战斗。

日本辅导部的二楼，有两挺轻机枪，平时就是子弹上膛架在窗口上，以封锁通往辅导部的大门口和街道。毕崑山最担心的就是接近辅导部时被敌人发现而用机枪扫射封锁去路。毕崑山、刘国璋在前头带领 7 位勇士冲进了大门，见楼上的机枪仍无声响，便像离弦的箭一样冲进辅导部楼里。他们首先奔向值班室，值班日军不在。这时，石涌已冲上二楼，发现值班的日军已奔向架设的机枪，准备向冲进来的人扫射。石涌急忙向日军打了一枪，但被敌人躲过。毕崑山听到楼上枪响，便迅速冲到楼上，见值班日军已惊慌地从楼侧的小楼梯窜到楼下，意欲跑到值班室打电话向威海报警。就在这千钧一发之际，只见刘国璋怒睁双眼，快步抢在敌人前面，手起刀落，将日军杀死。其他 8 位勇士分别搜查了所有的房间，缴获 10 多枝手枪和 2 挺机关枪。

攻下辅导部，毕崑山站在二楼窗口俯瞰远处的铁码头上有 3 个日本兵在钓鱼，他们听到枪声后，扔下渔竿抄近路就往辅导部跑。毕崑山留下人看守辅导部，带着石涌、张玉亭等人快速跑到练兵营的洗衣棚，把步枪平架在洗衣台上，刚刚瞄准了小夹道，3 个敌人就慌慌张张跑进了小夹道，毕崑山喊了声打，跑在前面的两个日军被打中倒下，第三个日本兵扭头就往回跑，也被击毙。至此，日军辅导部留守的 4 名日军被全部消灭。

伪海军华北要港司令部位于日军辅导部西 60 余米的一幢二层楼，星期日除有一名传达员值班，别无他人，也没有武器仓库，所以没有列入武装起义的攻打计划。传达员张权听到辅导部响枪，问明情况后，也立即加入了武装起义的队伍。

攻打辅导部首战告捷，9 位起义者十分高兴。毕崑山根据石涌捣毁电报局、断绝敌人向外报信的后路的建议，派刘国璋前往电报局完成此项任务。

刘国璋只身一人，到了电报局后，向大家宣布了武装起义的事情，要求他们弃暗投明，共同打击侵略者。电报局的全体职工立即举手同意参加起义，他们砸毁发报机和电话总机，并将译电密码全部烧毁。刘国璋带着大家一齐奔向练兵营集合。

2. 奔向司令部，巧取基地队

伪基地队司令部设在刘公岛北洋海军提督署内，距离练兵营有 1 公里。这里有一个中队的兵力，是岛上兵力最多的军事单位。连城、崔大伟率领第二路起义人员，沿着海边大路迅速奔向基地队司令部。连城把手枪藏在腰间，一个人走在前面，假装散步溜达的样子。到了基地队司令部大门口，站岗的夏振德主动向连城打招呼，还给他敬了军礼。连城大摇大摆地进了司令部大门后，直奔后院禁闭室，他对站岗的程启珊说："你到旁边看着点，我和弟兄们说句话。"支走程启珊，连城打开门锁，对王福勇等人喊到："咱们暴动了，弟兄们快到各兵舍去抢枪。"被关押的 7 位弟兄立即冲出去，到各个兵舍去抢枪。星期天伪基地队司令部的官兵毫无戒备，当官的多数出岛玩了，当兵的有出去玩的，也有睡大觉、洗衣服的。连城告诉程启珊起义的事，并征求他的意见，程当即就参加了起义。连城指挥 7 位弟兄缴获了各兵舍所有的武器，把起义队伍武装起来，他们手持步枪，迅速冲向大门口的值班室，首先缴了值班军官丁尔为的手枪。丁尔为是少尉军官，他与带班的班长见突然冲进这么多持枪人来，个个满脸杀气，早已吓呆了，等他反应过来，知道情况不妙，瞅个空子跳出窗外企图逃跑，被崔大伟一枪打中腹部，倒在血泊之中。这时，王文翰带着二梯队已来到了伪基地队司令部，将缴获的枪支弹药统统搬回练兵营。

日本辅导部和基地队司令部两处枪响之后，在刘公岛上休假的基地队的中国士兵听说练兵营的新兵反了，都纷纷跑回来，大门口广场站满了人，许多人在小声议论。连城立即挺身而出，站在大门口的高台上，对众士兵们讲他们武装起义是杀敌锄奸，要把队伍拉出去抗日，希望有志抗日救国的弟兄们，消除顾虑，共同杀出刘公岛，一起参加抗日队伍。众士兵明白了真相，纷纷加入了起义的行列。伪基地队司令部就这样被拿下了。

3. 夺取西炮台，击毙副营长

西炮台就是位于刘公岛水师学堂后边的公所后炮台，它是封锁进出威海港口航道的要塞。该炮台上设 50 毫米口径的炮 2 门。这里是一个派遣队，有两个班的兵力把守。占领这个炮台，是保证起义部队驾舰出岛，不受敌人威胁的重要一步。郑道济、柯柏华率领 10 多名勇士出了练兵营西大门，迅速奔向西炮台派遣队。

西炮台上的守军有个叫唐严（唐孝君）的，他堂兄被日军杀害，他本人在学校读书因吃不饱饭，而写了“粮食出荷，人民挨饿”的标语。日本宪兵到处追捕，他逃到北京，因无钱读书，生活无着，与张金柱、赵国玉同时考为第8期练兵。他们结业后被分到龙须岛派遣队，因想反正到根据地去，被发现后又调回刘公岛看守西炮台。唐严听见辅导部、练兵营有枪响，知是武装起义开始，所以，他让赵国玉在岗亭假装看书，与张金柱两人在炕上假装睡觉。郑道济他们没打一枪，就占领了西炮台。唐严紧握他的手，祝贺起义成功，并表示立即加入起义，听候调遣，彻底消灭岛上敌人。

郑道济集合众人，抬着小炮，扛着步枪和弹药，直奔练兵营。将近大门口时，正遇见练兵刘振国手持步枪挡住伪练兵营副营长罗世厚中校，不准他进练兵营。罗世厚此时还不知练兵们起义了，他挥舞着手杖，大发淫威。因罗世厚已被列入打击名单，所以郑道济开枪将他击毙。

郑道济回到练兵营，与毕崑山会合，两人对已取得的战果感到十分满意。他嘱咐毕崑山要千方百计把几艘舰艇弄到手。同时，又派于云青、赵仁能两位勇士到麻井子船坞砍断海底电缆。

麻井子船坞位于黄岛与刘公岛之间，是清代北洋海军填海筑坝时修建的。于云青与赵仁能遵照郑道济的吩咐，到铁码头与邵剑鸣一打招呼，乘上内火艇，一会儿工夫就到了麻井电缆屋。于云青带上菜刀进屋砍电缆，赵仁能在屋外警戒。电缆虽然只有几根，但都包着铅皮子，十分结实。于云青光着膀子拼命砍，用了半个多小时才将电缆砍断。二人刚回到内火艇，又发现麻井子口南有一日军，于是他们急忙下船，消灭了敌人，又乘内火艇回到铁码头。二人谢过邵艇长，回到练兵营已是下午近4点了。

4. 密探铁码头，缴获“同春”舰

按原定的武装起义计划，各路突击队完成第一步任务之后，接着实施第二步战斗计划。

连城在解决了伪基地队司令部之后，派崔大伟带人解决东疃和东泓两个派遣队。他自己迅速回到练兵营指挥所，协助郑道济实施全面指挥，及时处理来自各方面的情况，并组织力量全歼从威海返岛的日军官兵和汉奸。

毕崑山一路的第二步艰巨任务是夺取“同春”运输舰。“同春”舰是刘公岛伪海军中第二艘大型舰船，船上装有一门50毫米口径的舰炮。该舰不但运力大，而且装备火力强。毕崑山曾在该舰做过操舵兵，对该舰的一切性能都十分熟悉。尤其是他为人热情，乐于助人，与全舰官兵的关系都处得很好。所以，缴获“同春”舰他是有把握的。而且信号兵于书是武装起义骨干，是协助毕崑山夺取“同春”舰的得力内应。

毕崑山来到铁码头，王秉昌已驾驶“东海”号炮艇在此等候。毕崑山乘“东海”艇登上了“同春”舰。于书在船上接应，并且提前做好了舰炮班的动员工作。毕崑山上船后，即向全体船员宣布了武装起义的消息，希望船员们能一起杀敌起义，和暴动的弟兄们一起抗日。“同春”舰本是敌伪强行征用的商舰，船员们是被迫为伪海军服务的，听到起义的消息，都表示愿意参加抗日。该舰唐如川舰长，原本是一高级船员，该船被征用后，鲍一民授予他上尉军衔，听到毕崑山的讲话，当即表示愿意效劳，还主动提醒毕崑山，“同春”舰待交通艇进岛后再靠铁码头。毕崑山立即指挥“同春”舰升火待命，命令舰炮班把舰炮指向威海，以防敌舰来犯。至此，毕崑山、于书二人没费一枪一弹、没伤一兵一卒就把“同春”舰缴获到手。

5. 快速奔东泓，解决派遣队

连城、崔大伟一路的第二步艰巨任务是解决东疃、东泓两个派遣队。崔大伟，天津市人，有胆有识，足智多谋，学习成绩优异，有强烈的爱国思想。他从伪基地队司令部起义者中挑选了周天林等数十名愿意抗日的士兵，组成一支突击队，迅速奔向刘公岛东疃。为避免打草惊蛇，他一人先进入东疃派遣队侦察情况。见只有贺政一人站岗，其他人员毫无戒备，崔大伟举起手枪对士兵们喊道：“弟兄们，日本鬼子快完蛋了，郑队长领导我们武装暴动了，杀鬼子、除汉奸，我们再也不当亡国奴了……”经简短动员后，士兵们纷纷响应，东疃派遣队很快就解决了。

崔大伟、周天林接着又奔向东泓派遣队。东泓位于刘公岛最东端，是距离练兵营最远的一个派遣队。中尉队长姓孙，绰号孙猴子，是鲍一民的亲戚，此人身材矮小、干瘪，为人奸诈、歹毒。他已听到刘公岛西部的枪声，但不知发生了什么事情，就带着派遣队持枪成散兵队形，边侦察边搜索向西前进。崔大伟远远发现了孙猴的行动，命令突击队立即隐蔽起来。他考虑硬拼不如智取，就一个人从容不迫地朝派遣队走了过去。孙猴问西边是谁打枪。崔大伟满面堆笑，毫不惊慌地说：“不知道什么人打枪。没事，都回去吧。”伪队长看到崔大伟神态自然，便毫不怀疑，当即下令士兵返回派遣队。当孙猴和士兵回到室内，刚把枪放好，崔大伟迅速从腰里拔出手枪对准伪队长喝道：“不准动，举起手来。”孙被这突如其来的情况吓蒙了，还没醒过神来，崔大伟已迅速缴了他的枪。接着又对士兵讲了武装暴动的情况和抗日救国的道理，解除了士兵的顾虑，大家表示拥护起义。突击队员和士兵们携带两个派遣队的全部武器弹药，押着孙猴子，到练兵营来集合。

6. 打死日教官，攻占旗顶山

刘国璋完成了攻打辅导部的任务之后，又主动到西疃派遣队做工作。西疃派遣队驻扎在一所旧式教堂内。这里地势较高，位置重要。向北能控制上山通道，向南可控制铁码头、练兵营和整个西疃。这里有一个加强排的兵力，但因为是休假日，队里没有多少人。辅导部响枪之后，西疃派遣队的岗哨听得很清楚，顿时警觉起来。但因队长不在，大家正在犹豫，突然刘国璋来了，他将暴动情况向大家一说，王刚第一个要求参加暴动。其他士兵也一呼百应，表示愿意参加抗日。于是，大家拿着武器，身背衣物，跟随王刚直奔练兵营而去。刘国璋又到伪海员养成所打死了日本教官木曾，说服了海员弟兄一道抗日，就直奔旗顶山而来。

旗顶山是刘公岛的制高点，海拔 153.5 米，配备两门小炮，派遣队队长薛英远是准尉衔，听到山下枪响，不知发生了什么情况，遂加强瞭望。他见刘国璋跑上山来，忙问道："我看你今天上山，一定有什么事。"刘国璋对他讲了起义之事，并晓以大义，薛英远及众士兵都表示愿意抗日打鬼子，并把两门炮卸下来，集合队伍，随刘国璋下山直奔练兵营待命。

7. 布兵铁码头，伏击敌伪军

刘公岛武装暴动自下午 1 时 30 分开始，至下午 4 时，攻占各目标的战斗已全部结束。起义部队无一伤亡。但郑道济、连城不敢有半点马虎，他们又在研究全歼回岛日军和汉奸的战斗方案。太阳已经下山了，深秋的晚霞映得威海港红光一片。那些在威海城区逛了一天的日军官兵、伪军官及其太太小姐们，都提着大包小包登上了"日生利"交通艇。下午 5 时，"日生利"艇开航了，向刘公岛铁码头开来。

毕崑山站在"同春"舰上看到"日生利"交通艇准时驶出威海港，知道敌伪官兵没有发现刘公岛上的变化，迅速报告了指挥所。歼灭战在紧张地准备着。暴动的勇士们将已扯下来的伪海军旗又升了上去，把倒在海边的日军尸体也拖到隐蔽处，把给交通艇带缆的人员安排好，练兵营门口恢复了门岗，一切都恢复到往常一样的状态。连城命刘春生将汽车开到铁码头附近，他自己带李恩芝及 40 多名士兵埋伏在汽车之后，两挺机关枪交叉地瞄着铁码头。

下午 5 时 30 分，"日生利"艇徐徐地靠上了铁码头，因海水低潮，"日生利"艇自然比铁码头还矮许多。装扮着给"日生利"艇带缆的崔大勇、刘秉义、张树和、许传礼、张玉亭、冯醒雄等 10 多位起义勇士，个个腰里暗藏手枪，站在铁码头上注视着敌伪军的行动。

回岛的日军官兵陆续登上码头。这时，他们每人身后都紧跟一名起义的勇士。敌伪要员也都上了岸，当走在前面的日军快到码头出口时，连城举枪向日军打了一枪，跟在敌人身后的勇士们纷纷举枪射击。一时枪声大作，敌人一个个应声倒下。张玉亭举枪向敌人射击时，不料是一粒臭弹。这时，被瞄准的敌人见有人射击撒腿就跑，边跑边掏枪意欲顽抗，隐蔽在汽车后的勇士们突然冲出来，在码头上与敌人展开了白刃战。张玉亭刺死了一个敌人，由于用力太猛，刺刀拔出来时都扭弯了。有的敌人跳入海中企图逃跑或顽抗，勇士们立即向海里射击，最终日军被全部消灭。

8. 千钧一发纵身跃，关键时刻绝后患

在消灭日军的枪声响后，鲍一民的亲信王景和喊了一声“卧倒”，随即从腰间掏枪，但他的枪还未拿出来，就被崔大伟一枪击毙了。周尔康也被张树和击毙，李玉琨因平时民愤不大，没有被列入消灭名单，只将他押往练兵营士兵食堂看起来。伪军官的小姐、太太们吓得失魂落魄，连哭带嚎地又上了“日生利”艇，“日生利”艇想逃跑。就在这千钧一发之际，崔大伟纵身一跃，跳到“日生利”艇上，用手枪指着机舱里的人大声吼道：“谁敢开船，我就打死谁！我们要杀日本鬼子，其他人没事，不用怕！”接着就听到主机“哧哧”几声熄火了，“日生利”艇乖乖地停在码头上，成了起义军的战利品。

“23”号内火艇在邵剑鸣的率领下，在刘公岛铁码头以西及黄岛炮台以南的海面巡逻警戒时，发现了隐蔽在灯桩底下的一名日军，邵剑鸣指挥艇上人员开枪射击，将敌人击毙。

全歼了返岛的日军官兵和罪大恶极的汉奸，刘公岛武装起义的主要战斗结束了。起义的士兵们欢呼胜利，互相拥抱着，高兴得热泪盈眶。大家再也不当亡国奴了，再也不受日本人和汉奸的压迫欺辱了，人人脸上挂着胜利的喜悦在打扫战场和搜索残敌。此时夜幕已经降临，虽多处搜索伪司令鲍一民和伪参谋长孟铁樵，却均未擒获。日酋斋藤大佐也藏匿不见，致使预定起义杀掉的几个主要目标没能完成。

就在起义领导成员忙于安排下一步大行动的时候，被收容在练兵营士兵食堂里的基地队司令李玉琨趁起义者看管不严之机，对一部分基地队司令部的老兵说：“别跟练兵营的班长们胡闹，在日本人眼皮子底下造反是不可能成功的，基地队的人都给我回去，一切由我担着。”并且通过赵宣武等几个老兵在士兵中秘密串联，企图破坏武装起义。这一情况迅速被指挥部知道了。郑道济考虑李玉琨年岁较大，平时对士兵尚可，除奸名单上没有他的名字，准打算放他回家。郑道济安排崔大伟、张玉亭、周天林等人护送李玉琨、赵宣武等出了练兵营往东走。崔、张、周三人边走边想，李玉琨反对起义这不是顽固坚持与人民为敌吗？放他回家这不是留下后患吗？为了保证武装起义彻底成功，崔大伟在海军医院门前的小路上，击毙了李玉琨和赵宣武，消除了隐患。

刘公岛武装起义，自下午 1 时多打响第一枪，至夜间 11 时，彻底摧毁了设在岛上的敌伪机构和单位，一共击毙日军官兵 17 名，击毙伪海军上校 1 名，伪中校 2 名，伪少校 2 名，伪海军尉官多名。缴获舰船 4 艘，军用舢板 2 条，小炮 2 门，机关枪 4 挺，步枪 600 多支，手枪 30 多支。还有许多炮弹、枪弹等。而武装起义部队却无一伤亡，刘公岛起义取得了彻底的胜利。据参加起义的周振岐同志回忆，参加刘公岛起义的人员有：郑道济、连城、毕崑山、刘国璋、李仁德、李恩芝、任毅、谢志一、孙尚元、杨骏、李儒廉、马尔路、马骏、马恩祥、钟桂臣、杨海川、刘振国、郭宗汉、郭孚、金化南、唐绍民、任树萱、金鹏、高森、鞠辉、张奇、杨健、张浚涛、张华清、王福勇、柯伯华、傅永康、刘凯军、魏澎、孙叔康、刘蕴昌、任仲杰、李元、程启珊、刘玉逵、刘瑛、柏止善、许传礼（许心）、于书、周栋梁、蒋文玉、石涌、梁焕柱、杨德才、赵鸣东、靳春林、袁甲承、张焕、陈琳、陈玉林、郝国柱、刘鸿章、费庆龄、徐君、周振岐、陈庆、张舜华、郑志杰、陈孝、安保胜、鲁德玉、毛羽、宋志明、高际隆、纪智良、冯世祥、尚保仁、李兴芳、赵子光、葛书亭、郭小嘎、杨介山、于瑞昌、张兆龄、吴健海、唐严、李青云、韩震、孙承忠、俞珊、伏维光、沈继赓、王昆、宗玉珩、魏玉甫、崔树仁、赵孟学、胡介山、李树佩、韩长青、章挺、胡竞存、夏振德、傅崇泉、贺政、王玉楼、王韬、周龙飞、张玉林、祁承义、王玉良、于云青、杨保平、金世雄、贾玉华、辛福源、陈昌龄、杜鹏、祝廷伟、王琨生、崔大伟、刘秉义、李志武、孙忠华、王刚、朱学铭、朱雨人、皮久赓、田静、朱继承、刘奎斌、周邦鼎、张树荣、张善珍、宗世田、张国庆、张玉亭、王金荣、刘鸿志、武保印、曹凤仪、鲍炳文、冯醒雄、庄清泉、都洪玉、陆茸、张书岩、弥金柱、张树和、桑世伟、孟祥贵、宋金铭、曹学孔、纪云、杨发祥、赵光绪、慕福振、殷俊杰、张济海、王文惠、王文翰（王心甫）、王仁果、连英生、连彪、孙祥云、毕崑生、胡维良、袁平、张金玉、杨士奎、王同生、白燕、李惠贤、刘馨芝、赵仁能、于登科、张权、王惠、朴鹏飞、闫志敏、李鸿义、兰成才、钟善炳、张志、文丽琼、王文波、马英、李桐、沈天润、祁成义、杨坤一、徐宝树、崔杰、黄德功、刘殿华。

11 月 5 日夜间 12 时，起义部队和家属共计 600 多人，带着全部轻重物资和武器弹药，分别乘“同春”“日生利”“东海”、“23”号内火艇胜利起航。4 艘舰艇组成了临时编队，郑道济、连城、刘国璋等人分乘“日生利”、“23”号内火艇、“东海”炮艇在前面开路，毕崑山指挥“同春”舰在后边断后，起义大军胜利驶离刘公岛，向威海湾北口驶去。11 月 6 日早晨，起义部队到达威海西双岛港附近海面。为了防止日军飞机轰炸，起义部队决定在双岛村西海岸马上登陆。登陆刚刚结束，从青岛派来的敌机就对起义部队进行了狂轰滥炸，所幸起义人员没有伤亡。

11 月 6 日夜，起义部队转移，7 日拂晓到达牟平县双林前村。当日，连城应邀代表起义部队与八路军东海军分区辛冠吾股长进行了谈判。起义部队并于当日 7 时开赴根据地，受到抗日根据地军民的热烈欢迎。

这次起义，是中日甲午战争爆发 50 周年之际，中华热血青年反对侵略，反抗压迫杀敌除奸的爱国壮举，是刘公岛汪伪海军广大士兵不堪敌伪压迫凌辱、不甘心做敌人的走卒而举行的武装暴动，是一次杀敌起义大获全胜的正义行动。起义的成功，给侵华日军和汪伪政权以沉重打击，给坚持抗战的中国人民和世界反法西斯人民以极大的鼓舞。起义的成功，证明了武装起义的组织者具有坚定的爱国主义信念和非凡的军事组织才能，体现了中华民族不畏强暴、自强不息、不屈不挠、前赴后继、捍疆卫国的伟大爱国主义精神。

二、龙须岛伪海军起义

驻荣成县龙须岛的伪海军派遣队是伪海军威海卫基地队司令部派驻在该地区的一个小分队，全部兵力有 67 人。刘公岛伪海军武装暴动成功后，虽然日军和伪军采取了封锁消息的措施，并派出两艘日本炮艇监视龙须岛派遣队，但刘公岛伪海军武装暴动、杀敌起义取得胜利的消息，龙须岛伪海军派遣队的弟兄们第二天就知道了。该伪军派遣队中尉队长丛树生，是山东省文登县米山乡东山后村人，时年 36 岁，20 年前参加了沈鸿烈的海军，在军舰上当过炮手。抗日战争爆发后，国民党海军的军舰不战自沉，丛树生就投奔陆炮队当了少尉队副。马当战役后，国民党军队接战溃败，万般无奈之下，丛树生跑到威海经商，但因日本侵略者残暴横行，生意实在不好做。1942 年，他投到刘公岛伪海军当了中尉队长。他个子不高，机敏精明，待人和蔼，对部下没有官气，与士兵相处较好。但对日军却充满了仇恨，因为日军侵略改变了他的人生轨迹。丛树生的妻子王秀芝也是文登县米山人，曾在家乡参加过妇救会，亲眼看到八路军领导的抗日民主政府好，八路军的队伍好，不打人不骂人。她还亲眼目睹了八路军抗日根据地讲究民主的做法，目睹了民主政府和八路军对犯错误的人总是坚持惩前毖后、说服教育等温暖人心的事例。总之，王秀芝懂得一些抗日道理，对共产党领导的八路军也有一些了解。当她离开家乡来威海与丈夫团聚时，妇救会长就做好了她的思想工作，希望她劝自己的丈夫能弃暗投明，参加反对侵略的抗日战争。王秀芝来到威海后，多次对丛树生介绍了根据地的情况，对丛树生最终决定杀敌起义的行动，产生了一定的积极影响。

（一）荣成中共地下党积极开展策反工作

驻荣成县龙须岛的伪海军派遣队还有一名少尉队副叫李传玺，是山东荣成县（今荣成市）人，与中共地下党工作者时有联系，受其影响，倾向杀敌起义，参加了八路军领导的抗日队伍。这位李队副时常与丛树生谈文登、荣成与威海一带抗日形势的变化情况，试探丛队长的口气与态度。但关于杀敌起义、拉队伍参加八路军的事情却未敢深谈。李传玺曾给丛树生介绍过共产党的地下工作者张先生，因此丛树生与这位张先生也相互认识。张先生已到而立之年，中等身材，谈吐文雅，为人和气，看起来好像一位教书先生。他曾经邀请丛树生在饭馆里交谈过两三次，通过拉家常的形式启发丛的民族觉悟。张先生告诉他中国抗战的大好形势，并具体介绍了胶东区域内文登县、荣成县和威海卫抗日的大好形势与新变化，并问丛队长将来有什么打算，等等。通过与张先生的数次接触交谈，丛树生认为张先生是一位八路军干部，并且对他的印象很好。联想到自己妻子所讲根据地的那些事情，确信八路军好，想到自己几年来受鬼子欺辱的那些事，便萌生了参加八路军的初步想法。

（二）八路军武工队全力支持龙须岛伪海军杀敌起义

伪海军龙须岛派遣队，是距八路军抗日根据地最近的一个据点，共产党八路军的影响通过龙须岛镇商会会长、瀛洲渔行的经理、理发师和杂货铺的伙计等各种渠道、各种方式灌输给伪海军士兵，对该派遣队官兵产生了积极的影响。仅1944年第三季度以来，已经先后有9人携枪投奔了八路军。10月上旬，又有马骏、王昆、周天林、王福勇、胡维良、冯之坤等7人因对日军不满和受到龙须岛群众或明或暗的启示，感到干伪海军没出路，是背叛祖国和人民的行为。因此他们密谋串联，在放哨换岗时，带枪集体投奔八路军。但因为谋事过程缺乏谨慎、机密泄露而全部被捕，并于10月8日夜被押回刘公岛伪海军威海卫基地队司令部关押候审。他们后来参加了刘公岛起义。

刘公岛汪伪海军起义暴动后，日寇增派两艘炮艇监视伪海军龙须岛派遣队，防止其投奔八路军，并调日本辅导员前川武雄中士于 11 月 10 日去刘公岛开会，令李传玺同往。李在临行前告知丛树生：“张先生要找你谈谈。”说罢，即随前川武雄匆匆登船而去。

这天上午 9 时许，丛树生来到了以前与张先生接头的地点，看见张先生已经坐在一个偏僻的桌子旁等候。他来到桌子前坐下，双方寒暄后即开门见山开始了谈话。这天的张先生一改往日的和蔼态度，神情严肃，直截了当地对丛讲道：“丛队长听说了没有？刘公岛的弟兄们杀掉了鬼子和汉奸，把队伍拉出来参加八路军了。”并称赞刘公岛的弟兄们干得好。接着，他又问丛队长听到这个消息有什么考虑，并劝丛“要为自己和弟兄们的前途考虑考虑”。几句简短的问话，却字字千钧。丛树生听到张先生的这些话，感到心情既紧张又兴奋，全身热血直往上涌。他想到了妻子对自己的劝说，想到了这位张先生数次找自己谈话和对自己的教育启发，想到了刘公岛的弟兄们毅然果断的行动，也想到了干伪海军没有前途。他感到今天张先生找自己谈话已非比往常，也隐隐感觉今天就是难得的机会，便毫不犹豫地对张先生谈了自己想参加八路军的想法，丛树生很激动地对张先生说：“这是我等待了多年的机会，现在可以实现了。”张先生听说后也很激动，他动情地对丛说：“欢迎你们参加八路军打鬼子，为抗战出力，再不要在这里受鬼子的欺辱了。你们参加八路军一定会受到优待的，对你们肯定会一视同仁，决不会亏待你们的。”丛树生提出：“要和弟兄们商量商量，把两个日本鬼子宰了，争取把整个队伍拉出来，全部参加八路军。”张先生马上说道：“好！把队伍全部拉出来这个计划好，但两个日本军人不要打死，咱们有优待俘虏的政策，要捉活的。现在事不宜迟，夜长梦多，回去动员弟兄们今晚就拉出来，怎么样？”丛树生说：“这样很好。”

丛树生回到队部，立即召集班长开会，到会的有先任伍长李兰村、班长蒋文玉、杨士禄、王振邦、陈大正及勤务兵高际隆、史文德等人。丛树生说：“现在外面形势很紧张，八路军的势力很强。”刚说到这里，班长李兰村插话说：“队长，现在外面发生了什么情况，您就直截了当地讲吧，这几天情况反常，弟兄们正在纳闷呢。”丛树生便告诉大家，刘公岛的弟兄们武装暴动的消息，并说他们杀敌起义取得胜利后，就投奔八路军了。丛用试探的口气说：“我在这里受够鬼子的气了，这个官我也不想干了，老婆孩子不要了，我也想参加八路军打鬼子，你们有什么想法？”屋里一阵短暂的沉寂，显然大家都在思考是走是留的问题。投奔八路军还是继续当二鬼子，这是一个事关大家前程的大事情。丛树生又接着说：“我们都是中国人，好男儿要为国家为老百姓效力，绝不能当敌人的走卒，咱们是不是也把队伍拉出去参加八路军抗日呢?”这时，李兰村站起来讲：“我的家属也在刘公岛，我老婆孩子也不要了，跟着丛队长参加八路军抗日!”众班长也都纷纷赞同参加八路军。丛树生立即站起来说道：“好！事不宜迟，现在趁前川武雄还未回来，只剩下两个鬼子好对付。”大家立即制订了活捉鬼子的方案，并开始行动。

众班长回到各自的班上商量后，大家都同意参加八路军抗日。动员工作的顺利，一方面足以说明八路军在这一带的群众宣传工作收到了效果。另一方面，也说明这些青年在华北沦陷前都受过抗日救国的教育，民族大义没有泯灭，参加伪海军后普遍不满，都想早日逃出牢笼。大家说干就干，马上行动。可就在大家收拾东西时，却因衣服穿得多引起了敌人怀疑。日军士兵金子问一个伪军士兵穿这么多衣服干什么？这位机灵的士兵马上回答道：“天气很冷，多穿点站岗不冷。”一句话将敌人的怀疑搪塞过去了。

当天下午，丛树生又来到饭馆，告诉地下党的张同志，众弟兄愿意参加八路军。接着，两人又一起研究了具体的行动计划，确定晚上行动，此时八路军的荣成独立营已经开到龙须岛东山，做好了武力保护与接应的准备。

（三）里应外合配合好，杀敌起义获成功

10 日的夜晚，漆黑无光，深秋的凉风送出阵阵寒意，两艘日本海军的炮艇在海浪中艰难地摇曳。龙须岛一带各渔村家家户户都已进入了梦乡。伪海军龙须岛派遣队的弟兄们在丛树生队长的领导下，却紧张地进行着战斗准备。按照预定的起义方案，派遣队留下了史文德、陈大正、王振邦和葛玉祥等人配合八路军的便衣侦察员活捉两个日本鬼子。至晚上 9 时多，忙活了一天的两名日军河口和金子刚刚上床躺下准备睡觉，此时，伪海军龙须岛派遣队却在夜幕中静悄悄地拉出营房围墙外，与荣成独立营接上了头。留下的史文德来到日军的屋子里与两名日军说闲话，并主动递烟给他们抽，利用给他们点火时把信号送出去，站在门外的陈大正、王振邦和葛玉祥等人一齐冲进室内，葛玉祥上去按住河口的脖子，突然受惊的河口拼命挣扎与喊叫，葛玉祥就使劲地捂住河口的嘴巴，不想被河口咬掉了中指的一块皮；这边的王振邦按住了金子；冲到墙边的陈大正正欲取墙上的手枪，被金子一脚踢倒；千钧一发之际，八路军的两个侦察员冲了进来，大家一齐动手才把两个鬼子绑了起来，用布堵住他们的嘴，并且把他们装进两个大面袋里。大家把两个日本军俘虏抬出围墙，押往抗日根据地。至此，伪海军龙须岛派遣队起义部队，未发一枪一弹，生擒日军 2 人，缴获 2 支手枪，战斗胜利结束，而在海边锚泊的两艘炮艇上的日军却毫无察觉。

在刘公岛伪海军武装暴动成功后的第5天，伪海军龙须岛派遣队，在共产党的引领下，在八路军独立营的密切配合下，中队长丛树生、先任伍长李兰村，班长陈大正、王杰、王振邦、杨世禄、蒋文玉，事务长范有余、信号兵葛玉祥，勤务兵高际隆、史文德，采买刘书方，炊事班长李文龙，炊事员王文学，还有士兵孙尚元、刘凤梧、李长富、陈琳、张逸民、徐维一、孙家琳、孙家麟、陈起、曹学孔、王德五、王逸之、纳辉汉、王森喜、赵国玉、陈振义、张善渠、傅山林、高毓泽、姜启元、李树棠、杜郁芬、马长河、宗玉珩、崔树义、李树桐、潘长德、罗德海、崔君贵、杨世奎、范锡俊、于珊、边成满、刘蕴苍、田文珊、曹鑫永、魏连升等，共67人，他们携带机枪2挺、步枪60多支、子弹2000多发，到达胶东抗日根据地。起义部队被编为胶东军区海防支队第四中队，丛树生被任命为中队长、李兰村为副中队长，该队官兵从此走上了正义而又光荣的反抗帝国主义侵略的光明大道。

三、山东胶东军区海防支队诞生

刘公岛和龙须岛起义的部队携带大量武器装备，投向人民的怀抱。他们的英雄壮举，受到当时山东军区、胶东军区，以及东海军分区领导和地方政府以及广大人民群众的热烈欢迎。

1944年11月13日，胶东《大众报》和延安的《解放日报》刊文报道了威海卫刘公岛汪伪海军600多人反正，带来军舰1艘、汽艇2艘、钢炮3门、机枪5挺、长短枪600余支的事件。之后，山东《大众日报》又刊登了“继刘公岛举义后，龙须岛伪海军反正”的消息。不久，新华社也播发了刘公岛伪海军六百人反正的消息，同时，美国旧金山向世界转发了这一消息，刘公岛武装暴动的事件在国际上引起了很大反响。

（一）起义部队受到党和人民的热烈欢迎，山东胶东军区海防支队建立

11月22日，在山东文登县西铺集召开隆重的命名大会，正式授予起义部队为“山东胶东军区海防支队”的番号。东海军分区刘涌司令员代表胶东军区许世友、林浩、吴克华等首长，宣读了海军支队的成立与任命中队以上干部的命令。经延安八路军总部批准命名，驻刘公岛与龙须岛汪伪海军起义部队的番号是“山东胶东军区海防支队”。任命郑道济为海防支队上校支队长；欧阳文（胶东军区政治部副主任）兼任海防支队政治委员；连城、毕崑山、李仁德、丛树生分别为一、二、三、四中队上尉中队长。

海防支队命名大会上，郑道济支队长率领全体官兵宣誓，并发表了通电。连

城代表起义官兵致答词，会议最后由东海军分区仲曦东政委发表了热情洋溢的讲话。这次大会使海防支队全体官兵深受启发和教育。11 月末，海防支队奉命离开东海军分区，快速向胶东军区靠拢，郑道济支队长率领一、二、三中队在前，丛树生率四中队在后，冒着风雪徒步行军，三天时间即抵达 120 公里外的牙前县大石疃村待命。

海防支队到达大石疃村后，受到胶东军区司令员许世友、政委林浩、副司令员吴克华、参谋长贾若瑜、政治部副主任欧阳文的热烈欢迎，并在大石疃村召开了隆重的欢迎大会。在欢迎大会上许世友司令员首先讲话，他充分肯定了“两岛”起义官兵的革命行动，并希望大家能及时总结经验，发扬光大，争取为民族的解放做更多的贡献。另外，他还明确宣布：

1. 军区请示上级批准，起义部队不改变、不遣散，保持起义部队的性质。

2. 延安新华社已播发了“刘公岛伪海军六百人反正”的消息，同时美国旧金山向世界转发了这一消息，刘公岛武装暴动的事件在国际上也引起了较大反响，是对国际法西斯阵营特别是对日本侵略者的一个沉重打击。

3. 你们加入中国共产党领导的八路军，人民是欢迎你们的，也是给予优厚待遇的。例如你们每人每月的津贴费是 5 元，我们老部队每人每月 3 元；你们的军服是细布做的，我们老部队是土布做的。

4. 军区决定：海防支队在半年之内的主要任务是整训练兵；要努力提高政治觉悟；努力学习政治理论；努力练习三大技术；努力搞好部队内部团结。

许世友司令员简短而思想明确的讲话，使“两岛”起义官兵的情绪更加激动，精神更为振奋。在大会上，海军支队官兵一起唱起了魏澎（即魏大鹏）同志新编的词、陆茸（即陆养菜）新谱曲的《海军进行曲》：

我们是未来的新海军，
新海军，
我们要担负起海上的使命，
每个人都沸腾起抗日救国的热血，
每个人都高唱起抗日救国的歌声。
打倒那帝国主义法西斯暴政，
不再受无道军阀铁蹄下的欺凌，在中国共产党的领导下，
流到最后一滴血，
勇猛的向前征，
勇猛向前征。

中国未来的制海权，
全仰仗了我们，
我们要担负起海上的使命，我们是中国未来的新海军，
新海军！

这嘹亮的歌声，表达了刘公岛和龙须岛起义人员参加八路军抗日救国的坚强决心和坚决跟着共产党走的铮铮誓言。

（二）海军支队（下发关防时，改为海军支队）广大官兵为打败侵略者和解放全中国及建设人民海军做出了巨大贡献

为了建设好和改造好这支起义队伍，中共中央山东分局和山东军区的主要领导亲自开展工作。时任山东分局书记、山东军区司令员兼政委的罗荣桓同志，亲自拟电文报八路军总部为他们命名，以资鼓励。还作了重要指示："改造好这支队伍，不能操之过急，要在建设陆军的基础上建设海军。"胶东军区领导机关及时任命了一批起义领导人为海军支队各级领导干部，表示出对起义者的最大信任。

为了加强海军支队的领导，胶东军区派出一批像王子衡、李伟等的得力干部，充实和加强了海军支队的领导班子。另外，从战斗部队中抽调 100 名久经沙场的老战士来海军支队，又从根据地各中学选调了 150 名优秀的青年学生来这里，共同参加海军支队的建设。与此同时，还在海军支队建立了政治委员制度和政治工作制度，成立了党支部和青年团等组织，为团结、教育、改造好这支起义队伍打下了坚实的组织基础。

由于领导坚强，组织严密，作风正派，措施得力，海军支队组建和整编工作就绪后，起义队伍的情绪很快就得到稳定，并于 1944 年 12 月开始了以政治内容为主的冬季整训。上述各种措施，在起义部队中产生了良好反响。

1945 年 5 月，经过冬季整训和练兵的海军支队广大指战员，奋勇参加了反扫荡的激烈斗争；6～7 月，又参加了保卫麦收和夏种的伟大运动；至 8 月盛夏期间，海军支队又开展了大练兵运动和系统的政治教育，军队的素质有了很大提高。

日本宣布无条件投降后，海军支队被编入山东解放军第三路野战军，奉命向青岛方向进军。海军支队从崖子村出发，途经桃村，渡过五龙河，路过莱阳时，绕城而行，直插东南，经过团旺、邢村、金口、店集，到达即墨县城北边营上驻扎。接着，海军支队奉命参加了攻打即墨城的战斗。

1945 年 8 月 25 日攻城开始。即墨县城，称得上沟深垒高，固若金汤。两道

城门，城墙极高，而且又厚，城墙上可以行驶汽车。城下还有既深且宽的护城河。城内驻有敌寇、伪华北治安军、伪满军混成旅团、国民党投降派残部和当地顽匪等，总计兵力约 17 万人。

参加攻城的胶东军区各种部队约 40 万人，统一由许世友司令员亲自指挥。攻城一开始，进行得并不顺利，敌人凭借坚固的城池和先进的武器，根本不把八路军放在眼里。8 月 27 日，民兵爆破英雄于化虎率领爆破队炸开了东城门，八路军立即攻入城中，经过一场场激烈的拼杀，打得敌人屁滚尿流，一片片地倒在血泊之中。

至下午 2 时许，海军支队奉命撤出即墨城，转移到灵山一带待命。在此期间，海军支队遵照上级指示，在灵山地区追剿拉驴队（即地主还乡团）。至 9 月中旬，海军支队返回莱阳水沟头镇（今属莱西县）驻扎。在这里接收了地方部队升级的 500 名新兵。支队由原来的 5 个中队，扩编为 2 个大队（各辖 3 个中队），人数已达 1000 多人。

在纪念刘公岛和龙须岛起义暨胶东军区海军支队成立 50 周年之际，笔者在刘公岛北洋海军提督署一进院内，向与会代表介绍中国甲午战争博物馆开展爱国主义教育的相关情况

10 月下旬，海军支队奉命渡海北上，挺进东北。11 月 2 日，海军支队乘坐的风帆渔船到达庄河口，登陆后开往宽甸县长河口驻扎待命。海军支队副政委李伟前往安东（今丹东市）向时任辽南三纵队肖华司令员（赴东北前，肖华任八路军一一五师政治部主任兼山东军区政治部主任）请示工作。肖华当即指示三点：

一是改变部队番号，将海军支队改为东北人民自卫军辽南三纵队第二支队；二是向北满进军，发动群众，扩大部队，武装自己；三是到吉北后，应与东北局北满分局、北满军区联系。

此后，海军支队先后开赴牡丹江一带，参加了剿灭国民党土匪部队、敌伪特务、地主恶霸的战斗，保卫和巩固了牡丹江根据地。接着，又奔赴前线，参加了辽沈、平津等战役，并涌现出不少英雄模范人物与功臣，成为一支自觉遵守群众纪律，打仗机智勇敢的作战部队。至 1949 年 6 月，曾参加过刘公岛和龙须岛伪海军起义的 170 多名官兵，奉中央军委调令，应召参加了中国人民解放军海军部队。此后，他们又为人民海军的建设做出了巨大贡献。

（此文原载于戚俊杰主编：《甲午战争研究》2015 年第 4 期。有改动）

戚其章先生生平简介

戚其章先生 1925 年 3 月 20 日（农历二月廿六日）出生于威海市环翠区城里，生前是山东社会科学院历史所研究员、山东社会科学院甲午战争研究中心主任、著名历史学家。先后担任过中国史学会理事，中国义和团研究会常务理事，中国近代军事史学会副会长，中国近代史史料学会副理事长，山东省历史学会理事长、名誉理事长，山东甲午战争史研究会理事长，山东地方志学会顾问，山东省社会科学界联合会委员，山东社会科学系列高级技术职务评审委员会委员，山东省社会科学优秀成果评选委员会委员，山东师范大学、鲁东大学、聊城大学兼职教授等社会兼职和学术职务。2012 年 10 月 7 日，因病医治无效，不幸去世。

戚其章先生著述丰厚，专业成就突出，于 1991 年被国务院批准享受“政府特殊津贴”，先后于 1988 年和 1995 年两次被评为山东省专业技术拔尖人才。2007 年，荣获山东省首届社会科学特殊贡献专家称号。其学术成果曾获国家新闻出版总署第一届“三个一百”原创图书工程奖；获山东省社会科学优秀成果一等奖 2 项、二等奖 6 项。

戚其章先生不但著作等身，蜚声中外，而且热爱祖国，心系人民；为人正直，品德优秀，是非分明，敢于担当；情操高尚，胸怀宽广，淡泊名利，超凡脱俗；支持改革，关注发展，坚守信念，大胆探索；追求真理，锲而不舍，敢为人先，自强不息；尊重知识，求真务实，勤奋敬业，不知疲倦；努力奉献，热心助人，培养青年，提携晚辈；心系家乡，情满威海，有求必应，全力而为。真正做到了生命不止，研究不停。正是因为他正直做人，科学治史，成就卓著，影响巨大，因此，连续被选为第七届、第八届全国人大代表，为国家的改革开放和快速发展做出了积极贡献。

戚其章先生是从威海走出的著名历史学家。他大学修的是机械工程专业，可命运却阴差阳错地把他推向史学领域，从中国古代史走向中国近代史，最终在“甲午战争”研究领域一发而不可收，成为甲午战争研究的大家。数十年来，因其刻苦严谨的治学精神和厚重的学术成果而声名远播，光环绕身。

戚其章先生经历丰富，与国家的命运是息息相关的。在日本全面侵华、中国人民奋起抗战的艰难时期，为了求学，他辗转万里，求学“三都”（北京、南京、重庆）；在学业有成，工作已经稳定且待遇很好的情况下，他果断决定：不随单位去台湾，主动参加解放军，积极投身解放和建设新中国的伟大事业；他思想进步，工作勤奋，圆满完成军校交给的科研课题，曾被华东军区授予“三等功”；但因为劳累过度，积劳成疾，患病住院。也因为当时的医疗水平所限，医生把结核性脓包误诊为阑尾炎，三次手术失败后，刀口长久不能愈合，并且出现流脓。还因为多次请求医院使用链霉素救治遭到拒绝，为了救命，他在家属的陪同下擅自离开医院，向原单位领导汇报具体情况。但因擅自离院这件事，丢掉了工作，丢掉了军籍，致使病情再度恶化。危难时刻，他和家人没有放弃。他们自己花巨资买了 80 多支链霉素，在家里自行注射，终使病情得到控制，并逐步好转。1953 年，回到威海老家的戚其章一边治疗，一边开始进行历史研究，三年时间在国内核心的“四刊一报”上发表 9 篇文章，小有名气。因而被地方政府转为国家正式教师。其间，仍坚持白天讲课，业余时间搞研究。同时利用星期天和节假日，抢救性地采访北洋海军幸存老兵，积累了大量第一手资料。20 世纪 60 年代初即出版《中日甲午威海之战》一书，他也因此而遭受不幸。“文化大革命”中虽被戴上“反动学术权威”和右派分子的帽子，下乡改造，但他仍然暗地里坚持自己喜欢的史学研究。

打倒祸国殃民的“四人帮”后，国家和人民迎来了春天。1979 年，戚其章被调到山东社会科学院历史研究所专门从事研究工作。凭着多年的史料积累以及深厚扎实的学术功力，特别是史学家的执著追求和担当意识，他的学术研究一发而不可收，成果一项接着一项，著述一本连着一本。

从 20 世纪 90 年代初出版《甲午战争史》以来，至 21 世纪初的十余年间，他的研究重点体现在以下几个方面：着眼于甲午战争的横向联系与东亚地区及国际大背景，揭示甲午战争的国际关系与影响，出版了《甲午战争国际关系》和《国际法视角下的甲午战争》；着眼于甲午战争的纵向联系，突出甲午战争为中国近代历史或晚清历史发展中的关键一环，出版了《甲午战争与近代社会》《中国近代社会思潮史》；着眼于晚清时期的海权意识与海防建设，总结北洋海军的经验教训，出版了《晚清海军兴衰史》；着眼于探索中国在甲午战争中的惨败原因，揭露日军的间谍活动，出版了《甲午日谍秘史》；着眼于追求真实，反对否定侵略历史，根据新发现的资料对有关历史事实重新认识，并对日本学者提出的某些伪命题加以澄清，出版了《走近甲午》；着眼于史学研究坚持历史的辩证唯物主义观点，科学真实地总结近代历史事件及人物，出版了《晚清社会思潮演进史》和《习史思辨录》；着眼于服务社会主义和人民大众、特别是广大青少年，把史学研究根植于广大人民群众之中，又出版了《甲午战争新讲》和《中国近代史新讲》。

特别是在步入耄耋之年后，戚其章先生更是“发奋忘食，乐以忘忧，不知老之将至”，著作集中问世。继82岁、49万字的《走近甲午》出版之后，83岁时，42万字的《晚清史治要》出版，85岁时，26万字的《甲午战争新讲》出版，87岁时，54万字的《中国近代史新讲》、35万字的《晚清社会思潮演进史》先后出版，同年，40万字的《习史思辨录》书稿，已由他审完第一遍清样交给出版社，在其逝世后第二年出版。

据粗略统计，戚其章先生在山东社科院历史所工作的30多年时间里，共出版个人专著16部，主编、编辑著作7种，在国内外发表论文200多篇，总共约1500多万字。其著述之丰、观点之新、创见之多，享誉海内外。

戚其章先生的贡献，不仅在于他著作等身，还在于他以严谨的学风、科学的态度、敢于担当的精神，客观公正地评价和破解了一些学术难题和重大历史问题。在学术研究的过程中，始终坚持辩证的历史唯物主义态度，坚持调查，注重史实，认真思考，去伪存真，绝不退让。如针对持有偏见的日本学者，把日本发动的甲午战争说成是“偶发事件”，把陆奥宗光的开战外交美化成“和平外交”，对日本在甲午战争后期窃取中国钓鱼岛以及日本右翼否定日军旅顺大屠杀等原则问题，戚其章先生都当仁不让，及时、敏锐、理智地采取了有理有据的批判与反驳。已是耄耋老人的戚其章先生，还针对近些年国内部分研究者美化侵略者，提出日本“兴亚主义的主流是应该肯定的”这一论调，通过查阅大量资料，明确提出：日本“大力推行兴亚主义的兴亚会，不但不是所谓‘民间组织’或‘民间对清友好组织’，而是由日本外务省直接掌控和主导，并有军方参与运作的一个情报机构”。

另外，戚其章先生对刘步蟾的评价问题、对北洋海军提督丁汝昌的身世及自杀之谜、对方伯谦的平反问题、对甲午之战日本掠夺中国财物之总数、对抗日保台与台湾民主国的性质及其历史作用问题、对李鸿章与翁同龢的关系、对甲午战争中依克唐阿（满族）的评价、对甲午战争中卫汝贵被杀案、对孙中山民主思想形成的时间等问题的研究结论，都能体现了他以人为本、对人负责、追求真实、精益求精的严谨学风和敢于破除旧说、重立新论的科学理念。

戚其章先生重感情、爱家乡，离乡数十载，一直在关注家乡的发展，满怀热情地为家乡的文化和旅游事业奉献着自己的智慧和力量。

一是精心运作，将山东社科院甲午战争研究中心的牌子挂在了威海。

二是审时度势，支持成立山东省历史学会甲午战争专业委员会，吸纳专家学者参与研究。

三是为刘公岛北洋海军忠魂碑和北洋海军将士名录墙题写碑文和序言。

四是积极引进、操办学术研讨会，为提升刘公岛的知名度做出了重大贡献。

综上所述，戚其章先生不怕万难、孜孜以求的刻苦学习精神；追求进步、报效祖国、终生无悔的爱国精神；身处逆境、百折不挠、决不放弃、矢志不移的抗争精神；坚守道德、敢于担当、求真求实、追求卓越、永不停步的敬业精神；乐于助人、提携晚辈、不计得失、宽厚待人的友善精神；心系家乡、情满威海、有求必应、全力而为的奉献精神等等，都是值得我们纪念和学习的重要内容。

各位朋友、各位来宾，今年是威海与刘公岛开放 30 周年，最近威海市委提出大兴学习之风和提倡君子之道，我们举办纪念戚其章先生诞辰 90 周年座谈会，就是为了响应市委的号召，联系实际工作而开展的学习，也是为了刘公岛今后的更好发展而夯实文化的基础。我深信，通过今天的座谈会，戚其章先生的学术成果和奋斗精神肯定会发扬光大。刘公岛的明天一定会更美好。

谢谢大家。

（2015 年 9 月 29 日，中国甲午战争博物院和山东省历史学会甲午战争专业委员会举办了“纪念戚其章先生诞辰 90 周年座谈会”，此文系作者在座谈会上的讲话稿。有改动）

于无声处见真情

——纪念戚其章先生逝世一周年

2013 年 10 月 7 日，是著名历史学家、北洋海军与甲午战争史研究的领军人物戚其章先生逝世一周年纪念日。忌日的临近，使我夜难入眠，思绪万千。

1994 年 9 月，戚其章主持召开甲午战争 100 周年国际学术讨论会学术大会

2012 年 10 月 7 日上午 8 时许，突然传来戚其章先生逝世的噩耗，我懵了，心痛好似针扎，耳鸣之疾突然严重复发，好长时间也接受不了这个突然发生的事实。一年的时间里，眼前时常浮现出先生温文尔雅、平易近人、坦诚待人的音容笑貌，浮现出先生在大会上作学术报告时所展现出的超凡脱俗、精辟论证的情景，浮现出先生尊重知识、乐于助人及与人倾心交谈的场面，浮现出先生不顾年高和劳累，亲自考察刘公岛及威海湾南、北两岸炮台遗址的感人场面。多次回想起先生可贵的品质和高尚的情操，回想起先生学识渊博但仍坚持不懈的奋斗精神，还回想起先生一生大胆探索、锲而不舍、百折不回地追求真理以及求真、求实、求精的工作态度和严谨作风，回想起先生热爱祖国、热爱人民、热爱家乡的真情实意和无私奉献，回想起先生培养青年、提携晚辈、宽容待人、真诚助人的诸多事情。一年来，多次想拿起笔写篇纪念先生的文章，但每每至此，都是心绪难宁，思绪万千，难以成篇。因为想在一篇文章中把先生的高风亮节和巨大成就都记述出来是不可能的。好在有国内外前辈学者大家王家俭、中塚明、骆承烈、关捷、郭墨兰、谢俊美等诸先生对戚其章先生的为人之道、奋斗精神及重大贡献等，分别撰写文章，给以追忆。作为晚辈，我只想把自己多年来与先生共处时的所见所闻作一记述，奉献给大家，以表对先生的怀

念之情和敬佩之意。

一、情倾甲午研究 知耻铭志兴国

戚其章先生是山东省威海市城区人，在而立之年就已成为威海市文化名人，特别是电影《甲午风云》上映后，更是成为广大青少年心目中的偶像，许多年轻人了解他的成才经历而仿效之。谈到这些话题时，戚先生十分愉快地坦言，在他很小的时候，奶奶就经常讲过去名人的故事给他听，因而在少年时代就牢记“修身、齐家、治国、平天下”的古训，并努力地学习文化科学知识。进入 20 世纪 50 年代后，学业有成的他回到家乡，在治病康复的同时，开始采访散居在威海、荣成和文登等地的北洋海军幸存者，积累了大量的第一手资料。与此同时，北洋海军广大爱国官兵英勇杀敌和宁死不降的爱国精神也给了他极大的鼓舞，激励着他对北洋海军的兴衰与甲午战争的惨败进行探索，并很快取得了令人欣喜的成果。然而，在“以阶级斗争为纲”和极“左”思潮严重的年代，戚其章先生也同样遇到不被理解甚至被扣上“资产阶级反动学术权威”等罪名，下放到偏远的农村进行所谓的思想改造。但戚先生牢记孟子“富贵不能淫，贫贱不能移，威武不能屈”的名言，把北洋海军与甲午战争史研究作为主攻方向，并在私下里靠自己的记忆默默地进行着思考与探索。

1971 年，山东大学的工农兵大学生来威海开展社会调查，师生们邀请戚其章先生讲述北洋海军和甲午战争的历史，已下放农村好几年的戚先生事前一点准备也没有，但仍以其丰富的知识、感人的故事、鲜明的观点、简明透彻的分析，为山东大学的师生上了一堂印象极为深刻的近代历史课。广大师生受到很大触动，并一致认为戚先生学识渊博，令人敬佩。许多人并不知道，他是身处逆境对北洋海军与甲午战争史进行探索和研究的。通过这次给工农兵大学生讲课，也让戚其章先生产生了新的想法：威海拥有得天独厚的地理优势，这里拥有许多北洋海军与甲午战争的历史遗迹，如果能吸引更多的人来威海研究北洋海军与甲午战争，把威海推向全国乃至全世界，这将是威海的幸运，也是威海对中华民族以史为鉴走向复兴的一种贡献。

（一）抓住历史机遇，首次举办全国甲午战争史学术研讨会

1976 年 10 月，祸国殃民的“四人帮”被打倒后，戚其章先生也和全国的知识分子一样，迎来了万物复苏的春天。他由乡镇中学被调回到市里工作，学术研究环境也逐步得到改善，学术观点和研究成果也广受关注。

1979 年，55 岁的戚其章先生被调到山东社会科学院历史所专门从事研究工

作，良好的科学研究环境使他如鱼得水，研究成果一项接着一项地发表问世，引起了国内学术界的广泛关注和重视。进入 20 世纪 80 年代之后，随着国家改革开放力度的加大，人们的思想也进一步解放，戚其章先生看准了天时、地利和人和的大好形势，抓住历史机遇，大胆地筹划了纪念甲午战争爆发 90 周年的学术活动。

1984 年 9 月 20～25 日，全国 15 个省市的 80 多位中国近代史学者聚集到北洋海军的诞生地、甲午战争的古战场——威海市，参加纪念甲午战争 90 周年的学术研讨会。这次学术研讨会是由山东社会科学院、《历史研究》编辑部、《近代史研究》编辑部、东北地区中日关系史研究会和山东省历史学会联合发起，在中国史学会负责同志的关怀和指导下，以及威海市委、市政府的大力支持和帮助下召开的。这是首次以甲午战争为专题的学术研讨会，因而引起学术界的高度关注和重视。许多与会的专家学者是第一次来到风景秀丽、民风淳朴的威海，首次登上举世闻名的刘公岛进行实地考察。

戚其章先生认为：这次会议的最大收获是与会学者对甲午战争在中国近代史上的重要地位给予了充分肯定。此次学术会议讨论的内容相当广泛，涉及如下一些方面：中日甲午战争爆发的历史背景、引发的国际关系及英、俄两国的政策，日本的战争准备与挑起战争的手段，清朝宫廷帝后两党的和战之争，人民大众在战争中的对日斗争，东北三省练军和辽东战场清军的后勤供给，北洋海军全军覆灭的原因，俄、德、法三国干涉还辽的影响，台湾人民的反割台运动及对台湾民主国的评价，甲午战争对中国思想文化领域的冲击与民族觉醒，甲午战争与洋务运动发展的关系，以及对相关历史人物包括载湉、李鸿章、翁同龢等人的评价等。

会议期间，无论是史料的挖掘，不同学术观点的争论，还是沧桑依旧的刘公岛上北洋海军的建筑遗存及甲午战争的遗迹，都给与会者留下深刻的记忆。许多与会学者都认为，会议的筹划者、主办单位和地方政府站得高、看得远、做得好。多年之后，当年参加会议的大连民族学院副院长关捷教授仍对此次会议的重要意义和在国内外产生的巨大影响给以很高的评价。许多参会者对戚其章先生和参与会议接待服务的王学强、邹本穆等先生渊博的学识、严谨的工作作风、真诚而周到的服务大加称赞。这次会议的圆满召开，不但很好地宣传了威海，而且还对威海市的良好形象及文化和旅游事业的快速发展产生了很大影响。

（二）爱国敬业，真诚履职

1989 年的全国两会刚刚结束不久，65 岁的戚其章先生顾不上休息就风尘仆仆从济南回到威海市。戚先生此次回威海的目的，一是商谈、考察次年在威海市召开全国甲午战争史研讨会暨山东省甲午战争史研究会成立大会的相关准备事项；二是商议出版《威海甲午战争遗址》一书的相关事宜。前者是请全国的专家学者共赴威海，共同研究1994年甲午战争100周年国际学术研讨会召开的相关事项；而出版《威海甲午战争遗址》一书，是为了防止大规模的经济建设和开发对北洋海军与甲午战争遗址的破坏和损毁。戚先生认为上述两项内容，都与刚刚建立的地级威海市的大发展密切相关。只有有效保护历史文化遗产，突出威海地方历史遗迹和反侵略的文化特色，才能推动文化教育和旅游经济的快速持久发展。由于目标一致，我们很快与戚先生把会议地址、开会时间、所需经费及出版书籍的相关事项达成共识。接着，我们又邀请戚其章先生进刘公岛现场考察指导增设陈列展览内容及丁汝昌寓所维修和利用等事项，因为这是我们盼望了好几年的难得机遇。

1989年春，北洋海军提督署文物管理所邀请相关专家学者考察刘公岛甲午战争纪念地。自右至左依次为：刘德煜、戚俊杰、时钟勤、戚其章、李志范、孙佑海

1984年，党中央和国务院批准设立中国14个沿海对外开放城市，威海港和刘公岛有幸搭上了这班快车。与此同时，经中共中央、国务院和中央军委批准，原来由中国人民解放军海军部队驻守使用的清朝北洋海军提督署等古建筑移交给地方管理。1985年3月，中国甲午战争博物馆（原名为“威海市北洋海军提督署文物管理所”）在刘公岛成立，我与另外3位同事有幸成为第一批建设者。通过4年多的艰苦奋斗，我们已经在百废待兴、无自来水、无电灯、无电话和交通极为不便的刘公岛上站稳了脚跟，完成了艰难创业的第一步：北洋海军的古建筑

和甲午战争的文物遗迹的保护利用已初见成效，单位的生存问题已经没有后顾之忧，社会效益和经济效益也开始同步大幅度增长。

但是，我们的发展与变化仍然跟不上大好形势的要求，1988 年 1 月 13 日，原为省级重点文物保护单位的北洋海军提督署及其附属建筑被国务院公布为国家级重点文物保护单位。国家的高度重视，使我们深感责任重大，提升文物的保护管理水平和快速增加参观内容已刻不容缓。而且必须要适应海内外不同层次参观者的不同需求，使慕名而来的旅游参观者能高兴而来，满意而归。然而，因为我们缺少事业编制，更缺少有实践经验的专业研究人员，加之博物馆坐落在孤悬海中的刘公岛上，交通和通信极为不便，我们无法联系北洋海军将士后裔和相关知情人士，也找不到征集北洋海军与甲午战争文物史料的有效途径，缺少快速查阅历史档案的有效方法，因而早就想请戚其章先生帮助我们联系大学的教授和相关研究单位的专业研究人员能与我们联手，破解阻碍我们提档升级、快速发展的瓶颈。令我们欣喜万分的是，戚先生在时间紧张和工作繁忙的情况下欣然答应了我们请他来威考察的邀请。

为使此次考察活动办事多、效果好、影响大，贯彻文物工作“重在保护，抢救第一”的原则，更好地争取地方相关部门和刘公岛驻军的大力支持，我们也颇费了一番心思，专门邀请了威海市建设委员会、教育文化体育委员会、外事侨务旅游办公室、环翠区史志办公室以及驻刘公岛的海军部队首长一起陪同戚先生参观考察。

1989 年 5 月 3 日上午，戚其章先生搭乘海军的班船进入刘公岛。为了节约宝贵的时间，戚先生顾不上休息，直接从码头奔向北洋海军提督署进行考察。

始建于 1887 年的北洋海军提督署，占地总面积近 2 万平方米，拥有三进院落，主体建筑部分有 15 幢房屋。4 年多来，已经抢救性地维修了 5 幢，并在修复好的房子里布置了“中日甲午战争展览”（1985 年 5 月 1 日对外开放）、“北洋海军与甲午战争文物展”（1985 年 6 月 18 日对外开放）、“甲午战前威海卫清军防务设施沙盘”（1986 年 9 月 16 日对外开放）、“北洋海军主要将领蜡塑人物群像馆”（1986 年 9 月 16 日对外开放）、“北洋海军舰船模型展”（1988 年 8 月 1 日对外开放）。戚先生边走边看，并在关键地方驻足详细询问有关情况，对北洋海军提督署部分房屋的修复和展览内容给予充分肯定。同时，他也坦诚地建议主管部门领导，如果财力有保障，应该加快修复北洋海军提督署中其他需要维修的房屋，快速增加北洋海军与甲午战争的展览内容，特别是 1895 年威海卫和刘公岛保卫战的内容更应该单独开辟展厅，以突出地方历史的优势和特色。

在前往北洋海军提督丁汝昌寓所的路上，看到龙王庙已经修复开放，西厢房设有纪念丁汝昌的牌位以及增加的刘公岛老百姓为什么称龙王庙为丁公祠的文字介绍，戚先生对这些细节都十分满意。

我们一行到达丁汝昌寓所时，时间已过中午 12 时了，大家见戚先生一上午既没有喝水，又没有得到休息，怕他身体吃不消，于是提议简单地看看就结束此次考察。但戚先生却十分认真地说："这是今天我们考察的重点内容，所以不能蜻蜓点水，走马观花。我们这么多人来一次也不容易，所以一定要全面仔细地看清楚，而且要拿出初步的修复意见再吃饭。"听了戚先生的话，在场的所有人都十分感动。大家随同戚先生从丁汝昌寓所的前花园看到后花园，又从左侧跨院林泰曾的居所看到右边跨院刘步蟾的住房。考察期间，戚先生不时地讲着战争期间与之相关的内容，还讲了丁汝昌在安徽省巢湖市高林乡汪郎中村所建房子的布局及其特点，供我们在修复丁汝昌寓所时参考。在刘步蟾居住的院子里，他还讲了当年他采访刘步蟾家奶妈（采访时她居住在威海市望岛村）的相关情况，以及北洋海军成军后丁汝昌寓所的使用情况。所有这些细节，都为我们即将开始修复丁汝昌寓所这组占地面积超过 2 万平方米的老建筑起到了重要的参考作用。

在陪同戚先生参观考察的过程中，我们还请他帮助解答我们积累好几年的一些疑难问题。65 岁的戚先生不辞辛苦、不厌其烦地把所有问题一一详细地给予说明，令在场的地方领导和军队首长都十分敬服和钦佩。那个时候，刘公岛上生活条件艰苦，不但单位食堂条件非常简陋，就是岛上最好的饭店也无法与威海市里的小饭店相比，已经晚点的那顿中午饭吃得非常简单和快速。在场的威海市教育文化体育委员会主任李志范先生感到十分难为情，觉得对不住戚先生和海军部队首长，但戚先生没有一丝一毫的不满意，始终是面带微笑，谈笑风生。他围绕北洋海军与甲午战争这个主题，围绕刘公岛如何突出特色与大家恳切交谈，令在场的所有人都十分感动。

在即将离开刘公岛时，戚其章先生以全国人大代表的身份，饱含深情地对地方和部队的领导同志说："没有想到短短的几年时间，刘公岛上北洋海军的建筑遗存就初步得到有效保护，这是对国家和人类的贡献，是利在当今、功在千秋、惠及子孙的好事情，应该继续抢抓时间，争取保护和利用好更多的北洋海军老建筑和甲午战争的遗址。"他对驻刘公岛的人民海军部队支持文物部门维修保护文物的做法表示感谢；对濒临毁坏的刘公岛水师学堂、水师养病院、机器厂、屯煤所和炮台等，希望管理使用它们的海军部队能及时予以抢救保护；对刘公岛今后需要添建的新的建筑物，希望市建委一定要特别慎重地决策。他最后强调："一定要站在民族和国家的立场上看待甲午战争对中国产生的影响，一定要用长远目光对待甲午战争文物及史料的保护和利用。”

下午 3 时多，此次考察活动圆满结束。在送他回家的路上，戚先生语重心长地对我说：“你们一定要好好干，既要抢抓时间，又不能急功近利，必须要尊重历史事实，因为这是功在当今、利在千秋的一项大事业。”看到劳累了将近一天的戚先生身体和精神仍然这么好，我十分好奇地问先生：“您已经 65 岁了，曾经患过大病，在‘文化大革命’期间还吃了那么多的苦，受了那么多的罪，但现在身体和精神却仍然这么好，这其中的奥秘是什么？”他略有思考又十分动情地说：“一定记住‘天生我才必有用’和‘天行健，君子以自强不息’的古训，只要心里有了目标，行动上就肯定有动力；只要坚持不停地往前走，就一定能够到达自己寻找的目的地。”他还风趣地补充说：“老话说得好，‘骑驴看账本——走着瞧’，只要意志坚定，排除干扰，就一定能实现你内心的目标。”短暂的一天时间，戚先生的身体力行和言谈话语，给我留下了难忘的记忆。他不但在工作上向我们传授了宝贵的知识和丰富的经验，而且还在如何以平和的心态对待生活与从事工作，如何排除艰难困苦等诸多方面，坦诚相告，让我的眼界大为开阔，使我更加坚信了“借人兴馆”的发展理念，大大增强了我克服困难的信心，坚定了我扎根海岛把甲午战争博物馆做大做强的决心。

（三）邀请全国的专家学者来威海，集思广益、建言献策

1990 年 10 月，山东社会科学院与中国甲午战争博物馆在威海教师之家联合召开了“全国甲午战争史研讨会暨山东省甲午战争史研究会成立大会”，来自全国各地的 60 多位专家学者出席了会议。戚其章先生作为会议的策划者和主持人，首先阐明这次会议的目的是邀请全国的专家学者，为筹备甲午战争 100 周年国际学术讨论会早做谋划，达成共识，拟定召开国际讨论会的初步方案。

为了便于我馆与开会的专家学者加深了解、增进友谊、展开交流，会议期间，还专门安排与会代表参观刘公岛，考察北洋海军与甲午战争遗迹保护的现状以及新增加的陈列展览内容。会议还专门安排我进行大会发言，我也抓住这难得一遇的大好时机，主要就面向专家学者敞门办馆，希望能“筑巢引凤”“借人兴馆”，开展学术研讨和征集文物史料，以及如何搞好刘公岛陈列展览，做好甲午战争 100 周年国际学术讨论会的讲解服务等方面的问题做了说明，并真诚地向与会学者表示：我们馆愿意成为专家学者的科研基地，刘公岛甲午战争纪念地免费为所有的研究者开放，免费提供馆藏的文物和史料供大家在刘公岛上开展研究，并且一定为专家学者服好务。同时，我们馆也希望得到专家学者的大力支持，为

我们提供相关线索，帮助我们征集北洋海军与甲午战争的文物史料。最后，我还代表博物馆向与会代表庄重承诺：1994 年召开甲午战争 100 周年国际学术讨论会的时候，刘公岛北洋海军提督署、龙王庙和丁汝昌寓所将全部对外开放；我们馆的陈列展览将全部重新设计制作，并在现有 5 个展厅的基础上再增加五六个展厅，让中外专家学者能看有所需，各得其所，高兴而来，满意而归。与会学者对我们的承诺表示赞同，并纷纷表达了支持我们开展工作的积极态度。戚其章先生在大会闭幕式上，简明扼要地介绍了中国甲午战争博物馆艰苦创业的情况，他真诚地希望专家学者和甲午战争博物馆联手合作，为筹办好甲午战争 100 周年的国际学术讨论会做出应有的贡献。

通过这次研讨会，我们馆很快就与中国人民大学、河北师范大学、北京大学、北京师范大学、中央民族大学、中国社会科学院近代史所、复旦大学、南京大学、厦门大学、台湾师范大学、日本奈良女子大学、美国夏威夷大学、华东师范大学、湖南师范大学、苏州大学、南开大学、山东大学、山东师范大学、辽宁大学、大连民族学院、齐齐哈尔师范学院、烟台师范学院、陕西省委党校、山东省委党校、山东社会科学院历史所、安徽社会科学院、中国人民解放军军事科学院战略研究部、中国人民解放军海军学术研究所、南京海军指挥学院、海军航空工程学院、中国人民革命军事博物馆、故宫博物院、第一历史档案馆和中国国家图书馆等单位建立了工作联系。同时，与国内外著名的戴逸、李侃、金冲及、李文海、张振鹍、郭毅生、孙克复、关捷、王家俭、吕世强、张玉法、茅家琦、虞晓波、［日］中塚明、苏读史、陈绛、［日］水野明、马幼垣、郑介初、王春良、陈振江、史滇生、皮明勇、刘恩格、赵纯昌、张一文、丁伟志、吴乃华、涂鸣皋、杨东梁、龚书铎、王楚良、施渡桥、王守中、谢俊美、董丛林、郭墨兰、宫玉振、王如绘、黄秀政、乔还田、赵春晨、孔祥吉、黎仁凯、商鸣臣、邹爱莲、翁飞、刘光永、耿云志、迟云飞、董蔡时、张国红、王建华、姜鸣、许华、张炜、苏小东、刘申宁、方堃、孙占元、黄顺利、俞祖华、林伟功、张礼恒、俞辛焞、刘晓焕、戚海莹等一批老中青专家学者取得了联系，并在查找档案和资料的工作过程中得到了他们许多的帮助和支持，为我馆实现阶段性工作目标做出了积极的贡献。

吃水不忘打井人。这么多年我时常在想，中国甲午战争博物馆坐落在交通极为不便的刘公岛上，当年通信联络方式又十分闭塞落后，我们之所以能在那么短的时间里与国内外这么多名牌大学和科研单位及其教授和专业研究人员取得联系，并得到他们的大力支持，离开戚其章先生的推荐介绍是不可能的，缺少了他所拥有的人格魅力也是不行的。戚先生对中国甲午战争博物馆的支持和帮助，虽然不是各级政府大力倡导的招商引资项目，但这种招人才、引智慧的良苦用心和扎实的做法，却远远超出招商引资的实际效果，特别是其产生的滚动发展效应与长远的社会效益和经济效益，更是单纯的经济数字所无法比拟的。中国甲午战争博物馆之所以能成为颇有影响的国家一级博物馆，戚其章先生功不可没；刘公岛之所以成为举世闻名的国家5A级风景名胜区，戚其章先生同样功不可没。

（四）坚持公正公开地选拔出席国际学术讨论会的代表

1994年，是日本发动大规模武装侵略中国的甲午战争100周年。7月中旬，新华社报道了党和国家领导人江泽民、乔石、李鹏、刘华清、田纪云、李岚清集体为中国甲午战争博物馆题词的重要消息，体现了中华民族牢记历史、勿忘国耻、以史为鉴、振兴中华的决心和信心。

与此同时，戚其章先生与全国史学界的精英们也都在紧锣密鼓地展开广泛而深入的学术研讨活动。7月25日，是日本海军在牙山附近的丰岛海面突然向中国海军舰船开炮，武装挑起甲午海战100周年的纪念日。山东省历史学会、山东社会科学院甲午战争研究中心、山东大学威海分校、威海市社会科学联合会、威海市历史学会和中国甲午战争博物馆联合主办的“甲午战争100周年纪念学术研讨会”在山东大学威海分校召开。来自全省各高校和其他科研单位从事近代史研究的学者50余人参加了纪念活动和学术研讨会。会议通过学术交流和探讨，最后筛选出主题明确、立意新颖、观点独特的论文，为参加9月份召开的国际学术讨论会做好了准备。

戚其章先生之所以要举办这次学术会议，是因为山东省内学者向甲午战争100周年国际学术讨论会筹备委员会提交的论文数量远远超出大会的预计。为了不突破参会人数，不挫伤山东省内研究者的积极性，又能公平、公开地选拔出具有代表性的作者和论文，所以在国际学术讨论会召开之前召开了山东省的学术研讨会。这次会议达到了预期的目的，参会者都从心里佩服戚先生统揽全局的细心和严谨，佩服他在科研平台上客观公正和公平公开的做法。这种做法也使山东省内参与研究甲午战争史的专家学者心悦诚服。

特别令人佩服的是，戚其章先生筹备国际学术讨论会期间，各项工作安排环环相扣，工作作风严谨细致。1992年3月1日，中国甲午战争博物馆等市直文化事业单位从威海市教育文化体育委员会移交到新成立的威海市文化工作委员会管理。为了不影响甲午战争100周年国际学术讨论会的全面筹备，戚其章先生专程从济南回到威海，与中共威海市委、市政府及威海市文化工作委员会的领导接洽商谈纪念甲午战争 100 周年的相关事宜，确保中国甲午战争博物馆原定的所有工作计划在领导机关大变动的情况下不受丝毫影响。1993 年，戚其章先生根据山东省委宣传部的部署，再次回到威海，与代表威海市委宣传部负责此项工作的刘昌毅同志见面。其间，威海市委宣传部、市文化工作委员会及中国甲午战争博物馆等相关部门和单位的负责同志汇集在一起，逐项逐条地落实具体事项，确保了国际会议召开前各项准备工作都有专人负责并落实到位。戚先生工作态度之认真、作风之严谨、计划之周密，使我受益匪浅，也为后来我们馆举办学术会议打下良好的基础。

（五）精心组织学术会议，保证质量，机动灵活，不失原则

1994 年 9 月 7 日，由中共山东省委宣传部、中国史学会、山东社会科学院、山东省社会科学联合会、中共威海市委、威海市人民政府联合举办的甲午战争 100 周年国际学术讨论会在威海召开。出席会议的中外学者近 140 人，其中日本、韩国、德国、美国、加拿大等国家和台湾、香港等地区的学者 42 人，提交了著作 14 种和论文近百篇。与会的学者以“甲午战争与近代中国和世界”为主题展开了广泛的研讨。中日甲午战争是中国近代史上的重大事件，其划时代的历史意义越来越为更多的海内外学者所重视。报名前来参加会议的人数远远超出预计的规模，其中有的国家报名前来参加会议的学者，其思想意识和学术观点明显带有历史的偏见和右翼的倾向。还有少数北洋海军将领的后裔，也想借这次国际学术研讨会为自己的先祖鸣冤雪耻，恢复名誉，并数次向大会主办单位的负责人提出参加会议的要求。凡此种种都给大会筹委会特别是给主持学术工作的戚其章先生出了很大的难题，增加了许多不必要但又不能不认真对待的工作。

戚其章先生不愧为甲午战争史研究的领军人。他首先从世界范围考虑与会者的代表性，又在学术研究方面具体把关，本着学术上“百花齐放，百家争鸣”的原则，向同是一个国家持有不同观点且有代表性的报名学者都发出参会邀请。这样做可以让不顾历史事实和持有偏见的学者，能耳闻目睹国际上是怎样评论甲午战争爆发的历史背景，揭露侵略者挑起这场战争并嫁祸于人的丑恶嘴脸，进而达到以正视听的目的。如果不邀请持不同观点的学者来中国参加国际会议，他们肯定会在本国利用媒体进行莫须有的攻击，而且会对前来参加会议的代表说三道四，其结果是不利于公正的史学家回到本国对这次国际学术讨论会进行广泛宣传，而且还容易给有右翼倾向的人留下话柄。戚先生说：“虽然邀请持有不同历史观的人参加研讨会具有很大风险，但只要我们能够有理有据有节地与之辩论，

假恶丑掩盖不了真善美，正义一定会站在我们这一边。关键是我们的研究工作要走在前面，历史的证据要把握准。”他是这样说的，也是这样做的，而且做得很好。

美籍华人方俪祥女士既是北洋海军中军左营副将、“济远”舰管带方伯谦的侄孙女，又是中国人民解放军原海军第六舰队副司令员方莹的女儿。自 20 世纪 80 年代起，方俪祥女士就开始奔走呼吁为方伯谦平反，恢复其爱国将领的名誉。至 20 世纪 90 年代，她又亲自出资在福州等地两次举办方伯谦学术研讨会。在福州举行的研讨会议上，会议的主办方宣布方伯谦在两次甲午海战中不但没有逃跑，而且是英勇杀敌，还独有创见地开辟了西战场，是爱国将领。更有甚者，有人竟然还把方伯谦说成是民族英雄，等等。但以戚其章先生为代表的广大研究者却无法接受他们的观点。因为戚先生和众多持有不同观点的学者认为，福州学术研讨会没有发现新的历史资料，因此，为方伯谦平反昭雪缺少历史依据。毫无疑问，方女士这次前来开会的主要目的，就是要在国际学术讨论会上争取为方伯谦正名。所以不少学者担心，假如方女士在国际性的大会上感情重于理智，很容易把大会的中心议题冲淡或转移，甚至可能对本次大会造成不良影响。但是，考虑到她是北洋海军将领的后裔，是年逾古稀的美籍华人，身患残疾，腿脚行走不便，还有锲而不舍的参会要求，所以董凤基主任代表筹委会同意了她参会的要求。戚先生非常理解筹委会的这个决定，表示一定组织把握好会议的主题，相信广大与会学者和方女士的学识水平及自控能力，组织好学术上的交流和讨论，真正体现学术会议是以史实为依据的，是以理服人的。戚先生按照论文选题内容，确定了大会报告人名单和分会场的主持人及学者名单，对每位学者宣读论文和评论者评论的时间都做了统一的详细的规定，而且提出了具体要求。所有这些都让我们看到戚先生对史料的把握和对与会学者研究水平的深入了解。大家都在期待学术交流的顺利进行，但意想不到的事情还是突然发生了。

9 月 7 日上午，戚其章先生主持的全体代表参加的学术报告大会即将结束时，突然会场上传出要求发言的报告声。全体与会代表不约而同地朝发出清脆声音的地方望去，只见一位拄着拐杖的老年女性已经站立起来，做好了发言的准备，这位女士就是方俪祥。这些年，她多次给戚先生和相关单位写信寄资料，阐述她的观点，并希望能为方伯谦平反昭雪，恢复其爱国将领的名誉。会场上了解内情之人的心都不约而同地揪了一下，因为学术报告大会议程上没有自由发言的安排。让她发言吧，怕她偏离主题，还怕她感情失控耽误会议进程或是不好收场；按照大会原定计划不让她发言吧，对一个年逾古稀且身有残疾的老太太似乎也不合适。就在这一瞬间，只见戚先生略带微笑地示意大家坐好，又十分友好地招呼方俪祥女士："请到台上来讲。"方俪祥女士在陪伴人的搀扶下，拄着拐杖走到主席台上时，戚其章先生已经给她安排好座位，又十分真诚地告诉她把握好时间，具体问题可以在分会场学术交流会上进行交流切磋，免得拖延时间影响整个会议的进程。目睹戚先生在突发情况下表现出的镇定、真诚、友好、善良及其得体的举动，与会代表立即报以热烈的掌声表示支持和理解。方俪祥女士也十分感谢大会筹委会对她的邀请和上台发言的机会，表示愿意在分会场学术交流时详细阐述她的观点，更希望与会代表能倾听她的意见。在戚先生细心巧妙地关照下，上午的学术大会如期结束，与会学者悬着的心终于放了下来。方俪祥女士也十分满意地邀请戚先生与其合影留念。在此后三天的分组讨论会上，戚先生都是细心地关照各分组会议的主持人，要以历史为准绳，要重证据，不偏不倚，客观、公正、准确地评价历史，评价历史人物。在大家的共同努力下，对方伯谦在黄海海战中的表现进行了激烈的争论，大多数与会者认为，根据现有的史料和证据，还无法推翻方伯谦在海战中首先撤离战场、撞伤北洋舰队"扬威"舰的事实。因此，这次会议上没有为100年前被朝廷下旨斩首的方伯谦平反，方俪祥女士的心愿也没有能够实现。但亲临会场和参与研讨的方俪祥女士及持有相同观点的代表都表示理解，对戚先生和大会的安排都表示满意。就这样，一次很容易产生不良结果和负面影响的插话发言便平和迅速地得到恰当的处理。看到这样的结果，大家都对戚先生既理解人的情感，又尊重历史事实的真诚态度与理智做法表示钦佩。

戚其章先生在参加分会场学术交流时，发现有日本学者在进行学术交流时，把日本发动的甲午战争说成是"偶然爆发事件"，把日本侵略和掠夺中国说成是一场"赌博"或"买卖"，把日本侵略军屠杀台湾民众的反抗斗争所花"经费"说成是"超支付出"，还说日本在这场战争中并没有"赚"中国多少钱。针对日学本者否定真实历史的言论，戚先生更是及时、敏锐、理智、有理有据地予以批判与反驳。

戚其章先生在没有炮声和硝烟的学术会场上审时度势，一眼便看准了对甲午战争赔款有较深研究的来自华东师范大学历史系的谢俊美教授，只见他轻手轻脚地走到谢教授的身边坐下来，鼓励他上台发表自己的研究成果，揭露和批判这位日本学者的错误观点和言论。年轻稳重、俊秀雅致、戴着眼镜的谢教授在戚先生的鼓励下，在会上针对那位日本学者的发言展开了驳斥。他列举了日本政府如何借机大肆勒索中国政府，如何借口所谓"库平银成色不纯""分量不足"以及日本如何借白银跌、英镑涨的机会，利用“银镑兑换”之机，处处刁难中国政府，强逼中国一切都按照日本政府的意见行事的事实，使中国白白多支付白银2800多万两。谢俊美教授铿锵有力的揭露与反驳，使那位日本学者瞠目结舌、哑口无言，连连解释说“误会，误会”。简短的学术交锋，已展现出中国学者对甲午战争研究探索的领域更为宽广和深入，也透视出戚其章先生自身学识的高深及其对国内外甲午战争史研究情况的深入了解。同时也说明，戚其章先生对广大中青年学者的了解、信任、支持和鼓励。

这次国际学术讨论会的成功召开，在国内外产生了巨大影响。国内外学者一致认为：在中国范围内，北洋海军和甲午战争文物及史料保存最多、保护最好的地方是威海市；这里也是开展研究北洋海军与甲午战争历史会议最多、规模最大、收效最好的地方。因而许多学者都认为，要研究北洋海军和甲午战争这段历史，就一定要来威海进行考察。

二、情系家乡 尽力而为

戚其章先生在青少年时期，为了掌握更多、更高深的文化科学知识，年龄不大便远离故土，奔走他乡，刻苦求学。新中国成立以后，因身体患病等原因，又回到自己阔别多年的家乡。他一边抓紧时间治病，一边坚持撰写学术文章，开辟新的事业。然而，历时十年的“文化大革命”，不但耽误了戚先生宝贵的黄金年代，而且使他遭受了许多常人难以想象的艰难困苦。尽管如此，戚先生仍然是不计个人得失，怀着满腔的热情，为家乡的教育、文化和旅游事业的快速发展而竭尽自己的智慧与心力。

（一）为刘公岛北洋海军忠魂碑撰写碑文

1985年4月1日，刘公岛正式对外开放。当时的威海市委、市政府（即现在的环翠区委、区政府）的领导，抓住这一难得的历史机遇，首先着手解决刘公岛通自来水、照明电、电话以及环岛公路和海上交通工具等基础设施。与此同时，市委、市政府还决定于1988年北洋海军成军100周年之际，在刘公岛北洋海军提督署后面的山上新建北洋海军忠魂碑，纪念北洋海军广大官兵英勇杀敌、宁死不降、悲壮殉国的爱国精神，为刘公岛增加一处纪念性建筑物，增设一个适合广大人民群众凭吊、瞻仰广大爱国将士的公共场地。于是，市政府工作人员赴济南请戚其章先生为北洋海军忠魂碑撰写碑文。戚先生当时有好几个科研课题在同时进行，且时间紧、任务重、压力大，但戚先生也毫不犹豫地接受了撰写碑文的任务，并在地方政府要求的时间内将碑文寄回威海市。正是有了戚其章先生的大力支持和帮助，才保证了刘公岛北洋海军忠魂碑能按时、高质量地建成，为刘公岛增加了一处凭吊、瞻仰北洋海军爱国将士的纪念性景观。

（二）为北洋海军将士名录墙撰写序言

1998年是北洋海军成军110周年。中国甲午战争博物馆经请示批准后，决定在北洋海军提督丁汝昌官邸西侧跨院的前花园新建北洋海军将士名录墙。名录墙的正面镌刻着所有能查找到的北洋海军将弁兵勇的姓名、工作岗位、所任职务以及他所任职的军舰或船艇的名称。在北洋海军将士名录墙正面的左侧，请戚其章先生撰写建设名录墙的序言。已过古稀之年的戚先生仍然是毫不犹豫地一口答应，用极为简短精练的文字，把我们建设北洋海军名录墙的指导思想、目的要求等方方面面全都表达出来，为北洋海军将士名录墙丰富了内容，增添了光彩。

戚其章先生为刘公岛北洋海军忠魂碑题写碑文，为北洋海军将士名录墙撰写序言，为刘公岛留下了内涵深邃的历史知识和爱国情怀，更重要的是为中华民族留下了认识海洋、重视海权、建设海军、靖海宁疆、建设海洋强国等一系列环环相扣的思考与启迪，成为简要展示戚其章先生研究北洋海军与甲午战争成果的一扇独具特色的窗口，还成为中国人民和广大北洋海军将士后裔以及国内外专家学者追思、纪念和研究戚其章先生的珍贵资料。

（三）家乡的事情，再难也要想法办

1987年10月，经国务院批准，地级威海市成立。为了加快经济建设和城市发展，扩大威海市的对外影响，威海市人民政府决定于1988年北洋海军成军100周年之际，举办系列纪念活动和学术会议，并委托时任威海市外事侨务旅游管理办公室主任杨茂庆先生亲自赴省城济南戚其章先生家，请戚先生帮助联系海内外专家学者来威海参加学术研讨会。戚先生告诉杨主任：“现在距离开会还有不到一年的时间，单纯邀请国内的学者问题不大，但邀请海外学者难度很大，因为国外学者一般都起码提前一年做出出国参会的计划。”但鉴于杨主任他们的一再请求，戚先生还是答应帮忙。他急忙写信与海内外学者联系，全心全意地筹办纪念北洋海军成军100周年的学术活动。

1988年3月，中国的两会在北京召开，身为全国人大代表的戚其章先生和威海市人民政府市长李文全先生正好在一起，两人就如何开好北洋海军百周年会议达成共识。戚先生筹备会议的工作也在有条不紊地继续进行，然而，进入第二季度后，戚先生突然接到威海市人民政府的通知，因为威海市有特殊的原因，纪念北洋海军成军100周年的国际学术会议不能举办，相关活动也同时取消，请戚先生赶快告知已经联系的海内外学者谅解。戚先生听到这个消息，真是大吃一惊，哭笑不得。因为那个年代，电话和传真都不像现在这样方便和快捷，而且如果使用电话，其费用自己也很难承担。所以，只得赶快亲自写信说明原因，向所邀请的学者真诚地道歉，请求他们给予宽容和谅解。

2008 年，是北洋海军成军 120 年。那年春天，刘公岛管委会和中国甲午战争博物馆的领导再次赴济南，恳请戚其章先生谋划纪念北洋海军成军 120 周年的相关活动。已是 84 岁高龄的戚先生因患流行性感冒正在家卧床休息，但得知家乡要举办这样的活动，毅然从床上爬起来，与管委会的领导共同商议活动的计划长达一个上午的时间，使前去的领导们深感不安，也深受教育。

从 1988 年 64 岁至 2008 年 84 岁的 20 多年时间，戚其章先生爱国家、爱事业、爱家乡的真情实意没有因为年龄大而有所减退，其虔诚的家国乡情体现在方方面面，其言论和行动令人感动，催人奋进。

三、关注史学队伍建设 诚心实意扶持晚辈

甲午战争是中国近代史上的重大事件，战争的结果不但改变了中国和日本的命运，而且还改变了远东和东亚地区的政治格局，甚至对世界的政治格局也产生了重要的影响。因此，深入而广泛地对甲午战争进行持久地研究，是中华民族牢记历史，以史为鉴，知耻后勇，振兴中华的重要工作。研究北洋海军与甲午战争史的队伍培养，直接影响甲午战争史研究的深入开展；参加研究的人员年龄大小及其比例构成，又直接影响到这项事业是否后继有人。对此，戚其章先生不但有着清醒的认识，而且还采取了有效的创新措施。

（一）把山东社会科学院甲午战争研究中心的牌子挂到刘公岛

中国甲午战争博物馆是管理保护和开发利用刘公岛甲午战争纪念地的专门机构，但因为人员编制少、专业研究力量薄弱，严重制约了博物馆事业的快速发展。

1992 年春天，山东社会科学院成立了甲午战争研究中心，由戚其章先生出任该中心主任。5 月 20 日，戚其章先生与山东社会科学院历史所所长王如绘研究员陪同山东社会科学院的赵海成副院长亲临威海，与中共威海市委宣传部常务副部长于才年一起亲手将山东社会科学院甲午战争研究中心的牌子挂到刘公岛北洋海军提督署，隆重地确定中国甲午战争博物馆为山东社会科学院甲午战争研究中心的学术研究基地，从而使专家学者们能利用北洋海军遗留下来的 28 处历史建筑和战争遗迹及中国甲午战争博物馆收藏的文物和资料，开展科学研究。

20 多年来，山东社会科学院甲午战争研究中心在戚其章先生的主持下，发挥了很好的桥梁和纽带作用，为培养、凝聚专业和业余爱好者积极开展科学研究

发挥了重要作用。

（二）开创性地拓展了山东省历史学会的工作

戚其章先生自20世纪90年代担任山东省历史学会理事长和名誉理事长以来，不顾自己年逾古稀，不怕劳累和奔波，也不惜耽误自己宝贵的时间，诚心实意地致力于全省史学工作的普及与提高。在继续发挥全省各高校在史学研究领域中的主导力量的同时，还开创性地在全省成立了多个具有地方优势和特色的专业研究委员会，充分发挥全省各地市史学专业工作者和业余爱好者的作用，形成了山东省史学研究高校在前领跑，全省各地市开花的良好局面。

为了充分发挥威海市人杰地灵、环境优美、自然和人文历史资源丰厚的优势和特色，充分挖掘刘公岛作为甲午战争纪念地对专业学者和业余爱好者的吸引力，扩大中国甲午战争博物馆及刘公岛甲午战争纪念地对外的重要影响，吸引更多的人来刘公岛开展学术研究，更好地开展爱国主义教育，在普及历史知识的过程中提高大家对以史为鉴的认识，并在提高认识的过程中更好地推广新的科研成果，戚先生提议在威海市成立山东省历史学会甲午战争专业委员会和山东省历史学会传统文化与现代化专业委员会。山东省历史学会甲午战争专业委员会挂靠在中国甲午战争博物馆，山东省历史学会传统文化与现代化专业委员会挂靠在威海市环翠区城市建设管理委员会（此专业委员会后又挂靠在威海光威集团）。上述两个专业委员会不但有威海市的研究人员参加，还在全省聘请了颇有造诣的专家学者共同参与，形成相互交流，互为补充，相得益彰的人员搭配结构，为日后开展研究活动打下良好基础。

山东省历史学会甲午战争专业委员会和传统文化与现代化专业委员会自成立以来，已经主办和承办多次相关的学术会议，来自海内外的专家学者齐集威海，进行切磋交流，传播历史文化知识，弘扬爱国主义和传统文化的精髓，为建设和提升威海美丽幸福的城市形象发挥了很好的作用。这些年来，在大家的共同努力下，两个专业委员会共出版了学术类著作5部，吸引带动了一批史学工作爱好者参与学术研究，进一步推动了先进文化的大发展，为威海两个文明的全面发展注入了鲜活的生命力。

近20年来，分布在全省各地市的山东省历史学会各类专业委员会，充分发挥其民间组织的桥梁和纽带作用，团结、带领着各地一大批史学研究的爱好者，不计得失，不计报酬，不怕流汗吃苦，不畏严寒酷暑，深入社会底层，走访知情人士，收集文物和史料，挖掘历史的内涵和残片，并经过严谨的梳理和校对，整理出许多有用资料，结出了丰硕的学术成果，有些学术成果甚至填补了历史空白，为山东省的物质文明和精神文明建设做出了贡献。

（三）言传身教，培育后人

戚其章先生不仅是一位知识渊博、著作等身的历史学家，而且也是一位品质高尚、德高望重、厚道善良、受人尊重的老前辈。他不仅对家乡人亲，而且对所有勤奋学习、爱岗敬业的年轻人，一贯都是真诚关怀，尽力提携。

2000 年初夏时节，山东省历史学会在威海市召开代表大会，身为山东省历史学会理事长的戚其章先生，亲自参加并主持这次代表会议。他全面总结了历史学会五年来的工作，主持选举出山东省历史学会新一届理事、常务理事、副理事长和理事长。戚其章先生因为年龄关系不能继续出任理事长这一职务，但因先生德高望重、学识渊博，并且在担任山东省历史学会理事长期间，开创了全省史学工作的新局面，故仍然被与会代表推举为省历史学会名誉理事长。在大会的闭幕式上，戚其章先生十分动情地希望新一届理事会顺应时代发展的潮流，团结带领全省广大史学工作者开创史学工作的新局面。

山东省历史学会代表会议刚刚结束，戚其章先生不顾辛劳，就建议甲午战争专业委员会尽早考虑甲午战争 110 周年的纪念活动和学术研讨会如何举办。他明确指出："甲午战争 100 周年的学术讨论会是由山东省委宣传部牵头主办，所以包括经费在内的好多事情都可以高枕无忧地由省委领导出面协调解决。但甲午战争 110 周年相关的活动，包括会议上报的请示、主办单位相互之间的协调、会议经费和出书经费等诸多事项，最后都全部由中国甲午战争博物馆来具体负责办理。"他希望借助山东省历史学会在威海成功召开的东风，提前谋划甲午战争 110 周年的相关活动。

同年 8 月下旬，北洋海军与近代海防教育学术研讨会在威海召开，我们借机请戚先生谈了 2004 年纪念活动和学术研讨的主要构想。戚先生的主要思路包括两方面的内容：一是组织相关学者撰写独具特色的学术著作；二是筹备召开一次中等规模的国际学术研讨会。我们认为戚先生的建议不仅很有必要，而且还切实可行。这两个项目得到相关部门领导的审批后，我们便开始与相关学者和我馆的客座研究员拟定具体的计划。为了能集中精力筹备好 110 周年的相关活动，我们在征得戚先生的同意后，决定改变此前每两年召开一次学术研讨会的做法，集中精力，全力以赴地筹备 2004 年的相关活动。

为了促成北洋海军与甲午战争史的学术研究在海内外的常态化，继续保持与国内外学者和北洋海军将士后裔的广泛联系，加速宣传正确的海洋观念、海权意识和海防观念，经请示主管部门同意，我们决定于 2001 年创办《中国甲午战争博物馆馆刊》，这一决定得到戚其章先生的充分肯定和大力支持。他十分高兴地为馆刊的创办题写了贺词，内容为：

> 欣闻《中国甲午战争博物馆馆刊》创刊在即，特此志贺。
>
> 贵馆自创建以来，已历十有余载，辛劳备尝，成绩卓著，在海内外产生了广泛的影响。此已有目共睹，有口皆碑。对此，本人体会尤深。目前，创办馆刊的条件业已成熟，亦为促进馆务工作发展之所必需。希望馆刊之问世，不仅成为宣传甲午悲壮历史及英烈们爱国事迹的阵地，而且亦能够成为展示贵馆最新成就的窗口，发表有关研究成果的园地，联系各界人士及参观者特别是青少年的纽带，以促进馆务工作的开展，使之百尺竿头，更进一步。

馆刊的出版，为我馆搭建了与国内外学者、北洋海军将士后裔以及广大爱好者相互交流和切磋的科研平台。戚先生在百忙中抽出时间撰写稿件在馆刊上发表，以历史学家的人格魅力和渊博的知识为馆刊助力。自馆刊创办以来，戚先生20多次在馆刊上发表署名文章，及时将自己的学术研究成果公诸于世，从而吸引更多的学者利用这个学术平台助推北洋海军和甲午战争史的深入研究。如今馆刊已走过10多个年头，每期馆刊都发送到全国400多所博物馆、纪念馆以及全国200多所大学的图书馆、北洋海军广大爱国将士的后裔、国内外的专家学者与威海全市的中学、党政机关、驻威海的军队和大型的企事业单位。

2002年夏天，戚其章先生从济南回到威海，再次与我们研究确定2004年学术著作撰写的具体内容和名称。当时我馆的客座研究员、中国国家图书馆阅览部主任苏爱荣研究员提议编撰一部甲午战争史大辞典，向甲午战争110周年献礼。还有的学者建议撰写普及型的读物，以利于广泛深入地向广大人民群众特别是广大青少年进行爱国主义教育、海防教育和维护世界和平的教育。集体讨论研究时，戚先生认为编写甲午战争大辞典项目很好，但这个课题工作量太大，不但耗时费力，而且手头的史料还有欠缺，在只有短短的两年的时间里，恐怕难以保质保量地完成好。他在综合大家意见的基础上提出出版一套“勿忘甲午”丛书。该丛书由《甲午战争与朝鲜》《甲午日谍秘史》《甲午战争与和战之争》《甲午中日海战》《甲午辽东鏖兵》《甲午日军罪行录》《甲午战争在威海》《洋员与北洋海防建设》《反割台抗日运动》和《甲午战争与影响》10个分册（后因特殊情况改为9个分册）组成。戚先生主动承担了撰写难度很大的反映甲午战前日本大量间谍来中国侦察的课题。他以大量鲜为人知的史料、崭新的科学观点以及十分新颖的写作手法，撰写了《甲午日谍秘史》一册。

与此同时，他还亲自联系移居加拿大的著名北洋海军史研究专家王家俭先生，请他帮助撰写丛书的《洋员与北洋海防建设》一册。其时，王家俭先生刚刚学业有成的大儿子王俊中博士不幸于 2002 年 4 月 17 日突然在台湾病逝，王家俭先生和全家人都处在撕心裂肺的极度悲伤之中。通过戚其章先生数次通信联络和真诚耐心的劝说，王先生终于答应撰写《洋员与北洋海防建设》分册，并表示一定按时完成任务。

这套丛书从框架结构，到每个分册的具体分工，到最后的印刷装帧成书，无不凝聚着戚其章先生的心血。要说这套丛书的主编，戚其章先生是当之无愧的，也是众望所归。但是戚先生却执意不肯，坚决谢辞。他十分真诚地说："几年来你们做了大量工作，由你们做主编也属名实相符。"在他的一再坚持下，最后这套丛书的主编还是让给了我们。其谦虚礼让之高风，提携晚辈之真诚，实在令人敬佩。

在"勿忘甲午"丛书工作全面展开的同时，我们还决定翻译出版日本著名甲午战争（日本称"日清战争"——笔者注）史研究专家中塚明教授的《还历史的本来面目——日清战争是怎样发生的》这本书。中塚明先生是日本颇有影响的著名学者、历史学家，曾三次当选为日本学术会议议员（第十六、第十七届第二常设委员会委员长）。在半个多世纪的历史教学与研究过程中，共发表论文、专著和其他文章近 400 项。他以日本近代史和近代日本对朝鲜、中国侵略史为主攻方向，善于挖掘第一手史料，用日本的史料来证明日本侵略朝鲜、中国的历史。特别是自 1994 年 3 月 29 日找到日本陆军《日清战史》草稿以来，他以特有的执著和毅力，详细全面地阅读、校对了公开发表和没有被发表的战史资料。在发表《日清战史》草稿关于日本军队首先以武力占领朝鲜王宫的叙述后，包括无声电话、批评电话、谴责电话、骚扰信件在内，他受到了形形色色的批评、指责、攻击和恐吓。然而，中塚明先生仍然一如既往地站在正义的立场上，审视历史，解读现在，放眼未来。所以，我们决定翻译出版中塚明先生的《还历史本来的面目——日清战争是怎样发生的》这本书。戚先生非常支持我们的想法，还亲自出面联系山东社会科学院的于时化研究员翻译这本书的书稿。

为了保证这两部书能按时保质保量的出版，2003 年夏天，我们借戚先生回威海为夫人进行健康查体之机，专门又约请天津古籍出版社刘文君社长亲自来威海面商两书的出版事宜。戚先生不顾盛夏酷暑，也不顾长途乘车的劳累，亲自到中国甲午战争博物馆学术研究中心帮助筹划出版事宜，并指出一些应该注意的具体事项。我们就出版时间、印刷质量等相关事项很快与天津古籍出版社达成共识。正是在戚先生的全力指导和帮助下，“勿忘甲午”丛书9册和《还历史的本来面目——日清战争是怎样发生的》一书才得以按时出版发行。

在召开甲午战争110周年国际学术研讨会期间，我们还举行了“勿忘甲午”丛书和《还历史的本来面目——日清战争是怎样发生的》一书的首发仪式，与会学者都十分高兴。不少学者真诚地说：没有想到中国甲午战争博物馆在这么短的时间里，能组织这么多专家学者精诚合作，拿出这么厚重的学术成果向大会汇报，真是无愧于北洋海军与甲午战争研究中心这个称号。每当听到这些赞美的话语，我们都不约而同地想到这首先归功于戚其章先生。如果没有戚先生的整体谋划、大力支持帮助，要想取得这样好的效果是不可能的。然而，戚先生高风亮节，只讲付出，不图回报，只图他所从事的研究事业后继有人。

许多来威海市参加甲午战争90周年（1984年）、100周年（1994年）、110周年（2004年）以及北洋海军成军120周年（2009年）四次学术研讨会的学者，大多数人如今已是年过六旬，有的已年逾古稀甚至已是耄耋老人，但无论是谁，只要提起戚其章先生，大家皆异口同声地称赞戚先生给予许多人特别是年轻人的真诚关怀与善良帮助。有一件事情，虽然过去近十年，但在我心里却印象深刻。那是2004年，我们举办甲午战争110周年国际学术研讨会期间发生的事情。会议报道的当天，前来参加会议的日本著名的甲午战争史研究专家中塚明先生，看到论文集中有位中国青年学者在论述甲午战争爆发时间的时候，没有清楚注明中塚明先生此前发表该项研究成果的时间和出处，心里有些不悦，认为这是不尊重前人研究成果的表现，甚至感觉这是不尊重知识产权的行为。为此，他十分生气，并通过翻译向我们表达了他的看法。了解到中塚明先生的情况后，我们立即找到这位青年学者了解情况，通过交谈后得知，他不是故意所为，而是由于疏忽麻痹的原因造成的，也不存在不尊重外国学者的意思。戚先生得知这一情况后十分重视。他认为，中塚明先生是日本著名的历史学家，其对甲午战争爆发的原因及爆发时间的研究，自20世纪60年代就一直是客观公正的，是尊重历史事实的，如果由于我们的疏忽给先生造成了误会，就不利于今后的学术交流。如果此事处理不好，还会影响到中日两国学者之间的感情与友好交往，也会让日本学术界对中国青年学者造成误解。戚先生马上让我找到精通中国语言的日本追手门学院大学名誉教授伊原泽周先生，请他和我们一起去找中塚明先生专门对此事进行友善沟通。戚先生通过伊原泽周教授的翻译，讲明了这件事情的来龙去脉和青年学者的疏忽，使中塚明先生消除了误解，恢复了往日的平静与舒畅，也消除了对这位青年学者的看法。同时，这位青年学者也在戚先生的启发下，主动在学术报告会上坦诚地说明了自己的疏忽，并把中塚明先生的观点和发表的时间做了补充说明。这样一来，包括中日两国学者在内的所有与会代表都十分高兴，大家都能以坦率、真诚、宽容、友好的心情展开切磋和交流，使这次国际学术研讨会举办的十分成功。这件事情的快速化解，充分说明戚其章先生尊重知识、平等待人的善良与友好。他不但尊重著名的学者和国际友人，而且也念念不忘给尚未成名的青年一代创造一个良好的成长环境和平台，以利于青年人的进步与成长。

还有一件事情更令所有知情者感动。2009 年 5 月下旬，北洋海军成军 120 周年国际学术研讨会在威海召开。来自海内外的 80 多位专家学者、北洋海军将士后裔以及与北洋海军和甲午战争有关的博物馆、纪念馆的代表应邀出席了会议。为了节约时间、提高工作效率，会议期间每天的白天和晚上全都安排了学术会议和不同类别座谈会。已是 85 岁高龄的戚其章先生不但参加了所有的学术活动，而且还抽出宝贵的时间与青年学者和外国友人进行交流。那是 5 月 22 日的晚上，中国甲午战争博物馆邀请与会的北洋海军将士后裔们一起座谈甲午战争文物史料征集的相关线索。我们晚上 7 时 30 分去塔山宾馆小会议室时，看见青年学者孙建军、陈悦和旅顺日俄监狱旧址纪念馆的王珍仁研究员在宾馆大厅后侧的通道旁，一起向戚先生请教研究中发现的一些疑难问题。看到戚先生这样的学术大家能这样平易近人地对待晚辈，所有人都十分感动。会议晚上 10 时 10 分结束，当我们经过宾馆大厅通道的时候，看见戚先生仍然在与孙建军、陈悦、王珍仁三位学者站在那儿轻声细语地站着交谈。所有看见这一场景的人都为之一震，想不到耄耋之年、著作等身的著名学者，不顾劳累，耐心地站着倾听并回答青年人提出的问题，时间竟然长达 3 个小时。而且戚先生仍然是神采奕奕，面带微笑，丝毫看不出劳累或不耐烦的迹象。我们大家都十分心疼地劝戚先生赶快回房间休息，他老人家却笑着说："能有时间和青年人交流探讨学术问题，也是我难得的好机会，让我也觉得年轻了许多，何况我一点也没觉得累"。听了戚先生简短而朴实的话语，大家不但为戚先生有健康的体魄而感到高兴，更为他老人家一贯平易近人，真心提携晚辈的博大胸怀感到骄傲和敬佩。在第二天国际学术研讨会的闭幕式上，戚先生再次对青年学者真诚地提出希望，他谆谆告诫大家：历史研究，是老老实实的学问，来不得半点虚伪和骄傲，一定要坚持实事求是的科学态度，坚持日积月累和锲而不舍。甲午战争史的研究还有许多事情要做，希望大家要有不怕坐冷板凳的耐心，有持之以恒的信心，要用更多的时间去挖掘史料，要坚持辩证唯物主义和历史唯物主义的研究方法，不断提高研究的水平，为中华民族能牢记历史，不忘国耻，以史为鉴，做出应有的贡献。最后，他希望并祝愿大家在纪念中日甲午战争120周年的国际学术讨论会上拿出更多更好的研究成果。与会的中外学者，大家都以热烈的掌声感谢这位德高望重的历史学家的谆谆告诫和殷切期望。

青山依旧，物是人非。所有认识和熟悉戚其章先生身体情况的人都满怀信心地盼望他在90岁的时候，继续在威海主持召开2014年甲午战争120周年的国际学术讨论会，聆听先生的教诲，了却先生为之奋斗了近70年的甲午情结。但谁也没有想到，这位身体非常健康的耄耋老人，突然驾鹤西去，为人间留下了不尽的哀思和遗憾。作为戚其章先生的家乡人和晚辈，我们不应该深陷在哀伤之中，而应该牢记先生的教诲，化悲伤为动力，把对先生的思念转变为实现先生遗愿的具体行动，沿着先生开辟的北洋海军与甲午战争史研究之路大步向前迈进，不断开拓并发展，用甲午战争史研究的新成果回报先生的支持和帮助。

戚其章先生永远活在我们心里！

戚其章先生的英名永远刻在刘公岛上！

（此文原载于戚俊杰、郭阳主编：《甲午纵横》第5辑下编，华龄出版社2016年版，第424～451页。有改动）

先生已远去 风范却永存

——纪念毕生精力贡献“甲午”的戚其章先生

戚其章先生是威海市环翠区人，生前是山东社会科学院历史研究所研究员、山东社会科学院甲午战争研究中心主任、著名历史学家。先后担任过中国史学会理事，中国义和团研究会常务理事，中国近代军事史学会副会长，中国近代史史料学会副理事长，山东省历史学会会长、名誉会长，山东省甲午战争史研究会会长，山东地方志学会顾问，山东省社会科学界联合会委员，山东社会科学系列高级技术职务评审委员会委员，山东省社会科学优秀成果评选委员会委员，山东师范大学、鲁东大学、聊城大学兼职教授等社会兼职和学术职务。一生著作等身，蜚声海内外。

戚其章先生因专业成就突出，1988 年和 1995 年先后两次被评为山东省专业技术拔尖人才。其学术成果先后获得山东省社会科学优秀成果一等奖 2 项、二等奖 6 项。还获得国家新闻出版总署第一届“三个一百”原创图书工程奖。1991 年，戚其章先生被国务院批准享受“政府特殊津贴”。2007 年，又荣获山东省首届社会科学特殊贡献专家称号。

戚其章先生不但著述丰厚，蜚声中外，而且品质优秀，情操高尚，胸怀宽广，淡泊名利，超凡脱俗，为人正直，坚守信念，敢于担当，热爱国家，热爱人民，支持改革，关注发展，大胆探索，追求真理，锲而不舍，敢为人先，持续创新，百折不回，尊重知识，求真务实，勤奋敬业，不知疲倦，努力奉献，热心助人，有求必应，培养青年，提携晚辈，心系家乡，情满威海，对事业全力而为。因此，他也众望所归地当选为中华人民共和国第七届、第八届全国人民代表大会代表，为国家的改革开放和快速发展做出了积极贡献。

戚其章先生是从威海走出的著名历史学家，大学修的是机械工程专业，命运却阴差阳错地把他推进了历史研究领域，从中国古代史转向中国近代史，最终在甲午战争研究领域一发而不可收，成为甲午战争研究的大家。数十年来，他把全部精力都贡献给了“甲午”，又因其刻苦严谨的治学精神和丰硕的学术成果，而声名远播，光环绕身。他的一生随着国家政治的变化而跌宕起伏，丰富多彩。

一、辗转万里 求学“三都”

1925年3月20日，戚其章先生出生于威海城里西南隅吕家巷的一个商业小业主家庭。其父戚鸿烈与李东山（中国钟表工业创始人）为要好朋友，二人合伙开了一家名曰“东鸿记”的糕点食品店。其父没读多少书，但深知读书的重要。在家境不是十分宽裕的情况下，总是千方百计创造条件让戚其章接受教育。1931年，6岁的戚其章便入了海星小学。小学毕业后又考入育华中学。

这一时期，对戚其章的成长产生影响最大的有两个人：一位是他的奶奶。奶奶不识字，但脑子特别灵，记忆力非常好，很爱讲故事。在戚其章的记忆里，刚刚懂事时，奶奶就经常给他讲古代名人和历史故事，使他在少年时代就牢记“修身、齐家、治国、平天下”和“国家兴亡，匹夫有责”的古训，从而勤奋努力地认字看书，自觉学习文化科学知识。“奶奶讲的故事让我勤奋好学”，这是戚先生曾对笔者说过的一句情真意切的感悟语。另一位是初中时期的国学老师姜辑五。姜老师不仅学识渊博，见识深广，而且课讲得非常好，深入浅出，生动易懂。每周两节课的“国学概论”，让少年戚其章听得如痴如醉。在姜老师的启蒙引导下，戚其章对中国历史产生了兴趣，历史书籍便成了他的主要课外读物。初中还没毕业，蔡东藩所著的《中国通史演义》就通读完毕。同时，《三国演义》《隋唐演义》《七侠五义》《说岳全传》《于少保萃忠全传》等书籍也成为他的主要课外读物。戚其章先生曾经说过，他之所以与史学结下了不解之缘，与姜辑五老师的影响有很大关系。

1941年，初中毕业后的戚其章，与威海同时考入燕京大学附中的其他五个同学一起，不远千里去北京（时称北平）读高中。然而，没想到只读了几个月的书，日本军国主义者于12月7日偷袭了美国珍珠港海军基地，挑起了太平洋战争。燕京大学是英美基督教会学校，日军以敌对国关系为由将学校封闭。失学回家的戚其章不甘就此止学，过完春节就打点行装前往南京，投奔在南京邮政局工作的哥哥，考入鼓楼中学继续读书。然而不长时间，他就厌倦了这所身处敌占区的学校。因为当时同学们私下议论最多的就是要脱离日伪统治到后方去。其实，少年戚其章在威海读书期间，曾因经过日本宪兵队门前不给站岗的日本兵行礼，遭到日本鬼子的拳打脚踢。他恨透了凶狠残暴的日本兵。而南京的这所学校，是日伪统治的学校，他不愿见日本人，也不愿读他们的教材。他与一位同学密谋，学期一结束就到四川去，到大后方学校读书。没想到，临行前那位同学突然病倒了，无法同行。他只好一个人踏上奔往大后方的旅途。哥哥劝阻不住，只好让他乘车前往四川，并联系沿途邮政局的几位朋友，予以适当接济和关照。战争时期的车辆没有定点时间，而且时断时续，间隔无常。风华正茂的戚其章，有车时乘车快行，无车时则背着行李徒步前行。经过数月的长途奔波，历经难以想象的艰辛，终于到达了四川绵阳，找到了名为国立六中的山东联合中学。然而，入学考期已过，上学读书无望，投亲靠友无门，栖身之地又无着落。万般无奈之下，只好卖掉仅有的一件毛衣以解燃眉之急。就在他一筹莫展、站在路边发呆时，突然听到有人喊“戚其章！”“啊？万敬业！”他乡幸遇乡人、同学使他喜出望外。热心帮忙的万敬业将他带到宿舍，先安排其住下，再介绍他到一处建筑工地做小工。虽然工地上干活的时间长，体力消耗大，但戚其章却十分珍惜这个来之不易的机会。此后，他一直是白天干活，晚上学习，直到学校开学招生时，离开工地，跳过一级直接考入高中三年级，如愿以偿地在那里修完了高中课程。1944 年，高中毕业的戚其章报考大学。由于其成绩特别优秀，同时被五所大学录取。最终他选择了时迁重庆的“亚洲第一名校”、民国最高学府——中央大学，攻读机械工程专业。

自初中毕业 16 岁离开家乡，戚其章一直为求学奔波，从威海到北京，再从威海到南京，然后到四川绵阳、重庆，抗日战争胜利后，又随中央大学迁回南京市。八年时间围着首都和陪都转遍了大半个中国。

1947 年，戚其章（后排右二）与篮球队队员合影（戚柯平供图）

功夫不负有心人。1948 年，戚其章在中央大学修业期满，被分配到国立 60 兵工厂当了一名技术员，有了专业对口的固定工作和相对丰厚的工资收入。1949 年，解放军挥师南下之际，国民党政府决定将 60 兵工厂向台湾迁移。根据规定，该厂的重要设备和所有的工程技术人员及其家属都必须随之迁移。在此关键时刻，一心向往新中国的戚其章，做了一个让其一生都感到自豪的决定：放弃去台湾，留下来建设新中国。为了稳住厂方，避免节外生枝，戚其章始终不露声色。直到上船那天，他还是若无其事地带着妻子与孩子跟着厂方队伍来到码头候船。就在即将登船的那一瞬间，他带着家属迅速混进码头上乱哄哄的人群，成功地离开了逃往台湾的队伍，而留在了大陆。

二、擅自出院 丢了军籍

1949 年 5 月，留在南京的戚其章，参加了中国人民解放军，被分配到刚刚组建不久的华东军政大学任教。后又到了第三高级步兵学校和在此基础上组建的总高级步兵学校担任射击兵器系教员。他热爱这所解放军学校，非常珍惜自己的工作岗位。为报效祖国，他勤奋上进，努力工作，无论是教学还是科研，样样走在前，不久便加入了共青团。由于思想进步，业务知识扎实，工作勤奋认真，学校把一项关于弹道初速度测试仪的科研任务交给了他。戚其章废寝忘食，不负众望，在规定时间内很快出色地完成了任务，赢得了学校的高度赞扬和同事们的一致好评，并获得华东军区授予的“三等功臣”奖励。但是，由于他长时间的忘我工作，致使身体透支，积劳成疾，1951 年 12 月不幸患上了急症被紧急送进医院治疗。

中國人民解放軍華東軍區司令部政治部獎狀
茲有戚其章同志於工作中
積極負責完成任務創立功績
經批准為三等功臣特
頒發獎狀以資鼓勵
右給戚其章同志
司令員 陳毅
政治委員 饒漱石
副司令員 粟裕
副政治委員 譚震林
參謀長 張震
副參謀長 周駿鳴
政治部主任 舒同
副主任 唐亮 張凱
一九五一年十月 日

1951 年 10 月，戚其章因工作出色，被中国人民解放军华东军区批准为三等功臣（戚柯平供图）

由于那个年代医疗水平所限，医生把结核性脓包当成阑尾炎治疗，误将脓包割破，致使结核菌蔓延整个腹腔，造成腹腔严重感染，形成结核性腹膜炎。三次手术失败后，刀口长久不能愈合，并且时常往外流脓，久治不愈。1952 年 6 月，组织决定将其由步校医院转入位于镇江的解放军后方医院——苏南康复三院治疗。单位估计康复时间肯定会很长，所以按当时的规定，将其行政关系也随之转入该院，待其身体康复后再转回原单位。

令人遗憾的是，后方医院医生虽然态度积极，工作认真，但因治疗方案不对病症，效果不佳。后方医院只是按照疗养程序，积极为戚其章加强营养，没有针对结核病进行医治，因而导致胸腔积水升至肋骨之最高部位，病情日益恶化。在这危急时刻，戚其章再三请求使用链霉素治疗，院方以种种原因予以拒绝。他提出自己去买药治疗或自行外出求医的建议，也遭到院方的坚决拒绝。万般无奈之下，出于自救的本能，他由妻子陪同擅自离开医院，回到南京家中，并写信向步校领导汇报离开后方医院的具体情况。不久，步校领导派车将他接回到总高步校医院治疗，并先后两次向后方医院索要其行政关系，但后方医院却抓住“擅自离院”这件事不放，拒绝返还行政档案。1952 年 11 月，又以“逃亡犯”的名义，注销了他的行政关系，抹掉了他的军籍，还要将其清理回老家。

重病未愈的戚其章背着处分，离开了心爱的部队，丢掉了他喜欢的工作。此时，他虽然是学业有成，却断绝了养家糊口的经济来源。精神上的打击，事业上的坎坷，生活上的艰难，造成了他病情的再度恶化。严重时，他的刀口不仅排脓而且有时还排便。已近而立之年的戚其章并没有被压垮，他振作精神，决心与病魔抗争到底。贤惠的妻子与受人尊敬的岳母顶着巨大压力，到处咨询求医，千方百计筹钱，为其增加营养，并以每支 2.2 元的价格先后购买了 80 多支链霉素(按当时南京的物价，猪肉 0.48 元 1 斤、咸鸭蛋 0.07 元 1 个)，在家自行注射。经过几个月的持续治疗和精心照顾，戚其章的病情终于得到有效抑制，并逐步开始好转。1953 年夏季，戚其章带着妻子和儿子，回到阔别十多年的老家威海，在城里父母的家中继续休养，一面坚持药物治疗，一面利用威海地下矿泉进行水疗，最终使身体逐步恢复了健康。

三、业余研究 崭露锋芒

病愈之后的戚其章，出于对历史的酷爱，开始进行历史研究。针对当时国内史学界关于古代史分期问题和土地制度等问题的讨论，他积极投稿坦诚发表自己的学术观点。

从 1955 年到 1958 年，戚其章在国内知名的《历史研究》《文史哲》《学术月刊》《史学月刊》和《光明日报》的“史学”版，先后发表了 9 篇文章。当时，在国内“四刊一报”这种核心的学术报刊上每年发表 3 篇文章，即便是科班出身的专业研究者也属凤毛麟角。特别是《历史研究》1955 第 5 期发表了他的论文《关于西周社会性质的问题》后，著名学者王亚南先生即在专著《中国地主经济封建制度论纲》一书中大段引用，这对大病初愈的他从事史学研究是莫大的鼓励。

随着学术文章的发表，戚其章在国内史学界已小有名气。这些成绩的取得，也立即引起了地方领导的重视。他先被聘为民办中学的教导主任，后又被聘为威海一中的代课老师，继而转为国家正式教师。有了相对固定的工作，用来搞研究的时间就少了。加之学校的教学工作抓得很紧，尤其是对高中毕业班，要求更为严格。因此，从早上五点半到晚上九点下自习，所有教师都是全身心地靠在学校，只有晚自习结束回到家里后，他才得以进行自己的课题研究和著述写作。

1959 年，34 岁的戚其章接到一家出版社的约稿，希望他写一本《中日甲午威海之战》的普及性读物。由于时间急，接受任务的他只好告别自己喜欢的中国古代史分期问题的研究，全身心地投入到甲午威海卫之战的研究。

威海与刘公岛是北洋海军的诞生地，甲午战争的古战场，甲午海战的历史遗迹保存较多，参加威海卫和刘公岛保卫战的幸存者也健在。在进行温泉洗浴治疗期间，戚其章经常听到参加甲午战争的老兵讲述爱国官兵英勇抗敌、宁死不降的感人故事。戚其章将听到的这些故事做了记录和整理。此次接受任务后，戚其章马上行动，以抢救者的姿态，背上干粮，骑着自行车，跑遍了甲午之战的古战场，遍访了威海和荣成及文登的亲历甲午之战的老人，搜集到一大批珍贵的口述资料。由于他掌握的资料较多，古战场的地理位置又很熟悉，甲午威海之战的书稿很快就轻车熟路地完成。1962 年，戚其章的《中日甲午威海之战》一书，由山东人民出版社出版发行。该书资料丰富，叙述翔实，文字简练，通俗易懂，得到广大读者的一致好评。

然而，这本书非但没有给他带来荣誉和好运，反而在无产阶级“文化大革命中”成为被打倒的重要罪状。在极“左”思潮泛滥的年代，刚刚步入而立之年的戚其章，整天胸前挂着“反动学术权威”的牌子游街、挨批斗。1966 年 10 月，又被别出心裁地扣上“右派分子”的帽子，遣送到距离威海市区 20 公里地的羊亭公社北小城村居住，并进行劳动改造。但是，繁重的体力劳动，旷日持久的批斗，始终没有改变他从事历史研究的执着与追求。他靠自己的记忆默默地进行着思考与探索，继续北洋海军与甲午战争史的研究。

1973 年，山东大学实行开门办学，年轻的工农兵大学生来到威海开展社会调查，著名教授骆承烈点名请戚其章为大学生讲述甲午战争史。威海市的领导急忙把此时在威海三中（驻羊亭）教学的戚其章召了回来。尽管事前一点思想准备也没有，但戚其章仍以其丰富的史料，透彻的分析，将甲午战争的整个过程以及相关问题，讲得清清楚楚，赢得了师生们的高度赞赏。此次讲学令其声名远播，为其以后的发展带来了新的机遇。

四、专业研究 著述等身

1976 年 10 月，祸国殃民的“四人帮”被打倒后，国家和人民迎来了春天。1979 年，戚其章被调到山东社会科学院历史研究所专门从事研究工作。

良好的研究环境使他的学术研究如鱼得水。1981 年，出版了《北洋舰队》一书。1983 年，受国务院古籍整理出版规划小组委托，担任《中国近代史资料丛刊续编·中日战争》的主编。《中日战争》卷 12 册，约 500 万字，至 1996 年完成。主持《中日战争》卷的编辑工作，使他更详尽地占有了中外有关甲午战争的文献资料，为进一步全面系统的科学研究打下了基础。其间，又应人民出版社之约，于 1990 年出版了《甲午战争史》一书。

此后的戚其章，视野更开阔，思路更宽泛，重点更清晰，目标更明确，研究领域在不断扩展，探讨的问题也在不断加深，以史为鉴的意识也更加强烈。甲午战争时期的近代社会，日本明治维新与“大陆政策”，“失之俄美，取偿东亚”国策及军国主义的形成，甲午战争爆发的原因，甲午战争的国际影响及中外关系，等等，统统纳入了他的研究范畴。研究领域的拓宽，使其甲午战争的研究更趋于全面、系统，学科建设也得到完善和加强。同样一连串的高难度课题也使戚其章面临着巨大的挑战。多年的史料积累，深厚扎实的学术功力，史学家的执着追求和担当意识，使他的甲午学术研究一发而不可收，成果一项接着一项，著述一本连着一本。

从 20 世纪 90 年代到 21 世纪初的十余年间，他的工作重点着眼于以下几个方面：研究分析甲午战争的横向联系与东亚地区及国际大背景，揭示甲午战争的国际关系与影响，并分别于 1994 年和 2001 年出版了《甲午战争国际关系》《国际法视角下的甲午战争》两部著作；研究分析甲午战争的纵向联系，突出甲午战争为中国近代历史或晚清历史发展中关键的一环，并分别于 1990 年和 1994 年出版了《甲午战争与近代社会》《中国近代社会思潮史》两部著作；研究分析晚清时期的海权意识与海防建设，总结北洋海军的经验教训，并于 1998 年出版了《晚清海军兴衰史》一书；研究分析中国在甲午战争中的失利原因，揭露日军的间谍活动，并于 2004 年出版了《甲午日谍秘史》一书；着眼于追求真实，反对否定侵略历史，根据新发现的资料对有关历史事实重新认识，对日本学者提出的某些伪命题加以澄清，并于 2006 年出版了《走近甲午》一书；提出史学研究要坚持辩证唯物主义和常研常新的理念，科学总结中国近代重要事件和人物，2008 年出版了《晚清社会思潮演进史》《习史思辨录》两部著作；着眼于服务社会主义和人民大众特别是广大青少年，把史学研究根植于广大人民群众之中，于 2010 年出版了《甲午战争新讲》《中国近代史新讲》两书。

耄耋之年，戚其章先生可谓“发奋忘食，乐以忘忧，不知老之将至”，著作集中问世。81 岁时，49 万字的《走近甲午》一书出版，82 岁时，42 万字的《晚清史治要》一书出版；84 岁时，26 万字的《甲午战争新讲》一书出版；86 岁时，54 万字的《中国近代史新讲》一书出版；87 岁时，35 万字的《晚清社会思潮演进史》出版，同年，40 万字的《习史思辨录》书稿，已由他审完第一遍清样，在其逝世后第二年出版。

在山东社会科学院历史所工作的 30 多年里，戚其章先生共出版个人专著 16 部，主编、编辑著作 7 种，在国内外发表论文 200 多篇，粗略统计总共约 1500 多万字。其著述之丰、产量之高、观点之新、创见之多，享誉海内外。

五、科学治史 敢于担当

戚其章先生多次强调：史学观，是历史学家的灵魂与统帅。史学观正确与否，直接关系到史学家能否按照正确的方法与方向进行探索与研究，关系到史学家能否最大限度地反映历史的真相及其演进的规律，并为人类社会提供有价值的科研成果。他一贯认为，历史是实实在在的科学，必须坚持科学的态度和实事求是的精神，而且要始终坚持占有史料、辨析史料这一史学研究的起码原则。

戚其章先生的贡献，不仅在于他著作等身，还在于他以严谨的学风、科学的态度、敢于担当的精神，客观公正地评价和破解了一些学术难题和重大历史问题。

六十余年来，他始终坚持搜集资料与调查访问相结合，把国内的资料与国外的资料相比较，经过辨析再去伪存真，去粗取精，加以利用。爱国将领——北洋海军右翼总兵兼“定远”舰管带刘步蟾在黄海大战中的评价问题，早在 1938 年，蒋廷黻出版的《中国近代史大纲》中说：“刘忽下令把‘人’字阵完全倒置”，

“刘实胆怯”。1947年，历史学家范文澜出版的《中国近代史》中更是称刘步蟾是“卑污的懦夫”，其罪名是擅改阵形，“企图居中躲避炮火”。由于范文澜先生是马克思主义史学大家，他对刘步蟾评价影响广泛，观点似乎成了定论。1957年，郭毅生先生在《文史哲》第6期发表了一篇与范老不同观点的文章，但没有引起学术界的广泛注意。此时的戚其章积极支持郭毅生重新评价刘步蟾的观点。而且在1959年形成的书稿、1962年4月出版的《中日甲午威海之战》书中，用“奋勇督战”四个字来概括黄海海战中刘步蟾的表现。但是，电影《甲午风云》仍以范文澜先生的著述为依据，将刘步蟾塑造成为一个贪生怕死的反面人物。戚其章看完电影《甲午风云》后心里特别不是滋味，马上以影评的形式写了论文《甲午风云的得与失》，其重点是谈对刘步蟾的重新评价问题，并迅速把文章寄给某期刊社。不久，这篇稿子就被期刊社退回来了。期刊社的退稿信肯定戚其章文章写得“有理有据”，但又表示“不宜发表”。鉴于当时的社会背景，戚先生只好将这件事埋在心里，等待合适时机的到来。1976年10月，打倒“四人帮”后，知识分子迎来了百花齐放、百家争鸣的春天。

1977年春，辽宁大学历史系部分师生来威海开门办学，领队的陈崇桥主任邀请戚其章讲甲午海战问题。戚先生详细地讲述了中日黄海大战，大胆地提出了重新评价刘步蟾的依据，引起师生的兴趣。陈主任当即邀请戚其章先生参加秋季在沈阳召开的“《中国近代军事史》书稿讨论会”，并做专题发言。

是年11月，此会如期在东北召开，戚其章是唯一被邀请在大会上作专题发言的学者。早就想找机会公开发表对刘步蟾重新评价的戚其章，在大会上全文宣读了精心准备的论文《应该为刘步蟾恢复名誉》，引起参会者的强烈反响。接着他又发表了《应该为刘步蟾恢复名誉》《刘步蟾黄海战绩考》两篇论文。重新评价刘步蟾问题的大胆提出，终于引起了一场持续数年的大讨论。直至1982年，学术界基本达成共识，认为“刘步蟾在反对帝国主义侵略的战斗中英勇战斗，战功卓越，可称得上是一位爱国将领”。

20世纪70年代末至90年代，史学界数次掀起了为方伯谦平反的“翻案风”。特别是从1988年至1996年，方伯谦的侄孙女、美籍华人方俪祥女士曾出资在福州等地举办过方伯谦学术研讨会。主办方公开宣布方伯谦在两次甲午海战中，不但没有逃跑，而且是英勇杀敌，还独有创见地宣称他在黄海大战中开辟了西战场，是一位爱国将领，更有甚者竟称其为民族英雄。戚其章及更多的史学家则根据掌握的史料坚定不移地否定了他们的观点。1994年，方俪祥女士通过多方努力拿到了甲午战争100周年国际学术讨论会的入场券。在全体代表参加的学术报告大会即将结束时，她突然站起要求发言。这是会议没有安排的议程，作为主持会议的戚其章蛮有理由拒绝。然而，戚其章没有那样做，而是很有礼貌地请她到台上来讲。会议期间，戚其章又积极引导与会学者对方伯谦在黄海海战中的表现展开讨论，让方俪祥亲自到场倾听发言。讨论中，大多数与会者认为，根据现有的史料和证据，还无法推翻方伯谦在海战中首先撤离战场、撞上北洋舰队“扬威”舰的事实。正如台北“中研院”近代史研究所吕世强教授所说：“对于如此高龄的一位老太太，如此恳切的呼吁，大家自然深受感动。唯历史是历史，个人感情是个人感情，在没有证据之前，是无能为力的。”（吕世强：《甲午战争 100 周年学术研讨会》，《近代中国史研究通讯》第 19 期，台北“中研院”近代史研究所，1995 年）方俪祥女士的心愿虽然没有实现，但对戚先生和大会的安排表示满意。与会学者也对戚先生处事不惊的稳重、不斥异己的大度、坚持原则的理智表示钦佩和赞赏。

表面上看，戚其章先生温文尔雅，不愠不火，但实际上他立场坚定，是非分明，内心强大，坚韧有余。在学术研究的过程中，始终坚持辩证的历史唯物主义态度，坚持调查，注重史实，认真思考，去伪存真，绝不退让。在甲午战争 100 周年国际学术讨论会上，有日本学者把日本发动的甲午战争说成是“偶发事件”，把日本侵略和掠夺中国说成是一场“赌博”或“买卖”，把日本侵略军屠杀台湾民众的反抗斗争所花“经费”说成是“超支付出”，还说日本在这场战争中并没有“赚”中国多少钱。戚其章当仁不让，及时、敏锐、理智地给以理性、有理有据的批判与反驳。

19 世纪 70 年代，日本国内兴起了一股对中日关系产生过重大影响的兴亚主义思潮。近年来，部分研究者认为“兴亚主义的主流是应该肯定的”。戚其章先生大胆地否定了这一观点。他通过查阅大量资料，明确提出：日本“大力推行兴亚主义的兴亚会，不但不是所谓‘民间组织’或‘民间对清友好组织’，而是由日本外务省直接掌控和主导，并有军方参与运作的一个情报机构”。

另外，戚其章先生对北洋海军提督丁汝昌的身世及自杀之谜，对日军旅顺大屠杀之人数，对甲午之战日本掠夺中国财物之总数，对抗日保台与台湾民主国的性质及其历史作用，对李鸿章与翁同龢的关系，对甲午战争中依克唐阿（满族）的评价，对甲午战争中卫汝贵被杀案，对孙中山民主思想形成的时间等问题的研究结论，都能体现他以人为本、对人负责的态度，求真、求实、求深、求精的严谨学风，敢于破除旧说、重立新论的科学理念。

六、心系家乡 情满威海

戚其章重感情、爱家乡，离乡数十载，一直在关注家乡的发展，满怀热情地为家乡事业奉献着自己的智慧和力量。

精心运作，将甲午战争研究中心的牌子挂在威海。甲午战争博物院最初是1984年建立起来的文物管理机构，组建时间短、人员编制少、专业人才缺、研究力量薄弱成为制约博物院事业发展的瓶颈。我们把希望的目光投向远在济南的戚其章先生，希望他老人家能够鼎力相助。在他的精心策划下，1992年春天，山东社会科学院成立了甲午战争研究中心，戚其章任主任。5月20日，戚其章又与山东社科院的领导一起来到威海，将研究中心的牌子挂到刘公岛北洋海军提督署。甲午战争研究中心落户威海，进一步密切了甲午战争博物院同山东省社会科学院的关系，方便了甲午战争博物院同全国乃至世界各地专家学者的联系，使资料交换、信息沟通、学术交流得到进一步加强。同时，通过这个机构，吸引和组织了更多的专业研究人员和业余研究爱好者前来刘公岛考察史迹、研究史料，活跃了研究气氛，促进了博物院自身研究水平的提高。

热心帮助威海组织举办多次国际学术研讨会。自20世纪80年代以来，威海相继举办了甲午战争90周年、100周年、110周年、120周年和北洋海军成军100周年、120周年六次大型国际学术会议。这些会议，无论是省里牵头或威海市政府牵头，具体操办都由甲午战争博物院负责，但所有的一切都离不开戚其章先生的参与和支持。会前，专家学者的联系、论文的审查、与会专家的确定、议题分组的划分等，样样离不开他。会中，会议导向的把控、重点议题的评析、突发异常事件的处置、学者矛盾纠纷的平息，更是离不开他的亲历亲为。麻烦事之多、工作量之大，可想而知，乃至用“开一次会脱一层皮”来形容戚先生的辛勤与付出一点都不为过。当我们对他的辛劳表示内疚之意时，他却认为，为学科研究做事，为家乡做事，再苦再累也值得。

积极参与支持威海的学术研究活动。为了使甲午战争学术研究能在海内外形成常态化，2001年，我们决定创办《中国甲午战争博物馆馆刊》。戚其章先生得到这一消息后，立刻表态支持，并为馆刊的创办题写了贺词。自馆刊创办以来，他20多次在馆刊上发表署名文章，及时将自己的学术研究成果公诸于世，以吸引更多的学者利用这个学术平台助推北洋海军和甲午战争史的深入研究。2002年，为准备甲午战争110周年的纪念活动，我们在专家的倡导下，准备出版一套“勿忘甲午”丛书。该丛书由9个分册组成，戚先生主动承担了撰写难度很大的、反映甲午战前日本大量间谍来中国侦察的课题。他以大量鲜为人知的史料、崭新的科学观点以及十分新颖的写作手法，撰写了《甲午日谍秘史》这一分册。

只要是家乡的事，戚其章先生总是有求必应。1985 年，刘公岛建立北洋海军忠魂碑，威海市政府请其为北洋海军忠魂碑撰写碑文。戚其章先生毫不犹豫地接受了任务。1998 年丁汝昌官邸西侧新建北洋海军将士名录墙，请戚其章先生撰写名录墙序言。戚其章先生仍然是毫不犹豫地满口答应。

很多人看到的都是戚其章辉煌灿烂的一面，却不知他曾经遭遇的种种磨难和一路走来的艰辛与困苦。他在自己著述的 1500 多万文字中，从未提及个人遭受磨难的往事。步入耄耋之年后，我们曾劝他写个自传，而他却总是觉得有更重要的事情去做，一推再推。其实，戚其章先生对此也有过考虑：待《习史思辨录》出版后，将自己的家世、求学之路、关键时刻的正确选择、身处逆境的矢志不移以及科学治史的经历作一回顾，并初步拟定书名为《我的从史之路》。该书计划在其 90 岁时出版，他曾为此书写下了《九十自述》：

> 耄耋何堪忆年生？战乱流离似飞蓬！
> 负笈三都离乡远，从教孝陵渐有成。
> “病员模范”几成鬼，“文革右派”独一名。
> 幸逢拨乱效班马，桑榆晚年勤笔耕。

让人深感遗憾的是，他没能等到 90 岁，2012 年 10 月 7 日，享年 88 岁的戚其章先生永远离我们而去了。

2012 年 11 月，“中国近代海防国际学术研讨会”在香港召开。学术研讨会开幕之际，大会的主持人首先提议：全体起立，向刚刚驾鹤西去、海内外学界公认的甲午战争史研究的擎旗之人戚其章先生默哀致敬。会场气氛顿时肃穆庄重，全体学者虔诚地低头默哀……

今年是戚其章先生去世三周年，也是他的九十诞辰，我谨以此文表达对戚其章先生的敬佩之心和怀念之情。

（此文原载于戚俊杰主编：《甲午战争研究》2015 年第 4 期。有改动）

执着追求淡定 德高学深寿长

——纪念辞世于加拿大的王家俭先生

王家俭先生作学术报告

王家俭先生系安徽省涡阳县人，台湾师范学院史地系、台湾大学历史研究所毕业，英国伦敦大学、美国哈佛大学访问学人。曾任台湾师范大学历史系教授、系主任、历史研究所博硕士论文指导教授、博士班导师，台湾辅仁大学、文化大学、中兴大学兼职教授，香港珠海大学客座教授。主要著作有《魏源对西方的认识及其海防思想》《魏源年谱》《清末民初我国警察制度现代化的历程》《中国近代海军史论集》《清史研究论》《中国近代海军史论集》《清史研究论薮》《李鸿章与北洋舰队——近代中国创建海军的失败与教训》《洋员与北洋海防建设》等。

我与王家俭先生因开会而相识，也因此而成为忘年之交。1994 年，在中日甲午战争爆发 100 周年之际，71 岁的王家俭先生应邀首次来中国威海，参加“甲午战争 100 周年国际学术讨论会”。会议期间，与会代表参观考察刘公岛甲午战争纪念地时，我专门抽时间为远道而来的专家学者简要介绍刚满 9 岁的中国甲午战争博物馆不平凡的成长历程，并借机向他们咨询有关北洋海军将士后裔分布及相关史料的收藏情况。与他们交谈的时间虽然很短，但王家俭教授平易近人的和蔼态度和儒雅稳重的学者风度给我留下深刻印象。通过此次国际学术讨论会，使我视野更加开阔，建设好甲午战争博物馆的信心更加坚定，招才引智、借人兴馆的发展理念更加清晰。刘公岛上的短暂交谈，让我们彼此都觉得十分愉快。自此以后的 20 多年时间里，王家俭先生在夫人李伟虹女士的陪同下，又不远万里陆续四次专程赴威海，参加国际学术研讨会，我们的友谊进一步加深。

另外，我们还在合肥、青岛、香港等地举办的国际学术研讨会上相聚畅谈，共同讨论中国的近代海防与海军以及甲午战争研究的新动态和新成果。除此之外，我们平时还通过拨打国际长途电话、过节时互赠贺卡以及发电子邮件等方式，保持相互之间的联系，及时交流学术信息，探讨史学研究的热点问题。

2001年，中国甲午战争博物馆创办《中国甲午战争博物馆馆刊》（2015年更名为《甲午战争研究》），王家俭先生即应邀担任该刊物的学术与历史顾问，并经常赐稿。因此，王家俭先生不但是我们的良师益友，更是名副其实的学深德高的前辈楷模。

2016年4月14日，得知93岁的王家俭先生驾鹤西去，我非常悲痛。老先生立志求学、不惧艰难、锲而不舍、勇攀高峰的学习精神，善良慈祥、和蔼可亲的音容笑貌，精心执教、全心育人的园丁情怀，博学多识、侃侃而谈的学者风度，严谨细致、求真务实的工作作风，有求必应、不吝赐教的长者胸怀，热爱国家、反对分裂、企盼民族复兴、珍爱人类和平、反对侵略战争的殷殷真情，时常浮现在我的眼前，令我无限思念。

一、艰难而漫长的求学之路

1923年8月28日，王家俭先生生于安徽省涡阳县殷庙集的王氏家族。其父王幼泉幼时家境贫寒，身体瘦弱，为了多一条生存的活路，很小就师从当地纸艺师傅史先生学习纸活。成人后仍以农耕为主，兼在街上做点小生意。由于他工作努力，生活中又精打细算、勤俭持家，到王家俭上小学时，家中已拥有农田七八十亩，一头既能耕田又能拉车的大黑牛，黄、白马各一匹，四轮太平马车一辆，磨房、车库各一间。此外，还雇佣帮工2人。这在当时的殷庙集上是数一数二的富裕人家。

1930年秋，7岁的王家俭进入安徽省涡阳县立第三十一小学读书。学校位于段庙集的西北端。校舍原为一座“三皇庙”，供奉天皇、地皇和人皇三尊神明。学校规模不大，共有学生近百人，老师加校长也不过四五位，因而班级采用混合编制，一间教室内即有一、二、三、四四个年级。

王家俭因小时曾患有白喉，发高烧使记忆力大受影响，6岁之前的往事完全模糊不清。他刚上小学时，因小时候发高烧把口腔与舌头都烧伤了，故发“来”字的舌音时，常读作“唉”，引发同学们的哄笑。他此后反复练习发音，不久就纠正过来，恢复了正常。小学教育是一个人成长的发蒙时期，也是人格培养塑造的起步阶段。王家俭走出狭小的家庭空间，进入人员众多的学校天地，小小年纪的他体味到了学习的乐趣。

王家俭的小学初期成绩，以国文、常识为好，进入高年级以后，其学习成绩总是名列第一。由于表现出色，他深得师生喜欢，每天放学时都由他“集合整队，喊口令，向老师报告人数。身上披挂一条红带子，走在队伍前面显得神气十足”。

但是，好好的生活，被日本侵略者毁掉。日本发动七七事变开启全面侵华战争之后，因家庭生活贫困，又为日本侵华战争所扰，王家俭小学毕业后就无法继续读书了。为了多学知识，他陆陆续续读过四次私塾，接受传统文化教育，让他打下了较好的文言文基础，还学会了给自己煮饭，为老师做饭。正是有了这些艰难的经历，才使他更加珍惜来之不易的学习机会。

1941 年，18 岁的王家俭为了继续学业，只身前往阜阳城南 45 公里远的中村岗镇投考宿县中学。在他赶往中村岗镇的路上，曾看过一次日全食。当时突然昏天暗地，日月无光，村民多以为是天狗吞日，遂敲锣打鼓加以驱赶。王家俭好不容易到达目的地，才知宿县中学原设于宿县城内，旋以宿县被日军占领而停办。在中村岗复校的宿县中学，是颍州师范校长孔禾卿，为救济家乡失学子弟，联同其他人所办。因此，一切就简，只有新盖的两栋教室，连学校教职工的办公室都是借用民居。入学者无需正式的入学考试，只要经过询问答辩合格，即可注册入学。因而学生年龄大小不一，文化程度参差不齐，小者十五六岁，大者二十多岁。虽然这里教学设施简陋，学习条件较差，但因老师经验丰富，说话又很幽默风趣，因而深得学生们的喜欢。然而好景不长，宿县中学刚刚在中村岗复校一个学期，因战乱又迁往蒙城马集了。这里的教室及办公室，全是临时搭建的茅草房，甚至连课桌和板凳都是以高粱秆为骨架，外敷以黄泥而搭成。由于桌面粗糙，衣袖常被磨破而需要打上补丁。学生们睡的是以麦草堆起的地铺，宿舍距离教室大约有数百米之遥。每到冬天，寒风刺骨，冻得让人难以忍受。清晨在上课的路上，总会瞥见路旁横躺着几具难民冻僵的尸体，其惨状令人触目惊心。这都是日本侵略者发动战争造成的惨剧。

这里的学习条件虽然更为艰苦，但王家俭在宿县中学的学习生活尚称愉快。他各科成绩均名列前茅，人缘也很好，还被推举为班长。因而从校长、教务主任到老师，对他都爱护有加。因知其家境贫寒，特给予工读机会，安排他在教务处刻钢板，油印补充教材。有一学期，几位老师联合一起为他交了学费，令其不胜感激，终生难忘。

王家俭自幼喜欢传统小说，如《东周列国志》《封神榜》《三国演义》《水浒传》《西游记》《隋唐演义》《七侠五义》等。至中学读书时，则常阅读诸如鲁迅、郭沫若、夏丏尊、朱自清、叶圣陶、朱光潜、刘半农、郁达夫等人写于 20 世纪

30 年代的文学作品。正因如此，文艺股长也经同学们推举由他担任，每出一期壁报都由他担任主编，并负责撰写一篇类似报纸社论的发刊词。

王家俭在宿县中学读到初三下学期时，因班上同学纷纷转学，使他也产生转入公立中学读书的想法。安徽太和县二十一中学是一所国立中学，因其校址设于安徽太和县，故也允许皖北各县半沦陷区的学生报考。王家俭得知消息，也前往报考，并自以为发挥正常，考试成绩肯定不错。但因家乡距县城有 25 公里之遥，交通十分不便，往返非常不易，待他获悉考取第一名即刻赶往县城教育科查询时，所得到的回答是："你逾期不来报到，名额已由他人顶替。"为了争取最后的机会，他跑到太和县二十一中学向校长丁相民陈述详情，却只获得暂时留校旁听的机会。不久，徐州中学在太和县复校，他又考取了，终于正式有学校可读。但是，宿州中学是自费，他再上报校长，要求缓交学费，却遭到拒绝，多亏家人及时赶来送钱，解了燃眉之急，保住了学习机会。1943 年底，日军又在豫东发动进攻，眼看战火就要烧到太和与阜阳各地，为了学生安全，军事当局决定将二十一中等公办学校迁往陕西的宝鸡暂避。宿州中学因系私立，无法顾及，只得在年底大考之前自行解散。好不容易考上的宿州中学，到此又无果而终。

1944 年初夏，在安徽第五临中就读的同乡任世文写信告知王家俭，该校要招收插班生，要他马上去应试。21 岁的王家俭不顾天气炎热异常，只身一人踏上漫漫长途。当时路的两侧多是密密麻麻、高过人头的青纱帐，看不见行路之人，形单影只的他提心吊胆行走在荒山野林之中。其时因战乱频繁，灾荒严重，盗贼土匪时常出没，实在是危险异常。王家俭战战兢兢，半走半跑，历经千辛万苦，终于平安到达目的地。但却未曾料到插班考试时，因他一时紧张而名落孙山。后经多次协商与请求，才以随班附读的名义留了下来。

在安徽省立第五临时中学就读期间，因插班高中二年级下学期，属于越级就读，有些科目如物理、化学、大代数、几何都未曾学过，数理方面根本跟不上。幸而在文科方面表现尚好，成绩差强人意。如英文，即因他利用暑假阅读一巨册的《纳氏文法》，并演做习题，受益甚多，进步很快。国文方面，由于他曾读过梁启超的《饮冰室文集》，受启发很大，因而成绩也很好，得到老师和同学的肯定。在此校学习期间，由于是随班附读，没有正式学籍，也没有公费名额，经常因漏掉名字而没有饭吃。当时的伙食也极差，不但菜量不足，汤中的油水也很少，吃到第二碗时，只能以咸汤泡饭。至于主食米饭，则多为仓库中的陈旧糙米，吃饭时常可挑出许多秕子和沙石。住宿的破房子，原是山西会馆，因年久失修，破败不堪。晴天屋顶见天，下雨时漏水严重，有时冬天下雪，屋内地上居然漂落了一层雪花。尽管生活条件艰苦，但为了继续学业，王家俭只能顶着压力，排除困难，铆足劲学习。天道酬勤，终于在 1946 年 1 月经考试合格后获得了高中毕业证书。

王家俭高中毕业后，虽然已经被聘为中小学教师，但他内心深处仍期待考上大学，再上一层楼，以便开创更为美好的前程。

1947 年 7 月中旬，王家俭得知去台湾会有上大学的机会，他顾不上回家告别年迈的父母及兄妹，跟随在台湾师范学院任历史系助教的殷兆五等人，搭乘火车，换乘轮船，渡过长江，改乘马车赶往京沪铁路总站，再乘夜间火车前往上海，等候乘船去台湾。

7 月 28 日，王家俭他们搭乘 5000 吨级的“中兴”轮前往台湾。8 月 1 日，王家俭因需要公费补助而报考了台湾师范学院，而且考试一举成功而被录取。但遗憾的是，他申报的第一志愿教育系和第二志愿国文系均未上榜，反而考取了基础薄弱的理化系。无奈，王家俭加倍努力，一年后才转入史地系，并与历史这门学科结下了不解之缘。

此时的王家俭，把所有的时间都用在学业上，以满足自己对知识的渴求。他渴望什么都懂得，举凡天文、地理、哲学、科学、文学、艺术、政治、经济、社会等书籍，都可以在学院图书馆看到，这对于风华正茂求学心切的王家俭来说，确实是如鱼得水，机会难得。他利用一切可以利用的时间，全身心地投入到学习之中。

可惜好景不长，灾难再次降临。1949 年，台湾发生两件大事：一是“四六学潮”，二是“白色恐怖”。一心想读书的王家俭却无一幸免地经历了这两次突然降临的灾难。先是 3 月 29 日，为了纪念黄花岗七十二烈士的革命精神，大学生在台大法学院的校园内举办了一场烛光晚会。会上，学生们高唱《团结就是力量》的歌曲，声称要成立学生联合会，因而引起当局的注意与怀疑，以为学生背后有共产党人操纵。4 月 6 日深夜，台湾当局出动军警将师范学院和台湾大学宿舍的学生统统予以逮捕，王家俭适在其中。他们全被军用大卡车运到军营拘禁。王家俭与师院的男生被关在一处长方形的三楼之内，睡的是上下铺的架子床，除了吃饭如厕外，只能睡在床上，根本没有活动空间。平时既无报纸可看，又无书籍可读，大好的青春时光白白流失。当局对学生采取隔离审查的方式单人询问，并在暗中加以细致观察，以便采取不同的处理措施，十多天后，才允许学校将学生保释。此时，师范学院成立“整顿学风委员会”，制定“学生学籍重新登记法”“学生甄别审查办法”，借机将当局认为可疑的学生予以退学。王家俭侥幸躲过这一劫。当他回到宿舍时，校园周围还竖立着层层铁丝网，被撞破的宿舍大门也没有修复，到处荒草蔓生。虽然复课了，但同学们仍胆战心惊，难以静下心来学习。盼到暑假，王家俭本想利用假期补上缺课，再多读些课外书籍来充实自己，想不到又患上痢疾，弄得面黄肌瘦，浑身无力。

8 月 15 日深夜，熟睡中的王家俭突然被喊醒，他迷迷糊糊看见训导员及两个宪兵等在那儿。他们将他挟持到师院大门口的吉普车上，他发现数学系的丁权和艺术系的陈培基也同时被捕。他们三人被蒙上眼睛，戴上手铐和脚镣，脑子一片空白，根本不知道发生了什么事情。

王家俭他们被押往保安处的办公室，被喝令每人写一份自白书。至凌晨 2 时许，开始接受过堂审问。只见昏暗的大房子里坐着三位表情严肃的法官，两旁站着许多卫兵，阵势相当森严恐怖。主审法官在问明姓名、性别和籍贯后，马上提高声调对王家俭说："你知道自己犯了什么罪吗？"答称："不知道，真的不知道。"那位法官冷笑着说："你是师院四大干事之一，还不承认。我们决定将你们交给宪兵第四团，清晨四点钟送往马场町枪毙。"然后令人送来一盘包子，一杯水酒，作为临刑前的最后一顿饭。王家俭见他气势汹汹，根本不让答辩，自忖多言无益，便要了纸和笔，写了一封简短的遗嘱信，留给在女师执教的丁老师，请他代转家人："我已不幸冤死，不必再为挂念，恩情来生再报。"审讯就此结束。王家俭被关在一座小房子里，等候执行枪决。此时的王家俭百感交集，愤怒无比，他高声大骂当局不该毫无证据就草菅人命，残害无辜。虽然骂声不断，但却没有一个人搭理。直到凌晨 4 时左右，才有人进来把他带到另一间审讯室。这次的法官见面后直接将一封控告信拿出来让他过目。原来所谓的四大干事之一，就是从这封控告信中产生的。令他万万没有想到的是，写这封信的人竟是与他朝夕相处的室友。这位李姓同学是湖北人，由青年军转学而来的，比王家俭高一届。两人睡架子床的上下铺，平时称兄道弟，相处非常友好。万万没有想到，他竟然无中生有，诬陷好人，要置同学于死地。审讯的法官虽然知道王家俭是无辜的，但当局的政策是"宁可错抓，绝不能错放；宁可冤枉一百个好人，也不能放掉一个真'匪谍'。"王家俭就是在这样的背景下失去人身自由。

自 1949 年 8 月 15 日被捕送入保安处，至次年 3 月 5 日，王家俭在拘留所监禁长达 6 个月零 20 天。其间，数十人挤在一个大房间里，吃喝拉撒睡全在里面。室内光线昏暗，门窗狭小，密不通风，臊臭难闻。关押在此的人员既有大学教授，也有大学与中学的学生，还有贩夫、走卒、新闻记者、报刊编辑、政府人员、军中官兵等。虽然失去人身自由，但王家俭仍然没有放弃学习的念头。他抓住与大学教授说话的机会，谈古论今，作诗习文，学习文学。

1950 年初春，台湾当局在内湖附近设立了一个训练营（或称集中营）。3 月 5 日，王家俭被剃光头发，穿上蓝色号衣，开始接受思想改造教育。这里的条件比拘留所有所改善，作息时间比较规律。虽然可以在院内活动，但整个大院戒备森严，铁丝网高围，卫兵守门，绝不许随意出入。偶尔允许外出，还必须两人戴一副手铐，以防逃跑。在接受洗脑教育的过程中，所有被关押的人员都盼望早日脱离苦海，恢复自由。

王家俭是在年底时被允许交保，但两位保人的条件与资格要求很高。武职保人必须是少校军衔以上，文职保人也有明确的条件规定。王家俭在台湾举目无亲，一个穷学生身无分文，熟人极少，尤其是在那个特殊时期，一般人不愿意涉及政治敏感人员。直到初夏，多亏先出去的狱友丁权全力奔跑，多方求人，找到武少虔少校和在省建设厅工作的王晓夫先生，才终将交保问题解决。王家俭最终于 1950 年 7 月 15 日获得一纸"台湾省警备司令部保安处新生训导总队证明书"，走出牢房。

从 1949 年 8 月 15 日被捕监禁，到 1951 年 7 月 15 日被释放，王家俭失去自由、丧失学习时间恰为 1 年零 11 个月。走出保安处的大门，他立即重返台湾师范学院，恰巧碰到尚未离校的同届同学李学纯，得知王家俭无罪释放，返校复读，立即决定与他同住一间宿舍，以便办理复学手续。此时孑然一身、举目无亲的王家俭悬在半空的心才落地。此后，他不顾一切地投入到新的学习生活中去，力图将近两年的损失补回来。

王家俭因是插班生，许多学分需要补修。他抓紧时间，依照规定，饶有兴趣地学习了政治地理、地图学、亚洲各国史、世界通史、秦汉史、魏晋南北朝史、隋唐五代史、历史教学法、宋辽金史、文艺复兴史、元明史、中国近代史、中国现代史、西洋上古史（希腊罗马史）、中国中古史、西洋中古史、西洋通史、地理考察、亚洲地理、欧洲地理、美洲地理、气象学、地理教学法等课程。重新回到课堂的王家俭非常珍惜学习的机会，每堂课他都十分紧张而快速地将老师讲的内容完完整整地记录下来，唯恐有一丁点的遗漏。他复课以后使用的记录本，共有 6 大本之多。另外，对于教授指定的英国人莫尔斯的《清代外交史》和叙利亚人多桑的《蒙古史》（冯承钧译）的两部课外参考书，他也攒钱购买，挤时间阅读。1953 年 6 月，进入而立之年的王家俭于台湾师范学院毕业，获得了大学文凭，并被政府分配至桃园县杨梅中学执教。但王家俭并未满足现状，他想投考台湾大学研究所继续深造。但那个时期台湾设立研究所的大学只有台湾大学一校，而且只有硕士班，投考者多，名额有限，竞争相当激烈。而且师范学院与台湾大学的教学目标不同，师范主要是培养中学教师，而台湾大学则倾向于学术研究。所以在台大教授眼中，师范本科毕业生只不过是不知学术研究为何物的“教书匠”，其歧视程度可想而知。再就是两校教授所讲授的课程内容也不相同，教学重点也大相径庭。正因如此，师范毕业考取台大研究所者可谓凤毛麟角。

有志者，事竟成。王家俭一边认真教书，一边抓紧时间准备报考台大研究所。1960 年 8 月，省立新竹中学上半年的课程已经结束，王家俭借机北上应试。放榜结果，幸被录取，名单还在报上刊载了，这让年近不惑的王家俭异常兴奋。

是年 9 月，37 岁的王家俭到台大注册，随即入住基隆路研究生宿舍，并由中学老师转变为高龄学生。他在杨梅中学教过的学生郑锦全，当时已经是台大中文研究所二年级研究生，成为他的学长。另外，还有在杨梅中学教过的女学生王素华和范晴美两人，当年也考入台大研究所英语系，与他成为同届同学。然而，求知心切的王家俭早把师道尊严丢在一边，全心全意投入到学习之中。

毕业论文是研究生最重要的课题，三年之内必须提交。王家俭从一开始就选定李宗侗教授为导师。李先生是河北高阳人，其祖父李鸿藻是晚清时代名臣，曾被尊为清流党领袖，与两代帝师翁同龢齐名。王家俭选修了李宗侗先生的《清史研究》，但在论文方面，则是旁听许倬云教授的“论文研讨”课时获得启发，最终决定硕士毕业论文题目为《魏源对西方的认识及其海防思想》。论文答辩时，著名清史专家萧一山先生仅提了几点需要修改的问题，便获得通过。

1963 年 6 月，王家俭拿到了硕士学位，终于实现了他继续深造、再上一层楼的愿望。三年的研究生生活，使王家俭收获颇丰。一是论文的通过，不但使他有了令人满意的处女作，而且还使他认识到“学术研究是一种专门之学，也是一种不朽的千秋大业，如非长期钻研，涵泳其间，殊难窥其堂奥”。学术研究必须要静心潜入，了解其真谛，才能有所收获。二是在台湾大学这座学术氛围浓厚的殿堂里，他学到了一些治学方法，即研究学问的门道，而且这些门道都是在书本中无法学到的。三是由于获得硕士学位，使他日后的教学工作获得更上层楼的机遇，进而也使他的人生有了彻底的改变。

从 1930 年上小学读书，至 1963 年获得硕士学位。王家俭先生的学习生涯断断续续坚持了 33 年。艰难而漫长的求学之路，使他获得了宝贵的知识，懂得了人生追求的价值所在，也使他品学兼优，成为学高为师、身正为范的教育工作者。

二、全力奉献于教育事业

王家俭先生一生最精华的岁月都奉献给了教育事业，前后长达 40 多年。由于处在战争频仍而动荡不安的年代，王家俭的教学事业也处于艰苦困顿、颠沛流离之中。1944 年初，刚满 21 岁的王家俭首次应邀到安徽涡阳城南五里路的草桥寺小学任教。虽然学校规模不大，但学生们天真无邪、活泼好学的状态让初执教鞭的王家俭特别高兴，也使他从此与教育事业结下了不解之缘。然而因复学就读，王家俭在此执教仅一个学期就结束了这段短暂的执教生涯。

1946 年初，王家俭高中毕业后，正在考虑就业问题时，涡阳县议会的副议长魏少华先生介绍他到涡阳城中小学任教。涡阳城中小学校址设在以前孔庙的旧址，红墙绿瓦，颇具规模，是该县城内最好的一所小学。王家俭愉快地走马上任，担任五年级甲班的导师（即班主任），教授国语与社会。每天除上课之外，就是批阅周记、作文和大小楷书法等学生作业。

在涡阳城小工作一个学期，由于其工作能力与教学水平较高，同年 8 月又幸运地被聘任到涡阳县中学分校执教。该校位于城西 25 公里的孙店集，故称“孙店分校”。在此教授初二地理和初三英语。为了强化英语的记忆能力，他特将生字一一查出，对照英汉字典，在上课之前即标注好汉字对照。好在那个时期对英语的教学要求较低，故能按照要求完成教学任务。年末之际，因国内战争爆发，导致学校停办，王家俭下岗待业。

1947 年 2 月，王家俭又受聘到宿县符离镇第一中心小学担任教务主任。在这里，王家俭既要教学，又要搞教学管理。虽然他不是师范学校毕业，缺少行政经验，但因他勤奋好学，善于探索，很短时间就由生疏变得得心应手。其间，他以校为家，忠于职守，除了上课、办公之外，每天一早就率学生跑到郊外做早操，可谓工作认真。另外，他还代替很少过问学校事务的女校长，解决了拖欠老师的薪粮这一老大难问题。为了帮助一个家庭困难的人，他还主动从自己的薪粮中拿出 20 公斤，使其家人度过难耐的饥荒。可惜因他个性耿直，不会看脸色行事，更不屑于向权贵低头，故一学期后，即被年轻的女校长以她的“笼太小，蒸不下大馒头”为由，没有续聘王家俭。

1953 年 6 月，第五次重执教鞭的王家俭是在台湾师范学院史地系毕业后，被分配到桃园县所属的杨梅中学，教授语文及高、初中的本国史及外国史，并担任一年级乙班的导师。其间，一是因白色恐怖的阴影仍在，警察时常造访，如影随形，令王家俭心烦意乱。二是他的肺结核病虽然已经钙化，但还要定期追踪复检，令他时常担忧。三是尽管教学认真，从不请假，但得不到学校的重视，殊感沮丧。直至第四年的第一学期之末，学校被桃园教育科指定办理“历史教学观摩会”，由王家俭担任示范教学的主角，其主题是高三外国史中的“美国南北战争”。为了不落俗套，能让人们耳目一新，王家俭别出心裁地设计了一套电化教学内容，融老师讲解、资料播放，学生提问、相互讨论于一体，最后再由他作出结论。该次示范讲课形式新颖，师生互动效果很好，颇受好评。

1957年，王家俭被聘到新竹省立中学教授历史，历时三年。新竹省中是台湾北部的一所名校，南面与高雄一中、台中一中，北部与台北建国中学、师大附中等齐名。该校之所以成为名校，是因为广东人辛志平校长的办学理念是五育并重，始终坚持教育的目的乃在于启发学生的潜力和创造力，经常训练学生的团队精神，大力培养其国家民族意识，塑造健全的人格。学校对于国学、英文、数理化及其他科目都非常重视，效果良好。另外，学校不但鼓励学生努力向学，而且主张多参与课外活动，特别是体育和军训，强调人人参与，通力合作，目的是训练学生的体力、耐受力以及团队协作精神。

在此执教期间，王家俭曾因白色恐怖受到牵连，被贴上“问题人物”的标签，成为当局治安人员列管监控的重点对象。但因他教学表现良好，受到辛校长的公正对待与尊重，让他心情舒畅，工作更为勤勉。

1963年，获得硕士学位的王家俭，应老师的邀请，重回已经更名为台湾师范大学的母校执教，负责教授中国近代史。同时，他还应台湾“中研院”近代史研究所的约请，在该所从事兼职研究工作。

已是不惑之年的王家俭回到母校执教，工作非常认真。他想方设法，竭尽所能，不断提高教学质量。其主要作为表现在三个方面：一是改进教学方法，大胆将传统的灌输式教学，改为新型的启发式教学。由以前的老师讲、学生听，老师写板书、学生抄笔记的模式，改为活泼的分组教学，即先由老师拟定大纲，再让学生根据题目寻找资料，提出报告，并加以讨论，最后再由老师作出补充与结论。二是对重要的历史事件，持客观公正的态度，向学生讲述真实的历史。那个时期，由于大陆与台湾两岸分立，立场各异，台湾当局认为1919年爆发的五四运动是共产党产生之根源，故台湾当局在官方编撰的《中国近代史》内，对五四运动讳莫如深，既不敢多写，又不能不提，仅以二三十个字一掠而过，致使许多学生不明真相。王家俭认为，五四运动不仅是一次爱国运动，也是一次新文化、新思想运动，在中国近代史上具有极其重要的历史地位，不能也不应该将之轻描淡写，一笔带过。因此，王家俭不顾自己过去遭受的政治责难，对类似的历史事件，都能客观公正地依据历史史实，说明其历史背景与意义，指出其对后世产生的巨大影响。这样的教学，收到良好的效果，得到广大师生的好评。三是将期中考试改为撰写“读书报告”，期末考试仍然照常进行。为了强化学生的自我创新能力，他倡导学生学习撰写论文，规定“读书报告”必须写成一万字的长文，才符合要求。这项改革既可督促学生多读课外书籍，又可使学生学会如何收集资料或鉴别材料，练习写论文，为日后进一步深造打下良好基础。为了解决学生无从下手的问题，他明确提出了写“读书报告”的五个步骤，要学生循序开展，即第一步，就个人兴趣选定题目；第二步，根据题目搜罗相关史料，并分清什么为主料，什么是次料；第三步，整理及研读相关史料，思索其中的起承转合关系，以便对题目及内容有深刻而系统的梳理及安排；第四步，拟定论文大纲，呈请老师审阅指导；第五步，根据大纲依次撰写，并要有前言、结论以及附注等。这项改革充分发挥了学生的主观能动性，收效甚好，使学生们进步很快。尽管王家俭审阅批改学生的这些论文费力耗时，工作量增加了很多，但他却以“对学生益处甚大，而乐此不疲”。由此足见王家俭甘于奉献而无愧于桃李的园丁精神。

王家俭先生全家合影。自右至左：长女王俊文、王家俭先生、次子王俊元、夫人李伟虹、长子王俊中

王家俭先生自1963年8月受聘为台湾师范大学历史系讲师后，1967年晋升为副教授，1971年晋升为教授，1976年8月又荣幸地被聘为历史系主任。担任系主任期间，他大胆开拓，全身心地奉献于师大历史系。他大胆地对历史系图书设备、经费管理、课程调整、学术研讨、人事安排、教学方针等诸方面进行探索改革。关于课程调整方面，除保留原有课程外，增开了“文化人类学导论”“中国科学史”“中国经济史”“中国社会史”“口述史”“史学导论”等。为了保证教学质量，特聘请台湾“中研院”民族学研究所、近代史研究所著名的研究员授课，他自己则坚持亲授“史学导论”的课程，训练学生撰写论文，学会从事学术研究，以达到教学相长的目的。

为了提高教学和科研水平，促进自觉读书学习、形成广泛开展学术讨论的风气，王家俭规定系内教师不论职务高低，上至教授下到助教，每月轮流提出研究专题，并将论文拿到研讨会上报告，由参会者共同讨论。为了保证学术研讨会的质量，他首先请历史系的元老朱云影教授第一个报告，以作倡导和示范。自此，师大历史系每月一次的讨论会一直实施并成为定制。这一举措，不但开师大历史系风气之先，更是当时台湾各大学历史系破天荒之大事。此后，台湾其他大学也相继仿效举行，从而形成一种学术风气。

为了改变以往师大以培养中学师资为目的而忽视学术研究的方针，及时跟上时代发展要求，提高师资的综合能力与水平，师大历史系还及时增设了研究所硕士班和博士班，并将之教学目标加以调整创新，确立教学与研究并重的新教学目标。为能快速提高学生素质，历史系和研究所齐心合作，共同举办讨论会，出版《台湾师大历史学报》，及时向社会发布学术研究成果，以达到与新的教学目标相配合。这些改革与创新，适应了社会发展的需求，成效显著，受到欢迎。

二、学术活动相伴终生且著述宏富

王家俭先生的学术研究起步于20世纪50年代。那时，他在台湾省立新竹中学任教，有志于投考台大历史研究所，但报名的条件需要一篇论文或读书报告以及一份日后的研究计划。王家俭委托在“中研院”近代史研究所工作的老同学吕世强借到一套魏源著的《海国图志》，便开始细读并研究。之后，他不但完成了一篇报告、一份计划，还于1960年考取了台大历史研究所。三年之后，他又以《魏源对西方的认识及其海防思想》这篇论文，顺利获得硕士学位，随后即被师大聘回历史系任教。与此同时，他还被聘为台湾“中研院”近代史研究所临时助理员，充当兼职研究人员。其间，他承担了《中国对于西方的认识》一书的资料搜集和编辑工作。从订定体例，作成小传，编为目录，注明出处，一切皆出自他手。书稿编成后，由胡秋原先生写一长序，并将书名易为《中国对于西方及俄国之认识》第1辑，分上下两册，合计百余万字。该书的编辑出版，使年富力强的王家俭充满信心。紧接着，他的第二部学术著作《魏源年谱》也得以出版。前者1964年被列为台大文史丛刊之一，由文学院印刷发行。1984年复由台北大力书局印行第二版。其后台大文学院为使学术著作以纸本及电子书等方式向世界推广，将该书印刷发行至第三版。后者于1967年由台湾“中研院”近代史研究所列为《专刊》[21]号刊出，其后曾有美国人撰写英文书评，加以推许。香港大学陈耀南博士还将王家俭先生的这两部书，作为其博士论文的主要参考资料。

为了深入研究清末北洋海军，王家俭于1970年8月前往英国搜集相关史料，历时近1年时间。在英国期间，他寻找珍藏在英国档案局的英国外交部档案和海军部档案等官方文书。去大英博物馆查找英国国会文书，以及包括蓝皮书在内的相关资料。至于收藏于亚非图书馆的英文报纸《北华捷报》（North－China Herald，1850～1941）和《中国时报》（The Chinese Times，1885～1900），则更是非看不可。这两份报纸均在中国发行，一在上海，一在天津，对于中国的海军发展与海防建设等，都有详细的报导与深入的分析评论，有助于了解晚清政府及李鸿章建设北洋海军与海防的经历与艰辛。由于该馆所藏的《北华捷报》有缺页，年近五旬的王家俭不顾疲劳，想方设法寻找完整的《北华捷报》。功夫不负有心人，在黄宇和先生的帮助下，王家俭终于在牛津大学东方图书馆阅读到《北华捷报》所欠缺的部分。

在访问考察英国格林尼茨皇家海军学院时，王家俭虽未找到太多所需资料，却在翻阅毕业生名录时发现了严复与相关人员的名字，这令他十分高兴，但没有找到日本人伊藤博文（1841～1909）的名字。经过认真探寻研究，他揭开了当时世人所误传的严复与伊藤博文同为英国格林尼茨皇家海军学院同班同学的谜底。返回台湾之后，王家俭特撰写文章，将这件事情的原委刊诸报端，证实严复与伊藤是英国皇家海军学院同班同学的传说系子虚乌有。

为了搜集到更多的中国近代海军的史料，1979年9月至1980年6月，王家俭又获准远赴美国哈佛大学访问进修。其间，王家俭在哈佛燕京学社图书馆内意外发现大批的日本海军资料，使他如获至宝。日本的海军著作，总计有数十种之多，其内容涉及的范围相当广泛，足见近代日本对海军发展的高度重视。通过查看所藏资料得知，日本发展海军的目标相当宏伟远大，强调海军势力务必达到世界的先进水平，必须与西方列强并驾齐驱。另外，日本的海军资料还展现出日本海军将领的勃勃野心，他们始终怀有开拓万里波涛的雄心壮志，欲将日本打造成亚洲的英吉利。日本的这些资料还证明，甲午战争前的日本海军，对清代中国海军的建设特别关注。他们所搜集的中国北洋海军的资料及其著述都极为丰富，比如《清国北洋海军实况一斑》（明治二十三年，日本海军参谋部编印，东京）、《清国海军编制》（明治二十七年，日本海军军令局编印，东京）以及《支那北洋海军诸编制》《支那海军沿革志稿》《支那海军章程》，等等。

王家俭先生赴美访问进修期间，通过深入研究，使他对有的问题产生了新的认识：甲午战争不但对中日两国产生重要影响，而且对美国海军学院院长、战略家马汉将军（Alfred T. Mahan，1840～1914）也产生了重要的影响。因为甲午战争以前，马汉将军海军思想的形成素材，还仅限于西方的欧美战场，直至甲午战争结束，他才将其研究的目光延伸到远东地区，使其“海权论”的学说更臻于丰富圆满。再者，马汉的“联日主张更影响到日后美国的远东外交政策，而使日美在西太平洋上的海军势力联为一气”。

由于哈佛燕京学社图书馆藏书丰富，又系开架式管理模式，完全可以自由翻阅，王家俭将阅读和研究的范围极力扩大，拓宽了学术眼界，获益良多。特别是在明清学术思想史方面收获更多，对其日后的教学与研究发挥了独特的作用。

王家俭先生在台湾的40多年间，虽以教书为主，坚持授课育人，却从未停止学术研究。1994年王家俭先生荣休之后，他的学生叶高树在“中研院”近代史研究所的《近代中国史研究通讯》学人简介版中，对王家俭先生的学术研究做了简要的总结：“综观先生三十年的研究业绩，阶段分明，自成体系；第一个十年，以魏源研究为起点，扩展为中国海军史研究；第二个十年，既掌握现代化与区域研究的学术动态，又将重心置于明清思想史的探讨；第三个十年，则分别就魏源、思想史、海军史三大领域，进行总结式的研究，从而完成以海权与思想考察近代中国变局的体系。”诚如其老同学吕世强教授所言：“环顾海峡两岸，以及国际间的著述，王家俭先生的成就仍有其独特的优长。第一，他是一位研究中国近代史甚至中国历史的学者，他治学的基础与范围均相当厚固与广泛，似并非为一般学者均能具有。第二，在这一研究成果繁茂的时期中，他起步较早，而且终生从事。”

1994年退休之后，年逾古稀的王家俭仍笔耕不辍，退而不休，学术研究继续进行并不断拓展。一是对中国近代海军史的研究。主要著述有《李鸿章与北洋舰队》《洋员与北洋海防建设》《闽系海军历史地位的重新评价》《论鱼雷艇在甲午海战的战略作用》《揭开一个历史谜团——关于北洋海军德籍洋员汉文译名的考证》《甲午战争前英国远东海军“中国舰队”在华之活动与影响》等。二是对清代学术史的研究，其成果有《典范与启蒙——顾炎武“经学即理学”与清代古学复兴》《清代礼学的复兴与经世礼学思想的流变》《中国传统权力制衡及其特色——兼论其结构与演变》等。三是开展民国史的研究，其主要论著有《孙中山民族主义思想的影响——以大亚洲主义为中心》《论五四运动的历史情结——民主运动发展中的一个转折》《从咨议局到省议会——清末民初广东省民主政治的实践》等。四是对台湾历史的研究，其主要论著有《刘铭传与台湾现代化》《从海防观点看刘铭传建设台湾的战略》《海防问题与两岸关系》等。

上述研究领域中，中国近代海军史的研究是王家俭先生的专长，而《李鸿章与北洋舰队》这部大作，共有 648 页，40 余万字，堪称洋洋大观，煌煌巨著。该书于 2000 年在台湾出版发行后，颇受相关人士的注意，半年之内即被抢购一空。不久，研究北洋海军与甲午战争史的著名专家戚其章与姜鸣两位先生特发表书评，给予赞扬。此时，77 岁的王家俭先生并未满足现状，他及时将书中舛误校正，又将《中国时报》中新发现的一批史料补入书稿中。2008 年，经姜鸣先生推荐，北京的三联书店用简体字将该书校订本再版。新出版的《李鸿章与北洋舰队》一年之中竟售出 7000 多部，创下了文史书刊方面的少有盛况。正如著名学者刘广京先生所言：“笔者三读此书校样，凡笔者所能想到的问题，本书皆已有精详的解答；凡笔者所能想到的史料，如当事人的文集、日记、自述以及英国外交部及海军部档案，王先生皆已细心利用。”台湾“中研院”近代史研究所资深研究员吕世强先生评价道：“本书就整体而言，架构宏阔、次第井然，于有关之重要问题，几均已被纳入，且能前后左右呼应，并保持完整之体系。”的确，这本书参阅的文献资料特别广泛，包括各国的档案、当事人遗留的资料、各种报纸杂志以及世人的研究成果等，特别是英文报纸及英国海军部的档案，大多为其他海军史研究者所未见。另外，作者的详细分析和特殊见解，颇有吸引力。诸如“海军衙门”“旅顺建港始末”“海军留英教育”“中日长崎事件”之类，“大多为开创制作，而为前所未有”。

总之，王家俭先生荣休后，仍孜孜不倦，历时多年，奋力完成清代海军史巨著，足见其研究之诚笃，学养之深厚，专门攻研之志节。这种细心考证研究的治学精神令人敬佩。《李鸿章与北洋海军》这部大作，足以警示中国建立海军之必要，以及清政府经营运用的疏失，所造成的无可挽回之危害及警示作用。王家俭先生的旁征博引告诉广大读者：海军可百年不用，但不可一日无备。中国海军不求远谋，但应确保国家领土之完整，海疆之安宁。

王家俭先生不但学殖深厚，著述宏富，其学术活动也丰富多彩，持久进行。在其退休之前的 20 多年间，他不但多次参加在台湾举办的国际学术研讨会，还曾数次赴香港和大陆参加有关学术会议。如：香港大学主办的“两岸明清史学术研讨会”；珠海大学主办的“蒋介石先生百岁诞辰学术研讨会”；香港中文大学主办的“台湾社会史学术研讨会”；广东中山大学主办的“孙中山与亚洲国际学术研讨会”；美国戴维斯大学主办的“李鸿章与现代化国际学术研讨会”等。

1994 年定居加拿大后，王家俭先生更是老骥伏枥，退而不休，多次不远万里参与国际学术研讨会。1994 年 9 月 6～10 日，参加在中国威海召开的“甲午战争 100 周年国际学术讨论会”，提交论文的题目是《甲午战争挫败的几点反思》。

会后，王家俭先生由烟台港乘快船前往旅顺、大连考察北洋海军旅顺基地。此前，因为他对清代旅顺建港问题曾做过一番研究，并有论文《旅顺建港始末》发表，因而受到与会学者和媒体记者的关注，特别安排了专访，并在中央电视台报道。更让王家俭先生高兴的是，当地驻防的解放军部队，抓住难得的机遇，诚邀王家俭先生就中国海防建设问题发表大会演讲，受到广大指战员的热烈欢迎。

9 月 21～25 日，王家俭先生应邀前往湖南省邵阳市参加由湖南社会科学院主办的“纪念魏源 200 周年诞辰国际学术研讨会”，并提交了论文《魏源的海权思想》。会议期间，因“发现会中有人所提交之论文竟为抄袭我之旧作，心中颇感不快”，“因不便明言，故提前离会”。

1995 年 11 月，王家俭先生在夫人李伟虹的陪伴下，参加了安徽省社科院和安徽大学联合主办的“海峡两岸纪念刘铭传逝世 100 周年学术研讨会”，提交论文为《刘铭传与淮军关系析论》。

此次大会由安徽省省长回良玉主持，王家俭先生应邀作大会学术报告。其学术主题演讲引起与会者关注。会议期间，离乡赴台近半个世纪的王家俭接受了媒体的采访，他与夫人李伟虹的照片及采访内容两次刊登于《新安晚报》，让他与家人颇感欣慰。会议结束后，王家俭先生又应邀前往安徽大学历史系做了一次演讲，受到热烈欢迎。

1996 年 8 月 22～24 日，王家俭先生与夫人第二次应邀来威海参加“甲午战争与近代海防国际学术研讨会”，提交论文为《海军经费用于颐和园工程问题之剖析》。此次研讨会期间，我们安排与会学者乘坐海军的炮艇从威海港出发，沿着日本海军 1895 年 1 月下旬至 2 月上旬海上航行的路线，考察威海卫与刘公岛保卫战时日军海上进攻及锚泊的旧址。王家俭先生不顾年事已高，不惧浪涌颠簸，始终坚持在炮艇甲板上与大家进行探讨，令许多年轻的参会者十分钦佩。

1996 年夏，甲午战争与近代海防学术研讨会期间，与会学者乘炮艇考察海上甲午海战遗迹。前排自右至左：关捷、王家俭、杨惠萍、李伟虹、戚俊杰

1998 年 8 月下旬，王家俭夫妇第三次应邀来中国威海参加“北洋海军成军 110 周年纪念暨国际学术研讨会”，向会议提交的论文题目为《国际科技转移——以北洋海防建设为例》。会议考察期间，看到刘公岛甲午战争纪念地新落成的北洋海军将士名录墙和北洋海军将士纪念馆正式对外开放，王家俭先生特别高兴。他在接受媒体采访时十分动情地说：“威海人民没有忘记百余年前为保卫国家而献身的海军将士，真是令人欣慰。特别是对于我们这些旅居海外的炎黄子孙而言，更是感到情深意长，特别温暖。”威海的研讨会结束后，王家俭夫妇顾不上休息，立即乘长途专车前往青岛市，参加“德租胶澳 100 周年国际研讨会”，所提交的论文是《甲午战前的中德关系——以军事为中心》。值得一提的是，会议期间王家俭先生偶遇以前马集宿县中学同学尹铁铮先生，时过半个多世纪，两位年逾七旬的老同学几乎互不认识了，但相认后又特别激动和高兴，他们相认时那种纯真的同学真情至今令人难忘。

2004 年 9 月 16～19 日，王家俭先生不顾耄耋之年，第四次应邀来威海参加“甲午战争 110 周年国际学术研讨会”，提交的论文题目为《十九世纪英国远东海军中国舰队（China Station）对华之影响（1842～1895)》。会议期间，参会者考察中国甲午战争博物馆新改造的陈列展览时，王家俭先生非常激动。他告诉记者：“每次来威海都能看到这座城市的新发展和新变化，特别是甲午战争博物馆坚持科研兴馆的发展理念，更是让我激动和兴奋，我之所以在十年时间四次来威海参加会议，就是赏识甲午馆人坦诚做人、扎实做事、开展研究、持续发展的奉献精神。”

2005 年 10 月，王家俭先生再次赴安徽合肥参加了“海峡两岸纪念刘铭传首任台湾巡抚 120 周年学术研讨会”，提交论文的题目是《从海防观点看刘铭传建设台湾的战略价值》。会议期间，王家俭先生、戚其章先生和我分别接受安徽电视台采访，为制作大型电视纪录片《淮军》做前期准备。会议考察期间，我告诉王家俭先生，日本著名学者中塚明先生已经同意将自己的全部著述和资料 4000 多册，全部无偿捐赠给中国甲午战争博物馆收藏。与此同时，也首次向王家俭先生提出，中国甲午战争博物馆也希望收藏他的著述及研究资料，为建立海内外北洋海军与甲午战争史的资料中心做准备，请他予以考虑，并希望得到支持。王家俭夫妇也十分坦率地告诉我，等回到加拿大全面考虑后再给我回话。

2008 年是北洋海军成军 120 周年，因 5 月汶川大地震和 8 月北京举办奥运会，纪念北洋海军成军 120 周年的学术研讨会延至 2009 年春季召开。考虑王家俭先生年近九旬，行程太远，我特于会前专门通过长途电话与王先生交谈，诚挚邀请他们夫妇再次来威海出席国际学术研讨会。远在大洋彼岸的王家俭先生为了支持研讨会的顺利召开，不顾年岁已高，于 2009 年 5 月 19～23 日，专程从加拿大赴威海参加“北洋海军成军 120 周年国际学术研讨会”，并提交论文《论鱼雷艇在甲午海战中之战略效应》。此次来威参会，王家俭先生成为参会学者中年龄最大、行程最远、搜集北洋海军资料最多的学者。

2009 年 5 月，87 岁的王家俭先生（主席台左二）在北洋海军成军 120 周年的学术研讨会上作总结发言

会议期间，就推动中国甲午战争博物馆的建设与发展以及是否应该更名等问题，我们利用晚上的时间，专门召开了资深专家学者的座谈会。会上，戚其章、王家俭、赵永芬、关捷、刘恩格等著名学者高屋建瓴，各抒己见，对中国甲午战争博物馆的持续发展和保持特色提出了很好的建议，体现了老一代历史学家的爱国精神及对我们馆的一往情深。由于会议议程紧张，王家俭先生本来就年事已高，身体虚弱，再加上旅途劳累没有得到及时休息调整，身体出现不适，因此，会上没有与王家俭先生商谈著述及资料的收藏问题。

王家俭先生自 1994 年正式在加拿大定居至 2009 年，在 15 年的时间里，他不顾年高和青光眼疾的折磨及旅途劳累，先后 12 次在夫人李伟虹的陪同下出席了各类国际学术研讨会。其中，赴香港 2 次，安徽省 2 次，湖南省 1 次，青岛市 1 次，威海市 5 次，充分证明了王家俭先生的治史精神。

三、永不褪色的爱国真情

1931 年，日本关东军挑起了侵略中国的九一八事变，强占东北三省，令世界震惊。为了保家卫国，王家俭的亲娘舅在东北参加了抗击日寇的义勇军，并奋力与日军作战，不幸牺牲。得知儿子战死，王家俭的姥姥思儿心切，整日啼哭，倚闾而望，最终哭瞎了双眼。这些国仇家恨使小小年纪的王家俭很早萌生了杀敌抗日、保家卫国的思想。

1937 年，日军挑起卢沟桥事变，将战火烧向中华大地，王家俭的家乡随即成为半沦陷区。他看到新四军的宣传员到学校教唱抗战歌曲，十分高兴，并很快学会了数支抗战歌曲。如《到敌人后方去》《黄河大合唱》《长城谣》《流亡三部曲》等。这些歌曲对王家俭的成长影响至深，直至几十年后，他在教自己的孩子唱这些抗日歌曲时，仍是慷慨激昂，非常投入。

1939 年 7 月，正在读私塾的王家俭因家中粮食歉收，生活困难，便投笔从戎，前往阜阳城南鲁苏豫皖边区参军。入伍之后即依照规定，接受三个月的入伍训练。每天清晨五时起床，披挂整齐，步行到数里外之大操场，接受基本的军事训练。内容主要是训练稍息、立正和正步走等动作，借此培养军人的武德与服从精神。白天的训练包括术科与学科两方面。术科课程初为徒手训练，继为团体训练。还有紧急集合、夜行军、战阵演习、射击打靶等项目，可谓相当紧张与忙碌。

同年 12 月，日军经由平汉铁路南下，王家俭所在的队伍立即停止训练，积极投入备战之中。由于敌人这次攻击力度不大，战事很快过去。1940 年初春，山东战场战事吃紧，王家俭所在的部队约 5000 人接到前去参战的命令。他们每人携步枪一支，子弹两排，还有水壶、书包和两袋大小米，从涡阳北关渡过涡阳河，向永城、夏邑之地急行军。为加强隐蔽，部队采取白天隐蔽休息、夜里紧急行军的方法加强推进。然而，在过陇海铁路时遭到敌人的猛烈攻击。王家俭及其部队被迫进入战壕之内，且战且走，以求突破重围，快速北上。这场战斗自午后十二点半开始，至晚上六时多才得以结束，历时近六个小时，敌我双方死伤各四五百人之多。为了避免敌军报复，部队稍加整顿即连夜向微山湖一带开拔。王家俭因脚部受伤，与其他伤员全被留在丰县，交由当地政府为他们医治战伤。至此，王家俭的军旅生涯告一段落。

王家俭的爱国真情不仅表现在战争时期积极参加抗战，打击日本侵略者，即便是在和平时期，无论是在国内还是国外，他都情不自禁地展示出他的爱国情怀。

1971年，王家俭在英国伦敦做访问学者时，爆发了声势浩大的保钓运动。钓鱼岛是中国的固有领土，后为日本所占。港台以及海外各地学生为要求收回钓鱼岛，纷纷在各地举行盛大游行。由德、法等国的留学生集合于英国伦敦。大家决定通过和平游行到达日本驻英国大使馆，以表示强烈抗议。那一天，48岁的王家俭巧遇游行队伍，便毫不犹豫地加入了游行队伍，以表达自己作为一个中国人的心意。

另外，在英国期间，王家俭从电视中得知美国新任总统尼克松将于1972年春季访问中国。他马上想到中美两个大国外交解冻后，双方必然建交，两个大国的关系将走向正常，世界局势肯定也会随之而改观。对此，他感到高兴激动，几乎整夜整夜难以入眠。

1995年是中国人民抗日战争胜利50周年，北京中央人民广播电台于4月间向王家俭先生致函索稿，王先生积极响应，很快就将3000多字的《抗日战争历史的沉思》一文从加拿大寄去，得到中央媒体的称赞。同年8月27日，加拿大的《世界日报》举办“对日抗战胜利暨台湾光复五十周年纪念会”，邀请王家俭先生发表演讲。王家俭先生成长于抗战时期，对日军在中国的残酷暴行深恶痛绝且记忆尤深，认为军国主义的野蛮行径不齿于人类。他发表了题为《抗战对历史的启示》的演讲，呼吁中华民族勿忘历史，提高警觉，严防日本军国主义复活。

1996年8月，参加完“甲午战争与近代海防学术研讨会”之后，王家俭夫妇应邀前往安徽阜阳师范学院作为期两周的讲学。其间，看到自己曾生活、学习、工作过的家乡仍很贫穷落后，已退休并无经济收入的王家俭先生，毫不犹豫将在阜阳师范学院的演讲课时费数百元，加上自己身上的500美元（当年1美元兑换人民币远远超过现在）赠给阜阳师范学院历史系，用作添购图书资料的补助金。已经移居海外的王家俭夫妇主动捐资助教的行为，受到阜阳师范学院广大师生的一致好评。

王家俭先生移居加拿大后，并没有因为人地生疏，就投闲置散，而是积极参加温哥华侨社组织的各种文化活动。在那里举办的文化与学术活动内容丰富，但背景复杂，大多涉及中国的两岸关系，还涉及中国与美国及台湾地区的关系。

针对“台独”势力的“一中一台”和“两国论”，作为一名爱国爱台的历史学者，王家俭于1996年3月18日撰写了一篇题为《论台海形势与两岸前途》的评论，刊发于当地的《世界日报》。文中指出“美国之出兵，分明在维护其西太平洋之霸权，借两岸对立，以收渔人之利”。呼吁“台胞应提高警觉，免为美国所用”。

同年6月15日，不列颠哥伦比亚大学（The University of British Columbia）亚洲研究中心与中国论坛学社联合举办“中美关系与两岸形势座谈会”，针对维多利亚大学教授萧欣义所说“台湾与大陆没有关系”及“大陆对台湾应无主权关系”之谬论，王家俭先生发言时不顾情面，当面提出反驳，认为其所言与事实不符，并用大量历史事实予以证明。

在李登辉执政后期，由于“台独”势力肆无忌惮，台海局势愈显紧张。王家俭先生先后于1999年7月22日和8月5日在《世界日报》上发表题为《“一国论”与“两国论”：现实与法理的吊诡》和《从阴谋论看“两国论”》的文章。同年，他还在香港出版的《王尔敏教授七十华诞暨荣休论文集》中发表了《海防问题与两岸关系》。文章指出“台湾在中国海防上的地位至关重要，实与大陆不可分割，否则势必使中国东南七省门户大开，危害国防安全至巨”。

2001年，美国海军战略中心从欧洲转向亚洲，视中国为假想敌，并联合日本、韩国、澳大利亚、印度和台湾等国家和地区围堵中国。美国飞机不断侵入中国领空，以优势的海空军力，咄咄逼人地向中国挑衅。是年4月1日发生“南海撞机事件”。此时，远在加拿大的王家俭先生愤慨之余，撰成《透视中美撞机事件后续协商的症结》一文，刊登于4月17日的《明报》。8月17日，又在《世界日报》发表了题为《从海权看美国的两岸政策》的文章。

2003年第四季度，王家俭先生又先后在此间的《星岛时报》发表《论一个中国》《论导弹防御体系》《论台湾之公投》等评论文章。2008年，马英九成为台湾地区领导人，由于其坚持“九二共识”政策，两岸关系得到改善，王家俭先生在加拿大华侨社区反对“台独”的活动也告一段落。

为了国家领土主权的完整，为了人民免遭战祸，并能过上安宁幸福的生活，王家俭从年逾古稀到耄耋老人，十多年坚持不懈地利用手中的纸笔，呼吁世界各地华人坚持团结，反对分裂，珍惜和平，反对战争，实属难能可贵，令人敬佩。

2011 年，《甲午战争研究》(2015 年前名为《中国甲午战争博物馆馆刊》) 创刊 10 周年，作为刊物主编，我敬请历史顾问王家俭先生提出指导意见，并询问关于收藏其所有资料的事情。对于馆刊质量的提高，王家俭先生立即题词，给予鼓励，并提出新的希望。对于资料收藏的事情，他告诉说家乡安徽阜阳师范学院早就有此要求，致使他有些左右为难，迟未回话。我马上坦诚相告："中国甲午战争博物院 (2009 年 9 月易为现名) 是海内外唯一一所以北洋海军与甲午战争史为主要内容的遗址类博物馆，而且我们的目标是把甲午战争博物院建成为海内外北洋海军与甲午战争资料收藏和研究的中心。鉴于此，您的著述与资料如果放在这里肯定会发挥更大的作用。但无论先生捐赠给哪里，我完全理解，也绝无意见，请先生不要为难。"

1996 年，王家俭先生（左一）首次向中国甲午战争博物馆捐赠图书资料

2012 年春季，王家俭先生来函告知，他们全家决定把所有资料全部无偿捐赠给中国甲午战争博物院收藏。此后王家俭先生不顾 89 岁高龄，坚持与夫人李伟虹一起帮助联系打包装箱人员、挑选搬运公司、确定海运路线等。10 月中旬，王家俭先生捐赠的 19 箱著述及资料，由加拿大经韩国转运至威海，在孙建军先生的大力帮助下，安全顺利地入藏中国甲午战争博物院学术研究资料中心。这为博物院资料中心增加了许多弥足珍贵的历史资料。

2013年初夏，我收到王家俭先生从加拿大寄来的刚刚出版的个人传记《梦影萍踪——一个农村子弟的奋斗》。该书采用口述史方式，按照时间顺序，将个人一生的经历真实地记录下来。其目的是“为那个大动荡的时代作一个历史的见证”。高兴之中，细读数遍，其坎坷经历令人心痛，其拼搏精神令人感动，其事业成就令人钦佩，其化险为夷、幸福长寿，令人欣慰。正如其爱女王俊文女士所言：“他以一位史学家的训练将自传写成口述历史，反映了他的时代之大钻石的一小面。”

2014年春季，年逾九旬的王家俭先生得知“甲午战争120周年国际学术研讨会”将于9月中旬在威海召开，心情非常激动和高兴。虽然不能亲自赴威参会，发表演讲，但他仍把祝贺大会圆满成功的贺词寄给大会筹委会。我们在开幕式上予以宣读，与会者深受感动和鼓舞。

同年10月，王家俭先生不顾年事已高亲自为我编著的《丁汝昌年谱》一书撰序，给我莫大的鼓励和支持。2015年春季，得知《中国甲午战争博物馆馆刊》易名为《甲午战争研究》，王先生欣然题词，以志祝贺。同时还就南海风波，撰写题为《南海风云几时休》的评论文章，刊载于《甲午战争研究》，再次表达了一位91岁学者关心南海局势、维护国家领土完整的真挚情感。

以上所述，既有王家俭先生少年成长时代的经历，也有年逾九旬之后的作为；既有他在国内的作为，也有他在欧洲偶遇的事情，更多的是移居加拿大20多年的爱国作为。这些事情虽不是惊天动地的大事件，但在参与这些事情的过程中，足以透视出王家俭先生崇高的爱国思想和真挚的家国情怀，足以证明优秀传统文化对他的滋养培育是根深蒂固和经久不衰的。

纵观王家俭先生近一个世纪的人生旅程可知，他出身农村，志存高远，勤奋好学；战乱滋扰，披荆励志，追求卓越；人生坎坷，学业优秀，事业有成；教书育人，桃李芬芳；提携晚辈，鼓励后学；生平治史，求真求实；学殖深厚，著述宏富；为人实诚，宽厚仁德，宽人严己，友善待人；热爱祖国，反对“台独”；珍爱和平，反对战争；身在海外，心系国家；奉公守法，洁身自好；为人低调，与世无争；是非分明，仗义执言；德望冠时，名重士林；成家虽晚，婚姻美满，家庭幸福；夫妻互助，恩泽后代；儿女励志，勤勉向学；德高寿长，人生圆满。

得知王家俭先生与世长辞后，2016年6月22日，“王家俭先生追思会”在威海市清泉大酒店召开。中国甲午战争博物院、山东省历史学会甲午战争专业委员会的领导及专家学者近40人出席了追思会。大家一致认为，追思与回顾王家俭先生跌宕起伏、精彩纷呈的人生旅程，就是要学习他勤奋好学、努力工作、严谨治学、心系祖国、无私奉献的精神，就是要把王家俭先生的著述与资料整理保管利用好，就是要把中国甲午战争博物院建成为融收藏研究、展示开放、宣传教育于一体的特色大学校，接待和服务好海内外的旅游参观者，为实现民族复兴、国家富强、人民幸福、人类和平做出积极的贡献。

王家俭先生虽已驾鹤远去，但他宏富的著述与珍贵的资料，必能继续为民族的复兴与国家的富强发挥重要作用。

王家俭先生永远活在我们心里！

（此文原载于戚俊杰主编：《甲午战争研究》2016 年第 3 期。有改动）

爱国思乡情 太平洋作证

——怀念与世长辞的毕克官先生

2013 年 12 月 1 日上午 8 时（美国时间）著名漫画家、中国漫画史论家、著名学者和社会活动家毕克官先生因病医治无效，在美国洛杉矶与世长辞。噩耗传来，令人心情沉重，十分悲痛。

自从 2002 年初夏毕克官先生告诉我，他在北京 301 医院做了前列腺癌症切除手术后，我就经常在心里默默地为他鼓劲加油，祈盼他再次战胜癌魔的侵袭与折磨。为了能让更多的家乡人了解这位从威海走出去并成名的艺术家，我先后邀请威海市政协文史委原主任董进一先生（董主任 20 世纪 80 年代前期，曾任县级威海市政协秘书长，毕克官先生的父亲毕诚一曾任威海市政协副主席）、威海市群众艺术馆的邹兰老师和媒体记者，把毕克官先生的成长经历、艺术成就、忠诚国家、服务人民、反对侵略、祈盼和平、心系家乡、关注发展、反对腐败、刚正不阿、旗帜鲜明、敢爱敢恨等事迹，通过报纸杂志和相关书籍，向世人进行了介绍和宣传，并希望以此激励家乡人民、特别是广大青少年努力学习，茁壮成长，勤奋工作，奉献社会。

几个月来，每当想起毕克官先生为抢救保护濒临毁坏的刘公岛水师学堂，历经数年“舌战”所付出的艰辛与努力，想起他为保护刘公岛和威海市的历史文化遗产、自然环境风貌，不计个人得失，三番五次批评毁坏文化遗产和环境风貌的“短视病”，好几次给威海市主要领导写信建言献策的事情，我就心潮起伏，热血涌动。作为与毕克官先生交往时间较长，了解先生人生经历较多的家乡晚辈和好友，我有责任也非常愿意把多年来与先生相处时的所见所闻作一简要记述，奉献给广大读者，以表对毕克官先生深切怀念和永久敬仰之情。

我与毕克官先生相识相交近 30 年。他虽然是闻名海内外的漫画家，是中国艺术研究院美术研究所的所长、研究员，是国内知名的文化学者，但一点架子也没有。他讲话时带有浓重的威海口音，讲得实在、简短，重点突出，逻辑性强。虽然他是前辈长者，但我们之间说话交流却没有年龄的代沟和障碍，且大有相见恨晚之感。在近 30 年的多次见面和交往中，我喜欢欣赏他新创作的抨击时弊的

20 世纪 90 年代中期，笔者在北京毕克官先生家里，向他赠送新出版的《中国甲午战争博物馆》一书

漫画作品，听他讲漫画创作的灵感来源和构思过程，听他谈论文化名人和艺术大家们的为人处世和他们的艺术成就，听他讲如何千方百计搜集抗日战争时期漫画工作者用漫画与敌人战斗的故事，听他讲参政议政近 20 年的真诚执著、敢说实话、痛斥时弊、不畏权贵、呼唤正义的所说、所写及所为，听他讲人在北京或国外时心系家乡父老乡亲、关心刘公岛和家乡发展的那些平凡而一般人又做不到的感人故事；听他讲如何去城乡市场的古玩摊上淘宝，如何不顾危险去建筑工地捡寻古陶瓷片，如何不畏艰难去探寻中国民窑瓷器的美术发展历史，如何利用外出视察工作时与文物专家交流探讨鉴定技术和增长眼力等故事，如何在晚年利用瓷绘艺术批判和揭露日本右翼篡改侵略历史、为被国际法庭处决的甲级战犯鸣冤招魂；如此等等。正因为与毕克官先生接触的时间长，交谈的内容和涉及的领域宽泛，因而使我对毕克官先生和他的夫人王德娟教授的了解越来越深入，越来越广泛，也越来越敬佩。

1931 年 2 月 10 日（农历腊月二十三日），毕克官先生出生在威海市毕家疃村。先后就读于威海的星海小学（即现在的鲸园小学）、育华中学（即原威海一中，现威海实验中学）。为了更好的学习文化科学知识，17 岁便离开家乡前往北京就读，先后在北京的北平大同中学和中央美术学院完成了学业。参加工作后，历任中国美术家协会《漫画》和《美术》杂志编辑，中国艺术研究院美术研究所所长、研究员，中国美术家协会理事，中国民间工艺美术学会副主席，全国政协第七、第八、第九届委员，是全国政协教科文卫体委员会委员。

毕克官先生是著名的漫画家、中国漫画史论家。自 20 世纪 50 年代初发表漫画作品以来，大胆创作，不断出新，成为新时期漫画界的代表人物，并获得中国美术家协会颁发的漫画专业最高成就奖。他对中国漫画史和丰子恺艺术的拓荒性、创造性研究，奠定了他在世界范围内中国漫画史研究权威学者的地位。其撰写的《中国漫画史》一书荣获中国美术家协会颁发的漫画理论一等奖，彩色版的《中国漫画史话》记载了最新的研究成果，并被国外出版单位翻译出版。

毕克官先生 1948 年的照片
（毕为民供图）

毕克官先生是著名的美术史论家。他因为对中国民窑瓷绘艺术的研究，被中国陶瓷考古界誉为“走在前列的陶瓷研究家”。其出版的《中国民窑瓷绘艺术》由中国外文出版社、意大利 G. E 出版社用中、英、意三种文字出版，相关的权威专家认为该书“必将对陶瓷界产生深远影响”。他撰写的《民窑青花》一书曾获台湾新闻出版金鼎奖。

毕克官先生还是著名的学者和社会活动家。他的主要著作有 1981 年上海人民美术出版社出版的《漫画十谈》；1981 年天津人民美术出版社出版的《毕克官漫画选》；1984 年山东美术出版社出版的《中国漫画史话》，这本书 1986 年被日本筑摩书房翻译成日文出版；1985 年四川人民美术出版社出版的《毕克官漫画选》；1986 年文化艺术出版社出版的《中国漫画史》（系与黄远林合著）；1988 年四川人民美术出版社出版的《神秘的艺术世界》；1990 年新加坡豪珍画廊出版的《毕克官 王德娟画集》；1991 年上海文艺出版社出版的《画人漫笔》；1991 年中国外文出版社和意大利的出版社用中、意、英、法四种文字出版了《中国民窑瓷绘艺术》；1995 年台湾艺术家出版社出版的《民窑青花》；1998 年

1956 年 8 月，毕克官在北京《漫画》编辑部门口留影（毕为民供图）

山东画报出版社出版的《过去的智慧——漫画点评 1908～1938》；1998 年天津人民美术出版社出版的《毕克官水墨画》；2000 年黑龙江美术出版社出版的《古瓷片》；2002 年中国文史出版社出版的《漫画的话与画——百年漫画见闻录》和《毕克官散文集》；2004 年天津百花出版社出版的《古瓷探妙》；2005 年天津百花出版社出版的彩印新版《中国漫画史话》；2008 年人民文学出版社出版的《写话六十年》；2011 年西泠印社出版社出版的《走近丰子恺》（系与毕宛婴合著）。凡此种种，前些年田峰泉先生、董进一先生和邹兰老师及媒体记者都有所述论，其著述内容丰富，文字简洁，高屋建瓴，令人钦佩。

1959 年，毕克官（右一）在漫画编辑部工作照（毕为民供图）

毕克官先生一生热爱祖国，心系家乡，忧国忧民，为民请命，仗义执言，敢爱敢恨，疾恶如仇，性格坚韧，不怕打击，个性十足，为人坦荡，品行高洁，实事求是，善良真诚，学识渊博，爱好广泛，敬老爱幼，行为儒雅，反对侵略战争，维护人类和平，热爱文化艺术，倾心遗产保护，努力普及艺术知识，积极培养艺术人才。本文主要从以下几个方面对毕克官先生的生平事迹略作介绍。

一、反对侵略战争 热爱人类和平

毕克官先生出生半年，日本军国主义就发动了武装侵略中国东北的九一八事变。6 岁那年，日本又发动了震惊中外的卢沟桥事变，开始了全面侵华的战争，使中华民族陷入国破家碎、妻离子散的悲惨境地。日本侵略者惨无人道的屠杀与掠夺，给中华民族带来了灭顶之灾，也让年幼的毕克官记忆尤深。

（一）少年时代就懂得爱我中华，并付诸力所能及的具体行动

毕克官先生从小就聪明伶俐，勤奋好学。但因为生不逢时，他上小学时，正好赶上威海卫又一次被日本军队占领而成为沦陷区。当时日本侵略者扶持的汪精卫伪政权印发的小学语文教材里收的尽是一些风花雪月没有意义的文章，这使勤奋好学的毕克官及同学们十分苦恼。然而，中华民族的有识之士却“位卑未敢忘忧国”。在星海小学读书期间，他有幸遇到了像黄道源那样的一些非常爱国的好老师。黄老师虽然年轻，但学问很好，精神可嘉，他联合其他班级的语文老师新编了一本内容丰富、思想性强、文笔很好的《国语补充教材》。这本教材收录了五四运动以来很多著名作家、诗人和学者包括冰心、朱自清、鲁迅、叶圣陶、郑振铎等人的作品。《国语补充教材》的出现，使聪明好学的毕克官看到了这些文化名人的原著，为他打开了一片崭新天地。在事隔半个多世纪之后，我与毕克官先生在刘公岛交谈其成长经历时，那些作者和他们的文章还都深深地印在他的脑海里。如《背影》里父子真切的情感，《别了，我爱中国》里的爱国热情等。毕先生坦言，在段那特定的日本侵华的悲惨时期，在交通极不方便、人口稀少、偏僻冷清的小城市里，当他看到这些一般人很难看到的好作品时，情不自禁地对写文章的作者和推荐文章的黄老师等人产生了一种崇拜。他们不但人品好，而且还那么有学问，也让少年有志的毕克官“朦胧地产生了一种理想，我也要做这样的人”。

1945 年日本宣布无条件投降，八路军进驻威海市城里。原来在星海小学担任毕克官班主任的黄道源老师也公开了中共地下党员的身份，被任命为威海市民众教育馆馆长。上任伊始，他就让毕克官参加宣传教育活动，在墙面上写大标语。朝气蓬勃的毕克官毫不犹豫就答应了，而且说干就干，“从石码头到东门，白墙红字，写了不少”。另外，威海育华中学被八路军接管后，刻印教材的任务也落在毕克官先生的身上。在他写给威海市档案局张建国局长的信中清楚地写着“全校的政治、历史、国文讲义，初稿均出自我手”。他还十分清楚地记着，为了保证字迹清楚美观，刻钢板时需要“保持钢板斜放，用其纹痕刻成长方字体”。

进入古稀之年的毕克官先生回忆起这些往事，既对自己青少年时期的爱国行为表示自豪，又因为时过境迁，“这种讲义，就更难存世”而感到遗憾。

我在与毕克官先生的相处过程中，他不止一次谈到小学时候的班主任、中国共产党党员黄道源老师对他做人、做事、做学问的正面教育和良好影响。虽然黄道源老师后来被党组织调到潍坊市升任秘书长，再后来又被调到青岛医学院滨州分院任党委书记，但他对毕克官先生的教育和影响确实是永久的。

关于漫画艺术的启蒙，是毕克官先生在威海育华中学读书的时候，从一位美术老师那里看到了一本丰子恺的漫画，他立即被这本特殊的书籍吸引住了，进而影响了他此后的人生道路。

（二）用学到的文化知识和艺术才能献身到保家卫国的伟大社会实践活动中

1948 年春天，毕克官先生在北京的大同中学（现在的第二十四中学）读书时，有更多的机会接触到丰子恺先生的漫画。在此期间，语文老师常乃嘉又为他树立了心地坦荡、表里如一、敢作敢为、刚直不阿的好榜样。毕先生曾深情地说，因为常老师“是第一个报道了美国大兵侮辱北大女学生沈崇的记者，因受当局压迫，辞职做了老师。在人格和兴趣上，老师常乃嘉都给了我一以贯之的影响”。

在他上高中读书的时候，正赶上新中国开展抗美援朝的伟大斗争。学校的宣传和教育使毕克官认识到：这是党中央和毛主席的英明决定，保卫国家领土和主权完整，是每个国民应尽的责任和义务。当时全国上下，军民齐心一致，毫不犹豫地投身于这场伟大的抗美援朝活动中来。身为热爱祖国、追求进步、祈盼和平的热血青年，他开始学着用漫画的形式投入到热爱和平、反对侵略的抗美援朝的宣传活动中。

1950 年，还是一名在读的高中学生的毕克官，就公开在报纸上发表了自己的漫画作品。他以自己手中的笔和学到的知识为武器，学着老师们和文化名人的样子，实践着热爱伟大祖国的誓言。步入晚年之后，为了让中华民族广大青少年德、智、体、美、劳全面发展，受到良好的教育和熏陶，毕克官先生也曾多次在多个场合说过：“小时候受到的熏陶对人的一生至关重要。”

（三）迟到的刘公岛之行令他终生难忘

位于黄海之滨、威海湾前的刘公岛，是清朝北洋海军的诞生地，因为北洋舰队曾雄冠亚洲而闻名海内外。这里也是甲午海战的古战场，北洋海军广大爱国将士英勇奋战、誓死抗敌，多次打退日本海军和陆军的三面夹攻，最后终因寡不敌众，在弹药将尽、援军无望的情况下，丁汝昌、刘步蟾、张文宣、杨用霖等宁死不降，自杀殉国，谱写了一曲曲可歌可泣的爱国主义的历史悲歌。这些历史人物的故事在威海卫的老百姓中流传很广，毕克官先生毫不例外地受到这些将领爱国事迹的熏陶和影响，小小年纪就懂得“国家兴亡，匹夫有责”的道理，也进一步使他认识到：只有反对侵略战争，才能维护人类和平。所以，年纪很小的毕克官就对刘公岛充满了神秘和好奇。在他上学以后，就经常坐在海边的沙滩上，隔海遥望着横卧在威海湾中的刘公岛，把北洋海军和甲午海战与刘公岛联在一起，心里充满了敬意。但因种种原因，少年时期的毕克官一直没有时间和机会登上刘公岛，凭吊甲午英烈和爱国先贤。为了学到更丰富高深的文化、艺术和科学知识，实现自己报效祖国的理想，17 岁的毕克官带着没有登上刘公岛的遗憾告别了威海，前往北京求学深造。令他没有想到的是，登上刘公岛凭吊甲午英烈的愿望一搁就是 39 年。

1987 年夏秋之交，烟台和威海举行漫画会议，已是功成名就的毕克官先生应邀出席这次会议。9 月 2 日，毕克官先生终于来到了举世闻名的刘公岛，圆了自己多年的登岛梦。因为接待工作需要馆长出面，我十分荣幸地接待了著名漫画家毕克官先生一行。只见他高高的个子，清瘦的身材，给人的感觉是英俊、潇洒、儒雅、深邃。一张嘴说话，就流露出地道威海人的味道。见面握手问好之后，一点架子也没有的他，十分真诚地对我说：“登上刘公岛凭吊甲午英烈，是我多年的愿望，今天我们的时间有限，希望你能让我们用最短的时间，了解最多的历史。”我马上就被他的坦率与真诚感动了。立即带领他们前往刘公岛上标志性的建筑——清朝北洋海军提督署参观。

“北洋海军提督署有多大？你是什么时间来这里工作的？”毕克官先生边走边问。我立即简明扼要地告诉他：“我们是 1985 年 3 月进刘公岛接管了北洋海军提督署第一进院的房屋（二进院和三进院部队还在继续使用，第二年才全部移交给我们）；提督署的主体建筑分三进院落 15 栋房子，还有门前广场和宽阔的后院，提督署占地面积近 2 万平方米。当时许多房屋塌漏严重，亟须维修。虽然我们单位缺钱、少人、交通不便，既无电灯，又喝不到自来水，但在英勇杀敌、宁死不降的爱国将士生活和战斗过的地方，在广大参观者那凝重的眼神前，我们没有时间和理由在困难面前等待上帝的恩赐，只能坚持一边维修，一边布置展览，一边接待乘船而来的参观者，确保天南海北的游客们能不虚此行。”简短的交谈之间，我们就来到 1887 年始建的北洋海军提督署。

因刘公岛刚刚对外开放两年多，提督署里只有“中日甲午战争展览”（设在提督署第一进院中间的礼仪厅）、“威海卫海军基地防务设施沙盘”（设在第一进院的西侧厅）、“北洋海军高级将领蜡塑群像馆”（设在提督署第二进院中间的议事厅)、“北洋海军与甲午战争文物展览”(设在提督署第一进院的东侧厅)。虽然展厅数量少，内容也不算丰富，展览的设计制作和艺术形式也比较简单，但毕克官先生却看得非常认真、仔细，并不时驻足询问详细情况。

参观结束后，毕克官先生对封建王朝制度的反动落后，对清政府的腐败堕落、贪图安逸、追求享乐、割地赔款、丧权辱国等方面深恶痛绝；对日本侵略者发动蓄谋已久的大规模武装侵略中国的甲午战争，大量残暴杀害无辜的中国人民，妄图使中华民族亡国灭种的罪恶有了更深的了解。当他得知北洋海军广大爱国官兵在刘公岛保卫战中，先后7次打退敌人海上和陆地的三面夹攻，最后在弹药将尽、陆上救兵被调往内地的情况下，宁死不降，自杀殉国的英雄气概大为敬佩。离开刘公岛前，毕克官先生拉着我的手说：“今天的刘公岛之行，给我留下了永远难忘的记忆。这就是：腐败导致灭亡，落后肯定要挨打。因此，我们必须坚持发展，反对腐败，防止悲剧重演。你们现在的工作环境虽然很苦，但利用北洋海军建筑旧址和甲午战争故地开展爱国主义教育，意义重大。希望乡亲们继续努力，让来刘公岛参观的人们牢牢记住中华民族的耻辱，因为知耻才能后勇。”上船离岛之前，他又大声地对我说：“我一定抽时间再来，如果你们有什么事情需要我帮忙，我一定会尽力而为。”看到毕克官先生这么直率干脆，这么热情大方，我心里感觉暖烘烘的，也开始考虑如何请这位影响力大且热心的家乡能人为刘公岛的开放和中国甲午战争博物馆的发展而帮忙助阵。

(四)利用瓷绘艺术告诫国人勿忘被侵略的痛苦历史

热爱祖国，振兴中华，反对侵略战争，维护人类和平，是毕克官先生为之奋斗终生的伟大目标。在他晚年的艺术创作过程中，人们仍然可以通过先生绘制的《历史岂容篡改》等青花瓷漫画和青花瓷版画中，看到他用手中的画笔毫不犹豫地批判日本右翼分子公然为被钉在历史耻辱柱上的甲级战犯公开招魂的军国主义嘴脸，十分清楚地展现出艺术家不忘被奴役的耻辱历史、反对侵略战争、维护持久和平的美好愿望。同时，也让我们亲眼目睹了年逾古稀的毕克官先生，如何用艺术作品引导人们树立以史为鉴、不忘耻辱、居安思危、振兴中华的正确观念和伟大抱负。

二、积极参政议政 真诚建言献策

毕克官先生不但是著名的艺术家和文化名人，而且还是忧国忧民的爱国者。他坚决拥护党的领导，积极参与改革开放，对国家的发展和民族的进步看在眼里，喜在心中。对在改革开放中滋生的违法犯罪和各类腐败，疾恶如仇，深恶痛绝。在十几年参政议政过程中，他始终如一地履职尽责，受到党内外领导和社会各界的广泛好评。

（一）反对各种腐败，必须苍蝇、老虎都要打

1988 年初，毕克官先生当选为中国人民政治协商会议第七届委员会委员，被分配在 21 组（文艺界）。这个组的委员以文化美术界人士为多。有刘海粟、常书鸿、李可染、叶浅予、黄苗子、丁聪、华君武、吴冠中、杨宪益、黎雄才、黄翔、徐肖冰、赖少其、延泽民、刘白羽、张松鹤、白雪石、黄永玉等多位艺术界大家。这些人中，既有艺术大师、著名画家，还有著名的作家、翻译家、摄影家，等等。这些人中虽然有不少已经过了耳顺之年，但他们的是非观点很清楚，忧国忧民的意识极为强烈。他们对国家的热爱，对中华民族大家庭的团结友爱，对执政党的勤政廉政和作风建设等都极为关注。他们对在改革开放过程中出现的贪污腐败、追求享乐、腐化堕落等不良作风都深恶痛绝。这些艺术大家、著名教授和文化名人给予已是知天命之年的毕克官以巨大的正能量。在毕克官先生再次登上刘公岛交谈时曾十分高兴地回忆说："七届政协 21 组里的各位委员，他们是重量级的教授、专家和学者，他们的业绩都闪烁着耀眼的光彩。他们的是非观点很清楚，敢爱敢恨，坦诚得让人敬佩。他们给我留下的最深的印象就是爱国忧民。"

在第七届全国政协 21 组中，毕克官先生虽然是位新委员，其年龄和资历与那些艺术大家相比也不算高，但他却以铮铮铁骨，敢于秉笔直书，坦诚谏言，直述胸怀。

1989 年政协七届二次会议期间，58 岁的毕克官先生递交了题为《振奋精神，从严治吏，整顿腐败》的大会发言稿。这份发言稿首先得到 21 组全体成员的一致赞成，并以本组的名义要求安排在大会上发言。3 月 23 日下午，毕克官先生与钱伟长、帕巴拉·格列朗杰等享誉海内外的诸先生同堂作了大会发言。毕先生的发言虽然带着浓重的胶东口音，但仍然赢得与会代表多次掌声。他的大会发言引人关注，反应热烈，许多委员表示赞同与支持。当天晚上中央电视台新闻联播也进行了报道。

笔者找到了毕克官先生当年的大会发言稿，看后仍是心潮澎湃，思绪万千，感慨颇多。这篇发言稿可谓切中时弊、一针见血。早在 20 多年前的 1989 年春天，毕克官先生就坦诚公开地指出，反对腐败"只打苍蝇，不打老虎"是根本不行的。

20 多年过去了，毕克官先生的建议终于变成了中国共产党治理各种腐败现

象的实际行动，人民群众终于看到执政党在反对腐败的过程中，既打小苍蝇，也不放过大老虎。整顿党风和各级官员的纪律作风、工作作风和生活作风，已经从中央政治局领导带头做起，从严治理国家公职人员庸、懒、散，已经制度化、规范化和法制化。

毕克官先生在履职三届全国政协委员的过程中，始终把国家的发展和人民的幸福挂在心上，把发扬人民民主、加强人民监督、反对各种腐败作为自己履职的重要事情来做。即便是在卸任全国政协委员之后，他也仍然利用自己手中的画笔，创作了许多以反对腐败为题材的青花瓷漫画和青花瓷版画，如《反正能报销，管他贵不贵》《特制磅秤——“领导，您来说个数吧”!》《历史名城拆历史》等一系列艺术作品，鞭打那些腐败官员开怀畅饮名酒、挥霍国家钱财的腐败现象，批判和讽刺那些只注重表面文章、不顾及实际效果的“短视病”。

（二）多次呼吁各级政府重视文化教育事业的发展

毕克官先生的参政议政活动，不但涉及除弊兴利，深化改革，反对腐败，整顿作风，从严治党、治官等问题，而且对公益性文化场馆偏离主旨的做法也敢于提出尖锐的批评。

1989年第七届政协代表会议期间，他对北京几家国家级的文化艺术场馆把关不严，工作方向不明的做法一针见血地指出来：“中国只有军事、历史、革命等少数博物馆，现在越来越有被蚕食的危险。如军博（即中国人民革命军事博物馆——笔者注）相当一部分展厅变成了家具展销市场，革命博物馆应很严肃，但现在主要变成做买卖了，连蒜苗都进去了。美术馆（即中国美术馆——笔者注）也把关不严。有同志提出成立民间美术馆，但没有地方，博物馆到底是干什么的？方向是什么？没钱也不应到此地步，开放搞活到底怎么搞？建议应该严肃对待，进行整顿，起到传播文化、美育的作用。”

毕克官先生不仅在全国政协会议上直言不讳地开展批评，而且全国政协大会闭幕之后，也积极参加政协组织的视察和调研活动，并将考察时了解到的情况及时如实地进行反映。

1992年全国政协七届五次会议上，毕克官先生又直言不讳地谈道：“改革开放后先富裕了的地区有钱怎么花？有些地方的群众，只知物质享受，吃喝玩乐，在酒吧点一支歌花一两千，女性攀比，十个指头戴上十只金戒指，更有嫖赌违法的。相反，对改善文化教育设施就不热心。”针对这些问题，他坦诚地发表了自己的意见：“社会应大造舆论，呼吁这些地区要有长远目光，为了培养人才，为了子孙后代，能在文化事业（如文化馆、图书馆建设，文物保护等等）和教育事业（中小学课堂、教学设备等等）上大力投资。”他还大胆超前地建议政府，在改革开放后经济发达的地区，“可征收文化事业和教育事业税，专款专用，取之于民，用之于民”。

（三）两届全国政协会议上呼吁保护刘公岛水师学堂

1993 年 3 月，毕克官先生以其卓著的成就和优秀的表现，再次荣任第八届全国政协委员，继续为国家的发展和民族的复兴建言献策。1994 年是中日甲午战争爆发 100 周年，开完全国两会之后不久，毕克官先生偕夫人、著名油画家王德娟教授再次走进北洋海军的诞生地——刘公岛甲午战争纪念地。我十分高兴地再次陪同毕克官先生和王德娟教授参观考察。看到北洋海军提督署大部分房屋已经维修并布置了新的陈列展览，他非常高兴，并仔细地依次观看“中日甲午战争展览”“甲午战前威海卫海军基地防务设施沙盘”“北洋海军展览”“北洋海军将领蜡塑人物群像馆”“甲午威海之战展览”“丁汝昌殉难处复原陈列展览”“黄海大战舰船模型展”“海底打捞‘济远’舰物品展览”“北洋海军文物展览”“来馆贵宾展示”和陈列在提督署主体建筑后院的《“海底打捞‘济远’舰巨型钢铁文物露天陈列展览”。看到提督署展厅增加了许多，而且展览内容重点更加突出，分类更加准确清晰，毕克官先生非常赞赏。

接着，他又去龙王庙和丁汝昌寓所参观，之后穿过毁坏严重的刘公岛水师学堂，参观黄岛炮台兵器馆，并走进黄岛炮台 300 米长的地下坑道参观考察。上述北洋海军的提督署、龙王庙、丁汝昌寓所和黄岛炮台，均为全国重点文物保护单位，也是我们馆正式对外开放的文物景点。其中的黄岛炮台，虽然没有正式移交地方管理，但这是我们与海军部队达成合作共识并签订合作协议才开放的文物旅游景点。我还特地把这种新颖的管理机制详细介绍给毕克官先生，目的是为解决刘公岛水师学堂的问题做好准备。

刘公岛水师学堂房屋塌漏严重，濒临毁坏，外围院墙或被拆，或经雨淋倒塌，亟待抢救保护。在返回提督署的路上，我专门请毕克官先生参观亟待抢救保护的刘公岛水师学堂，目的是想通过这次参观考察，请他了解全国重点文物保护单位——刘公岛甲午战争纪念地内不同类型文物建筑的详细情况，以便于他在全国政协会议上呼吁国家文物部门和人民军队，能引起对北洋海军旧址的保护足够的重视，形成有利于保护、管理、开放的良好局面。毕克官先生看得仔细，听得认真，兴趣很高，我便真诚地邀请他们在刘公岛上住一宿，把刘公岛的历史文化和自然生态全都浏览一次，顺便体验一下海岛的生活和宁静的夜晚。毕克官先生毫不犹豫地答应了。我趁机将刘公岛水师学堂的详细情况向毕克官先生作了介绍：

1888 年北洋海军正式成军后，为了加快海军人才的培养，经李鸿章批准在刘公岛西部向阳坡地建起威海水师学堂，因其坐落在刘公岛上，故也称刘公岛水师学堂。该学堂占地面积 2 万多平方米，除建房屋 63 间外，还有宽敞的露天训练场地。1890 年建成并于 6 月 3 日开始招生开课。课程有天文、地理、数学、几何、航海、英文等十几门课程。这是继福建马尾水师学堂、天津水师学堂、广东水陆师学堂之后，洋务派创办的第四所培养海军军官的学堂。1894 年中日甲午战争爆发前第一批学员毕业。甲午刘公岛保卫战期间，水师学堂遭受敌人炮击，部分建筑被毁。今尚存者有照壁、学堂戏楼、马厩、东西辕门、凉亭、堞墙、旗杆座和部分院墙等。英国租借威海卫时期，学堂被英军占领 42 年，现今仍存有当年英军所建之军官住宅、英军食宿处、海军陆战队营房等式样独特、造型美观的欧式建筑。刘公岛水师学堂是我国至今唯一保存比较完整的近代海军学堂。1988 年 1 月 13 日被国务院公布为第三批全国重点文物保护单位。保护好刘公岛水师学堂，不但是研究中国近代海防教育的重要实物例证，而且也能展现北洋海军基地的整体性。中华人民共和国成立以后，刘公岛因为是重要的军事重地和海防前哨，所以包括水师学堂在内的许多北洋海军的老建筑仍然发挥着军事设施的作用，由人民海军使用管理。但改革开放以后，因为军队整顿缩编裁员，原来驻守在刘公岛水师学堂的海军舰艇部队已于 20 世纪 90 年代初裁撤，因此，水师学堂已经是人去屋空，既无人使用，也没有人管理，这也是造成水师学堂快速损坏的重要原因。但因为这是军队管理的房屋地产，因此地方单位既无权使用，又无法对其进行管理保护。

见毕克官先生不但仔细听，还不时地插话询问有关细节，我就和盘托出：自 1990 年部队缩编后，我们就奔走呼吁好几年，但毫无进展，因此也使我们认识到，要解决这个棘手问题，最好的办法就是通过全国政协委员或全国人大代表在全国两会上写提案、提建议，联名呼吁抢救保护刘公岛甲午战争纪念地所属建筑，为子孙后代、为国家、为人类保留住近代海军教育的物证例证。如果按照《中华人民共和国文物保护法》谁使用管理，谁负责维修保护的规定，刘公岛水师学堂应该由部队实行维修和保护。但部队现在没有人员居住，也缺少维修资金。因此，把管理和使用的权力移交给中国甲午战争博物馆，会更有利于文物建筑的有效保护和合理利用。

当时，我大着胆子提出请毕克官先生出面呼吁，盼望他能多联系一些相关专家来做此事。毕克官先生坦率而又真诚地说："你不拐弯抹角，我很喜欢。但这件事情难度很大，因为涉及军队的资金和房屋产权，部队也有《军事设施保护法》为依据，不能把房屋及地产移交给地方单位，但我还是愿意帮你们这个忙，其实也是帮国家的忙。”

毕克官先生说到做到。1995 年，在全国政协会议上，他以《文物保护法》为依据，直截了当地提出“抢救性地保护刘公岛水师学堂的意见”。毕克官先生就保护刘公岛水师学堂的重要意义和紧迫感，以及刘公岛甲午战争纪念地开放以来对国人开展爱国主义教育等方面的情况做了说明，并找到军队中的政协委员交换意见，还联络国家文物局著名专家罗哲文、谢辰生、史树青等先生帮助呼吁抢救保护刘公岛水师学堂。与此同时，我们也以《文物保护法》及中共中央、国务院和中央军委［1984］190 号《关于开放威海港的批复》等文件为依据，与威海水警区商议讨论抢救保护水师学堂合理、有效的方法。

1996 年 3 月，全国政协八届四次会议上，为了推动国家级重点文物保护单位的抢救保护（当然包括刘公岛水师学堂），毕克官先生又做了《为保护城乡历史建筑风貌出谋献策》的大会发言。这个发言主要是针对当时部分省市在城乡建设迅猛发展的过程中，极有保护价值的历史建筑被摧毁，许多地方有特色的建筑正在消失。而且，有的地方，一边拆毁真文物和特色建筑，一边又花大价钱建假古董和不同式样的仿古建筑。之所以出现这些问题，毕克官先生认为主要是“某些决策者认识上的短视和指导思想的片面，因而缺乏科学的总体规划”。因而建议“全国省、市、县各级政协立即关注这个问题。为保护各地城乡的历史建筑风貌，为解决好建设与保护的矛盾，积极参政议政，发挥智囊作用，出谋献策”。他还把天津政协组织“城建委、文教委、文史资料委三个委员会就上述问题进行调研，提出建议，进行呼吁。其做法值得注意，也建议全国政协对此多做促进工作”。由此可见毕克官先生身为全国政协委员，对全国文化教育历史等方面的调研是多么细心，也反映出他能够深入社会底层，了解真实情况，关心国家发展和人民福祉的真实情感。通过他的发言，我们不仅可看到他有着广博的知识、敏锐的洞察力和超前的判断能力，而且还敢于对某些决策者认识上的短视病和指导思想上的急功近利提出尖锐的批评。

1998 年春天，毕克官先生第三次当选为全国政协委员。在全国政协会上，他再次呼吁抢救保护刘公岛水师学堂。他的认真执著和对文化遗产的真爱，使许多认识他的政协委员为之感动，也引起部队首长的关注和重视。会后不久，中国人民解放军总后勤部就组织海军后勤营房部的相关同志，亲自来到威海刘公岛，现场勘验了水师学堂建筑遗存倒塌、漏水等损坏情况，通过观看文物保护标志，确认了其全国重点文物保护单位的身份，以及海军部队裁减后房屋的闲置等情况。看到水师学堂院墙倒塌严重，院里杂草丛生，垃圾成堆，一片狼藉，部队的同志心情也十分沉重。他们十分感谢毕克官先生能实事求是的反映问题，以及为解决问题所表现出的锲而不舍的精神。他们表示：一定抓紧时间拿出有利于保护水师学堂的意见，更好地发挥刘公岛甲午战争纪念地在爱国主义教育中的重要作用。

精诚所至，金石为开。在毕克官先生多年持续的建议和敦促下，经过我们与海军驻威海部队多次的认真协商讨论，遵照国家《文物保护法》和《军事设施保护法》以及中共中央、国务院和中央军委［1984］190号《关于开放威海港的批复》等法规和文件的相关规定，本着有利于保护国家文物、有利于保护和发挥好北洋海军历史文化遗产的原则，军地双方初步达成一致，1999年9月6日，威海水警区后勤部向海军北海舰队发出了《关于将刘公岛水师学堂（旧址）移交地方的请示》。同时，按照海军的要求，威海市文化局田峰泉局长与威海水警区张学增司令员签订了《黄岛炮台兵器馆开馆意向书》，其主要内容是：黄岛炮台兵器馆的门票定价计入中国甲午战争博物馆的门票中，由甲午馆统一卖票，其收入的百分之七十归海军，剩余部分归地方，甲午馆对黄岛炮台兵器馆在业务上实行指导，并按开放要求予以统一管理。本意向期限为20年，时间自1999年1月1日始至2018年12月31日止。期满后双方如有意续签，可按照有关规定重新签订协议（具体经双方上级批复后，再签订正式协议）。一年之后，人民海军终于批准将刘公岛水师学堂全部移交给中国甲午战争博物馆管理保护。

2000年12月，人民海军将刘公岛水师学堂移交给地方管理的签字仪式在威海阳光大厦举行。在协议签订的现场，军队和地方的代表都非常激动，大家为全国仅存的近代海军学堂旧址能得到及时的抢救保护而感到高兴，也都不约而同地想到为此奔走呼吁的全国政协委员毕克官先生。所有人都感谢他多年来为保护刘公岛水师学堂所付出的艰辛与努力。接收刘公岛水师学堂的签字仪式结束后，我立即打电话向毕克官先生表示感谢，并汇报了我们馆抢抓时间，自筹资金，全力以赴对水师学堂进行抢救性保护的总体规划和分步实施的具体打算，并承诺水师学堂将于2004年全部修复竣工，届时正式对外开放。

此后，毕克官先生继续关注着水师学堂的抢救性保护，他对此项事业的鼎力支持和锲而不舍的工作态度令人敬佩。2001年的夏天，毕克官先生偕夫人王德娟教授再次来到刘公岛，不顾盛夏酷暑，亲自到刘公岛水师学堂探摸现场参观考察。毕先生这种不怕吃苦流汗的执著精神，也激励了我们这些守土有责的文物工作者，所以，在接收水师学堂的第一年我们即完成以下几件大事：

一是接通刘公岛水师学堂的消防管道。这条海底自来水消防管道东自北洋海军提督署起，经过龙王庙和丁汝昌寓所，向西通到水师学堂，全长近3公里。

二是接通自提督署后院变压器输出的380伏高压输电线路，而且全部采用地下管线。并在刘公岛水师学堂西院墙外再建一座专用变压器，做到文物建筑专线专用，确保全国重点文物的安全。

三是接通北洋海军提督署、龙王庙、丁汝昌寓所及水师学堂的安全防范监控设施所需地下线路。

四是将刘公岛水师学堂四周的院墙全部使用老石头维修复原，按原有工艺和式样扎好墙缝，封好墙顶。

五是聘请山东省文物科技保护管理中心完成了对刘公岛水师学堂遗址的地下探摸及地上建筑遗存的测量工作，制定了刘公岛水师学堂复原和维修的方案，并召开了“水师学堂修复方案论证会”。是年深秋，我们将修改后的《刘公岛水师学堂维修方案》上报山东省文物局和国家文物局审批。国家文物局于2001年12月31日正式作了批复并原则同意所报修复规划，同时对部分内容提出指导性意见。

2002年春天，山东省文物科技保护中心修复刘公岛水师学堂的工程全面展开。我馆人员一方面对施工现场的质量进行监督检查，另一方面又马不停蹄地开始考察、论证、确定维修复原后的水师学堂屋内陈设品的收集与复制及陈列展览等工作。

同年春夏相交之时，刚刚在北京301医院做完前列腺癌症切除手术的毕克官先生，在夫人王德娟教授的陪同下，来刘公岛丁汝昌寓所居住休养。其间，他仍时常步行去水师学堂施工现场观看进度情况。经过两年多的紧张施工和筹备，刘公岛水师学堂的修复和原状复原陈列终于完成。

2004年，是日本发动武装侵略中国的甲午战争110周年。6月3日，停止开课110周年的刘公岛水师学堂正式对外开放，受到海内外游客的一致好评。看到当年塌漏严重、垃圾成堆、破烂不堪的刘公岛水师学堂如今已是旧貌换新颜，岛上的驻军官兵和老百姓无不拍手叫好。

毕克官先生和王德娟教授也再次应邀来到刘公岛，全面地参观了新开放的刘公岛水师学堂。新修复的水师学堂主要分为主体建筑教学区、中外教师和学生居住生活区、室外训练区、甲午战火毁坏遗址展示区、英租时期各类建筑五个区。

看着水师学堂独有特色的主体建筑群和错落有致的几进院落，看着水师学堂教室里的桌子和座椅是铁质与木材融合连体的，看到教室内课桌上整齐地摆放着刻着学生姓名的小木牌，看着学堂洋教习教学的复原场景，看到北洋海军时期的建筑、英国租借时期的建筑和毁于甲午战争时期的建筑地基遗址能够各自并存，并各有特色地展示给广大观众，毕克官先生和王德娟教授特别高兴和激动。他们坦率而又真诚地提出希望：“你们一定要再接再厉，为中华民族管好刘公岛甲午战争纪念地，发挥好水师旧址和甲午故地的重要作用。”

三、无限热爱文化艺术 自觉培养艺术人才

（一）深入海岛体验生活，始终坚持艺术创作

毕克官先生与王德娟教授1994年登上刘公岛参观之后，两位艺术家就被这里的历史文化遗产和海岛自然风光吸引。他们夫妇起早贪黑，如饥似渴地坚持写生和创作。包括北洋海军提督署、龙王庙和戏楼、丁汝昌寓所、水师学堂、大铁码头、黄岛炮台和东泓炮台等文物古迹，刘公岛沿海的礁石悬崖、海湾沙滩，以及自然生态独特的松海林涛、名贵树种和各类花草，都吸引了两位艺术家的敏锐目光，他们抓紧一切时间，画速写，搞速描。不长时间，毕克官先生就画了一组歌颂魅力家乡的组画。见画家如此着迷，如此投入，而且艺术造诣如此高深，我主动邀请两位艺术家在刘公岛举办画展。毕克官先生和王德娟教授欣然同意，并答应具体细节容考虑后再说。

1995年秋季，为了筹办好“毕克官与王德娟画展”，我们趁去天津、北京等地征集北洋海军将士后裔珍藏文物之机，又专程去方庄园毕克官先生家，与他们就举办画展之事进行具体协商。

在毕克官先生的家里，我们可谓眼界大开。宽敞亮堂的大房子里简直就是一座艺术博物馆。这里有毕先生的漫画精品及多本著作，有王教授多年创作的油画精品多件，有毕先生收藏的瓷器、古董和各种民窑的绘画瓷片，还有他们在中国美术馆、新加坡等地举办画展的资料及影像等。在与毕先生交谈的过程中，我们就画展的举办时间、展厅的布置、画展的规模及画作的运输等问题达成一致。画展的所有筹办事项，都由中国甲午战争博物馆负责办理，并争取于第二年夏初举行开展典礼。

1996年春末，开完全国政协会议的毕克官先生携王德娟教授再次来到刘公岛，亲自到北洋海军提督署演武厅布置画展的现场，指导甲午馆工作人员对展厅环境、展板布局和艺术品陈列的布置。

20 世纪 90 年代，毕克官先生在刘公岛石码头上写生作画

是年 6 月 22 日，“毕克官和王德娟画展”在刘公岛北洋海军提督署演武厅隆重举行，威海市的地方领导、驻军首长和文化艺术界的众多代表出席了画展的开幕式。大家对两位艺术大家高超的艺术和精湛的绘画技巧深表钦佩。特别对毕克官先生近年来所创作歌颂美丽家乡的画作更为赞叹，认为这是用诗人的眼睛观察生活，绘画的立意构思力求“小中见大，弦外余音”。该画展在刘公岛展出期间，吸引了国内外广大游客的一致好评，许多人高兴地感叹：“没想到这次来刘公岛还有意外的收获。”特别是来自法国巴黎的三位美术爱好者看到这样高水准的画展时，非常高兴，并请我们帮助联系两位画家与他们一起合影留念。

（二）热情无私的帮助青年才俊，自觉无偿的培养艺术人才

1986 年，威海市青春阳光、勤奋好学的漫画爱好者高伟曦，得知家乡出了一位蜚声海内外的大漫画家，心里非常高兴，他抱着试试看的心理给远在北京的毕克官先生写信请教，并附上自己的漫画作品请求毕克官先生在百忙中给予指导。信寄出去以后，高伟曦的心七上八下，不知这位大漫画家是否有时间搭理初学者。令高伟曦没有想到的是，毕克官先生不顾工作繁忙，很快就给从未谋面、初学漫画的他回了一封充满真情实意的长信。毕先生在信中非常真诚而又认真地写道：“漫画作者要有责任感、有思想、有敏锐的洞察力，还要有良好的文史哲修养和美术表现能力，你的习作看了，觉得立意不够鲜明、准确，绘制也不认真，铅笔底线也没有擦掉，这是初学者的通病……”他还情真

意切地告知说："威海画漫画的少，望能持之以恒，多学多看多画，不断提高眼力，别人的佳作就是自己最好的老师，艺无捷径，艺无止境。"这是一个社会知名度很高、学术造诣很深的顶尖级艺术家长者对一个素不相识的家乡晚辈、一个初学漫画艺术创作的青年人的谆谆告诫和殷切的期望，表现了一位功成名就的文化大家对青年一代的关爱、呵护及期盼，表现出毕克官先生心地善良、对人真诚、诲人不倦的高尚品德。自此，高伟曦和毕克官先生就成为年龄相差很大的莫逆之交。特别令人感动的是：受毕克官先生多年的良好影响，现担任《威海晚报》记者的高伟曦同志在毕克官先生追思会上，自愿将毕克官先生赠送给他的漫画作品和有关书信等十分珍贵的艺术收藏珍品无偿捐赠给威海市博物馆。这一举动令人感动和敬佩。在当今艺术品走红、价值不菲的市场经济社会里，高伟曦记者的确做到了把毕克官先生爱国爱乡的高尚品德和无私奉献的可贵精神发扬光大。

（三）做人实诚坦率，做事扎实无暇

谈到毕克官先生和王德娟教授与人为善、诲人不倦的感人事迹，中国甲午战争博物馆的许多老员工都亲身经历，感受良多。特别是甲午战争博物馆陈列部的美术工作人员更是身受其惠，体会深刻。刘新芳先生是建馆时期的开拓者之一，是甲午战争博物馆第一代陈列部的主任，他制作的沙盘和大小不等的文物复制品及各类艺术陈列品，都被应用到不同的陈列展览中。毕克官先生和王德娟教授每次来馆参观考察，总是认认真真、实事求是地对每一件展品给予恰如其分的艺术评论。对于新的创意、制作成功的地方，两位艺术家总是给予充分肯定；对于美中不足、不尽如人意的地方，则明明白白地予以指出，并提出具体修改的建议。这种真诚无私、与人为善、诲人不倦的高风亮节特别令甲午馆人敬佩。现任陈列部主任刘巍峰，是1996年大学毕业后被我馆录用的年轻人，正好赶上毕克官先生和王德娟教授来馆举办画展，为了保证两位艺术家的活动安全和考察方便，馆里专门安排刘巍峰全程陪同两位艺术家的活动。得知刘巍峰是美术专业的毕业生，两位艺术家就经常在做人做事和绘画艺术等方面给予指导提携，使刚刚走上工作岗位的刘巍峰"近水楼台先得月"，受益匪浅。

2001年初，北洋海军提督署的陈列展览第三次全面改造开始启动。为了满足国内外游客的需要，我们把13个展厅的改造任务分期进行。是年秋天，甲午馆陈列改造一期工程验收会议召开。会议期间，年过七旬的毕克官先生和王德娟教授不辞辛苦，愉快地接受邀请，亲临展厅验收现场参加展厅环境、展板质量以及展板色彩配套工程的验收。两位老艺术家对展厅环境、展板平整度和展板色彩及人造光线等方面，都严格按照我馆规定的标准，一丝不苟地逐项勘验。他们认真的工作态度，使包括施工单位代表在内的所有人员，都深感敬佩。

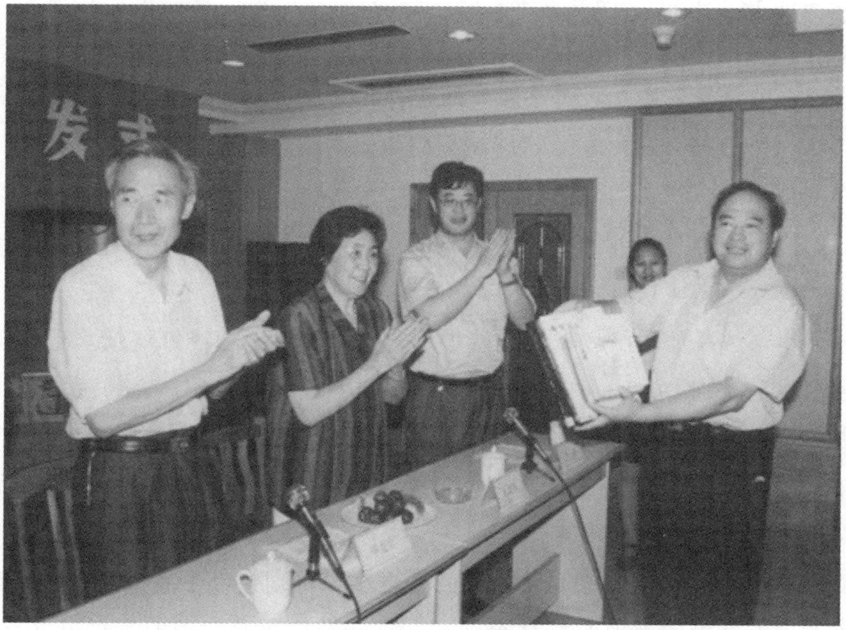

2002 年，毕克官先生（左一）与夫人王德娟教授（左二）向中国甲午战争博物馆捐赠学术著作

2002 年 7 月 30 日，中国甲午战争博物馆在威海市内举办了《毕克官散文集》首发式。中共威海市委、市政府、市人大、市政协的领导和相关部门及单位的代表应邀出席了首发式。毕克官先生向中国甲午战争博物馆无偿赠送了作品，其夫人王德娟教授向中国甲午战争博物馆无偿捐赠了新作《东泓炮台雄姿》油画一幅。市领导对两位艺术家的无私大爱给予高度赞扬。首发式之后，毕克官先生偕夫人王德娟教授又一起去威海高技术产业开发区毕家疃小学，把自己新出版的《毕克官散文集》捐赠给故乡学校的师生们，并十分真诚地与师生员工进行了热烈的、友好的面对面交流。这次交流活动，为毕家疃小学开启漫画教育课打下了良好的基础。

毕克官先生身为著名艺术家和干满三届的全国政协委员，可谓功成名就，身份显赫。但熟悉他的人都十分清楚，毕先生说话实在，做事情实诚。我们馆的所有职工和刘公岛上的住户百姓也都一致反映，两位艺术家从不摆谱拿架，对待所有人都是十分亲近，主动与人搭话交流，倾听他们的诉求。20 多年来，凡是毕克官先生回威海居住期间，无论事情怎样多，只要是有人前来探访，他都是微笑着予以接待，回答他们提出的所有问题，满足来访者的一切要求。

四、身在他乡异国 心系家乡父老

毕克官先生自17岁离开家乡，60多年来，一直是人在北京，心系家乡。即使在他赴美国治病化疗的几年间，他的心里也始终装着自己的故乡——威海市。他关心家乡的发展和变化，关心家乡的教育和文化，关心家乡人民物质生活的提高。同时，他更关心家乡人民的精神文明建设。他常常在心里自问："威海怎么样了？刘公岛怎么样了？海滩怎么样了？"

（一）无偿向中国甲午战争博物馆捐赠艺术作品

毕克官先生始终认为："刘公岛是火与血练就的土地。"这里曾是北洋海军的诞生地，甲午战争的古战场，铭刻着中华儿女保卫祖国的英雄业绩，也铭刻着中华民族的惨痛教训。人们涌向刘公岛，奔向甲午战争博物馆，凭吊英烈，重温往昔，汲取历史中的精神力量。毕克官先生也曾非常坦率地说道："在我心目中，甲午馆受到实物缺乏的限制，陈列内容和规模能达到这样的水准就很不错了。"当他看到甲午馆人想方设法、走南闯北地寻访北洋海军将士后裔和学者，千方百计寻找和征集北洋海军和甲午战争文物及各类馆藏艺术品时，他也毫不犹豫地无偿向中国甲午战争博物馆捐赠了自己心爱的十数件作品。

1996年夏天，毕克官先生在王德娟教授的陪同下，一次就向中国甲午战争博物馆无偿捐赠自己创作的艺术作品18件。具体为：画作《海军公所》《宏伟的甲午战争博物馆》《参观甲午战争博物馆的人潮》《甲午馆打捞之"济远"舰主炮》《故乡的回忆》(《故乡的回忆·序言》《故乡的回忆之一：我的出生地》《故乡的回忆之二：正月十五点面灯》《故乡的回忆之三：草和石头房》《故乡的回忆之四：拾蛤》《故乡的回忆之五：环翠楼》《故乡的回忆之六：三角花园鲸牙帮》《故乡的回忆之七：星石》《故乡的回忆之八：我的母校》《故乡的回忆之九：我的赶海生涯》《故乡的回忆之十：幼时想登刘公岛》）和书法作品《甲午忠魂　气壮山河》《鞠躬大海吊英灵》。

2001年春天，得知中国甲午战争博物馆要创办馆刊的消息后，毕克官先生立即为馆刊题词："献身文博事业。"整幅书法作品笔势苍劲、雄浑质朴，字里行间透视出他作为一位艺术大家和文化名人对家乡人立足海岛，放眼世界，大力发展文博事业的殷切期望。

（二）积极帮助中国甲午战争博物馆征集名人艺术作品

在与毕克官先生多年友好、真诚的交往中，我非常敬佩两位艺术家乐善好施的高尚品德和无私奉献的伟大精神。毕克官先生和王德娟教授非常赞赏中国甲午战争博物馆这个战斗集体的做事标准，即“上对得起祖宗，下对得起子孙”。当我提出请他在全国政协委员中帮助征集题词和各类艺术作品时，他竟一点也不打折扣地满口应承。随着时间的推移，毕克官先生先后帮助我们馆征集到著名画家吴冠中先生题写的“海风海浪扬海波”书法作品一幅，征集全国政协副主席张思卿先生的“气吞山河”书法作品一幅。

（三）关心家乡历史文化和自然风貌的保护和利用

几十年来，毕克官先生对家乡的历史文化、山水海礁和港湾沙滩等文化和自然遗产资源都十分关心，并为使其能够持久合理利用而建言献策。为了有效制止“一边拆了真文物，一边又急忙建假古董”的做法，他不顾个人的利益，也不顾家人和朋友的反对，几次直接给家乡的父母官上书建言。

2000 年 7 月 18 日，毕克官先生在北京给威海市人民政府主要领导写了一封保护威海市城镇的历史风貌的长信，提出了许多好建议。当时，全国都在进行大规模的旧城改造，各类历史文化遗产“毁坏相当严重”，“故乡威海也不例外”。他认为：城镇的历史风貌，记录了一个地区的政治、经济、地理、民俗和文化历史，是进行爱祖国爱家乡不可缺少的好教材。所有的现代化城市，都应该保留历史的轨迹。因此，建议对沿海的石头房、殖民地时期的各类建筑、清末民初时期成片的民房、鲸园附近的民族工商业用房等以及环海沙滩等沿海自然风光和历史风貌进行保护。

毕克官先生在信中还重点讲了刘公岛甲午战争纪念地的保护和管理。他直言不讳：“刘公岛世界闻名，如何保护好历史风貌和自然风貌，成为威海市政府的一项重要任务。作为甲午战争纪念地的这个小岛，只能保护好其历史风貌，而不可进行所谓的‘开发’。但遗憾的是，出于经济利益的驱动，一再出现不应有的破坏。例如，在环翠楼和刘公岛的视线通道上，建起了高大的贸易大厦、进出口大厦和华联大厦，挡住了人们的视线，严重地破坏了威海卫八大景之一的‘山楼初旭’等景观。这无疑是威海的一大败笔。但威海并未因此接受教训，继而在岛上建起了甲午海战馆，已属不当；近年竟又在提督署近旁，破坏了沙滩，新建起高大的候船厅。其体型色彩都抢夺了提督府的视线。威海吸引游客的是提督府——甲午馆，它才是威海标志性的建筑。候船大楼是对文物景点的破坏，无疑又是威海的一大败笔。难怪游客议论纷纷。建议市政府像洛阳市坚决拆除龙门石窟旁‘龙宫’的果断办法，即使不全部拆除，至少要改建变成矮平房。虽然损失点金钱，但有利于文物保护，对威海形象也有好处。

刘公岛的老石头房，是岛上自然和历史风貌的组成部分，建议市政府采取保护措施，绝对不可再任意拆毁。但我听居民反映，有人在打拆的主意。建议市政府从根本上杜绝破坏性的动土，并责成刘公岛管委会负起保护责任。南有虎门，北有甲午，刘公岛不仅是威海人的，也是全国和世界人民的。如何对待刘公岛，绝不可仅从局部眼前利益处理问题，应从大局着眼。希望威海市委市政府把好这个重要关口。否则，必将受到全国人民的指责。”

2002年，毕克官先生和中国空军原司令员王海上将分别坐在威海市主要领导的两侧，参加威海市鲸园小学百年校庆的典礼活动时，毕先生仍然不失时机地向市委领导呼吁刘公岛的开发和建设必须要经得起历史的检验，批评相关单位不应该在提督署东侧大兴土木，破坏了全国重点文物保护单位的环境风貌。当天晚上，由中共威海市委宣传部领导主持，威海市文化局、刘公岛管委会、中国甲午战争博物馆等部门和单位参加的座谈会上，毕克官先生仍然是慷慨陈词、直抒己见；对有关单位不分青红皂白拆除英租时期的优秀建筑提出尖锐的批评，这种面对面的真诚与率直的严肃批评，令所有在场的各位领导十分震惊和敬佩。

在地级威海市成立20周年之际，毕克官先生应邀题写了贺词，他在“为家乡的变化而骄傲”的同时，再次建议在今后的经济、文化、科技和环境建设中，坚持四个“善待”，即善待刘公岛，善待威海的历史文化遗产和自然环境风貌，善待全市沿海天然的沙滩和奇特的礁石等资源，善待承载着历史信息和民俗风貌的海草房和不同时期的石头房。

（四）向威海市博物馆捐赠作品和收藏品

毕克官先生以其精湛的艺术、广博的学识、丰富的业绩赢得国内外一片赞扬声时，他仍然不忘“月是故乡明”，经常是“梦里犹唱家乡歌”。

2009年，与癌症病魔已经抗争了七年的毕克官先生，在夫人王德娟教授的陪同下，不远万里，从美国洛杉矶飞回自己的祖国，在北京稍作休整和察看，就马不停蹄地赶回家乡威海，向威海市博物馆捐赠了309件个人创作的漫画精品原件和著作、手稿以及收藏的古瓷片等。

9月30日，毕克官艺术馆在家乡威海市艺术中心举行了隆重的开馆典礼。市领导在致辞中，高度赞扬了毕克官先生热爱祖国、情系家乡的赤子之情，赞扬他多年来支持家乡文化发展所做的重要贡献。在艺术馆开馆典礼上，因身体虚弱而坐在轮椅上的毕克官先生情真意切地讲道：回顾自己半个多世纪的艺术道路，创作的源泉无不来自于家乡的山川与大海之间。不管离家多远，时间多长，自己的血脉脐带都牢牢系在故乡。他还表示，向家乡捐赠书画作品及个人珍藏，既是对家乡父老的回报，也实现了自己落叶归根的夙愿。虽然毕克官先生此时已是体力不支，但最后他还是大声动情地说：“我对故乡的感情念兹在兹，刻骨铭心。”他那感人肺腑的简短讲话，赢得了现场所有人长时间的热烈掌声。令许多人没有想到的是，身体非常虚弱的毕克官先生当天下午，又不顾旅途劳累，应邀去山东大学威海分校做了一场十分精彩的艺术讲座，赢得师生多次的热烈掌声。

2012 年 7 月，毕克官先生与夫人王德娟、女儿毕宛婴在美国合影（毕为民供图）

（五）远隔万里仍牵挂家乡发展和乡亲的幸福

毕克官先生为了控制住癌症的扩散，应邀赴美国进行治疗。在那里治病的数年间，他时常不顾化疗带给自己的痛苦，仍然自觉勤奋，笔耕不辍，过一段时间就写一篇稿件，或寄给《中国甲午战争博物馆馆刊》，或寄给《威海晚报》《威海记忆》等报纸杂志发表，以表达老艺术家远在异国他乡的爱国情怀和思乡情结，同时以此种方式与家乡的知音与朋友进行交流和沟通，更是表达一位耄耋老人对家乡父老乡亲幸福生活的祈盼与祝福。

在治疗的休歇时间，他也经常一个人静静地坐在洛杉矶的海滩上，观察清澈透蓝的海水及海风扬起的波浪，遥望着太平洋彼岸可爱的祖国和美丽的家乡，惦记着国家的发展、家乡的进步和人民生活的不断提高。

毕克官先生晚年照片（毕为民供图）

在参加完毕克官艺术馆落成典礼、刚刚返回美国洛杉矶不几天，毕克官先生就不顾旅途劳累和身体虚弱，几次打电话嘱咐儿子毕为民和媳妇贾燕赓，把自己想看的《古代名诗选》《现代中国小品散文选》《中国地图册》《世界地图集》《黄窑说瓷》《白马湖文集》《老威海建筑》等书籍及相关图片集等资料寄往美国居住地，以供研究使用。谈及此事，十分健谈的毕为民也是既心痛又无奈地说："有啥办法？老爸即使在异国他乡治病，也是不肯消停的。"

总之，毕克官先生的人生旅程五彩缤纷，光彩照人。他人生的许多闪光点还有待人们去研究探索，发扬光大。好在毕克官艺术馆已经在家乡建成并初具规模。这是人们纪念、研究、缅怀、学习毕克官先生的重要场所。

我真诚地祝愿毕克官艺术馆的藏品越来越多，陈列展示的内容越来越丰富，展示的手段也越来越新颖，也真诚地祝愿毕克官艺术馆成为威海人民和海内外游客特别是广大青少年参观学习的艺术殿堂，成为提高人们文明素质的肥田沃土。

毕克官先生永远活在我们心中！

（此文原载于戚俊杰、郭阳主编：《甲午纵横》第5辑下编，华龄出版社2016年版，第389～419页。有改动）

正直做人 科学治史

——我所认识的日本学者中塚明先生

中塚明教授是日本颇有影响的著名学者、历史学家，曾三次当选为日本学术会议会员（第十六、第十七届第二常设委员会委员长）。在半个多世纪的历史教学与研究进程中，共发表论文、专著和其他文章近 400 项。他以日本近代史和近代日本对朝鲜、中国侵略史为主攻方向，善于挖掘第一手史料，用日本的史料来证实日本侵略朝鲜、中国的历史，是日本最著名的日清战争史（即甲午中日战争史）研究专家。我们用“正直做人，科学治史”来概括他的人生，一点都不过分。

我与中塚明教授的交往已有十年有余。随着他来中国、我去日本次数的增多，我对他的学术成就及为人也就有了更多的了解。

1929 年 9 月 17 日，中塚明出生于日本大阪府中河内郡绳手村大字四条 452 番地。这一天，恰好是中日两国海军甲午黄海大战 35 周年。在他刚刚过了 2 周岁生日的第二天，日本侵略者又发动了对中国东北地区的侵略战争（即九一八事变），日本人所称的 15 年（1931～1945）战争开始了。1936 年，他在家乡的小学就读。6 年之后，考入大阪府立八尾中学读书。这一年，日本政府推行勤劳报国会，发布了学生兵出动令。对此他至今记忆犹新。

日本著名甲午战争史研究学者中塚明教授近照

中塚明生长在日本军国主义时期，因而上小学开始，就难免接受军国主义战争观和价值观的影响。而这种影响的结果，使幼稚纯真、好学上进的青少年自觉地加入了支持战争的行列。他经常去参加一些支援战争的义务劳动，包括从事高射炮弹夹的制作等，并于初中二年级时，响应学校号召，申请应召海军飞行预科练习生。还在江田岛参加了海军兵学校的考试，以合格的成绩成为日本海军预科生，并兴奋地过了四个月的军人生活。1945年，美军在冲绳登陆，日本战败，他又回到了八尾中学继续读书。次年，升入大阪府浪速高中读书。

15年战争日本失败，从而产生了汹涌澎湃的民主化浪潮，而年轻的学生们在学运高潮中受到了巨大影响。中塚明在高中读书期间，先参加了短歌研究会，不久又加入了历史研究会，还参与了班级传抄杂志 Leben 的编辑。高中读书期间，他还是学生运动的积极参与者。

1949年4月，20岁的中塚明升入京都大学文学系史学科学习日本史。1950年6月25日，朝鲜战争爆发，日本成了战争的基地。同年11月，日本全学联抗议日本政府不准许前进座剧团公演集会，京都大学处分了32名学生，身为京都大学学生联合自治会副委员长的中塚明受到了无限期停学的处分。休学期间，他一直在家里读书学习，并得到了以岩井忠熊为首的许多前辈、同学和朋友们的热情鼓励，就连平时显得十分可怕的叔父——大阪大学工学系城宪三教授也给他很大的鞭策。1951年，美国与日本签订了安全保障条约，中塚明也被允许复课学习。同年7月14～24日，京大同学会主办的“原子弹爆炸展览”在京都车站附近的百货公司举行，有3万多名市民参观了这次展览。这是第一次将原子弹轰炸的惨状向世界公开。同年11月12日，日本天皇来到京都大学。京大同学会组织学生聚集在校门附近，高唱《保卫和平》而不是《君之代》的歌曲，围住了天皇的汽车。这一举动受到国内外的关注。学生也因此事件而遭到了强硬的压制，京大同学会被解散，学生受处分，同学会委员长还被国会传讯。与此同时，学生们也自发制成宣传册，向全社会公布了天皇来校的事实真相。

大学的学习是紧张的，但课余的活动是丰富的。中塚明同其他有志于历史研究的学生一样，自觉参加了民主主义科学者协会历史部会的活动，而且以各种形式参与了“国民历史学运动”，其中包括利用暑假深入农村，参与农村工作队的活动。然而，他的宣传和教育活动却收效甚微，只有一些孩子成为他的听众。对此，中塚明开始考虑历史学研究及其在国民间的普及问题。他注意到，因为人们往往会流入卑俗的实用主义倾向，所以，“历史学对民众来说，必须是锅灶似的东西”。1955年7月，也就是中塚明大学毕业后的第二年，日本共产党召开了第六次全国协议会（简称“六全协”），它的方针成为对历史学的实用主义倾向进行大反省的契机。为了摆脱京都民主主义科学者协会历史部会的停滞不前的局面，他写了《对国民历史学的批评与反省——对村史、厂史的批评》的文章。其目的是希望能将历史研究继续推向前进，同时，再次探讨学问研究与它的普及这个事关专业人员和人民大众的大问题。

1953 年，23 岁的中塚明大学毕业了。因为曾是学运领导人，好不容易才在靠近京都府厅的平安女子学院找到一个非专职讲师的位子。他一边做讲师，一边为和田正之先生编写《日本辞典》做助手。两年之后，他在平安女子学院成为专职讲师。在此期间，他在学校拼命地工作：一方面认真教书育人，一方面积极从事研究工作，先后发表研究论文、专著和其他成果 8 项。1958 年，他担任日本奈良女子大学文学部附属中学教师。五年之后，由于成绩显著，又调任奈良女子大学文学部史学科工作，由讲师、副教授升职至教授。

奈良大学文学部史学科有着非常宽松的研究气氛，因而中塚明能轻松愉快地参与研究与教学。进入奈良女子大学工作之后，他得到了山边健太郎、井上清两位先生的器重，将《岩波讲座·日本历史》中的“日清战争”部分交给了中塚明去写。于是，他便开始了对日清战争的研究。为了搞好研究，他第一次走进了国立国会图书馆的宪政资料室，目的是为了查阅整理中的关于陆奥宗光的文书。在外务省院内的外交文书编纂室，在臼井胜美先生的关照下，他第一次阅读了外交文书的原件。这些文书原件是由陆奥宗光的嫡孙陆奥阳之助转让给该图书馆的。中塚明为这些史料价值之高而瞠目。在阅读《陆奥宗光的有关文书》的过程中，他明白了原始资料是多么的珍贵，明白了出版的传记和史料集或多或少都经过了编纂者的筛选，因而建议使用时需要对史料进行严密分析或批评。他经常说，历史学家在研究工作中，不仅不能忘记向先行的研究者表示恰当的敬意，而且也不能忘记为保存这些史料并向公众公开史料而尽心的人们的功绩。

中塚明教授的治史观是科学、严谨、实事求是和不断创新的。为了搞好对朝鲜史的研究，他早在 20 世纪 60 年代就参加了由日本人和旅日朝鲜人中的研究人员组成的朝鲜研究会，开展了十分活跃的历史研究；并以岩波讲座为基础，完成了《日清战争之研究》一书的写作，还出版了《近代日本与朝鲜》一书。这些研究成果的问世，得到史学工作者的赞赏。但中塚明教授并不满足，为了能够更好地研究朝鲜历史，更广泛地挖掘朝鲜史料，他开始在大阪外国语大学学习朝鲜语。

中塚明教授是受人尊敬的历史学家。他不但建树高深，而且还能虚心听取别人的意见，使自己始终能够以正确的理念指导自己的研究。

山边健太郎先生是对中塚明影响最大的良师益友。山边先生的朝鲜史观也一度使他产生误解，简单地把日本侵略朝鲜的历史视为朝鲜史。当旅日朝鲜人朴庆植先生对中塚明《近代日本与朝鲜》一书的部分内容提出不同意见时，他虚心接受了批评意见，写成了《近代日本史学史中的朝鲜问题》，受到广泛好评，他与历史学家朴庆植也成为至交。

1984 年，中塚明教授兼任奈良女子大学文学部附属高中校长。1987 年，兼任奈良女子大学评议员、大学入学考试中心教授、历史科学协会代表委员、争取非核政府奈良之会常任召集人等。1991 年，他当选为日本学术会议会员（第 15 期）。1993 年春天，他退休于奈良女子大学，成为奈良女子大学名誉教授。虽然离开了他执教、科研 35 年的地方，但他退而不休，以更加饱满的热情和渊博的知识，专心致志地投入到历史研究中去，并在世界格局不断发生变化的情况下，更加坚定、执著地呼吁全人类：以史为鉴，反对战争，保卫和平。

1994 年 9 月，甲午战争 100 周年国际学术讨论会会场。主席台右一为中塚明先生

1994 年是中日甲午战争爆发 100 周年。是年 3 月 29 日，中塚明教授在福岛县县立图书馆佐藤文库《日清战史》草稿中发现了日军占领朝鲜王宫的详细记录。同年，他又当选为日本学术会议会员、第二常设委员会委员长。9 月 6 日，他带领日本 20 多位专家学者，经北京到威海参加“甲午战争 100 周年国际学术讨论会”，并在全体大会上作了学术报告。

1994 年 9 月，参观了中国甲午战争博物馆之后，中塚明先生题写了参观感言

1996 年 8 月，他第二次到中国威海，出席了“甲午战争与近代海防学术研讨会”，会后参观考察了威海卫港防务设施遗迹和甲午战争的遗迹。

1996 年 8 月，参加甲午战争与近代海防学术讨论会的学者在刘公岛合影。前排自左至右：周昌富、田峰泉、王家俭、滕世重、戚其章、中塚明、戚遵烈、关捷、戚俊杰、王记华

1997 年，他第三次当选为日本学术会议会员、第二常设委员会委员长。同年 8 月，他到中国大连，参加中日关系史学术研讨会，会后参观大连、旅顺和威海。同年 11 月，他的新作《矫正被歪曲的历史》正式出版。

1996 年 8 月，笔者陪同戚其章先生（右一）与中塚明先生（右二）在威海湾北岸北山嘴炮台考察时的合影

自 1994 年 3 月 29 日找到日本陆军《日清战史》草稿以来，他以特有的执著和毅力，详细全面地阅读、校对了公开发表和没有被发表的战史资料。在发表《日清战史》草稿关于日本军队首先以武力占领朝鲜王宫的叙述后，包括无言电话、批评电话、谴责电话、骚扰信件在内，他受到了形形色色的批评、指责、攻击和恐吓。有人指责他“发表与官方公布的开战真相和开战原因不同的见解”，是少见多怪，有人讥笑他“太纯真、纯洁了”。面对形式不同的指责、批评和讥笑，中塚明教授仍一如既往地审视历史，解读现在，放眼未来。1997 年夏天，在日本做访问学者的张从军先生从日本打来电话，他十分激动地告诉我：“你们的好朋友中塚明教授，不但是位大学者，而且还是一位不惧压力、不怕恫吓、不计个人得失的著名专家，他经常在电视、报纸和集会上发表谈话，进行辩论，呼吁人们为了持久的和平，千万不要忘了历史教训。”

1998 年 8 月下旬，他到中国的威海和青岛，出席“北洋海军创建 110 周年纪念暨近代海防教育学术讨论会”和“德国占领胶州湾 100 周年学术研讨会”。同年 10 月，我与王记华第一次去日本征集有关史料。中塚明教授不顾 69 岁高龄，专程从京都赶到大阪机场接我们，让我既不安又高兴。我们在日本的 10 天活动中，他都是亲自引路，全程陪同。为了便于沟通和交流，他还自费聘请两名留学生为我们做翻译，使我们不但节约了时间，还保证了征集史料和参观考察活动的圆满完成。10天时间，我们从大阪、东京、名古屋、京都到下关，虽疲于奔波，却收获很大。尽管也很兴奋，但我们已明显地感觉到疲劳，而中塚明先生没有丝毫厌倦之状。他的真诚为人、热情好客，感人肺腑，令人没齿难忘。

1999年，日本举行历史教育者协议会第51次全国大会，70岁的中塚明先生作为当地执行委员长，作了“站在日本的重大十字路口上，推进和平历史教育”的致辞。2001年5月，他去韩国全州，参加“东学农民革命国际学术大会”，参与起草并宣读《忧虑日本历史问题的声明》，受到与会者的广泛好评。

2002年5月，我们随山东省旅游促销团再次去日本。我们的活动内容是在搞好旅游促销的同时，还要拜访中塚明教授，商谈进一步征集有关史料和纪念甲午战争110周年学术讨论会的有关事宜。中塚明教授带着翻译庄佩珍博士，专程从京都乘车赶到大阪与我们见面。我们在下榻酒店的大厅里见面，虽然已是晚上7时多，但73岁的中塚明教授一直是兴致勃勃，关照有加。在庄博士的翻译下，交谈进行得很顺利，双方就预定的事项达成了共识。当天晚上，他们又乘上最后一班去京都的快车返回京都市。望着快速奔向新干线的他们，我情不自禁地产生了对这位德高望重的历史学家的深深敬意。同年秋天，朴孟洙将《矫正被歪曲的历史》译成朝文，在汉城发行。次年8月，韩国人李圭洙又将他的《请你知道，日本与韩国、朝鲜的历史》译成朝文出版发行。2003年10月，他在韩国汉城第二次韩日历史学家会议演讲会上发表了题为“历史学家的诞生——我的近代史研究”的演讲，受到热烈欢迎。

自1953年大学毕业至2003年，74岁的中塚明教授从事历史学研究整整50年。在长达半个世纪的历史长河中，中塚明教授的主要研究领域是日本近代史和近代日本对朝鲜、中国的侵略史。在近代日本史的研究中，他把重点放在殖民地统治和朝鲜、中国被侵略的问题。他研究了日本的民族主义在自由民权运动的同时，为什么会转向国权主义；为什么自由民权运动的左派、激进的领袖们，在运动停滞不前的时候，要把目光转向海外，充当军国主义的马前卒，而且要把矛头指向朝鲜和中国。除了上述的主要研究课题外，他还对如下诸问题做了具体的研究。

1. 着手调查朝鲜劳工被抓及原子弹爆炸幸存者的情况。1975年，他参加了由日本律师、大学教师、朝鲜总联社社会局的人们组成的被抓朝鲜人劳工强制劳动调查团，调查太平洋战争时期，被抓到日本的朝鲜人被强迫劳动的情况。另外，他还参加了该调查团对“原子弹爆炸幸存朝鲜人”的调查活动。

通过调查，中塚明教授再次认识到，对旅日朝鲜人的歧视与迫害，就是阻碍日本人民的自身解放。为了日朝两国人民的真正的和平，至为重要的是要尊重彼此民族的自主与独立，确保不同民族、不同语言、不同习俗的人们能够相互尊重，相互谅解，平等相待，友好相处。

2. 参与教科书的执笔和审定、诉讼。中塚明教授是 20 世纪 70 年代中期开始，与门胁祯二、藤井学、朝尾直弘、木坂顺一郎、井口和起先生等共同执笔编写了《高中日本史》教科书。通过对教科书的执笔和审定诉讼，使他有了宝贵的亲身经历，明白了原来教科书调查官要提出的条件的用意是什么，亲眼目睹了教科书的审定是如何同现实政治挂钩。他与教科书的裁定紧紧连在一起，并于 1987 年 4 月，在第三次诉讼中，作为原告方的证人，就“日清战争中朝鲜人民反日抵抗”的相关问题而到法庭作证。

关于教科书的审定，自 1965 年家永三郎先生认为教科书的审定不合法、不妥当而诉诸法院，至今已有 30 多年了。1983 年，原东京教育大学家永三郎教授申请部分修订他自己写的高中日本教科书《新日本史》，在申请鉴定的稿件中，他是这样写的：1894 年（明治二十七年）日清战争开始了。战争持续到第二年，日军不断取得胜利。在作为战场的朝鲜，多次发生了人民的反日抵抗。但是，主持教科书鉴定的文部省发出的修订指示（要求删除）说，我们不知道“朝鲜的反日抵抗”指何而言，即使可以发表在特殊的研究性图书上，但作为启蒙图书，不应提及除已经十分普及的事项以外的内容。文部省指示删除“在作为战场的朝鲜多次发生了人民的反日抵抗”的内容。中塚明教授认为，这不单纯是事关教科书执笔者的问题，而且还是事关如何教育肩负日本未来的年轻人的问题，因而备受世界各国特别是亚洲人民的关注。他表示，为了日本的孩子们，为了对世界人民负起日本人的责任，今后仍将继续重视教科书的审定问题。

3. 参与编写地方史。自 1970 年开始，他先后参与了出生地村史的编写，之后又参与编写了《日置庄町志》《轮岛市史》《珠州市史》《内浦町史》《河内四条史》《木津町史》等。参与地方史的编写，使他的视野更为开阔，不但了解了地方名门望族的家庭历史，还通过人们的生活变化，搞清了农村、城市的现代化进程。最为重要的是通过地方历史进而能够更深入地了解近代日本统治结构的实况。另外，在大字区四条的“部落费支出簿”里，找到了为出征士兵送行的明细表。由此发现，得以确认了该地动员参加 15 年战争的士兵的每年每月的人数。在当今日本有关军事史料被损毁殆尽的情况下，这是极为难得的珍贵史料。

4. 参与编写《奈良女子大学六十年史》和《奈良女子大学八十年史》。中塚明教授在奈良女子大学工作了 35 年，两次参与了校史的编写。第一次是编写《奈良女子大学六十年史》。20 年之后，又参与编写《奈良女子大学八十年史》

和《奈良女子大学所藏校史相关史料目录》。他在编写校史的过程中，通过查阅史料，不仅了解了奈良女子大学的历史，而且有助于了解日本女子高等教育史。因而，他对日本的女子高等教育存在的问题，也给予了很多关注。总之，能够有机会参与部分近代日本女性史和教育史的研究，进一步丰富了中塚明教授的历史研究课题。

5. 积极参与反对战争、维护和平的民主运动。多年来，中塚明教授积极发动组织、参与为了和平的历史教育活动。以地方群众组织召集人的身份，经常利用电视、广播、集会等多种方式，发表演讲，批判有些人不学历史，还说狂话，必定遭致亚洲各国的谴责。他多次组织并参与读书问卷调查活动，向市民和学生推荐历史的学习内容和方法。在这些活动中，中塚明教授始终如一地坚持：为了反对战争，反对法西斯，反对核扩散，全体人民都要有长久的历史记忆，以史为鉴，永保和平。

中塚明教授在历史的研究中，十分看重对原始资料的挖掘，从而体现了他实事求是的科学治史态度。在山边健太郎先生的带领和指导下，他几乎走遍了各地的图书馆。在日本国会图书馆宪政资料室，他看到了《陆奥宗光的有关文书》，在福岛县县立图书馆佐藤文库，他找到了旧日本陆军参谋本部编写的《日清战史》草稿原件，在草稿中，发现了日本军队占领朝鲜王宫的详细记录。

寻找史料、挖掘史料、研究史料的工作，常常使他废寝忘食和兴奋不已。因为这是战前无论如何也不能见到的极为机密的文书，其中包括陆奥宗光等当时的政治家的亲笔信、训令草稿等。在国会图书馆，他受到了时任宪政资料室室长的桑原伸乔先生及由井正臣、有泉贞夫、藤井正文、大久保利谦等诸位先生的关照和指点，帮助解读了文书中许多难以弄懂的文字。

用日本的史料来证实日本侵略朝鲜、中国的事实，是他研究近代日本对外进行侵略扩张的重要方法。由于许多弥足珍贵的史料的发现，一些原本不清楚的事情也被搞清楚了。

另外，他还深入社会调查，访问事件的当事人、亲历者，挖掘藏于民间的史料。在调查中，他从朝鲜人幸存者那里，直接听取了被抓到日本并被强迫劳动的经历；了解了朝鲜人被虐待、屠杀的悲惨遭遇以及对原子弹爆炸幸存朝鲜人的歧视。他还了解到，在难以言表的苦难中，朝鲜人仍保持民族自豪感的了不起的生活态度和生活方式。

有志者事竟成，功夫不负有心人。中塚明教授笔耕不辍，著述甚丰。其研究日本近代史的论著主要有：《明治中期的爱国主义》《近代的发展》《天皇制法西斯与农民斗争》《历史学的成果与课题》《工人和农民运动的发展》《东洋自由党论》《近代日本与亚洲问题》《国民与历史学的新关系》《日本帝国主义与殖民地问题》《日本帝国主义与亚洲》《关于日本近代史的见解》《近代日本的基础知识》《日本资本主义发达史基础知识》《历史学家的工作——人为什么要研究历史》《我的近代史研究》《日本学术会议五十年》《近代日本与东南亚》，还和青木和夫、门胁祯二等合著了《日本史》《高中日本史》等书。

研究日本与朝鲜的论著有：《日本帝国主义的形成与朝鲜问题》《日本帝国主义对朝鲜的统治》《朝鲜问题研究的课题》《日本帝国主义与朝鲜》《在近代史中进行朝鲜问题教育的意义》《日本的“近代化”与朝鲜》《近代日本与朝鲜》《朝鲜的民族运动与日本对朝鲜的统治》《朝鲜的民族运动与大正时期的民主主义》《近代日本史学史中的朝鲜问题》《朝鲜统治的矛盾与“满洲事变”》《朝鲜与日本人》《日本人的朝鲜观》《被强制送到日本东北地区强制劳动的朝鲜人》《江华岛事件与现代》《朝鲜人原子弹受害者问题》《日韩合并七十周年》《明治时期的日本与朝鲜》《对朝鲜的侵略与战后责任》《近代日本对朝鲜的认识》《如何看日本与朝鲜的历史》《请你知道日本与韩国、朝鲜的历史》等。

研究日本与中国问题的论著有：《近代日本与中国问题》《日清战争》《日清战争研究》《镇压义和团的战争与日本帝国主义》《日清战争·日俄战争》《从日中战争到太平洋战争》《日清战争的虚像与实像》《日清战争研究与朝鲜研究》《蹇蹇录——日清战争外交秘录》《日清战争是“义战”吗?》《日清战争与明治天皇》《蹇蹇录的世界》《从〈日清战史〉中消失的日军占领朝鲜王宫事件——在参谋本部“战史草稿”中的发现》《歪曲和忘却的遗产——日清战争的历史发出的质问》《日清战争百年之后，发现日军战史草稿》《今日看日清战争》《日清战争与日俄战争的今日意义》《日清战争之后 100 年，第二次世界大战之后 50 年》《侵略的一百年，现在要质问》《百年谎言的终结——思考近代日本史中的日清战争》《中日甲午战争的开战与陆奥外交》《我的日清战争研究新课题》《历史的捏造与忘却》《日清战争前日本对清战争准备》《〈日清战史〉与参谋本部的草稿》《矫正被歪曲的历史》《日军在日清战争和日俄战争中严格遵守国际法了吗》《日清战争是一场什么样的战争》《歪曲的历史观挑起战争——再考明治以后日本挑起战争的方式》《培养认清历史的能力——为了现在生活在寻找未来中》等。

有关反法西斯战争的论述有：《某“村”的太平洋战争》《明治和大正时期的政治，从太平洋战争到战后》《内在的发展论与帝国主义研究》《正视历史事实》《为了不蹈前辙》《参加第二次联合国裁军大会》《对人类生存和历史的反省》《推动历史车轮的前进》《太平洋战争下的“陆奥宗光”》《我在日本战败的时候》《进一步扩大非核运动》《核时代与历史学者》《15年战争概史》《我对现代的关心和我的历史研究》《为了真正清算日本对亚洲的侵略》《日本学术会议近况》《用甜言蜜语使教科书检定合法化》《日本人对侵略与暴行的痕迹留意了多少》《我和第二次世界大战后的五十年》《为什么不承认侵略的史实》《历史的捏造与忘却》《捏造历史导致亡国》《我的证言：非核运动十余年》《战后历史学与21世纪历史学的课题》《对十五年战争的思考角度》等。

我们通过中塚明教授的正直人生、艰苦劳作以及他所取得的辉煌成果可以认定：第一，他是用日本军队的战史稿和日本外相陆奥宗光的外交史稿，证实了中日甲午战争是日本军国主义者蓄谋已久的侵略朝鲜和中国的战争，矫正了被歪曲的历史。第二，他是以一个正直的历史学家的历史责任感，坦诚真实地对近代日本的历史进行了反躬自省，揭示出军国主义导致日本彻底失败的历史原因。以历史学家独有的责任感和坚忍不拔的顽强精神，反复阐述自己的观点，这就是：要研究日本15年战争失败的教训，就必须要研究日清战争和日俄战争史；要研究日清战争史和日俄战争史，就必须用原始的、不加修改节选的第一手史料。第三，他是以历史学家对日本、对人类高度负责的态度，参与日本历史的教科书的执笔、审定和诉讼，不屈不挠地捍卫历史的真实性；第四，他坚持以史为鉴的理念，数十年如一日，从学校到社会，从国内至国外，呼吁全人类反对战争，保卫和平。他敏锐地认识到：直至今天，日本仍有人称赞陆奥宗光的外交“艺术”，这种赞美不言而喻地忽视了日本军国主义对亚洲的侵略，并且认为，通过与英美的交好而使日清战争、日俄战争获得了巨大成功。因而有人认为，与英美的协调才是日本的生存之道。还有人认为，现在维持日美安保体制是日本唯一的选择。中塚明教授之所以不遗余力地解读“陆奥外交”，就是认识到这绝非是过去的问题，而是与日本现在的生存方式、政治选择、海外派兵息息相关的问题。因此，他尽了自己最大努力做了作为基础工作的史料收集和史料分析、批判、论证，确认了任何人都绝不能使之黑白颠倒的事实。他坚信，一个国家的变革可以解决这个国家的独自的矛盾，它只有通过这个国家的人民的斗争才能实现。他还反复呼吁：重要的是要相信历史的发展，自觉地参与历史的变革。

愿中塚明先生生命之树常青，学术成果更加丰硕，也愿我们的深厚友情长存！

［此文系作者为日本学者中塚明所著、于时化所译《还历史的本来面目——日清战争是怎样发生的》一书（天津古籍出版社2004年版）撰写的序言。有改动］

追忆刘德煜老师二三事

2013 年 12 月 22 日，86 岁的刘德煜老师因病不幸去世。此后，《威海广播电视报》《威海日报》《威海晚报》《威海记忆》等相关报纸和期刊相继刊载孙建军、刘军伍、邹兰等中青年学者和媒体朋友的纪念文章，以示追思与敬仰。三年来，刘德煜老师那走村串巷，寻找史料，勤于动笔，随访随记，善于思考，咬文嚼字，追根寻源，求真求实的严谨学风；仁德宽容，慈祥善良，严己宽人，不忘感恩，公正本分，不计得失，谦逊随和，厚待弱者的为人之道；有求必应，乐于助人，提携新人，培养青年，言传身教，服务社会的感人故事和难忘的场景时常浮现在我的面前。

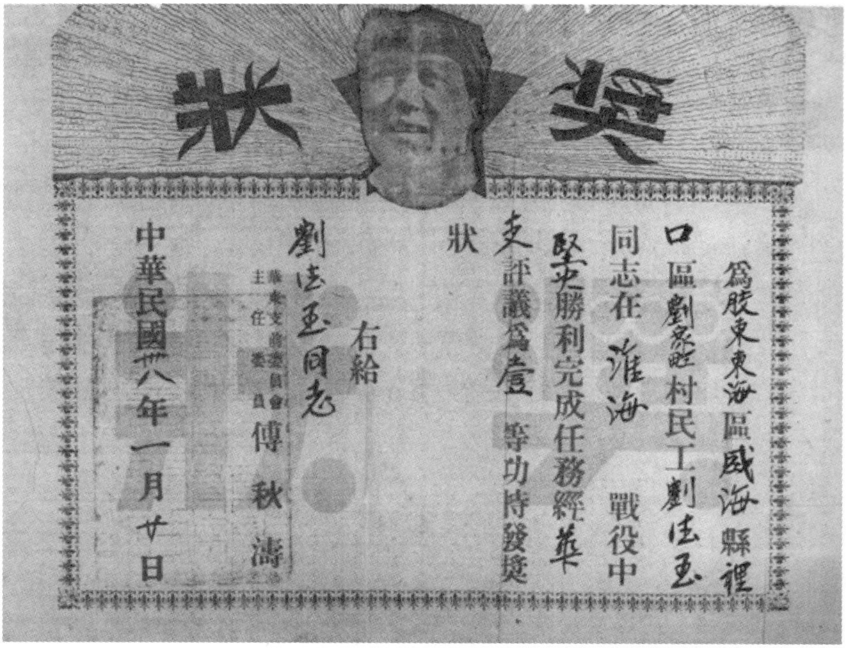

1949 年 1 月 20 日，由于出色完成了淮海战役的支前任务，刘德煜获得了华东支前委员会颁发的一等功奖状（刘鸣供图）

我与刘德煜老师相识于 20 世纪 70 年代。那时，接近知天命之年的他，已在威海市文化馆工作了 20 多年。其间，他干过戏剧编导、美术绘画、文物管理、考古发掘、照相画图、史料搜集、陈列展览等好多项专业工作，是威海市文化系统精通业务的多面手和深受城乡人民喜爱的资深专家，也是德高望重、人缘极好的革命功臣和老前辈。然而，曾参加过解放战争，身为淮海战役支前民工队伍中的一员并两次荣获一等功的刘德煜老师，从不居功自傲。他总是精神饱满，干劲十足，哪里需要就到哪里去，是样样工作都干在前面的领跑者。

那时候，威海市文化馆和我们单位相距不到百米，工作上的事项往来比较频繁。我每次去文化馆办事看见刘老师时，他从来不摆架子，不怠慢任何来访者，脸上总是笑眯眯的。凡是找他办事的，不论是来自公社农村的老少农民，还是工矿企业的基层工人，包括机关单位和驻地部队的相关人员，他都是诚心实意、全力以赴的给予帮助指导，满足来访者的所有愿望与要求。他的言行举止充满了善意和温暖，给人力量和信心，令我们这些从事文化工作的年轻人心悦诚服，对他充满了敬意和好感。

1978 年秋，威海市成立了地方志编纂班子，称“编志组”（即威海市地方志编纂委员会办公室），刘德煜老师被调入该单位，并被威海市委市政府任命为《威海市志》的副主编。我与文化系统的许多人一样，常常为他离开工作了多年且成绩斐然的文化系统而感到可惜，也为不能像以前那样与他方便接触而感到遗憾。

一、坚守史实的人

人的缘分是割不断的。1985 年 3 月，我奉命与高维新、刘新芳、王永波进驻刘公岛，接管由人民海军移交的北洋海军提督署及其附属建筑，组建了威海市北洋海军提督署文物管理所（1992 年更名为中国甲午战争博物馆，2009 年更名为中国甲午战争博物院）。3 月 21 日上午，我与刘新芳扛着铺盖走进了北洋海军提督署的大门。面对近百岁的塌漏严重的老建筑，我们顾不上叹息，打扫出提督署大门西侧的倒厅，摆上从驻岛海军部队借来的单人床和旧桌椅，用从家里拿来的煤油炉和小饭锅煮饭，迈出了在刘公岛上艰难创业的第一步。那时，刘公岛没有电灯，不通电话，吃不上自来水，淡水要到三里地以外的东村去挑，交通也极为不便。作为文物管理所，除接管了塌漏严重的空房子，所需史料几乎是空白，馆藏文物更是一无所有。面对一穷二白和百废待兴的刘公岛，我们首先制定了年度工作计划和阶段发展目标，确立了征集文物史料采取“先近后远，先易后难，量力而行，逐步推进”的工作原则，合理分工，查找甲午战争的文物和所需资料，寻访该领域的知情人和爱国将士的后裔。

我情不自禁地找到了极为繁忙的刘德煜老师。因为他曾经干过文物工作，熟知北洋海军与甲午威海之战的历史，对刘公岛上的人文历史与民俗风情等方方面面的情况，都相当清楚。恰好那段时间是威海市史志办公室工作最紧张的时期：他们刚刚参加了中国地方史志协会在武汉举办的“全国十城市志稿评议会”；接着又参加了“山东省威海市志稿评审会”。两次会议上，专家学者对威海史志70余万字的志稿进行了评审，提出了许多宝贵的意见。身为志稿的副主编，刘德煜老师任务繁重，责任重大，但他仍然抽出宝贵的时间，耐心细致地告诉我，丁汝昌的残缺红木九莽座椅是怎么找到的。原来丁汝昌自杀殉国后，其在提督署使用的红木九蟒座椅曾被人偷偷地运到岛外保存下来。20世纪60年代初，全国自然灾害严重，收藏者为了保住全家人的性命，想用座椅换粮食吃，刘老师他们马上答应用几袋玉米将座椅换回来，收藏在威海市文化馆。但令人遗憾的是，无产阶级“文化大革命”期间，红卫兵“破四旧”之风盛行，又加上冬天没有取暖的燃料，座椅的扶手刻花雕件就被一些人砸下来生炉子烤火了，使原本完整无损的文物成为残缺品。

我问刘老师，丁汝昌的“柔远安迩”德政碑与张文宣的“治军爱民”碑是什么时间移到刘公岛龙王庙的。他说：1890年孟夏，刘公岛的绅商给丁汝昌立了“柔远安迩”德政碑，又给护军统领张文宣立了“治军爱民”和“军肃民安”两块石碑。甲午惨败，将领自杀，石碑自然多灾多难。丁汝昌的德政碑在英国皇家海军租借刘公岛期间，被姓邵的帖写（帖写，即抄写文件函稿的文秘人员——笔者注）移到龙王庙里，就地布置了简易的“纪念堂”，德政碑总算保存下来。而张文宣的“治军爱民”石碑被埋在刘公岛水师学堂前，后来不知何时被何人挖出，由驻军挪来当作小排水沟上的石头桥。1981年，北京师范大学一些师生来刘公岛实习，曾在岛上当兵的陈健敏同志知情，便报告了威海市文化主管部门，此碑才被挪到龙王庙得以保护。而原立于刘公岛东村边上的“军肃民安”石碑，在“文化大革命”中被当作“四旧”砸毁，砌大寨田的堤堰用了。

我接着问：“刘公岛东村东边的战国遗址是什么时间发现的？”刘老师不假思索地说：“是1978年。此前，我有幸去淄博参加北京大学和山东大学共同主持的齐国古城考古工程，并担任了临淄河崖头M7号墓的发掘工作，最后还被专家推荐为撰写该项目考古报告的第一位撰稿人。正是有了这种经历，所以我断定刘公岛发现的古人类遗址为战国时期的遗址。之后，经组织胶东地区相关专家论证后得以确认。”

刘老师不但耐心回答了我的问题，而且还鼓励我要战胜各种困难，打破社会上流传的所谓“能住三倒，不住一开”的旧俗。并真诚地告诉我，威海史志办公室编写组原来也是一穷二白，但经过七年的努力，70 余万字的《威海市志》即将付梓问世。

刘老师的鼓励使我更加坚定了驻岛爱岛、艰苦创业的信心，并逐步形成了推进文物保护与旅游发展两项事业相互并存、相互促进、快速发展、相得益彰的新理念。

1986 年春，《威海市志》70 多万字的书稿刚刚交给出版社，刘德煜老师就与史志办的工作人员走进刘公岛，搜集相关史料和素材。他们准备配合刘公岛的开放与旅游，编撰出版一本简要介绍刘公岛的小册子。我抓住这难得的机遇，全力以赴配合他们的工作，尽一切所能为他们提供力所能及的支持和帮助。其间，我也亲眼目睹了刘德煜老师求真求实的严谨学风。

位于提督署西侧 100 米远的龙王庙与戏楼，建于明末清初，戏台前面两侧的石柱上阳刻着一副 34 字的楹联，上联为：龙袍乌纱帽如花石斑斓辉光照耀玉皇阁；下联是：奏响管弦声似波涛汹涌音韵传闻望海楼；横批是：寰海镜清。因为石柱顶部被戏台上部的装饰木板挡得严严实实，所以下联首起第一个字怎么也看不见。因而以前曾有人把下联首起的第一个字说成是“吹响管弦声似波涛汹涌音韵传闻望海楼”。做学问一贯认真细致的刘德煜老师发现后认为肯定是搞错了，因为管乐是吹响的，而弦乐则是弹拉演奏。既然管弦声似波涛汹涌，那肯定是既有吹的，也有弹拉演奏的，因为“奏”，既包括吹，也包括弹拉，而吹则涵盖不了。搞清楚下联首起第一个字到底是“吹”还是“奏”，是他这次进岛的一个重点内容。我从驻岛部队借来竹梯子，58 岁的刘老师想亲自上去摸字，被大家劝住了。他只好让年轻人人爬到梯子上伸手去摸那个起首字。他特别提醒摸字的人，注意字的下面是什么笔画，摸字的年轻人马上说：“字下面是两条腿儿。”为了保证不出纰漏，数次换人上去摸，结论仍然是“两条腿劈得挺大”，经过反复对比考证，大家最终确认那个起首字就是“奏”字，刘德煜老师开心地笑了。

刘德煜老师不但对龙王庙戏楼楹联起首字考证严谨细致，对涉及民族英雄邓世昌的相关史料也坚持求真求实。在《图书馆杂志》《甲午中日之战人物传》书中和《走向共和》电视剧中，都把“此日漫挥天下泪，有公足壮海军威”的挽联，说成是光绪皇帝御赐的挽联。对此，刘德煜老师也提出了疑问。他曾对我说过：“我怎么也想不通，在等级观念森严、以皇帝为最高统帅的封建社会里，皇帝怎么可能违背常理称一个军官为“公”，但称其为“爱卿”则有可能。”他特别嘱咐我赴外地寻访将士后裔时，留心查找挽联的出处和作者。刘老师自己查阅了大量资料，找到了光绪皇帝的“御赐祭文”“御赐碑文”“旌奖邓世昌母匾额谕”。

所有资料中唯独不见这幅挽联记录在案。他认为这绝不是漏记。最后他终于查到，这是久居上海的杭州人高邕所题。

1989 年春，为加强刘公岛甲午战争纪念地的管理保护与合理利用，北洋海军提督署文物管理所邀请甲午战争史研究专家、地方史研究专家、驻军代表以及文化、规划、旅游、建设、交通等部门的相关领导，到刘公岛进行实地考察。前排右起：王学强、王农锁、李浩然、时钟勤、戚其章、李志范、刘德煜、戚俊杰；后排右起：高维新、隋永华、孙佑海、毕永庚、谷元政、王涛

1993 年春，我馆去广州市海珠区寻访邓世昌曾侄孙邓敏扬老师时，在邓氏故居里发现了高邕题词的这幅挽联，该挽联还被收录在《哀荣录》里。由此我们还得知，出生于 1850 年的高邕，曾做过县丞。他长期在上海居住，后来还以卖字画为生。而 1849 年出生的邓世昌喜好书画，尤喜好黄山谷笔法。其少年时代，也经常随做茶叶生日的父亲住在上海。1894 年的甲午黄海大战，“致远”舰管带邓世昌壮烈殉国，举国震惊，为之哀悼。高邕特于光绪乙未（1895 年）撰写了该挽联，以示凭吊与哀悼。粗心的人把“光绪乙未”四个字误以为是光绪皇帝的签名和时间落款。我们一行四人既为找到挽联的作者和出处而高兴，又对刘德煜老师的严谨求实深为感敬佩。

刘德煜老师进入耄耋之年后，花费极大的精力，撰写发表了《让历史地名“正名”——浅谈威海地区地名的几个问题》的文章。他指出，甲午战争前后，有中国人把刘公岛上的东泓炮台说成为“东风扫”炮台，把威海湾南岸的皂埠嘴炮台写成是“赵北嘴”炮台，这个说法也误导了日本谍报人员。还有日本人在

《日清战争实记》中把崮山后写成“孤山后”、把宋家洼写成“冯家窝”、把鹿道口写成“芦岛口”。再者，日本军人所写的《山东半岛作战》书中把日军的登陆地龙须岛写成是“龙睡澳”，把江家口子写成“张家口子”，把杨家滩写成“杨家屯”，把谢家所写成“谢家屯”，等等。他认为，造成“这一时期地名之讹传，盖出于音译之误”。另外，他还指出，1930 年南京国民政府收回英国租借的威海卫，派人来办理接收手续后，他们在《威海问题》一书中再次将 30 多个村庄的名字写错。刘德煜老师明确地指出：“好在这些错误在本地是不会讹传下去，但对外地人来讲，年代越久越会造成麻烦。不过，就学术角度而言，地名错讹则是一个不可不引起重视的现象。”刘德煜老师坚守真实历史的韧劲儿和善于思考的勤劲儿，永远值得治史者学习借鉴。

二、丁氏后裔感激由衷的人

1978 年 11 月中旬，时任威海市编志组组长的邹本穆陪同戚其章和刘德煜两先生乘车南下，直奔北洋海军提督丁汝昌的老家安徽省开展调查访问。

1978 年冬，威海市史志办公室筹建组的刘德煜（左三）、戚其章（左一）、邹本穆（左二），奉命南下查找北洋海军提督丁汝昌的相关资料。这是他们在杭州西湖附近的留影（刘鸣供图）

11 月 17 日，威海调查访问组先到安徽的合肥市访问了合肥市委、合肥市文管处、安徽省政协及省博物馆、省文史研究所、省图书馆等单位的领导和相关人员。

在巢县（现在的居巢区），他们先到巢县药材公司和饮食服务公司，看望访问了丁汝昌曾孙丁荣涛和曾孙女丁亚芝，还拜访了时年 56 岁的县贫协主席汪章鉴；在离县城 30 公里的高林公社汪郎中村，丁汝昌曾孙丁荣涛带他们到其侄子丁小龙家进行了走访，时年 15 岁的丁晓明兴奋异常地跟随着威海人去丁汝昌老宅子考察。在那里，他们还访问了丁荣准（非丁汝昌嫡系曾孙，时年 62 岁，土改时定为贫农成分，系合肥某工厂的退休工人）等人，了解到不少新情况。

11 月 26 日清晨，邹本穆、戚其章和刘德煜三人乘汽车前往散兵公社大赵家村，寻找丁汝昌曾孙女丁亚芳和赵介成夫妇。行车途中，刘德煜老师拿出当年开展群众文化工作的看家本领，巧妙而风趣地询问车上乘客是否认识丁亚芳和赵介成，由于汽车上的乘客大都是散兵地方的人，绝大部分都认识赵介成校长和丁亚芳老师，而且还都称呼他们是大先生（因为他们夫妇早在抗日战争时期就是执教的老师，赵介成先生还曾担任过巢县散兵公社中兴小学和松元小学校长多年）。在当地人的指引下，威海调查访问组很顺利地找到了丁亚芳和赵介成夫妇。当时赵介成先生因事要去县城，不惧疲劳的威海人就急忙追着他徒步返回，赶到巢县招待所进行访谈和记录，并有了可喜的收获。

在庐江县，他们先乘汽车后步行前往石嘴头乡（当时称石头公社）丁家坎村——丁汝昌的出生地，访问了大队干部老主任丁荣玉、书记左秀仓、副书记丁发本、民兵连长张光松、72 岁的老人丁发勤、76 岁的丁代松、公社农技站管理员丁发展和《丁氏宗谱》的保存人丁昌柏等。

此次安徽之行，威海人首次找到了丁汝昌的家谱，看到了丁汝昌统领马队三营时的铠甲照片，弄清了丁汝昌详细的出生时间；还把丁汝昌从庐江老家搬迁到巢县汪郎中村的原因及具体时间搞清楚了。最为难得的是，他们收到了丁汝昌孙媳妇张德媛（丁荣淑、丁亚华、丁星武、丁亚芳、丁亚苏的母亲）保存下来的一个粉红色桌围（现藏于中国甲午战争博物院）。

威海人首次南下安徽调查访问丁汝昌的后裔及家乡人，让安徽省巢县、庐江县、无为县的广大老百姓，知道了北洋海军提督丁汝昌是甲午战争中一位奋勇抗敌、宁死不降的高级爱国将领；帮助丁汝昌曾孙女丁亚芝等后裔摘掉了不应该戴的“破落地主”的帽子；还使生活在汪郎中村的丁提督的五世孙丁昌志、丁昌仁、丁玉琴、丁小龙、丁梦琴、丁小伢、丁晓明等兄弟姊妹，享受到了普通人应该享受的基本待遇，他们不再受歧视了。所有这些突然来到的变化，让丁氏后裔们心潮澎湃，激动不已。

11 月 26 日夜，丁汝昌的曾孙女丁亚芳与爱人赵介成难以抑制激动的心情，情不自禁一气呵成地写成了和步某某先生之七绝一首：

祖业虽凋不为凋，自将浩气吞寒潮。
任它竭尽颠倒事，岂有丹心史会消。

另一首是口占陆放翁《示儿》七绝原韵：

是非颠倒本为空，倖见神州八亿同。
威海志诚偿夙愿，九泉含笑丁老公。

12月上旬，威海市地方志编志组就收到丁亚芳和赵介成寄来的信件和诗词，具体内容是：

威海市志编写组负责同志：

为《威海志》编写事，刘德煜等同志披星戴月，跋涉千里，由鲁赴皖，走遍庐、巢、无一带，辗转往返于群众暨丁氏后裔之间，实令人钦，尤其使我们丁氏后裔感激由衷，只有在党的英明领导下，才能将颠倒的历史颠倒过来了！并附呈丁亚芳、赵介成夫妇二人所步某某先生之七绝原韵及口占七绝一首系步陆放翁《示儿》原韵，请点石成金，给予写上《威海志》，不胜铭记，已俾已绳祖武，以寄缅怀！

丁氏后裔谨启

1978年12月2日

威海市志编写组的全体同志看到丁亚芳与赵介成寄来的信件和诗词，心里都特别高兴和激动。刘德煜老师迅速洗印了北洋海军提督丁汝昌的遗像，连同收集到的《中日甲午威海之战》一书数本，及时给丁汝昌的后裔们分别寄去。1979年6月，赵介成再次来信：

编写组负责同志暨刘德煜同志：

今春寄来先曾遗像暨《中日甲午威海之战》小册子均收到，为铭感！拟即函复致谢，奈因教学工作冗忙，至以延宕，伏乞谅宥！

启者：在你们寄赠丁氏后裔曾孙辈中的书、像，丁沂候（丁汝昌长孙——笔者注）这房未收到，现要求寄照片两张，并奉寄邮票一元，请代购甲午海战小册子三本，以俾我们后裔以瞻音容，以绳祖武祈勿却一诺，则感激无涯。

请将两本小册子和两张照片寄到湖北宜昌市，另一本小册子寄到皖巢。

赵介成

1979 年 6 月

通过赵介成先生的两封来信足可证明，丁汝昌的后裔们对威海调查组一行三人“披星戴月，跋涉千里”，“走遍庐、巢、无（即无为县——笔者注）一带”，“辗转往返于群众暨丁氏后裔之间”的千辛万苦，表达了“实令人钦”的感激之情。威海人帮助丁汝昌及其后裔搬走了莫须有的罪名，澄清了北洋海军提督丁汝昌是“国民党海军司令”的讹传，使当地人都知道了“丁家祖上的大官是好人，是打日本侵略军的爱国者”。值得一提的是，赵介成先生在两次来信中都提到了刘德煜老师的名字，这足以证明刘德煜在安徽调查访问期间及他给丁氏后裔寄信、照片和资料时的真诚细致。所有这些都得到了丁氏后裔的高度赞扬。从赵介成先生回信中的字里行间可以看出，丁氏后裔流露出来的感激之情和敬佩之意，都是发自肺腑的。从这些平凡事例中，足可证明刘德煜老师做人办事真诚无瑕，扎实周到。

三、不忘感恩的耄耋老人

2010 年 12 月，刘德煜老师编著的近 30 万字的《威海往事》一书正式出版发行。刘老师在赠书给我的同时，还特意委托我将另外两本书转赠给居住在戚家庄的两位老干部：一是赠给为《威海市志》卫生编提供资料和初稿的戚万庆同志，感谢他在编写《威海市志》过程中给予的支持与帮助；另一本是赠给年近九旬的戚合庆同志。听说赠书给戚合庆老人，我顿时感到很惊讶，因为我熟知这位老干部文化根底深、革命时间长、马列主义水平高，好学健谈，敢说实话，敢于反映群众的意见，也敢于揭露党内存在的浮夸之风。他 1925 年出生，1943 年加入中国共产党，是戚家庄第一个党小组的成员之一。中华人民共和国成立后，他先在威海市人民政府教育科工作，后因好学上进，理论水平高，被调到中共威海市委宣传部从事理论研究和教育工作，并被送往山东省委党校进修学习。但不幸的是，在 20 世纪 50 年代后期反对右倾机会主义的运动中，他被错划为右派分子，继而被迫离开党政机关，下基层进行劳动改造。1966 年，史无前例的无产阶级“文化大革命”开始时，又被下放回家乡戚家村进行劳动改造，他由党政干部彻底变成为农业户口的农民。

打倒祸国殃民的“四人帮”后，遵照党中央的部署，中共威海市委为戚合庆平了反，落实了干部政策，并安排他在威海市供销合作社下属的威海市农业生产资料公司（简称生资公司）工作。进入老年时期，单位按照相关政策为他办理了离休手续，仍然居住在戚家庄村安享晚年。老前辈人生如此坎坷，刘老师与他既无亲属关系，也非曾经的同事，为什么要将自己的著作赠给他呢？

刘德煜老师见我大惑不解，便笑眯眯地告诉我，当年他与远在数十里外农村教学的马老师结婚后，多亏戚合庆根据领导的意见，为他们夫妻解决了两地分居的问题。事情的来龙去脉是这样的：

1954 年的春节前夕，刘德煜与马骏荣老师利用学校休寒假的时间举行了结婚仪式。虽然他们夫妻两人分居两地，但强烈的事业心和责任感，丝毫没有影响爱岗敬业的新婚夫妇忙事业的奉献精神。在威海市文化馆工作的刘德煜老师，整个正月都忙于辅导城乡群众的文艺演出。而任教于昆嵛县羊亭区维新村完小（维新村，即现在的羊亭镇的于家夼——笔者注）的马骏荣老师，心里也常常惦记着那些可爱的学生。寒假结束后刚一开学，完全没有思想准备的马骏荣老师突然接到调往田村完小任教的调令。田村完小距离威海城区只有八华里，比原来的维新村完小近了好几倍。马骏荣老师高高兴兴地到新的学校报到上班。1956 年，马老师又被调入威海市职业学校任教，终于结束了夫妻两人城乡两地分居的生活。当时，许多青年教师都羡慕马骏荣找了个能办事的好女婿，短短的两年时间就从农村学校调进城里学校任教。其实，刘德煜与马骏荣两位恩爱伉俪，既没有主动向领导申请调动工作，更没有求人帮忙办理工作调动问题，他们的全部心思都在各自的工作岗位上，而且也取得了有目共睹的好成绩。事后大家才知道，马骏荣老师两年之内由远离城市的农村学校调往城里的学校工作，都是时任威海市人民政府教育科（相当于现在的教育局）姜绍俊科长和科员戚合庆同志协调办理的。他们认为，越是勤奋工作且不向组织提条件的人，越是不能受到冷落，也不能让他们吃亏。只有及时解决他们的后顾之忧，才能鼓励先进、带动大家把工作干好。明白了领导的良苦用心和细心关照，刘德煜老师不但勤奋工作，哪里需要就到那里去，而且还时刻怀有感恩之心，特别是对晚辈后生和弱势人群，从来都是有求必应，尽心尽力。虽然时间过去了 50 多年，但刘德煜老师仍然没有忘记这位经历坎坷的老同志。

刘德煜老师既没有忘记曾经帮助过自己的革命老人，更没有忘记那些默默献身于国家独立、民族解放的地下工作者。虽然他们因为种种原因，抗战打日本鬼子的历史没有人知道，也没有被国家正式承认，以至于社会地位卑微，甚至连养家糊口的固定收入都没有。

王锡荣，是抗日战争时期威海地区共产党的地下女交通员。她乳名叫绠子，1918年出生在威海市羊亭镇贝草夼村，18岁时嫁到威海城区南面的竹岛村。抗日战争开始后，共产党威海地区的敌工站长周野时常住在贝草夼村王锡荣家，八路军杀敌抗日、不怕牺牲的爱国精神也感染了她，也使她成为一名不被敌人注意的地下女交通员。在抗日战争临近胜利的最后几年，已是孩子妈妈的王锡荣不顾个人安危，不顾家人反对，不怕不明真相的街坊四邻说三道四，不惜牺牲个人的婚姻和家庭，毅然决然地往返于威海城区和农村，穿梭于戚家疃鸿祥铁铺、陶遵义的鞋铺、车马挽具店以及后里口村、贝草夼、黄埠屯、孙家滩等我党地下联络站。她上下传送各类文件、情报和大量的抗战宣传品。有一次，还把一支新手枪藏在面酱里，顺利地通过日伪军的检查站，安然无恙地送给八路军，出色地完成了共产党八路军交给的各项任务。但因为地下工作者保密工作的规定，王锡荣却不能把自己进进出出为共产党办事的底细告诉家人，以致造成家人的误解和外人的猜忌，被迫两次离婚，失去了幸福的婚姻和完整的家庭。

1953年，王锡荣前往辽宁省大连市与威海后双岛人重组家庭，开始了新的生活。与此同时，她也与党组织失去了联系，她的革命历史也无人知晓。十多年后，丈夫因病去世，王锡荣既没有工作，也没有工资收入，只能依靠女儿生活。

20世纪80年代末，刘德煜老师去大连市采访王锡荣时，她的地下党交通员的历史仍然没有得到正式承认，老人的晚年生活仍无着落。心情极为复杂的刘德煜老师把王锡荣不平凡而又坎坷的一生概括为："秘密地干，心酸地过，默默地等"。从此，为王锡荣老人落实政策，也成为刘德煜老师的一块心病，他时常牵挂着曾经默默奉献了婚姻和家庭的地下女交通员的坎坷命运。

2010年12月，刘德煜老师将自己新出版的《威海往事》寄给王锡荣老人及其女儿，大连市民政部门依据此前一些证人的证词和刘老师写的《地下女交通员不平凡而坎坷的一生》的记述，马上给王锡荣老人落实了政策，不但承认了她的抗战历史，并依据相关规定，让老人享受到国家给予的应有待遇。王锡荣老人及其家人兴高采烈，激动异常，其女儿立即写信和打电话将这大好的消息告诉刘老师，并千恩万谢感谢刘德煜老师为她妈妈正了名，恢复了名誉，使他享受到一个老革命应有的尊严与快乐。

刘德煜老师八十六年的人生经历可谓丰富。他出生于英国租借威海卫期间的1928年，自幼就品尝了贫穷的艰难与苦涩。少年时期亲眼目睹了日本侵略者占我河山、杀我同胞的罪恶行径，也品尝了抗日战争胜利的无比喜悦。进入弱冠之年，他响应中国共产党的号召，积极参加支援淮海战役的支前民工大队，全靠徒步行走，肩扛车推，为中国人民解放军运送弹药和粮食。由于各项工作跑在前面，故两次荣立一等功。中华人民共和国成立后，他先在学校执教，成为一名优秀的青年教育工作者；后又凭自己的多才多艺进入文化领域，成为德艺俱佳的文化专家；步入知天命之年，他又服从党的需要，愉快成为威海市志编写组的开拓者，并将此后余生全部奉献于斯。由于勤奋刻苦，坚持不懈，他被评为“山东省修志系统先进工作者”，而且成为名副其实的地方史志专家。年逾七旬之后，刘德煜老师以超常的毅力，拼搏了大半年的时间，终于战胜了难缠的病魔，重新获得了令人欣慰的健康。此后的十多年间，特别是在其耄耋之年，他仍然笔耕不辍，以奉献为快乐，不断地为《中国甲午战争博物馆馆刊》《威海记忆》等刊物撰稿，不断地帮相关地市和县区审阅志稿，为媒体记者提供资料和帮助，为刘公岛等著名风景区的讲解和导游人员解难释惑，为威海市环翠区广播电视台《传承》栏目出谋划策、提供史料，等等。

刘德煜老师不止一次地对我说过：“是党的教育培养，才使我有了施展才华的机会和舞台；是威海厚重的历史文化和勤劳朴实的人民大众养育了我，所以回报社会、回报人民是我心甘情愿的，也是乐在其中的。”朴实的话语，透露出一个经历丰富的智慧老人的朴素感情和宽阔胸怀，透露出一个地方史志专家的高尚品德和爱国精神，透露出一位老公务人员高尚的情操和奉献人民的赤诚初心。他不但帮助我们守住了刘公岛、威海卫相关的真实历史，还为我们留下了凝心聚力的爱国精神，留下了爱岗敬业、与世偕进的正能量。我们应该记住他，学习他。

（此文原载于戚俊杰主编：《甲午战争研究》2016 年第 4 期，第 51～59 页。有改动）

吴十洲与潘裕诚
向我院无偿捐赠书画作品

2016 年 5 月，笔者与吴十洲教授（左一）在常熟市翁同龢故居合影

在全国各地认真筹备纪念中国工农红军长征胜利 80 周年之际，红军子弟——中国社会科学院研究生院教授、文物与博物馆硕士教育中心主任吴十洲先生与《故宫博物院院刊》编辑何芳研究员，诚邀美籍华人潘裕诚先生于 2016 年 10 月 8 日上午，在刘公岛中国甲午战争博物院陈列馆贵宾厅向该院捐赠了吴十洲教授收藏的《甲午国殇战图长卷》和从英国购买的《英国图片报》刊载的、由日本和英国画家合作绘制的《胜利的喜悦——战后日本街景》插图画，以及由潘裕诚先生手绘、吴十洲教授敬书的潘裕诚五世祖潘霨诗词的画作《听涛观海图》一幅。中国甲午战争博物院郭阳院长分别向两位捐赠者颁发了收藏证书。威海市人民政府刘公岛管理委员会王京伟主任、张仁波副主任以及中国甲午战争博物院的相关人员出席并见证了隆重的捐赠仪式。至此，笔者与吴十洲教授筹划了四个多月的无偿捐赠活动圆满收官。吴十洲教授新时期新长征路上的又一次别出新意的爱国行动也画上了圆满的句号。为吸引更多海内外专家学者、将士后裔、书画名家和社会各界主动向中国甲午战争博物院进行捐赠，进而用这样的方式弘扬长征精神，笔者愿将这次无偿捐赠活动从偶然缘起、细心筹划、追寻祖迹、身临刘公岛的整个过程奉献分享给广大读者。

一、捐赠的缘起

2016 年 5 月 19 日，由北京故宫博物院故宫学研究所、翁同龢纪念馆联合主办的“传统与现代：家学家风的传承与弘扬”学术研讨会在江苏省常熟市召开。笔者应邀前往参加。研讨会期间，有幸认识了吴十洲先生。交谈之中得知他收藏了日本以甲午战争为题材的浮世绘版画三幅，我即表达了我馆愿意有偿收藏的想法。吴教授对我退休之后仍热衷于中国甲午战争博物院文物与史料的收集，深表赞赏与支持，并表示愿意在适当的时机，向中国甲午战争博物院捐赠。他将爱国真情转化为实际行动，坚定而又真诚地告诉我说：“虽然版画是我在日本花钱买的，但我对中国甲午战争博物院的捐赠一定是无偿的。”听到这样的表态，我更是兴奋异常，并马上建议：“最好年内将这件好事情办好。”颇有军人风度的吴教授当即表示，半年之内准备完毕，届时前往威海市刘公岛举行捐赠活动。

二、精心的筹划与准备

吴十洲教授，本名吴卫国，江西省鄱阳县人，其父吴志远，是 1931 年参加革命的老红军。1953 年 6 月 6 日，吴十洲出生于北京市，小学就读于北京“八一”学校（原来的聂荣臻学校），小学六年级时赶上了无产阶级“文化大革命”，美好的童年学习生活受到冲击。1970 年 1 月，17 岁的他报名参加了中国人民解放军，服务于炮兵部队。风华正茂的吴十洲，时刻牢记父辈的嘱托和红军不怕远征难的精神，经过五年严格的锤打与磨炼，在各方面都有了飞速的提高与进步。1975 年 1 月，脱下军装的吴十洲被安排在中国革命历史博物馆（即今中国国家博物馆）工作，新的工作岗位让他有了新的想法。

长征精神鼓舞他学业有成。吴十洲是一位好学上进、勤奋刻苦、勇攀学业高峰的年轻人。1980 年 9 月，他去北京第一外国语学院分院日本语系进修。步入而立之年，他进入南开大学历史文博干部专修科学习，三年之后，又考取南开大学历史系硕士研究生。1989 年 6 月，完成了硕士论文《故宫开院历史探究》，获历史学硕士学位。7 月，即被调入中国农业博物馆农史研究室工作。其间，完成了“古代农业劳作俑与家畜模型”与“中国古代荒政思想研究”等课题。

1993 年 5 月，进入不惑之年的他，赴日本国学院大学大学院做客座研究员。主要研究课题为“中国古俑与日本埴轮的比较研究”“日本三角缘神兽镜源流研究”。一年之后，他在日本中央大学人文科学研究所做客座研究员，主要研究课题为“中国社会党人与日本早期社会主义者”“《宣统帝复辟问题杂见》档案调查”。还兼职于国际日本文化研究中心，做共同研究员，主要研究课题为“古代中日文化比较”。1995 年在日本 NHK 电视台《故宫至宝——话中华五千年》栏目摄影组工作，做中日双方的协调人，其出色的表现受到中日两国相关人士的一致好评。

1996 年，学业有成且不满足现状的他又回到南开大学，继续攻读博士学位，其博士论文题目为《两周礼器制度研究》。论文将礼器制度作为一种贵族分配制度来认识，用礼器的组合关系与数量关系确定贵族的身份等级关系。2004 年 7 月，该论文由台湾的中华发展基金管理委员会赞助，五南图书出版公司出版成书。2016 年，该书由商务印书馆再版。此外，他的历史学著作还有：《乾隆一日》《帝国之雩——18 世纪中国的干旱与祈雨》《紫禁城的黎明》《民国人物绰号杂谭》《百年斋号室名摭谈》《伦敦诱惑——中国文化名人的西学情结》《寻找鲁迅——从百草园到且介亭》《归去来兮——那些去往台湾的文化名家》等。发表的论文有：《中国博物馆立法论》《京津地区博物馆观众调查报告》《故宫与卢浮宫、艾尔米塔什开放比较研究》《乾隆三十年报雪奏折与清高宗咏雪御制诗》《两周墓葬青铜容器随葬组合定量分析》《先秦农业社会祭奉神用牲用器比较研究》《故宫博物院早期权利制衡关系》《1925 年前古物陈列所的属性与专职人员构成——纪念古物陈列所成立 100 周年》等 50 余篇。

长征精神激励他在新的征程上继续拼搏。进入 21 世纪初期，德才兼备、年富力强的吴十洲教授先是担任了中国社会科学院研究生院外事处处长，后又担任了中国社会科学院研究生院政府政策与公共管理系副主任。2010 年 12 月，担任中国社会科学院研究生院文物与博物馆教育中心主任。事业心极强的他，既抓教学管理，又潜心从事学术研究和教材编写。他还为其他几门课程编写了新教材：为韩国留学生编写了《高级汉语写作》；为国家人力资源与社会保障部编写的培训课教材有《博物馆与旅游》《中日文化比较》《中国廉政史论》；为公共管理硕士专业编写了《社会主义建设的理论与实践》《博物馆学概论》《学位论文的选题与写作》《故宫博物院院史》等。确保基础课与专业选修课程能保质保量地正常进行。

吴十洲教授爱好广泛，自幼喜欢书法和绘画。多年的文物与博物馆工作，使他有机会欣赏和研究中华民族的艺术瑰宝，激发了他学习书法绘画的极大热情。他关注和收集海内外的古旧书籍和各类艺术品，使兴趣爱好得到深化和提升，其书法和绘画艺术造诣不断升华，日臻形成个人的风格。

长征精神鼓舞他走好新时期的人生之路。办理了退休手续之后的吴十洲教授，在自觉圆满完成教学任务之余，充分发挥自己的专业特长，大力研究和弘扬优秀的传统文化与艺术瑰宝，广泛联络海内外艺术名家，收集整理散落民间的历史资料与书画藏品。无论走到哪里，他都十分注意收集古旧书籍与绘画艺术品，并将自己买到的相关资料加以整理之后，及时捐赠给最能发挥作用的收藏单位。此前，他已经将自己购买于日本的以1884年中法战争为题材的日本浮世绘版画三幅，无偿捐赠给中国社会科学院近代史所档案资料室。他还真诚而愉快的表示，进入耳顺之年后，是自己一生中新长征的开始，愿意根据自身的资源优势和能力，采用适合自身优势的特殊方式，继承父辈的初心，为加快国家的持续发展，为建设文化强国做出自己的贡献。

吴十洲教授自决定将收藏的日本浮世绘版画捐赠给中国甲午战争博物院后，就开始了捐赠藏品的整体谋划与精细准备。日本出版的尺寸规格为38.3厘米×26.3厘米的三幅日本浮世绘版画，是2015年9月他在日本东京神田神保町出售古旧书籍的原书房买到的。该画是日本明治时代浮世绘画师水野年所绘，其内容是描绘五个日本工兵在朝鲜镇川之战中，击退百余名清军的战斗场面。看到这些版画，吴教授大为震惊。他认为腐败无能、被动开战的清政府，其军队自然缺少应有的精气神，“此事未必然，亦未必不然”。此后，吴十洲教授查阅了大量的中日史料，但始终没有找到有关这次战斗的史实记载。

我曾就浮世绘版画内容与吴教授交谈过，甲午战争结束后，岛国日本割占中国宝岛台湾，索取巨额赔款，使日本一战即暴富。为了宣扬和推广侵略扩张的“大陆政策”，日本政府诱导文化艺术人员创作出版了大量歌颂日本侵略者英勇善战、侵略有理、取胜获利为内容的浮世绘版画。这三幅反映朝鲜镇川之战的浮世绘版画的内容，或许是清军执行撤退命令时的场景，或许是执行查找电报线任务的清军小股部队，或许是日本人故意杜撰的艺术场景。但无论如何，人无精神不立，国无精神不存，战无精神不胜，这是人类历史发展的真理。甲午战争期间，大清帝国上至朝廷和高官大员，下至参战清军官兵，确实缺少民族精神和胜利信心，这是甲午战争失败的重要原因之一。吴教授认为，如果单纯将这三幅日本的浮世绘版画捐赠给中国甲午战争博物院，无论是收藏、研究，还是开展宣传教育，都远远达不到利用史料或艺术品进行爱国主义教育的目的要求。所以，他首先请著名的书法篆刻家、收藏家、福建省读书学会副会长林公武先生题写了捐赠藏品的名称——《甲午国殇战图长卷》；自己亲笔绘成了民族英雄邓世昌，光绪帝师、晚清重臣翁同龢，近代思想家、教育翻译家严复的三人半身画像，并将邓世昌、翁同龢及严复的豪言壮语书写于画像侧边；又亲笔撰写了千余字的《国有七魄三魂说》短文及《屈赋国殇》，请书法家刘宏宇先生书写，与从日本购买的浮世绘版画连同上述书画排到一起，请字画装裱的专家将上述四部分内容装裱成为记忆国殇、内容丰富、内涵深邃、激励国人精神的十米长卷收藏精品。

得知吴教授把捐赠品精心准备到如此地步，我非常高兴和激动，并给予充分的肯定。但胸怀宽广追求完美的吴十洲教授又有了新的设想和计划。他找到了挚友潘裕诚先生，邀请他顺路同往威海市，为中国甲午战争博物院捐赠一幅绘画作品。

三、心系祖国的美籍华人潘裕诚

潘裕诚先生，号会理，斋号小寒玉堂，原籍江苏省吴县（今苏州）。1941 年出生于西康地区（今属四川省）。抗日战争胜利后，他们举家来到山东青岛。因其父潘家寅是著名的化学专家，应留法博士、化学家苏苐第先生的邀请，1947 年 8 月前往祖国宝岛台湾接管一家化工企业。6 岁的潘裕诚随父母从青岛乘船去往台湾。

天资聪颖的潘裕诚继承了祖辈勤奋好学的优良传统，各门功课都很优秀。上大学时，他选择了数学专业，并以优秀的成绩毕业。1965 年，潘裕诚前往美国继续求学深造。1968 年获美国麻州大学数学硕士学位，并于 1968～1974 年在麻州的美国国际学院数学系担任助理教授。

1975 年，潘裕诚先生在美国开始其自动柜员机（ATM）、卡片/银行网络之事业，曾任职于多家著名银行及软件公司，包括亚利桑纳银行（Arizona Bank）、共和国银行（Republic Bank）、电脑联合（UCC，今之 CA）、联合电脑系统（ACS）、四星公司（Quadstar Co.）及金融分享系统（Shared Financial Systems）等。由于业务之需，加上勤奋钻研，他熟悉多种著名的银行系统/网络套装软件。1988 年，潘裕诚先生应中国人民银行邀请，在北京和昆明两地作专题演讲两周，评介美国银行系统相关的课题。

1990～1996 年，他受聘任职于台湾联合信用卡处理中心资深经理，主持该中心 POS 网络的建置，引进美国 ACI 公司 Base24 系统，并整合后端清算系统机制。迄今该系统仍为台湾最大的收单系统之一，与各大全球卡片网络（包括万事达、维萨、吉士美）联网，并成为全台湾大型委外服务业务模式成功的首例。

1996～1999 年，他出任美国银行（Bank of America）台湾区消费金融副总经理及总行全美国 ATM/POS 网络主管业务的副总经理。并任 Visa 国际组织传输委员会台湾区顾问，万事达（MasterCard）国际组织顾问。进入 2000 年时，潘裕诚先生应邀主持协调一项由五家厂商组成的 30 余位专家之团队，参加台湾全民健保 IC 智慧卡工程竞标，并获首选。

潘裕诚先生有 30 余年的 IT 业务经验，专长于银行卡片及及时交易作业网络系统。在 2003 年以后曾参与多家资讯公司，如信必优（Symbio）、博思美亚（Soft Tech）等有关代理世界级银行系统/网络软件在中国推广的技术问题。2001 年，曾任新加坡商飞略国际有限公司（Finesse Alliance International Pteltd）台湾分公司副总经理，主持该公司的互联网银行业务中间件（Internet Banking Middle ware）系统软件之客户服务业务。

潘裕诚出身名门，其外祖父吴瀛是故宫博物院的创办者之一，其母亲吴珊（化学学士），舅舅吴祖光（著名剧作家）、吴祖强（中央音乐学院原院长）等均为享誉海内外的知名学者和专家。受他们的影响，潘裕诚自幼喜爱传统文化与书画艺术，且悟性极佳，加之勤奋好学，13 岁即跟随文化底蕴深厚，书法、绘画造诣俱佳，海内外颇具影响的溥心畬大师学习书法与绘画，有幸忝为入室弟子。溥心畬先生非常喜欢这位勤奋好学的弟子，从四书五经、书法绘画，到做事做人，都一一讲述，认真传授，而且特别告诫他学成之后也不得随意以书画示人或炫耀。潘裕诚谨遵师命，数十年坚持书画爱好，不忘先生教诲，以至于现在很少有人知道他是溥心畬先生的学生。当然，这与他多年在美国工作和生活也有关系。

20 世纪 80 年代，潘先生因接触当时数学初萌之碎形理论，顿悟该学说竟与溥先生当年所授山水画技法多有契合之处，震惊莫名，兴奋异常，乃发扬钉子精神，巧用工余时间，继续探研绘画技法，享受绘画的快乐。退休以后，潘先生息隐山林，唯以书画修养身心，追忆师恩，益增踵奉师承，溯源宋元，兼效四王遗风之志趣，偶以书画与志趣相近者交往切磋。近些年来，因挚友吴十洲教授敦促，稍有作品流传于友朋之间，渐为人知。但潘裕诚先生仍是特别低调，始终保持谨言慎行的作风。

得知潘裕诚先生此次威海之行的目的，是追寻五世祖潘霨百余年前在山东报效国家、服务黎民百姓的足迹，我情不自禁地开始查寻其先祖的相关资料。承蒙潘先生和吴教授提供的《韡园自定年谱》，资料查询工作进展顺利，多有收获。

潘裕诚先生的五世祖潘霨，1816 年 9 月 6 日出生于苏州盘门内侍其巷之清彝堂，初字燕山，后改伟如，号韡园，晚号心岸。学业有成之后，先后出任天津知府，浙江盐运使，山东登莱青道，山东盐运使，山东按察使，福建按察使、布政使，湖北布政使，湖北巡抚，江西巡抚，贵州巡抚等。

第二次鸦片战争结束后不久，48 岁的潘霨奉上谕补授管理包括威海地区在内的山东登莱青道。此后七年时间，他在山东勤奋工作，关心百姓疾苦，其职务越来越高，政绩也有目共睹。简要梳理之后，以下诸项业绩值得一提。

第一，奉命制定《暹罗国税则》和《烟台租地章程》，及时将烟台设关及各口岸的税收及财政情况禀帖奏报。他认为，烟台口岸现在建设东海关、新关、大关及税务司、领事官公所是非常必要的；此外大小二十余处口岸散布在登州府、莱州府、青州府、武定府、沂州府的十七个州县，沿线相距一千数百里，应由登莱青道委派官员帮同办理。建议东海关在中外交涉过程中，均遵和约，如发现有分外的要求，则应以理相拒，并立即向朝廷奏报，掌握列强的动态，确保国家领土主权不受损害。

第二，从实际情况出发，既对国家尽职，又对百姓负责。针对蓬莱、昌邑、掖县等地数个小港口征税很少，文登县之威海卫口及荣成县俚岛、石岛两口民风强悍，动辄聚众滋事，造成官府征收税项掣肘的情况，还有黄县的龙口、即墨的金家口、胶州的准塔头（即今塔埠头——笔者注）等数个大型口岸因被盗匪窜据，税项难收，民不聊生的实情，潘霨观察认为：因登州、莱州、青州三府都是三面环海，土层浅薄，地少民贫，雨顺之年所产玉米小麦等杂粮本来就不敷本地食用，一旦遇到干旱等天灾，农田歉收，粮价腾贵，广大农民立见饥馑；而山东临清关一带则是沃壤千里，濒临运河，则为富商、巨贾、兵车聚会之所，贩运粮食，南来北往，络绎不绝，因此成为征收税饷重要之地。潘霨建议因地制宜地将登州、莱州、青州地区的定税规则较临清关酌情减少，仍照从前土税章程办理，以顺舆情。在上报禀帖的最后部分，他真诚而又负责任地指出，民以食为天，政府田税不可轻议增加。这种既为国家负责，又切实顾及老百姓的疾苦，敢说真话、敢办实事的担当精神令人佩服。

第三，适应对外开放需要，及时建设适应航海和海防需要的基础设施。随着海上贸易量的不断增大，增建指挥海上安全航行和贸易安全的相关设施势在必行。1865 年 5 月，潘霨亲偕各国领事渡海至芝罘（即今烟台市）的崆峒岛，划出空地一段，规划建设塔表望楼，并立即下令绘图开工。他还根据海防安全需要，快速抢修烟台炮台。因修筑洋式炮台功效显著，1867 年春季，奉通商大臣行知以东海例保，奉旨赏戴花翎并赏加按察使衔。

第四，及时组织力量严防捻军及流窜盗匪。1865 年春节期间，捻军首领赖文光等进入济宁州境，成武县很快失守，继而又进入日照界。面对捻军的快速进攻，潘霨一方面布置莱州戒严，命令府县各地政府妥备防务；一方面上奏政府请调淮军围剿。时任铭军马队统领的丁汝昌（1888 年被任命为北洋海军提督）奉命开赴山东境内，强力围剿捻军，捻首张宗禹、牛洛红只得由冉堌集往西南奔去，赖文光、任柱则由单县南去。

1867 年五月，剽悍异常的南捻军大股由河南进入山东。六月初三日，登州所属的莱阳、海阳遍地都是捻军。潘霨即同邓启元副将开赴牟平以东的石灰窑安营，并于初六日亲带兵勇至宁海口、张八口分扎四营。此地为烟台东南门户，山势巑岏，极其高峻。十三日，捻军逼近通绅岗，邓启元副将率军将他们击退，擒获捻首陈之林；二十七日，登州府暨福山县报境内捻军被肃清。接着，他又督率各军，先后解除烟台山和毓皇顶之围。同年十月，捻军由穆陵关窜入，漫山遍野不计其数，肆力攻城，均被击退。1868 年 7 月，北捻张宗禹一股被歼于徒骇河。8 月，丁汝昌因剿捻有功授总兵，加提督衔，赐协勇巴图鲁勇号。潘霨则因烟台防捻出力，维护社会治安有功，奉旨赏加布政使衔。孟夏时节，又奉旨调补山东盐运使。

第五，不惧宫廷权势，坚决秉公执法。1869 年 6 月 25 日，潘霨奉旨补授山东按察使。8 月，根据德州地方官员禀报，有宫内得宠太监安德海假冒奉差，招摇过市，还擅自起用龙凤旗帜，随带女乐，形迹可疑，败坏名誉。潘霨奉丁宝桢之命当机立断，立即派人于清临一带追擒来省，押入监狱，上报朝廷。9 月 10 日，奉皇上廷寄，丁宝桢将最得慈禧太后喜欢的太监安德海斩于济南南郊。潘霨这种不惧怕宫廷权贵，敢于秉公执法的正义举动，大快人心，大顺民意。9 月 20 日，54 岁的潘霨奉旨调补福建按察使，开始了他仕途上与日本侵略者斗智斗勇的新征程。

第六，业余时间编辑医方和习作诗词。潘霨爱好广泛，不但文化底蕴深厚，而且还喜爱研究祖国医学。他还为自己制定了额外的工作计划，充分利用公余时间，每天坚持搜集整理中医药方。在饥荒非常严重的旧中国，在医疗卫生知识极其贫乏的封建社会，他这种造福社会大众的高度责任感确实是难能可贵的。此外，他还应邀作《宁海州志序》和《黄东芸司马心字香馆诗抄序》，时常喜欢与地方文人官员依韵和词赋诗，展现了他的儒雅与才华。

旅居海外半个多世纪的潘裕诚先生，热衷于访问幼年时代生活过的山东大地，追寻五世祖在山东为政时期的历史足迹，参观考察发生了翻天覆地变化的齐鲁大地，这是海外游子热爱祖国，心系中华，祈盼中华民族早日实现伟大复兴的情感表达。此种情意，令人感动和敬佩。9 月初，我与吴教授初步商定，此次他们威海之行有三项内容：一是举行吴教授藏品捐赠仪式；二是请潘先生现场创作绘制一幅山水画，并捐赠给博物院收藏；三是商议中国甲午战争博物院与中国社会科学院研究生院文物与博物馆硕士教育中心建立友好合作关系。我及时将吴十洲、潘裕诚与故宫博物院何芳研究员三人来威海市进行捐赠活动的行程时间和三项内容报告领导，包括刘公岛管委会在内的各级领导都非常重视这次捐赠活动，指示尽最大努力安排好考察和捐赠活动。

四、考察与捐赠圆满成功

2016 年 10 月 7 日中午，吴十洲教授与何芳研究员夫妇陪同年逾古稀的潘裕诚先生来到威海。考虑到他们长途旅行，潘先生又年过七旬，原定计划午饭后先稍微休息，然后在威海市区参观考察。当得知威海气象台预报 10 月 8 日有大风，威海至刘公岛的旅游船可能停航的消息，吴教授与潘先生的心顿时紧张起来，生怕不能进岛考察，缺失了体验甲午故地历史文化与自然风光感受，影响第二天现场绘画的艺术创作与捐赠活动的成功举办。为了不影响进刘公岛考察的行程计划，领导们当机立断，决定饭后不休息，马上去码头乘船进刘公岛参观考察。

2016 年 9 月，吴十洲与潘裕诚等在刘公岛北洋海军提督署考察时合影。
自左至右：何芳、张仁波、潘裕诚、吴十洲、戚俊杰

在刘公岛上，我们依次参观了北洋海军提督署、龙王庙与戏楼、丁汝昌寓所、北洋海军将士名录墙、刘公岛水师学堂，甲午战争陈列馆和东泓炮台。在北洋海军将士名录墙前，潘先生深受触动，他十分动情地说："牢记前人为国家发展和人民安宁做出的贡献，这是感恩，是一个民族繁荣昌盛的重要基础。这样的做法令旅居海外的中华儿女更觉得无限的温暖。"在陈列馆看到日本 1874 年出兵侵占台湾的历史图片时，潘裕诚先生十分激动地说："那一年，潘霨陪同沈葆桢

去台湾与日本侵略军进行严正交涉，并查勘防务地形，安抚组织民人生番，最后将日本侵略者赶出台湾。但没有想到，清政府腐败堕落，贪图安逸，20 年后竟在无奈中将台湾割让给日本。甲午战争惨败的耻辱，永远是中华民族的一面镜子。中华民族加快发展，反对侵略，仍然是任重道远。”

乘船出岛时，吴教授说：“亲临甲午故地，才真正领会了甲午馆人发自内心深处的责任感，也清楚了刘公岛甲午战争纪念地开展爱国主义教育的深邃内涵与特色。”晚饭前，我们交谈时，他们对威海的发展表示赞叹，对我们根据天气预报及时更改工作计划表示赞赏。潘先生更是感触颇深，他没有想到祖国这些年的变化这么大，也没有想到威海这样漂亮和干净。他说：“今天来刘公岛参观，震撼太大，这次的创作绘画有了深厚的基础。”吴十洲教授则高兴地说：“临时改变预定计划，说明威海人讲究实事求是，即使明天风大停航，我们捐赠藏品和即兴创作的活动也照样进行。”潘教授补充说：“只要不停航，即使风再大，我们愿意在刘公岛上捐赠和创作。”

令我没有想到的是，晚饭后，吴十洲教授与潘裕诚先生即开始一起研究绘画创作的具体内容。他们从篇幅大小，设计构图，到题跋文字，再到分工合作，直到将近零点时分才躺下休息。

10 月 8 日，秋风飒飒，天高云淡，晴空万里。8 时 30 分，海事部门根据天气情况，决定刘公岛旅游船上午通航，中午 12 时停止航行。得知上午可以进刘公岛，三位来宾非常高兴，他们忘记了疲劳和睡眠不足，立即启程前往刘公岛。

来到中国甲午战争博物院陈列馆会客厅，他们顾不上休息，立即将《甲午国殇战图长卷》展开，吴十洲教授简要介绍了长卷的内容布局和思想内涵，回答了文物库房工作人员征集日本浮世绘版画的相关问题。75 岁的潘裕诚先生则抓紧时间，铺开宣纸，开始绘画创作。由于纸张尺寸大，无法坐着画，他顾不得休息，也没有时间喝水。好在吴教授巧妙穿插，将潘裕诚五世祖的一首诗作书录于画卷左上方，才迫使追求完美的潘先生停笔休息了一会儿。诗曰：

> 吟侣竞酬唱，海水激杂波。怅望蓬瀛清浅，风景近如何。谁遣船楼东去，寻得十洲三岛，五岳小于螺。记取铭功处，崖石为君磨 升平乐，中兴颂，载赓歌。自断斗筲，无补感恩湛恩多。最喜冠簪朋盍，用比盐梅舟楫，谈笑却鼋鼍。天各一方矣，向日失靡佗。

他们两人整整忙了两个多小时才完成了这幅画的创作。在场的所有领导和工作人员无不为他们认真细致、追求真实的艺术家作风报以热烈的掌声。

2016 年 9 月，吴十洲与潘裕诚向中国甲午战争博物院捐赠绘画作品。自左至右：张仁波、何芳、戚俊杰、吴十洲、潘裕诚、王京伟、郭阳

时间过得飞快。11 时 45 分，吴十洲与潘裕诚先生捐赠活动如期举行。吴十洲教授向中国甲午战争博物院无偿捐赠了《甲午国殇战图长卷》和从英国购买的由日本和英国画家合作绘制的《胜利的喜悦——战后日本街景》版画插图（该版画插图是 1895 年 11 月 30 日出版，21 世纪初，吴教授在英国购得）。潘裕诚先生也同时将他与吴十洲教授合作的长 4 尺、宽 3 尺的画作，无偿捐给了中国甲午战争博物院收藏。郭阳院长向吴十洲教授和潘裕诚先生分别颁发了中国甲午战争博物院收藏证书。威海市人民政府刘公岛管理委员会王京伟主任、张仁波副主任以及中国甲午战争博物院的部分领导与员工参加了捐赠仪式。上午的整个创作、捐赠活动，时间紧张，计划周密，内容丰富，最后圆满成功，皆大欢喜。故宫博物院的何芳研究员在第一时间就将捐赠活动的情况通过微信发给相关学者和朋友圈。全国明史研究著名学者、博士生导师、中国人民大学毛佩琦教授，福建省阅读学会副会长、著名书法家林公武先生，翁同龢后裔翁以钧先生等专家学者对吴教授和潘先生的慷慨捐赠表示赞赏，并表示他们也愿意在合适的时机来刘公岛向中国甲午战争博物院捐赠书法作品。吴教授幽默风趣地说："24 小时之内的两次刘公岛之行，给我留下了特殊记忆，我愿意为中国甲午战争博物院的持续发展建言献策。"潘先生则非常激动地说："此次威海之行我有三个没有想到，一是没有想到威海山美水美人更美；二是没有想到我老祖宗为过官的山东大地欣欣向荣，一片大好景象；三是没有想到刘公岛人务实肯干，高效快速。回到美国之后，我

一定将威海之行的感受告诉家人和朋友，希望他们有时间也来威海参观旅游，享受这里的山光水色与美味佳肴。”

结束了威海的捐赠活动之后，回到北京的吴教授就急忙将中国甲午战争博物院与中国社科院研究生院文物与博物馆硕士教育中心合作的事情向相关领导作了汇报。10 月 12 日，中国社科院研究生院（与中国社会科学院大学是一个机构两块牌子）文物与博物馆硕士教育中心的刘强先生即发信告知，中国甲午战争博物院与该教育中心合作协议文稿已提交中国社会科学院大学校长办公会审议，相信这样的好事一定会得到领导的支持。2016 年 11 月 10 日中国甲午战争博物馆与中国社会科学院研究生院战略合作协议获得批准。雷厉风行的吴教授与潘先生顾不得休息，便着手整理潘先生收藏的先祖遗物与相关史料。在纪念红军长征胜利 80 周年大会在北京隆重举行的前夕，吴十洲教授又陪同潘裕诚先生前往中国社会科学院，向近代史研究所档案资料室捐赠了潘先生收藏的先辈遗物与相关史料，为中国近代史的深入研究填补了难得的新佐证。

（此文原载于戚俊杰主编：《甲午战争研究》2016 年第 4 期。有改动）

爱国将士后裔祭祀海军前辈活动综述

2016 年，是福建船政开办 150 周年，也是威海卫刘公岛海军基地批准建设 130 周年、北洋海军提督丁汝昌 180 周年诞辰。12 月 11～13 日，来自福建、北京、天津、上海、四川、江苏、安徽等省市的福建船政名杰后裔与北洋海军将领后裔及媒体记者近 30 人齐聚威海，在甲午威海刘公岛保卫战附近海域举办了缅怀海军前辈的祭祀活动；对北洋海军基地刘公岛进行了参观考察，并进行了签名题词和捐赠活动。在威海期间，全体后裔与本地学者一起参加了“缅怀先烈　振兴中华——我为建设海洋强国建言献策座谈会”；共同出席了纪念北洋海军提督丁汝昌 180 周年诞辰、福建船政开办 150 周年和威海卫刘公岛海军基地批准建设 130 周年而举办的“《丁汝昌年谱》《船政史》《甲午纵横》第五辑首发式”。后裔的先祖在近代中国抗敌御辱、寻求民族复兴的大潮中，忠于职守、敢想敢干、建功立业、敢为人先、勤奋进取、无私无畏的奉献精神，以及以身许国、忍辱负重、屡挫强敌、宁死不降的民族精神，给后裔以及中华民族留下了宝贵的精神财富。参加此次活动的名人后裔，代表面宽，历史时间跨度长，活动立意鲜明突出，活动内容丰富多彩，活动议程简洁明了，活动时间紧凑有序。在威期间的所有活动，真可谓环环相扣，严谨圆满，收获多多，十分成功。为了吸引和推动国内外热爱祖国的社会组织、学生文化研习团体来刘公岛举办勿忘国耻、缅怀前辈的活动，特将此次活动的起始运作与圆满结果综述如下。

一、陈榕教授的电话令人振奋

2016 年 11 月 9 日晚上，我与山东大学出版社的刘森文编辑刚就《丁汝昌年谱》封面设计沟通完毕，手机的铃声再次响起，令我没有想到的是，打电话的人是福建的陈榕教授。陈榕教授 1936 年出生于福建省福州市，其父亲陈大磬，曾为台湾的铁路事业奉献了半个多世纪。他的爷爷陈兆锵，是北洋海军旗舰“定远”舰的总管轮，先后参加过甲午黄海大战和威海卫与刘公岛保卫战；甲午战争后，清政府重建南北洋海军时，曾出任上海江南制造局和福建船政局局长，最高军衔为海军轮机中将。当年，风华正茂的陈大磬初中毕业，要离开福州前往上海读书深造时，其父亲陈兆锵将自己购买于欧美、时刻佩戴在身的怀表和微型指南针送给儿子做纪念。自此这两件珍贵的物件就一直陪伴着陈榕的父亲学习、生活和工作。

1945 年，抗日战争取得伟大胜利，事业有成的陈大磬奉命前去台湾办理接收铁路及火车的工作。自此他为台湾铁路事业的持续发展做出了贡献。1998 年是北洋海军成军 110 周年，这年春天，我电话联系到陈榕教授，希望他能陪着父亲来威海刘公岛参加北洋海军将士名录墙的建成典礼和纪念北洋海军成军 110 周年学术研讨会，并希望他们能捐赠相关的文物和史料。是年初夏，陈榕的父亲陈大磬将带在身上半个多世纪的微型指南针，从台湾托人带到香港，又转道上海，最终送到福州的老家。8 月 23 日，陈榕教授不远千里专程从福州来威海刘公岛，在北洋海军将士名录墙落成暨北洋海军成军 110 周年纪念大会上，将这件珍贵的微型指南针捐赠给中国甲午战争博物院。

1999 年 10 月 13 日，我们第五次南下寻访北洋海军将士后裔。刚刚从台湾回到福州老家祖屋的陈大磬先生，在家里接待了我们。88 岁高龄的老先生非常赞赏我们的真诚情感与实干精神，当得知我们此行的目的就是看望将士后裔、征集文物与挖掘史料时，他又毫不犹豫地亲手将带在身上 50 多年的怀表交到我手里，再次将这一珍贵的文物捐赠给我院。自那时起，我们与陈榕教授全家一直保持着密切的联系。

听出是陈榕教授来的电话，我既高兴又惊讶，急忙问他有什么事情。陈榕教授告诉我：今年是福建船政创建 150 周年，船政的一些后裔们想去威海刘公岛祭祀海军前辈，他们希望见到您并得到支持和帮助，负责此次组织活动的黄信平女士是北洋海军“威远”舰管带林颖启的后裔，具体事项她很快就会与你联系。我毫不犹豫地一口答应，告诉他一定诚心实意地给予支持帮助，将这次具有历史意义的弘扬主旋律的活动搞得圆满成功。“您同他们一起来吗？”我十分关心年过八旬的他是否随队前来。陈榕教授告诉说，儿子在外企工作经常出差，儿媳妇在省直机关工作，平时经常加班赶材料。因此，照顾孙子主要靠他与老伴操持，再加上其孙子明年中考，所以这次他不能来威海。他还坦诚地告诉我，福建船政的后裔们早就听说我对爱国将士后裔真诚友好，搞爱国主义教育活动也非常有经验，因此真心希望我帮忙策划安排好这次赴威海的祭奠活动。我请陈榕教授转告福建船政的后裔们，不论以前是否认识他们，只要他们是来刘公岛甲午战争纪念地举办爱国主义活动，我和同事们就会一如既往，全心全意地做好策划、宣传、接待和服务工作，让福建船政的后裔们活动成功，考察顺利，高兴而来，满意而归。

刚刚与陈榕教授结束通话不过十分钟，福州的黄信平女士便打来电话。得知陈榕教授已经把他们来威海祭祀海军前辈的事情告诉我了，陈女士说："我是民国时期造船专家黄聚华的孙女，也是北洋海军"威远"舰管带林颖启的曾外孙女。是这次祭祀海军前辈活动的发起人，也是这次活动的秘书长。这次到威海参加祭祀海军先辈活动的人员主要有林则徐、左宗棠、沈葆桢、严复、萨镇冰、叶祖珪、黄钟瑛、林文和、蒋兆庄、贾凝禧的后人。这是一次非官方组织的活动。因为以前没有来过威海刘公岛，也缺少搞这样活动的经验。听陈榕、萨本珪、叶芳骐他们说你们搞过许多爱国教育的活动，积累了许多宝贵的经验，所以非常希望得到您及甲午战争博物院的支持和帮助，也希望能得到众多媒体的重视和宣传。"我开门见山地告诉她，祭祀海军前辈是弘扬爱国主义的大好事，我和同事们一定会尽全力把这次活动安排好，请她尽快提供参加这次活动人员的详细名单以及他们与福建船政前辈的具体亲属关系。还坦诚告诉她，为了扩大规模和影响，我想再邀请一些北洋海军将士后裔共同参加祭祀活动。由于已是晚上 9 时多，加之我对闽南话听不准确，所以请她第二天通过电子信箱把有关情况发过来，以便于我及时与相关领导和媒体进行汇报和沟通，通盘策划和筹备此次威海之行的活动。

结束了与黄信平女士的通话，我的心情十分激动，久久不能平静。因为，民族英雄林则徐是近代中国第一个提出建设强大海军的人；左宗棠是两次鸦片战争结束后首先提出建设福建船政的闽浙总督，为了保证福建船政尽快建成，在他赴任陕甘总督之前，又亲自推荐前江西巡抚沈葆桢接替他办理福建船政，沈葆桢由此成为建设福建船政的第一位船政大臣。自 1866 年 12 月福建船政开始创办招生，清政府被迫从南洋海防建设延伸至北洋海防的建设。为了应对日本野心勃勃的步步紧逼，1886 年清政府又批准建设威海卫刘公岛海军基地，中国有海无防的局面开始改变。然而，1884 年发生的中法马江海战和 1894 年发生的中日甲午海战，福建水师和北洋海军皆被动挨打，北洋海军在刘公岛全军覆没。2016 年是福建船政创办 150 周年，也是清政府批准威海卫刘公岛建设北洋海军基地 130 周年，同时还是宁死不降、自杀殉国的北洋海军提督丁汝昌 180 周年诞辰。在这些重大事件的关键节点上，如果能把林则徐、左宗棠、沈葆桢和近代中国海军将领的后裔请到一起，共同在甲午海战的古战场举办一次名人后裔祭祀海军前辈的活动，真可谓是情重意浓，真诚无瑕。这种缅怀和凭吊海军先辈的真情，充分表达了船政后裔们自觉传承先辈们为国捐躯的奉献精神。他们以这种方式铭记祖训，继承遗志，爱国爱军，意义重大，影响深远。再者，中国甲午战争博物院是国家一级博物馆，是海内外著名的爱国主义教育的重要基地，为能发挥好其社会教育的职能，每年都要开展“走出去讲，请进来听”的社会活动。福建船政名人后裔和北洋海军将士后裔齐集刘公岛甲午战争纪念地，开展弘扬爱国正能量的主题活动，实属百年一遇，机会难得。因此，必须抓住机遇，全力以赴，尽最大努力，把后裔们威海之行的祭祀活动和座谈交流活动策划好、服务好、实施好，让来自东西南北的名人后裔能凝心聚力，畅叙幽情，高兴而来，满意而归。想到这些，笔者睡意全无，情不自禁地开始构思此次祭祀活动和相关会议的框架结构和时间安排。

二、祭祀活动前的频繁沟通与精心准备

凡事都要预先谋划，提前将被动应付的态势转变为主动谋划的局面，自 11 月 9 日晚接到福建船政名杰后裔的电话之后，我便主动通过电话、手机信息和电子信件与他们展开沟通交流，以确保此次活动能顺利进行和圆满成功。

（一）为冠以名实相符的活动名称与福建船政名杰后裔进行及时沟通

为能抓住这百年一遇的历史机会，11 月 10 日上午 9 时，我给福建的黄信平女士去电话，一是问她什么时间可以把来威海举行活动的船政后裔的具体名单发给我，二是问冠以什么名称对外进行宣传，三是这次祭祀海军前辈活动的具体日期定在什么时间。黄女士告诉我，此次来威海参加祭祀海军前辈活动的人员名单需要逐一落实。现在能确定的有林则徐、左宗棠、沈葆桢、萨镇冰、叶祖珪、黄钟瑛、杜锡珪、林文和、蒋兆庄、贾凝禧等船政名杰的后裔。至于冠以什么名称对外进行宣传合适，需要等他们商议确定后再告诉我。她个人的初步想法是打出“福建船政名杰后裔祭祀海军前辈”的横幅，在沿途拍照留念，并及时发到微信上，以扩大社会影响。至于祭祀海军前辈活动的具体时间，初步想定在 12 月上旬比较合适，因为 12 月下旬，他们还要参加福建船政创建 150 周年的相关纪念活动。

了解到他们设计祭祀海军前辈活动的初心，我坦诚地向她提出两点建议：第一，最好能使用广泛凝聚团结爱国将士后裔的名称。中国要建设强大海军和海洋强国，不但需要得到沿海地区人民的支持，而且还要全面提高整个中华民族的海洋意识和海权观念。我们举办的祭祀活动和召开相关的会议，就是要最大限度地调动一切积极因素，团结一切可以团结的力量。虽然这次活动是非官方举办，活动资金也靠我们自筹，但中国甲午战争博物院是全国爱国主义教育基地示范单位，又是海内外颇有影响的博物院，在我们这里举办不同形式的社会活动，就是要围绕弘扬民族复兴的主旋律，引发全社会产生“国家兴亡，匹夫有责”的正能

量。所以，建议这次活动的名称尽量能体现出对船政广大后裔的吸引力，也有利于更多的船政后裔踊跃参与。第二，2016 年不但是福建船政创建 150 周年，也是清政府批准威海湾刘公岛建设海军基地 130 周年，还是甲午海战中宁死不降、自杀殉国的北洋海军提督丁汝昌 180 周年诞辰。在这样一个特殊的历史时间节点上，最好能再邀请部分参加甲午海战的北洋海军爱国将士的后裔，如丁汝昌、刘步蟾、林泰曾、邓世昌、李和、林国祥、王国成、夏景春等后人参与祭祀海军前辈的活动。福建船政的后裔和北洋海军将士的后裔共同参加祭祀海军前辈活动，不但可以壮大参加祭奠活动的队伍，扩大其影响，使这次活动的针对性更强，而且更具有历史的真实感。最重要的是要体现高级将领与普通官兵齐心合力，奋勇杀敌的拼命精神和无所畏惧的英雄主义，体现百余年后广大将士后裔热爱祖国和海军，不忘祖先的传承精神。这样做，既体现了我们的前辈为了民族复兴的大业，一代接一代的艰难探索之路和为保卫国家安宁的献身精神，又展现出他们的后裔自觉继承先辈的遗志，以及前赴后继勇于创新的拼搏精神，这样做效果会更好。第三，利用这样一次难得的聚会，举办由福建船政后裔、北洋海军后裔、中国甲午战争博物院和相关学者共同参加的座谈会和新书首发式，使所有后裔的威海之行，从形式到内容，从考察学习到学术研究，都能收获到实实在在的丰硕成果。黄女士对我邀请北洋海军将士后裔参加活动，借机组织船政后裔和北洋海军将士后裔参加座谈会及新书首发式的建议非常赞成。另外，她请我在威海市区帮助寻找价格合适、干净卫生、交通方便的酒店，以备他们使用。

福建船政的后裔发扬了当年先祖们创办福建船政时雷厉风行、说干就干的好作风。当天晚上，黄信平秘书长来电话说，船政后裔们对搞好这次远行活动充满信心，对我提议全力弘扬爱国主义的主旋律坚决拥护，对横幅上使用什么名称非常重视，大家的讨论也十分热烈。有人认为，当年先祖们克服了千难万险，创造了令人敬佩的辉煌历史和船政文化，船政的发展历史也助推了数代船政人成长为中华民族的名人，有的甚至成为闻名海内外的优秀代表，让他们的名字与世俱存，享誉海内外，是客观存在的历史事实，无需今人溢美，也不必不好意思，所以主张使用“福建船政名杰后裔活动中心”这个名称。也有人主张向姚明学习，使用的名称能与世界接轨，他们提出使用“福建船政名杰后裔俱乐部”这样时尚而又大气的名称，以展现福建船政名杰后裔的开放意识，体现船政名杰后裔与国际潮流接轨。面对他们敢想敢说的几种意见，我坦诚地告诉黄信平秘书长，原来不主张使用福建船政名杰后裔这个名称，是因为船政名杰后裔属于宝塔的顶尖，是众多船政人中的少数代表。使用这个名称，难免限制大多数福建船政后裔参加建设海洋强国活动的积极性，也不利于联系和团结最广大的船政后裔。鉴于此次来威海搞活动的后裔们都是名副其实的名杰后裔，大家都喜欢使用“福建船政名杰后裔活动中心”这个名称，本人认为无可厚非。但因为我们搞的是庄重肃穆的祭祀活动，还要召开与之相关的座谈会，俱乐部这个名称是不合适的，建议不要使用。希望她与各位后裔解释清楚并统一认识，确保此次活动从形式到内容，从福建船政名杰后裔到北洋海军将领后裔，包括中国甲午战争博物院及相关学者，都能齐心协力，把握主题，弘扬正气，既把这次活动搞得有声有色，又能通过此次活动吸引更多普通将士后裔参加这样的活动。黄信平秘书长非常同意我的建议，答应说服持有不同意见的几位后裔，使全体船政后裔都能沿着主要的活动目标展开工作。

11 月 14 日，黄信平秘书长来信说：“邀请北洋海军将士后人共同参加此次祭奠活动的建议很好，我们很欢迎。”关于提议横幅上冠名的事情，我们认为可以写“福建船政名杰后裔、北洋海军将士后裔齐集威海，悼念海军先辈”。她认为，以前对福建船政文化弘扬的力度不够，好多人不知道什么叫福建船政，所以福建船政名杰后裔要积极弘扬海军先辈的爱国精神。

（二）为保证祭祀活动不违反相关规定与福建船政名杰后裔进行耐心沟通

11 月 11 日上午 8 时 49 分，黄信平秘书长发来信息说：“福建船政名杰后裔预备组织 15 人，随团活动人员 3 位，您再帮我们请北洋海军后裔 4 位。”12 日上午 8 时 33 分，黄信平秘书长又发来信息说：“相关的事项还在筹划中，但势在必行，可以运作了。请您通知丁汝昌、邓世昌、刘步蟾、林泰曾的后人。我们的活动时间初步定在 12 月 3 日至 10 日。”关于活动的内容和相关事项，她提出如下三条意见：

1. 召开隆重的船政和北洋海军后裔纪念海军先辈的会议，由沈葆桢第六代外孙女黄见嘉向中国甲午战争博物院捐赠书法作品一幅，内容是：“船政精神　中华瑰宝。”她的书法作品曾获得国际金奖。

2. 参加活动的后裔们到海边海祭先辈，届时举行默哀、鸣笛和撒鲜花等仪式。

3. 请海军北海舰队协助我们全体后裔登舰到甲午海战海域绕一圈，以表达后裔们的缅怀之情。

另外，她还希望我帮助搞个在威海活动期间的食宿以及车船支出、会议室、鲜花及花环等项的费用预算，并答应抓紧时间落实福建船政名杰后裔来威人员的详细资料，过几天就发给我。

两天之后，黄信平秘书长又相继发来信息提出四点要求：一是举行活动时最好邀请省市领导参加；二是能在人民海军的舰艇甲板上举行祭祀海军前辈的活动。三是希望邀请全国各大媒体全程跟踪报道、记录整个活动过程，并争取能上各大网站进行报道宣传。四是有后裔提出能否请到学生方阵和海军方阵助阵？针对黄秘书长上述的四条建议，我坦诚而又快速地表明自己的态度，目的是想请船政名杰后裔们既要把美好的愿望与客观的实际情况结合起来，还要把国家的法律和相关规定联系起来，再统筹规划这次祭祀海军前辈的活动。因而我在回复中给予明确的说明：第一，因为举国上下都在认真学习落实党的十八届六中全会精神，地方领导必须模范地遵守相关规定，何况我们又是非官方的民间活动，因此省市领导不能随意参加这样的活动。第二，使用人民海军现役的舰艇搞活动，必须要报请海军领导机关审查批准，而且国家规定地方人员不能随便动用军事设施开展活动。第三，邀请相关媒体跟踪报道完全应该，但我们首先要做好策划方案和基础工作，包括把参加活动的人员名单、活动内容、活动时间、活动日程以及目的要求等事项拟定详细且清楚，使整个活动具有独特的新闻性和吸引力，才能吸引新闻媒体主动进行跟踪报道。第四，请学生方阵和军队方阵的意见同样不能落实。因为动用学生和军队搞活动都是违反国家的相关规定，因此都行不通。我通过电话告诉她：第一，祭祀海军前辈的活动一定会安排在船上举行，但不是人民海军的舰艇，而是地方上的大型客船。届时客船也会遵令鸣笛，参加活动的后裔向大海撒鲜花，随行记者也会在船上跟踪拍摄。第二，举办会议一定是主题明确，重点突出。预计参会人员约 40 多人，包括福建船政名杰后裔、北洋海军将领后裔、中国甲午战争博物院研究人员和有关学者参加。另外还告诉她，北洋海军副将、“来远”舰管带邱宝仁的后裔就在福州工作，请直接与他们联系。耐心的沟通达到了预期的效果。

（三）为保证福建船政名杰后裔行程顺利、节时与多方进行反复沟通

11 月 14 日下午 3 时 26 分，福建的黄信平秘书长发来电子信件说：“我们看了动车的线路，最好的车次是早上 7：03 分从福州出发，下午 16 时到达济南西站。然后再换乘 18 时 10 分济南站到威海的动车，当日 22 时 10 分到达威海站。”她请我帮助打听济南西站与济南站距离有多远？以及如何换乘才能避免耽误时间。另外，涉及“会务方面的住宿、吃饭、会议室等具体事宜都请您费心帮助”落实。

在福建船政名杰后裔确定来刘公岛举行祭祀海军前辈的活动时间后，我马上

将参加这次活动的名杰后裔名单和祭祀海军前辈及召开座谈会和新书首发式的几项主要内容向郭阳院长进行了沟通。他十分坦率地告诉我，近期因民族复兴教育基地建设进入特殊阶段，涉及新增展览场馆修复的方案和施工队伍的招标及材料选择等问题，都需要博物院几位领导经常外出谈判洽商，因此福建船政后裔来威海搞活动这件事情由我统筹规划。至于祭祀活动和参观考察时需要用船和用车等事项，待活动临近时由他来办。我非常了解中国甲午战争博物院多年来超负荷工作的状况，表示愿意尽全力统筹规划福建船政和北洋海军将领后裔举行的祭祀活动，包括活动内容和具体议程，还有邀请北洋海军将士后裔、媒体记者、地方学者以及寻找合适的酒店、洽商价格等事项，我都一定尽力承担起来，不分散和牵扯院领导抓教育基地建设的精力。

根据福建船政名杰后裔们乘坐高铁的出行车次，我马上进行认真的咨询沟通。首先，电话联系山东工艺美术学院的张从军教授，打听济南西站与济南站的距离，以及如何换乘才算最快最省力。张教授咨询后告诉说两站距离挺远，但有专门去济南站的公交巴士车，时间大概需要 1 个小时左右。如果路上不出现堵车，从济南西站到济南站换乘的时间足够。其次，对威海市区不同位置、不同档次、不同价格的酒店进行咨询比较，从市区南面的抱海大酒店到市区北部的海都大酒店，从海景房到一般功能的住房，从吃饭、住宿、公交车，到韩国服装、百货商店，从名胜古迹到最能体现威海市区景观特点的诸个方面进行了细致的考察比较，最后为他们选择了位于公园路 5 号的清泉大酒店。

11 月 15 日上午 8 时 42 分，我将济南高铁转站的相关事项以及寻找不同价格酒店的几个方案都详细告诉了黄秘书长，供他们自己做出最后的选择。与此同时，希望她早点把信箱告诉我，以便于我尽早把来威海活动的具体计划和相关事宜详细地告诉他们，也便于他们进行协商研究，提出完善意见，从而使福建船政后裔、北洋海军后裔、中国甲午战争博物院和相关学者四个方面达成共识，以保证活动取得圆满成功。11 月 16 日，威海至青岛的城际铁路正式开通，这是一个令人振奋的好消息，或许能够为福建船政后裔提供方便。是日晚上，我又特意将这一大好消息电话告诉黄信平秘书长，希望能为他们的威海之行提供方便。

11 月 17 日上午 10 时许，我给黄女士发去电子信件，将策划的活动内容和时间安排，以及住宿、吃饭、考察、会议等相关信息详细告诉他们，希望福建船政名杰后裔活动中心好好研究，以便把活动计划搞得更为周密和完善。

11 月 20 日中午 12 时 6 分，我收到了黄信平秘书长向福建船政名杰后裔和北洋海军将领后裔发出邀请的通知初稿。通知主要是告诉大家，在福建船政创建

150 周年之际，福建船政名杰后裔活动中心决定在山东威海刘公岛举行一场祭祀海军前辈的活动。活动时间 12 月 11～13 日。初步商定林则徐、左宗棠、沈葆桢、丁汝昌、刘步蟾、林泰曾、邓世昌、叶祖珪、萨镇冰、林颖启、黄钟瑛、杜锡珪、黄聚华、林友和、蒋兆庄等名杰的后人参加活动。祭祀活动的具体地点和其他事宜，则另行通知。

看到福建船政名杰后裔活动中心发出的活动通知，我认为此次活动已由初步设想转向具体实施的新阶段。为了保证此次活动顺利进行和圆满成功，我觉得还有许多具体活动的细节需要与他们进行沟通，进而达成福建船政名杰后裔、北洋海军将士后裔和中国甲午战争博物院及相关研究者之间的共识。我再次联系黄信平秘书长，希望她快速将电子信箱发给我，以便于我把需要修改的内容和需要说明的情况告诉他们。

（四）为追求最佳的活动效果，反复帮他们修改完善活动方案

此后数天，我抓紧构思海上祭祀活动、刘公岛参观考察、威海市内座谈会和新书首发式的具体内容、活动议程的细节。与此同时，抓紧时间联系北洋海军将领后裔、相关媒体记者、清泉大酒店、“定远”舰景区以及参加会议的相关学者，并分别协商筹划祭祀活动和学术会议的相关事宜。

一是建议海军将士后裔把缅怀先辈的过程作为升华民族情感的过程，避免过度悲伤。12 月 4 日下午 4 时 43 分，黄秘书长来信告诉说：“又有船政名杰后裔提出祭祀海军前辈时，每人胸前应戴着白花。”还有名杰后裔一再要求，“舰长的后裔应该手捧先辈放大十寸的带框相片，这样更有悲痛气氛”。对于“胸前佩戴白花”和“舰长后裔手捧先辈放大十寸的带框相片”参加祭祀活动的提议，从历史和现实情况看都有不妥之处。当天晚上 8 时，我将反馈的意见回复黄信平秘书长，告诉她既不要戴白花，也不要捧带相框的放大照片。因为我们举行祭祀海军前辈的活动，目的不是单纯为了激发哀伤，因此不需要把活动的气氛搞得太悲伤。福建船政和北洋海军后裔举办的这次活动，是对全体海军前辈进行的祭祀和缅怀，而不仅仅是个人的行为。这样更有利于中华民族的大团结，有利于促进海内外华人的大联合。我们现在要继承先辈的遗志，目的就是建立最强大的中国海军，捍卫国家的领土和主权，保卫国家的安宁和人民的幸福。所以，活动应该庄重、严肃一些为好，黄信平秘书长回信表示赞同，并表示用这个思路去统一各位后裔的思想和认识。

二是请烟台和蓬莱博物馆的朋友帮忙，为船政后裔的顺利出行提供方便。12 月 4 日，黄信平秘书长告诉说，10 号中午他们抵达烟台机场后，便乘大巴车去

烟台市区住宿，第二天再乘高铁来威海市。希望我能帮助打听烟台食宿和转高铁的费用，我立即咨询烟台市博物馆的同仁并将结果告诉她。12 月 5 日上午，黄信平秘书长又来电说，他们不去烟台市住宿了，当天下飞机后直接去蓬莱水城参观，然后再直接乘车到威海入住预订的酒店。她坦诚地说："请帮助打听从烟台机场到蓬莱水城的路程与乘车费用，最好能帮助我们包好车，在考察结束后直接乘车赶往威海。还要与清泉酒店联系好，我们需要提前一天入住。"另外还建议说："12 号上午在海上的祭祀活动由福建船政名杰萨镇冰的后裔萨方红主持。下午的座谈会和新书首发式的主持人和相关议程，则由您负责安排。"

随着福建船政名杰后裔活动中心几次变化的出行时间和考察路线，我也紧随其后争分夺秒的数次联系蓬莱市登州博物馆的袁晓春馆长，请他在蓬莱市帮助联系包车和考察讲解等参观事宜，希望既要节约时间，又要保证效果，更要保证安全。接着，又亲自前往清泉大酒店和"定远"舰景区找总经理协商住宿餐饮和参观考察等事情。请他们给予理解并支持，尽一切可能满足福建客人的要求，确保船政名杰后裔们旅途顺利安全，住宿干净舒适，吃饭可口卫生，既节约时间和开支，又保证质量和效果。

12 月 7 日晚 8 时，黄信平秘书长来信说："今天找到严复的后人严以振先生，今年 69 岁，原为福建省委党校的教授，请您把他的名字添到花名册上。"第二天早上 7 时多钟，黄信平秘书长来信询问："请您写的祭祀活动的主持词和帮我修改的讲话稿是否已经搞好？是否可以发给我？另外，10 日晚上我们直接到清泉大酒店，您会在吗?"我马上告诉她，："主持词没有写，我认为由主持人自己撰写更能体现其心声和意愿。你的讲话稿已经修改完毕，10 日晚上我一定会在酒店大堂等你们到来。"

为了确保福建船政名杰后裔烟台机场和蓬莱水城考察顺利和节省时间，12 月 9 日上午，我再次电话联系蓬莱市登州博物馆的袁馆长，请他一定与当地客运公司协调好，保证船政后裔们考察和乘车顺利快捷。

三是及时将福建船政后裔变动的时间通知北洋海军后裔、相关媒体、中国甲午战争博物院，以便使参与接待的相关单位和人员及时调整原定的活动时间。分别电话联系安徽的丁昌明、王琦岚，江苏的赵怀民、秦云南、王杰、张杰，上海的张芙蓉、刘俊彦，北京的叶伟力和林彤，天津的刘景端、程国欣、彭津，四川的王国平等，告诉他们福建船政名杰后裔 12 月 10 号就到达威海，11 号他们要去参观"定远"舰。为了便于统一安排交通工具和联系"定远"舰景区的讲解员，希望他们也尽力提前一天出发。

（五）想方设法联系北洋海军将士后裔

首先是联系北洋海军提督丁汝昌的曾孙女丁亚华的家人。自 11 月 9 日晚接到福建船政名杰后裔活动中心要来威海搞活动的电话后，我首先给北洋海军提督丁汝昌曾孙女丁亚华的大女儿张益群和二儿子张为民打了电话，既想了解近期丁亚华女士的健康情况，也想听听这位年过九旬的老前辈对此次活动有什么好的建议，但遗憾的是电话没有打通。

丁亚华家人的电话没有打通，我又急忙打电话联系丁汝昌的玄孙丁昌明先生，已是古稀之年的丁校长得知这一消息后非常高兴和激动，表示一定克服困难（因为他夫人的膝盖做过手术，站立时需要有人助力才行）前来参加所有活动。同时还告诉我，他的姑妈丁亚华因身体有病，已经住进北京 301 医院治疗。而且他与夫人王琪岚前去北京探望的车票已经买好，第二天就要乘高铁进京去看望姑妈。

为了搞好这次活动的记录和宣传工作，我又电话联系了丁汝昌的玄外孙赵怀民先生。年富力强的他既是将领的后裔，又是诗人和摄影家，朋友多，思路宽，笔头快，搞宣传报道是他的强项。我既希望他前来参加此次活动，又希望他能带着相关媒体的人员前来记录这次活动。赵怀民果然不负众望，他邀请了江苏省摄影家协会摄影家、南京市新闻界摄影协会会长王杰先生和江苏省摄影家协会摄影家、《中国建设报》原记者张杰先生前来参加祭奠活动。并表示将用照相机记录好祭祀活动的场景。

接着要给北洋海军副将、“致远”舰管带邓世昌的玄外孙叶伟力先生打电话。叶伟力是民族英雄邓世昌的玄外孙，也是南洋水师舰管带叶富的玄孙。1961 年出生于北京的他，曾经在中国图书进出口总公司和中国金融学院工作，现为中国电视艺术家协会会员，中美影视文化艺术中心主任和斯克莱公司董事。已是不惑之年的他，时刻以自己是邓世昌和叶富的后裔而感到骄傲和自豪，并时时处处以先祖为榜样，爱岗敬业。曾制作了 52 集大型电视系列专题片《战争电影与人类和平》《科幻电影与未来时代》，创作了和平之歌《千万年的梦》等作品。这几年他又创办了北洋海军将士后裔微信圈，并成为北洋海军将士后裔们公认的群主。但因他的电话号码丢失，我马上拨通原任广东水师“广乙”舰管带、后任北洋海军“济远”舰管带林国祥的后裔林其浩先生的电话，询问后才联系到了叶伟力先生。

精明强干的叶伟力听说邀请其赴威海参加祭奠海军前辈的活动，非常高兴，马上答应尽一切可能出席这次庄重的活动，而且他马上把这一活动内容发到北洋海军将领后裔的微信圈里，告诉他们福建船政名杰后裔要来威海举办祭祀海军先辈的活动，希望后裔们能在百忙中来威海一聚，把150年来福建船政名杰后裔第一次来威祭祀海军前辈的活动搞得圆满成功。

第三个联系的是北洋海军右翼总兵兼“定远”舰管带刘步蟾的后人。11月13日上午，我又急忙与刘步蟾的曾孙刘洙先生联系，邀请他们来参加这次活动。令人想不到的是，喜欢体育锻炼的刘洙先生在打网球时将脚踝扭伤，目前正在医院接受治疗，问明活动时间初步定在12月3～10日，他便肯定地告诉我，脚伤难以康复，这次无法成行，但他愿意让侄子刘俊彦代表他们家族参加这次活动。

我马上电话联系了工作繁忙、事业有成的刘俊彦董事长。早在2002年夏季，他来威海参加一个重要的经济会议时，顺便带着先祖刘步蟾使用过的英制錾花银盘，要捐赠给中国甲午战争博物院。由于时间特别紧张，我前往他下榻的合庆山庄接受捐赠，特别遗憾的是由于时间仓促，没有带照相的人员，故没有留下捐赠时的珍贵照片。我们两人虽然这些年没有见面，但我却经常关注着刘步蟾的这位敢想敢干、不怕困难的五世孙。接到电话的刘俊彦非常高兴地告诉我，他愿意参加这次活动。听到这个答复，我非常高兴。但就在我高兴的一瞬间，刘俊彦下边的话让我的心又揪了起来。原来，他的儿子在美国读大学，其爱人也在那里照顾儿子的生活。他明天就要前往美国与家人团聚，而且往返的飞机票是早就定好的，无法更改。如果时间定在12月5日前，他肯定赶不回来。我在理解他的同时，也想方设法寻找刘步蟾其他的后人做预备队，以免届时刘步蟾的后人不能出席祭祀活动而造成缺憾。

第四个联系的是北洋海军左翼总兵兼“镇远”舰管带林泰曾的后人。在联系林泰曾的五世孙林彤之前，我的心里是七上八下，忐忑不安，担心他不能成行。因为他年近九旬的父亲林锦还先生刚刚驾鹤西去，年过八旬的老母亲就靠他一个人忙前忙后的照顾着。如果是盛夏季节，请他带着老母亲来大海边避暑消夏，或可能是吸引老寿星的切入点。但现在已经进入初冬季节，耄耋老人是不适宜远道出行的。果然不出我所料，敢于担当且非常孝顺的林彤听我说明情况后，直截了当地告诉我，他很愿意来威海参加这次活动，还想带着9岁的侄子一起参加，以表达对前辈的思念与敬仰。但心里又惦记着85岁的母亲无人照顾，他说等与母亲商议后再告诉我。我非常理解和赞赏林彤的坦率和细致，告诉他：“别着急，好好与母亲商量。如果母亲身体健康，而且自己愿意跟着你们一起来，就可以带她乘高铁一起到威海来。”同时也坦率地告诉他，因为12月份是学生学习的紧张时期，最好不要影响侄子的正常学习。

在等待林彤正式回话的过程中，为了保证林泰曾的后人不缺席，我还及时与林泰曾的玄外孙女邓琳教授取得联系，邓教授非常理解我的良苦用心。她告诉说："目前教学工作特别繁忙，肯定不能前往威海参加活动。一旦林彤不能成行，她愿意介绍在上海的两位表弟代表林泰曾后人前来参加这次祭祀活动。"

与此同时，我还联系了家住文登区的北洋海军"济远"舰水手王国成的曾孙王治科先生，还通过威海市政协文史委王福文特邀委员找到荣成市北洋海军弁勇夏景春、王宝山的后裔。12 月 8 日，我突然接到了天津市刘景端女士的电话，他们是通过邓世昌后裔叶伟力那个微信群得知，福建船政名杰后裔要来威海举办祭祀海军前辈的活动，所以非常高兴，也愿意前来参加活动。刘景端总会计师是原清朝北洋海军"靖远"舰大副、后任民国海军总长刘冠雄上将的曾孙女，我们十多年坚持寄赠《甲午战争研究》刊物给他们。刘景端女士在大型国企工作，多年从事财务管理，说话办事严谨细致，精准实诚。她简要地告诉说，一起同行的还有程国欣和彭津，三个人的高铁车票已经买好，住宿的酒店也已经通过网上预约联系好了，届时将准时参加在威海举行的祭祀海军前辈的全部活动。至此，邀请北洋海军将士后裔参加海上祭奠活动的人员已经全部落实，而且还采取了双层保险的模式。如果不发生意外情况，祭祀海军前辈活动的北洋海军将士后裔就不会出现空缺现象。

三、意想不到的事情接连发生

一是北洋海军提督丁汝昌曾孙女丁亚华老革命突然驾鹤西去。12 月 4 日晚上 9 时 31 分，我收到丁昌明校长转发来的讣告："中共党员、新四军老战士、享受军级医疗待遇的老干部，原中共中央委员、昆明军区司令员张铚秀将军之夫人、丁汝昌曾孙女丁亚华同志因病医治无效，于 12 月 4 日下午逝世，享年 95 岁。"德高望重的丁亚华前辈与世长辞，我与博物院的同事们都十分难过。因为丁亚华与张铚秀两位老革命二十多年来一直关心和支持中国甲午战争博物院的成长与发展。他们不但带头捐赠文物，还想方设法请张爱萍、叶飞等一批高级将领为甲午战争博物院题词，请军旅画家钟开天先生无偿为我院绘画。虽然他们是开国功臣，身居要职，但每次与他们见面交谈，他们总是平易近人，待人特别坦率真诚。

2015 年秋季，我们去北京看望采访丁亚华时，她还思路清晰，十分健谈。当我提出将他们家收藏的日本东京弘文馆 1902 年出版的《东洋历史地图》带回威海研究时，老人家毫不犹豫地满口答应，令我十分感动。12 月 1 日，得知老人家因病住院，我赶紧将刚刚出版发行的《丁汝昌年谱》寄给她老人家。万万没有想到，一向健康的老人竟然这么快就驾鹤西去。丁亚华的突然辞世，涉及丁汝

在纪念抗日战争胜利 70 周年之际，笔者偕夫人再次去北京采访北洋海军提督丁汝昌的曾孙女丁亚华女士（中立者），并与丁亚华及其子女们合影

昌的后裔是否能如期参会，因为她的人事关系属于成都军区管理，相关的后事办理日期需要等组织研究后确定。丁昌明夫妇与赵怀民他们强忍着失去亲人的悲痛，一方面准备奔赴北京参加老革命的遗体告别仪式，另一方面则积极筹备前往威海参加祭祀海军前辈的系列活动。12 月 8 日，丁亚华同志的追悼会在北京八宝山举行完毕，丁昌明夫妇和赵怀民他们就马不停蹄地返回安徽蚌埠和江苏南京，抓紧筹备前往威海参加相关活动的事宜。他们还分别发来信息告知："保证按原定时间到威海参加活动。"为了保证邀请的摄影家全程跟踪拍摄，我还通过电话告诉赵怀民先生："福建船政名杰后裔把来威海的时间提前了一天，他们准备去参观'定远'舰，希望你们也能提前一天到达，以保证全程拍摄为好。"

二是祭祀活动临近，仍无法与出差在外的博物院领导面议相关事项。为服务好民族复兴教育基地建设的大局，甲午战争博物院的领导夜以继日地奔波在济南、北京、上海、宁波和曲阜等地，协商解决展览场馆修复方案和开工时间，以及陈列展览文物史料的收集工作，直至 12 月 8 日晚他们才回到威海。第二天上午 8 时，我即赶到中国甲午战争博物院市内办公楼等候院长，没想到一大早他就去市里向分管基地建设的领导汇报国家级重点文物保护单位的维修方案及确切的开工时间。无法与院长见面，海上祭祀海军前辈活动所需要的大型客运船和车辆就无法确定，福建船政名杰后裔向中国甲午战争博物院捐赠书法作品的交接仪式在什么地方举行也无法确定并告知船政后裔，还有 12 号下午在市内召开的座谈会和新书首发式由谁主持也无法确定，刘公岛管委会参加会议的领导更无法确定。这些无法确定的事情虽然距离正式活动时间还有 72 个小时，但却令我心急火燎，寝食难安。

三是邓世昌的后裔分身乏术，无法来威海参加活动。12 月 9 日上午上班后，我即拨打叶伟力先生的电话，但始终联系不上。当天下午，我再次拨通叶伟力先生的电话，他特别遗憾地告诉我，因为拍摄工作进入特殊阶段，自己确实离不开拍摄现场，因而此次无法赴威海参加祭祀海军前辈的活动和会议。他情真意切地告诉我："身为邓世昌和叶富的后裔，我会用特殊的方式表达缅怀海军前辈，盼望振兴中国海军，反对战争，维护持久和平的意愿。"当天晚上，黄信平秘书长来电告知，严复的后裔严以振教授因身体欠佳，旅途时间太长，不能如约前来参加活动。

四是福州至上海的飞机数个小时的延误让人心急火燎，又无可奈何。12 月 10 日下午 2 时多，我接到蓬莱市登州博物馆袁晓春馆长的电话得知，因飞机延误时间太长又无法联系黄秘书长，他联系的客运车辆只得离开机场执行其他任务。我告诉他不用担心，因为机场大巴会一直等到飞机到达，他们可以乘机场大巴来威海。是日晚上近 7 时，福州船政名杰后裔一行 10 人于晚上近 7 时到达威海清泉大酒店。虽然飞机延误了 4 个多小时，取消了原定考察蓬莱明代抗倭名将戚继光的水城旧址，但机场大巴司机师傅细心周到的服务，却让他们在寒意浓浓的中国北方感觉十分的温暖。

五是维修下坞的"定远"舰因拖船和潮汐的原因没有按预定时间回港，使后裔们原定的考察计划成为泡影。为保证长途出行的船政后裔和北洋海军将领后裔得到适当的休息，也为了让刚刚刮底油漆完毕、自身没有动力的"定远"舰从船厂安全回到威海旅游码头，以节省后裔们的出行时间和交通费用。11 日上午，我们计划安排后裔们考察威海市容和环翠楼公园。下午 2 时 30 分，安排他们去参观复制的"定远"舰。但令我们大家谁都没有想到的是，先是因为拖船在行驶中出了故障，后又因大海落潮水浅，"定远"舰一直不能拖行。从中午到下午，我与"定远"舰景区的刘浩总经理每隔半个小时联系一次，直到下午 2 时 30 分潮水还是达不到拖行的深度。无奈之下，我只好与船政后裔们协商，临时安排他们去威海市民文化中心参观威海博物馆、美术馆、科技馆和城市规划馆，4 时以后再回来参观"定远"舰。船政后裔们非常理解海上工作的特殊性，他们愉快地乘公交车前往参观。参观之后，他们告诉我，此行大有收获。遗憾的是，由于潮水的原因，“定远”舰迟至下午近5时才靠上码头。由于初冬季节白天短夜间长，此时的光线已经不适合参观，原定考察“定远”舰的计划没能实现。

四、名杰与将领后裔的威海活动圆满成功

（一）聚集威海后的通力协作与高效率

12月10日上午8时，放弃休假的郭阳院长启动快速联络协调机制，依次将全体后裔从酒店去码头乘坐的中巴车、海上祭祀活动需用的超大型客运船、刘公岛上需用的交通车落实到位。并部署办公室相关人员，迅速准备座谈会议上所需的相关材料，包括与会人员姓名桌签，所有参与活动人员的通讯录，以及《丁汝昌年谱》《船政史》和《甲午纵横》首发仪式上所需的三种四十多套新书装袋以备分发。

是日晚上，笔者邀请了《华西都市报》封面人物记者王国平、江苏省摄影家协会摄影家、南京市新闻界摄影协会会长王杰先生、江苏省摄影家协会摄影家、中国建设报原记者张杰先生，以及既是摄影家和诗人，又是丁汝昌后裔的赵怀民先生等朋友，共同就此次威海活动的资料拍摄和档案整理及宣传报道进行了协商研究。思维敏捷、见多识广、综合能力极强的王国平特别坦诚地对12日下午召开的座谈会名称提出了很好的建议，而且自愿承担了“缅怀先烈　振兴中华——我为建设海洋强国建言献策座谈会”和“《丁汝昌年谱》《船政史》《甲午纵横》第五辑首发式”电子会标的制作，他表示要把文字、图片、音乐有机地结合起来，制作一个让人们耳目一新的电子会标。实践证明，他制作的全屏电子会标的历史图片背景、北洋海军军乐和文字大小型号相互映衬，相得益彰，得到全体与会者的一致好评。

10日晚上7时许，福建船政名杰后裔大部分抵达威海，看到清泉酒店干净整洁的卫生环境和种类齐全、咸淡可口的饭菜，幸福指数很高的福建船政名杰后裔十分满意。11日白天，他们自己活动。晚6时许，黄信平、萨方红、叶荫人与笔者一起在酒店大堂研究12日祭祀海军活动的具体事宜。按照原定计划，第二天的祭祀活动应由萨方红先生主持，他早已成竹在胸，非常熟练地将活动议程及注意事项一一列出。突然黄信平秘书长问明天需要的鲜花和花环准备好了吗？我急忙带他们去公园路上的花店去采购。没有想到，这里的鲜花店关门了。我们急忙电话联系花店老板，告诉她明天早上8时就要使用鲜花和花环，花店老板非常理解祭祀海军前辈的活动是爱国行为，因此保证按时、保质地把鲜花和花环送到酒店，保证祭祀活动的正常进行。

欢迎座谈会上的部分爱国将士后裔。从右至左依次为：林则徐七代孙女林燕颐、林则徐六代孙女林祝光、沈葆祯六代孙女沈园、“永绥”舰舰长蒋兆庄孙女蒋锦榕、北洋海军“威远”舰管带林颖启曾外孙女黄信平（民国造船专家黄聚华的孙女）、北洋海军右翼总兵兼“定远”舰管带刘步蟾的五代孙刘俊彦。（赵怀民供图）

11 日晚近 7 时，当福建船政名杰后裔和北洋海军将领后裔及媒体记者齐集清泉大酒店餐厅时，善于抓住机遇的福州电视台制片人陈功等一行四人，急忙搬来摄像器材，开始拍摄各位后裔作自我介绍时的第一手资料。初次见面的船政名杰后裔和北洋海军将领后裔及媒体记者，大多已进入耳顺之年，虽然连续两天都在不停地奔波，但他们个个都情绪饱满，意气风发。面对摄像机，大家有条不紊地一个接一个地简明而又清楚地介绍着自己的姓名以及与历史名杰的亲属关系。截至此时，除邓世昌的后裔叶伟力、严复的后裔严以振教授因故不能出席此次活动外，另有闽浙总督左宗棠的曾孙左焕琮教授和北洋海军左翼总兵兼“镇远”舰管带林泰曾的玄孙林彤将在晚上 10 时 10 分到达威海。看到涉及六个省市的名人后裔有如此高的出席率，所有与会后裔都非常高兴。

笔者趁机简要向后裔们介绍了 12 号一天的主要活动内容，强调大家一定要自觉服从安排，随队活动，确保上午既把海上的祭祀活动搞好，还要把刘公岛上的参观考察、名录墙献花、签名题词、捐赠书法作品等活动按照预定时间结束，然后马上乘船出岛去参观“定远”舰，不给大家留下此行的遗憾。

（二）庄严肃穆的海上祭祀活动

12 月 12 日上午 8 时 30 分，来自六省市的福建船政名杰后裔和北洋海军将领后裔登上中国甲午战争博物院租来的大型客运专船，前往甲午威海海战的古战场——威海湾日岛海域。开船后，中国甲午战争博物院郭阳院长首先向福建船政名杰后裔和北洋海军将领后裔，以及不同领域的媒体朋友表示热烈的欢迎，并预祝海上祭祀、名录墙献花、参观考察、签名题词、座谈会和新书首发式等系列活动取得圆满成功。接着，四朝元老萨镇冰的曾侄孙萨方红先生开始主持海上祭祀海军先辈的活动。

萨方红先生的父亲萨本珪是福州市委宣传部的资深干部，1999 年我们前往福建寻访北洋海军将士后裔的时候，曾登门拜访过他，其干练精明、语言精准的出色表现，至今仍令我难以忘怀。有其父，必有其子。稳重大方，神情凝重，双眼有神的萨方红以非常精练的语言主持了海上祭祀活动。第一项是全场人员起立，向海军先辈致敬默哀；第二项是福建船政名杰和北洋海军将领后裔代表黄信平秘书长首先讲话。她说：今天，我们福建船政名杰后裔代表和北洋海军将领后裔代表怀着对海军先辈无比崇敬的心情，在中日甲午海战的古战场隆重祭奠海军前辈。明天，又是南京大屠杀遇难同胞国家公祭日，在这样一些特殊的时间节点上，我们一定要牢记历史，缅怀先辈，勿忘国耻。1866 年，清政府创办了福建马尾船政学堂。马尾成了中国海军的发祥地，在船政大臣沈葆桢的带领下，引进西学，创办学堂，制造军舰，培养了一大批对中国近代历史有重大影响的杰出人物。他们的爱国精神、工匠精神永远值得国人学习。我们来威海甲午海战的古战场举行祭祀活动，就是要重温和铭记船政名杰和海军先辈的遗训，就是为了中国能够建设强大海军。在此，我们感谢中国甲午战争博物院领导的鼎力支持帮助，感谢相关媒体的关注。

黄信平秘书长的讲话时间虽然不长，但历史跨度大，内容丰富，重点突出，赢得了大家的热烈掌声。

接着，民族英雄林则徐第六代孙女林祝光女士讲话。她无限感慨地说：120 多年前，我们的先辈在这里不惜抛头颅洒热血，赴汤蹈火，舍生取义，是他们的血肉之躯为中华民族的振兴铺下了一道宽广而永不回头的路，谱写了一曲荡气回肠的国歌。早在鸦片战争时期，我的先祖林则徐嘱托魏源编撰了《海国图志》。这部巨著有如望远镜，看到了西方的“坚船利炮”，指明了对付外国侵略者不能“舍其长，甘其害”而必须“塞其害，师其长”的战略战术。甲午海战中为国捐躯的将领们许多出自福建船政学堂，虽然甲午战争失败了，但是他们不屈不挠、英勇奋战、血战到底、不甘屈辱的民族精永远在我们心中，是我们永远学习的榜样，我们永远怀念他们！

第三个讲话的是闽浙总督左宗棠的曾孙左焕琮先生。他的相貌特别酷似曾祖左宗棠的照片。其腰板挺直，体魄健壮，说话底气十足，且干净利落，条理清晰。他是清华大学附属医院原院长、博士生导师。虽已年近古稀，却仍然为广大人民群众特别是西部欠发达地区群众的生命健康而不辞辛苦地奔波。左教授是 11 日深夜由北京飞抵威海。虽然没有得到很好的休息，但他仍然精神饱满地发表了自己的意见。另外，沈葆桢的六代孙女沈园也作了短小精炼的发言。他们共同的心愿就是发扬先辈的拼搏精神，为建设海洋强国和强大海军做出应有的贡献。

我们的客船抵达日岛附近海域时，萨方红主持人当即决定：客船开始鸣笛，向海军前辈致敬，全体后裔前往舱外甲板。笔者大声告诉福建船政名杰的后裔们："前面这座孤悬海中的小岛就是日岛炮台，甲午刘公岛保卫战期间，北洋海军参将、'康济'舰管带萨镇冰奉命率带 40 名水兵坚守在海陆两面受敌的日岛炮台上。他们就像钉子一样牢牢的钉在这里，多次打退敌人的进攻，一直坚守到炮台的弹药库被炸毁，一门大炮也被炸坏后，才奉丁提督之命撤回到刘公岛上。"所有参加祭祀活动的后裔和记者都情不自禁地向中国的海军先辈默哀致敬。接着，福建船政名杰后裔和北洋海军将领后裔手持鲜花，一朵朵慢慢撒向大海，鲜艳的花瓣随着客船荡起的微弱波浪漂浮在海面上，顺着海潮的流向漂去。全体后裔眼含泪花，神情凝重，真诚地表达了对海军先辈的敬仰与思念。庄重、肃穆、简短的海上祭祀活动结束后，我们的客船马上前往北洋海军的诞生地——刘公岛参观考察。

2016 年 12 月 12 日，船政名杰与北洋海军将士后裔在威海湾南口日岛海域附近向大海细抛撒鲜花，祭祀海军前辈（赵怀民供图）

登上刘公岛旅游码头，中国甲午战争博物院的丛华滋副院长和讲解员闫路路便迎了上来，他们问明在岛上参观的内容和停留的时间，便首先带领大家前往北洋海军提督署参观考察。

（三）刘公岛之行令他们感慨万千

当笔者陪着全体后裔登上刘公岛码头时，船政名杰和北洋海军后裔都显得特别激动。在金牌讲解员的引领下，我们步行前往相距不到200米的北洋海军提督署参观。为了保证所有后裔都能清楚准确地听到精彩的讲解，讲解员开始发放专用的接收设备，后裔们井然有序地领取耳机。突然间，眼见一位穿戴朴素、从未谋面的中年妇女使劲挤向讲解员跟前，伸手要去拿讲解接收耳机。由于素不相识，笔者以为她是零散参观的游客，便快速走到她跟前说："对不起，我们这是将士后裔组织的活动，零散游客不方便一起活动。"那位女士还没有来得及接话茬，《华西都市报》的王国平记者抢过话说："她是来自北京的刘素华老师，昨天夜里刚刚赶过来的，北洋海军'致远'舰水手刘相忠是她的曾祖父。"王国平记者的介绍令我吃了一惊，因为在清泉酒店上车前没有任何人告诉我，刘相忠的这位曾孙女要来参加活动。见我一脸茫然，王国平接着说："她是从叶伟力的微信圈里得到的消息，便匆匆忙忙买票于昨天夜里从北京赶过来的，还没有来得及告诉你。"得知刘素华女士是邓世昌"致远"舰水兵的后裔，略显尴尬的我急忙向她表示歉意，并告诉她应该在乘车集合前报告联络人，以便让我们掌握实到人数，也好安排车船。通过突然发生的这一段小插曲也让我们意识到，如果今后再搞这种类似的活动，作为活动的重要联络人和操办者，必须在活动举办前拿出相应的具体规定，确保操办者随时掌握全部参加活动人员的详细情况，以免出现因衔接不到位而发生误解或其他意外之事。

首先参观的是北洋海军提督署。站在北洋海军提督署大门前的台阶上，来自六个省市的将士后裔代表要合影留念，福建船政名杰后裔们打开预先准备好的横幅（由于时间仓促和缺少人手，还是忘了再做一幅写有福建船政名杰后裔和北洋海军将领后裔祭祀海军前辈的横幅）。福州电视台、江苏摄影家、威海电视台、环翠区电视台、威海报社等相关媒体全身心地投入采访拍摄。福州电视台还使用了先进的无人机空中航拍器材，只见小巧玲珑的无人机在操作人员的娴熟操作下，一会飞到提督署前的海水上空，一会儿又出现在提督署广场的上空，将来自南北方向的将领后裔激动的情绪和灿烂的笑容清楚而完整地记录下来。

2016 年 12 月 12 日，爱国将士后裔在刘公岛北洋海军提督署门前合影
（赵怀民供图）

遵照预先规定的参观时间，北洋海军提督署的参观时间很短，看到从海底打捞出水的“济远”舰前双主炮如此雄伟壮观，全体后裔们无不惊叹百余年前建设了强大海军的前辈们的胆识与气魄。看到北洋海军提督署保存如此完整，后裔们对威海人的远见卓识表示钦佩。走出提督署，讲解员带着后裔们依次参观了龙王庙与戏楼、丁汝昌寓所、北洋海军将士纪念馆。

在北洋海军将士纪念馆院内的北洋海军将士名录墙前，全体后裔手捧鲜花，一字横队排开，恭恭敬敬地向镌刻着数百名北洋海军将士姓名的北洋海军名录墙鞠躬行礼，然后大家排队依次由前向后为海军将士们敬献鲜花和花环。全体后裔表现出来的那种虔诚和敬仰令人动容。献花之后，后裔们急不可耐地在名录墙上寻找自己先祖的姓名。突然间，只见满眼泪花的刘素华异常激动地说：“找到了，终于找到了，就在这儿！”她的手指直接指向“致远”舰水兵刘相忠的名字。所有媒体记者都被这一激动人心的场面吸引过去，有人拍照，有人摄像和录音，还有人在本子上快速地记录着她的话语。每一位媒体朋友都不想失去这难得的时刻。与刘素华同样高兴的还有福建船政名杰后裔贾展云，也在名录墙上“定远”舰官兵名单中找到了高承锡的名字，他十分激动地说：“高承锡是满族人，先祖是福州三江口水师旗营的，属海军世家。他是福建船政后学堂驾驶专业第九届毕业生，被分配到北洋海军担任“定远”舰炮务二副，职衔是守备，是甲午海战的参战人员。”黄钟瑛的孙子黄信仿先生非常高兴的是通过名录墙上的内容，终于搞清了其爷爷黄钟瑛是福建船政后学堂第十一届驾驶班的毕业生，20 岁时被分配到北洋海军担任副炮弁，官衔是经制外委。

北洋海军名录墙自 1998 年建成以来，已经接待过许多北洋海军先辈的后裔。每一次将士后裔来此参观后都是心情激动，兴奋异常。他们为自己的先辈在百余年前献身中国的海防事业感到骄傲和自豪，还为自己先祖的名字被刻在名录墙上而感到特别欣慰和温暖，更为威海人民重情讲义、不忘海军前辈的这份真情厚意而点赞。由于时间的关系，他们恋恋不舍地离开这里，乘车前往中国甲午战争博物院陈列馆参观。

（四）全体后裔签名题词，社会教育意义深远

在陈列馆里，福建船政名杰后裔看到，从第一次鸦片战争爆发林则徐提出建设海军，到第二次鸦片战争结束后的 1866 年左宗棠上奏开办福建船政学堂，到沈葆桢主持的福建船政学堂培养了一大批优秀的海军人才，再到李鸿章根据北洋海防需要调来大批福建船政学堂培养的优秀海军人才，并以之为骨干于 1888 年建成了实力雄踞亚洲第一、世界第六的北洋海军的历史脉络。但因清政府腐败落后，不重视近代化海军这个新兴的军种，在需要持续发展的关键时刻，停拨北洋海军购舰换炮经费三年，致使北洋海军在世界各国海军快速发展的大环境下被快速发展海军的日本超越，导致 1894 年爆发的甲午战争惨败，北洋海军全军覆没。近代中国从有海无防，致使两次鸦片战争惨遭失败，中国人失去了宝贵的 25 年时间。从 1866 年建设福建船政开始造舰和培养海军人才，再到中国建设海军，虽然有海防了，但有防不强，致使甲午战争惨败，被迫割地赔款，丧权辱国。这就是西方列强凭借“坚船利炮”侵略中国历时五十多年的真实历史。大量的图片资料和珍贵的文物让船政后裔和北洋海军将领后裔受到极大震撼。看完甲午战争展览后，按照原来议定的程序，所有将士后裔开始在签名簿上签名题词，留下了切身的体会与难得的墨宝。

签名题词之后，林则徐六世孙林祝光和黄信平秘书长一起将沈葆桢六世外孙女黄见嘉女士的书法作品捐赠给中国甲午战争博物院。从华滋副院长和笔者郑重地接过曾获得过世界金奖的黄见嘉手书的“福建船政，国之瑰宝”的四米书法长卷。至此，为福建船政名杰后裔和北洋海军将领后裔的刘公岛之行划了一个圆满的句号。

（五）参观“定远”舰时的感慨与激动

结束了刘公岛上的参观考察，时间已近中午，我们急忙乘坐大型客船离开承载着厚重历史的刘公岛。后裔们恋恋不舍的唏嘘与感叹令我记忆尤深。出岛后，

部分爱国将士后裔前往定远舰景区参观。从右至左依次为：丁汝昌五世外孙赵怀民、刘步蟾曾孙媳妇张芙蓉、“定远”舰景区总经理刘浩、林泰曾五世孙林彤、刘步蟾五世孙刘俊彦、戚俊杰（赵怀民供图）

2016 年 12 月 12 日，船政名杰与北洋海军将士后裔参观复制的“定远”舰时的合影（赵怀民供图）

我们顺便去相邻的码头参观按 1：1 比例复制的“定远”舰。看着 130 年前号称世界一流、体积庞大、设备先进、刷着黑漆的“定远”舰，福建船政后裔与北洋海军将领后裔怀着激动的心情，跟着讲解员，手扶着铁栏杆，兴冲冲地往铁甲舰上奔去。北洋海军右翼总兵兼“定远”舰管带刘步蟾的曾孙媳妇张芙蓉及其儿子刘俊彦更是心潮澎湃，思绪万千。我急忙找到北洋海军左翼总兵兼“镇远”舰管带林泰曾的五世孙林彤，请“定远”舰与“镇远”舰两位管带的后裔一起在“定远”舰前拍照留念。这是120多年来北洋海军的左右翼总兵、兼“定远”和“镇远”舰管带两位五世孙的第一次聚会与合影，可谓机会难得。“定远”舰的讲解员根据我们的时间要求，将当年这艘世界一流的铁甲战舰的概况，讲得简明扼要，条理清楚。全体后裔听得认真，看得开心。福州电视台的制片人陈功和几位记者抓紧时间，在“定远”舰上不同的位置采访福建船政和北洋海军的各位后裔。细心的“定远”舰景区刘浩总经理虽然忙于与东北鲁迅美术学院的教授商议“定远”舰陈列展览的改造项目，但她还是细心地为全体后裔准备了开发少年智力、普及海洋科学的礼物，表达了民族复兴教育基地干部职工普及海洋知识、建设海洋强国的心愿。

（六）举行“缅怀先烈，振兴中华——我为建设海洋强国建言献策座谈会”

参观完“定远”舰景区，回到酒店时，已经是下午1点钟了。清泉大酒店上从餐厅经理和厨师长，下到每一个服务员，都以最快的速度将热乎乎的饭菜端到大家面前，忙了一上午的全体将士后裔赶紧用餐。我与萨方红、黄信平秘书长赶紧到会议大厅商议座谈会上福建船政名杰后裔与北洋海军将领后裔的座位安排。甲午战争博物院的工作人员根据我们的总体布局，将每一位后裔的姓名桌签摆放好，并将与会人员花名册、联系方式、通讯地址和五册新书按照桌签发放到位。下午2时30分，中国甲午战争博物院郭阳院长主持，座谈会正式开始。威海市人民政府刘公岛管理委员会张仁波副主任、民族英雄林则徐六世孙女林祝光、闽浙总督左宗棠的曾孙左焕琮、福建船政大臣沈葆桢的六世孙女沈园、北洋海军提督丁汝昌玄孙丁昌明、福建船政名杰后裔活动中心秘书长黄信平、山东省历史学会副会长戚俊杰在主席台上就座。张仁波副主任代表刘公岛管理委员会向来自六个省市的福建船政名杰后裔代表、北洋海军将领后裔代表、各位媒体朋友以及来自不同领域和不同地区的历史研究人员致欢迎词。接着是福建船政后裔和北洋海军将领后裔和研究人员分别发言。每位后裔按照预定的时间要求，发表了简短而重点突出的讲话。

林则徐六世孙女林祝光女士说：中国是一个海洋大国，但并不是一个海洋强国，作为一个海洋大国，历史上多次错过成为海洋强国的机遇。中华民族是世界上最早开发利用海洋的民族，中国的造船技术和航海技术曾走在世界的前列，明朝郑和下西洋的远航，都标志着中国的造船、航海技术发展到历史高峰。由于清政府推行的闭关锁国、重陆轻海的思想占据着主导地位，致使中国遭受到列强史无前例的侵略，沉痛的历史教训令我们刻骨铭心。这次福建船政名杰和北洋海军后人相聚在威海，畅谈先辈为海防、海军建设立下的汗马功劳，使我们更加深爱我们的先祖，我们一定要继承发扬先祖们的爱国精神，让我们的子孙世代相传，把我们的国家建设的更加强大。

来自北京的左宗棠曾孙左焕琮教授说：福州的马尾和威海的刘公岛虽远隔千里，却因船政文化和甲午文化紧密相连，真诚希望威海与福州两地能将福建船政、北洋海军、甲午海战融汇在两地合一的海洋文化、海权意识、海洋科技、海洋经济发展的研究和光大之中。我们应以史为鉴，激励和鼓舞青年一代为实现伟大的民族复兴而奉献，让先辈遗留的理想蓝图得以实现。

沈葆桢六世孙女沈园直言：生于 1820 年的沈葆桢，是中国近代史上造船事业、海军事业的奠基人之一。自 1867 年接替左宗棠任福建船政大臣主办福州船政局，在任八年，将福州马尾造船厂打造成远东最大的造船厂，并坚持“船政重学”，设立船政局前、后学堂，为中国培养了大批建造舰船和建设海军的优秀人才。1874 年，沈葆桢作为清政府的钦差大臣率领陆海军巡视台湾，交涉驱逐侵台日寇之事，办理台湾海防兼理各国事务，提出了台湾应以“自强之道”“御侮有道”为海防思想的总目标。升任两江总督兼南洋通商大臣后，他致力于南洋海防和水师的建设，凭着丰富的经验和远见卓识，极力主张建立一支以铁甲舰为核心的外海水师。“向海而兴，背海而衰”，建设海洋强国，实现中华民族伟大复兴，我们仍需以史为鉴，坚守“海上崛起”的强国梦想。

北洋海军提督丁汝昌的玄孙丁昌明说：今年恰逢清政府批准建设威海卫刘公岛海军基地 130 周年、福建船政创建 150 周年、北洋海军提督丁汝昌 180 周年诞辰，特别值得一提的是，今年还是中国政府收复西南沙的 70 周年。今天恰巧又是西安事变 80 周年纪念日。我们这些爱国将领后裔在这一特殊时间里，汇聚于威海这个具有特殊意义的地方，实乃我们的先人在冥冥之中的召唤。我们要缅怀先人的不朽，继承和光大他们的未竟事业，为中华民族重新登上世界巅峰而努力。

萨镇冰的曾侄孙萨方红说：福建船政名杰后裔和北洋海军将士后裔，从祖国各地聚集到威海甲午海战的古战场，怀着无比崇敬的心情，为在甲午海战中抵御外敌英勇战斗的先辈们，举行一场既隆重又简单的祭祀仪式！以此怀念先辈们自强不息、奋勇抗敌、保家卫国的民族气节！通过刘公岛实地参观考察和相互交流，深受教育和启迪！我们一定要传承先辈精神，做好自己的本职工作，并教育好下一代，爱我中华，为海军强大国家富强而努力奋斗！

林则徐七世孙女林燕颐说：通过这次活动，把一切有利于国家统一、民族团结、经济发展、社会进步、人民安居乐业的新思想、新理念和新道德，适时充实到民族精神宝库中去，不断为其赋予新的时代内涵，增进其时代性，增强其感召力，为推进中华民族的伟大复兴而努力。

刘步蟾之曾孙媳妇张芙蓉说：作为爱国将领后裔，我会经常告诉儿孙辈们，要传承先祖的献身精神，事业要做大，学业要优秀，用实际行动报效祖国。还要让晚辈来参观北洋海军名录墙和“定远”舰，希望他们从先祖生活和战斗过的地方吸取民族精神的营养。

林泰曾玄孙林彤说：很庆幸我们能处在这么一个好的时代，有机会从自己的工作和生活中，亲身体验到国家的繁荣和昌盛带给我们的福祉。我们虽然是民族英雄和爱国将领的后裔，但我们更是普普通通的中国公民。我们一定要居安思危，爱岗敬业，多学敢创，以工作尽责任，以产业报国家，并实现从微观到宏观的竞争力超越。

刘冠雄曾孙女刘景端女士说：我曾祖父兄弟四人皆毕业于福州船政学堂，后来，有两人是海军造舰大监，一人是海军轮机中将、江南造船所所长，一位是海军上将，首任民国海军总长。我的家族和刘公岛密不可分。曾祖父 20 岁就来到北洋海军服役，祖父就出生在刘公岛上，甲午海战曾祖父兄弟同上战场，经历了殊死惨烈的战争和屈辱悲怆的失败。北洋海军提督丁汝昌更是我们的恩人，是他的舍生取义，保全了广大海军将士的生命，否则哪里会有曾祖父兄弟的建功立业。然而，在很长的岁月里，功劳被当成罪过，而且讳莫如深。我对先辈充满了热爱、崇拜和敬仰。然而，他们全部的心血和努力，他们所创立的轰轰烈烈的北洋海军就在一场甲午战争中轰然倒塌！甲午惨败的悲剧绝不容许重演。

刘步蟾玄孙刘俊彦说：首先感谢中国甲午战争博物院对我们的邀请，这次活动对我及家人是极具意义的。身为北洋海军将领的后裔，除了祭祀祖辈，更重要的是传承和发扬祖辈们的民族精神和伟大的爱国主义情怀，将先辈们的英雄气概、铮铮铁骨世世代代传下去，不负祖辈们当年争取国家主权、民族独立的远大抱负和志向。

刘冠雄和杜锡珪的第五代后裔彭津说：祖辈们凭借他们的聪明才智和不断进取的精神，恪尽职守，一生廉洁，对国家海军事业的贡献是功不可没的。我们要做的是继承弘扬祖先的精神，做好当下的自己，并传承给我们的后代。

丁汝昌玄孙媳王琦岚说：今天，我们首先要感恩于我们所处的伟大时代。其次还为民族先贤及其后裔们的百折不挠、自强不息的精神所感动。最后，我们尤其要感谢中国甲午战争博物院的领导和这个出色的团队。他们以对历史、对民族的极端负责的精神和崇高的使命感，将孤悬海中、沉寂了近百年的刘公岛打造成了全国向往、世界闻名的胜地。他们和我们这些后裔非亲非故，却遍踏神州大地，觅寻到了我们每一位后裔。30 多年来，保持联系，不舍不弃。今天，我们纵览整个威海，可以毫不夸张地说，是他们有效保护了刘公岛及威海湾两岸的 28 处甲午遗迹，改变了一座海岛，也改变了一个城市的物质和文化生态。我们由衷地感谢他们，并向他们致敬。

"永绥"舰舰长蒋兆庄的孙女蒋锦榕说：忆往昔峥嵘岁月落后挨打，看今朝国家强盛傲立世界。我们今天祭祀海军先辈，不是为了过去，而是为了不忘兴海强海的初心，牢记被动挨打惨痛历史，传承先辈的爱国精神，为实现中华民族的伟大复兴而努力奋斗。

贾凝禧的后人贾展云十分动情地说：本人既是海军世家贾氏家族的代表，也是北洋舰队旗舰"定远"铁甲舰炮务二副高承锡家族的代表，通过这次祭祀海军前辈，弘扬他们英勇献身的精神，深受启迪，我们一定要弘扬船政爱国精神，建设海洋强国！

萨镇冰的曾外孙刘新法说：我想用三句话表达此次威海之行的感受。一是感谢。由衷地感谢此行的组织者和中国甲午战争博物院的精心安排和盛情接待，让我们感受到重走前辈所走之路的血火之辛。二是感恩。感恩我们的先辈用鲜血和生命给我们留下了珍贵的遗产，让我们及后人拥有永志不忘的荣辱；同时感恩党和政府及威海人民，永远不忘我们的先辈抗御外敌的献身精神。三是感想。福建船政和北洋海军是不可分割的一部近代中国海防史。福建船政和北洋海军及甲午战争就是中华民族复兴的最佳史鉴。

丁汝昌玄外孙赵怀民说：今天，我们这些后裔怀着崇敬的心情，自发地来到威海，追思先祖、缅怀英烈！这是爱国主义精神的弘扬，是警示教育的继续，也是民间正能量的传播。为了中华民族的伟大复兴，为了维护世界的持久和平，我们务必要牢记社会责任，加快实现建设海洋强国的奋斗目标。我虽然不能像先祖那样与侵略者面对面地战斗，但我一定在自己的工作岗位上履职尽责，在国家需要我献身的时刻，保证绝不退缩！因此，我撰联一副、赋诗一首，作为结语。

上联：卫国保家，流尽盈腔铁血；
下联：图强圆梦，迎来万里尧天。

七绝一首

寒风丽日扫尘埃，联袂追波逐浪开。

手捧鲜花怀敬意，他年祭祖再回来。

北洋海军“致远”舰管带邓世昌的玄外孙、南洋水师舰管带叶富的玄孙叶伟力特寄来信件说：本次船政名杰后裔代表和北洋海军将士后裔代表齐集威海祭祀海军前辈的活动，我虽不能赴会，但心系家人，情祭英烈。自少年至今，每当提起伟大的英雄们，胸中的热火像火山喷发一样直冲云霄，滚烫的岩浆在胸口流淌，势不可挡。英雄就是在最危难的时刻还能勇往直前敢于牺牲的真汉子，他们在我灵魂深处是永恒的主旋律。

中国甲午战争博物院客座研究员孙建军简短的发言，先是令全体名杰后裔为之震惊，继而是报以热烈的掌声，对他的坦诚和直率表示感谢。他直言不讳地希望所有后裔接受媒体采访时，要以史料为依据，不要凭想象说话，以免对自己的先祖造成难以弥补的损害。

两个多小时的座谈会上，近四十位船政名杰和北洋海军将领后裔代表和研究人员全都发了言，虽然每位代表话语不长，普通话也略带地方口音，但每个人对海军前辈的敬仰与缅怀之情是真挚的，建设强大海军和海洋强国的热情是饱满的。大家表示愿意发挥船政名杰后裔和海军将领后裔在海内外的特殊作用，广泛联络海内外的亲朋好友，为建设强大海军和海洋强国尽心出力。

（七）举行《丁汝昌年谱》《船政史》《甲午纵横》第五辑首发式

首发式仍由中国甲午战争博物院郭阳院长主持，戚俊杰首先简要介绍了498千字的《丁汝昌年谱》编撰的历史背景及资料收集的漫长过程，以及如何与山东大学出版社友好合作成书的概况。陈悦则就701千字的《船政史》上、下卷的创作起因，腹稿构思的特殊场所与资料积累的过程，还有抢抓时间奋笔疾书的紧张经过做了精彩的汇报，使与会人员简要了解了作者挖掘新史料的艰辛与执著，知晓了福建人民出版社领导及编辑人员提前规划纪念福建船政创办150周年活动的超前意识和务实作风。郭阳主编最后就980千字、由华龄出版社出版的《甲午纵横》第五辑的编辑出版工作作了简要的介绍。全体与会人员心满意足地收到了《丁汝昌年谱》《船政史》（上、下编）和《甲午纵横》第五辑三种新书。

五、此次活动的意外惊喜和主要收获

坐落在黄海之滨、威海湾前的刘公岛，既是北洋海军的重要基地，又是甲午海战的古战场，经过中国甲午战争博物院30多年的有效保护和合理利用，这里已经成为进行爱国教育、国防教育、海权教育、海洋意识教育、反对战争和维护和平教育的重要基地。此次福建船政名杰后裔和北洋海军将领后裔齐集这里，举办祭祀中国海军前辈的系列活动，时间紧凑，内容丰富，主题明确，特色鲜明，收效很大，影响广泛。除此以外，还有一些意外惊喜和收获。主要有：

（一）通过举办此次活动，中国甲午战争博物院又找到了好几位北洋海军将士的后裔

一是我们找到了多年寻找未果的“致远”舰水手刘相忠的曾孙女。毕业于清华大学的刘素华女士在北洋海军名录墙上找到了其曾祖刘相忠的姓名和具体职务。刘素华老师眼含热泪，微微发颤的手指着先祖刘相忠的姓名告诉媒体记者：“真想不到，找了这么多年，今天终于在刘公岛上找到了曾祖的姓名了，也终于了却了爷爷和父亲两代人的心愿。”这番话令所有在场的后裔和媒体记者大为惊讶和感动，各位媒体记者也趁此抢占先机，对刘素华进行现场采访报道。

二是找到了“定远”舰二副高承锡的族亲后人贾展云先生。高承锡是北洋海军“定远”旗舰的二副。他的族亲后人贾展云先生也是出乎意料地在北洋海军名录墙上找到了其族亲高承锡的姓名。他特别高兴地告诉笔者说：“高承锡是满族人，祖上好几代人都是福建三江口水师旗营的官弁水勇。”

三是找到了北洋海军时期的炮弁、民国海军总长黄钟瑛上将的孙子黄信仿先生。已是古稀之年的黄信仿先生，体型清瘦，精神矍铄，思路清晰，反应敏捷。他激动地告诉大家：黄钟瑛是其爷爷，1869 年出生在福建长乐，14 岁考入船政学堂第十一届驾驶班，五年后以优异的毕业成绩毕业并被挑选到北洋海军服役，成为北洋舰队一名年轻的枪炮弁员。甲午战争后的 1899 年，30 岁的黄钟瑛重返晚清海军服役。35 岁即出任中国第一代驱逐舰“飞鹰”舰舰长。之后，他管带“飞鹰”舰前往南海东沙群岛进行巡查。1907 年，日本商人西泽吉次纠集百余人入侵我东沙群岛，拆毁大王庙，毁坏华人坟墓，驱赶众渔民，并在岛上经营海产品，还恬不知耻地妄想将东沙群岛改为“西泽岛”。得知情报的清政府，再次派黄钟瑛带舰巡查东沙群岛。他走访了所有坚守在东沙群岛的中国渔民，收集到许多我国渔民长期在东沙生产与生活的历史证据，并带领武装官兵登岛视察，发现大王庙虽被拆毁，但其地基尚存。他将此次巡查东沙群岛收集到的各种证据写成奏折上报。清政府据此向日本进行交涉。由于史料和人证物证齐全，日本不得不承认东沙群岛为中国固有领土，只好撤走岛上的日本人，其所属物产由中国收买。辛亥革命后，中国政府继续对东沙群岛行使主权。黄信仿先生原为福州海关缉私部门的干部，已是 74 岁高龄的老人愉快地告诉笔者：“以前只是听说爷爷 20

岁时，就是北洋舰队‘济远’舰上的枪炮官，今天来到刘公岛，终于在北洋海军将士名录墙上看到爷爷的姓名和职务，真是不虚此行。”

四是通过林则徐后裔找到了主管北洋海军营务处之罗丰禄的后人罗孝逵，拿到了寻找八年没有下落的罗家资料。中国甲午战争博物院客座研究员孙建军先生，早在2008年就写过一篇关于主持北洋海军营务处工作的罗丰禄的文章，发表在《大连近代史研究》。他在文章中对孔祥吉教授所撰文章中关于罗丰禄与“六妹”亲属关系的解释情况提出疑问。八年来，苦于没有收到罗丰禄后裔提供的佐证，孙建军研究员文章中的观点也迟迟没有得到史料的证实，致使孙建军对这个没有解开的心结一直耿耿于怀。12日下午的座谈会后，孙建军研究员通过林祝光女士找到了罗丰禄后裔的联系方式，他马上就电话联系上了已是耄耋老人的罗孝逵先生。虽然罗老先生耳朵有些失聪，但与孙建军利用微信交流相关情况却是特别熟练和流畅。罗孝逵先生找出来的家藏资料证实了孙建军文章的观点是千真万确的客观事实，证明了与罗丰禄通信很多的“六妹”就是罗丰禄的妻子，而不是孔祥吉教授所说的“妾”。罗丰禄的后裔们非常感谢孙建军为他们的先祖澄清了历史事实，并希望加强与中国甲午战争博物院研究人员的联系与合作。这件事情的结果令所有从事学术研究的人们非常开心，收获感十足。

（二）通过此次活动，发起者、组织者和参与者都乐在其中，各有收获

参加此次活动的有鸦片战争爆发以来第一个开眼看世界、最先提出创建中国强大海军的民族英雄林则徐的后裔，有继林则徐之后勇敢奏请创建福建船政的闽浙总督左宗棠的后裔，有福建船政第一任船政大臣沈葆桢的后裔，有首任北洋海防统领、北洋海军提督丁汝昌的后裔，还有毕业于福建船政学堂的众多优秀海军将领的后裔；他们从祖国的四面八方聚集到威海，成功举办了祭祀海军前辈的活动，充分证明了中国甲午战争博物院拥有非常丰富的开展相关活动的历史资源，是海内外爱国人士查找资料，举办活动，缅怀先烈，开展研究，寻祖问亲、建言献策的最佳场所，充分证明了我院开展社会教育的深厚功力和周到服务，也充分表达出船政后裔和海军将领后裔自觉探析建设海洋强国的责任感，以及他们自觉继承和发扬先祖服务国家的奉献精神。还应该指出的是，船政名杰后裔和北洋海军将领后裔在新的历史发展时期，自觉缅怀爱国先祖，继承先辈的遗志，为国家的发展和民族的振兴自愿添砖加瓦的举动，难能可贵，可圈可点。

（三）中国甲午战争博物院收到了21位后裔的签名题词和一幅书法作品

在中国甲午战争博物院陈列馆参观完甲午战争展览之后，21位后裔留下了

自己的墨宝。他们是：

民族英雄林则徐的六世孙女林祝光的题词是：“苟利国家生死以”；

林则徐七代孙女林燕颐的题词是：“学习先贤 爱国为民”；

闽浙总督左宗棠的曾孙左焕琮的题词是：“不忘国耻 复兴中华”；

船政大臣沈葆桢的六世孙女沈园的题词是：“自强之道 御侮有道”；

北洋海军提督丁汝昌五世外孙赵怀民的题词是：“忠肝义胆 国魄军魂”；

北洋海军右翼总兵兼“定远”舰管带刘步蟾曾孙媳妇张芙蓉的题词是：“缅怀先祖 不忘国耻 世代铭记”；

刘步蟾的玄孙刘俊彦的题词是：“一代名将 保国卫家”；

北洋海军左翼总兵兼“镇远”舰管带林泰曾的玄孙林彤的题词是：“铭史自强”；

北洋海军副将、“靖远”舰管带叶祖珪的五世侄孙女叶荫人的题词是：“强我海防 御敌海外”；

原北洋海军“康济”舰管带、四朝元老萨镇冰的曾侄孙萨方红的题词是：“振兴中华 强我海军”；

萨镇冰曾外孙刘新法的题词是：“福建船政孕育中华英才 北洋水师铸就海军英魂”；

北洋海军“威远”舰管带林颖启的曾外孙女、民国造船专家黄聚华的孙女黄信平的题词是：“强我海军，中国海军与列强齐驱并驾”；

原任北洋海军“靖远”舰大副、民国海军总长刘冠雄的曾孙女刘景端的题词是：“前事不忘 后世之师”；

刘冠雄曾外孙女程国欣的题词是：“不忘甲午 自强不息”；

同为刘冠雄与杜锡珪后裔的彭津女士的题词是：“先贤随波去 后裔踏浪来 远远依渺渺 我辈寄遥思”；

北洋海军副炮弁、民国海军总长黄钟瑛上将的孙子黄信仿的题词是：“海魂”；

北洋海军“致远”舰水兵刘相忠的曾孙女刘素华的题词是：“不要问中国为你做了什么，要问我为中国做了什么”；

北洋海军“定远”舰二副高承锡的族亲后裔、福建船政名杰贾凝禧的后裔贾展云的题词是：“弘扬船政爱国精神 建设世界海洋强国”；

“永绥”舰舰长蒋兆庄孙女蒋锦榕的题词是：“缅怀船政先烈 弘扬爱国精神”；

“永葆”舰管带林文和第五代孙林永和的题词是：“自强不息 强我海军”；

福建左宗棠研究会的王海江的题词是：“复兴海军魂 中华大飞腾”。

结束了热烈而认真的签名题词之后，林则徐基金会副会长、林则徐的六世孙女林祝光和福建船政名杰后裔活动中心秘书长、林颖启和黄聚华的后裔黄信平一起向中国甲午战争博物院捐赠了书法精品“船政精神 中华瑰宝”。这是沈葆桢六世外孙女沈园的书法作品，她的作品曾获得世界书法金奖。

（四）相关媒体对此次活动做了多次宣传报道

12 月 12 日举办祭祀海军前辈活动后，威海电视台、环翠区电视台、威海广播电台、山东电视台、《齐鲁晚报》《威海日报》《威海晚报》等新闻媒体先后进行了报道宣传。12 月 13 日，中国新闻图片社的记者还电话采访了乘车回乡的北洋海军提督丁汝昌玄孙丁昌明先生。福州电视台将跟踪拍摄的电视新闻片在纪念福建船政创办 150 周年活动期间多次播放，得到社会各界的广泛好评。

综上所述可见，由福建船政名杰后裔活动中心发起，中国甲午战争博物院组织操办，有林则徐、左宗棠、沈葆桢、丁汝昌以及清代北洋海军将领后裔和相关媒体记者共同参与的祭祀海军前辈的活动，从初次联络、明确主题、统筹规划、反复沟通、选定方案、敲定议程、排除突发事件，到成功举办海上祭祀活动、甲午故地考察、名录墙前寻亲、后裔们签名题词、福建船政名杰后裔捐赠书法作品、参观“定远”舰、召开座谈会、参加新书首发式等一系列丰富的活动，参加人员层次高、代表性强，内容历史跨度长，活动确实达到了时间短，效率高，效果好，意义大，影响深。无论是福建船政名杰后裔、北洋海军将领后裔、中国甲午战争博物院，还是参与活动的各家媒体记者和史学研究者，大家既是参与者，又是获益者。所有人都感受到了参加活动带来的震撼和动力，增长了知识，开阔了视野，还提高了为建设海洋强国添砖加瓦的自觉性。福建船政名杰、北洋海军将领后裔参加的祭祀海军先辈的活动虽然时间短暂，但活动过程和揪人心肺的内容却将永远留驻在参加者的心田里。此次活动产生的良好效果和广泛的社会影响，将为今后举办类似活动提供有益的借鉴，这也是笔者详细记述此次活动的重要目的和良苦用心。

（此文原载于戚俊杰主编：《甲午战争研究》2017 年第 1 期。有改动）

略述丁汝昌后裔抗日杀敌的爱国真情

——写在抗日战争胜利 70 周年和刘公岛开放 30 周年之际

2015 年，是中国人民抗日战争暨世界反法西斯战争胜利 70 周年，也是北洋海军提督丁汝昌等爱国将领拒绝投降自杀殉国、甲午惨败、《马关条约》签订 120 周年，也是闻名海内外的刘公岛对外开放 30 周年。在这个特殊的历史节点上，略述北洋海军提督丁汝昌的子孙后代，继承先辈的遗志，热爱祖国，不怕牺牲，积极参加抗击日本侵略者的艰苦斗争，以及他们为争取中华民族的独立解放和民族复兴而勇往直前、默默奉献的感人事迹，对于世人了解爱国将士后裔们的爱国行为和民族精神，是十分必要的；对于铭记近代以来中华民族遭受侵略和战胜侵略的历史，对于缅怀无数奋勇抗击外敌侵略而战死的祖辈先贤，开创更加和平美好的未来，也是大有裨益的。

一、继承先祖遗志 英勇抵抗侵略

自 20 世纪 70 年代后期开始，怀有深深甲午情结的威海人就多次奔赴安徽、江苏、上海、湖北、福建、天津、北京、辽宁等省市，访问丁汝昌的曾孙女丁爱华、丁爱琴、丁荣淑（丁发俊之女）、丁亚华与其爱人张铚秀将军、丁亚芳及其儿子赵益民和赵怀民、丁亚苏与爱人李文峰先生、曾孙丁荣涛等兄弟姐妹以及丁汝昌的第五代孙丁爱萍、丁昌明、丁昌仁、丁小龙、丁小明、丁平、丁杰等。通过采访了解到，北洋海军提督丁汝昌的后裔们继承了丁老提督的遗志，在国家生死存亡的关键时刻，有着为了争取国家的独立和民族的解放，毅然奋起，前仆后继，积极抗战，英勇牺牲的感人事迹。

在 120 年前的 1895 年 1 月 30 日凌晨，威海卫与刘公岛保卫战打响了。面对数倍于己、海陆两面进行夹攻的日军，北洋海军广大爱国将士浴血奋战，屡挫强敌。在十多天的时间里，先后多次打退敌人对海上和陆地的进攻。最后，在弹药将尽、援军无望的情况下，丁汝昌、刘步蟾、张文宣、戴宗骞、杨用霖等宁死不降，自杀殉国。北洋海军在刘公岛全军覆没，甲午战争惨败。面对这样的结局，清政府既没有认真思考日本侵略中国的根本原因和历史背景，更没有检讨平时麻痹松懈、缺乏国家安全防御机制、被动仓促应战的教训，而是把甲午战争失败的原因统统推给北洋海军广大官兵。因而，有的人误以为北洋海军提督丁汝昌及其主要将领，胆小怕死，无所作为；还有的人甚至盲目地认为他们庸碌无能，误国误民。这些违背客观事实的不公正评价，百余年来使广大北洋海军将士的后裔，一直背负着沉重的思想包袱。当中华民族再次面临被分割和灭亡的危险时刻，爱国将士的后裔们却义无反顾地继承了先辈的遗志，积极投身到保卫国家的伟大斗争中去，充分体现了他们的爱国情怀。

1931 年，日本利用贼喊捉贼的方式挑起了蓄谋已久的“九一八”事变，武装侵略中国东北。六年之后，日本侵略者又挑起了全面侵华战争，致使中华民族到了亡国灭种的最危险境地。面对穷凶极恶的日本侵略者，丁汝昌的后裔们自觉投身到伟大的民族自救运动之中，展现出爱国将领后裔的拳拳报国之心。

丁汝昌的嫡孙丁智仁，又名丁睿，丁汝昌小儿子丁代禧（丁幼廷）的第四子，早年曾经在山东省盐务局供职，也曾在爱国名将、家乡人冯玉祥将军的部队供职。丁智仁因武功高强，为人正直，仗义疏财，深得冯玉祥将军的器重和信任。后来他秘密加入了中国共产党，全身心地投入到民族自救的伟大事业中。西安事变爆发后，在中国共产党的积极推动下，国共两党达成一致，建立了反对日本侵略的统一战线，丁智仁奉命调到陕甘宁革命根据地工作。期间，通过书信往来，对子女晚辈进行爱国抗日的思想教育，这也为他的家人积极参加抗日战争夯实了牢固的思想基础。令人万分遗憾的是，1941 年夫人张德媛收到丁智仁寄来的最后一封家信后，再也没有了任何丁智仁的音信。

丁智仁的夫人张德媛女士，生于 1897 年。她勤劳善良，知书达理，热爱国家，支持抗战，是一位典型的默默奉献、不求回报的传统中国女性。丁智仁和张德媛的 5 个子女（其实，他们共生了 10 个孩子，长成者有 1 子 4 女），也都积极投身于拯救中华民族的伟大抗日运动之中。抗战时期，坐落在安徽省巢县高林乡汪郎中村的丁汝昌故居——丁家大宅院，成为中共地下党组织活动和联络的中心地点。

丁智仁的大女儿丁荣淑（1914～1946），在家里帮助母亲管理家务，主动为新四军搜集、传递有关情报。在生死攸关的关键时刻，张德媛和丁荣淑毫不犹豫地卖掉家里的稻谷，为共产党和新四军筹措急需的军需经费。在解放战争时期，她又不顾自己的安危，以六甲之身为掩护，侦察并画出国民党军队的驻防布阵图，及时交给中共地下党组织，为及时消灭国民党军队的八挺队立下首功。丁荣淑的丈夫夏敬三出身名门望族。其父夏仁澍，系京师大学堂毕业的优等生，曾任

丁汝昌孙媳妇张德媛与女儿、女婿和外孙、外孙女合影（20 世纪 50 年代初摄于南京）。前排左起向右：张益群（张铚秀长女）、张德媛（赵怀民外婆）、张政民（张铚秀长子）；后排左起向右：丁亚苏、张铚秀、丁亚华（张铚秀夫人）、丁亚芳（赵怀民母亲）。（赵怀民供图）

同盟会支部干事，著有《伦理学》等书籍。夏敬三北京大学毕业后回到安徽，在皖江中学教书，为新四军培养了许多优秀的人才。新中国建立后，由于其渊博的知识和卓越的贡献，他被聘为安徽省文史馆馆员。丁荣淑与夏敬三的儿子夏柏林出生于 1931 年，少年时代一直都生活在汪郎中村丁汝昌故居，深受长辈们影响，小小年纪就帮着长辈做有利于抗击日本侵略者的事情。在解放战争时期，参加了中国人民解放军，并随大军南下作战。在炮击金门的战斗中，由于其出色的表现，受到华东野战军的表彰，在授勋仪式上，时任华东军区暨第三野战军参谋长的张爱萍亲自给他佩戴军功章。如今，已是耄耋之年的他，仍然身体健康、精神愉快。

丁智仁和张德媛夫妇的二女儿丁亚华（也叫丁荣钰），出生于 1921 年，因受父亲丁智仁的影响，1939 年 1 月就参加了抗日队伍。那时候，还不到 20 岁的她常常以给学生讲课为名，掩护设在他们家的地下党秘密联络站和党组织。多次出色完成中共地下党交给的各项工作任务。1942 年 1 月，精明强干的丁亚华光荣地加入了中国共产党。她的入党宣誓仪式是在自家门前老槐树下举行的。同年 10 月，她高兴地穿上了新军装，正式加入了新四军，担任五十六团的文化教员。期间，她结识了年轻的老红军、江西永新人张铚秀。共同的奋斗目标和忘我的工作精神使这对年轻人迸发出爱情的火花。同年 12 月，丁亚华与新四军七师五十六团团长张铚秀结为伉俪。

1943 年 3 月，张铚秀奉命担任含和支队参谋长，除了抓军事工作，还具体负责后勤保障工作。丁亚华则担任含和支队后勤部的指导员。当时的含和地区地理位置特别重要，东临长江，与南京、芜湖的日伪统治中心近在咫尺。日伪军在这里部署有数千人的兵力，建有大大小小 100 多个据点。国民党顽军也十分重视对这一地区的争夺和封锁，企图把新四军挤走。面对十分恶劣的工作环境，为了尽快解决支队的供给问题，他们夫妻二人相互支持，相互鼓励，很短时间内，就在含和地区建起被服、织布和生产日用品的小工厂。他们将工厂生产出来的被褥、服装等军需品，分片储藏在一些村子里，使抗日队伍不管走到哪里，都可以及时得到补给。特别能干的张铚秀还直接领导办起了兵器修理所，并逐步发展成为翻修子弹、制造手榴弹、地雷和维修各种兵器的兵工厂。最后，又由一个厂扩充为三个兵工厂，共有员工四五百人，基本满足了部队的战斗需要。

在抗日战争最后的两年半中，张铚秀和支队其他领导一起，带领含和支队同日伪军和顽军进行大小战斗四五百次，共消灭敌人 4000 多人。在此期间，已为人母的丁亚华巾帼不让须眉，在自己的工作岗位上出色地完成了各项工作任务。

张铚秀和丁亚华夫妻两人为了国家的独立和民族的复兴，不顾个人安危，出生入死，转战南北，成为打败日本侵略者和中华人民共和国建立的功臣。新中国建立后，他们为了国家的安宁和人民的幸福仍然不辞辛苦，无私奉献。他们的 8 个儿女也都积极应征入伍，成为新一代自愿卫国戍边的优秀军人。在 20 世纪 70 年代后期至 80 年代中期的对越自卫反击战中，时任昆明军区司令员的张铚秀与夫人丁亚华，毫不犹豫地把大儿子张政民、二儿子张卫民、三儿子张学民、三女儿张丽俐送上战斗前线。二女儿张新星因生孩子未能上前线，但她的爱人邓南岗却在空军参加了作战任务。他们的大儿媳妇张和英虽然是在后方总医院，“每天只能睡 2～3 个小时，因为伤员常常夜间到达，我们就要马上看伤情、写病历、每天早上 5 点就要给伤病员换药”。功勋卓著、位高权重的大军区司令员张铚秀将军和夫人丁亚华，在社会追求名利、贪图享受的背景下，仍一如既往地继续发扬八路军、新四军“冲锋陷阵，一往无前，前赴后继，英勇战斗，生生不息，冲锋不止”的伟大抗战精神，充分体现了老一辈革命家的宽广胸怀和无私奉献的伟大精神。

丁亚芳（1923～1998），也叫丁荣玺，是丁智仁的三女儿。受家庭的影响，刚刚 20 岁的丁亚芳于 1943 年 5 月就加入了中国共产党，并积极投身到轰轰烈烈的抗日运动中。她曾从事过教育工作，也担任过合作社的妇女主任。不幸的是，“文革”爆发以后，进入不惑之年的她受到冲击，也长期失去工作，病休于家中。即便如此，她的爱国真情也没有受到丝毫影响。1986 年 5 月 29 日，她曾致信巢县银屏区委，请求查明丁汝昌七星雌雄佩身宝剑的下落。她在信中真诚地写道：

> 曾祖父为国捐躯后，留给我们后辈七星雌雄佩身宝剑一对。此剑一支由我母亲张德媛妥为保存。另一支由我堂兄丁浩然、张世英夫妇（两人原系教师，后均被划为“右派”，并开除回家）保存，他们住在高林乡汪郎中村丁汝昌故居中。
>
> 1955 年我母亲随姐姐丁亚华去部队生活，将此剑重托我们夫妇保管。……这对佩剑，我们视为家宝文物，小心翼翼地予以保藏，准备将来献给国家。
>
> 1958 年，我爱人赵介成同志，为响应国家号召，将宝剑的其中一支献给国家，交给当时大队负责人赵世英、赵开举（此两人均居大赵家村），并重托再三，阐述宝剑的价值和意义，定要转交给国家，但至今国家未曾见到，下落不明。保存在堂兄丁浩然夫妇处那一支，1961 年底，我们再次取回准备献给国家。但在大讲阶级斗争的形势下，丁浩然夫妇被视为私藏兵器、企图变天的不法阶级敌人，限期不交出宝剑，绝不给予好下场。在形势所逼下，丁浩然夫妇来我家哭泣哀求，将此剑取回，交给当时高林公社中心大队干部汪国清，他们二人方才解脱。该剑交汪后，汪至今未上交国家，现在何处不明。
>
> 丁汝昌身为爱国将领，他的遗物若能留给后人瞻仰，定能激励后辈的爱国精神、民族气节。如今上述文物落入私人之手，引为憾事。特呈文仰求领导，根据提供情况查找宝剑下落，不胜感激！

透过丁亚芳信件的字里行间，我们深深感受到她对国家的热爱和对党组织的信任与期盼。

丁亚芳的爱人赵介成（1923～1984），是巢县散兵镇大赵家村人。早年与丁亚芳就读于中共皖中区党委创办的“皖中无为中学”（即“皖江联立中学”的前身）读书。受进步思想的影响，赵介成很早就走上了抗日道路，并于 1941 年加入了中国共产党。他们夫妇在家乡大赵家以教私塾为掩护，坚持开展地下抗日斗争。新中国成立后，他们仍然在家乡从事教育工作。在巢湖市居巢区方圆数十平方公里范围内，老百姓都一直尊称丁亚芳与赵介成两位为“大先生”。他们的大儿子赵益民子承父业，也是一位深受乡人尊敬的人民教师。

丁亚苏，曾用名丁荣美，1933 年（一说为 1931 年）6 月出生，是丁智仁最小的女儿。受姐姐和哥哥的影响，小小年纪的她爱国上进，学习勤奋，而且还积极参加儿童团的相关活动，为抗击日本侵略者的伟大斗争添砖加瓦。1949 年 6 月，刚满 16 岁的丁亚苏就正式参加了革命队伍，1950 年，她又参加了中国人民志愿军，积极投身于抗美援朝的伟大事业中。由于其工作努力，表现突出，1951 年 7 月加入中国共产党。她勤奋努力，不怕牺牲，表现突出，曾荣立三等功 8 次，并荣获朝鲜人民民主共和国军功章和中国人民解放军胜利功勋荣誉章。先后出席了军区后勤部、南京军区和中国人民解放军总后勤部积极分子代表大会。抗美援朝胜利后归国，她作为青年积极分子的优秀代表，被保送进入上海第二军医大学学习深造。在新中国建设过程中，丁亚苏依然保持旺盛的革命精神，学习更加勤奋努力，工作更加忘我投入，多次转换工作岗位，始终坚持干一行爱一行干好一行，出色完成了党和军队赋予的各项任务，成为和平建设时期的优秀代表。1958 年出席了第二次全国社会主义建设青年积极分子代表大会，受到周恩来总理等党和国家领导人的亲切接见。同年 11 月，被南京军区荣记一等功。1959 年，被中华全国妇女联合会表彰为“全国三八红旗手”。大学进修毕业后，丁亚苏被分配到南京军区的卫生医疗机构工作，历任解放军第八一医院内科医生、主治军医、副主任医师。1988 年 3 月离职休养。近 30 年间，她始终保持老党员、老军人的高尚情操，热心公益，奉献余热。25 年前，由于爱国将领丁汝昌的渊源，我们在江苏省南京市寻访到了丁亚苏前辈。她和爱人李文峰先生不仅将珍藏的先祖遗物无偿捐赠给我馆，还积极动员其他亲属无偿捐献文物。2000 年，在丁汝昌等爱国将领自杀殉国 105 周年之际，丁亚苏与李文峰夫妇自费征集了 100 多件纪念书画作品，其中有许多老将军的宝贵墨宝，全部无偿捐献给了中国甲午战争博物馆，并与丁汝昌的其他后裔一起参加了我馆举办的纪念丁汝昌殉国 105 周年书画作品展览。这种纯真无私的爱国真情，千金难买，高尚无价。2014 年是中日甲午战争爆发 120 周年，丁亚苏多次打电话给我，表示要为刘公岛甲午战争纪念地这处爱国主义教育示范基地做点新贡献。鉴于他们已是耄耋老人，且离休收入不是太多，每次我都真诚地予以谢辞。丁亚苏前辈也非常真诚地表示，下次再来刘公岛时一并将钱款捐出。但令人想不到的是，2015 年 3 月 7 日，令人尊敬的革命老前辈丁亚苏突发脑出血症，经紧急抢救无效，不幸病逝，享年 82 岁。

丁智仁的儿子丁荣纬（1922～1947），也叫丁星武。在姊妹 5 人中他排行第三，与二姐丁亚华同是属鸡的，只不过丁亚华是年头的大鸡，而他是年尾出生的小鸡。丁荣纬刚刚步入 16 岁那一年，风华正茂，还在无为中学读书的他，就光荣地加入了中国共产党。后来在新四军所管辖的游击队中担任指导员。有一次在巢湖边执行作战任务时，陷入大批日伪军的包围之中，因寡不敌众，丁荣纬只好潜水游到芦苇丛中躲避。丧心病狂的日伪军进行了拉网式的反复搜寻，胆大心细的丁荣纬硬是在巢湖里苦苦藏了七天七夜，等敌人撤走获救时，他已经是生命垂危，奄奄一息，全身出现了严重的水肿。从此之后，他原本健康的身体就落下了难以治愈的病根。1945 年 8 月 15 日，日本宣布无条件投降，中国人民取得抗日战争伟大胜利，年轻的老革命丁荣纬因身体适应不了部队行动，愉快地服从党组织的细心安排，由军队转入地方从事教育工作。但终因那次落下的病根愈来愈重，1947 年，年纪轻轻的丁荣纬就离开了人世。其夫人魏柏珍与儿子丁昌明一直在汪郎中村，20 世纪 50 年代后期才离开丁汝昌的故居。

1997 年夏，北洋海军提督丁汝昌五代孙丁昌明来馆捐赠先祖曾用过的一方砚台

另外，丁汝昌的曾孙、丁智仁的亲侄子丁荣伦，紧随叔叔的步伐，很早就献身于抗击日本侵略的伟大斗争中。在对日寇的作战中，他机智勇敢，敢打敢拼，冲锋在前，不幸牺牲在抗日战争的战场上，成为英名永垂的抗日烈士。

丁荣伦的胞兄丁荣经，也叫丁文中，是中国共产党的一位优秀的地下工作者。在杨克鹏同志领首编印的皖江联立中学师生通讯录中，清楚地列有丁荣经的名字。早在 20 世纪 40 年代初，丁荣经即在皖江联立中学负责学校的总务工作，并兼职给附小的学生讲课。1945 年，抗日战争胜利后，新四军奉命北撤，中共党组织根据需要，把丁荣经留下，任无为县城郊游击区新民区区长。随着形势的不断恶化，为了掩护组织上交给自己的地下工作，他想方设法打入敌人内部，进入无为县县政府做秘书。1948 年春节，丁荣经在无为县城堂妹丁荣霞家中吃除夕饭刚刚离开，敌人即来搜捕。第二天，丁荣经便将一包材料交给堂妹保管，临行前说明，他去县政府，若不出来讨取，就及时将其销毁，以免堂妹家遭到连累。新中国成立前夕，丁荣经同志与许多忠贞的地下工作者一起，被反动派杀害。据无为县城幸存的老人讲，在押解这些共产党人去往刑场的路上，丁荣经始终坚贞不屈，昂首挺胸，高呼革命口号，直到英勇就义。但令人遗憾的是，由于地下党组织遭到破坏，丁荣经牺牲后，没有享受到一个革命者应该得到的尊严和待遇。其胞妹、年过古稀之年的丁亚芝在 1990 年和 1997 年数次致信安徽省无为县县委书记和民政局，真诚希望无为县委和县政府能“坚持实事求是的原则，对为革命不畏艰险、不惜献身的所有同志，当要查明情况，做出确切结论，以慰死者精神，以安亲属悲愤，以励革命后代奋发上进”。

历史告诉我们，北洋海军提督丁汝昌的后裔们，继承了爱国将领的遗志，在反对外国侵略者的残酷斗争中，不怕流血牺牲，敢于冲锋陷阵，甚至不惜牺牲自己宝贵的生命，充分展现出他们对国家的无限忠诚。

二、胸怀家国真情 多次无偿捐赠

1985 年，是北洋海军提督丁汝昌等爱国将领殉国 90 周年。是年春季，中共中央、国务院、中央军委批准刘公岛正式对外开放。清朝北洋海军提督署及其附属建筑也陆续由军队移交地方管理，中国甲午战争博物院（原名威海市北洋海军提督署文物管理所，1992 年更名为中国甲午战争博物馆，2009 年更为现名）由此诞生。刘公岛甲午战争纪念地于 1988 年 1 月 13 日，被国务院公布为全国重点文物保护单位。这里既是开展爱国主义教育的重要场所，也是发展旅游事业的重要资源，也是研究近代海防的重要实物例证。然而，经过 90 年的沧桑巨变，几经战乱的北洋海军提督署内的陈设物品和文献资料早已荡然无存。刚刚建立的中国甲午战争博物院除了这些古建筑，馆藏文物一片空白。为了填补我馆文物收藏的空白，我们通过不同的途径，主动寻找各种线索，拟定多种方案，千方百计与广大北洋海军将士后裔建立通信联系，详细介绍甲午海战与爱国官兵英勇杀敌，以身殉国的感人事迹，交流我们开展爱国主义教育的信息，激发他们的爱国真情，增加相互之间的信任，以此打好寻访见面的基础。

众所周知，发生于20世纪60年代的无产阶级文化大革命，极“左”路线的影响既深且广，致使许多北洋海军爱国将士的后裔遭受冲击，并受到不公正的待遇。他们原来珍藏家中的甲午战争遗物，有许多是在文化大革命“破四旧”时被抄走、毁坏。能够保存至今的少数物品，已成为他们寄托情思、教育后代的秘密珍品。出于自我保护意识，他们不会轻易地告诉外人，更不会把冒着生命危险保存的文物史料轻而易举地捐赠给博物馆或纪念馆。

功夫不负有心人。我们用真诚赢得了北洋海军将士后裔的真情回报。1990年夏天，北洋海军提督丁汝昌第四代孙女丁亚华前辈和爱人张铚秀将军带着儿女来北洋海军提督署参观考察时告诉我们：“老家汪郎中村可能还有点东西，你们可以去汪郎中村找丁昌仁、丁小龙、丁小明几个弟兄问问。”于是，我们即开始筹备去寻访北洋海军将士后裔的相关事项。1992年秋，我们首先选择去丁汝昌的老家——安徽省巢湖地区巢县高林公社汪郎中村。

经过事前调查得知，在巢湖地区巢县汪郎中村居住的丁汝昌的第五代孙有丁昌仁、丁小龙和丁晓明（其长兄丁昌志在合肥工作，而排行第五的丁小伢那时已经去上海从事水产品的经营活动）。他们的父亲是丁荣澍（也叫丁浩然），是丁汝昌长子丁代龄（丁继廷、丁少廷，1862～1884）的二孙子，与丁杰的父亲丁荣涛是亲兄弟。

他们的父亲丁发聪（也叫丁弼臣，是丁代龄的遗腹子）。丁荣澍出生于1919年，完成学业后即从事教育事业。因其家庭影响力大、有文化，曾担任过国民党县政府的参议员。20世纪40年代初，丁荣澍与小自己两岁的安徽省肥东县的知识女性、同为教育工作者的张世英结合为夫妻。

中华人民共和国成立后，丁荣澍与妻子张世英双双成为人民教师，继续在巢县老家乡村从事教学工作。那时候，他们两人及其子女均为农村人十分羡慕的、吃国家供给粮食的城市户口。丁荣澍老师因为家庭成分是破落地主，本人又有国民党县参议员短暂的经历，所以他只是巢县高林乡官泉行政村小学一名很会教学的普通老师。而其妻子张世英则担任高林乡大江小学的校长。那个时期，他们的大儿子丁昌志（1945年出生）、二儿子丁昌仁（1947年出生）、大女儿丁玉琴（1950年出生）、三儿子丁小龙（1952年出生）、四儿子丁小伢（1955年出生）、小女儿丁梦琴（1957年出生），均跟随母亲张世英居住在大江小学。

那时候，丁荣澍他们家虽然人口多，但因夫妻两人都是工资相对较高且是定期定时就可以拿到薪金的人民教师，所以生活方面比一般乡村农民还是好了许多。但随着极“左”思潮的不断膨胀和持续肆虐，又赶上20世纪50年代末全国特别严重的自然灾害，进入 60 年代初期，国家开始实行精减城市人口、大力支援农村建设的新政策。因丁荣澍是地主家庭出身，又有曾经担任国民党县参议员的历史，加之反右运动时又被扣上“右派分子”的帽子，故被首先下放到农村，参加劳动改造。就这样，全家人由城市户口立即转为农业户口。

其实，丁荣澍的国民党县参议员经历是事出有因的。1936 年西安事变后，国共两党联手合作，建立了抗日民族统一战线。丁汝昌的后裔也都积极参加抗日运动。抗日战争胜利后，中国国民党与中国共产党经过谈判，达成著名的《双十协定》，得到广大人民群众的热烈拥护。为了贯彻“双十协定”的精神，中国共产党领导的新四军奉命从安徽一带向北撤退至黄河以北地区驻防。包括巢县在内的江南地区遂成为国民党的管辖区域。遵照国民政府的管理规定，各县必须选举地方上有影响的人物作为国民党县政府的参议员。那个时候，丁氏家族在巢县是名门望族，家大业大，声名显赫，颇有影响。又因为丁荣澍老师身材高大，英俊潇洒，气质特佳，教学优秀，桃李芬芳，因而理所当然地被推选为巢县国民党政府县参议员，其职业仍然是教书育人的教育工作。虽然他这个国民党县参议员的任职时间不长，任职期间也没有做出不利于人民革命的事情，但这短暂的经历却给他后来的人生带来了意想不到的麻烦和影响。

中华人民共和国成立后，继续担任人民教师的丁荣澍和张世英，因为学校距离老家很近，丁汝昌的老宅子里还有他们的房产，他们夫妻俩的学生多，人缘也好，深受父老乡亲及其学生们的尊敬，所以他与妻子愿意继续留在家乡附近的学校教书。年富力强的夫妻二人，因其兢兢业业的出色工作，深受学校师生和家长以及广大群众的欢迎和好评。

丁汝昌第五代孙丁昌明曾经告诉笔者，他是 1946 年出生在汪郎中村的丁家老宅里。新中国成立以后，他的少年时期很幸运地跟随伯母张世英老师读书。至今记忆尤深的是抗美援朝的时候，张世英老师安排他们两男两女四位同学，饰演中国人民志愿军战士和美国大兵。当时节目的台词至今他还能张嘴就说：“美国佬，真可笑，穿皮靴，带钢帽，遇到咱们的志愿军，连忙跪下把枪缴。”而且每逢重要的节庆假日，张世英校长还专门组织排演《白蛇传》等传统剧目，为丰富和活跃农村的文化生活做出了贡献，受到广大农民的欢迎和赞扬。

丁荣澍老师被调离教师队伍后，首先被送到庐江白湖农场进行劳动改造。在农场劳动改造期间，不惑之年的他，身高力大，干劲十足，经常是挑着担子快步如飞，受到好评。

1962 年，丁荣澍和张世英带着六个孩子，回到了汪郎中村丁汝昌的老宅子里居住，全家大小 8 口人从此变成了地地道道的农村人了。令他们全家欣慰的是，一家 8 口仍然可以住在丁汝昌老宅子里的一栋二层的木地板小楼里（上下各三间，地面是木板铺成的）。那一年，丁小龙刚满 10 周岁。从享受农村人羡慕的城市户口待遇，突然降低到还不如一般农民待遇的农村人口，这让原本性格开朗、幼稚纯真的丁小龙及其兄弟姊妹，在生活、学习、思想等各方面有了从未有过的压力和负担。

1963 年，丁荣澍与张世英最小的儿子丁小明出生了，这是他们家的第七个孩子。在那个多子多福观念十分盛行的时代，丁家人自然也心情愉悦。但很快，平静的农村生活被打破了，农村开展的社会主义教育运动（简称“四清”运动）还没有结束，清理阶级队伍的运动就接上了，丁荣澍老师因为家庭出身和个人历史问题成为批判改造的对象。1966 年“文革”开始以后，丁荣澍及其家人的生产和生活秩序就更难平静。丁荣澍白天从事繁重的体力劳动，晚上则要在煤油灯下接受贫下中农的批判斗争和再教育。为了取得广大贫下中农的谅解和认可，年近五旬的丁荣澍都抢着干那些重活、累活、脏活。突然有一天，他的脚在水田里干活时被铁钉子扎伤了。因为没有时间，也没有条件，更没有打预防针防止得破伤风的意识。几天之后，丁荣澍的伤脚被感染化脓进而转变成了要命的破伤风，49 岁的丁荣澍撇下了妻子儿女，于 1968 年撒手人寰。他的去世使这个大家庭就像天塌下来一样，张老师及其儿女沉浸在极度悲痛之中。

1969 年，丁小龙一家人被强逼着离开了自家的二层木楼，搬进了 10 年前去世的残疾人金向太住过的破屋子。而他们全家住过的好端端的两层木楼，被作为地主阶级剥削压迫贫下中农的罪证被无端拆毁。

重度残疾人金向太没有走路的双脚，他是依靠坐下的胶皮垫子的挪动而代替双腿走路。年龄不大的他是从外地讨饭来到汪郎中村的。因为老实可怜，被丁小龙的爷爷丁发聪收留下来，让他住在门庭的配屋里，作为值更看门之人，这样不但有饭吃，还避免了到处流浪的艰难挪动。新中国成立以后，没有成家的金向太分到了土地和 3 间旧房子，也名副其实地成为汪郎中村的正式村民。1959 年，孤独重残的金向太去世，他住过的旧房子没有人住，任凭风吹雨打，南方地区的阴冷潮湿，对房屋的自然损伤可想而知。丁小龙一家就是被撵到了空闲十多年且透风漏雨的三间破房子里，其感受简直就是从天堂掉进了冰窟窿。那时候，他们家 8 口人，老大和老二都是 20 多岁的男子汉了，两个女儿年龄也都 10 多岁了。原来上下两层的楼房，既不愁地方窄，也不用为没有床而发愁，因为木地板本来就能防潮隔寒。现在这一切都改变了，八个人挤在阴冷潮湿的三间破屋里，房子小，人还多，既没有那么多的床，也没有木板搭床，身为母亲的张世英虽然着急上火，但却无可奈何，丁小龙一家的生活境况更加艰难了。

随着“文革”的深入进行，遵照当地所谓的土政策，张世英老师又被当作新的批判教育对象，经常要接受村里组织的批判和教育，而且所批判斗争的内容都是莫须有的罪名。在 1970 年的一次批斗会上，汪郎中村的领导命令张世英这个七个儿女的家庭妇女必须下田耕作，进行劳动改造。已近不惑之年的张世英以孩子多、年龄差距大、几个小孩子需要她看管，而且还要为下田干活的几个大孩子做饭为理由，说自己无法去田里参加劳动改造。见她这样的态度，民兵连长不容分说，在会场上当着村民们的面狠狠地搧了她一巴掌。曾经受人尊敬的张老师万万没有想到民兵连长这么不通情理，他这一巴掌彻底把张世英老师的心打碎了、搧死了。满眼含泪的她回到家里就要寻短见，多亏被孩子们发现并及时拦住了，他们一起看着妈妈不让她出门。到了晚上，为了防止母亲发生意外，大儿子丁昌志和二儿子丁昌仁两个人同时守在家门口，防止母亲外出寻短见。到了夜深人静的时候，累了一天的兄弟俩人忍耐不住困顿和疲乏，不知不觉就在门口睡着了。心灰意冷的张世英趁着儿子打盹的机会，悄悄地开门溜出家门之外，一头扎进丁汝昌故居门前的池塘里溺水而亡。其遗体是天亮后被人发现俯身漂在水面上……

丁荣澍和张世英夫妇的先后离世，使丁小龙兄弟姊妹的生活更为艰难。直到打倒“四人帮”的第三年的深秋季节，他们的命运才又开始发生了改变。

1978 年 11 月 22 日，时任威海市委宣传部副部长的邹本穆与戚其章、刘德煜两位先生，一起来到安徽省巢湖地区的巢县，准备采访在县药材公司工作的丁汝昌第四代孙丁荣涛和在巢县饮食服务公司工作的第四代孙女丁亚芝。他们很快找到了丁荣涛，47 岁的丁荣涛曾参加过抗美援朝战争，但因他年纪很小就离家外出，“对其曾祖父丁汝昌的情况也很模糊，或者可能不愿多谈”[1]。于是，他们又前往巢县饮食服务公司访问丁亚芝。令人遗憾的是，饮食服务公司的经理和书记都不同意访问丁亚芝，他们的理由很简单：她是戴着“破落地主”帽子的“五类分子”，她的曾祖父还是国民党的海军司令。这个回答令威海人十分震惊。再问才知道，她父亲丁发泽土改时被定为“破落地主”，根据当地的土政策“父帽死后传子戴”的规定，这个帽子应该由丁亚芝的两个哥哥接着戴。但由于丁发泽的大儿子丁荣经（中共地下党员）被国民党杀害，二儿子丁荣纶在抗日战争中牺牲，因此这顶帽子就改由其女儿丁亚芝戴着。威海的来访者十分动情地告诉该公司的领导，丁亚芝的曾祖父丁汝昌不是国民党的海军司令，而是清朝时期的北洋

---

① 戚其章：《走近甲午》，天津古籍出版社 2006 年版，第 314 页。

海军提督。他在中日甲午战争中，带领广大官兵英勇奋战，屡挫强敌，多次打退敌人海上和陆地的进攻。最后，在弹药将尽、援军无望的情况下，拒敌诱降，服毒自杀，悲壮殉国，是一位高级的爱国将领。饮食服务公司的领导听后大为吃惊，也深受感动，表示马上开会研究如何处理好这件事情。

第二天上午，饮食服务公司的领导告知威海的三位来访者，今天可以采访丁亚芝了。理由是：昨天公司领导开会研究决定，摘去丁亚芝“破落地主”的帽子，因此今天可以接受采访。丁亚芝女士十分感谢威海的同志，但因为那时候党的十一届三中全会还没有召开，人们对全军覆没的北洋海军还有偏见，所以，“丁亚芝告诉我们有关丁家的事，她自始至终不听、不问，更不愿说，几乎什么也不知道”[①]。有鉴于此，威海的同志请丁汝昌曾孙丁荣涛带路，乘汽车前往距离县城 30 公里地的高林公社汪郎中村采访。

邹本穆、戚其章、刘德煜三人的到来，在汪郎中村引起了巨大震动。村里人很快知道了“山东来的人说丁家祖上的大官是好人，是打日本侵略军的爱国者”，听到这些话，丁家弟兄“人人脸上都露出笑容，好像从来没有这样荣光过”。[②]包括丁小龙、丁小明兄弟姊妹在内的所有丁汝昌的后裔们终于有了盼头，压在他们心里沉重的寒冰开始融化了。20 世纪 80 年代末，丁昌志、丁昌仁、丁玉琴、丁小龙、丁小伢、丁梦琴和丁小明兄弟姊妹达成一致意见，主动把家里珍藏的丁汝昌的玉石印盒交给回乡省亲的丁亚华和张铚秀两位长辈，请他们代为捐给中国甲午战争博物馆收藏。

1990 年夏天，丁亚华和张铚秀带儿女来刘公岛参观考察时把丁汝昌的玉石印匣送给我们单位，还告诉我：“汪郎中村可能还有点东西，你们可以去汪郎中村找丁昌仁、丁小龙、丁小明弟兄们问问。”

10 月 13 日，中国甲午战争博物院一行六人前往安徽省寻访丁汝昌的后裔。第二天中午，我们遵照国家的有关规定，联系巢湖地区文物管理所的负责同志，请他们支持我们寻访将士后裔。巢湖地区文物管理所的钱玉春同志与我馆的刘新芳同志是国家文物局培训班的同学，表示愿意为我们带路。我们先顺路去巢县散兵镇大赵家村访问了丁汝昌曾孙女丁亚芳及其儿子赵益民和赵会民。丁亚芳前辈的二儿子赵会民非常热情，为能使我们快速顺利地到达目的地，主动开车为我们带路前往高林公社汪郎中村，使我们顺利找到并采访了居住在此的丁汝昌第五代孙丁昌仁、丁小龙、丁小明三兄弟及其家人。那时候，他们的居住条件很差，房

---

① 刘德煜编著：《威海往事》，中国戏剧出版社 2010 年版，第 136 页。

② 刘德煜编著：《威海往事》，中国戏剧出版社 2010 年版，第 136 页。

子既小又破旧，家里的生活设施也特别简陋，但他们听说甲午战争博物院需要丁汝昌家用过的物品对观众进行爱国主义教育时，40 岁的丁小龙和 29 岁的丁小明兄弟俩及其家人，不顾自己家里一贫如洗，毫不犹豫地把珍藏多年且正在使用的红木桌子、养鱼缸（装着猪饲料）和镶嵌贝壳雕花的大木床捐给了中国甲午战争博物院。他们这种舍小家为大家、不计得失的豪爽之举令人感动。陪同我们前去的巢县地区文物管理所的钱玉春同志大为震惊地说："我从来没有见过生活这样困难的巢县农民，能这样大方，既不讲钱，也不论价，还这么豪爽自愿。"虽然这件事情已经过去 23 年，但丁小龙和丁小明他们那种朴实真诚支持我们的感人情景至今仍历历在目，记忆深刻。眼见丁汝昌提督的物品要被我们拉走，钱玉春同志出于职业的本能责任，建议我们随他回到地区文管所汇报，经当地文物部门批准后再离开巢县。鉴于此，我们当即终止了在当地的文物征集活动，立即从汪郎中村前往无为县和南京市。

1992 年 10 月，北洋海军提督丁汝昌五代孙丁晓明（左一），向中国甲午战争博物馆捐赠镶嵌贝壳雕花大木床。戚俊杰馆长为丁小明颁发收藏证书

10 月 15 日，我们在南京市访问了丁汝昌的曾孙女、南京军区总医院离休干部丁亚苏及其爱人李文峰。通过他们夫妇的引荐，我们又幸运地访问了丁亚芳的三儿子、时任中国人民解放军某部通讯连指导员的赵怀民和他的姐姐赵孟群，还意外地找到了丁汝昌曾孙女丁荣淑（其父是丁发俊，也叫丁旭山，是丁代禧的长子的女儿）及其儿子孟宪玑等。短暂的访问使我们获得了许多丁汝昌后裔工作和生活的更多信息及细节，这种意外收获令我们一行六人兴奋不已。同志们非常感谢丁亚苏和李文峰两位老革命的热情与支持。时隔数年之后我们才从赵怀民处得知，那一年，丁亚苏与李文峰夫妇的小儿子突然患病去世，老两口还没有走出精神的低谷，李文峰先生又做了胃癌切除手术。我们去南京访问时，他的刀口才刚刚痊愈。就是在这样一种极为特殊的情况下，丁亚苏和李文峰两位前辈还能耐心而真诚地接受采访，给予我们巨大的支持和帮助，确实让中国甲午战争博物馆的全体职工感动不已。

2000 年 8 月，北洋海军提督丁汝昌后裔在北洋海军将士名录墙前合影

30 年来，我们多次南下北上寻访丁汝昌及北洋海军将士后裔。丁亚华前辈与爱人张铚秀将军及其子女张政民、张益群、张新心、张丽俐、张颖俐、张卫民、张学民和张立民等，丁亚芳与儿子赵益民、赵会民、赵怀民、赵孟群等，丁亚苏与爱人李文峰及其子女李沪军、李幼军等；丁荣淑及其儿子孟宪玑，丁荣涛及子女丁杰、丁昌明和丁萍等，丁荣纬的儿子丁昌明与爱人王琦岚及其女儿汤晓嵋和丁楚凡，丁荣澍（浩然）与张世英夫妇的儿子丁昌志、丁昌仁、丁玉琴、丁小龙、丁梦琴、丁小伢、丁小明等，都给予中国甲午战争博物院以真诚的关怀和无私帮助。他们把先辈珍藏的丁汝昌收藏或使用过的红木方桌、鱼缸、镶嵌贝壳雕花大木床、“龙凤呈祥”纹织锦桌围、岫玉雕制的印匣、短剑、砚台、英制瓷盘和镀银西餐用具等物品，全都无偿捐赠给了中国甲午战争博物院。不仅如此，丁亚华前辈和张铚秀将军还亲自出面找开国元勋叶飞上将和张爱萍上将、原山东省委书记苏毅然、著名军旅画家钟开天以及社会名流为我馆题词作画，为丰富我们的馆藏品类和数量做出了贡献。

北洋海军提督丁汝昌五代外孙张政民大校（前左一）代表丁氏后裔向中国甲午战争博物馆捐赠丁汝昌从国外带回来的羹匙

在丁汝昌第五代后裔中，丁荣纬的儿子丁昌明，是一位优秀的物理专业教师，先后担任过蚌埠市好几所中学的校长，曾任过安徽省政协委员。自 20 世纪 90 年代初我们访问相识至今，他不但捐献文物，还多次来威海参加北洋海军与甲午战争的学术研讨会，是爱国将士后裔中积极开展甲午学术研究的代表之一。

丁亚芳的三儿子赵怀民，1964 年出生，1981 年高中毕业后就参军入伍，在南京军区后勤部机关当过公务员、驾驶员、炊事员、保管员、采购员、油料员、指导员，直至军队干休所的领导。早在 20 世纪 90 年代，我们赴江苏和安徽寻访北洋海军将士后裔时就多次与他见过面，有过深入的交流。他在中国人民解放军这所大学校里学习、服务了 20 多年，是人民军队的一位副团职军官。因受其父母的影响，上进心强，学习刻苦，古诗词的功底很深。他曾经告诉我，上小学时他喜欢背诗，上初中时他喜欢练习作诗，读高中时他经常写诗，参军入伍后眼界大开，曾在各种刊物和媒体上发表诗词楹联作品。早在 2005 年，刚入不惑之年的赵怀民就出版了第一本诗集专著《虎帐龙吟》。2014 年的 1 月，他就打来电话说，江苏省诗词和楹联学会会员，准备在纪念甲午战争爆发 120 周年之际，为甲午战争博物院做些事情，并请我帮着出出主意。我建议他们在广泛征集、评选诗词和楹联作品的基础上，把获奖的诗词和楹联结集出版，捐赠给中国甲午战争博物院收藏。为了解决经费不足的问题，他想方设法寻找有担当责任的企业家捐资帮忙。坦率地说，赵怀民筹集所需资金数额挺大，且时间又十分紧急，我暗暗担心他们延误了特定的纪念时间节点。令我没有想到的是，赵怀民和他的同仁们凝心聚力，克服了各种困难，非常准时地于 2014 年 7 月 25 日，即甲午丰岛海战爆发 120 周年那一天，冒着狂风暴雨，偕夫人一起从南京飞来威海，向中国甲午战争博物院赠送了诗集和获奖书法作品，表达了全国诗词作者和北洋海军将士后裔勿忘甲午国耻、努力振兴中华的真情。

北洋海军提督丁汝昌的后裔们积极参加抗击外国侵略者战争的史实和无私支持中国甲午战争博物院的感人事迹，是北洋海军及驻威海卫陆军广大爱国将士后裔们，积极投身抗击外国侵略者战争和全力支持中国甲午战争博物院建设爱国主义教育基地的一个缩影。作为中国甲午战争博物院的建设者、经历者、见证者，我们永远感谢无私帮助和大力支持的社会各界，包括海内外专家学者、众多爱国将士后裔、各级领导、驻岛部队官兵和数千万海内外广大参观者；永远牢记历史的重托和神圣的使命，坚定不移地贯彻落实习近平主席关于让历史说话、用史实发言的指示精神，坚守信念，面向世界，面向未来，充分发挥博物馆的功能，以史为鉴，反对战争，维护和平，加快发展，为实现中华民族的伟大复兴做出应有的贡献。

（此文原载于戚俊杰主编：《甲午战争研究》2015 年第 4 期）

一位闽籍爱国将领及其后裔的感人事迹

——写在抗日战争胜利和台湾光复70周年之际

2015年是中国人民抗日战争胜利暨台湾光复70周年，还是甲午战争惨败、日本强行割占台湾120周年。在隆重筹备纪念活动的过程中，北洋海军爱国将领的名字和他们宁死不降、自杀殉国的壮举经常浮现在笔者的面前，特别是时任“定远”舰总管轮、后为海军轮机中将的陈兆锵及其子孙后辈爱国抗敌、甘愿奉献的事迹更是令我记忆尤深。

1894年9月17日，时任北洋海军旗舰“定远”号总管轮的陈兆锵，协助北洋海军右翼总兵兼“定远”舰管带刘步蟾，在中日两国海军黄海大战中，发挥了砥柱中流的作用。黄海大海战是世界近代海战中史上有蒸汽机做动力以来，海战时间持续时间最长，海战规模最大，激战程度最为惨烈的一次。身为“定远”舰总管轮的陈兆锵，不顾机舱的超常高温，坚守岗位，精心指挥，沉着调度，保障了“定远”舰随时变换位置所需的充足动力，充分发挥了旗舰的重要作用。

1895年1月下旬至2月中旬，在威海卫及刘公岛保卫战中，北洋海军广大官兵和守卫刘公岛6座炮台的北洋护军，虽孤悬海岛，但仍能英勇奋战，屡挫强敌，多次打退日军海陆上的三面夹攻。最后，在弹药将尽、援军无望、岛上军民祈求生路的情况下，丁汝昌、刘步蟾、张文宣、戴宗骞、杨用霖等宁死不降，先后自杀，悲壮殉国。特别是咽气之前的刘步蟾，非常真诚地希望陈兆锵：你一定要活着，为将来中国的海军事业而尽力。刘步蟾的临终嘱托，让陈兆锵刻骨铭心。

一、尽心竭力，不负刘步蟾重托

刘步蟾的临终嘱托，成为陈兆锵此后刻苦学习、勤奋工作、振兴海军、创建航空事业，坚持抗日斗争的不懈动力。1896年，经历过北洋海军覆没和甲午惨败的陈兆锵，因其突出的表现和过硬的专业技术，被清政府选派到英国学习新式军舰的制造。三年学成归来，应北洋海军时期的老战友、时任“海天”舰管带刘冠雄之请，出任该舰总管轮（即轮机长）。辛亥革命爆发后，陈兆锵于1912年被调任上海江南造船所所长，并被授海军轮机少将军衔。在此任职三年期间，陈兆锵兢兢业业，呕心沥血，使江南造船所的造船数量和质量，都有了很大的提高。据统计，三年共造大小舰船 138 艘，比 1905～1911 年 6 年造船的总和还多 34 艘。

陈兆锵将军中年时期的照片
（陈榕供图）

1915 年，陈兆锵因其卓越的成绩被晋升为海军轮机中将，成为近代中国第一位海军轮机中将。同年，陈兆锵被调往福建省，出任福州船政局局长。此后的 10 年任职期间，他不但使消沉落后的福州船政得到全面复兴，而且还开拓性地创办了中国第一个飞机制造厂——福州马尾飞机工程处，创办了中国第一个航空学校——飞潜学校，成功研制了中国第一架水上飞机和中国第一个水上浮台。这些成绩的取得，与刘步蟾临终前对他的重托是分不开的。

1937 年日本挑起卢沟桥事变，开始了第二次大规模武装侵略中国的战争。年近 80 岁的陈兆锵，虽不能重新登舰征战，但其与敌抗争的精神，丝毫不减。他用另外的一种方式，在另一条战线上与日本侵略者展开别样的斗争，用自己的实际行动激励了福州人民的抗日斗争。

1941 年 4 月 21 日，占领福州的日军企图利用陈兆锵的威望和影响为侵略者服务，因此请 79 岁的陈兆锵出任福州的维持会长，妄图用这种形式摧垮福州人民的民族自救精神。凶残狡诈的日本侵略者，为了达到其目的，一次次派人到陈家劝说利诱。最后见利诱不成，便以武力恐吓相逼，妄图使老人就范。但一身正气的陈兆锵将军早置生死于度外，严词拒绝，誓死不从敌命。最后，他已做好服毒自杀的充分准备，并对家人表示：四十多年前，丁提督（汝昌）和刘管带（步蟾）宁死不降，服毒自杀。今天，我也绝不会因年老体弱而屈从日寇。

自 1894 年甲午战争爆发，至抗日战争取得伟大胜利的 50 多年时间里，陈兆锵将军保家卫国，英勇不屈，屡挫强敌的爱国壮举和无私奉献的民族精神，在赢得社会各界广泛赞扬的同时，也对广大民众特别是其儿子和外孙女产生了巨大的影响。

二、国家的需要，就是我们的选择

1945 年 8 月 15 日，当日本天皇宣布无条件投降后，陈兆锵将军的儿子陈大磬先生，因其为人正直、学术水平和专业技能俱佳，接到国民政府有关部门的通知，要他马上进入台湾，配合、协助政府有关部门参与接收台湾铁路，搞好铁路的运输和管理，迎接祖国宝岛台湾的光复。

面对国家的需要和民族的重托，面对已是耄耋老人的父亲和身为教师的妻子及年幼的四个儿女，已是而立之年的陈大磬毫不犹豫地接受了任务。临行前，陈兆锵将军把自己最珍爱、带在身上数十年的袖珍指南针和镀金怀表，送给即将奔赴台湾的儿子，希望他牢记国家的重托，用自己学到的本事，认真干好分担的工作，为台湾的光复做出应有的贡献。自此，年富力强的陈大磬就把自己的一生奉献给了宝岛台湾。

在长达半个世纪的时间里，陈大磬先生工作上兢兢业业，恪尽职守，成效显著。但他生活上则简简单单，节俭朴素，清清白白。他没有利用自己是台北铁路管理局秘书股股长兼机要秘书的身份，为自己和家人及亲戚朋友谋取一丝一毫的利益。刚到台湾时，他多次坚决谢绝向他低价抛售房产的日本商人，坚定不移地按照规定办理各种接管手续，为台湾的铁路管理和新的建设发展打下良好基础。他却时刻牢记赴台前父亲的嘱托，尽心尽力干好承担的工作，为台湾的光复和发展做出了贡献。

1998 年，北洋海军成军 110 周年之际，陈兆锵将军嫡孙陈榕教授（左一）在北洋海军将士名录墙落成时向中国甲午战争博物馆捐赠其祖父用过的微型指南针

1998 年，听说中国甲午战争博物馆在刘公岛建起了北洋海军将士名录墙，还要举办纪念北洋海军成军 110 周年的活动，他非常高兴和激动，立即将带在身

上 50 多年的微型指南针，托人从台湾带到香港，由香港转道带往上海，再转道送到福州家人手里。同年 8 月 23 日，在纪念北洋海军成军 110 周年和北洋海军将士名录墙落成典礼上，他的爱子陈榕教授亲临刘公岛甲午战争纪念地，将这件跟随陈家两代人的珍贵文物捐赠给中国甲午战争博物馆，受到与会专家学者和北洋海军将士后裔的高度赞扬。

1999 年秋，中国甲午战争博物馆人员再次南下寻访时，专程去福州采访这位刚从台湾回来探亲的耄耋老人。特别高兴而又十分健谈的陈大磬先生，热情地接待了我们。他对我们不远万里寻访北洋海军将士后裔和收集相关文物史料的做法，表示赞赏和支持，并立即决定将带在身上的镀金怀表也捐给我馆收藏。他还语重心长地对我们说："我的父亲在他生命的 90 多年时间里，先经历过 1874 年日本出兵侵占台湾、福州船政大臣沈葆桢率军前往台湾与日军交涉的事件；又在 20 年后经历过甲午战争惨败、台湾被日本强行割占的痛苦；还经历过 1937 年日本挑起卢沟桥事变、全国人民奋起抗战，1945 年最终取得抗日战争胜利、光复台湾的无比喜悦。父亲曾多次感慨：抗战的胜利主要是靠中华民族的觉醒和联合一致、共同御敌而取得的。我在台湾 50 多年的时间里，不但亲历了台湾的光复和变化，这些年还看到了祖国大陆的发展和人民生活水平的稳步提高。因此，坚持两岸和平发展，是唯一的正确选择"。陈兆锵和陈大磬父子两人的亲身经历和深切体会，可谓一语中的，切中肯綮。就在我们交谈热烈非常融洽之际，他的两个外甥女沈苏和沈织前来探望这位深受人们敬重、在台湾工作 50 多年，但始终没有另外成家的亲娘舅。

1999 年 10 月 13 日，笔者在福州采访陈兆锵将军后裔。从左至右：陈兆锵儿子陈大磬、儿媳林漪如、外孙女沈织、外孙女沈苏、戚俊杰

她们的到来，让我们的采访活动的视野更为开阔，使我们更加清晰地了解到这些爱国将领通过自己的言传身教和潜移默化，在润物细无声中，使他们的子孙后代在民族生死存亡的关键时刻，毫不犹豫地站出来，以不同的方式方法，坚决抵抗日本侵略者的感人事迹。

三、秉承先辈遗志，抗日事迹感人

沈苏女士，1915 年 6 月 1 日（农历四月十九日）出生于上海，因那时上海属于江苏省，故取名沈苏。她是陈兆锵将军的外孙女，也是著名爱国将领沈葆桢的第五代孙女，可谓名门之后。她的爷爷曾当过知县，为官清廉，一生节俭，但却十分重视对子女们的教育。她的爸爸沈来秋是沈葆桢的曾孙，曾出洋留学，获德国法兰克福大学经济学博士，归国后曾长期担任同济大学、厦门大学、云南大学、华中大学的教授。她的母亲陈秀莹是陈兆锵的爱女，受过教育、识文断字；知书达理，相夫教子，是典型的贤妻良母。沈苏的姥姥林淑贞，出身于福州的名门望族，黄花岗七十二烈士中的林觉民、林尹民就是她的堂侄。沈苏由于出生时身体虚弱，所以从小时候起就居住在姥姥家。陈兆锵和林淑贞非常疼爱这个聪明伶俐的大外孙女，全力为她寻医问药，及时施治。随着身体的康复，勤奋懂事的沈苏深得姥爷和姥姥的喜欢和调教。正是这样的家庭背景，使刚刚懂事的沈苏就勤奋努力，好学上进，具有深深的家国情怀。成年之后的沈苏，不但有文化、有品位，而且知书达理、心灵手巧，还特别懂得为弟弟妹妹们做出表率，勤俭持家。

1933 年 8 月，19 岁的沈苏由姥姥林淑贞做主，与英俊潇洒、身材笔挺的海军军官林溁结婚。他们俩的结婚典礼采用西方军人婚礼的礼仪方式，新郎与男傧相都身着海军军官礼服，来到福州著名的宫巷沈葆桢老宅，他们左手托着礼帽，右手按着佩剑，两人并排迈着正步从大门外沿着红地毯走进花厅，又并排按剑端坐在沙发上迎接新娘。新娘沈苏，则身着拖地的西式裙，披着白色婚纱，由四个妹妹陪着她走上红地毯。他们这种敢于创新的结婚典礼，在当时的福州引起了很大的轰动，引发了许多青年人的向往。

但是，热闹的婚礼还不到半个月的时间，新郎林溁就接到赴南京出任“通济”舰三副的任命。深明事理的沈苏，不但没有怨言和牢骚，反而安慰丈夫：事业为重，家里有我，一切你都不用操心，安心把工作干好。

她的丈夫林溁，字鼎新，1908 年出生，是黄花岗七十二烈士中的林觉民的侄儿，1928 年毕业于烟台海军学校航海科。之后，又被派往英国皇家海军学院深造。1933 年秋出任“通济”舰三副，此后不久又出任福州马尾海军练营副营长。

1935 年 1 月 5 日，沈苏的大儿子出生在南京鼓楼医院。因南京简称“宁”，他们家又居住在“宁中里”，还因为林溁在“宁海”舰上任职，故给孩子取名林宁。不久，因为工作变动，沈苏随林溁移居福州驻防。1936 年 10 月 16 日，他们的第二个儿子平安出生在福州协和医院。次日，林溁又接到要他马上赴南京出任“应瑞”舰副舰长的命令。他马上为二儿子取名林瑞，以示纪念。军情紧急，需要他马上到位履职。林溁十分挂念刚刚生完孩子的沈苏身体还没有得到恢复，担心其思想和情绪上难以接受又要分离的痛苦。他怀着忐忑不安的心情来到产房。没有想到的是，身体虚弱的沈苏十分平静而又愉快地对他说：“你放心去吧，家里有我。”简短的九个字，充分表达了一位军人妻子对丈夫的支持和国家利益至上的可贵精神。沈苏的话语，令所有在场的人为之感动和敬佩。

四、舍小家为国家，全力以赴支持抗战

1937 年 7 月 7 日，日本挑起卢沟桥事变，发动了全面武装侵略中国的战争。穷凶极恶的日本侵略者欺人太甚，激起中国人民的无比愤怒和奋勇抵抗。7 月中旬，发生了大汉奸福州人黄秋岳父子卖国通敌事件；他们把军队准备封锁长江口，一网打尽长江上之日本军舰的绝密情报泄露给日本，致使日本的军舰连夜起锚驶出长江，中国军队失去一举灭敌的大好机会。汉奸黄秋岳父子于 8 月间被执行了死刑。因为黄秋岳事件，引发了当时人们对福建人的怀疑。对此，居住在南京市的沈苏告诉弟妹们，我们要用自己的行动证明给他们看，真正的福建人是什么样的。

“八・一三”淞沪抗战前夕，林溁被调到“宁海”舰任枪炮长。眼见南京也不安全，他劝身体虚弱的妻子回福州去，但沈苏却异常坚定地告诉他，你在前线，我就不会去后方。在江阴海空战即将打响的前一天，面对日寇先进的武器装备，特别是看到遮天蔽日狂轰滥炸的敌机，想到心爱的丈夫就要出战了，面对可能发生的生离死别，沈苏的心中充满了坚毅，找不到一丝的畏惧。但在她的内心深处也做了最坏的打算：“你放心地去吧，无论怎样，我一定会把孩子带大，还会代你为爹妈养老送终。”

惨烈的战斗打响了。中国海军全体参战将士碧血丹心、以弱抵强，在长江下游咽喉部位的江阴，与日本空军展开了一场极为惨烈的殊死保卫战。日军的空中轰炸超出世人的想象。面对日军一轮接一轮的狂轰滥炸，身为枪炮长的林溁异常

坚定，他和并排站立指挥战斗的同僚同时中弹，战友当场牺牲，而他却因弹片走偏，军帽和一块头皮被切去，没有遭受致命伤。此次激战，中国海军参战的“平海”和“宁海”两艘军舰共击落敌机 4 架，击伤敌轰炸机 2 架，但自身也先后被日军炸沉。

江阴之战后 海军舰船损失殆尽，海军部队移居陆地。头部负伤还没有痊愈的林溁，就要到海军湖口炮台出任第一副台长。身体虚弱的沈苏还是坚定而又平静地对丈夫说：“你放心去吧，家里有我。”

南京沦陷前，沈苏随父母弟妹撤往山城重庆。在重庆居住期间，她的大女儿出生了。虽然无法亲临抗战一线，但他仍然用不同的方式积极支持全面抗战。在一次又一次的献金义捐活动中，沈苏将自己多年的积蓄用于支持全面抗战。1939 年 6 月，林溁因工作需要出任海军布雷队第三分队队长，主要在湖南和湖北地区布雷设防，阻止日军的进攻。

五、吃苦流血，战斗在抗战最前线

1940 年的元旦刚过，早就渴望上前线的沈苏带着只有 1 岁多的女儿小苏前往湘阴。当时兵荒马乱，社会治安极差，她那装着贵重首饰和物品的小皮箱被小偷偷走，幸好还有一些钱是缝在贴身衣袋里的。那时候，因为战乱加上敌机的骚扰，公路上的汽车没有定时定点的。无奈之下，她只好抱着女儿边走边打听：“有到前线去的车吗?”被问到的司机大都无法理解。多年后她仍然清楚地记着，有一回一位心直口快的驾驶员听说她要带着孩子上前线，百思不得其解地问她：“人家都是往后方跑，你一个女人还带个孩子，怎么还往前线奔?”沈苏毫不犹豫地告诉他：“我也想打鬼子!”

找到海军布雷队，沈苏便成为编外的布雷队员。此后，她跟随丈夫林溁在湖南省湘阴和湖北省黄金口等湘鄂水系布雷数年。沈苏的主要工作是帮着测量水的深浅，记录水的深度，以确定是否适合布雷，并画出所布雷区的图纸。她还自觉放下“大小姐”和“官太太”的架子，与官兵们打成一片。在布雷队期间，沈苏不但主动帮助林溁做好布雷队官兵的思想工作，而且还主动帮助官兵缝补浆洗衣服，对那些出身贫苦、家里急需钱的士兵，只要她知道的，就悄悄将自己的钱寄到他们老家，帮着解决燃眉之急，以便让士兵能安心踏实地布雷打仗。

布雷队因工作需要，当时大都住在山间村边，无论生活和工作方面都离不开老百姓的支持和掩护。这时，沈苏就自愿发挥自己的优势，把自己的一些衣服送给当地的村妇，还经常把母亲寄来的糖果、饼干、药品，送给那些急需的人家。

由于沈苏较好地处理了与地方百姓的关系，所以当地农民也十分关心布雷队官兵的安全。每次出发布雷，村民们不但将自己的衣服借给布雷队员使用，而且还经常冒着生命危险，帮着布雷队员扛雷、划船等。

海军不停地布雷，使日军的船艇难以出行，其人员、物资、舰船等都受到重创。由于海军布雷队大量杀伤日军，并有效阻止敌人的进攻，所以日军一次次派出重兵，四处围剿和追杀海军布雷队。毫无人性的日军将抓到的布雷队队员，用木板夹起来，将其活活鋸死，其残忍暴行令人发指。看到丧心病狂的日军对布雷队步步紧逼的围堵剿杀，林溁多次劝妻子回重庆后方，但沈苏总是以先祖为榜样，表示自己不怕死，坚持继续留在布雷队打击敌人。

1943 年，沈苏又随丈夫调到游击布雷队。他们的任务是潜入敌后沦陷区布雷，要完成这样的任务，就更加艰难和危险。布雷队时常遭到日寇的袭击和包围，即便是在这样的情况下，沈苏仍然义无反顾地坚守在布雷队，与官兵们同甘共苦，出生入死地抗击日本侵略者。

在时常躲避日军大扫荡的战斗中，沈苏与所有队员一样，经常要进深山老林，喝山涧溪水，啃坚硬冰凉的干粮，住潮湿阴冷的山洞，而且只有麻袋可做避寒的被子。尽管这样，布雷队员也没一次有听到沈苏的叫苦声。

在布雷队的几年间，沈苏及战友多次躲过敌人的追捕，始终坚持在衡阳、长沙、湘阴、常德、黄金口等湘鄂水系广泛布雷，为打击消灭野蛮凶残的日军立下了功劳。尤其值得指出的是，已是四个孩子母亲的沈苏，是当时唯一始终战斗在海军布雷前线的女性，是非常受布雷队官兵尊敬和敬佩的好大姐。

正是由于沈苏女士对敌人烧杀抢掠的无比仇恨，对自己朝夕相处战友的真诚关怀，在抗日战争胜利 40 多年后的 20 世纪八九十年代，当年曾是布雷队员的陈书麟、陈宗孟、何鹤年三位战友，还专门数次到福州宫巷沈葆桢故居寻找和探望沈苏女士，表达他们的敬佩之情。

六、家国情怀深，善良乐助人

抗日战争胜利后，沈苏的丈夫林溁在海军学校教书，1949 年随学校搬迁至台湾。赴台后的林溁虽思乡心切，却一筹莫展，无能为力。他一直在“台湾三军大学”任教，很快升任“少将主任”教官和和“海军副教育长”。与此同时，30 多岁的沈苏就承担起了赡养公婆父母和抚养教育四个孩子的重任。在长达半个多世纪里，这位身体瘦弱、能量巨大的女性，靠变卖金银细软和给工地拉板车运送建筑材料养家糊口，克服了各种困难，独自带大两双儿女，为国家培养了两位高级工程师和一位优秀教师。与此同时，她还积极参加社会活动，尽其所能帮助在台人员家属赴台与家人团聚。

福州马尾船政学堂是中国近代海军的摇篮，许多海军人才从这里走出。国民党撤离大陆时，许多海军人员随部队去台湾，他们的家属却被滞留在大陆。沈苏和他们一样，热切盼望祖国早日实现和平统一，家庭能得团圆，亲人可欢聚一堂。为此，沈苏很早就参加政协举办的政策讲座学习会，了解党的方针政策，并主动联系和团结台属，互通两岸相关人员的信息，力所能及地帮助他们解决生活中的实际问题。例如：周密安排台属高老太太，借道香港，安全护送她去往台湾，与唯一的亲人实现了团聚。再如 20 世纪 80 年代，她通过与有关部门的联系，想方设法帮助黄花岗七十二烈士林觉民的胞妹林秀慧经香港前往台湾，实现了寡母与独子团聚的夙愿。正是因为沈苏为人正直、待人坦诚，办事认真、善良宽容，想人所想，急人所急，所以深得台属的信任，许多台属愿向她敞开心扉，寻求帮助。

陈兆锵将军与儿子陈大磬以及外孙女沈苏，是一个家族中的祖孙三代人，是中华民族千千万万个家族或家庭中反对侵略、捍疆卫国，敢打敢拼、前仆后继，勇往直前、舍小家顾大家的典型代表。在中华民族隆重纪念中国人民抗日战争胜利暨宝岛台湾光复 70 周年的时间节点上，通过回顾陈兆锵将军、陈大磬先生和沈苏女士在坚决抵抗日本侵略军，誓死捍卫国家主权和领土完整以及光复和建设宝岛台湾的感人事迹，对于激励海峡两岸人民特别是广大青少年以史为鉴、珍爱和平，振兴中华、造福于民，都是十分必要和大有裨益的。

（此文原载于艾克总编：《两岸视点》2015 年第 11 期，第 73 页。有改动）

解疑释惑答网友

——关于丁汝昌五世孙丁小龙身世的说明

2016年2月18日20点58分，网友“我爱舞蹈”发出询问：“海军衙门（指刘公岛北洋海军提督署——笔者注）那个丁汝昌后人是真的吗?”网友“海东云”于21点15分回答：“不是。”听到这样的回答，网友“我爱舞蹈”非常气愤地接着说：“为了出名脸都不要了!”他们的交谈一直在继续。至21时27分，又一位青年网友用貌似真懂的语气接着说，“那个不是他的问题”，“是戚俊杰的问题”。说这话的是一位喜欢海军史和研究海军舰船的青年人。接着他又说“他一个农民懂个屁”，“有一个团队在操作”。是夜23时许，网友两个多小时的交谈才告一段落。

坦率地说，看到许多网友特别是有朝气、有知识的青年人热心于北洋海军与甲午战争史的研究，看到他们关心北洋海军爱国将士后裔的生活和工作状况，作为守望甲午故地、研究北洋海军与甲午战争三十多年的我非常高兴，也感到欣慰。但听到或看到有些年轻人简单地以貌取人，进而去评判一个人，或是仅仅凭着他是一个地道的农民，就判断经历过许多坎坷的丁小龙“不是”丁汝昌提督的五世孙，我心里又感觉十分遗憾和难受。特别是看到有知识的网友交谈时使用了不文明的话语和词汇，更是替他们惋惜，也替他们汗颜。因而觉得有必要与青年网友们进行沟通和交流，还丁提督的五世孙及其家人一个公道。但2016年11月9日（农历十月初十日），是北洋海军提督丁汝昌诞辰180周年（丁汝昌生于清道光十六年农历十月初十日，公历为1836年11月18日）的纪念日。为了纪念身处逆境之中仍忍辱负重，屡挫强敌，拒敌诱降，自杀殉国的北洋海军提督丁汝昌诞辰180周年，我抢抓时间将《丁汝昌年谱》赶在11月出版发行，以示对爱国将领的缅怀与纪念。但我心中始终放不下青年网友对丁提督后裔的不公正议论。为了让网友特别是喜欢研究北洋海军和甲午战争史的青年人了解真实的历史，弄清楚丁小龙的真实身份及其坎坷的人生轨迹，我愿借《甲午战争研究》这个平台，将青年网友疑惑的问题逐一解答，还北洋海军提督丁汝昌五世孙丁小龙先生一个起码的公道。另外，所有治史者特别是青年史学研究者，如果不能尊重历史事实，不能坚持实事求是的研究态度，仅凭道听途说或一知半解就妄下结论，那将是十分可怕和令人担忧的，因为这样做的结果必将是损己伤人，两害俱存，毫无意义。

一、“海军衙门那个丁汝昌后人是真的吗?”

回答是肯定的，丁小龙就是丁汝昌玄孙。青年网友所说海军衙门那个丁汝昌后人，就是指在刘公岛北洋海军提督署大门东侧卖书的丁小龙先生。他是丁汝昌的玄孙，即五世孙。这是有据可查的事实，是毋庸置疑的。丁小龙是北洋海军提督丁汝昌曾孙丁荣澍和张世英夫妇的第三个儿子，1952 年出生在安徽省巢县，出生时他们全家人的户口都是吃国家供应粮的非农业户口。

在刘公岛北洋海军提督署帮助乔洪明售书的北洋海军提督丁汝昌五代孙丁小龙半身照

丁小龙兄弟姊妹一共七人，依次是老大丁昌志、老二丁昌仁、老三丁小龙、老四丁惠琴、老五丁小伢、老六丁梦琴、老七丁小明。他们的父亲是丁荣澍（也叫丁浩然），是丁汝昌长子丁代龄（丁继廷、丁少廷，1862～1884）的二孙子，他与丁杰的父亲丁荣涛（1933 年出生）是亲兄弟。丁荣澍与丁荣涛的父亲叫丁发聪（也叫丁弼臣，是丁代龄的遗腹子）。丁荣澍、丁荣淑、丁荣涛和丁亚华、丁荣纬、丁荣伦、丁荣经、丁荣芝、丁亚芳、丁亚苏，是同辈的堂兄弟姊妹。由此可知，丁代龄是丁汝昌的儿子辈，丁发聪是孙子辈，丁荣澍是曾孙辈，丁小龙则是玄孙辈。由此足以证明：丁小龙就是北洋海军提督丁汝昌的五世孙（即玄孙)，这是我回答网友的第一个问题。

二、丁小龙一家人是怎样变成农民的?

丁小龙因何把非农业的城市户口变成了农业户口?他怎样由一个性格开朗的活泼少年，变成了缩手缩脚、胆小怕事的农民呢?这是我要回答网友的第二个问题。

丁汝昌曾孙丁荣澍出生于1919年，完成学业后即从事教育事业。因其家庭影响大，本人有文化、会教学、人缘好，曾担任过国民党县政府的参议员。20世纪40年代初，丁荣澍与小自己两岁的安徽省肥东县的知识女性、同为教育工作者的张世英结为夫妻。

中华人民共和国成立后，丁荣澍与妻子张世英双双成为人民教师，继续在巢县老家乡村从事教学工作。那个时候，他们两人及其子女均为农村人十分羡慕的、吃国家供给粮食的城市户口。丁荣澍老师因为家庭成分是破落地主，本人又有国民党县参议员短暂的经历，所以他只是巢县高林乡官泉行政村小学一名普通老师。而其妻子张世英则担任高林乡大江小学的校长。他们的大儿子丁昌志(1945年出生)、二儿子丁昌仁(1947年出生)、大女儿丁玉琴(1950年出生)、三儿子丁小龙(1952年出生)、四儿子丁小伢(1955年出生)、小女儿丁梦琴(1957年出生)，均跟随母亲张世英居住在大江小学。

丁荣澍他们家虽然人口多，但因夫妻两人都是工资相对较高的人民教师，所以生活方面比一般乡村农民还是好了许多。20世纪60年代初期，国家开始实行精减城市人口、大力支援农村建设的新政策。丁荣澍因为是破落地主家庭出身，曾经担任国民党县参议员，被扣上“右派分子”的帽子，首先下放到农村，参加劳动改造。就这样，全家人由城市户口立即转为农业户口。

其实，丁荣澍的国民党县参议员经历事出有因。1936年西安事变后，国共两党联手合作，实行了抗日的民族统一战线。丁汝昌的后裔也都积极参加抗日运动。抗日战争胜利后，中国国民党与中国共产党经过谈判，达成著名的《双十协定》。为了贯彻《双十协定》的精神，中国共产党领导的新四军奉命从安徽一带向北撤退至黄河以北地区驻防。包括巢县在内的江南地区遂成为国民党的管辖区域。遵照国民政府的管理规定，各县必须选举地方上有影响的人物作为国民党县政府的参议员。丁氏家族在巢县是名门望族，家大业大，声名显赫，颇有影响。又因为丁荣澍老师身材高大，英俊潇洒，气质特佳，教学优秀，桃李芬芳，因而理所当然地被推选为巢县国民党政府参议员，其职业仍然是教书育人。虽然他这个国民党县参议员的任职时间不长，任职期间也没有做出不利于人民革命的事情，但这短暂的经历却给他后来的人生带来了意想不到的麻烦和影响。

中华人民共和国成立后，继续担任人民教师的丁荣澍和张世英，因为学校距离老家很近，丁汝昌的老宅子里还有他们的房产，他们夫妻俩的学生多，人缘也好，深受父老乡亲及学生们的尊敬，所以他与妻子愿意继续留在家乡附近的学校教书。年富力强的夫妻二人，因其兢兢业业的出色工作，深受学校师生和家长以及广大群众的爱戴和好评。

丁汝昌第五代孙丁昌明曾经告诉笔者，他是 1946 年出生在汪郎中村的丁家老宅里。新中国成立以后，少年时期的他很幸运地跟随伯母张世英老师读书。至今记忆尤深的是，抗美援朝的时候，张世英老师安排他们两男两女四位同学，饰演中国人民志愿军战士和美国大兵。当时节目的台词至今他还能张嘴就来："美国佬，真可笑，穿皮靴，带钢帽，遇到咱们的志愿军，连忙跪下把枪缴。"而且每逢重要的节庆假日，张世英校长还专门组织排演《白蛇传》等传统剧目，为丰富和活跃农村的文化生活做出了贡献，受到广大农民的欢迎和赞扬。

丁荣澍老师被调离教师队伍后，首先被送到庐江白湖农场进行劳动改造。其间，不惑之年的他，身高力大，加之身上带有丁汝昌提督忠诚实干的基因，故总是听从分配，干劲十足，常常是挑着担子快步如飞，受到农场领导与职工的一致好评。

1962 年，遵照当时国家出台的有关政策，丁荣澍和张世英带着六个孩子，回到了汪郎中村丁汝昌的老宅子里居住，全家大小八口人从此变成了地地道道的农村人了。令他们全家欣慰的是，一家八口仍然可以住在丁汝昌老宅子里的一栋二层的木地板小楼里（上下各三间，地面是木板铺成的）。那一年，丁小龙刚满 10 周岁。从享受农村人羡慕的城市户口待遇，突然降低到思想精神方面还不如一般农民待遇的农村人口，这让原本性格开朗、幼稚纯真的丁小龙及其兄弟姊妹，在生活、学习、思想等各方面有了从未有过的压力和负担。众所周知，存在决定意识。这样的生存环境，对一个刚刚懂事的孩子的性格形成是多么重要。

1963 年，丁荣澍与张世英最小的儿子丁小明出生了，这是他们家的第七个孩子。在那个多子多福观念十分盛行的时代，丁家人自然也心情愉悦。但很快，平静的农村生活被打破了，社会主义教育运动（简称"四清"运动）还没有结束，清理阶级队伍的运动就接上了，丁荣澍老师因为家庭出身和个人历史问题而成为批判改造的对象。1966 年无产阶级"文化大革命"开始以后，丁荣澍及其家人的生产和生活秩序就更难平静。丁荣澍白天从事繁重的体力劳动，晚上则要在煤油灯下接受贫下中农的批判斗争和再教育。为了取得广大贫下中农的谅解和认可，年近五旬的丁荣澍总是抢着干那些重活、累活、脏活。突然有一天，他的脚在水田里干活时被铁钉子扎伤了。因为没有时间，也没有条件，更没有打预防针防止破伤风的意识。几天之后，丁荣澍的伤脚感染化脓进而转变成了要命的破伤风，49 岁的丁荣澍撇下了妻子儿女，于 1968 年撒手人寰。他的去世使这个大家庭就像天塌下来一样，张世英老师及其儿女都沉浸在极度悲痛之中。然而，无产阶级"文化大革命"仍在继续进行，极"左"思潮正借助阶级斗争为纲，继续对丁汝昌的后裔们进行斗争和迫害。

极"左"路线的执行者们首先将这一家八口人驱逐出丁汝昌故居。1969 年，丁小龙一家人被强逼着离开了自家的二层木楼，搬进了十年前去世的残疾人金向太住过的破屋子。而他们全家住过的好端端的两层木楼，作为地主阶级剥削压迫贫下中农的罪证被拆毁。

金向太是重度残疾人。他没有走路的双脚，是依靠挪动座下的胶皮垫子代替双腿走路。金向太是外地人，年龄不大，从外地讨饭来到汪郎中村。因为他重度残疾，老实可怜，被丁小龙的爷爷丁发聪收留下来，住在丁家大院门庭的配屋里，值更看门。这样不但有饭吃，还避免了到处流浪。自此，金向太有了固定的住所，不用流落街头乞讨。新中国成立以后，没有成家的金向太分到了土地和三间旧房子，也名副其实地成为汪郎中村的正式村民。1959 年，孤独重残的金向太去世。他住过的旧房子没有人来住，任凭风吹雨打，南方地区的阴冷潮湿，对房屋的自然损伤可想而知。丁小龙一家就被撵到了空闲十多年且透风漏雨的这三间破房子里，其感受简直就是从天堂掉进了冰窟窿。那时候，他们家八口人，老大和老二都是 20 多岁的男子汉了，两个女儿年龄也都十多岁了。原来上下两层的楼房，既不愁地方窄，也不用为没有床而发愁，因为木地板本来就能防潮隔寒。现在这一切都改变了，八个人挤在阴冷潮湿的三间破屋里，房小人多，既没有那么多的床，也没有木板搭床，身为母亲的张世英虽然着急上火，但却无可奈何，丁小龙一家的生活境况更加艰难了。

随着无产阶级"文化大革命"的深入，张世英老师又被当作新的批判对象，经常以莫须有的罪名接受村里组织的批判和教育。在 1970 年的一次批斗会上，汪郎中村的领导命令张世英这位生养了七个儿女的家庭妇女必须下田耕作，进行劳动改造。已近不惑之年的张世英以孩子多、年龄差距大、几个小孩子需要她看管，还要为下田干活的几个大孩子做饭为由，说自己无法去田里参加劳动改造。见她这样的态度，民兵连长不容分说，在会场上当着村民们的面狠狠地搧了她一巴掌。曾经受人尊敬的张老师万万没有想到民兵连长这么不通情理，他这一巴掌彻底把张世英老师的心打碎了、搧死了。满眼含泪的她回到家里就要寻短见，多亏被孩子们发现并及时拦住了。他们一起看着妈妈不让她出门。到了晚上，为了防止母亲发生意外，大儿子丁昌志和二儿子丁昌仁同时守在家门口，防止母亲外出寻短见。到了夜深人静的时候，累了一天的兄弟俩忍耐不住困顿和疲乏，不知不觉就在门口睡着了。心灰意冷的张世英趁着儿子打盹的机会，悄悄地开门溜出家门之外，一头扎进丁汝昌故居门前的池塘里溺水而亡，天亮后其遗体被人发现俯身漂在水面上……。

丁荣澍和张世英夫妇的先后离世，使丁小龙兄弟姊妹的生活更为艰难。同样的劳动付出，却得不到同样的劳动报酬，这样的日子仍然年复一年地重复着。直到打倒“四人帮”后第三年的深秋季节，他们的命运才开始发生了深刻的改变，压在他们兄弟姊妹心头的大石头才被威海来的人给搬走。这就是丁小龙及其家人由非农业人口突然变为农业户口的历史原因和整个过程。丁小龙及其家人的不幸遭遇是令人痛心的，也是值得同情的。这是祸国殃民的“四人帮”及其爪牙造成的。是改革开放的政策又焕发了爱国将领后裔们的青春。

三、“有一个团队在操作”，他们都是谁?

2008 年夏季，刘公岛北洋海军提督署大门东设立的售书柜台里，有两位卖书的男士引人注意，一位老实憨厚，满嘴的安徽口音，言语不多，而且行为举止有些拘谨和胆怯。另一位个头不高，但张嘴就是普通话，而且颇有艺术气质。在书柜的后头树立着一幅既喷着照片，又写着北洋海军提督丁汝昌五世孙的宣传画。所有来此参观的游客走到提督署大门口都会打量着卖书的人，他们看看喷绘的宣传画，再瞅瞅柜台摆着的几摞《甲午海战》书。该书由于文江主编、鸿鸣著，中国文史出版社 2007 年 6 月出版。或有人买，或有人拿起又放下，或有人一买就是几本。随着时间的推移，有人对那位老实憨厚持安徽口音的卖书人的身份提出疑问。争论探讨数年后还在继续。故那位青年网友说这“是戚俊杰的问题”，还神秘兮兮地说“有一个团队在操作”。这到底是怎么回事呢？事情的原委要从 20 世纪 70 年代打倒祸国殃民的“四人帮”之后说起。

（一）威海编志组的邹本穆、戚其章和刘德煜首次寻访丁氏后裔

打倒“四人帮“后，国家进入恢复正常工作的新时期。1978 年秋，威海市成立了地方志编撰班子，称编志组，即威海市地方志编撰委员会办公室。时任威海市宣传部副部长的邹本穆，从事教育工作的戚其章，从事文化工作的刘德煜等同志分别被调到编志组工作。是年 11 月中旬，时任威海市编志组组长的邹本穆

与成员戚其章、刘德煜奉命南下，直奔北洋海军提督丁汝昌的老家安徽省开展调查访问。这是甲午战争结束80多年后，威海地方政府首次派出调查人员到北洋海军爱国将领家乡进行调查访问。

11月17日，威海调查组先到安徽省合肥市访问了合肥市委、合肥市文管处、安徽省政协、安徽省博物馆、安徽省文史研究所、安徽省图书馆等单位的相关人员。接着，他们又奔往丁汝昌的家乡。

11月22日，邹本穆、戚其章和刘德煜一起来到安徽省巢湖地区，在巢县（今巢湖市），他们先到巢县药材公司和饮食服务公司，看望访问了丁汝昌曾孙丁荣涛和曾孙女丁亚芝。他们很快找到了在县药材公司工作的丁荣涛。47岁的丁荣涛曾参加过抗美援朝战争，但因其年纪很小就离家外出，“对其曾祖父丁汝昌的情况也很模糊，或者可能不愿多谈”①。于是，他们又前往巢县饮食服务公司访问丁亚芝。令人遗憾的是，饮食服务公司的经理和书记都不同意访问丁亚芝，他们的理由很简单：她是戴着“破落地主”帽子的“五类分子”，她的曾祖父还是国民党的海军司令。这个回答令威海人十分震惊。再问才知道，她父亲丁发泽土改时被定为“破落地主”，根据当地的土政策“父帽死后传子戴”的规定，这个帽子应该由丁亚芝的两个哥哥接着戴。但由于丁发泽的大儿子丁荣经被国民党杀害，二儿子丁荣纶在抗日战争中牺牲，因此这顶帽子就改由其女儿丁亚芝戴着。威海的来访者十分动情地告诉该公司的领导，丁亚芝的曾祖父丁汝昌不是国民党的海军司令，而是清朝时期的北洋海军提督。他在中日甲午战争中，带领广大官兵英勇奋战，屡挫强敌，多次打退敌人海上和陆地的三面夹攻。最后，在弹药将尽，援军无望的情况下，拒敌诱降，服毒自杀，悲壮殉国，是一位高级爱国将领。饮食服务公司的领导听后大为吃惊，也深受感动，表示马上开会研究如何处理好这件事情。

第二天上午，饮食服务公司的领导告知威海的三位来访者，今天可以采访丁亚芝了。理由是：昨天公司领导开会研究决定，摘去丁亚芝“破落地主”的帽子，因此今天可以接受采访。丁亚芝女士十分感谢威海的同志，但因为那时候党的十一届三中全会还没有召开，人们对全军覆没的北洋海军还有偏见，所以，“丁亚芝告诉我们有关丁家的事，她自始至终不听、不问，更不愿说，几乎什么也不知道。”② 有鉴于此，威海的同志请丁汝昌曾孙丁荣涛带路，乘汽车前往距离县城30多公里的高林公社汪郎中村采访。

他们下了汽车去往汪郎中村，因为没有成形的路，只能在稻田梗上穿梭。丁

① 戚其章：《走近甲午》，天津古籍出版社2006年版，第314页。

② 刘德煜编著：《威海往事》，中国戏剧出版社2010年版，第136页。

荣涛带他们到其侄子丁小龙家进行了走访，时年15岁的丁小明异常兴奋地跟随着威海人去丁汝昌的老宅子考察。“及至找到丁汝昌的故居，邻近的人深感意外，破落地主家里为什么来了几个北方人？他们要干什么？”后有位转业军人倒是先进了屋，与来访者展开交谈。时间很快临近中午，“看到主人正在灶前壁后忙个不停，估计她们是为午饭而备。我们一直不忍心麻烦人家，提出要告别，不想她们顿时都收敛了笑容，急告我们面条已切好，到高林去割肉的也快回来了，说‘你们是不是看不起我们这种家庭？’为了不伤主人一片诚信，我们还是决定，这顿饭一定要吃，不然不仅给她们造成财物的破费，重要的是在面子上、精神上是个不小的打击。吃了饭后，她们再次展开了笑容，双方都很高兴”[①]。

邹本穆、戚其章、刘德煜三人的到来，在汪郎中村引起了巨大震动。村里人很快知道了“山东来的人说丁家祖上的大官是好人，是打日本侵略军的爱国者”。听到这些话，丁家弟兄“人人脸上都露出笑容，好像从来没有这样荣光过”[②]，包括丁小龙、丁小明兄弟姊妹在内的所有丁汝昌的后裔们终于有了盼头，压在他们心里沉重的寒冰开始融化了。可以说，是威海编志组的安徽之行，使安徽省的广大群众开始了解爱国将领丁汝昌杀敌卫国、宁死不降的英勇事迹，打碎了套在丁汝昌后裔们思想上的精神枷锁，让同工同力却不能享受同酬待遇的丁氏后裔终于可以挺直腰板走路、干活，获得平等相待的尊严。

（二）中国甲午战争博物馆一行六人前往安徽寻访丁汝昌后裔

为了做好寻访北洋提督后裔的准备工作，笔者曾专程前往北京万寿路拜访过丁汝昌曾孙女丁亚华及其爱人张铚秀将军，请他们帮助征集丁汝昌后裔手中的遗物。丁亚华女士随即将我们的要求转达给了巢县汪郎中村的丁氏后裔。后来，丁昌志、丁昌仁、丁惠琴、丁小龙、丁小伢、丁梦琴和丁小明兄弟姊妹达成一致意见，主动把家里珍藏的丁汝昌的玉石印盒交给回乡省亲的姑母丁亚华和姑父张铚秀两位长辈，请他们代为捐赠给中国甲午战争博物馆收藏。1989年夏季，丁亚华和张铚秀将军携子女来刘公岛考察时，将丁小龙兄弟姊妹捐赠的提督玉石印盒交给了我们。如今，北洋海军提督丁汝昌的玉石印盒已经国家文物鉴定委员会鉴定为国家一级文物。

1990年春，我与王永波再次赴北京万寿路拜访张铚秀将军和丁亚华女士，就丁氏后裔的分布情况进行咨询了解。一贯热情认真的丁亚华女士告诉我们：“老家汪郎中村可能还有点东西，你们可以去汪郎中村找丁昌志、丁昌仁、丁小

---

① 刘德煜编著：《威海往事》，中国戏剧出版社2010年版，第138页。

② 刘德煜编著：《威海往事》，中国戏剧出版社2010年版，第136页。

龙、丁小伢、丁小明兄弟几个问问。”从那时候开始，我便谋划去安徽、江苏寻访丁汝昌的后裔，挖掘相关史料，征集北洋海军使用过的物品。

通过丁亚华女士的介绍，我与丁亚华的大妹妹、居住在巢县散兵公社大赵家村的丁亚芳女士及其长子赵益民老师取得联系。经过调查得知，在巢湖地区巢县汪郎中村居住的丁汝昌的第五代孙有丁昌仁、丁小龙和丁小明（其长兄丁昌志在合肥工作，而排行第五的丁小伢那时已经去上海从事水产品的经营活动）。

1992 年 10 月 13 日，中国甲午战争博物馆戚俊杰、刘新芳、毕可江、郭阳、王记华和于书明一行六人，前往安徽和江苏两省寻访丁汝昌的后裔。第二天中午，到达安徽巢湖地区行署办公地。遵照国家的相关政策和规定，我们首先联系巢湖地区文物管理所的负责同志，请他们支持我们寻访将士后裔。巢湖地区文物管理所的钱玉春同志与我馆的刘新芳同志是国家文物局培训班的同学。他表示愿意为我们带路前往高林公社汪郎中村。我们先顺路去巢县散兵公社大赵家村访问了丁汝昌曾孙女丁亚芳及其儿子赵益民（此前我已经与赵益民老师通信联系过）和赵会（慧）民。赵会民是一位个体运输户，性格开朗，说话直爽，非常热情地为我们介绍了行车路线。为能使我们快速到达目的地，他主动开着自己的汽车为我们带路，使我们顺利找到并采访了丁汝昌第五代孙丁昌仁、丁小龙、丁小明三兄弟及其家人。那时候，他们的居住条件很差，房子既窄小又破旧，家里的生活设施也特别简陋，但他们听说中国甲午战争博物馆需要丁汝昌家用过的物品对观众进行爱国主义教育时，40 岁的丁小龙和 29 岁的丁小明兄弟俩及其家人，不顾自己家里一贫如洗，毫不犹豫地把珍藏多年且正在使用的红木方形桌子（桌面是一扇完整的红木板，是他们家里正在使用的餐桌）、养鱼缸（当时装着猪饲料）和镶嵌贝壳雕花的大木床捐给了中国甲午战争博物馆。他们这种舍小家为大家、不计得失的豪爽之举，颇有北洋海军提督丁汝昌甲午海战时期那种敢于担当、舍己为人的大将风度。他们识大体、顾大局的大气之举令人感动。陪同我们前去的巢湖地区文物管理所的钱玉春同志大为震惊地说：“我从来没有见过生活这样困难的巢县农民，能这样大方，既不讲钱，也不论价，还这么豪爽自愿。”虽然这件事情已经过去了 20 多年，但丁小龙和丁小明他们那种朴实真诚支持我们的感人情景，至今仍历历在目。

眼见丁汝昌提督家用的物品要被我们拉走，钱玉春同志出于职业的本能责任，建议我们随他回到地区文管所汇报，经当地文物部门批准后再离开巢县。鉴于此，我们当即终止了在当地的文物征集活动，请赵会民将钱玉春送回巢湖地区文管所。我们则立即从汪郎中村前往无为县和南京市。当年丁小龙、丁小明弟兄捐赠的文物全都陈列在中国甲午战争博物院的相关展厅里，供游人参观。

1995 年 5 月，中国甲午战争博物馆再次寻访北洋海军将士后裔。笔者向北洋海军提督丁汝昌五代孙丁小龙及其儿子丁后权赠送图书资料

（三）年轻的海军史研究者陈悦和“定远”舰景区的同事再访丁汝昌后人

2005 年，复制的“定远”舰对外开放，为了增加北洋海军的历史文物，青年学者陈悦和“定远”舰景区的相关人员也远赴安徽巢湖汪郎中村找到丁小龙的二哥丁昌仁先生，并从他那儿征集到丁提督家使用过的铜制烫酒壶和铜制烧水壶等数件器物。这些珍贵的物品现在全都陈列展示在复制的“定远”舰上，供广大游客参观。丁昌仁、丁小龙和丁小明弟兄三人虽然都是有过坎坷经历的普通农民，但他们却继承了北洋海军丁汝昌提督的基因和血脉，只要是国家的需要，便毫不犹豫地将自己的珍藏不讲条件地捐献给国家和集体。

四、丁小龙因何来威海刘公岛售书？

综上所述，丁小龙是丁汝昌的五世孙，既不是 20 世纪 70 年代威海编志组邹本穆、戚其章和刘德煜三位前辈随意说的，也不是 1992 年中国甲午战争博物馆戚俊杰、刘新芳、毕可江、郭阳、王记华、于书明六人随意说的，更不是 2005 年从事海军史研究的青年学者陈悦随意说的，而是丁汝昌家族繁衍生息的客观事实，是丁汝昌曾孙女丁亚华、丁亚芳、丁亚苏和曾孙丁荣涛等首先介绍给威海人的。如果网友还对这种板上钉钉的历史事实难以认可，笔者建议他们去查询丁氏族谱，在那里可以准确地找到丁小龙父亲丁荣澍的名字。丁小龙叔叔丁荣涛先生的名字，因为他出生于族谱修改后，故其姓名未能入谱。作为已是耳顺之年的文物工作者和史学研究者，我真诚地希望广大网友通过上述说明，能客观公正地看待丁汝昌玄孙丁小龙及其家人的身世。

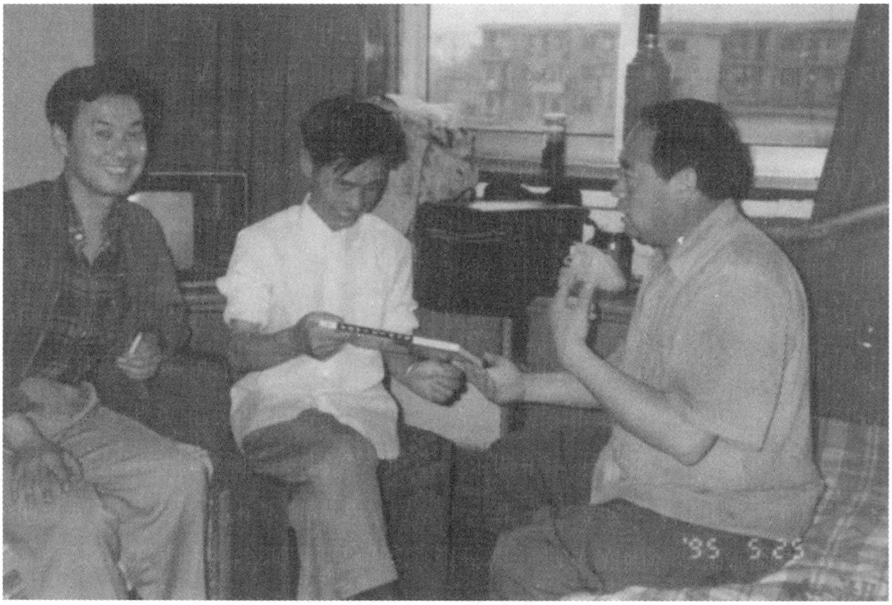

1995年孟夏，笔者前往安徽省巢湖地区采访北洋海军提督丁汝昌曾孙丁荣涛（左二，系丁小龙亲叔父）及其儿子丁杰（左一，系丁小龙堂弟）

对于网友很关心的丁小龙由安徽来刘公岛是“戚俊杰的问题”，我的回答仍然是否定的。为使网友不再疑惑，我也简单地予以介绍。

2005年秋冬之交，作家乔洪明找到我请求帮助。他要去安徽省巢湖市丁汝昌的老家采风，为写北洋海军提督丁汝昌的人物传记搜集素材，希望我能将北洋海军提督丁汝昌在安徽老家的后裔姓名、地址和联系方式告诉他。坦率地说，如果不是他已经在刘公岛提督署卖书多年，我是不会把将士后裔的详细信息告诉别人的。出于对作家的信任和鼓励，为了更好地宣传爱国将士的事迹，表达对先辈的敬仰与怀念，我将居住在安徽省巢湖市区丁汝昌曾孙丁荣涛及其子女丁杰和丁萍的详细地址及联系方式全部告诉了乔洪明，而且还嘱咐他，去汪郎中村时请丁杰他们帮助带路比较快捷。

乔洪明在巢湖市的寻访与采风进展非常顺利。在汪郎中村他见到了丁汝昌五世孙丁小龙及其家人。看到北洋提督的后裔一家仍然住在既窄小又破旧的房子里，这位农民出身的作家当时就惊呆了。访谈期间，看到丁小龙及其家人的无私真诚与热情大方，已经靠写书、卖书发家致富的乔洪明被感动了。老乔的安徽、江苏之行历时半月有余，所到之处，丁氏后裔皆热情帮忙，因而使他收获很大，可谓满载而归。回威海后的老乔急忙告诉我此行的收获与感想，并转达丁汝昌后裔们对我和甲午馆人的问候与关心。

2008 年 7 月 24 日下午 3 时许，我突然接到乔洪明的电话，告诉说："丁小龙和儿子丁后权来了，今天晚上大家一起见个面，我已经告诉其他几位馆长了，地点在寨子村大槐树西的宾馆。"听说丁小龙父子来了，也没顾上问他们来干什么，便满口答应一定按时到达。晚上，我冒着小雨来到大槐树集合。三位馆长都十分关心丁小龙及其家人的情况，想了解他们父子威海之行的主要任务是什么，看能不能帮到他们。我坦率地告诉他们："我也不清楚。"

看见乔洪明陪着 9 年多没有见面的丁小龙和丁后权父子来了，我们急忙迎上前去问候。56 岁的丁小龙略显苍老，我们大家的心里不免有些伤感。交谈的时候我们才得知，丁小龙因为年过半百，农田里繁重的体力活干起来有些吃力。加上住房急需维修，生活急需脱贫，因而打电话请求作家乔洪明帮着在威海找个合适的活干。恰巧此时威海市文联将乔洪明调到《威海文艺》编辑部工作，老乔设在刘公岛提督署的售书柜台缺少人手。为了既不耽误刘公岛旅游旺季售书，又不耽误《威海文艺》的编辑工作，乔洪明就快速请丁小龙来帮助他售书。乔洪明好像看出我们对他安排丁小龙售书一事的担忧，便直截了当地说："你们不用担心，我还找了一个比较有社会经验的人与小龙一起跟摊卖书。"坐了一天车的丁氏父子两人略显疲惫，心情也有些激动，他们感谢威海人这些年对他们的帮助和牵挂，更感谢乔洪明老师给了他们来刘公岛工作的机会。还真诚希望今后在刘公岛上卖书时能得到各位领导的关照。因为事情来得突然，我们又不知道老乔与丁小龙之间的合作协议和具体条件是什么，所以当天晚上敬酒时我真诚地希望他们："好好沟通，多些宽容，好事要办好。"

丁小龙不是我请来的，事前我也不知道他来提督署要从事售书的工作。但身为甲午馆创办的亲历者和见证人，亲身感受到爱国将士后裔对甲午馆的爱护与支持，深感自己有责任站在甲午战争博物馆、爱国将士后裔以及好心人乔洪明的共同立场上考虑提督后裔的卖书问题，并尽一切可能在其卖书前提出避免失误的建议。第二天中午，我特意请丁小龙、丁后权和乔洪明三人小坐说话，目的是当着他们的面把我担心的事项讲清楚，希望他们凡事都要从甲午馆是爱国主义教育基地，丁小龙是北洋海军提督后裔，乔洪明是有社会责任感的作家这几个方面考虑问题。希望老乔和小龙双方都要加强沟通和谅解，尽快适应对方，确保不因语言不通而与游客发生矛盾，切忌出现矛盾和不愉快而影响丁提督的形象，力争达到合作双方与游客三方都满意的结果。精明的乔洪明马上接过话说："戚馆长请放心，无论售书数量多少，我绝不会亏待丁老提督的后人，更何况我是想帮助丁小龙的。”看到丁小龙和丁后权父子两人都十分满意老乔的承诺，我非常高兴。此后数年间，丁汝昌曾孙女丁亚华、丁亚苏他们都曾电话问过丁小龙卖书的事情，我都坦率地告诉他们：“此事与馆里无关，但领导也不便干涉，因为甲午馆既无权安排小龙及其家人在刘公岛上就业，也缺少行之有效的方法帮他们尽快脱贫致富，更不能安排提督的后裔在刘公岛上清扫卫生。”丁氏后裔对此也深表理解。

2015 年 7 月 28 日，笔者在刘公岛提督署一进院与北洋海军提督丁汝昌五代孙丁小龙（右一）、北洋海军左翼总兵兼“镇远”舰管带林泰曾五代外孙女邓琳（左二）及其爱人萧迅（左一）合影

以上就是丁小龙来刘公岛售书的来龙去脉。还应该告诉网友的是，丁小龙自来刘公岛售书后，确实发生了很大变化：其精神面貌大为改观，身体健康状况也大有改善；其家庭成员的生活水平也大大提高。2014 年的秋季，我与苏小东和孙建军三人再次寻访汪郎中村时，丁小龙家原来的低矮窄小破旧的小房子已改建成两层的宽敞明亮的新楼房。看到刘公岛甲午战争纪念地能为北洋海军将士后裔提供一个合适的工作平台，看到尚未脱离贫困生活的北洋海军将士后裔能在他们的先祖抛头颅洒热血的地方找到走出贫穷的方法，作为北洋海军广大将士后裔的关注人，我打心眼里高兴。我也相信，了解了历史真相的广大网友肯定也会与我感同身受，略觉宽慰。我真诚祝福所有参加反抗侵略战争的将士后裔今后的生活更美好！

（此文原载于戚俊杰主编：《甲午战争研究》2017 年第 2 期。有改动）

家国情真 践行报国

——写在刘步蟾后裔走进刘公岛30周年之际

北洋海军右翼总兵兼“定远”舰管带刘步蟾已经为国捐躯120多年了，他的后裔们始终坚定不移地秉承其家教、家训与家风，饱含家国情怀，勤奋好学，爱国敬业，勇于开拓，待人真诚，阳光豪爽。在刘步蟾后裔走进刘公岛30周年之际，笔者愿将他们的相关情况向广大读者作简要介绍，感谢他们30年来对中国甲午战争博物馆的大力支持和无私奉献，也愿与广大读者共同分享他们事业上的成功和家庭幸福的喜悦。

一、刘步蟾及其后裔的简要情况

北洋海军右翼总兵兼“定远”舰管带刘步蟾，字子香，福建侯官人。他少年之时，即“沉毅，力学深思”，更有豪爽“不可一世之概”。1866年，他考入福建马尾海军学堂，学习舰船驾驶、枪炮施放诸术，成为第一届海军学生。他勤勉精进，屡试“迭冠曹偶”。1877年，刘步蟾被选派赴英国留学深造，到10600吨的“马那多”督船“为船副”，“学成，经英国海军考给优等文凭”。1885年督带“定远”“镇远”和“济远”三舰回国后，被任命为定远舰管带，“授参将，旋升副将，给强勇巴图鲁勇号”。1888年，北洋海军正式成军，刘步蟾被升授北洋海军右翼总兵，“加头品顶戴”。北洋海军成军后，清政府有“停购船械之议”，刘步蟾素知日本增修武备，必为我患，乃力陈按年添购舰船之必要。并且还曾当着李鸿章的面直言相陈：“平时不备，一旦偾事，咎将谁属?”但清政府最高决策层，不懂海军，贪图安逸，追求享受，停止拨款，最终导致北洋海军不敌日本，酿成甲午惨败。刘步蟾热爱学习，且学业优秀。他忠诚履职，治军严明；慷慨好义，有烈士风；知己知彼，未雨绸缪；勇猛作战，屡挫强敌；战至最后践行了“苟丧舰，将自裁”的誓言。刘步蟾殉国后，朝廷下旨“照提督阵亡例从优赐恤”。①

---

①（清）池仲祐撰：《海军实纪》，张侠、杨志本等合编：《清末海军史料》，海洋出版社2001年版，第371～372页。

据其后裔陈琨和陈琥（他们的姥姥是刘步蟾的大女儿刘寿琳——笔者注）说："刘步蟾的堂名叫'珠浦堂刘'，他们家的堂名是'一经堂陈'"。在抗日战争进入相持阶段的1941年，《义勇军进行曲》的词作者田汉先生采访北洋海军'康济'舰管带、后任民国海军上将萨镇冰，当他询问萨老对刘步蟾的评价时，83岁的萨镇冰上将不假思索地张口就说：'这个人差不多就是我们的领袖。他的性情刚了一点。'"①

刘步蟾的夫人陈氏，与"定远"舰大管轮陈兆锵是同辈远房表兄妹。她是一位通情达理的知识女性，听到刘步蟾自杀殉国的噩耗时，悲痛欲绝。但此后这位心地善良、意志坚定，胸襟坦荡、自强不息的女性，一直坚强地生活着，并且秉持着夫君倡导的诗书传家的家风。1931年，曾孙辈的陈瑜和刘松生出生后，这位老太太还好几次坐车到上海延安中路刘步蟾大女儿刘寿琳租住的居所里看过这两个可爱的小宝宝。此后过了不长时间，这位令人敬佩的老太太就驾鹤西去了。

刘步蟾有三个儿子，长子刘彬贤"二品荫生，分部学习主事"，娶北洋海军左翼总兵兼"镇远"舰管带林泰曾之女林津云为妻。但不幸的是，刘彬贤在20多岁时即因病去世，其妻林津云艰难地抚育5岁的长子刘炳炎和3岁的小儿子刘应峰（原名刘炳峰，而不是炳枌——笔者注）。刘步蟾次子刘镜瀛"业税务"，他的两个儿子分别为刘守尧和刘履祥。三子刘镇藩曾"供职海军部"②，娶北洋海军副将、"靖远"舰管带叶祖珪女儿叶宝晖为妻。他们两人没有生育，后过继二哥刘镜瀛的幼子刘履祥为子。③ 池仲祐在编撰的《甲申、甲午海战海军阵亡死难群公事略》中记述了刘步蟾的孙子有"炳炎、炳枌（应为炳峰，后改名为应峰——笔者注）、守尧、履祥"④。

刘炳炎是刘步蟾的长孙，生于1899年，系海军毕业生。他先娶民族英雄林则徐之后的女儿为妻，但因没有孩子而友善分手。后与家里雇佣做家务的女青年结为夫妻。1928年，他们的儿子刘永荣出生了，是为刘步蟾的曾长孙，虎头大脑，聪明伶俐，惹人喜爱。在过去那个"不孝有三，无后为大"的年代，刘永荣的出生无疑为刘步蟾家族带来了极大欢乐。他思维敏捷，勤奋好学，深得整个家族的疼爱。但因日本军国主义疯狂肆虐，再次发动了侵略中国的战争，生存艰

---

① 孙建军整理校注：《北洋海军官兵回忆辑录》，山东画报出版社2017年版，第88页。

② （清）池仲祐撰：《海军实纪》，张侠、杨志本等合编：《清末海军史料》，海洋出版社2001年版，第372页。

③ 资料由刘步蟾曾外孙陈琨和陈琥提供。

④ （清）池仲祐撰：《海军实纪》，张侠、杨志本等合编：《清末海军史料》，海洋出版社2001年版，第372页。

难，1942 年刘炳炎和妻子突然撒手人寰，15 岁的刘永荣突然间就成为孤儿。悲痛欲绝的他，多亏奶奶林津云及叔叔刘应峰和婶婶林娉的收留抚养，才能在极其困难的情况下，继续他的学业。那时候，40 多岁的刘应峰，收入微薄，勉强维持一家老小三辈八口人的生计。即便是这样，他们仍勉力维持刘永荣继续留在上海最好的上海南洋模范中学读书。刘永荣中学毕业后，轻松考入上海交通大学继续深造，直至获得大学本科文凭为止。大学毕业的刘永荣被分配到交通部工作，后被调到对外经济贸易部，专门负责对外经贸的谈判。随着国家外贸经济的快速发展，商检局从国家外贸部分离出来，刘永荣被留在国家商检局承担着重要的工作。由于其知识渊博，好学上进，业务能力强，业绩突出，深得单位领导和同事的拥戴。

刘永荣与夫人康于明共生育了三个孩子：大女儿刘佳，出生于 1958 年；二女儿刘琪，出生于 1963 年；最小的儿子叫刘斌，出生于 1968 年。“文化大革命”期间，刘永荣被定为“反动学术权威”和“只顾低头拉车，不顾抬头看路”的典型，下放至陕西省进行劳动改造。其夫人康于明也同时被下放到另外一个地方进行劳动改造。他们的三个孩子则由康于明在北京一位远房亲戚照看着。这位远房亲戚按辈分算是康于明的姨娘，所以三个孩子都称呼她为姥姥。勤劳朴实的姥姥是一位革命烈士遗属，因此“文化大革命”中没有受到冲击和迫害，因而使她有条件照顾和守护刘永荣的三个孩子。在这段时期，一家人分居三地，夫妇俩处在艰难的劳动改造之中，幼稚单纯的三姐弟远离父母，各自的艰辛，相互的思念与牵挂，其间酸甜苦辣，不言而喻。

退休以后的刘永荣，因对经济领域特别熟悉，加上专业知识深厚，所以受邀担任了中国加入世贸组织谈判小组的高级顾问，继续为国家的改革开放事业发挥余热。刘永荣先后数次来威海刘公岛参观考察，与我们开展了愉快友好的交流。1999 年 9 月 17 日是甲午黄海大战 105 周年纪念日，甲午战争博物馆举行“勿忘甲午，强我海防，爱我海洋”万人签名活动。刘永荣先生应邀专程从北京来威海参加本次活动，并向我馆捐赠了曾祖刘步蟾使用过的物品。

刘永荣和康于明的两个女儿刘佳和刘琪都生活和工作在首都北京，如今均已进入知天命之年了。儿子刘斌前几年去加拿大做生意，与人合伙生产饮料，如今生产线已经搬回中国北京，并初见效益。刘斌的爱人如今已身怀有孕，夫妻俩正精心地呵护着即将出世的宝宝。

刘步蟾的二孙子刘应峰，1901 年出生于上海，3 岁失去父爱，在母亲的精心培养教育下，自小就懂得刻苦好学、勤奋敬业的道理。他是上海市搪瓷厂（原为

在甲午黄海大战爆发 105 周年纪念日，北洋海军右翼总兵兼“定远”舰管带刘步蟾曾长孙刘永荣（前排左一）向中国甲午战争博物馆无偿捐赠刘步蟾用过的布料棉被一床

上海搪瓷公司的职员，20 世纪 50 年代公私合营期间，他所在的公司与工厂合并为一处，他因此由搪瓷公司的职员变成搪瓷厂的管理人员）的职员，有文化，写得一手好字，搪瓷厂的大牌子都是由他书写的。刘应峰的妻子林娉毕业于中等师范学校，曾担任中小学的音乐教师，后因孩子出生需要照顾，她告别了自己喜欢的学生和音乐，在家相夫教子。他们夫妻俩恩爱相助，勤奋节俭，持家有方。1931 年九一八事变之后，他们的大儿子刘松生在上海出生；1937 年卢沟桥事变，二儿子刘鑫在上海出生；1943 年，他们唯一的女儿刘薇出生；1947 年，他们的小儿子刘洙在解放战争的炮火声中出生。随着儿女的出生，家里人口的增多，一家人的生活非常拮据，但刘应峰夫妇和其母亲林津云始终没有忘记向儿孙们进行好好学习、正直做人、认真做事的家训教育。所以，刘永荣、刘松生、刘鑫、刘洙除老二大学未毕业外，都是大学毕业。女儿刘薇上学期间，因父亲有病，家里生活特别艰难，被迫终止了大学之路。中专的课程学习结束后，她就马上去上海电信器材厂上班了，帮助父母挣钱养家。1959 年，刘应峰 79 岁的老母亲、北洋海军左翼总兵兼“镇远”舰管带林泰曾的大女儿林津云与世长辞。慈母的去世，又遇上三年严重困难时期，使得刘应峰身染疾病。1963 年，刚刚 63 岁的刘应峰因肝癌医治无效，不幸去世。

此后，刘步蟾在上海的第五、第六代后裔陆续降生。1967 年 10 月，刘步蟾的玄孙、刘鑫与张芙蓉的儿子刘俊彦出生；1968 年，刘步蟾玄外孙女、刘薇与王明易的女儿王妍出生；1981 年，刘步蟾玄孙女、刘洙与纽小芳的女儿刘明出生；1996 年，刘步蟾的第六代孙、刘俊彦与朱宇虹的儿子刘祯豪在上海出生。他的出生再次给刘步蟾家族带来欢乐与憧憬，特别是年过八旬的林聘太奶奶更是乐得合不拢嘴。1998 年，刘步蟾的曾孙、刘应峰的大儿子刘松生因肺癌医治无效，撒手人寰，终年 68 岁。1999 年，刘应峰的夫人、辛苦操劳了一生的林娉也因年高体弱，不幸辞世，享年 88 岁。

二、刘步蟾后裔三十年来与我馆的密切往来

刘步蟾的小孙子刘履祥，在上小学的时候，曾有人当面说他是刘镜瀛的小儿子，刘镇藩不是他的生身父亲，而是他的亲叔叔。那个时候他根本不相信这个说法，也没有理睬，但从此也隐隐成为他难以放下的一件心事。后来他与妻子一起去美国读书深造，其妻因为学业考试遭受挫折，忧虑过度而自杀身亡。若干年后，身为建筑工程师的刘履祥，又续娶了志同道合的李一芳女士为妻。随着岁月的流逝和年龄的增长，那件隐藏的心事也开始弄得他寝食不安，而且越来越紧地缠绕着他。20 世纪 70 年代前期，中美两个大国建立了外交谈判机制，两国的人员可以自由走动后，刘履祥马上让他的夫人李一芳回中国上海，希望查清自己的身世。

李一芳到达上海后，根据刘履祥提供的地址，她想方设法找到了表嫂、陈琨的妈妈王美格，直言不讳地打听刘履祥是不是刘镇藩的亲生儿子。陈琨的妈妈亲口告诉她，刘履祥是过继给刘镇藩的，他的亲生父亲是刘镜瀛。还告诉她，在贵州省遵义市的湄潭县有自己的表妹叫刘守真（原名为贞，家人嫌此字义太重，改为真，此为陈琥告诉笔者的），是刘步蟾的二儿子刘镜瀛的亲生女儿（刘步蟾大女儿刘寿琳的亲外甥女），其丈夫姓林，刘守真夫妻的孩子挺多，20 世纪 70 年代都是生活在中国的贵州省。

李一芳回到美国后，原原本本地将真实情况告诉了刘履祥。得知自己的亲妹妹刘守真还活着，刘履祥就义无反顾地要回祖国寻找亲人。

20 世纪 70 年代中期，刘履祥回到了阔别多年的祖国。凭着陈琨母亲提供的联系地址，他首先去了贵州省遵义市的湄潭县看望了妹妹及其家人。70 年代的中国，由于数年“文革”的折腾，经济落后，物质匮乏，看到从美国回来的刘履祥带着大包箱和各种各样的礼品，他的亲戚们真是兴高采烈，心花怒放。远近的亲戚们络绎不绝的争着跑来看从美国回来的亲人，并心满意足的拿到了不同的礼品。不长的时间，热情豪爽的刘履祥就把所带的礼品全都发光了，仍然满足不了

亲戚们的造访与期盼。最后，他把自己的大皮包箱、全新的西服等物品，凡是可以当礼品送人的东西，他都全部送给了那里的亲戚。最后，自己穿着一件短袖衣衫和长腿裤子去了上海。刘履祥在上海见到了多年未见的陈琨的母亲及其兄弟姊妹，但还没有来得及找到堂哥刘应峰一家人，就因签证时间到限而匆匆返回美国。

寻亲心切的刘履祥回到美国后，没有放弃寻找失散多年的亲人。他想方设法，多方打听，最后通过香港的亲戚朋友找到了刘应峰的一家人和在北京工作的大侄子刘永荣。看到嫂子林娉和侄子侄女都已长大成人，而且还成家立业，业有所成，生活在异国他乡的刘履祥真的是非常高兴。特别是看到刘鑫和张芙蓉那活泼聪明的儿子刘俊彦，更是让无儿无女的刘履祥老人感到特别欣慰和快乐。

（一）刘步蟾的后裔数次登上刘公岛

1984 年，中共中央、国务院、中央军委决定，中国十四个沿海城市对外开放，威海市也名列其中。众所周知，刘公岛作为甲午战争惨败的耻辱之地，虽然只有 3.15 平方公里，但因北洋海军成军和覆没于此而闻名于海内外。1985 年 3 月 21 日，威海市奉命接管了由海军移交的北洋海军提督署，并成立了北洋海军提督署文物管理所（1992 年更名为中国甲午战争博物馆）。4 月 6 日，刘公岛正式对外开放。管理所一边坚持修复塌漏严重的提督署建筑，一边坚持搜集资料，充实参观内容，短短的一年时间，就在北洋海军提督署一进院正厅布置了“中日甲午战争展览”，在一进院东侧厅布置了“北洋海军文物陈列展览”，在一进院西侧厅布置了“威海卫清军防务设施沙盘”，在二进院正厅布置了“北洋海军高级将领蜡塑人物群像”等历史复原场景，使广大参观者都能身临其境，感受当年北洋海军浴血奋战、奋勇杀敌、勇于牺牲的战斗精神。当年的海军提督衙门逐渐成为海内外游客参观凭吊爱国将士、了解甲午战争历史的重要场所。1987 年 9 月，从美国回到中国的刘履祥在侄女刘薇的陪同下，登上了日思夜想的刘公岛。他想身临其境地找寻一下 90 多年前祖辈抛头颅、洒热血的感觉，并看看当年爷爷战斗和悲壮殉国的地方有什么变化。

刘履祥在侄女刘薇的搀扶下，顾不上休息，就急忙迈进提督署的门槛，依照展览部署的顺序仔细进行了参观。当他们来到二进院的蜡塑人物群像馆看到自己的先祖刘步蟾的塑像时，体魄高大的刘履祥激动得泪流满面，并自言自语不停地念叨：“太难得了！太难得了！”他看见全面封闭的蜡塑群像馆有一个锁着的门可以进入，便主动与工作人员打招呼，央告说：“我是刘步蟾的孙子，叫刘履祥，专门从美国回来参观刘公岛，我特别想进去与爷爷的塑像照张相，希望你们帮帮忙，满足我的要求。”值班的工作人员立即汇报，馆领导满足了老先生的要求，刘履祥老人心满意足地与爷爷刘步蟾的塑像旁合了影。看到工作人员如此负责，年迈的叔叔如此高兴，刘薇女士马上把自己的联系地址交给值班人员。那天因我去威海市内开会，没能赶上与他们相见的机会。第二天进岛后，值班人员把刘步蟾后裔的事情说了一遍，我立即将他们留下的联系地址要来，给居住在上海的刘薇女士写了一封信，希望他们尽力帮助我们收集相关文物和资料。过了不久，我就收到刘薇女士的复信，她说愿意帮助我们收集文物和资料，但需要大量时间去查找，请我们不要着急，等他们抽时间找找看。收到刘薇女士的回信，我非常高兴和激动，也天天盼望早日传来发现文物与资料的好消息。我与刘薇的女士的通信联系周而复始，一直没有间断；而且每当新春佳节来临之前，我都会将甲午战争博物馆的明信片寄给全体将士的后裔。

1988 年，69 岁的陈琨与夫人曾国珍应山东省国营莱阳绢纺厂之邀，前往参加厂庆活动。厂庆活动结束后，夫妇俩专程赴威海刘公岛拜谒了北洋海军提督署、龙王庙与戏楼、丁汝昌寓所。参观之后，陈琨先生对北洋海军蜡塑人物群像的人物造型及其服饰等方面提出了积极的建议。

同年，在国家商检局工作的刘步蟾曾长孙刘永荣因公务来威海市商检局出差，顺路前往北洋海军的诞生地、甲午战争的古战场刘公岛凭吊先辈。他在提督署认真仔细地翻阅历史书籍，品读海军前辈英勇杀敌，宁死不降的感人事迹。并表示愿意联络海内外将士后裔，为收藏北洋海军和甲午战争遗物及历史资料尽微薄之力。

1992 年夏季，在美洲从事外贸工作的刘步蟾的曾孙刘鑫，去东北地区为公司收取业务佣金，完成任务后从大连乘船来到威海刘公岛。在参观考察结束后，心潮澎湃的他向中国甲午战争博物馆捐赠了随身携带的曾祖曾经使用过的物品，并表示将继续寻找先祖遗物，为建设爱国主义教育基地做出应有的贡献。

1998 年，为了纪念北洋海军成军 110 周年，中国甲午战争博物馆出资新建了北洋海军将士名录墙，将所有能找到姓名的北洋海军官兵和外籍专业技术人员的名字刻在墙上。同年 8 月下旬，在隆重举办北洋海军成军 110 周年纪念暨学术研讨会期间，我们专门邀请了部分北洋海军将士后裔来刘公岛参加纪念活动。刘步蟾的曾孙刘鑫与夫人张芙蓉、曾孙女刘薇与爱人王明易代表刘步蟾后裔参加了此次活动，也让他们对北洋海军与甲午战争的历史有了更加深入的了解。

2002 年夏秋之交，刘步蟾的玄孙、36 岁的刘俊彦应威海市经济部门负责人的邀请，第一次来到先祖曾经生活和战斗过的地方。时任威海市人大常委会党组书记、常务副主任薛洪振等领导亲自出面接待了话语不多但能量超常的刘俊彦。因他正在商谈生意，时间紧张，只好电话请我去他们开会的合庆山庄，代表父母将其家中收藏的先祖刘步蟾使用过的一只搪瓷盘捐给中国甲午战争博物馆。令人遗憾的是，当时由于时间太急，我们没有带照相机，那时也没有可以照相的手机，所以没能留下那珍贵的历史瞬间，也没有能及时将收藏证书颁发给刘俊彦。然而，一向热情豪爽的刘俊彦却丝毫没有埋怨的意思。

在威海期间，市领导得知他是刘步蟾的后裔，特地联系相关单位，用快艇送他去刘公岛参观了北洋海军提督署、龙王庙、丁汝昌寓所和北洋海军将士名录墙。简短的参观考察，使奋战在外贸战线上的刘俊彦受到极大震撼。他认为，清政府的堕落腐败、贪图安逸、追求享受是甲午战争惨败的重要原因，但贫穷落后、挨打之后的被动发展，以及没有预防侵略的战略规划也是重要原因。他说："连做外贸生意的人，都要走一步看三步，何况是地大物博、物产丰富的大中国，不从宏观上自觉准备应对虎视眈眈的侵略者，那肯定是不行的。"

（二）中国甲午战争博物馆对刘步蟾后裔的多次寻访

1993 年春季，中国甲午战争博物馆一行五人开始第三次南下寻访北洋海军将领后裔。到上海后，我们首先在上海田林区找到已是知天命之年的刘薇和王明易夫妇。他们对我们开车赴南方寻访北洋海军将士后裔深表敬佩。刘薇心情沉重地告诉我们，刘步蟾在美国的孙子刘履祥因心脑血管疾病突发，已经离开人世。她的哥哥刘鑫也因右腿摔成粉碎性骨折住进了上海第六人民医院外宾病房。

刘步蟾曾孙刘鑫（中）、曾孙女刘薇（左一）在居住地向笔者讲述其家庭成员的相关情况

刘鑫是刘步蟾的曾孙，1937 年出生于上海，是刘应峰的第二个儿子。刘鑫受奶奶和父母的影响很大，自小就兴趣广泛，好学上进。1959 年，23 岁的刘鑫考入上海华东纺织学院，并在大学里加入了中国共产党。1963 年，大学毕业的刘鑫被分配到上海市色织厂技术科工作。在工厂里，既有雄心壮志又有理论知识的刘鑫如鱼得水，技术工作开展得有声有色。

1965 年，根据国家经济发展的需要，上海市外贸局开始组建上海市纺织品进出口公司。那时候开展对外贸易，既需要有很好的专业知识，懂得所经营产品的专业技术，还需要思想觉悟高、政治立场坚定的又红又专的人才。正是这样的选人标准，即将进入而立之年的刘鑫，被选调到上海市纺织品进出口公司工作，并担任公司业务科科长。1966 年初，上海市外贸局举办了为期半年的专业培训班。在这里，刘鑫认识了来自上海市抽纱品进出口公司年轻善良的张芙蓉。张芙蓉 1945 年出生在上海，1960 年考入上海工艺美术学院。三年之后，以优异成绩毕业的她被分配到上海市绣品厂技术科，从事工艺美术产品设计工作。1965 年底，技术娴熟的张芙蓉被选调到上海市抽纱品进出口公司，从事工艺美术品的外销工作，而且也被派到培训班里学习。刘鑫与张芙蓉就是在这里相互认识，并相知相爱。1967 年初，他们顺利完婚，并于同年深秋喜得贵子刘俊彦。1969 年，刘鑫与妻子便开始参加广交会了。那个时代的广交会，是新中国工业产品对外销售、订货最重要的窗口。因此，上海市的领导特别重视。参加一次广交会，前后需要近两个月的时间，因为会前准备参展产品需要半个月，正式开会一个月，广交会结束后，还需要收拾展品、装箱打包、办理托运。这些善后事宜，需要半个月才能忙完。而且广交会是一年春秋两次举办，刘鑫与张芙蓉夫妻都要全程参会。这段时间，他们的宝贝儿子就全靠年近六旬的母亲林娉和弟弟刘洙看管。

20 世纪 70 年代，能力超常，精细过人的刘鑫被提拔为公司总经理办公室主任，负责公司所有对外业务洽谈的人员调配、谈判项目的规划以及业务谈判时的尺度把握等。特别是“文化大革命”结束后，国家的外贸经济进入了一个全新的发展时代，已是不惑之年的刘鑫更是如鱼得水，其视野更加广阔，经营思路更加清晰，其经营的纺织品品种与数量越来越多，质量也越来越高，客户也遍布世界各地。

1984 年，47 岁的刘鑫在澳大利亚悉尼与客户进行谈判时，由于旅途劳累，加之长期操劳过度，突发脑血栓，昏倒在谈判桌上。多亏抢救治疗及时，其血栓很快融解化淤，单位安排他回国继续调养恢复。刘鑫这次突发脑血栓，虽然没有留下后遗症，但却给他和家人带来很大心理压力。特别是对尚在读书的儿子刘俊彦的正常学习产生很大影响。儿子关心父亲的健康，父亲惦记儿子的学业与成长。儿子想尽早结束课堂上的理论学习，尽早走向社会挣钱帮父母减轻负担，而父亲思考更多的是，既不能主观武断地为儿子设计未来的前程，又不能完全听凭单纯幼稚、尚未成年儿子的全部意见而放弃学业。经过反复权衡，他同意了儿子尽早学习商业管理专业的要求。1986 年，刘俊彦愉快地进入上海商业管理专科学校学习。

1987 年，已是知天命之年的刘鑫结束了近三年的病休假期，回到单位继续工作。此时的中华大地，到处生机盎然，各行各业都在深化改革的大潮中乘风破浪，快速前进。一贯性急高效的刘鑫更是认为机不可失，时不再来。他一如既往，风风火火地奔忙着，奉献着。

1990 年，随着外贸经济持续发展的需要，上海市纺织品进出口公司领导决定开拓美洲市场。54 岁的刘鑫被派往智利担任常驻代表，他的主要任务是开辟纺织品经营的新市场，建设好可以长期开展工作的办事处。万事开头难，尤其是西方国家尚未解除对中国制裁的情况下，在人生地不熟的南美国家单打独斗地开展工作，其艰难程度可想而知。然而，具有 20 多年外贸经验的刘鑫，就像其曾祖父刘步蟾当年去欧洲学习和监造“定远”舰时的心态一样，既豪情满怀，又脚踏实地，很快就打开了局面，成功地开拓了海外市场，超额完成了外贸公司的各项任务指标。他还凭借多年的经验，提出了外贸工作要“走一步，看三步”的超前发展理念，不断扩大业务领域。为了扩大贸易额，生意越做越好的刘鑫还扩大了驻智利办事处的规模，帮助国内那些与智利有生意往来的兄弟省市单位代理签办相关协议，督催验收产品进出关口，既为国内企业节约了人力和开支，又保证了他们生意的正常进行，并不断做大做强。

得知刘鑫先生正在住院治疗，我们马上请刘薇带路去医院看望刘鑫。走进上海第六人民医院外宾病房的大门口，只见躺在病床上的刘鑫先生，一条腿打着厚厚的石膏吊在半空。我们来到他的床前，刘鑫先生艰难地挪动着身体想与我们握手，我急忙走过去与他打招呼。看到刘鑫先生十分痛苦的样子，与他做了简单的交谈后，我们就告辞了。后来我才知道，一向认真负责的刘鑫刚刚从智利回来，听说他在智利帮助工作的单位还拖欠着自己单位的资金后，就马不停蹄地飞到大连市某外贸公司为单位讨要佣金。因为时间紧急，心急火燎的他一脚踩空，摔倒在机场大楼的楼梯上。医生诊断的结果是粉碎性骨折。为了确保刘鑫先生的腿能治好如前，上海市纺织品进出口公司请张芙蓉迅速赴大连机场。虽然赴大连前有思想准备，但当张芙蓉见刘鑫的腿既不能动，又不能碰，只见豆粒大的汗珠从他脸上淌下来时，既心痛，又无奈。57 岁的刘鑫为了不让亲人和同事担心，强忍剧痛，面带微笑，还不时地安慰着陪同的亲人和同事。

1997 年，年满六旬的刘鑫办理了退休手续。但因其经验丰富，能力超常，刚刚办完退休手续就被上海上实进出口公司聘请为顾问，指导公司的外贸经营。

自 1966 年开始从事外贸工作以来的 30 多年间，刘鑫穿梭于世界各国，其攻坚克难，勇于开拓，抢抓机遇，未雨绸缪的敬业精神和雷厉风行的工作作风，对其爱子刘俊彦产生了很大的影响。进入 70 岁高龄之后，他还经常感叹自己空有报国之心，没有效力之机。得知自己是癌症晚期的患者，刘鑫先生十分坦然地对夫人张芙蓉说："看到儿子现在这么出色，我感到自己非常满足和自豪。"2009 年，73 岁的刘鑫医治无效，不幸辞世。

1999 年秋季，甲午战争博物馆与威海电视台联手，共同南下数省寻访北洋海军将领后裔。为了节约时间和提高工作效率，我总会提前与需要采访的将士后裔取得联系，确定见面的时间和地点。令我记忆尤深的是刚到上海的那天晚上，刘步蟾的曾孙刘洙因第二天要出国考察，而于当天晚上 10 时多在其姐姐刘薇的陪同下，一起来到我们下榻的位于浦东区的上海明珠饭店。刚一见面，刘洙就迫不及待地打开了话匣子：从过去不敢、不愿承认自己是将领后裔，到如今愿意与甲午战争博物馆联系并积极主动帮助搜集相关文物和史料；从如何牢记先辈的家教遗训到自己漫长的求学历程；从先祖被选派赴英国留学，赴德国建造和督带铁甲舰回国，到自己现在经常赴欧洲、美洲和澳洲开展科技交流和业务洽谈，两个多小时的时间一直是侃侃而谈，条理清楚，令人敬佩。

当时，53 岁的刘洙刚刚被提升为上海锅炉厂的副总经济师，并任上海锅炉厂有限公司市场部副部长兼国际贸易处处长。因为工作的需要，已进入知天命之年他经常出国去洽谈产品的销售和业务合作，特别是经常奔波在美国、英国、德国等世界发达国家。因为他是从事技术设备的专家，所以对科技强国有着明确而清晰的认识。他说："现在和过去还是一样的，外国的许多先进技术是我们不能够比及的，毕竟我们起步晚了许多年，因此我们需要加快速度，奋力追赶。……你们站得高，看得远，几次南下北上寻访北洋海军将士后裔，这种精神令人敬佩，你们的工作也给了我们很大的促进，我们也愿意继承先辈的遗志，用实际行动为民族复兴添砖加瓦，来报答国家和人民……"我们与刘洙、刘薇的交谈在不知不觉中进行了两个多小时。虽然时间已经将近凌晨一点，但大家却一点也没有疲倦和劳累的感觉。由于刘洙还要赶早晨的飞机，我建议大家早一点休息，其他情况等以后通过电话或书信联系沟通。我们的时间紧，加之需要见面的几位后裔居住分散，刘薇女士提议明天约请刘鑫和刘洙的家人一起到酒店与我们见面叙谈。

1999 年秋，笔者在上海再次寻访刘步蟾曾孙女刘薇（中）与曾孙刘洙（右一）

刘洙也是刘步蟾的曾孙，1947 年在上海出生。少年时期的他，聪明活泼，喜爱运动，勤奋好学，在上海南洋模范中学读书，学习成绩和体育成绩俱佳。1968 年，22 岁的刘洙被安排到长兴岛农场工作。1973 年，结束了五年的农场生涯，刘洙回到上海，工作于于上海锅炉厂。因其聪明好学，工作勤奋，深得领导器重。粉碎“四人帮”后，各行各业开始走向正常轨道。知识的力量逐渐凸显，超前意识很强的刘洙，在夫人纽小芳的大力支持下，以优异成绩考入上海理工大学脱产学习。1987 年，37 岁的刘洙已是 3 岁女儿的爸爸，以十分优秀的成绩获得了大学本科文凭，成为既有丰富实践经验，又有握理论知识的人才。大学毕业后，刘洙仍回到上海锅炉厂从事技术工作。由于其表现突出，1988 年即被一家外企看中，数次登门求贤，开出高薪和优厚的待遇，希望他能加入。面对诱惑，说话算数的刘洙不为所动，仍坚持用学到的知识回报单位的培养与信任。

2004 年，因其单位已经改制，加上单位领导层出现变动，57 岁的刘洙才应外企的盛意邀请，前往阿尔斯通技术服务（上海）有限公司担任领导职务。他以深厚的专业理论知识和丰富的实践经验，成为引进和推广世界先进技术设备的行家里手。2007 年，办理了退休手续的刘洙仍被留在单位担任高级顾问，直至 2014 年突发脑血管疾病时为止。

1999 年 11 月 25 日，北洋海军右翼总兵兼“定远”舰管带刘步蟾曾孙刘鑫（前排右三）与夫人张芙蓉（前排左一）、曾孙女刘薇（前排右四）与爱人王明易（前排右一）、曾孙刘洙的爱人纽小芳（后排左一）、第五代孙刘俊彦（后排右三）与爱人朱宇虹（后排左二），再次在上海接待中国甲午战争博物馆寻访人员

此次上海之行，我们再次采访了刘步蟾曾孙刘鑫及其夫人张芙蓉，他们两人已经由为人父母而升格为爷爷奶奶了，虽然已经办理了退休手续，但仍发挥着外贸企业顾问的重要作用。由于刘薇的热情与细心组织，我们还与她的爱人王明易、刘洙的夫人纽小芳、刘鑫做外贸生意的儿子刘俊彦及其爱人朱宇虹见面交谈过。刘鑫与刘洙弟兄将珍藏多年的先祖物品捐给了中国甲午战争博物馆。刘鑫兄妹还在上海明珠大厦与我们全体人员会面合影，而且非常盛情地款待了我们，请我们品尝了应季节上市的大闸蟹。令大家记忆尤深、难以忘怀。

在上海寻访期间，我们还不顾路途偏远，前往上海市宝山区去探访刘步蟾曾外孙陈琨及其两个妹妹陈琰（1929～2015）和陈琥（1938 年出生）。宝山区所处的位置相对偏远，那时候上海的地铁还没有启用，我们一行数人连续转了好几次公交车才找到了陈氏兄妹。在他们不算宽敞的住房里，80 岁的陈琨先生非常热情和健谈。陈琨一家祖籍是福建，但陈琨是 1920 年 9 月 12 日出生于北京。1927 年，陈琨与大妹陈璿、二妹陈瑾随父母迁居到上海。那时，刘步蟾的长女刘寿琳与丈夫王世澂在上海市延安中路租了一幢三层的楼房，因为侄子刘应峰结婚没有合适的地方，就在他们的楼上安排住下，所以刘步蟾曾孙辈的陈瑜（陈琨的弟弟）和刘松生（刘应峰长子）1931 年先后在这里出生。聪明伶俐的陈琨在外祖母刘寿琳的教导下，很小就学会认字、写字、背诵古代诗文。他还喜欢翻阅字典，钻研文字的偏旁部首及应用，故被亲戚和朋友称为“神童”和“活字典”。他未入小学读书，在家由母亲负责教算术和英文，长辈们教他读《论语》《孟子》《诗经》、唐诗等经典。随着年龄的增长，他以同等学力直接考入上海的正规中学读书。初中毕业后，勤奋刻苦的陈琨如愿以偿地考入美国教会主办的圣约翰大学附属高中。这所高中规定，除了中文和中国历史外，其余所有课程，包括中国地理等都是英语授课，学生回答问题和提问也都必须使用英语，而且要求学生听、说、读、写全面发展。学校还规定，学生每两周必须写一篇英文作文，以利于提高学生的英文水平。这些规定给勤奋好学的陈琨增添了动力，他不但坚持星期天请姥爷补习英文，还专门抽时间看原版英文书籍和电影，借此提高自己的英语水平。高中毕业后，陈琨以优异的成绩考入圣约翰大学经济系学习。当时该校虽然文理各科都用英语教学，但对教授中文仍然十分重视，不论哪个科系，头两年都要上中国古文课。由于陈琨少年时期读过古文，基础深厚，所以他用三年半的时间，学完了四年的全部课程，修满学分，提前半年于 1943 年春季毕业，成为令许多人称羡的高材生。然而，由于日本侵略者的践踏和掠夺，即便是圣约翰大学优秀的毕业生，也只能成为一家私营企业的办事员。身为长子的陈琨为自己能帮助父母抚养六个弟妹而感到高兴。为了减轻父母的经济压力，24 岁的陈琨勇敢分挑家庭的重担，一直延迟至 40 岁时才结婚成家。

笔者向刘步蟾曾外孙陈琨（左二）及其两个妹妹陈琰（右二）、陈琥（右一）讲述甲午威海卫与刘公岛保卫战中刘步蟾英勇抗敌、自杀殉国的相关细节

由于工作能力强、学术水平高，陈琨在新中国成立前就被派到青岛华新纱厂驻上海办事处负责中英文的文书工作。新中国成立后，陈琨回到企业所在地青岛市沧口区国棉九厂的财务和劳资部门工作。20 世纪 50 年代末，陈琨响应上级的号召，离开青岛市到莱阳县支援新建的国营莱阳绢纺厂，并担任劳动工资科副科长，直至 1981 年退休才卸任。在青岛和莱阳工作期间，陈琨都曾兼任职工业余学校和子弟学校的语文和英语老师，而且尽职尽责地完成好各项工作任务，多次被评为先进工作者。

值得一提的是，20 世纪 60 年代初期，海军海政文工团排演了近代题材的话剧《甲午海战》，剧中把刘步蟾塑造成胆小怕死的反面人物。接着上海青年话剧团也搬演该剧目，陈琨的妹妹陈琥以刘步蟾后人的名义，与剧团取得联系，并陈述对刘步蟾失实的塑造。该剧导演吴谨瑜先生告知陈琥，说中国文联副主席田汉先生正在收集资料，准备另写一个反映甲午战争史的剧本，并为刘步蟾平反昭雪，希望刘氏后人直接与田汉联系。敢作敢为的陈琥马上就给田汉写了一封反映看法的信，收到信的田汉先生亲自给陈琥写了回信，真诚希望刘步蟾后人提供相关资料。陈琥不无遗憾地说："整封信都是田汉亲笔写的，信上的文字非常漂亮，可惜在'文化大革命'中被毁了。"那个时期，陈琨因妹妹陈琥忙于学业，就全部承担了搜集整理资料的工作，他将刘步蟾的小儿子、自己的小舅公刘镇藩写的一份记载刘步蟾生平事迹的材料分数次寄给田汉先生，因而就与田汉有了频繁的书信往来。工作繁忙的田汉先生到上海视察工作时，还专门约见陈琨和陈琥兄妹见面深谈。"文化大革命"期间，陈琨还因与田汉有频繁的书信往来，说他勾结"四条汉子"，是为叛徒翻案。陈琨也因此事被隔离审查，被批有罪，甚至遭到残酷殴打。"文化大革命"结束后，陈琨与山东省社会科学院历史所戚其章研究员联系，继续为其搜集资料，提供后裔线索。他还与母亲共同敦促刘步蟾之嫡孙刘履祥和刘步蟾曾长孙刘永荣等及时与威海方面联系。

退休之后的陈琨，充分发挥自己爱好京剧艺术的特长，花费数年时间和精力，六易其稿，独自整理完成了《周信芳生平演出剧目》，共计 600 多出，并将完整的修改定稿发表在《麒艺丛编》中，对中国京剧今后的传承、剧目创作、周信芳的研究等，都具有深远的意义和十分重要的史料价值。

陈璿是陈琨的大妹妹，生于 1924 年 9 月 29 日。由于其聪慧好学，知难而进，秉持"学则必优"的理念，考入上海圣约翰大学学习英语专业。1947 年，陈璿以优异的成绩毕业，就业于薪俸较高的美国电话电报公司，并成为该公司新就业人员的领班。1949 年 5 月，中国人民解放军进驻上海并接管了美国电话电报公司。此后，追求卓越的陈璿在技术改造和业务拓展及优质服务等方面，屡创佳绩，多次被评为先进工作者。“文化大革命”爆发后，爱岗敬业的陈璿受到冲击，被下放到了上海电话局下属的电讯器材配件厂，成为一名辅助工人，并于50周岁那年无奈“被劝退休”。粉碎“四人帮”后，上海市电信局及时为她平反，恢复了名誉，还对她委以重任，请她做了电信系统出国工程师培训班和管理干部知识化进修班的英语辅导老师。1978年，陈璿以其精湛的专业技能获得了联合国正式认证的英汉/汉英翻译高级译员资格，开始参与大量联合国的文件、资料的审核、翻译工作。由于其准确、高效的工作业绩，55岁的陈璿，经过多位专家推荐，获得国家教育部和上海市教委的批准，被破格聘请为华东师范大学的特邀客座教授。此后的30多年中，陈璿在英语教学、翻译著作、探索改革等多个方面，受到海内外专家及广大师生的广泛好评。2010年11月11日，陈璿因心肺高血压复合症引发器官衰竭离开人世，享年87岁。

陈琥是陈琨最小的妹妹，1938年出生于上海市，1958年考入上海复旦大学生物专业。陈琥很小的时候就患上过敏体质病症，哮喘病十分厉害，所以读大学时仍不能参加体育运动的全部项目。那个年代，学校要求学生们参加短跑和长跑，陈琥通过了400米以下的短跑，但对800米的长跑却没有信心。多亏班上有个男排球队员多次鼓励她，并主动带着她跑。陈琥大着胆子跟着跑，刚开始感觉还可以，但在距离终点还剩下不足百米时，她突然感觉心里特别难受，那位男排球队员还是鼓励她再坚持一会儿就成功了。令人遗憾的事情还是发生了，就在距离终点还不到20米的时候，喘不过气来的陈琥突然昏倒在地，多亏老师和同学们积极配合校医抢救，并将她迅速送往医院救治。令人没有想到的是，陈琥的哮喘病自此让她心有余悸，心理压力特别大，她非常谨慎地参加各种体育活动和重体力劳动。1962年初夏，陈琥从上海复旦大学领到了大学本科的毕业文凭。那时候，大学规定9月份开始分配毕业生。可到了分配之时的初秋季节，陈琥的哮喘病又犯了，只得住院治疗。但等治好了哮喘病，毕业生分配的机会也错过了。又因复旦大学所在地划归为郊区宝山县，按当时的规定，户口难以迁回市区，因而也不能另外安排工作。经多次多方交涉、申请，直到1966年春，她的户口问题才得到落实。没有想到，无产阶级“文化大革命”又开始了，负责安排就业的部门和单位都瘫痪了。直到1973年底，陈琥才被安排到集体所有制的街道工厂，成为红旗仪表厂线圈车间的一名普通工人，满腹经纶的陈琥毫无怨言，敬业尽心，受到广泛好评。1988年，50岁的她退休了。这时上海艺术研究所和周信芳研究会立即来聘请她去“发挥余热”。她在上海艺术研究所和周信芳研究会负责资料收集整理，参加《中国京剧史》和《中国戏曲志·上海卷》的编写工作。后被聘请加入上海京剧院主持的《上海京剧志》的编纂工作，负责编辑和撰写条目，还有后期的书稿校对。在此期间，她还为上海市文化局主编的出版物做过校对工作。由于她文化底蕴深厚，工作细心，校对质量很高，博得广泛好评。

1990 年，她受上海师范大学聘请，作为客座副教授，开设公共选修课“京剧艺术欣赏”。虽然这门课没有学分，却有不少学生热情选修，其中大部分学生是从未接触过京剧的。在期末考试时，学生们都交出了漂亮的答卷。1993 年，天津举办全国京剧票友邀请赛，陈琥被组委会聘请为群众评委，给票友们的演出打分。

2000 年，周信芳之子周少麟先生为总结其父的表演艺术，进而推广运用到其他表演门类上，编写了论著《海派父子》一书。60 多岁的陈琥受邀担任了本书的纪录、整理、编写工作，继续为中国的京剧事业忙碌着。

陈琥的二姐陈瑾生于 1927 年，毕业于上海私立光夏高等商业专科学校（大专），主修会计和统计专业。2015 年去世。陈瑾与项仁康的儿子项兆弘，生于 1960 年，现为高级工程师，曾专程到威海考察甲午故地和复制的“定远”舰，缅怀先人，励志报国。陈瑾的孙女项辰捷，1990 年出生，硕士毕业生。

陈琰是陈琥的三姐，生于 1929 年，1958 年复旦大学毕业后，分配到北京故宫博物院美术部工作，参加整理和学习鉴定古书画作品。四年后为配合别人的工作调动，被安排到距上海较近的江苏省南通市任中学历史教师。“文化大革命”期间，她被迫和学生一起下乡劳动时，一个造反派学生强行在她已背好的稻捆上又加了一大捆，一下子把她压倒在地站不起来，从此落下脊柱侧弯变形和腰肌劳损的病根，直至后来无法坚持正常上课。1981 年，没有结婚的陈琰只好提前退休，回到上海定居。2015 年因病在上海去世。

陈瑜是陈琥的二哥，1931 年出生，1959 年毕业于华东师范大学物理系，被分配至江西省的中学和专科师范从事教学工作，恢复职称评定后，先后被评为讲师和副教授。1991 年，始终未婚的他办理了退休手续，回到上海定居。此后，他积极参与社会活动，传播知识，受到广泛好评。2014 年 4 月，因长期房颤引发心脏衰竭及并发症而去世。根据陈瑜教授生前的嘱托，其亲属将其遗体捐献给国家，完成了一个科学教育工作者的遗愿。

陈玫是陈琥的四姐，1935 年出生，在上海同济大学土木工程系学习工业与民用建筑专业（五年制），毕业后在浙江省杭州市工作，职称为高级工程师。退休之后的她与老伴吕宗仁去新西兰与儿子同住。2005 年因病去世。

刘步蟾曾外孙陈琨和陈琥等兄妹七人的人生旅程告诉我们，他们勤奋读书，成绩优秀，坚持了诗书传家的家训与家风。工作期间，虽然受到极“左”思潮的影响，但他们仍能勤奋敬业，恪尽职守，圆满完成各项工作任务。令人敬佩的是，他们七兄妹退休以后，都坚持勤奋好学、阳光宽容、奉献社会的人生观和价值观，用自己的专长和知识为国家的发展、为弘扬优秀的传统文化、为传播社会的正能量做出了应有的贡献。特别是终身未婚的陈瑜教授早就立下遗嘱，心甘情愿将自己的遗体捐献给国家用于医学研究，这种奉献一切的伟大精神令人更加敬佩。

1999 年初秋，我们一行在青岛机场等候飞往福州的飞机时，突然接到陈琨先生打来的电话，这位耄耋老人非常兴奋地告诉笔者，北洋海军左翼总兵兼“镇远”舰管带林泰曾与刘步蟾是儿女亲家，还提供了林泰曾曾孙女林沛姚女士居住在南京的详细地址。这突如其来的好消息，让我感到特别兴奋，由此终于找到了寻找了十多年的林泰曾的嫡系后裔。为此，我们后来又专程到上海寻访了陈琨、陈琰和陈琥兄妹三人，了解到了更多有价值的史料和线索。

2009 年 1 月 17 日凌晨 3 时，89 岁高龄的陈琨因动脉硬化，导致了各脏器的衰竭，在睡梦中驾鹤西去。弟妹及晚辈们根据他丧事简办的遗愿，遵嘱没有为其保留骨灰。但却撰挽联相送：

德兼孝悌，忠厚谦和，默默奉献，寿终德望堪旌表；
学贯中西，认真勤勉，孜孜笔耕，身去学识遗世存。①

2009 年秋季，笔者趁去北京出公差之际，专门电话联系了刘步蟾曾长孙刘永荣的儿子刘斌同志。由于时间太紧，来不及去他家探访交谈，便邀请他来全国政协招待所面谈。由于路上堵车，迟到的刘斌十分不好意思。由于活动日程安排紧张，我开门见山地对他说：“你爸爸病重期间曾给我打电话，说自己去世后想把骨灰撒在刘公岛前的大海里，希望我能满足他的这个愿望。但因为种种原因，我没有帮他完成这个心愿，心里感觉十分遗憾，请你和家人予以谅解。”已是不惑之年的刘斌十分坦诚地请我不要有心理负担，他和两个姐姐都能理解，当时他们心里也难以接受父亲的这个决定，因为他们还要考虑母亲的感受和其百年之后的事情。由于下一项活动即将开始，我急忙将《为了历史的重托——中国甲午战争博物馆二十周年》一书赠给他收藏，告诉他书中有其父亲捐赠文物和参加相关

---

① 资料由刘步蟾曾外孙女陈琥提供。

活动的照片。这次与刘斌的交谈时间虽短，但却让我放下了压在心头好几年的沉重包袱。

2009 年秋季，笔者去北京寻访刘步蟾五代孙刘斌（左一，刘永荣之子），并向他赠送了新出版的书籍《为了历史的重托——中国甲午战争博物馆二十年》

2017 年，是地级威海市建立 30 周年，也是刘步蟾后裔走进刘公岛 30 周年，看到大家都在忙着回顾 30 年来威海和自己单位发生的巨大变化，我情不自禁地想到中国甲午战争博物院的飞速发展和巨大成就，是在将士后裔、专家学者、各级领导、社会各界等多方面的支持帮助下取得的。我决定认真回顾总结他们的友好往来与支持帮助。4 月中旬，我再次前往上海寻访了刘步蟾和林泰曾的后裔们。出发前我曾与南京的邓林教授联系过，她告诉说等我到了上海之后再联系她，她将与爱人开车奔赴上海完成多年的心愿：一是将在上海工作的表弟引见给我；二是跟随我去看看她的表姐陈琥女士，因为他们好多年没有见面，也不知道她确切的地址；三是再与刘薇和刘洙他们姐弟聚聚，共叙亲情。计划清楚，安排细致，但当我到达上海联系南京的邓教授后，她的表弟去外地出差了，再加上她也突然接到任务要到外地出差，导致此行她也无法按原定计划进行。早在 2006 年，陈琥就曾因糖尿病服药不当、引发低血糖而导致昏迷，其三姐陈琰带病坚持联系 120，将她送到附近的医院进行抢救。但因病情复杂且重，接诊的医生认为回天无力，建议他们转到更好的医院进行抢救治疗。多亏一位好心的专家及时出现并指出：此时转院就意味着放弃，建议冒险也要就地抢救，这次成功的抢救让陈琥又活了过来，并且先后把陈琨、陈瑾、陈琰、陈瑜等几个哥姐陆续送走。去年冬季的过敏，导致至今未婚的陈琥又哮喘厉害，继而引发心脏方面的问题。我担心前去采访给她带来诸多不便，更怕引她回忆过去会导致她情绪波动而影响她的健康，因而取消了探望采访陈琥教授的计划，改以打电话来与她进行了沟通交流。

这次的上海之行，我们与刘薇、刘洙、王明易、张芙蓉、纽小芳、刘俊彦等先后数次进行了愉快的交流叙谈，他们对威海市这些年的快速发展给予了高度评价；对北洋海军成军成军 100 周年、110 周年和 120 周年之际，威海人民铭记甲午历史，缅怀广大参战将士，在刘公岛建成了北洋海军忠魂碑、北洋海军将士名录墙和纪念馆、甲午战争历史陈列馆等大手笔给予高度赞扬。

（四）中国甲午战争博物馆数次邀请刘步蟾后裔来威海参加相关活动

1998 年是北洋海军成军 110 周年，中国甲午战争博物馆自筹资金在刘步蟾家人当年居住过的院子里建起了北洋海军将士名录墙，该墙长 18.88 米，寓意北洋海军 1888 年正式成军。墙上将所有能查询到的海军官兵的姓名，包括外籍军事教官的名字，全部刻在墙面上。墙的背面是时任中共中央政治局常委、中央军委副主席刘华清的题词。是年 8 月下旬，中国甲午战争博物馆召开了北洋海军成军 110 周年纪念暨国际学术研讨会，邀请了部分北洋海军将士的后裔前来参加纪念活动和学术研讨会。刘步蟾的曾孙刘鑫、张芙蓉夫妇和刘步蟾的曾孙女刘薇全程参加了此次活动。看到先祖的名字刻在名录墙上，所有将士后裔都心潮澎湃，激动不已。特别值得一提的是，刘鑫兄妹在纪念活动期间还与其曾祖父的表弟陈兆锵的孙子陈榕相聚相认，他们非常愉快地进行了交流。那一次，陈榕教授特意来威将其父亲陈大謦捐赠的微型指南针捐赠给中国甲午战争博物馆。看到这激动人心的场景，刘鑫和刘薇兄妹表示一定尽力寻找先祖的相关遗物，及时捐赠给甲午馆，发挥好这些物品应有的作用。全体与会将士后裔也都自觉表示，愿意像祖辈那样为国家的振兴做出积极的贡献。

1999 年 9 月 17 日，是甲午中日两国海军黄海大战 105 周年纪念日，中国甲午战争博物馆在甲午故地刘公岛举办了“勿忘甲午，强我海防，爱我海洋”万人签名活动。北洋海军右翼总兵兼“定远”舰管带刘步蟾曾孙刘永荣先生、时任海军航空工程学院政治委员徐一天少将及驻威海地区的军地领导应邀参加了这次活动。在签名活动启动仪式上，刘永荣向中国甲午战争博物馆捐赠了其曾祖刘步蟾曾使用过的舰用棉被。中央电视台五洲传播中心的朱启良一行还专门采访了刘永荣，并与他在北洋海军提督署门前广场合影留念。签名活动结束后，刘永荣先生专程到北洋海军将士纪念馆参观凭吊，向北洋海军将士名录墙敬献花环，还挥笔题词，以示纪念。离开刘公岛之前，刘永荣满怀深情地告诉笔者，看到海军前辈可歌可泣的英雄事迹，看到国家现在的腾飞发展，非常高兴，自己愿意为民族的振兴和国家的发展添砖加瓦，略尽绵薄之力。

2009 年 5 月，为纪念北洋海军成军 120 周年，中国甲午战争博物馆再次举办了“北洋海军成军 120 周年国际学术研讨会”，我馆再次邀请部分北洋海军将士后裔来威海参加纪念活动和国际学术研讨会。刘步蟾曾孙女刘薇和曾孙刘洙与纽小芳夫妇如约而至。看到中国甲午战争博物馆陈列馆气势恢宏的雕塑和揪人心肺的甲午战争展览，刘薇、刘洙姐弟俩与其他后裔同样激动振奋。当看到自己捐赠的文物都收入了《为了历史的重托——中国甲午战争博物馆二十年》一书中，他们都感到特别欣慰，并表示今后将继续帮助甲午馆蒐集文物史料。

2016 年 12 月 12 日，福建船政名杰后裔与北洋海军将领后裔要在甲午海战的古战场上举行祭祀海军前辈的活动。刘步蟾曾孙刘鑫的夫人张芙蓉与儿子刘俊彦一起前来参加活动。见到更加稳重和成熟的刘俊彦时刻陪伴在母亲的身边，许多后裔和学者对他的孝敬都深表钦佩。12 日早饭后，刘俊彦和母亲张芙蓉就早早从花店请来鲜花两束，与福建船政名杰后裔及北洋海军将领后裔一起乘车换船，前往威海湾日岛海域的古战场，刘俊彦与母亲严肃庄重地把花瓣撒向大海，向海军前辈表达敬意和怀念。在北洋海军将士名录墙前，他们母子与其他后裔一起向北洋海军将士名录墙鞠躬致敬，再次向海军前辈表达来自六个省市后裔的敬仰之情。在参观完甲午战争陈列展览之后，张芙蓉和刘俊彦分别在博物馆的签名簿上题词留念。在参观按同等比例复制的北洋舰队旗舰“定远”舰时，刘俊彦、林彤、赵怀民愉快合影，这是北洋海军提督和两位总兵的第五代后裔，首次在“定远”舰上相聚，他们激动的心情难以言表。在“缅怀先辈，振兴中华——我为建设海洋强国建言献策座谈会”上，刘步蟾曾孙媳妇张芙蓉语重情长地说：“我会经常告诉儿孙辈们，要传承先祖的献身精神，事业要做大，学业要优秀，用实际行动报效祖国。还要让晚辈参观北洋海军名录墙和‘定远’舰，希望他们从先祖生活和战斗过的地方吸取民族精神的营养”。事业有成的刘俊彦说：“首先感谢中国甲午战争博物馆对我们的邀请，这次活动对我及家人是极具意义的。身为北洋海军将领的后裔，除了祭祀祖辈，更重要的是传承和发扬祖辈们的民族精神和博大的爱国主义情怀，将先辈们的英雄气概、铮铮铁骨世世代代传下去，不负祖辈们当年争取国家主权、民族独立的远大抱负和志向。”他们母子简短的发言，发自肺腑，情真意切，特别接地气，令人佩服。

三、家国情怀与好学敬业家训的持续传承

在与刘步蟾后裔交往的30年间，给我留下深刻记忆的事情就是他们传承了刘步蟾勤奋刻苦、扎实上进的好学精神，爱国敬业、心底无私的奉献精神。

（一）勤奋刻苦、扎实上进

刘步蟾1895年自杀殉国时才刚刚46岁，但他一贯倡导的勤奋刻苦、好好读书的家教和家风已经形成。因此，他的儿女和孙辈们仍然秉持了这一优良的家风。当然，优秀家风的传承与刘步蟾的大女儿刘寿琳、其儿媳妇林津云数十年的严格要求与不懈坚持是分不开的。百余年来，刘步蟾的数代后人都在漫漫人生路上勤奋学习，锲而不舍，敬业苦干，始终坚持诗书传家、励志报国的家风家教。2017年的盛夏，刘步蟾的玄孙刘俊彦与夫人朱宇虹带着他们在美国上大学的儿子刘祯豪，专程来威海刘公岛凭吊海军前辈，缅怀甲午英烈，追寻祖辈足迹，增强民族自信心。话语不多、处处讲究礼让为先的刘祯豪，在参观了“定远”舰、北洋海军提督署、龙王庙、丁汝昌寓所、北洋海军将士名录墙、东泓炮台和甲午战争陈列馆之后，在签名簿上留下了“保家卫国，虽败犹荣”的题词。这位腼腆聪慧的小伙子，确实被他老祖宗爱憎分明、承诺必践的英雄行为震撼了，表示一定向先辈学习，掌握本领，报效祖国。

（二）爱国敬业、事业有成

1967年10月出生的刘俊彦，让刘应峰的老伴林娉及其儿女们非常高兴，也给全家带来了许多欢声笑语。小时候的他，聪明伶俐，顽皮好动，成为奶奶及全家人的掌上明珠。7岁那年他就随着妈妈和奶奶去北京看望了堂伯伯刘永荣及其家人。在堂伯家里，他与小其一岁的堂弟刘斌很快就玩熟了。刘俊彦说，小时候经常听父母谈到他们各自单位生意方面的事情，久而久之使他对做生意产生了好奇和兴趣。特别是得知外贸生意对国家的经济发展和外汇的赚取所发挥的作用，更使他产生了跃跃欲试的想法。所以，当父亲1984年突然在澳大利亚生病期间，他就想早点就业干外贸赚钱，以减轻父母的压力。但一开始父母是不赞成的这个选择的，但看到他的坚定与执著，父母终于理解了儿子的想法。1986年，刘俊彦考入上海商业管理专科学校，学习商业管理专业。1989年，刘俊彦在父母的支持帮助下，走进上海市工艺品进出口公司，做起了外贸生意，其经营的特殊工艺品主要有雕刻、瓷器和雕塑等。随着国家改革开放的深入发展，刘俊彦所在公司的业务经营范围也迅速扩大，包括服装、床上用品和各种玩具。那个时期的刘俊彦，虽然年纪不大，但他手里每个月都掌控着150万美元的配额分配权力，与

其有业务往来的国内单位达上百家。许多为搞到配额指标的商家不遗余力地跟他套近乎、扯关系，有的甚至主动提出按比例给他好处费。面对这一切，意志坚定的刘俊彦就像他的先祖刘步蟾一样，毫不犹豫地予以谢绝。刘俊彦直率地告诉我，这可能是基因的关系，因为无论是父母还是老祖宗，他们的身体力行让我从小就明白，想有钱，必须靠自己光明正大地挣，不要想天上掉馅饼的事情，更不能走歪门邪道，做损人害己、违法犯罪的事情。1993 年，27 岁的刘俊彦与妻子朱宇虹结婚成家，小两口事业顺通，生活美满。1996 年 10 月，他们的儿子刘祯豪来到了这个日新月异的大上海，再次引发刘步蟾家族后人的激动与欢腾。儿子的出生，更是让进入而立之年的父亲信心百倍，敢于担当，勤奋工作，其业绩不断攀升。

1999 年，由于计划经济转向市场经济的速度加快，国有外贸企业开始进入低谷。上海市外贸局决定从仅有的三家国有外贸公司中选出刘俊彦所在的公司搞改制试点。已在外贸企业打拼了 10 年的刘俊彦马上意识到改制试点的步伐还太小，不能适应快速发展的国际国内贸易发展的需求，他敏锐地萌生了下海自己干的想法。但其父亲刘鑫却语重心长地对他说："单位对你很好，就这样辞职下海，好像不妥。"孝顺的刘俊彦没有让父母为难，继续留在已经改制的外贸公司认真工作。

2002 年，刘俊彦的威海之行，特别是参观了甲午战争展览后，风华正茂的他更加坚定了抓住机遇快速发展的决心。回到上海之后，他向父母汇报了在威海的所见所闻，说明了国有外贸企业改制之后仍存在的束缚手脚的短板，再次提出要辞职下海自己创业的强烈要求。他把自己清晰的创业理念，企业明确的发展方向，具体详细的管理措施，逐一向父母作了全面的汇报。外贸经验丰富的刘鑫与张芙蓉终于同意了儿子自己下海创业的想法。

2003 年初，37 岁的刘俊彦辞职下海，开始了自己的创业之路。一方面，他努力与原有客户保持联系，对包括服装、床上用品、各种玩具、特殊工艺品、精品瓷器等生活物品无所不做。另一方面，他不动声色地开始考察论证转变企业经营方向的大事。他敏锐地认识到，随着中国加入世贸组织，做服装鞋帽、工艺玩具等商品贸易的人会越来越多，利润空间也会越来越小。而且，由于经营者和生产者是两个群体，因此经营者在很大程度上受制于生产者，有时候焦头烂额却无可奈何。精明的刘俊彦认为，如果经营者群体无休止地扩大，生产者就会择食而为，这样肯定会给经营者造成意想不到的麻烦，或延期交货，或质量达不到要求。但无论何种原因，经营者都必须承担违约的责任。为了规避这些风险，刘俊彦慎重地决定，要迅速完成自己企业的转型升级。他选择了生产经营为外国大型企业配套服务的工业产品。这个决定，一是使企业不再是单纯的经营单位，同时转变为生产基地，既能保证产品质量，又能将优质产品及时外销，形成一条龙服务，可以获得利润的最大化。二是国家的发展和民族的复兴，还是要靠工业制造压轴唱大戏。他及时将原来外贸企业的巨大风险与背后隐患全部化解。

由于刘俊彦采取了两条腿走路的策略，牢牢地抓住了难得的机遇，他原来销售的产品照常进行，确保了刚组建的外贸企业稳步成长，为企业的转型发展提供了资金保障。在很短的时间里，他的企业在无声无息中完成了转型，在许多人还没有认识到企业风险即将来临前，刘俊彦的工业产品已经开始销往美洲、非洲和澳洲。企业率先实现产品的转型和销售市场的拓展从而获得快速发展充分证明，刘俊彦当年的选择是正确的。他的超前意识和未雨绸缪可谓恰逢其时，马到功成。父母亲属和同学朋友，都为他感到高兴和自豪。

已是不惑之年的刘俊彦事业在稳步发展，企业的经济效益也持续看好。此时的刘俊彦并没有满足现状，他一直在描绘企业能够持续发展的蓝图。但是，有一天，母亲打来的电话让他惊出一身冷汗。母亲告诉他："你父亲去医院检查身体，医生说是胃癌晚期，不能手术。"刘俊彦从电话里感到母亲的焦虑和无奈，顾不上多想，就撇下要谈的生意，飞奔回家。

回到上海，刘俊彦寻找最好的医院和医生，千方百计为胃癌晚期的父亲进行救治。其实刘鑫的脾胃不好已经有好多年了，但他自己老以为是老寒胃，所以经常请诊所中医把脉驱寒。数年间，他没有停止吃药，病情却总不见好转。父亲突然身患绝症，几乎将刘俊彦击倒。那一阶段，他把主要精力全放在陪伴父亲治病和安慰母亲上，企业的国内生产虽在正常运转，但国外销售的具体情况他已无精力细察。三个月后，其父亲终因病情太重，医治无效驾鹤西去。刘俊彦强忍悲痛，办理完父亲的后事之后，随时随地地陪伴着悲痛万分的母亲。他带着母亲去澳大利亚谈生意，陪着母亲去美国考察市场，还请朋友陪着母亲去外地旅游。总之，想尽一切办法让母亲尽快从悲痛中走出来。

正是在这样艰难的情况下，一向珍重友情、与人为善的刘俊彦被一伙国际骗子骗走了一百多万美元，致使企业的资金链产生严重危机。面对国际金融危机的持续发酵，全球经济的持续低迷，刘俊彦没有被打倒，他以常人难以想象的智慧和毅力，千方百计保证了资金链的完整与正常运转，确保了企业的正常生产和销售。功夫不负有心人，刘俊彦不但把被骗的资金全部还上了，而且还不断利用盈利扩大生产规模。如今，已是知天命之年的刘俊彦，抓住国家大发展的机遇，开启智慧的航船和快车，把自己不断升级提质、价格适中的产品发送到地球村需要的地方。他饱含深情地告诉我："爱国是一个国民应尽的责任和义务。表达爱国的方式可因人而异，有人可以参军备战，保家卫国；有人可以研发尖端，科技兴国；还有人可以干事创业，发展经济。我发挥自己的优势，通过制造和经营工业产品，为国家的复兴和人类社会的和平与进步，做出自己的贡献。"

2017 年 8 月，北洋海军右翼总兵兼"定远"舰管带刘步蟾第五代孙刘俊彦（右三）与朱宇虹（左二）夫妇，特地带着在美国读大学的儿子刘祯豪（右四）来威海参观考察，意在缅怀爱国先辈，传承优良家风

（三）无偿捐赠文物

30 年来，刘步蟾的多位后裔先后无偿向中国甲午战争博物馆捐赠了 4 组 5 件刘步蟾使用过的物品，为增加甲午战争博物馆的藏品数量和质量，为丰富甲午战争博物馆的陈列展览做出了很大的贡献。

1993 年 3 月，中国甲午战争博物馆再次赴南方寻访北洋海军将士后裔。在上海拜会北洋海军右翼总兵兼"定远"舰管带刘步蟾后裔时，刘步蟾曾孙女刘薇将家里珍藏的刘步蟾家用过的一件麒麟送子朱漆描金皮匣，无偿捐赠给中国甲午战争博物馆收藏。该皮匣长 32cm、宽 20.5cm、高 10.5cm，质地为皮、外层为漆，因年代久远，加之南方气候湿润，故皮匣表面被虫蛀过，部分漆皮起翘脱落。

1992 年夏季，刘步蟾的曾孙刘鑫在刘公岛向中国甲午战争博物馆捐赠了刘步蟾使用过的铜水盂。该器物 1 组 3 件，分别为铜水盂 1 件，铜料质地，口径

4.5cm、高 2.8cm，品相很好，完整无缺；铜水盂之小铜勺 1 件，铜料质地，勺长 8cm、勺柄长 6.5cm，品相很好，完整无损；铜水盂之红木座 1 件，座高 4.3cm、口径 7.3cm，品相很好，完整无损。该组器物于 1998 年被国家文物局文物鉴定专家组鉴定为国家近现代一级文物。

1999 年 9 月 17 日，北洋海军右翼总兵兼“定远”舰管带刘步蟾曾长孙刘永荣先生，应邀来刘公岛参加“勿忘甲午，强我海防，爱我海洋”万人签名活动时，向中国甲午战争博物馆无偿捐赠了刘步蟾使用过的鹅绒棉被 1 件。该鹅绒棉被长 144cm、宽 132cm，有破损、污渍。据捐赠者刘永荣讲，这是清皇室御赐给刘步蟾的鹅绒棉被，体现了朝廷对刘步蟾的信任与赏识，因此被刘家视为传家珍品，一直被长子长孙和曾长孙收藏。

2000 年，刘步蟾曾孙女刘薇将其曾祖刘步蟾使用过的可伸缩式铜挂件 1 件，无偿捐赠给中国甲午战争博物馆。该铜挂件长 31cm、宽 8.5cm，能伸能缩，品相很好，完好无损。

2001 年 8 月，甲午馆人再次赴上海寻访刘步蟾的后裔时，刘步蟾的曾孙刘洙先生向中国甲午战争博物馆无偿捐赠了刘步蟾使用过的英制彩绘花蝶花瓶 1 对 2 件。该对花瓶为玻璃质地，口径 7.2cm、底径为 6.7cm、高 19cm。该对花瓶中有一件的上口部位有一不明显的 4cm 长的裂纹，但总体感觉良好，被国家文物局文物鉴定专家组鉴定为国家近现代一级文物。

2002 年 4 月，刘步蟾玄孙刘俊彦应威海市纺织企业的邀请，来威海市参加外贸商品洽谈活动。36 岁的刘俊彦给我打了电话，我迫不及待地前往位于威海湾北岸北山嘴炮台旧址的合庆山庄看望他。风华正茂的刘俊彦在百忙中抽出时间，将其先祖刘步蟾使用过的压花镀银铜盘 1 件，无偿捐赠给中国甲午战争博物馆收藏。该压花镀金铜盘为铜料质地，口径为 15cm、底径为 9cm、高为 1.5cm，保存完整，品相很好，被国家文物局文物鉴定专家组鉴定为国家近现代一级文物。

笔者陪同刘步蟾第六代孙刘祯豪（左一）乘船去刘公岛时的合影

与此同时，刘步蟾曾外孙陈琨、陈琰、陈琥兄妹还将他们珍藏的刘步蟾大女儿刘寿琳的照片、相关的资料以及他们自己撰写的文字材料无偿提供给我们，为世人研究爱国将领刘步蟾及其后裔，提供了十分难得的资料。

综上所述可知，30 年来刘步蟾的多位后裔往返于美国与上海、威海之间，与中国甲午战争博物馆人员进行了友好的、持续的来往，彰显的是家国情怀、爱国真情，表达的是诗书传家、好学上进的家教和家风，传播的是英雄的基因与文化的自信。这种潜移默化、润物无声的家风传承，力量巨大，意义持久。笔者认为，这种家教家风的传承与弘扬，值得赞扬，值得每个家庭借鉴与传承。

作为中国甲午战争博物馆的创建者和见证人，我们永远感谢北洋海军广大将士后裔对我们的无私帮助和大力支持。我们企盼所有为中国近代海防、海军建设做出贡献的官兵的后裔、甲午参战将士的后裔经常来刘公岛甲午战争纪念地，缅怀海军前辈，激发爱国能量，为实现民族复兴和维护世界和平，做出应有的贡献。

（此文原载于戚俊杰主编：《甲午战争研究》2017 年第 4 期）

心系刘公岛 情满甲午馆

——写在毕克官先生逝世三周年之际

2016年的12月1日，是我国著名的漫画家、漫画史论家、美术史论家、社会活动家和著名学者毕克官先生逝世三周年纪念日。作为与毕克官先生相识相交近30年的家乡晚辈和忘年交的好朋友，我不但敬佩他热爱祖国，心系家乡，反对战争，爱好和平，忧国忧民，敢说真话，反腐倡廉，“打虎拍蝇”，为人坦荡，品行高洁，实事求是，敢爱敢恨，爱好广泛，学识渊博，敬老爱幼，善良真诚；还非常敬佩他热爱文化艺术事业，倾心历史文化遗产保护的胆量与执著，更难忘他心系刘公岛，全心全意支持中国甲午战争博物馆抢救保护甲午战争纪念地文化遗产的勇气和担当。

一、首次走进刘公岛令他终生难忘

刘公岛是清朝北洋海军的诞生地，曾因北洋舰队的实力雄冠亚洲而闻名海内外。北洋海军广大爱国将士在甲午威海卫保卫战中，英勇奋战，多次打退日本海军和陆军的三面夹攻，最终因寡不敌众，在弹药将尽、援军无望的情况下，丁汝昌、刘步蟾、张文宣、杨用霖、戴宗骞等宁死不降，自杀殉国，谱写了一曲壮烈的历史悲歌。这些爱国将士的战斗故事在威海的老百姓中流传很广，出生于威海市的毕克官也毫不例外地受到这些将士爱国事迹的熏陶和影响，小小年纪的毕克官就对神秘的刘公岛充满了好奇。上学以后，他经常坐在海边的沙滩上，隔海遥望着横卧在威海湾中的刘公岛，把北洋海军、甲午海战与刘公岛联系在一起，心里充满了敬意。但因刘公岛是军事禁地，少年时期的毕克官一直没有机会登上刘公岛，去凭吊甲午英烈和爱国前贤。为了掌握更多的文化和科学知识，实现报效祖国的理想，17岁的毕克官于1948年带着没有登上刘公岛的遗憾告别了威海，前往北京求学深造。令他没有想到的是，登上刘公岛凭吊甲午英烈的愿望一搁就是39年。

1987年的夏秋之交，烟台和威海举行漫画会议，已是功成名就的毕克官先生应邀出席这次会议。9月2日，毕克官先生终于来到了举世闻名的刘公岛，圆了自己多年的登岛梦。身为馆长的我，十分荣幸地接待了著名漫画家毕克官先生一行。只见他高高的个子，清瘦的身材，给人的感觉是英俊、潇洒、儒雅、深邃。一张嘴说话，就流露出地道的威海人的味道。见面握手问好之后，一点架子也没有的他，十分真诚地对我说："登上刘公岛凭吊甲午英烈，是我多年的愿望，今天我们的时间有限，希望你能让我们用最短的时间，了解最多的历史。"我马上就被他的坦率与真诚感动了。立即带领他们前往刘公岛上标志性的建筑——清朝北洋海军提督署（俗称水师衙门，也叫海军公所）参观。

"北洋海军提督署有多大？你是什么时间来这里工作的？"毕克官先生边走边问。我立即简明扼要地告诉他："我们是 1985 年 3 月进刘公岛接管了北洋海军提督署第一进院的房屋（二进院和三进院部队还在继续使用，第二年才全部移交给我们）；提督署的主体建筑分三进院落 15 栋房子，还有门前广场和宽阔的后院，占地面积近 2 万平方米。当时许多房屋塌漏严重，亟须维修。虽然我们单位缺钱少人交通不便，既无电灯又喝不到自来水，但在英勇杀敌、宁死不降的爱国将士生活和战斗过的地方，在广大参观者那凝重的眼神前，我们没有时间和理由在困难面前等待上帝的恩赐，只能坚持一边维修，布置展览，一边接待乘船而来的参观者，确保天南海北的游客们能不虚此行。"简短的交谈之中，我们就来到 1887 年始建的北洋海军提督署。

提督署里只有"中日甲午战争展览"（设在提督署第一进院中间的礼仪厅）、"威海卫海军基地防务设施沙盘"（设在第一进院的西侧厅）、"北洋海军高级将领蜡塑群像馆"（设在提督署第二进院中间的议事厅）、"北洋海军与甲午战争文物展览"（设在提督署第一进院的东侧厅）。虽然展厅数量少，内容也不算丰富，展览的设计制作和艺术形式也比较简单，但毕克官先生却看得非常认真、仔细，并不时驻足询问详细情况。

参观结束后，毕克官先生对封建王朝制度的反动落后，对清政府的腐败堕落、贪图安逸、追求享乐、割地赔款、丧权辱国等方面深恶痛绝；对日本侵略者发动蓄谋已久的大规模武装侵略中国的甲午战争，大量残暴杀害无辜的中国人民，妄图使中华民族亡国灭种的罪恶有了更深的了解。当他得知北洋海军广大爱国官兵在刘公岛保卫战中，先后 7 次打退敌人海上和陆地的三面夹攻，最后在弹药将尽、陆上救兵被调往内地的情况下，宁死不降，自杀殉国的英雄气概大为敬佩。离开刘公岛前，毕克官先生拉着我的手说："今天的刘公岛之行，给我留下了永远难忘的记忆。这就是：腐败导致灭亡，落后肯定要挨打。因此，我们必须坚持发展，反对腐败，防止悲剧重演。你们现在的工作环境虽然很苦，但利用北洋海军建筑旧址和甲午战争故地开展爱国主义教育，意义重大。希望乡亲们继续努力，让来刘公岛参观的人们牢牢记住中华民族的耻辱，因为知耻才能后勇。”上船离岛之前，他又大声地对我说：“我一定抽时间再来，如果你们有什么事情需要我帮忙，我一定会尽力而为。”看到毕克官先生这么直率干脆，这么热情大方，我心里感觉暖烘烘的，也开始考虑如何请这位影响力大且热心的家乡能人为刘公岛的开放和中国甲午战争博物馆的发展而帮忙助阵。

二、两届全国政协会上呼吁保护刘公岛水师学堂

1993 年 3 月，毕克官先生以其卓著的成就和优秀的表现，再次荣任第八届全国政协委员，继续为国家的发展和民族的复兴建言献策。1994 年是中日甲午战争爆发 100 周年，开完全国两会之后不久，毕克官先生偕夫人、著名油画家王德娟教授再次走进北洋海军的诞生地——刘公岛甲午战争纪念地。我十分高兴地再次陪同毕克官先生和王德娟教授参观考察。看到北洋海军提督署大部分房屋已经维修并布置了新的陈列展览，他非常高兴，并仔细地依次观看“中日甲午战争展览”“甲午战前威海卫海军基地防务设施沙盘”“北洋海军展览”“北洋海军将领蜡塑人物群像馆”“甲午威海之战展览”“丁汝昌殉难处复原陈列展览”“黄海大战舰船模型展”“海底打捞‘济远’舰物品展览”“北洋海军文物展览”“来馆贵宾展示”和陈列在提督署主体建筑后院的《“海底打捞‘济远’舰巨型钢铁文物露天陈列展览”。看到提督署展厅增加了许多，而且展览内容重点更加突出，分类更加准确清晰，毕克官先生非常赞赏。

接着，他又去龙王庙和丁汝昌寓所参观，之后穿过毁坏严重的刘公岛水师学堂，参观黄岛炮台兵器馆，并走进黄岛炮台 300 米长的地下坑道参观考察。上述北洋海军的提督署、龙王庙、丁汝昌寓所和黄岛炮台，均为全国重点文物保护单位，也是我们馆正式对外开放的文物景点。其中的黄岛炮台，虽然没有正式移交地方管理，但这是我们馆与海军部队达成合作共识，并签订合作协议才开放的文物旅游景点。我还特地把这种新颖的管理机制详细介绍给毕克官先生，目的是为解决刘公岛水师学堂的问题做好准备。

刘公岛水师学堂房屋塌漏严重，濒临毁坏，外围院墙或被拆，或经雨淋倒塌，亟待抢救保护。在返回提督署的路上，我专门请毕克官先生参观亟待抢救保护的刘公岛水师学堂，目的是想通过这次参观考察，请他了解全国重点文物保护单位——刘公岛甲午战争纪念地内不同类型文物建筑的详细情况，以便于他在全国政协会议上呼吁国家文物部门和人民军队，能引起对北洋海军旧址的保护足够

的重视，形成有利于保护、管理、开放的良好局面。毕克官先生看得仔细，听得认真，兴趣很高，我便真诚地邀请他们在刘公岛上住一宿，把刘公岛的历史文化和自然生态全都浏览一次，顺便体验一下海岛的生活和宁静的夜晚。毕克官先生毫不犹豫地答应了。我趁机将刘公岛水师学堂的详细情况向毕克官先生作了介绍：

1888年北洋海军正式成军后，为了加快海军人才的培养，经李鸿章批准在刘公岛西部向阳坡地建起威海水师学堂，因其坐落在刘公岛上，故也称刘公岛水师学堂。该学堂占地面积2万多平方米，除建房屋63间外，还有宽敞的露天训练场地。1890年建成并于6月3日开始招生开课。课程有天文、地理、数学、几何、航海、英文等十几门课程。这是继福建马尾水师学堂、天津水师学堂、广东水陆师学堂之后，洋务派创办的第四所培养海军军官的学堂。1894年中日甲午战争爆发前第一批学员毕业。甲午刘公岛保卫战期间，水师学堂遭受敌人炮击，部分建筑被毁。今尚存者有照壁、学堂戏楼、马厩、东西辕门、凉亭、堞墙、旗杆座和部分院墙等。英国租借威海卫时期，学堂被英军占领42年，现今仍存有当年英军所建之军官住宅、英军食宿处、海军陆战队营房等式样独特、造型美观的欧式建筑。刘公岛水师学堂是我国至今唯一保存比较完整的近代海军学堂。1988年1月13日被国务院公布为第三批全国重点文物保护单位。保护好刘公岛水师学堂，不但是研究中国近代海防教育的重要实物例证，而且也能展现北洋海军基地的整体性。中华人民共和国成立以后，刘公岛因为是重要的军事重地和海防前哨，所以包括水师学堂在内的许多北洋海军的老建筑仍然发挥着军事设施的作用，由人民海军使用管理。但改革开放以后，因为军队整顿缩编裁员，原来驻守在刘公岛水师学堂的海军舰艇部队已于20世纪90年代初裁撤，因此，水师学堂已经是人去屋空，既无人使用，也没有人管理，这也是造成水师学堂快速损坏的重要原因。但因为这是军队管理的房屋地产，因此地方单位既无权使用，又无法对其进行管理保护。

见毕克官先生不但仔细听，还不时地插话询问有关细节，我就和盘托出：自1990年部队缩编后，我们就奔走呼吁好几年，但毫无进展，因此也使我们认识到，要解决这个棘手问题，最好的办法就是通过全国政协委员或全国人大代表在全国两会上写提案、提建议，联名呼吁抢救保护刘公岛甲午战争纪念地所属建筑，为子孙后代、为国家、为人类保留住近代海军教育的物证例证。如果按照《中华人民共和国文物保护法》“谁使用管理，谁负责维修保护”的规定，刘公岛水师学堂应该由部队实行维修和保护。但部队现在没有人员居住，也缺少维修资金。因此，把管理和使用的权力移交给中国甲午战争博物馆，会更有利于文物建筑的有效保护和合理利用。

当时，我大着胆子提出请毕克官先生出面呼吁，盼望他能多联系一些相关专家来做此事。毕克官先生坦率而又真诚地说："你不拐弯抹角，我很喜欢。但这件事情难度很大，因为涉及军队的资金和房屋产权，部队也有《军事设施保护法》为依据，不能把房屋及地产移交给地方单位，但我还是愿意帮你们这个忙，其实也是帮国家的忙。"

毕克官先生说到做到。1995 年，在全国政协会议上，他以《文物保护法》为依据，直截了当地提出"抢救性地保护刘公岛水师学堂的意见"。毕克官先生就保护刘公岛水师学堂的重要意义和紧迫感，以及刘公岛甲午战争纪念地开放以来对国人开展爱国主义教育等方面的情况做了说明，并找到军队中的政协委员交换意见，还联络国家文物局著名专家罗哲文、谢辰生、史树青等先生帮助呼吁抢救保护刘公岛水师学堂。与此同时，我们也以《文物保护法》及中共中央、国务院和中央军委［1984］190 号《关于开放威海港的批复》等文件为依据，与威海水警区商议讨论抢救保护水师学堂合理、有效的方法。

1996 年 3 月，全国政协八届四次会议上，为了推动国家级重点文物保护单位的抢救保护（当然包括刘公岛水师学堂），毕克官先生又做了《为保护城乡历史建筑风貌出谋献策》的大会发言。这个发言主要是针对当时部分省市在城乡建设迅猛发展的过程中，极有保护价值的历史建筑被摧毁，许多地方有特色的建筑正在消失。而且，有的地方一边拆毁真文物和特色建筑，一边又花大价钱建假古董和不同式样的仿古建筑。之所以出现这些问题，毕克官先生认为主要是"某些决策者认识上的短视和指导思想的片面，因而缺乏科学的总体规划"。因而建议"全国省、市、县各级政协立即关注这个问题。为保护各地城乡的历史建筑风貌，为解决好建设与保护的矛盾，积极参政议政，发挥智囊作用，出谋献策"。他还把天津政协组织"城建委、文教委、文史资料委三个委员会就上述问题进行调研，提出建议，进行呼吁。其做法值得注意，也建议全国政协对此多做促进工作"。由此可见毕克官先生身为全国政协委员，对全国文化教育历史等方面的调研是多么细心，也反映出他能够深入社会底层，了解真实情况，关心国家发展和人民福祉的真实情感。通过他的发言，我们不仅可看到他有着广博的知识、敏锐的洞察力和超前的判断能力，而且还敢于对某些决策者认识上的短视病和指导思想上的急功近利提出尖锐的批评。

1998 年春天，毕克官先生第三次当选为全国政协委员。在全国政协会上，他再次呼吁抢救保护刘公岛水师学堂。他的认真执著和对文化遗产的真爱，使许多认识他的政协委员为之感动，也引起部队首长的关注和重视。会后不久，中国人民解放军总后勤部就组织海军后勤营房部的相关同志，亲自来到威海刘公岛，现场勘验了水师学堂建筑遗存倒塌、漏水等损坏情况，通过观看文物保护标志，确认了其全国重点文物保护单位的身份，以及海军部队裁减后房屋的闲置等情况。看到水师学堂院墙倒塌严重，院里杂草丛生，垃圾成堆，一片狼藉，部队的同志心情也十分沉重。他们十分感谢毕克官先生能实事求是的反映问题，以及为解决问题所表现出的锲而不舍的精神。他们表示：一定抓紧时间拿出有利于保护水师学堂的意见，更好地发挥刘公岛甲午战争纪念地在爱国主义教育中的重要作用。

精诚所至，金石为开。在毕克官先生多年持续的建议和敦促下，经过我们与海军驻威海部队多次的认真协商讨论，遵照国家《文物保护法》和《军事设施保护法》以及中共中央、国务院和中央军委［1984］190号《关于开放威海港的批复》等法规和文件的相关规定，本着有利于保护国家文物、有利于保护和发挥好北洋海军历史文化遗产的原则，军地双方初步达成一致，1999年9月6日，威海水警区后勤部向海军北海舰队发出了《关于将刘公岛水师学堂（旧址）移交地方的请示》。同时，按照海军的要求，威海市文化局田峰泉局长与威海水警区张学增司令员签订了《黄岛炮台兵器馆开馆意向书》，其主要内容是：黄岛炮台兵器馆的门票定价计入中国甲午战争博物馆的门票中，由甲午馆统一卖票，其收入的百分之七十归海军，剩余部分归地方，甲午馆对黄岛炮台兵器馆在业务上实行指导，并按开放要求予以统一管理。本意向期限为20年，时间自1999年1月1日始至2018年12月31日止。期满后双方如有意续签，可按照有关规定重新签订协议（具体经双方上级批复后，再签订正式协议）。一年之后，人民海军终于批准将刘公岛水师学堂全部移交给中国甲午战争博物馆管理保护。

2000年12月，人民海军将刘公岛水师学堂移交给地方管理的签字仪式在威海阳光大厦举行。在协议签订的现场，军队和地方的代表都非常激动，大家为全国仅存的近代海军学堂旧址能得到及时的抢救保护而感到高兴，也都不约而同地想到为此奔走呼吁的全国政协委员毕克官先生。所有人都感谢他多年来为保护刘公岛水师学堂所付出的艰辛与努力。接收刘公岛水师学堂的签字仪式结束后，我立即打电话向毕克官先生表示感谢，并汇报了我们馆抢抓时间，自筹资金，全力以赴对水师学堂进行抢救性保护的总体规划和分步实施的具体打算，并承诺水师学堂将于2004年全部修复竣工，届时正式对外开放。

此后，毕克官先生继续关注着水师学堂的抢救性保护，他对此项事业的鼎力支持和锲而不舍的工作态度令人敬佩。2001 年的夏天，毕克官先生偕夫人王德娟教授再次来到刘公岛，不顾盛夏酷暑，亲自到刘公岛水师学堂探摸现场参观考察。毕先生这种不怕吃苦流汗的执著精神，也激励了我们这些守土有责的文物工作者，所以，在接收水师学堂的第一年我们即完成以下几件大事：

一是接通刘公岛水师学堂的消防管道。这条海底自来水消防管道东自北洋海军提督署起，经过龙王庙和丁汝昌寓所，向西通到水师学堂，全长近 3 公里。

二是接通自提督署后院变压器输出的 380 伏高压输电线路，而且全部采用地下管线。并在刘公岛水师学堂西院墙外再建一座专用变压器，做到文物建筑专线专用，确保全国重点文物的安全。

三是接通北洋海军提督署、龙王庙、丁汝昌寓所及水师学堂的安全防范监控设施所需地下线路。

四是将刘公岛水师学堂四周的院墙全部使用老石头维修复原，按原有工艺和式样扎好墙缝，封好墙顶。

五是聘请山东省文物科技保护管理中心完成了对刘公岛水师学堂遗址的地下探摸及地上建筑遗存的测量工作，制定了刘公岛水师学堂复原和维修的方案，并召开了“水师学堂修复方案论证会”。是年深秋，我们将修改后的《刘公岛水师学堂维修方案》上报山东省文物局和国家文物局审批。国家文物局于 2001 年 12 月 31 日正式作了批复并原则同意所报修复规划，同时对部分内容提出指导性意见。

2002 年春天，山东省文物科技保护中心修复刘公岛水师学堂的工程全面展开。我馆人员一方面对施工现场的质量进行监督检查，另一方面又马不停蹄地开始考察、论证、确定维修复原后的水师学堂屋内陈设品的收集与复制及陈列展览等工作。

同年春夏相交之时，刚刚在北京 301 医院做完前列腺癌症切除手术的毕克官先生，在夫人王德娟教授的陪同下，来刘公岛丁汝昌寓所居住休养。其间，他仍时常步行去水师学堂施工现场观看进度情况。经过两年多的紧张施工和筹备，刘公岛水师学堂的修复和原状复原陈列终于完成。

2004 年，是日本发动武装侵略中国的甲午战争 110 周年。6 月 3 日，停止开课 110 周年的刘公岛水师学堂正式对外开放，受到海内外游客的一致好评。看到当年塌漏严重、垃圾成堆、破烂不堪的刘公岛水师学堂如今已是旧貌换新颜，岛上的驻军官兵和老百姓无不拍手叫好。

毕克官先生和王德娟教授也再次应邀来到刘公岛，全面地参观了新开放的刘公岛水师学堂。新修复的水师学堂主要分为主体建筑教学区、中外教师和学生居住生活区、室外训练区、甲午战火毁坏遗址展示区、英租时期各类建筑五个区。看着水师学堂独有特色的主体建筑群和错落有致的几进院落，看着水师学堂教室里的桌子和座椅是铁质与木材融合连体的，看到教室内课桌上整齐地摆放着刻着学生姓名的小木牌，看着学堂洋教习教学的复原场景，看到北洋海军时期的建筑、英国租借时期的建筑和毁于甲午战争时期的建筑地基遗址能够各自并存，并各有特色地展示给广大观众，毕克官先生和王德娟教授特别高兴和激动。他们坦率而又真诚地提出希望："你们一定要再接再厉，为中华民族管好刘公岛甲午战争纪念地，发挥好水师旧址和甲午故地的重要作用。"

三、刘公岛独特的文化和生态资源令艺术家心潮澎湃

1994 年，毕克官先生与王德娟教授在刘公岛住了几天之后，被岛上的历史文化遗产和海岛自然风光深深吸引。两位艺术家起早贪黑，如饥似渴地坚持写生和创作。包括北洋海军提督署、龙王庙和戏楼、丁汝昌寓所、水师学堂、大铁码头、黄岛炮台和东泓炮台等文物古迹，刘公岛海岸边的礁石悬崖、海湾沙滩，以及自然生态独特的松海林涛、名贵树种和各类花草，都吸引了两位艺术家的敏锐目光和画笔，他们抓紧一切时间，画速写，搞速描。不长时间，毕克官先生就画成了一组歌颂魅力刘公岛和家乡的组画。见画家如此着迷，如此投入，而且艺术造诣如此高深，我主动邀请两位艺术家在刘公岛举办画展。毕克官先生和王德娟教授欣然同意，并答应具体细节容回京考虑后再说。

1995 年秋季，为了筹办好"毕克官与王德娟画展"，我们趁去天津、北京等地征集北洋海军将士后裔珍藏文物之机，又专程去方庄园毕克官先生家，与他们就举办画展之事进行具体协商。

在毕克官先生的家里，我们可谓眼界大开。宽敞亮堂的大房子里简直就是一座艺术博物馆。这里有毕先生的漫画精品及多本著作，有王教授多年创作的油画精品多件，有毕先生收藏的瓷器、古董和各种民窑的绘画瓷片，还有他们在中国美术馆、新加坡等地举办画展的资料及影像等。在与毕先生交谈的过程中，我们就画展的举办时间、展厅的布置、画展的规模及画作的运输等问题达成一致。画展的所有筹办事项，都由中国甲午战争博物馆负责办理，并争取于第二年夏初举行开展典礼。

1996 年春末，开完全国政协会议的毕克官先生携王德娟教授再次来到刘公岛，亲自到北洋海军提督署演武厅布置画展的现场，指导甲午馆工作人员对展厅

环境、展板布局和艺术品陈列的布置。

是年 6 月 22 日，“毕克官和王德娟画展”在刘公岛北洋海军提督署演武厅隆重举行，威海市的地方领导、驻军首长和文化艺术界的众多代表出席了画展的开幕式。大家对两位艺术大家高超的艺术和精湛的绘画技巧深表钦佩。特别对毕克官先生近年来所创作歌颂美丽家乡的画作更为赞叹，认为这是用诗人的眼睛观察生活，绘画的立意构思力求“小中见大，弦外余音”。该画展在刘公岛展出期间，吸引了国内外广大游客的一致好评，许多人高兴地感叹：“没想到这次来刘公岛还有意外的收获。”特别是来自法国巴黎的三位美术爱好者看到这样高水准的画展时，非常高兴，并请我们帮助联系两位画家与他们一起合影留念。

四、无偿向中国甲午战争博物馆捐赠和征集作品

毕克官先生始终认为：“刘公岛是火与血炼就的土地。”这里曾是北洋海军的诞生地，甲午战争的古战场，铭刻着中华儿女保卫祖国的英雄业绩，也铭刻着中华民族的惨痛教训。人们涌向刘公岛，奔向甲午战争博物馆，凭吊英烈，重温往昔，汲取历史中的精神力量。毕克官先生也曾非常坦率地说道：“在我心目中，甲午馆受到实物缺乏的限制，陈列内容和规模能达到这样的水准就很不错了。”当他看到甲午馆人想方设法、走南闯北地寻访北洋海军将士后裔和学者，千方百计寻找和征集北洋海军和甲午战争文物及各类馆藏艺术品时，他也毫不犹豫地无偿向中国甲午战争博物馆捐赠了自己心爱的艺术作品 18 件。具体为：画作《海军公所》《宏伟的甲午战争博物馆》《参观甲午战争博物馆的人潮》《甲午馆打捞之“济远”舰主炮》《故乡的回忆》(《故乡的回忆·序言》《故乡的回忆之一：我的出生地》《故乡的回忆之二：正月十五点面灯》《故乡的回忆之三：草和石头房》《故乡的回忆之四：拾蛤》《故乡的回忆之五：环翠楼》《故乡的回忆之六：三角花园鲸牙帮》《故乡的回忆之七：星石》《故乡的回忆之八：我的母校》《故乡的回忆之九：我的赶海生涯》《故乡的回忆之十：幼时想登刘公岛》）和书法作品《甲午忠魂　气壮山河》《鞠躬大海吊英灵》。其夫人王德娟教授也向中国甲午战争博物馆无偿捐赠了在刘公岛创作的《东泓炮台雄姿》油画一幅。市领导对两位艺术家的无私大爱给予高度赞扬。

2001 年春天，得知中国甲午战争博物馆要创办馆刊的消息后，毕克官先生立即为馆刊题词：“献身文博事业。”整幅书法作品笔势苍劲、雄浑质朴，字里行间透视出他作为一位艺术大家和文化名人对家乡人立足海岛，放眼世界，大力发展文博事业的殷切期望。

在与毕克官先生多年友好、真诚的交往中，我非常敬佩两位艺术家乐善好施的高尚品德和无私奉献的伟大精神。毕克官先生和王德娟教授非常赞赏中国甲午战争博物馆这个战斗集体的做事标准，即“上对得起祖宗，下对得起子孙”。当我提出请他在全国政协委员中帮助征集题词和各类艺术作品时，他竟一点也不打折扣地满口应承。随着时间的推移，毕克官先生先后帮助我们馆征集到著名画家吴冠中先生题写的“海风海浪扬海波”书法作品一幅，征集全国政协副主席张思卿先生的“气吞山河”书法作品一幅。

五、为了保护刘公岛他多次给父母官上书建言

数十年来，毕克官先生对家乡的历史文化、山水海礁和港湾沙滩等文化和自然遗产资源都十分关心，并为使其能够持久合理利用而建言献策。为了有效制止“一边拆了真文物，一边又急忙建假古董”的做法，他不顾个人的利益，也不顾家人和朋友的反对，几次直接给家乡的父母官上书建言。

2000 年 7 月 18 日，毕克官先生在北京给威海市人民政府主要领导写了一封保护威海市城镇的历史风貌的长信，提出了许多好建议。当时，全国都在进行大规模的旧城改造，各类历史文化遗产“毁坏相当严重”，“故乡威海也不例外”。他认为：城镇的历史风貌，记录了一个地区的政治、经济、地理、民俗和文化历史，是进行爱祖国爱家乡不可缺少的好教材。所有的现代化城市，都应该保留历史的轨迹。因此，建议对沿海的石头房、殖民地时期的各类建筑、清末民初时期成片的民房、鲸园附近的民族工商业用房等以及环海沙滩等沿海自然风光和历史风貌进行保护。

毕克官先生在信中还重点讲了刘公岛甲午战争纪念地的保护和管理。他直言不讳：“刘公岛世界闻名，如何保护好历史风貌和自然风貌，成为威海市政府的一项重要任务。作为甲午战争纪念地的这个小岛，只能保护好其历史风貌，而不可进行所谓的‘开发’。但遗憾的是，出于经济利益的驱动，一再出现不应有的破坏。例如，在环翠楼和刘公岛的视线通道上，建起了高大的贸易大厦、进出口大厦和华联大厦，挡住了人们的视线，严重地破坏了威海卫八大景之一的‘山楼初旭’等景观。这无疑是威海的一大败笔。但威海并未因此接受教训，继而在岛上建起了甲午海战馆，已属不当；近年竟又在提督署近旁，破坏了沙滩，新建起高大的候船厅。其体型色彩都抢夺了提督府的视线。威海吸引游客的是提督府——甲午馆，它才是威海标志性的建筑。候船大楼是对文物景点的破坏，无疑又是威海的一大败笔。难怪游客议论纷纷。建议市政府像洛阳市坚决拆除龙门石窟

旁‘龙宫’的果断办法，即使不全部拆除，至少要改建变成矮平房。虽然损失点金钱，但有利于文物保护，对威海形象也有好处。

刘公岛的老石头房，是岛上自然和历史风貌的组成部分，建议市政府采取保护措施，绝对不可再任意拆毁。但我听居民反映，有人在打拆的主意。建议市政府从根本上杜绝破坏性的动土，并责成刘公岛管委会负起保护责任。南有虎门，北有甲午，刘公岛不仅是威海人的，也是全国和世界人民的。如何对待刘公岛，绝不可仅从局部眼前利益处理问题，应从大局着眼。希望威海市委市政府把好这个重要关口。否则，必将受到全国人民的指责。”

2002 年，毕克官先生和中国空军原司令员王海上将分别坐在威海市主要领导的两侧，参加威海市鲸园小学百年校庆的典礼活动时，毕先生仍然不失时机地向市委领导呼吁刘公岛的开发和建设必须要经得起历史的检验，批评相关单位不应该在提督署东侧大兴土木，破坏了全国重点文物保护单位的环境风貌。当天晚上，由中共威海市委宣传部领导主持，威海市文化局、刘公岛管委会、中国甲午战争博物馆等部门和单位参加的座谈会上，毕克官先生仍然是慷慨陈词、直抒己见；对有关单位不分青红皂白拆除英租时期的优秀建筑提出尖锐的批评，这种面对面的真诚与率直的严肃批评，令所有在场的各位领导十分震惊和敬佩。

2007 年，在地级威海市成立 20 周年之际，毕克官先生应邀题写了贺词，他在“为家乡的变化而骄傲”的同时，再次建议在今后的经济、文化、科技和环境建设中，坚持四个“善待”，即善待刘公岛，善待威海的历史文化遗产和自然环境风貌，善待全市沿海天然的沙滩和奇特的礁石等资源，善待承载着历史信息和民俗风貌的海草房和不同时期的石头房。

看看毕克官先生十多年前的书信和题词，再想起他在座谈会上动情的直言和尖锐的批评，时至今日仍令我心潮澎湃，思绪万千。我为毕克官先生的超前意识和远见卓识而感动，为他不顾个人得失敢于秉笔直书和建言献策而感到自豪，也为他这个安享晚年于北京的威海人，为了保护家乡珍贵的文化遗产和原生态资源，却不怕得罪地方父母官的忘我精神而点赞。

沧桑依旧，物是人非。斯人虽已逝去三年，但其真情和精神却永在。毕克官先生情系刘公岛的方方面面和点点滴滴，我们永远不会忘记，必将永远激励生活和工作在这里的人们，真心热爱刘公岛，好好保护刘公岛，持久发展刘公岛。

德高学深 爱国爱台

——写在王家俭先生辞世一周年之际

2016 年 4 月 14 日，93 岁的著名学者王家俭先生在加拿大不幸辞世。一年来，先生立志求学、不惧艰难、锲而不舍、勇攀高峰的学习精神，善良慈祥、和蔼可亲的音容笑貌，精心执教、全心育人的园丁情怀，博学多识、侃侃而谈的学者风度，严谨细致、求真务实的工作作风，有求必应、不吝赐教的长者胸怀，热爱国家、反对分裂、企盼民族复兴、珍爱人类和平、反对侵略战争的殷殷真情，时常浮现在我的眼前，令我无限思念。

1923 年，王家俭先生出生在安徽省涡阳县。1947 年 7 月，前往祖国宝岛台湾求学深造。王先生曾任台湾师范大学历史系教授、系主任、历史研究所博硕士论文指导教授、博士班导师，台湾辅仁大学、文化大学、中兴大学兼职教授，香港珠海大学客座教授。主要著作有：《魏源对西方的认识及其海防思想》《魏源年谱》《清末民初我国警察制度现代化的历程》《中国近代海军史论集》《清史研究论》《中国近代海军史论集》《清史研究论薮》《李鸿章与北洋舰队》《洋员与北洋海防建设》等。

我与王家俭先生因开会而相识，也因此而成为忘年之交。1994 年，在中日甲午战争爆发 100 周年之际，71 岁的王家俭先生应邀首次来中国威海，参加“甲午战争 100 周年国际学术讨论会”。会议期间，我向先生咨询有关北洋海军将士后裔分布及相关史料的收藏情况，为他讲述了中国甲午战争博物馆招才引智、借人兴馆的发展理念，请他帮助我们薮集相关史料。

2001 年，我馆创办了《中国甲午战争博物馆馆刊》（2015 年更名为《甲午战争研究》），王家俭先生即应邀担任该刊物的学术与历史顾问，并经常赐稿。因此，王家俭先生不但是我们的良师益友，更是名副其实的学深德高的前辈楷模。

一、创新教学理念 全心教书育人

1953 年 6 月，台湾师范学院史地系毕业的王家俭，被分配到桃园县所属的杨梅中学，教授国文及高初中的本国史及外国史，并担任一年级乙班的导师。其间，一是因白色恐怖的阴影仍在，警察时常造访，如影随形，令王家俭心烦意乱。二是他的肺结核病虽然已经钙化，但还要定期追踪复检，令他时常担忧。三是尽管教学认真，从不请假，但得不到学校的重视，殊感沮丧。直至第四年的第一学期之末，学校被桃园教育科指定办理“历史教学观摩会”，由王家俭担任示范教学的主角，其主题是高三外国史中的“美国南北战争”。为了不落俗套，能让人们耳目一新，王家俭别出心裁地设计了一套电化教学内容，融老师讲解、资料播放，学生提问、相互讨论于一体，最后再由他作出结论。该次示范讲课形式新颖，师生互动效果很好，颇受好评。

1957 年，王家俭被聘到新竹省立中学教授历史，历时三年。新竹省中是台湾北部的一所名校，南面与高雄一中、台中一中，北部与台北建国中学、师大附中等齐名。该校之所以成为名校，是因为广东人辛志平校长的办学理念是五育并重，始终坚持教育的目的乃在于启发学生的潜力和创造力，经常训练学生的团队精神，大力培养其国家民族意识，塑造健全的人格。学校对于国学、英文、数理化及其他科目都非常重视，效果良好。

在此执教期间，王家俭曾因白色恐怖时期受到牵连，而被贴上“问题人物”的标签，仍然成为当局治安人员列管监控的重点对象。但因他教学表现良好，受到辛校长的公正对待与尊重，让他心情舒畅，工作更为勤勉。

在此执教期间，王家俭曾因白色恐怖受到牵连，被贴上“问题人物”的标签，成为当局治安人员列管监控的重点对象。但因他教学表现良好，受到辛校长的公正对待与尊重，让他心情舒畅，工作更为勤勉。

1963 年，获得硕士学位的王家俭，应老师的邀请，重回已经更名为台湾师范大学的母校执教，负责教授中国近代史。同时，他还应台湾“中研院”近代史研究所的约请，在该所从事兼职研究工作。

已是不惑之年的王家俭回到母校执教，工作非常认真。他想方设法，竭尽所能，不断提高教学质量。其主要作为表现在三个方面：一是改进教学方法，大胆将传统的灌输式教学，改为新型的启发式教学。由以前的老师讲、学生听，老师写板书、学生抄笔记的模式，改为活泼的分组教学，即先由老师拟定大纲，再让学生根据题目寻找资料，提出报告，并加以讨论，最后再由老师作出补充与结论。二是对重要的历史事件，持客观公正的态度，向学生讲述真实的历史。那个时期，由于大陆与台湾两岸分立，立场各异，台湾当局认为 1919 年爆发的五四运动是共产党产生之根源，故台湾当局在官方编撰的《中国近代史》内，对五四运动讳莫如深，既不敢多写，又不能不提，仅以二三十个字一掠而过，致使许多学生不明真相。王家俭认为，五四运动不仅是一次爱国运动，也是一次新文化、新思想运动，在中国近代史上具有极其重要的历史地位，不能也不应该将之轻描淡写，一笔带过。因此，王家俭不顾自己过去遭受的政治责难，对类似的历史事件，都能客观公正地依据历史史实，说明其历史背景与意义，指出其对后世产生的巨大影响。这样的教学，收到良好的效果，得到广大师生的好评。三是将期中考试改为撰写“读书报告”，期末考试仍然照常进行。为了强化学生的自我创新能力，他倡导学生学习撰写论文，规定“读书报告”必须写成一万字的长文，才符合要求。这项改革既可督促学生多读课外书籍，又可使学生学会如何收集资料或鉴别材料，练习写论文，为日后进一步深造打下良好基础。为了解决学生无从下手的问题，他明确提出了写“读书报告”的五个步骤，要学生循序开展，即第一步，就个人兴趣选定题目；第二步，根据题目搜罗相关史料，并分清什么为主料，什么是次料；第三步，整理及研读相关史料，思索其中的起承转合关系，以便对题目及内容有深刻而系统的梳理及安排；第四步，拟定论文大纲，呈请老师审阅指导；第五步，根据大纲依次撰写，并要有前言、结论以及附注等。这项改革充分发挥了学生的主观能动性，收效甚好，使学生们进步很快。尽管王家俭审阅批改学生的这些论文费力耗时，工作量增加了很多，但他却以对学生益处甚大，而乐此不疲。由此足见王家俭甘于奉献而无愧于桃李的园丁精神。

王家俭先生自 1963 年 8 月受聘为台湾师范大学历史系讲师后，1967 年晋升为副教授，1971 年晋升为教授，1976 年 8 月又荣幸地被聘为历史系主任。担任系主任期间，他大胆开拓，全身心地奉献于师大历史系。他大胆地对历史系图书设备、经费管理、课程调整、学术研讨、人事安排、教学方针等诸方面进行探索改革。为了保证教学质量，特聘请台湾中研院民族、近史所著名的研究员授课。他自己则坚持亲授“史学导论”的课程，以便训学生练习写论文，学会从事学术研究，以达到教学相长的目的。

为了提高教学和科研水平，促进自觉读书学习、形成广泛开展学术讨论的风气，王家俭规定系内教师不论职务高低，上至教授下到助教，每月轮流提出研究专题，并将论文拿到研讨会上报告，由参会者共同讨论。为了保证学术研讨会的质量，他首先请历史系的元老朱云影教授第一个报告，以作倡导和示范。自此，师大历史系每月一次的讨论会一直实施并成为定制。这一举措，不但开师大历史系风气之先，更是当时台湾各大学历史系破天荒之大事。此后，台湾其他大学也相继仿效举行，从而形成一种学术风气。

为了提高师资的综合能力与水平，及时跟上时代发展要求，师大历史系及时增设了研究所硕士班和博士班，确立教学与研究并重的新教学目标，还出版《台湾师大历史学报》，及时向社会发布学术研究成果，以达到与新的教学目标相配合。这些改革与创新，均适应了社会发展的需求，成效显著，受到欢迎。

二、学术研究笔耕不辍 科研成果创新丰厚

王家俭先生的学术研究起步于 20 世纪 50 年代。他一边任教，一边坚持学术研究。1963 年，完成了硕士学位论文《魏源对西方的认识及其海防思想》，被聘为台湾“中研院”近代史研究所临时助理员，充当兼职研究人员。其间，他承担了《中国对于西方的认识》一书的资料搜集和编辑工作。从订定体例，作成小传，编为目录，注明出处，一切皆出自他手。书稿编成后，由胡秋原先生写一长序，并将书名易为《中国对于西方及俄国之认识》第 1 辑，分上下两册，合计百余万字。该书的编辑出版，使年富力强的王家俭充满信心。

王家俭先生在台湾的 47 年间，虽以教书为主，授课育人，却从未停止学术研究。1994 年王家俭先生荣休之后，他的学生叶高树在“中研院”近代史研究所的《近代中国史研究通讯》学人简介版中，对王家俭先生的学术研究做了简要的总结：“综观先生三十年的研究业绩，阶段分明，自成体系；第一个十年，以魏源研究为起点，扩展为中国海军史研究；第二个十年，既掌握现代化与区域研究的学术动态，又将重心置于明清思想史的探讨；第三个十年，则分别就魏源、思想史、海军史三大领域，进行总结式的研究，从而完成以海权与思想考察近代中国变局的体系。”诚如其老同学吕世强教授所言：“环顾海峡两岸，以及国际间的著述，王家俭先生的成就仍有其独特的优长。第一，他是一位研究中国近代史甚至中国历史的学者，他治学的基础与范围均相当厚固与广泛，似并非为一般学者均能具有。第二，在这一研究成果繁茂的时期中，他起步较早，而且终生从事。”

退休之后，年逾古稀的王家俭仍笔耕不辍，退而不休，学术研究继续进行并不断拓展。一是对中国近代海军史的研究。主要著述有《李鸿章与北洋舰队》《洋员与北洋海防建设》《闽系海军历史地位的重新评价》《论鱼雷艇在甲午海战的战略作用》《揭开一个历史谜团——关于北洋海军德籍洋员汉文译名的考证》《甲午战争前英国远东海军“中国舰队”在华之活动与影响》等。二是对清代学术史的研究，其成果有《典范与启蒙——顾炎武“经学即理学”与清代古学复兴》《清代礼学的复兴与经世礼学思想的流变》《中国传统权力制衡及其特色——兼论其结构与演变》等。三是开展民国史的研究，其主要论著有《孙中山民族主

义思想的影响——以大亚洲主义为中心》《论五四运动的历史情结——民主运动发展中的一个转折》《从咨议局到省议会——清末民初广东省民主政治的实践》等。四是对台湾历史的研究，其主要论著有《刘铭传与台湾现代化》《从海防观点看刘铭传建设台湾的战略》《海防问题与两岸关系》等。

上述研究领域中，中国近代海军史的研究是王家俭先生的专长，而《李鸿章与北洋舰队》这部大作，共有 648 页，40 余万字，堪称洋洋大观，煌煌巨著。该书于 2000 年在台湾出版发行后，颇受相关人士的注意，半年之内即被抢购一空。不久，研究北洋海军与甲午战争史的著名专家戚其章与姜鸣两位先生特发表书评，给予赞扬。此时，77 岁的王家俭先生并未满足现状，他及时将书中舛误校正，又将《中国时报》中新发现的一批史料补入书稿中。2008 年，经姜鸣先生推荐，北京的三联书店用简体字将该书校订本再版。新出版的《李鸿章与北洋舰队》一年之中竟售出 7000 多部，创下了文史书刊方面的少有盛况。正如著名学者刘广京先生所言："笔者三读此书校样，凡笔者所能想到的问题，本书皆已有精详的解答；凡笔者所能想到的史料，如当事人的文集、日记、自述以及英国外交部及海军部档案，王先生皆已细心利用。"台湾"中研院"近代史研究所资深研究员吕世强先生评价道："本书就整体而言，架构宏阔、次第井然，于有关之重要问题，几均已被纳入，且能前后左右呼应，并保持完整之体系。"的确，这本书参阅的文献资料特别广泛，包括各国的档案、当事人遗留的资料、各种报纸杂志以及世人的研究成果等，特别是英文报纸及英国海军部的档案，大多为其他海军史研究者所未见。另外，作者的详细分析和特殊见解，颇有吸引力。诸如"海军衙门""旅顺建港始末""海军留英教育""中日长崎事件"之类，"大多为开创制作，而为前所未有"。

总之，王家俭先生荣休后，仍孜孜不倦，历时多年，奋力完成清代海军史巨著，足见其研究之诚笃，学养之深厚，专门攻研之志节。这种细心考证研究的治学精神令人敬佩。《李鸿章与北洋海军》这部大作，足以警示中国建立海军之必要，以及清政府经营运用的疏失，所造成的无可挽回之危害及警示作用。王家俭先生的旁征博引告诉广大读者：海军可百年不用，但不可一日无备。中国海军不求远谋，但应确保国家领土之完整，海疆之安宁。

三、学术活动丰富多彩　治史精神播广流远

王家俭先生不但学养深厚，著述宏富，其学术活动也丰富多彩，持久进行。在其退休之前的 20 多年间，他不但多次参加在台湾举办的国际学术研讨会，还

曾数次赴香港和大陆参加有关学术会议。如：香港大学主办的“两岸明清史学术研讨会”；珠海大学主办的“蒋介石先生百岁诞辰学术研讨会”；香港中文大学主办的“台湾社会史学术研讨会”；广东中山大学主办的“孙中山与亚洲国际学术研讨会”；美国戴维斯大学主办的“李鸿章与现代化国际学术研讨会”等。

1994年定居加拿大后，王家俭先生更是老骥伏枥，退而不休，多次不远万里参与国际学术研讨会。1994年9月6～10日，参加在中国威海召开的“甲午战争100周年国际学术讨论会”，提交论文的题目是《甲午战争挫败的几点反思》。

会后，王家俭先生由烟台港乘快船前往旅顺、大连考察北洋海军旅顺基地。此前，因为他对清代旅顺建港问题曾做过一番研究，并有论文《旅顺建港始末》发表，因而受到与会学者和媒体记者的关注，特别安排了专访，并在中央电视台报道。更让王家俭先生高兴的是，当地驻防的解放军部队，抓住难得的机遇，诚邀王家俭先生就中国海防建设问题发表大会演讲，受到广大指战员的热烈欢迎。

9月21～25日，王家俭先生应邀前往湖南省邵阳市参加由湖南社会科学院主办的“纪念魏源200周年诞辰国际学术研讨会”，并提交了论文《魏源的海权思想》。会议期间，因“发现会中有人所提交之论文竟为抄袭我之旧作，心中颇感不快”，“因不便明言，故提前离会”。

1995年11月，王家俭先生在夫人李伟虹的陪伴下，参加了安徽省社科院和安徽大学联合主办的“海峡两岸纪念刘铭传逝世100周年学术研讨会”，提交论文为《刘铭传与淮军关系析论》。

此次大会由安徽省省长回良玉主持，王家俭先生应邀作大会学术报告。其学术主题演讲引起与会者关注。会议期间，离乡赴台近半个世纪的王家俭接受了媒体的采访，他与夫人李伟虹的照片及采访内容两次刊登于《新安晚报》，让他与家人颇感欣慰。会议结束后，王家俭先生又应邀前往安徽大学历史系做了一次演讲，受到热烈欢迎。

1996年8月22～24日，王家俭先生与夫人第二次应邀来威海参加“甲午战争与近代海防国际学术研讨会”，提交论文为《海军经费用于颐和园工程问题之剖析》。此次研讨会期间，我们安排与会学者乘坐海军的炮艇从威海港出发，沿着日本海军1895年1月下旬至2月上旬海上航行的路线，考察威海卫与刘公岛保卫战时日军海上进攻及锚泊的旧址。王家俭先生不顾年事已高，不惧浪涌颠簸，始终坚持在炮艇甲板上与大家进行探讨，令许多年轻的参会者十分钦佩。

1998年8月下旬，王家俭夫妇第三次应邀来中国威海参加“北洋海军成军110周年纪念暨国际学术研讨会”，向会议提交的论文题目为《国际科技转移——以北洋海防建设为例》。会议考察期间，看到刘公岛甲午战争纪念地新落成的北洋海军将士名录墙和北洋海军将士纪念馆正式对外开放，王家俭先生特别高兴。他在接受媒体采访时十分动情地说："威海人民没有忘记百余年前为保卫国家而献身的海军将士，真是令人欣慰。特别是对于我们这些旅居海外的炎黄子孙而言，更是感到情深意长，特别温暖。"威海的研讨会结束后，王家俭夫妇顾不上休息，立即乘长途专车前往青岛市，参加"德租胶澳 100 周年国际研讨会"，所提交的论文是《甲午战前的中德关系——以军事为中心》。值得一提的是，会议期间王家俭先生偶遇以前马集宿县中学同学尹铁铮先生，时过半个多世纪，两位年逾七旬的老同学几乎互不认识了，但相认后又特别激动和高兴，他们相认时那种纯真的同学真情至今令人难忘。

2004 年 9 月 16～19 日，王家俭先生不顾耄耋之年，第四次应邀来威海参加"甲午战争 110 周年国际学术研讨会"，提交的论文题目为《十九世纪英国远东海军中国舰队（China Station）对华之影响（1842～1895）》。会议期间，参会者考察中国甲午战争博物馆新改造的陈列展览时，王家俭先生非常激动。他告诉记者："每次来威海都能看到这座城市的新发展和新变化，特别是甲午战争博物馆坚持科研兴馆的发展理念，更是让我激动和兴奋，我之所以在十年时间四次来威海参加会议，就是赏识甲午馆人坦诚做人、扎实做事、开展研究、持续发展的奉献精神。"

2005 年 10 月，王家俭先生再次赴安徽合肥参加了"海峡两岸纪念刘铭传首任台湾巡抚 120 周年学术研讨会"，提交论文的题目是《从海防观点看刘铭传建设台湾的战略价值》。会议期间，王家俭先生、戚其章先生和我分别接受安徽电视台采访，为制作大型电视纪录片《淮军》做前期准备。会议考察期间，我告诉王家俭先生，日本著名学者中塚明先生已经同意将自己的全部著述和资料 4000 多册，全部无偿捐赠给中国甲午战争博物馆收藏。与此同时，也首次向王家俭先生提出，中国甲午战争博物馆也希望收藏他的著述及研究资料，为建立海内外北洋海军与甲午战争史的资料中心做准备，请他予以考虑，并希望得到支持。王家俭夫妇也十分坦率地告诉我，等回到加拿大全面考虑后再给我回话。

2009 年春，"纪念北洋海军成军 120 周年国际学术研讨会"在威海召开。考虑王家俭先生年近九旬，行程太远，我特于会前专门通过长途电话与王先生交谈，诚挚邀请他们夫妇再次来威海出席国际学术研讨会。远在大洋彼岸的王家俭先生为了支持研讨会的顺利召开，不顾年岁已高，于 2009 年 5 月 19～23 日，专程从加拿大赴威海参加"北洋海军成军 120 周年国际学术研讨会"，并提交论文

《论鱼雷艇在甲午海战中之战略效应》。此次来威参会，王家俭先生成为参会学者中年龄最大、行程最远、搜集北洋海军资料最多的学者。

王家俭先生自1994年正式在加拿大定居至2009年，在15年的时间里，他不顾年高和青光眼疾的折磨及旅途劳累，先后12次在夫人李伟虹的陪同下出席了各类国际学术研讨会。其中，赴香港2次，安徽省2次，湖南省1次，青岛市1次，威海市5次，充分证明了王家俭先生的治史精神。

四、爱国爱台矢志不渝 家国情怀终生不变

1971年，王家俭在英国伦敦做访问学者时，爆发了声势浩大的保钓运动。钓鱼岛是中国的固有领土，后为日本所占。港台以及海外各地学生为要求收回钓鱼岛，纷纷在各地举行盛大游行。由德、法等国的留学生集合于英国伦敦。大家决定通过和平游行到达日本驻英国大使馆，以表示强烈抗议。那一天，48岁的王家俭巧遇游行队伍，便毫不犹豫地加入了游行队伍，以表达自己作为一个中国人的心意。

另外，在英国期间，王家俭从电视中得知美国新任总统尼克松将于1972年春季访问中国。他马上想到中美两个大国外交解冻后，双方必然建交，两个大国的关系将走向正常，世界局势肯定也会随之而改观。对此，他感到高兴激动，几乎整夜整夜难以入眠。

1995年是中国人民抗日战争胜利50周年，北京中央人民广播电台于4月间向王家俭先生致函索稿，王先生积极响应，很快就将3000多字的《抗日战争历史的沉思》一文从加拿大寄去，得到中央媒体的称赞。同年8月27日，加拿大的《世界日报》举办“对日抗战胜利暨台湾光复五十周年纪念会”，邀请王家俭先生发表演讲。王家俭先生成长于抗战时期，对日军在中国的残酷暴行深恶痛绝且记忆尤深，认为军国主义的野蛮行径不齿于人类。他发表了题为《抗战对历史的启示》的演讲，呼吁中华民族勿忘历史，提高警觉，严防日本军国主义复活。

1996年8月，参加完“甲午战争与近代海防学术研讨会”之后，王家俭夫妇应邀前往安徽阜阳师范学院作为期两周的讲学。其间，看到自己曾生活、学习、工作过的家乡仍很贫穷落后，已退休并无经济收入的王家俭先生，毫不犹豫将在阜阳师范学院的演讲课时费数百元，加上自己身上的500美元（当年1美元兑换人民币远远超过现在）赠给阜阳师范学院历史系，用作添购图书资料的补助金。已经移居海外的王家俭夫妇主动捐资助教的行为，受到阜阳师范学院广大师生的一致好评。

王家俭先生移居加拿大后，并没有因为人地生疏，就投闲置散，而是积极参加温哥华侨社组织的各种文化活动。在那里举办的文化与学术活动内容丰富，但背景复杂，大多涉及中国的两岸关系，还涉及中国与美国及台湾地区的关系。

针对“台独”势力的“一中一台”和“两国论”，作为一名爱国爱台的历史学者，王家俭于1996年3月18日撰写了一篇题为《论台海形势与两岸前途》的评论，刊发于当地的《世界日报》。文中指出“美国之出兵，分明在维护其西太平洋之霸权，借两岸对立，以收渔人之利”。呼吁“台胞应提高警觉，免为美国所用”。

同年6月15日，不列颠哥伦比亚大学（The University of British Columbia）亚洲研究中心与中国论坛学社联合举办“中美关系与两岸形势座谈会”，针对维多利亚大学教授萧欣义所说“台湾与大陆没有关系”及“大陆对台湾应无主权关系”之谬论，王家俭先生发言时不顾情面，当面提出反驳，认为其所言与事实不符，并用大量历史事实予以证明。

在李登辉执政后期，由于“台独”势力肆无忌惮，台海局势愈显紧张。王家俭先生先后于1999年7月22日和8月5日在《世界日报》上发表题为《“一国论”与“两国论”：现实与法理的吊诡》和《从阴谋论看“两国论”》的文章。同年，他还在香港出版的《王尔敏教授七十华诞暨荣休论文集》中发表了《海防问题与两岸关系》。文章指出“台湾在中国海防上的地位至关重要，实与大陆不可分割，否则势必使中国东南七省门户大开，危害国防安全至巨”。

2001年，美国海军战略中心从欧洲转向亚洲，视中国为假想敌，并联合日本、韩国、澳大利亚、印度和台湾等国家和地区围堵中国。美国飞机不断侵入中国领空，以优势的海空军力，咄咄逼人地向中国挑衅。是年4月1日发生“南海撞机事件”。此时，远在加拿大的王家俭先生愤慨之余，撰成《透视中美撞机事件后续协商的症结》一文，刊登于4月17日的《明报》。8月17日，又在《世界日报》发表了题为《从海权看美国的两岸政策》的文章。

2003年第四季度，王家俭先生又先后在此间的《星岛时报》发表《论“一个中国”》《论导弹防御体系》《论台湾之公投》等评论文章。2008年，马英九成为台湾地区领导人，由于其坚持“九二共识”政策，两岸关系得到改善，王家俭先生在加拿大华侨社区反对“台独”的活动也告一段落。

为了国家领土主权的完整，为了人民免遭战祸，并能过上安宁幸福的生活，王家俭从年逾古稀到耄耋老人，十多年坚持不懈地利用手中的纸笔，呼吁世界各地华人坚持团结，反对分裂，珍惜和平，反对战争，实属难能可贵，令人敬佩。

2011 年，《甲午战争研究》（2015 年前名为《中国甲午战争博物馆馆刊》）创刊 10 周年，作为刊物主编，我敬请历史顾问王家俭先生提出指导意见，并询问关于收藏其所有资料的事情。对于馆刊质量的提高，王家俭先生立即题词，给予鼓励，并提出新的希望。对于资料收藏的事情，他告诉说家乡安徽阜阳师范学院早就有此要求，致使他有些左右为难，迟未回话。我马上坦诚相告：“中国甲午战争博物院（2009 年 9 月易为现名）是海内外唯一一所以北洋海军与甲午战争史为主要内容的遗址类博物馆，而且我们的目标是把甲午战争博物院建成为海内外北洋海军与甲午战争资料收藏和研究的中心。鉴于此，您的著述与资料如果放在这里肯定会发挥更大的作用。但无论先生捐赠给哪里，我完全理解，也绝无意见，请先生不要为难。”

2012 年春季，王家俭先生来函告知，他们全家决定把所有资料全部无偿捐赠给中国甲午战争博物院收藏。此后王家俭先生不顾 89 岁高龄，坚持与夫人李伟虹一起帮助联系打包装箱人员、挑选搬运公司、确定海运路线等。10 月中旬，王家俭先生捐赠的 19 箱著述及资料，由加拿大经韩国转运至威海，在孙建军先生的大力帮助下，安全顺利地入藏中国甲午战争博物院学术研究资料中心。这为博物院资料中心增加了许多弥足珍贵的历史资料。

2013 年初夏，我收到王家俭先生从加拿大寄来的刚刚出版的个人传记《梦影萍踪——一个农村子弟的奋斗》。该书采用口述史方式，按照时间顺序，将个人一生的经历真实地记录下来。其目的是“为那个大动荡的时代作一个历史的见证”。高兴之中，细读数遍，其坎坷经历令人心痛，其拼搏精神令人感动，其事业成就令人钦佩，其化险为夷、幸福长寿，令人欣慰。正如其爱女王俊文女士所言：“他以一位史学家的训练将自传写成口述历史，反映了他的时代之大钻石的一小面”。

2014 年春季，年逾九旬的王家俭先生得知“甲午战争 120 周年国际学术研讨会”将于 9 月中旬在威海召开，心情非常激动和高兴。虽然不能亲自赴威参会，发表演讲，但他仍把祝贺大会圆满成功的贺词寄给大会筹委会。我们在开幕式上予以宣读，与会者深受感动和鼓舞。

同年 10 月，王家俭先生不顾年事已高亲自为我编著的《丁汝昌年谱》一书撰序，给我莫大的鼓励和支持。2015 年春季，得知《中国甲午战争博物馆馆刊》易名为《甲午战争研究》，王先生欣然题词，以志祝贺。同时还就南海风波，撰写题为《南海风云几时休》的评论文章，刊载于《甲午战争研究》，再次表达了一位 91 岁学者关心南海局势、维护国家领土完整的真挚情感。

以上所述诸项，虽不是惊天动地的大事件，但在参与这些事情的过程中，足以透视出王家俭先生崇高的爱国思想和真挚的家国情怀，足以证明优秀传统文化对他的滋养培育是根深蒂固和经久不衰的。

王家俭先生虽已驾鹤远去，但他宏富的著述与珍贵的资料，必能继续为民族的复兴与国家的富强发挥重要作用。

（此文原载于艾克总编：《两岸视点》2017 年第 4 期，第 51 页。有改动）

后 记

2019年，是中华人民共和国成立70周年，也是中日甲午战争爆发125周年，还是民族英雄邓世昌和中国近代海军名宿萨镇冰上将170和160周年诞辰。在全国各族人民热烈庆祝中华人民共和国70华诞之际，《守望甲午忆英贤》能出版发行，是共和国同龄人奉献给伟大祖国和爱国英贤的点滴真情。

本书在出版的过程中，得到了山东大学出版社和中国甲午战争博物院领导的大力支持和热情帮助。民族英雄林则徐六代孙女林祝光女士和邓世昌五代外孙叶伟力先生，北洋海军提督丁汝昌五代孙丁昌明和五代外孙张振民将军与赵怀民先生，北洋海军左翼总兵林泰曾五代孙林彤先生和五代外孙女邓琳教授，北洋海军右翼总兵刘步蟾五代孙刘俊彦先生，中国近代海军宿将萨镇冰曾侄孙萨方红先生，中国近代海军首位海军轮机中将陈兆锵的嫡孙陈榕先生；研究北洋海军史的著名学者王家俭先生的夫人李伟虹老师，研究甲午战争史的著名学者戚其章先生的女儿戚柯平女士，著名艺术家毕克官与王德娟夫妇的爱子毕为民先生，威海市著名方志学者刘德煜先生的长子刘鸣；刘申宁、姜鸣、翁飞、许华、刘晓焕、吕伟达、袁晓春、陈悦、孙建军、刘烜赫、陶璐等，都热情帮忙寻找相关图片与资料。《甲午战争研究》编辑部的董进一、于敬民、毕礼霞等同仁也在不同方面给予了热情的帮助。特别是本书责任编辑刘森文同志，始终以弘扬爱国主义教育为使命，在本书编校出版过程中给予了诸多建议与帮助，封面设计牛钧老师也尽职费心，在此一并表示感谢。

由于种种原因，本书难免存在不足之处，敬请专家学者和广大读者给予批评赐教。

戚俊杰

2019年10月